장서각 소장 한글필사본 자료총서 6

역주 곤범(역주편)

연구책임자 : 　황문환

공동연구원 : 　김주필

박용만

박재연

임치균

장서각 소장 한글필사본 자료총서 ⑥

역주 곤범(역주편)

초판 제1쇄 인쇄　2008년 11월 20일
초판 제1쇄 발행　2008년 11월 30일

지은이　황문환·김주필·박용만·박재연·임치균

펴낸이　이대현
펴낸곳　도서출판 역락
등 록　1999년 4월 19일 제303-2002-000014호
주 소　서울 서초구 반포4동 577-25 문창빌딩 2층
전 화　02-3409-2058, 2060
팩 스　02-3409-2059
홈페이지 http://www.youkrack.com
이메일　youkrack@hanmail.net

값 60,000원

ⓒ 한국학중앙연구원, 2008

ISBN 978-89-5556-639-0 93710

＊잘못된 책은 바꿔 드립니다.

이 책은 2006년도 한국학중앙연구원의 공동연구과제로 수행된 연구 결과물임.

장서각 소장 한글필사본 자료총서 ⑥

역주 곤범(역주편)

황문환

김주필

박용만

박재연

임치균

도서출판 역락

• 역주자 약력

황문환(黃文煥)

성균관대학교, 한국정신문화연구원 한국학대학원 졸업
서울대학교 한국문화연구소 선임연구원 역임
(현재) 한국학중앙연구원(구 한국정신문화연구원) 한국학대학원 교수
(논저) 16, 17세기 언간의 상대경어법(태학사, 2002)
　　　 역주 오륜행실도(서울대출판부, 2006) 외
e-mail : hmhmoon@aks.ac.kr

김주필(金周弼)

성균관대학교, 서울대학교 대학원 졸업
영남대학교 교수, Pennsylvania 대학교 언어학과 방문교수 역임
(현재) 국민대학교 국어국문학과 교수
(논저) 17・8세기 국어의 구개음화와 관련 음운현상에 대한 통시론적 연구(1994) 외
e-mail : jpkim@kookmin.ac.kr

박용만(朴用萬)

충북대학교, 한국정신문화연구원 한국학대학원 졸업
한국학중앙연구원(구 한국정신문화연구원) 장서각 전문위원 역임
(현재) 한국학중앙연구원 장서각 학예연구원
(논저) 李用休의 詩文學 硏究(한국학대학원, 2000)
　　　 역주 원중랑집1~10(3인 공역, 소명출판, 2004) 외
e-mail : pym1204@aks.ac.kr

박재연(朴在淵)

청주대학교, 한국외국어대학교 대학원 졸업
선문대학교 교수
(현재) 선문대학교 중어중국학과 교수
(논저) 진주 유씨가 묘 출토 언간의 어휘론적 고찰(2008) 외
e-mail : jypark@sunmoon.ac.kr

임치균(林治均)

홍익대학교, 서울대학교 대학원 졸업
UGA 방문교수 역임
(현재) 한국학중앙연구원 한국학대학원 교수
(논저) 조선조 대장편소설 연구(태학사, 1996)
　　　 검은 바람(태학사, 2005) 외
e-mail : limch@aks.ac.kr

간 행 사

   한국학중앙연구원의 장서각(藏書閣)에는 우리의 소중한 역사가 살아 숨쉬는 한글 필사본이 상당히 많이 소장되어 있습니다. 이미 학계에 널리 알려진 '낙선재본(樂善齋本)' 소설류(小說類)를 비롯하여 경(經)·사(史)·자(子)·집(集) 등 여러 부류(部類)에 실로 다양한 한글 필사본이 전하고 있습니다. 이 한글 필사본들 중에는 왕실(王室)과 직간접으로 관련되면서 장서각에만 소장된 유일본도 적지 않습니다. 우리 연구원에서는 이러한 자료들의 학술적·문화적 가치를 인식하여 소장 자료를 마이크로필름으로 찍어 자료 열람을 용이하게 하는 한편 ≪장서각고소설해제≫(1999), ≪장서각한글자료해제≫(2000)와 같은 해제집을 발간하여 이용자의 편의를 적극 도모하여 왔습니다.

   그런데 한글 필사본은 옛 고어(古語)를 붓으로 흘려 쓴 자료인 까닭에 글자를 판독(判讀)하기도 어렵고 판독한다 하더라도 그 의미를 파악하는 것이 쉽지 않았습니다. 이러한 문제점을 해결하기 위해 우리 연구원에서는 장서각에 소장된 한글 필사본을 대상으로 한글 원문을 판독하고 현대어역과 어휘 주석을 가하여 역주(譯註) 사업을 추진하게 되었습니다. 앞으로 역주 사업의 결과가 '장서각 소장 한글필사본 자료총서'로 속속 간행된다면, 이를 토대로 국어사를 비롯한 여러 분야에서 더욱 다양하고 활발한 연구가 이루어질 것으로 기대합니다. 결코 쉽다고 할 수 없는 역주 작업을 진행해 오신 연구책임자와 공동연구원 여러분의 노고를 치하하며 아울러 격려의 말씀을 드리는 바입니다.

2008년 11월 15일

한국학중앙연구원장 김 정 배

머 리 말

　본서는 한국학중앙연구원(구 한국정신문화연구원)에서 2006년도 공동연구과제로 수행한 '장서각 소장 한글 필사본 ≪곤범(壼範)≫의 역주 및 연구'의 결과물이다. 이 연구과제는 황문환(黃文煥)이 연구책임자로, 김주필(金周弼), 박용만(朴用萬), 박재연(朴在淵), 임치균(林治均)이 공동연구원으로 참여하여 수행하였다. '장서각 소장 한글필사본 자료총서' 간행 사업의 일환으로 추진된 이 과제는 한편으로는 대상 자료를 역주(譯註)하여 학계와 일반에 일차 자료로 제공하고, 다른 한편으로는 자료의 서지적 성격과 국어학적 특징을 밝혀 관련 학계에서 보다 쉽게 자료를 활용하도록 하였다.

　본서에서는 장서각에 유일본으로 소장된 한글 필사본 ≪곤범≫(3권 3책)을 역주 대상으로 삼았다. 각 권의 판독문 작성을 황문환·임치균(권1), 김주필(권2), 박재연(권3)이 분담하여 진행한 뒤 현대어역과 주석은 연구자가 공동으로 진행하고 이후 역주 내용을 교차 검토하여 최종 원고를 완성하였다. 대상 자료에 대한 연구는 서지적 성격(임치균·박용만), 음운론적 특징(김주필), 어휘론적 특징(박재연), 문법론적 특징(황문환)으로 나누어 진행하였다. 본서는 이러한 연구 결과를 해제 내용에 반영하고 역주 방식에 통일을 기한 뒤 역주 원고는 '역주편'으로, 자료의 영인본은 '자료편'으로 각각 간행한 것이다.

　≪곤범≫은 한글로 된 필사본이기는 하나 수록 내용의 대부분이 한문(漢文)으로 된 경서(經書)나 성리학서(性理學書), 묘도문자(墓道文字) 등에서 그 원문(原文)을 대체로 확인할 수 있는 것들이다. 일종의 언해서(諺解書) 성격을 지니는 까닭에 ≪곤범≫은 국어사 연구에 활용될 좋은 여건을 갖추고 있지만, 장서각에 귀중본으로 소장되어 원본을 접하기 어려웠을 뿐만 아니라 붓으로 흘려쓴 글씨체 탓에 판독(判讀) 자체가 쉽지 않아 자료로 이용하는 데에 여러 가지 제약이 있었다. 이에 본서에서는 자료의 영인본('자료편')을 함께 간행하여 판독문과 상호 대조할 기회를 제공하는 한편, 판독문과 관련된 한

문 원문(原文)과 그 출전(出典)을 일일이 조사하여 제시함으로써 자료 활용이 극대화할 수 있도록 하였다(한문 원문과 그 출전을 제시하는 데는 특히 박용만 공동연구원의 기여가 컸음을 밝혀 둔다). 본서의 출간을 계기로 ≪곤범≫이 국어사 자료로서는 물론 여훈서(女訓書)나 한글 서체(書體)를 연구하는 자료로 폭넓게 활용되기를 기대해 본다.

본서가 나오기까지 실로 여러 분의 도움을 받았다. 이래호(李來壕) 선생과 김연순(金蓮順) 선생은 판독문의 현대어역을 작성하고 한문 원문의 출전을 조사하는 기초 작업에 커다란 도움을 주었다. 신성철(申晟澈) 선생은 어휘 주석과 어절 색인에 대한 막바지 교정 작업에 참여하여 출판을 차질 없이 마무리해 주었다. 이분들의 실질적인 도움이 없었다면 과제의 수행은 물론 본서의 출판이 계획대로 진행될 수 있었을지 의문스럽다. 역락(亦樂)출판사의 이대현(李大鉉) 사장님은 독자의 범위가 제한될 수밖에 없는 기초학문 서적의 출판을 흔쾌히 맡아 주셨다. 더욱이 한글 필사본의 원본을 영인(影印)하여 본서의 자료적 가치를 높이는 데에 아낌없는 지원을 해 주셨다. 과제의 수행과 출판이 원활하게 진행될 수 있도록 도와주신 한국학중앙연구원의 연구행정팀, 그중에서도 특히 출판 과정에서 일어난 크고 작은 어려움을 해결해 주신 정유순(鄭裕淳) 선생께 깊은 감사의 말씀을 드리고 싶다. 마지막으로 본서의 출판을 승인해 주신 출판위원회와 본서의 출판을 위해 심혈을 기울여 주신 역락출판사 관계자 여러분께 심심한 사의를 표한다. 이태곤(李泰坤) 본부장, 권분옥(權粉玉) 편집장, 이소희(李素熙) 님 등 어설픈 원고 뭉치를 어엿한 책자로 만들어주신 출판사 직원 여러분께 진심으로 감사의 말씀을 드린다.

2008년 11월 15일
연구책임자 황문환

목 차

《곤범》 해제

황 문 환

1. 머리말

    《곤범(壼範)》은 한국학중앙연구원의 장서각에 소장된 3권 3책의 한글 필사본이다. 書名에 "대궐의 안길, 문지방의 안쪽"을 뜻하는 '壼'이 포함된 데서 보듯이 이 책은 여성 교육을 목적으로 만들어진 일종의 女訓書에 해당한다. 1920년 李王職에서 작성한 《演慶堂諺文冊目錄》에 서명이 등장하는 것으로 보아 이 책은 樂善齋本 小說과 함께 궁중에 소장되었던 문헌임을 알 수 있다(허원기 2002 : 311). 우선 한국학중앙연구원의 《藏書閣圖書韓國版總目錄》에 기술된 내용을 바탕으로 《곤범(壼範)》의 서지 사항을 소개하면 아래와 같다.

    수제 : 곤범, 표제 : 壼範.
    3권 3책. 194장(권1 : 79장, 권2 : 59장, 권3 : 56장). 筆寫本. 26.1×17.2cm.
    線裝.
    無郭, 半葉 10행 15~20자, 夾註 : 小字雙行.
    紙質 : 楮紙.
    (도서번호: 3-9, 마이크로필름 번호: MF 35-1538)

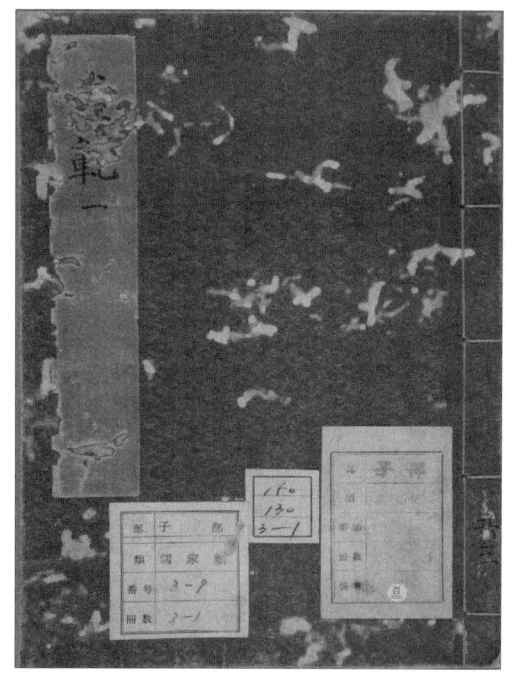

〔사진 1〕 ≪곤범(壼範)≫ 권1의 외표지(外表紙)

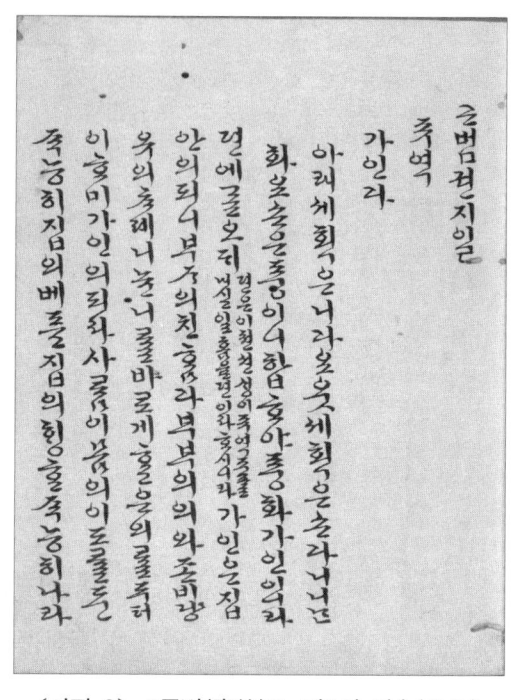

〔사진 2〕 ≪곤범(壼範)≫ 권1의 권수(卷首)

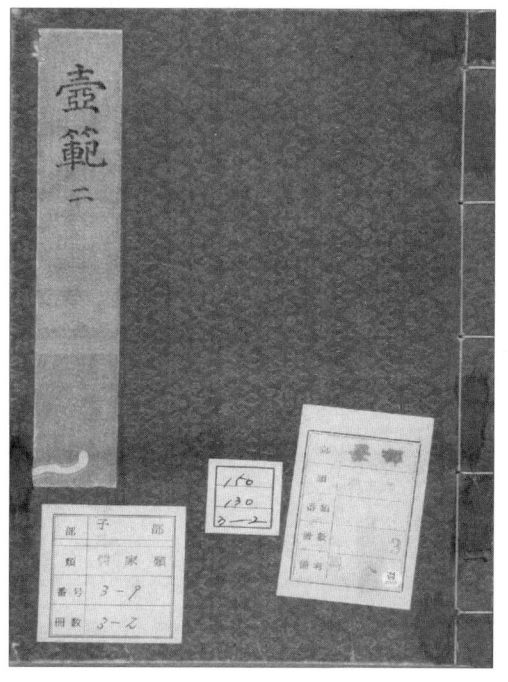

〔사진 3〕 ≪곤범(壼範)≫ 권2의 외표지(外表紙)

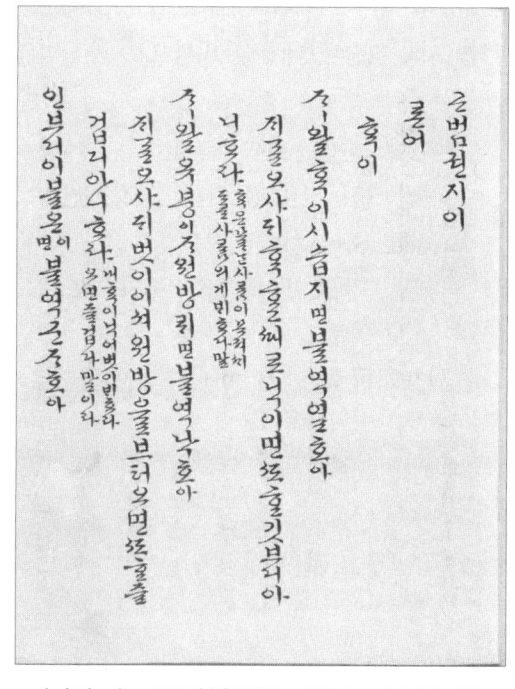

〔사진 4〕 ≪곤범(壼範)≫ 권2의 권수(卷首)

[사진 5] ≪곤범(壺範)≫ 권3의 외표지(外表紙)　　　[사진 6] ≪곤범(壺範)≫ 권3의 권수(卷首)

　　≪곤범(壺範)≫은 한글로 된 필사본이지만 내용의 대부분은 漢文으로 된 經書나 性理學書, 墓道文字 등에서 그 原文을 확인할 수 있는 것들이다(후술 2.1 참조). 일종의 諺解書 성격을 지니는 까닭에 ≪곤범(壺範)≫은 국어사 연구에 활용될 좋은 여건을 갖추고 있지만 (장서각 유일본으로) 자료 접근이 어렵고 편찬 경위가 불분명하여 그동안 국어사 자료로 적극 활용되지 못하였다. 그러나 최근 허원기(2002)에서 影印本을 첨부한 자료 공개가 이루어지고 허원기(2002, 2003), 김언순(2006), 박용만(2006) 등을 통해 편찬 경위에 대한 논의도 활발하게 이어짐으로써 ≪곤범(壺範)≫은 이제 국어사 연구에서 새롭게 주목할 계기를 맞이하였다. 이에 본고에서는 ≪곤범(壺範)≫을 국어사 자료로 소개하면서 특히 책의 편찬 시기와 국어학적 특징에 초점을 맞추어 논의하고자 한다. 편찬 시기에 대하여는 책에 반영된 언어 사실을 분석함으로써 기존의 견해를 재검토하고, 국어학적 특징에 대하여는 책의 언어 사실을 비슷한 시기의 다른 문헌과 비교함으로써 표기, 음운, 어휘, 문법 등에서 관찰되는 대략적인 특징을 살펴볼 것이다.

2. 책의 체재와 이본

2.1. 책의 체재

《곤범(壺範)》은 3권으로 分卷되어 있지만 내용상으로는 크게 보아 內篇과 外篇의 체제로 되어 있다. 이러한 사실은 권3의 앞부분에 등장하는 夾註 내용을 통해 확인할 수 있는데 협주 내용을 그대로 옮겨 오면 아래와 같다.

> 샹강쳔표
> 외편(外篇)【권지일이(卷之一二) 두 권은 경셔(經書)와 송(宋) 적 현인(賢人)의
> 말슴을 모화 올니고 이 권은〔권3을 가리킴─필자〕 외편(外篇)이라 일홈ᄒ고 고금
> (古今) 현부인(賢夫人)의 힝젹(行蹟)을 ᄀ티ᄒ노라】"〈3:9a〉

위에서 협주 부분(【 】안의 부분)은 '샹강쳔표'(권3의 두 번째 작품명)라는 제목 다음에 '외편'이라 적고 이에 대해 설명을 덧붙인 것이다. 협주 내용에 따르면 권1과 권2 두 권은 經書와 宋代 賢人의 말씀을 모아 싣고 권3은 古今 賢婦人의 行績을 모아 싣되 후자를 '외편(外篇)'이라 이름하여 크게 內外篇의 체제를 의도하였던 것이 확인된다. 이러한 애초의 의도에 따라 《곤범(壺範)》의 수록 내용을 內篇과 外篇으로 나누어 소개하면 아래 표와 같다.[1]

〈內篇〉

수록 순서	수록 제목	원문 출전(저자)	수록 부분	비 고
1	《쥬역》	《周易傳義大全》(程頤·朱熹)	권1 1a~10b	
2	《시뎐》	《詩經集傳》(朱熹)	권1 11a~67a	장서각 소장의 《국풍(國風)》과 수록 내용이 공통됨
3	《셔뎐》	《書經集傳》(蔡沈)	권1 67b~72a	
4	《대흑》	《四書集註》(朱熹)	권1 72b~79a	
5	《론어》		권2 1a~10b	
6	《밍ᄌ》		권2 11a~22b	
7	《즁용》		권2 23a~29b	

---

1) 허원기(2002), 박용만(2006), 김언순(2006)에 서술된 내용을 참고하여 표로 재정리한 것이다.

8	≪통서≫	≪通書≫(周敦頤)	권2 30a~31b	
9	≪심경≫	≪心經≫(眞德秀)	권2 32a~46b	
10	≪근ᄉ록≫	≪近思錄≫(朱熹)	권2 47a~48a	
11	≪쇽근ᄉ록≫	≪續近思錄≫(呂祖謙)	권2 48a~50b	
12	≪셩니대젼≫	≪性理大全≫	권2 50b~53a	

〈外篇〉

수록 순서	수록 제목	원문 출전(찬자)	수록 부분	비 고
1	<후부인ᄒ<200b>ᆡᆼ장>	<候夫人行狀>(程頤)	권2 53b~59b	'뎡지 지으신 거시니'
2	<샹곡후부인뎐>	<上谷郡君家傳>(程頤)	권3 1a~7a	'이쳔션싱이 손조 지 으시니라'
3	<효녀뎡시묘>	<孝女程氏墓誌>(程頤)	권3 7a~9a	'이쳔션싱이 손조 지 으시니라'
4	<샹강쳔표>	<瀧岡阡墓表>(歐陽脩)	권3 9a~13b	찬자 소개 없음(작품 말 미에 모곤의 주만 인용 됨)
5	<광산부인노시묘디>	<光山府夫人盧氏墓誌銘>(宋時烈)	권3 13b~16b	'우암션싱이 지으신 찬 이라'
6	<슉인송시뎐>	<姑母淑人宋氏傳>(宋時烈)	권3 16b~22b	'우암션싱 지으신 찬 이라'
7	<뎡부인니시묘지>	<貞夫人延安李氏墓誌銘>(宋時烈)	권3 23a~26b	'우암션싱 찬이라'
8	<뎡경부인김시묘지>	<貞敬夫人金氏墓誌銘>(宋時烈)	권3 26b~30a	'우암션싱 찬이라'
9	<슉인조시묘지>	<淑人曹氏墓誌銘>(宋時烈)	권3 30a~35a	'우암션싱 찬이라'
10	<뎡경부인박시묘지>	<伯嫂貞敬夫人朴氏墓誌銘>(金昌翕)	권3 35a~39b	'삼연 지은 찬이라'
11	<뎡경부인진산강시묘지>	<貞夫人姜氏墓誌>(申暻)	권3 39b~44a	'직암신공찬'(작품 말미 에 소개됨)
12	<뎡경부인니시묘지명>	<貞夫人李氏墓誌>(尹鳳九)	권3 44a~51a	'구암윤공찬'(작품 말미 에 소개됨)
13	<증뎡경부인신시ᄒ<200b>ᆡᆼ장>	<亡室贈淑夫人申氏行狀>(金鍾正)	권3 51a~56a	찬자 소개 없음

2.2. 책의 이본

책에서 內外篇을 통틀어 수록 분량이 가장 많은 부분은 내편의 ≪시뎐(詩傳)≫이다. 권1
의 11a부터 67a까지 무려 57장에 걸쳐 수록되었는데 특히 이 부분은 장서각에 소장된 또다
른 한글 필사본 ≪국풍(國風)≫과2) 수록 체재나 내용이 거의 유사하여 異本 여부가 주목된

바 있다(安秉禧 1999 : 5~6, 13). 비교를 위하여 수록 내용의 첫 부분을 그대로 옮겨 오면 아래와 같다.

> 시뎐(詩傳)
>   풍(風) 쥬람(周南)
> 관관져구지하지쥬(關關雎鳩在河之洲)ㅣ로다 뇨됴슉녀(窈窕淑女)ㅣ 군ᄌ호구(君子好逑)로다
>   홍야(興也)라【홍(興)은 몬져 다른 거슬 닐러 음영ᄒᆞᄂᆞᆫ 말로 니르혀다 말이라】
>   관관(關關)은 ᄌᆞ웅(雌雄)이 서르 응ᄒᆞ야 화ᄒᆞᄂᆞᆫ 소리오 져구(雎鳩)ᄂᆞᆫ 물새 일
>   홈이니 즉금 승경이라 나며 명혼 ᄧᅡᆨ이 이셔 서르 ᄧᅡᆨ을 어ᄌᆞ러이디 아니ᄒᆞ고 샹
>   해 안기와 눌기롤 ᄀᆞ티ᄒᆞ디 서르 닐압디 아니ᄒᆞ야 각별ᄒᆞᆫ 거시 잇ᄂᆞ니라
>   〈곤범 1:11a〉(〔사진 7〕 참조)

> 국풍(國風)
>   쥬람(周南)
> 관관져구(關關雎鳩)여 지하지쥐(在河之洲ㅣ)로다 뇨됴슉녜(窈窕淑女ㅣ) 군ᄌ호구(君子好逑)로다
>   홍애(興也ㅣ)라【홍(興)은 몬져 다른 거슬 닐어 음영ᄒᆞᄂᆞᆫ 바롤 니릐혀단 말이라】 관관(關關)은 ᄌᆞ웅(雌雄)이 셔로 응ᄒᆞ야 화ᄒᆞᄂᆞᆫ 쇼리오 져구(雎鳩)ᄂᆞᆫ 물새
>   일홈이니【즉금 증경이란 시라】 나며 졍혼 ᄲᅥᆨ이 이셔 셔로 ᄲᅥᆨ을 어ᄌᆞ러이지 아니
>   ᄒᆞ고 샹히 안기와 눌기롤 ᄌᆞᆺ치ᄒᆞ디 셔로 닐압지 아니ᄒᆞ야 각별ᄒᆞᆫ 거시 잇ᄂᆞ니라
>   〈국풍 1a〉(〔사진 8〕 참조)

언뜻 보더라도 ≪詩經≫ 大文의 懸吐 위치가 바뀌고 語句 註釋의 시작 위치가 달라진 점 등이 발견된다. 뿐만 아니라 ≪곤범≫에는 '서르, 소리, ᄧᅡᆨ'으로 나타나는 것이 ≪국풍≫에는 '셔로, 쇼리, ᄲᅥᆨ'으로 나타나 표기상 일관된 차이를 보이기도 한다. 앞으로 표기나 어휘 등을 정밀하게 검토하여 두 책의 상호 관계가 구체적으로 밝혀질 필요가 있다고 하겠다.

---

2) ≪藏書閣圖書韓國版總目錄≫에 기술된 내용을 바탕으로 책의 서지 사항을 소개하면 아래와 같다.
   수제 : 국풍, 표제 : 國風.
   1책 49장. 筆寫本. 29.4×21.1cm. 線裝.
   無郭, 半葉 10행 20~22자, 夾註 : 小字雙行. 紙質 : 楮紙.
   (도서번호 : 1-35, 마이크로필름 번호 : MF 35-844)

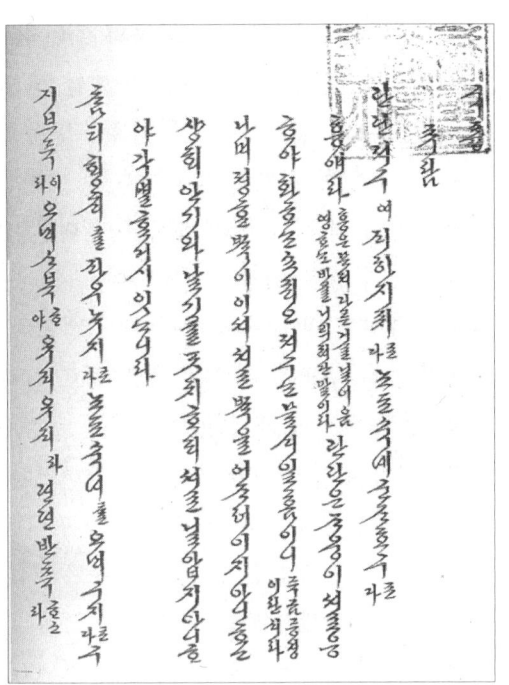

〔사진 7〕 ≪곤범(壺範)≫ 권1의 11a   〔사진 8〕 ≪국풍(國風)≫의 1a

3. 책의 편찬 경위

유감스럽게도 ≪곤범≫에는 編纂이나 筆寫에 대한 기록이 전혀 없어 정확한 편찬 경위나 필사 경위를 알 수가 없다. 장서각에 소장된 ≪곤범≫이 진본인지 여부를 비롯하여 ≪곤범≫의 諺解 底本으로 한문본이 존재하였는지 또 ≪곤범≫의 각 권이 동시에 편찬되었는지 시차를 두고 편찬되었는지 기본적인 편찬 경위조차 파악하기 어려운 실정이다(김언순 2006, 박용만 2006). 그러나 책에 수록된 작품의 체재와 撰者에 대한 검토를 통하여 편찬 주체나 시기를 추정할 단서는 찾아볼 수 있다.

3.1. 편찬 주체

책에서 송나라와 조선 여성들의 행적을 언해하여 필사한 권3은 ≪곤범≫의 편찬 주체와 목적 등을 추정할 수 있는 중요한 부분이다. 권3에 수록된 작품의 편수는 총 12편인데, 12편의 撰者는 宋代의 程頤, 歐陽脩와 朝鮮의 宋時烈, 金昌翕, 尹鳳九, 申暻, 金鍾正 등 모두 7명이다. 박용만(2006)에 따르면 이들 중 조선의 인물 5명은 공통적으로 栗谷學派 중 金長生 → 宋時烈 → 權尙夏로 이어지는 湖西士林계열의 인물들이란 공통점을 지닌다. 따라서 ≪곤범≫의 편찬 주체는 율곡학파 중 호론계 인사였을 것으로 좁혀지는데 박용만(2006)에서는 김종정의 작품(마지막에 수록된 「증뎡경부인신시힝장」)에서 유독 한문 원문과 언해문 사이에 번역 차이가 많은 점을3) 중시하여 편찬 주체를 "金鍾正이든 아니면 아들 金世淵이든 청풍김씨 김종정 직계 내에서 이루어진 것"으로 추정한 바 있다.

책의 편찬 주체를 '김종정 직계 내'로 압축한다면 "책의 기획이나 독서에 왕비를 비롯한 왕실최고층의 여성이 개입되었으리라는 추정"(허원기 2002 : 111)은 우선 유보해 두어야 할 것이다. "만일 왕실 여성을 독자로 기획하였다면, 3권에서 단 한 명의 왕실 여성도 언급되지 않은 사실을 설명할 수가 없"기 때문이다(김언순 2006 : 161). 그러나 그렇다고 하여 김언순 (2006 : 160)에서와 같이 "사대부가에서 사대부 여성 교육용으로4) 작성"된 것으로 보아도 해명되지 않는 문제가 남는다. 첫째, "書傳의 伊訓편을 비롯해 治國의 영역에 대한 담론들이 적지 않게 수용되어 있다는 점"(허원기 2002 : 111), 둘째, "演慶堂에 소장되어 있었던 것으로 보아 왕실에서 소장했던 것인 확실하다"는 점 등이 그러하다. 이러한 의문점에 대해서는

---

3) 「증뎡경부인신시힝장」과 한문 원문에 해당하는 「亡室贈淑夫人申氏行狀」(김종정의 문집인 ≪雲溪漫稿≫에 수록) 사이의 번역상 차이를 예시하면 아래와 같다(박용만 2006).

〔한문 원문〕 直菴先生以玄石之外孫 又受業于厚齋 遂以女字余 夫人生于己亥十一月八日 十八而入我門
〔언 해 문〕 직암션싱은 현옹의 틱샹이오 증고의 문인이라 날로뻐 증고의 손ᄌ라 ᄒ야 뚤로뻐 집을 허ᄒ니 부인이 십팔의 내게 도라오니 얼골이 단졍ᄒ듸 장엄ᄒ고 긔운이 곳고 온화ᄒ듸 평거의 언에 격ᄆ며 동지 죠용ᄒ고 화슌ᄒ야 부ᄌ 셤기 "롤 어긔미 업ᄉ듸 그 블가ᄒᆫ 바롤 보면 손슌ᄒ 빗과 완년ᄒ 말로뻐 규간ᄒ야 말이 반ᄃ시 니예 마ᄌ니 내 위ᄒ야 긔복ᄒ고

위의 인용문에서 볼 수 있듯, 언해문에서 신씨부인의 외모와 성품, 행동거지를 묘사한 부분이 한문 원문에서는 통째로 빠져 있다. 따라서 언해문의 원문은 김종정의 문집인 ≪雲溪漫稿≫에 실린 글이 아닌 것이 분명하다. 그렇다면 언해할 당시 諺解 底本이 된 한문본은 家藏되던 草稿本일 수밖에 없다. 家藏草稿本을 집 밖으로 내보내지 않는 것이 엄격했던 점을 감안하면 ≪곤범≫은 김종정의 집안 안에서 이루어질 수밖에 없다. 편찬 주체가 김종정이든 아니면 아들인 金世淵이든 청풍김씨 김종정 직계 내에서 이루어진 것이다(박용만 2006).

4) 김언순(2006 : 187, 189)에서는 ≪곤범≫ 권3에 실린 이상적인 여성들이 대부분 家婦인 점을 들어 "가문의 며느리들에게 총부로서의 자질을 함양시키는 것은 물론, 다른 가문으로 시집갈 딸에게 총부의 자질과 능력을 길러주기 위한" 家婦 교육서로 해석된 바 있다.

"사대부 여성과 왕실이 혼인관계를 맺으면서5) ≪곤범≫이 왕실로 유입되었을 가능성", 보다 적극적으로는 "왕실 여성을 만들기 위한 수험서 혹은 지침서였을 가능성"(김언순 2006 : 27)을 생각해 볼 수 있을 것이다. 혹은 (비슷한 맥락이긴 하지만) "호론계 인맥의 후손 중에서 왕실의 여성으로 편입되는 과정에 여성으로서의 부덕과 행위규범을 교육시킬 필요성이 생겼고, 그 독자 역시 특정한 妃嬪으로6) 한정되었다면 자연스럽게 자신들의 집단적인 특성을 전제로 대상 작품들을 선발하였을"(박용만 2006) 가능성도 생각해 보아야 할 것이다. 앞으로 왕실 관련 문헌의 제작과 유통이라는 거시적 관점에서 보다 정밀하게 추적되어야 할 과제라 하겠다.

3.2. 편찬 시기

≪곤범≫이 국어사 자료로 다루어지기 위해서는 무엇보다 편찬 시기(곧 언해 시기)가 밝혀져야 한다. (편찬 주체나 목적과 마찬가지로) 역시 추정의 범주를 넘어서지 못하기는 하지만 편찬 시기에 대하여는 아래 세 가지 견해가 제시된 바 있다.

> (가) 19세기(安秉禧 1999 : 12~3)
> (나) 18세기 중후반 이후(허원기 2002 : 310)
> (다) 18세기 후반 또는 19세기 초엽(김언순 2006 : 187)

(가)는 장서각 소장의 ≪국풍(國風)≫과 체재가 같은 점을 중시한 견해이다. ≪국풍(國風)≫은 ≪詩經≫ 國風의 關雎로부터 小雅의 蓼莪六張까지 "원문의 독음과 구결을 한글로 보인 뒤에 원문 이해에 필요한 한문 주석을 번역한 체재"(p.6)로 되어 있는데, ≪곤범≫ 권1의 「시뎐(詩傳)」 부분이 바로 이 ≪국풍(國風)≫과 체재가 동일하다는 것이다(전술 2.2 참조). ≪국풍(國風)≫은 "필사 연대에 대한 기록이 없으나 '서로, 소리'가 '셔로, 쇼리'로 나타나는 점으로 19세기 국어자료로 이용될 수 있다"(p.6)고 보았다. 그러나 ≪국풍(國風)≫의 시기 추정 근거로 삼은 '셔로, 쇼리'가 ≪곤범≫에는 일관되게 '서로, 소리'로 나타나므로 두 문헌을 단순히 체재가 같다고 하여 "같은 시기(19세기-필자)의 책"으로 단정하는 것은 무리라 할 것이다.
(나)는 수록 작품과 관련한 撰者의 활동 시기로 미루어 편찬 시기의 상한을 추정한 견해이

---

5) 김언순(2006 : 183)에서는 구체적으로 "청풍김씨 김시묵의 딸인 정조 비 孝懿王后(1753~1821)를 생각해 볼 수 있다"고 하였다.
6) 박용만(2006)에서는 "憲宗의 後宮이었던 慶嬪金氏"를 지목한 바 있다.

다. 찬자 중 가장 후대의 인물이 윤봉구(尹鳳九, 1681~1767)이므로 윤봉구의 생몰 연대를 감안하여 ≪곤범≫의 편찬 시기를 최대한 올려 잡았을 때 18세기 중후반 이후라는 편찬 시기가 도출된 것이다. (1)에 비해 구체적 근거가 제시되기는 하였으나 편찬 시기의 상한만 추정되었을 뿐 하한에 대하여는 아무런 언급이 없어 약점으로 지적될 수 있다.

(다)는 편찬 시기의 상한을 보다 정밀화하고 여기에 하한에 대한 추정을 추가한 견해이다. 수록 작품 중 가장 후대의 것은 「증뎡경부인신시힝장」인데 行狀의 대상자인 申氏의 沒年이 1779년이므로 (행장이 작성되기까지 시간이 지체되었을 가능성까지 고려할 때) ≪곤범≫은 적어도 "1779년 이후 1780~90년대 즉 18세기 후반 이후"의 문헌으로 추정된 것이다. 수록 작품을 통해 편찬 시기의 상한을 보다 정밀화한 점은 있으나 하한에 대하여는 단지 "19세기 초엽"으로만 언급하였다. 편찬자가 "김종정의 아들인 김세연이나 후손일 가능성"을 염두에 둔 결과이겠으나 편찬자에 대한 추정이 유동적인 만큼 하한에 대한 추정 역시 유동적인 성격을 면할 수 없다 하겠다.

이상의 논의를 정리해 보면 결국 ≪곤범≫의 편찬 시기는 '18세기 후반~19세기 초엽' 정도로 압축될 수 있다. 이는 ≪곤범≫에 반영된 언어 사실과도 대략 일치하는 것이나 언어 사실에만 충실하자면 19세기보다는 18세기 후반의 문헌으로 파악될 가능성이 보다 높아 보인다. 그것은 무엇보다 중세국어의 '-오라'에 소급할 평서형으로 책에는 아래 (1)과 같은 형태들이 등장하기 때문이다.

(1) 가. '-오라' : 텩피호혜(陟彼岵兮)ᄒᆞ야 텸망부혜(瞻望父兮)호라 〈1:38a〉, 민막블곡(民莫不穀)이어ᄂᆞᆯ 아독블졸(我獨不卒)호라 〈1:66a〉.
　나. '-으롸' : 유ᄂᆡ무지(猶來無止)ᄂᆞᆫ 오히려 와 그치미 업ᄉᆞ롸 말이니 그치다 말은 ᄎᆞᄌᆞ미 업게 ᄒᆞ라 뜻이라 〈1:38b〉, 봉피지노(逢彼之怒)ᄂᆞᆫ 뎌의 셩내믈 만나롸 ᄒᆞ미라 〈1:24b〉.
　다. '-을와' : 부인의 아ᄋᆞ 가【가ᄂᆞᆫ 일홈】 셰샹 명유로 일ᄏᆞᄅᆞ니 ᄌᆡ조와 지혜 심히 놉흐ᄃᆡ 샹해 스ᄉᆞ로 닐러 부인만 ᄀᆞᆺ디 못ᄒᆞᆯ와 ᄒᆞ더라 (夫人之弟可世稱名儒 才智甚高 嘗自謂不如夫人.) 〈3:6b〉, 내 능히 너ᄅᆞᆯ ᄀᆞᄅᆞ티디 못ᄒᆞ나 이거시 다 너의 부친의 뜻이니라 ᄒᆞ셔ᄂᆞᆯ 쉬 울고 긔록ᄒᆞ야 감히 닛디 못ᄒᆞᆯ와 (吾不能教汝 此汝父之志也 脩泣而志之 不敢忘.) 〈3:11b〉, 옹이 셰샹의 의식 업서 츈쳔 실운의 드러가 ᄎᆡ근탈속으로【ᄎᆡ근은 ᄂᆞ믈 블희오 탈속은 ᄲᆞᆯ티 아닌 좁ᄡᆞᆯ이라】 흔연이 서ᄅᆞ ᄃᆡᄒᆞ야 ᄀᆞᆯ오ᄃᆡ 이에 내 곳을 어들와 (翁不樂於世 入春川之深處 茱橡脫粟 忻然相對曰 爰得我所 淑人曰 諾哉) 〈3:33a〉

위에서 (1가)의 '-오라'는 중세국어의 형태를 그대로 계승한 것이지만 구결문의 '호라'에 한하여 나타날 뿐이다. 책에는 '-오라'보다 선어말어미 '-오-'의 쇠퇴와 더불어 '-오라>오롸>-으롸'의 변화를 겪은 (1나)의 '-으롸'나 이것을 과잉 분철한 (1다)의 '-을와'로 나타나는데 이들 형태는 18세기 간본이나 필사본(영조 대〈1746~1776〉 어제류)에 집중 등장하는 것이 특징이다.7) 따라서 '-으롸/을와'의 등장 시기를 감안한다면 책의 편찬 시기는 (잠정적이기는 하지만) 18세기 후반 정도로 좁혀 볼 수 있을 것이다.8)

4. 책의 국어학적 특징

이 글에서는 책에 나타나는 특징적인 종결형('-으롸/을와')을 중시하여 ≪곤범≫의 편찬 시

---

7) 간본의 예와 필사본의 예를 나누어 제시해 보이면 다음과 같다. 예(**간본**) : 내 알롸 홈을 기드림이 무던 ᄒ다 〈오륜전비언해(1721) 1:54〉, 보내여 四十里 짜히 가 ᄒᆞᆺᆺ밤 머므러 곳 하직ᄒ고 도라오롸 〈박통사신석언해(1765) 3:40b〉; 나도 그날 가 拜壽ᄒ고 여러 잔 술 먹고 兩道場을 지내고 곳 물을 트고 나올와 〈박통사신석언해(1765) 2:4a〉. 예(**필사본**) : 비록 미믈이라도 만일 그 산 쟤면 셕년 금슈의 밋 ᄌᆞ온 셩덕을 톄렴ᄒᆞ야 반ᄃᆞ시 노호롸 〈어제자성편(언해) 상:20a〉, 그러므로 내 일즉 숑 스긔롤 안즌 겨티 두롸 〈어제자성편(언해) 하:14b〉, 겨즘믜 션둑교의 지나매 오히려 이제 쑬와 싱각ᄒᆞ야 회포롤 일의혀롸 〈어제자성편(언해) 하:33b~34a〉, 크다 이 말슴이여 ᄆᆞ음의 샹히 흠탄ᄒᆞ야 친히 듯줍는 둣ᄒᆞ롸 〈어제속자성편(언해) 36a〉; 듕야의 싱각을 니르혀매 궐연ᄒ믈 씨둣디 못ᄒ니 엇디 감히 쇠ᄒ 롸 ᄒ며 엇디 감히 뷔ᄒ롸 ᄒ리오 〈어제속자성편(언해) 14b〉, 사롬의 ᄌᆞ식 되엿는 쟤 다 어버의 ᄆᆞ 음으로그쎠 내 ᄆᆞ음을 삼ᄂᆞ냐 내 보미 젹으며 내 드르미 쏘ᄒ 젹으롸 〈어제(언해) 23b〉, 내 보미 닉 으며 내 드르미 만ᄒ롸 〈어제(언해) 27a〉, 고총묘 안히 빅쥬의 구신이 단인다 ᄒ되 보지 못홀와 〈션진일ᄉ(禪眞逸史) 9:14〉.

8) 이러한 추정은 책에 나타나는 'ᄒ-말음' 체언의 'ᄒ-말음' 유지 양상을 통해서도 傍證될 수 있다. 아래 에서 (가)는 '긿[道]'의 'ᄒ-말음' 유지 양상, (나)는 '나랗[國]'의 'ᄒ-말음' 유지 양상을 각각 예시한 것이다.(X는 '이'의 후행 형태를 생략하였음을 표시)

가. 길히X(7)/길이X(0), 길홀(0)/길을(1), 길희(3)/길에(0)

나. 나라히X(10회)/나라이X(0), 나라홀(7)/나라을(0), 나라히(10)/나라에(0)

간본 자료의 'ᄒ-말음' 분포 양상을 다룬 裵泳煥(2005:100~1)에 따르면 18세기와 19세기 사이에 'ᄒ-말음' 유지 비율이 급반전하는 예는 '긿'과 '나랗'의 처격형에서 두드러진다. 곧 '긿'의 경우 ≪오륜 행실도≫(1797)에서는 '길희'(11회)가 '길에'(2회)보다 압도적인 우세를 보이다가 ≪태상감응편도설 언해≫(1852)부터는 '길희'형의 표기가 전무한 것으로 나타난다. '나랗'의 경우도 ≪오륜행실도≫에서 '나라히'(11회)가 '나라에'(3회)보다 압도적인 우세를 보이나 ≪태상감응편도설언해≫부터는 '나라히' 형의 표기가 역시 전무한 것으로 나타난다. 책에서는 '긿'의 대격형을 제외하면 특히 처격형(밑줄 친 부분)에서 'ᄒ-말음' 유지 비율이 압도적으로 높은 것을 볼 수 있는데 이는 18세기 후반의 간본 자료 와 일치하는 특징이라 할 수 있다.

기를 18세기 후반 정도로 추정하였다. 여기서는 ≪곤범≫을 비슷한 시기의 다른 문헌과 비교
할 때 표기, 음운, 어휘, 문법 등에서 관찰되는 특기 사항을 기술함으로써 책의 국어학적 특
징을 좀더 정밀하게 살펴보기로 한다.

표기에서는 우선 아래 (2)와 같은 ㅂ계 합용병서가 쓰인 점이 주목된다.

> (2) 가. 삣다〔洗〕〈1:40b〉, 빠호다〔鬪〕〈1:59a〉, 빠힌 〈1:58a〉, 됴희예 뻐〔書〕
>   〈3:5a〉, 둑을 뿌이더니 〈3:54a〉, 뻑다 〈3:55b〉
>   나. 쩌허 〈1:53b〉 ; 음 쁘는〔字〕〈1:11a〉, 왈 쩨〔字〕〈1:51b〉

위에서 (2가)는 硬音 /ㅆ/의 표기에 'ㅳ'이 사용된 경우, (2나)는 硬音 /ㅉ/의 표기에 'ㅳ'
이 사용된 경우를 예시한 것이다. 예시된 어휘들은 중세국어 이래 ㅅ계 병서나 평음자로 표
기되어 ㅂ계 합용병서로 표기된 적이 거의 없는 어휘들이다. 책에서 다른 어두 경음은 ㅅ계
합용병서로 표기되지만 유독 마찰음 계열의 /ㅆ/과 /ㅉ/만큼은 ㅂ계 합용병서('ㅳ', 'ㅳ')로 표
기된 특징을 볼 수 있다.

책에서는 'ㄱ, ㄴ, ㄹ, ㅁ, ㅂ, ㅅ, ㆁ' 일곱 자만이 종성 위치에 쓰여 다른 18세기 문헌과
마찬가지로 七終聲法이 정착한 양상을 보인다. 그런데 책에서 종성 'ㅅ'을 이용한 分綴 表記
는 (다른 분철 표기와 달리) /ㄷ/, /ㅅ/, /ㅈ/ 등 여러 가지 음가를 반영하여 주목을 끈다.

> (3) 가. 쯧이니〔意〕〈1:1b〉, 벗을〔友〕〈1:34a〉, 곳이라도〔處〕〈1:58a〉, 밧으면
>   〔受〕〈3:46a〉, 밋으며〔信〕〈1:64b〉
>   나. 혹 능히 스스로 <u>졋이</u> 업서 먹이디 못ᄒ면 비록 사롬으로 ᄒ여곰 져술 먹이
>   나 (或不能自乳 必使人)〈2:47b〉 ; 덧덧이 〈1:9b〉 cf. 덧덧시 〈2:55a〉
>   다. 듀(晝)는 <u>낫이오</u> 이(爾)는 네라 말이오 우(于)는 가다 말이오 모(茅)는
>   쒸니 나지는 네 쒸롤 엿거 집닐 일ᄒ다 말이오 〈1:54a〉

위에서 (2가)는 어간말 /ㄷ/을 표기하는 데 ㅅ분철 표기가 적용된 예이다. 이는 팔종성법
이 칠종성법으로 변화하면서 'ㄷ'이 더 이상 종성에 쓰이지 않고 'ㅅ'이 'ㄷ'을 대신한 결과 18
세기 문헌에는 일반화되어 나타나는 분철 표기이다. 그런데 책에서는 (2나), (2다)에서 보듯
이 어간말 /ㅅ/과 /ㅈ/을 표기하는 데도 ㅅ분철 표기가 쓰였다. 이러한 표기는 황문환(2001)
에 따르면 "분철 표기가 확대되면서도 종성 표기는 여전히 칠종성법에 묶인 결과"(p.371)로
서, 특히 어간말 /ㅈ/에 대한 ㅅ분철 표기는 "비록 곡용의 경우에 한하기는 하나 18세기 문

헌부터 유력한 표기 경향으로 자리잡아"(pp.368-9) 20세기 초의 諺文綴字法에까지 이어진다.

책에서는 口蓋音化나 圓脣母音化, 'ㆍ'의 변화 등 음운 변화에 대하여 매우 보수적인 특성을 보여주는 것이 특징이다. ㄷ구개음화를 예로 들면 책은 총 2,173회의 환경에서 166회가 구개음화되어 전체적으로 7.64% 정도의 확산을 보여준다. (특히 문법형태소에서는 대부분이 구개음화되지 않은 상태로 나타난다.) 김주필(2006)에 따르면 이 정도의 확산 비율은 正祖 대의 ≪윤음≫에서 보여주는 88.90%에 훨씬 미치지 못하며 18세기의 譯學書 가운데 ≪중간노걸대언해≫(1795)의 96.92%는 물론 ≪박통사신석언해≫(1764)의 51.65%에도 크게 미치지 못한다. 英祖 대 왕실 문헌인 ≪어제경세문답(언해)≫(1761년경)나 ≪어제(언해)≫(1765년경)의 8.66%와 유사한 상태를 보여주므로 이들과 유사한 보수성을 지닌 문헌으로 평가될 수 있다.

'ㆍ'의 변화와 관련해서도 책은 非語頭 音節에서 일어난 제1단계 변화, 곧 'ㆍ>ㅡ'의 변화만을 보여 주는 것이 특징이다. 'ㆍ'의 제2단계 변화로 일컬어지는 'ㆍ>ㅏ'의 변화는 아래와 같이 비어두 음절에서만 관찰될 뿐 어두 음절에서는 관찰되지 않는다.

    (4) 가. 다만[但] ⟨1:32a 외 16회⟩, ᄇᆞ람[風] ⟨1:40a 외 5회⟩
        나. 박(薄)은 잠간 <u>흐다</u> 말이오 ⟨1:22a⟩ cf. 박(薄)은 잠간 <u>하다</u> 말이오
           ⟨1:23b⟩

위에서 (4가)는 비어두 음절에서 일어난 'ㆍ>ㅏ'의 변화를 예시한 것이다. (4나)에서 보듯이 책에는 '하[多]-'가 '흐-'로 바뀐 예가 등장하기도 하지만 ('ㅏ>ㆍ'의 변화는) 이곳의 예가 유일하고 정작 어두 음절에서 'ㆍ>ㅏ'의 변화가 일어난 예는 찾아볼 수 없다. "이러한 특징은 이 문헌이 18세기 문헌이라 하더라도 'ㆍ'의 제2단계 변화가 완결되어 'ㆍ'의 비음운화가 완성된 시기에 있었다고 할 수는 없으며, 'ㆍ'의 제2단계 변화가 시작하는 단계이거나 그 직전의 상태임"을 보여 주는 것으로 해석될 수 있다(김주필 2006 : 41).

한편 책에는 기존의 고어사전류에 올라 있지 않거나 올라 있더라도 형태에 차이가 있는 어휘들이 심심찮게 발견된다. 지면 관계상 흥미로운 몇 가지만 아래에 간략히 소개한다.

    (5) 가. 요슌이나 <u>범사롬</u>이나 ᄀᆞ티 착ᄒᆞ니 그 착ᄒᆞᆫ 줄을 이 네 곳출 보면 사롬의
           성이 본더 착ᄒᆞᆫ 줄을 알니라 말ᄉᆞᆷ이라 ⟨2:13a⟩, 셩인은 쳥명ᄒᆞᆫ 긔운을 탓
           고 <u>범사롬</u>은 쳥탁이 섯긴 긔운을 타시매 ⟨2:13b⟩

나. 낙(樂)은 즐거오미오 지(只)는【어주ᄌᆞ】니〈1:15b〉, 우(于)ᄂᆞᆫ【어주ᄌᆞ】요 이(以)ᄂᆞᆫ【ᄡᅥ 이 ᄌᆞ】니〈1:21a〉, 야(也)ᄂᆞᆫ【어주ᄌᆞ】요 영(永)은 기다 말이오〈壼範 1:58b〉, 십유이월(十有二月)【유(有)ᄂᆞᆫ 어주ᄌᆞ니 십이월은 섯ᄃᆞ리라】〈1:67b〉

다. 쇼혹(小學)의 십셰(十歲)어든 밧겻 스승의게 나아가라 ᄒᆞ니〈2:16a〉, 이 네 가지ᄂᆞᆫ 몸의 쓰이ᄂᆞᆫ 거시라 가온대로【ᄆᆞ옴이라】 말미암아 밧긔 응(應)ᄒᆞᄂᆞᆫ 디라 밧겻흐로 졔어ᄒᆞᄂᆞᆫ 거슨 그 가온대ᄅᆞᆯ 보양ᄒᆞᄂᆞᆫ 배니 혹재(學者ㅣ) 맛당이 네 가지 일을 ᄆᆞ옴의 먹어 일티 아닐 거시라 인ᄒᆞ야 줌(箴)을 지어 스스로 경계ᄒᆞ노라【밧겻치라 ᄒᆞᄂᆞᆫ 말은 보고 듯고 말과 동작ᄒᆞ미오 가온대ᄂᆞᆫ ᄆᆞ옴을 니ᄅᆞ미라】〈2:43a〉, ᄂᆞᆼ인사시외(良人事塞外)오 ᄉᆞ나히ᄂᆞᆫ 사시 밧겻치오 긔쳡슈공방(羈妾守空房)이라 나그ᄂᆡ 된 쳡은 뷘 방을 딕희엿도다〈3:5b〉

라. 쳐연이 슈렴ᄒᆞ야 안자시매 사ᄅᆞᆷ으로 ᄒᆞ야곰 친홀 ᄃᆞᆺᄒᆞ디 젓두려ᄒᆞ미 이시니 도 잇ᄂᆞᆫ 사ᄅᆞᆷ의 긔샹 규모러라 (旣已則寂然斂藏 可親而畏 眞有道者 氣象規模也)〈3:22a〉; 그 아ᄋᆞ 판셔공 익희 총명영발ᄒᆞ야 눈의 져투리ᄂᆞᆫ 사ᄅᆞᆷ이 업스디 ᄆᆡ양 의심ᄒᆞᄂᆞᆫ 일이 〃시매 만히 부인긔 무러 결단ᄒᆞ더라 (故其弟判書公益熙聰明英發 眼無勝人 而每有所疑 多就夫人咨決焉)〈3:29a〉, 오히려 ᄀᆞ장 깃거ᄒᆞᄂᆞᆫ 일이 업고 졍녕이 경계ᄒᆞᄂᆞᆫ도다 규목을 니으니 더옥 익손ᄒᆞ야 져투리ᄂᆞᆫ도다 (猶不絶喜丁寧戒 女承樛木益抑畏)〈3:34b〉

마. 지 ᄀᆞᆯ오샤디 말을 공교히 ᄒᆞ고 얼골빗출 됴사리 ᄒᆞᄂᆞ니 어디리 드므니라 (子曰 巧言令色 鮮矣仁)〈2:1b〉 cf. 몸을 바로게 ᄒᆞᄂᆞᆫ 되 ᄒᆞᆫ번 말슴ᄒᆞ며 ᄒᆞᆫ번 움죽이미 가히 쉽사리 못홀 거시니〈1:13a〉; 쉽살ᄒᆞ디 과ᄒᆞᆫ즉 허탄ᄒᆞ고 번거ᄒᆞ디 과ᄒᆞᆫ즉 디리ᄒᆞ니라〈2:44b〉, 족당이 심히 만코 비복이 ᄯᅩ ᄒᆞᆫ 만흔디라 용코 용ᄒᆞ며 간사ᄒᆞ며 험ᄒᆞ며 쉽살ᄒᆞ미 ᄒᆞᆫ굴ᄀᆞᆺ디 아니ᄒᆞ야 구셜이 분〃ᄒᆞ더라 (親表甚多 婢僕螺沸 其愿姦險易不一 而口語交騰)〈3:18b〉

바. 뎌 도치ᄅᆞᆯ ᄡᅥ 머리 넘ᄂᆞᆫ 가지ᄅᆞᆯ ᄭᅳᆯ기고〈1:47b〉, 복괘(復卦) 초구(初九)의 ᄀᆞᆯ오디 머리 아냐 회복(回復)ᄒᆞ면 뉘읏ᄂᆞᆫ 디 다ᄃᆞᄅᆞ미 업스리니 크게 길(吉)ᄒᆞ리라 ᄒᆞ니〈2:35a〉; 만일 능히 펴ᄂᆞᆫ 재(者ㅣ) 이시면 곳 진(秦)나라 초(楚)나라 길히라도 머니 아니 너기ᄂᆞ니〈2:21b〉, 밋 간관(諫官)으로셔 말ᄒᆞ고 머니 귀향 가매 오히려 그 바론 도리(道理)로 내티이믈 깃거ᄒᆞ고 머니 ᄯᅥ나ᄆᆞ로ᄡᅥ 슬허 아니ᄒᆞ야〈3:42b〉

(5가)의 '범사룸'은 한자어 '凡人'의 '人'만을 고유어로 바꾼 것이다. '凡人'이 '평범한 사람'의 뜻이므로 '범사룸'도 그와 같은 의미를 띤다. (5나)의 '어주ᄌ'는 허사(虛詞)인 '어조자(語助字)'를 가리킨다. 어조자는 실질적인 뜻이 없이 다른 글자를 보조하여 주는 한문의 토 역할을 한다. '조(助)'의 한자음을 왜 '주'로 읽었는지는 분명치 않으나 '주'가 '조'의 속음이었을 가능성이 있다(박재연 2006 : 47). (5다)의 '밧곁'은 현대국어 '바깥'의 소급형에 해당하는 어휘이다. '밖'의 속격형 '밧'에 명사 '곁'이 결합한 것으로 분석되나 '곁'의 어간 말음 /ㅊ/이 'ㅅ-ㅊ'으로도('밧곗치라', '밧곗치오') 'ㅅ-ㅎ'('밧곗흐로')으로도 표기되어 나타난다. (5라)의 '젓두려ᄒ-'나 '저투리-'는 모두 '畏'의 對譯語로서 "두려워하다"의 뜻으로 쓰인 것이다. 전자는 동사 '젛-'에 '두려ᄒ-'가 결합된 어형, 후자는 '젛-'에 동사 '두리-'가 결합된 어형으로 분석된다. (5마)의 '됴사리'는 '둏[好]-'에 ('쉽사리'에서 볼 수 있는) 접미사 '-사리'가 결합한 부사로 추정된다. 책에는 '쉽사리'에 짝하여 '쉽살ᄒ-'가 등장하므로 '됴사리'는 (문증되지는 않지만) '*됴술ᄒ-'에서 파생된 부사일 가능성이 있다. (5바)의 '먼리/먼니'는 중세 문헌에는 '머리'(←멀[遠]-+ -이〔부사화 접미사〕)의 꼴로 나타나던 부사이다. '머리>멀리'의 변화에 따라 근대 문헌에는 '멀리'나 '멀니'로 나타나는 것이 일반적이나 책에서는 '먼리/먼니'로 등장할 뿐이다. 책의 '먼리'는 /쳘리/를 '쳔리'로 적는 것과 마찬가지로 어중의 /ㄹㄹ/을 'ㄴㄹ'로 표기한 결과라 할 수 있다. 다만 어중 /ㄹㄹ/에 대한 'ㄴㄹ' 표기는 '千里, 新羅' 등 한자어에만 특징적으로 적용되던 것인데 '먼리'는 한자어가 아님에도 그러한 표기를 취하여 독특하다고 할 수 있다. 혹 언중들이 '먼리'를 한자어 '萬里'에 附會하여 이해하였을 가능성이 있지 않을까 한다.

앞서 책의 특징 가운데 하나로 중세국어의 '-오라'에 소급할 평서형 '-으라/을와'가 등장하는 사실을 지적한 바 있다. 이와 같이 특수한 형태는 아니라 하더라도 책의 문법 요소 중에는 일반적인 18세기 문헌과 비교하여 형태는 비슷하지만 분포에 차이가 있는 경우를 더러 볼 수 있다. 아래에서는 몇몇 조사와 어미의 형태와 분포를 검토하며 책의 특징이 될 만한 사항을 언급하기로 한다.

책의 처격 조사로는 아래 (6)과 같이 '-에, -애, -의, -익, -예' 등 다양한 형태가 등장한다. 이들 형태는 이미 중세 문헌에서도 볼 수 있는 것이지만 분포 면에서는 큰 차이가 있다.

> (6) 가. '-의' : 속의 〈1:9a〉, 닉년(來年)의 〈1:54b〉, 곳[所]의 〈1:72b〉, 뜻의
> 〈2:37a 등 7회〉, 졍월(正月)의 〈1:44a〉, 몸의 〈1:1a〉, ᄆᆞ옴의 〈1:41a
> 등 27회〉, 처엄의 〈1:4b〉, 집의 〈1:41a〉, 밧긔 〈1:3b〉, 가듕(家中)의
> 〈1:5b〉 ; 텬하의 〈1:2b〉, 슉야(夙夜)의 〈1:37a〉, 빙고(氷庫)의 〈1:55a〉,

후(後)의 〈1:4b 등 36회〉, 샹ᄉ(喪事)의 〈2:4b〉

가′. 쌔의 〈1:4b 등 21회〉, ᄉ희(四海)의 〈1:69b〉, 후세의 〈1:26a〉; ᄉ이의 〈1:4a〉, 눈니(倫理)의 〈1:4a〉, 일시의 〈1:57a〉, 다ᄉ리기의 〈1:1b 등 33회〉,

나. ‘-ᄋᆡ’ : 길희 〈2:19b 등 3회〉, 나라희 〈1:18b 등 10회〉, 뒤희 〈3:17a〉, 짜희 〈1:2a 등 9회〉, 안희 〈1:2a 등 9회〉, 우희 〈1:6a 등 9회〉; 압희 〈3:3a〉, 오시 〈3:40b〉

다. ‘-에’ : 을튝(乙丑)에 〈1:67b〉, 뎐(傳)에 〈1:1a〉; 텬하(天下)에 〈1:76b〉, 유쟉유소(維鵲有巢)에 유구거지(維鳩居之)로다 〈1:19b〉, 후에 〈1:2a 등 4회〉, 부주(附註)에 〈2:23b〉

다′. 귀〔耳〕에 〈2:32b〉, ᄡ기에 〈3:49b〉, 시(詩)에 〈1:78b〉, 유블션(有不善)에 미샹브지(未嘗不知)오 지디(知之)에 미샹부힝야(未嘗復行也)니라 〈2:35a〉, 이에 〈1:4b 등 31회〉

라. ‘-애’ : 집을 뎡케 ᄒᆞᄂᆞᆫ 본이 그 몸을 바로게 ᄒᆞ매 잇고 〈1:3a〉, 뉘우ᄎᆞ매 니ᄅᆞᆯ들 아니리니 〈1:4a〉,

마. ‘-예’ : 쌔예 〈1:46a 등 11회〉, 디게예 〈1:51b〉, 셰(歲)예 〈2:35a〉, 외(外)예 〈1:2a〉, 죄(罪)예 〈1:71a〉, 술위예 〈1:28a〉, 대의(大義)예 〈1:2a〉, 됴회예 〈3:5a〉; 셩인(成人)ᄒᆞ기예 〈3:9b 등 2회〉

중세국어에서 ‘-ᄋᆡ/의’는 이른바 특이쳬언 아래 출현하면서 모음조화에 따르는 형태였으나 책에서는 모음조화와 관계없이 ‘-의’(6가)로 통일되어 있고 출현 빈도도 다른 형태에 비해 압도적 우위를 보인다. 중세국어의 ‘-에/애’ 역시 모음조화에 관계없이 ‘-에’(6다)로 통일되어 나타난다. ‘-ᄋᆡ’(6나)는 대부분 ‘ㅎ-말음’ 쳬언 아래에서, ‘-애’(6라)는 명사형 어미 ‘-ㅁ’ 아래에서만 보일 뿐이다. ‘ㅣ’나 하향 이중모음 아래 ‘-예’(6마)가 등장하는 점은 중세국어와 동일하지만 같은 환경에서 ‘-의’(6가′)나 ‘-에’(6다′)가 쓰인 예도 적잖이 보인다(특히 명사형 ‘-기’ 다음에 ‘-의’가, 대명사 ‘이’ 다음에 ‘-에’가[9] 쓰인 특징이 주목된다). 이상과 같은 분포 양상은 18세기 후반 문헌에 공통된 것이나 ‘에’의 빈도가 다른 문헌에 비해 다소 떨어지는 점이 차이로

---

9) 이러한 ‘이에’는 중세국어 이래의 표기 전통을 따른 보수적 표기로 해석될 필요가 있다. 곧 ‘이에’는 중세국어의 ‘이에’에 소급될 어형인데, 중세국어에서는 /ㆆ/의 존재 때문에 처격은 ‘-예’가 아닌 ‘-에’가 통합되는 것이 당연하였다. 그러나 /ㆆ/의 음가가 소실된 뒤에도 이전 시기 ‘이에’의 표기 방식이 준수된 결과 ‘이에’의 표기가 등장하고 이러한 표기가 오히려 일반화된 것이 자료의 표기 현실이라 할 수 있다. 18세기에는 문헌에 따라 ‘이예’와 ‘이에’가 공존하기도 하는데 이러한 경우에도 표기상 개신형은 어디까지나 (‘이에’가 아닌) ‘이예’로 파악해야 온당할 것이다.

지적될 수 있다.10)

아래 (7)과 (8)은 책에 나타나는 대격형과 주제형을 각각 예시한 것이다.

(7) 가. '-을' : 의복을 〈1:45b〉, 뜻을 〈1:14b〉, 눈믈을 〈1:37b〉, 무옴을 〈1:23b〉,
빅셩을 〈1:72b〉 ; 나라흘 〈1:38a〉, 짜흘 〈1:53b〉, 우흘 〈1:56b〉 ; 삼가
믈 〈1:23b〉, 다스리믈 〈1:9a〉, 아니흐믈 〈1:13a〉, 어딜믈 〈3:22b〉 ;
날을 〈1:62b 등 18회〉, 눌을 〈1:64b〉

나. '-롤' : 치마롤 〈1:48a〉, 녜(禮)롤 〈1:18b〉, 도(道)롤 〈1:1b〉, 누고롤
〈1:64b〉, 눈니(倫理)롤 〈1:1a〉, 이롤 〈1:15a〉, 다스리기롤 〈1:10a〉,
왕즈롤 〈1:8a〉, 째롤 〈1:31a〉, 그더롤 〈1:36b〉, 치위롤 〈1:45b〉

다. '-올' : 거술 〈1:36b 등 48회〉, 그릇술 〈3:41a〉, 무어술 〈3:9b〉, 므어술
〈3:42b〉, 부술 〈3:22a〉, 오술 〈1:14a 등 10회〉

라. '-ㄹ' : 날 슬히여 흐느니로 흐야 날 글니 너기게 아니흐며 〈1:25b 등 11
회〉

(8) 가. '-은' : 즈식은 〈1:2b〉, 남편(男便)은 〈1:1b〉, 뜻은 〈1:73b〉, 일은 〈1:
17b〉, 무옴은 〈1:73b〉, 쳔승(千乘)은 〈2:2a〉 ; 우흔 〈2:30b〉 ; 니룸믄
〈1:1b〉, 아니시믄 〈2:14b〉

나. '-는' : 나는 〈2:24a〉, 쟈(者)는 〈2:5a〉, 도(道)는 〈1:1b〉, 아비는 〈1:
2b〉, 이는 〈1:13a〉, 죽기는 〈3:9a〉, 군즈(君子)는 〈2:10b〉 ; 안해는
〈1:1b〉, 문예(文藝)는 〈2:3a〉, 소리는 〈2:12a〉

다. '-온' : 거슨 〈1:49b 등 29회〉, 오손 〈1:14b〉

책에서는 모음조화에 따른 중세국어의 이형태가 대폭 간소화되어 자음 어간 아래에서는 음
성 모음형 '-을'(7가), '-은'(8가)으로, 모음 어간 아래에서는 양성 모음형 '-롤'(7나), '-는'(8
나)으로 통일되어 나타난다. 대격형과 주제형에서 '-올'(7다), '-온'(8다)의 예가 보이나 어간
말음이 /ㅅ/일 경우에 한해서 나타날 뿐이고, 대격 '-ㄹ'(7라)은 '나'의 경우에서만 볼 수 있을
뿐이다. '나[我]'와 관련한 대격형으로 '나롤'이 보이지 않고 '날을'(18회)과 '날'(11회)로 나타

---

10) 동일한 체언이 '-의'와 '-에'를 모두 취할 경우 자료에서는 '후의(36)/후에(4)'에서 보듯이 '-의'의 빈
도가 압도적으로 나타난다. 18세기의 다른 문헌(예 : 《어제경세문답속록(언해)》)에는 '속의(2)/
속에(6)', '금일의(2)/금일에(7)'에서 보듯이 '-에'가 우세한 경우도 있으나 자료에서는 그러한 경우
가 전혀 발견되지 않는다.

난 것이 주목되는데, 책의 '날을'은 대격 '-룰'과 '-을'의 분포 조건을 감안할 때 '날로, 날ㄱ티'[11] 등에 보이던 (재구조화된) 어간 '날'이 분포를 확대한 결과일 가능성이 높다(그렇다면 '날을'은 단순히 '나룰'의 과잉 분철형으로 보기는 어려울 것이다).

아래 (9)는 "나열"에 쓰이는 연결어미 '-고'가 계사 뒤에서 '-오'로 교체된 예를 제시한 것이다.

(9) 가. '-이오/(이)오' : 이 획 뉵(六)이 음이오 이(二)도 음이라 〈1:5a〉, 학학(嗃嗃)은 과도히 급흔 거동이오 희희(嘻嘻)는 과히 프러딘 거동이라 〈1:6a 등 392회〉

　　나. '-ㅣ오' : 신시(申氏)는 승지(承旨) 응구(應榘)의 녜(女ㅣ)오 판셔(判書) 시발(始發)의 비(配)라 〈3:44b〉, 부인(夫人)의 삼디비(三代妣)는 슉부인(淑夫人) 파평(坡平) 윤시(尹氏)니 창슈(昌洙) 증판셔(贈判書) 명운 녜(女ㅣ)오 〈3:51b〉; 간(澗)은 시내오 지(之)는【어주즈니】… 슉은 새배오 야는 밤이니 〈1:21b〉, 졍언ᄉ지(靚言思之)오 오벽유표(寤辟有摽)ᄒ라 〈1:24a〉, 강(岡)은 뫼 뿌리오 희(偕)는 ᄀ티 ᄒ다 말이니 〈1:39a〉, 냥인사시외(良人事塞外)오 ᄉ나히는 사시 밧겻치오 〈3:5b〉, 치근(荣根)은 ᄂ믈 블희오 탈속(脫粟)은 뿔티 아닌 좁뿔이라 〈3:33a〉

　　다. '-오' : 고쳠쥬도(顧瞻周道)오 듕심달혜(中心怛兮)로다 〈1:39b〉, 셩은 모(茅)오 일홈은 곤(坤)이니 〈3:13a〉, 돈녕(敦寧)의 남(男) 슈증(壽增)은 부ᄉ(府使)오 슈흥(壽興) 슈흥(壽恒)은 다 의뎡(議政)이니 〈3:15a〉,

　　라. '-요' : 니(離)는 화(火)요 손(巽)은 풍(風)이니 〈1:1a〉, 뉵이(六二)는 무유슈(无攸遂)요 진듕궤(在中饋)면 뎡길(貞吉)ᄒ리라 〈1:4b〉, 우(于)는【어주ᄌ(語助字)요】 이(以)는【뻐 이 ᄌ니】… 공후(公侯)는 졔후요 ᄉ(事)는 졔ᄉ(祭祀)니라 〈1:21a〉, 슈능픵어(誰能亨魚)요 개지부심(漑之釜鬵)ᄒ리라 슈쟝어귀(誰將西歸)오 회지호음(懷之好音)ᄒ리라 〈1:40b〉, 녜(禮)란 거슨 하ᄂᆯ 리(理)의 졀조(節操)며 문치(文彩)오 사롬의 위의(威儀)와 법도(法度)요 〈2:5b〉, ᄌ(子)ㅣ 왈(曰) 군ᄌ(君子)는 모도(謀道)요 블모식(不謀食)ᄒᄂ니 〈2:10b〉

(9가)는 '이-[계사]+-고'에 해당하는 통합체가 폐음절 체언 뒤에서 '-이오'로 나타난 예, (9나)는 개음절 체언 뒤에서 '-(ㅣ)오'로 나타난 예이다. 계사가 선행 체언의 말음절(폐음절

---

11) 책에 등장하는 예는 다음과 같다. 예: 무셔여ᄌ증(無庶予子憎)은 아니 거의 날로 ᄒ야 그디롤 믜이 너기랴 말이라 〈1:36b〉, 빅운(白雲) 아래 빈긱(賓客)이 날ㄱ티 오라니 업ᄂ니라 〈3:49a〉.

여부)에 따라 '이~ㅣ'로 교체되었을 뿐 '-고'의 교체형은 '-오'로 나타나 중세국어 이래의 질서를 그대로 따르고 있다. 그러나 (9다), (9라)는 개음절(ㅣ계 제외) 체언 뒤에서 각각 '-오'나 '-요'로 나타나 중세국어의 질서에서 벗어난 양상을 보여 준다(18세기 후반의 다른 문헌과 다소 구별되는 자료의 특징이기도 하다). 책에는 개음절 체언 뒤에서 계사가 탈락하는 현상이 빈번하게 나타나므로12) '-요'는 단순히 '-ㅣ오'의 준말에 해당하는 형태를 넘어 "나열"의 조사 '-이요'로 재구조화되는 과정과 관련될 가능성이 높다.

아래 (10)은 중세국어의 '-오딕'에 대하여 책에 등장하는 후대형을 예시한 것이다.

> (10) 가. '-오딕' : 굴오딕 〈1:1a 등 162회〉, 닐오딕 〈1:17a 등 16회〉 ; ~(이/ㅣ)
> 로딕 〈1:15a 등 22회〉 ; 굴오샤딕 〈1:13a 등 102회〉, 니르샤딕
> 〈1:10a〉, 검틱ᄒ샤딕 〈1:70a〉, 두샤딕 〈2:54b〉 ; ᄀ즈록디 아니ᄒ오딕
> 〈3:38b〉, 이ᄀ티 ᄒ오딕 〈3:50a〉
>
> 나. '-(ᄋ/으)딕' : 실ᄒ미 업스딕 〈1:7a〉, 시롤 지으딕 〈1:62b〉, 지혜(智慧)
> 심히 놉흐딕 〈3:6b〉, 능(能)ᄒ미 젹으딕 〈3:13a〉 ; 가되(家道ㅣ) 뎡
> (正)ᄒ딕 〈1:1b 등 77회〉, 니르딕 〈1:66a 등 10회〉, 먹이딕 〈1:47b〉,
> 놉흔 딕롤 오르딕 〈2:27a〉, 잡힌 배 되딕 〈3:24a〉, 사름이 다 이 ᄆ옴
> 이 이시딕 〈2:14b〉 ; 시(詩)에 닐러시딕 〈1:78b〉, 임의 츌가ᄒ여시딕
> 〈1:11a〉, 셩현(聖賢)을 스싱 삼아시딕 〈3:8b〉 ; ᄒ시딕 〈2:16a 등 4
> 회〉, 닐오시딕 〈2:41b〉, 니르시딕 〈2:41b〉, 기르시딕 〈2:53b〉
>
> 다. '-딕' : 올흔 일을 ᄒ고 그른 일을 아닛는 줄 아딘 아는 대로 힝티 못ᄒ면
> ᄆ옴을 소기는 일이니 〈1:74a〉, 슌부(淳夫)의 ᄯ리 ᄆ옴은 아딘 밍즈
> ᄒ신 말ᄉᆷ은 아디 못ᄒᆷ든 〈2:40b〉, 임의 귀ᄒ딕 능히 브즈런ᄒ고 임의
> 가음여딘 능히 검박ᄒ고 〈1:15a〉

'-오딕'(10가)는 출현 빈도가 극히 높은 '굴오딕', '닐오딕', '굴오샤딕' 및 계사 다음의 '-로딕' 등에서만 유지되고 있을 뿐 자료에서는 (선어말어미 '-오/우-'의 쇠퇴를 반영하여) 대부분은 '오'가 매개모음과 구별되지 않는 '-(ᄋ/으)딕'(10나)로 등장한다. 18세기 후반의 다른 문헌에서는 '-오딕'에서 '오'의 원순성이 후행 음절로 전이된 '-오되'나 여기서 원순성 중복을 피

---

12) 밑줄 친 예 참조 : 우이치번(于以采蘩)이 우쇼우지(于沼于沚)로다 우이용지(于以用之)이 공호지ᄉ
(公侯之事)로다 부야(賦也)라 우(于)는【어주ᄌ(語助字)요 이(以)는【뻐 이 즈니】번(蘩)은 흰 뿍
이라 치(采)는 키다 말이오 쇼(沼)는 모시니 지(沚)는 믈 ᄀ이라 공후(公侯)는 졔후요 ᄉ(事)는 졔
ᄉ(祭祀)니라 〈1:21a〉

하기 위해 일종의 이화 작용이 일어난 '-(ᄋ/으)되'로 등장하는 것이 일반적이지만 자료에서는 '-오되'나 '-(ᄋ/으)되'의 예가 전혀 보이지 않는다. /ㄹ/ 말음 어간은 '아디, 가음여디'(10다)에서 보듯이 /ㄹ/ 말음이 탈락되어 나타나는데 이것은 매개 모음이 개재되지 않고 용언 어간에 직접 통합하는 현대국어 '-되'의 단초를 보여 주는 점에서 주목된다.

5. 맺는말

이 글에서는 ≪곤범(壼範)≫을 18세기 후반의 국어사 자료로 추정하고 책에 반영된 언어 사실을 비슷한 시기의 다른 문헌과 비교하여 표기, 음운, 어휘, 문법 등에서 드러나는 책의 (국어학적) 특징을 간략히 살펴보았다. 앞으로 책의 편찬 경위가 더욱 소상히 밝혀져야 할 과제가 남아 있지만 본고의 소략한 고찰을 통해서도 ≪곤범(壼範)≫이 국어사 연구에 활용될 가치는 충분히 확인되었을 것으로 믿는다. 본 역주서 출간을 계기로 국어사를 비롯하여 교육사, 서예사 등 관련 분야에서 깊이 있는 연구가 보다 활성화되기를 기대해 본다.

참 고 논 저

김언순(2006), "≪곤범(壼範)≫의 여훈서적 특징", 2006년도 한국학중앙연구원 공동연구과제 학술대회 발표집.

김언순(2006), "≪곤범(壼範)≫을 통해 본 조선후기 女訓書의 새로운 양상", ≪藏書閣≫ 16, 159~93.

김주필(2006), "≪곤범(壼範)≫의 음운론적 특징", 2006년도 한국학중앙연구원 공동연구과제 학술대회 발표집.

박금자(1997), ≪15세기 언해서의 협주 연구≫, 텍스트 언어학 총서 3, 집문당.

박부자(2001), "한글 필사본 ≪녈셩지장통긔≫에 나타난 주체존대 '-시-'의 통합관계", ≪藏書閣≫ 5, 101~34.

박용만(2006), "≪곤범(壼範)≫의 서지적 성격과 편찬 배경", 2006년도 한국학중앙연구원 공동연구과제 학술대회 발표집.

박재연(2006), "≪곤범(壼範)≫의 어휘론적 특징", 2006년도 한국학중앙연구원 공동연구과제 학술대회 발표집.

裵泳煥(2005), "'ㅎ'-말음 어간의 재구조화 연구", 한국학중앙연구원 한국학대학원 박사학위 논문.

송철의·이현희·장윤희·황문환(2006), ≪역주 오륜행실도≫, 서울대출판부.

安秉禧(1999), "王室資料의 한글筆寫本에 대한 國語學的 檢討", ≪藏書閣≫ 1, 1~20.

이래호(2001), "장서각 소장 유일본 ≪어졔≫에 대한 국어학적 연구", ≪藏書閣≫ 5, 239~63.

이현희(1999), "藏書閣 소장의 英祖代 한글 문헌", ≪藏書閣≫ 2, 25~43.

허원기(2002), "壼範의 자료적 성격과 의미", ≪藏書閣≫ 8, 95~111.

허원기(2003), "≪곤범≫에 나타난 여성 독서의 양상과 의미", ≪한국고전여성문학연구≫ 6.

황문환(2001), "근대 문헌의 「ㅅ」 분철 표기에 대하여", ≪국어연구의 이론과 실제≫, 태학사, 353~72.

황문환(2003), "한글 표기법 연구사", ≪한국의 문자와 문자연구≫, 집문당, 699~726.

황문환(2004), "영조 어제류 한글 필사본의 문법론적 특징: ≪어졔쇽ᄌ셩편≫을 중심으로", ≪藏書閣≫ 11, 85~99.

황문환(2006), "≪곤범(壼範)≫의 문법론적 특징", 2006년도 한국학중앙연구원 공동연구과제 학술대회 발표집.

황문환·김주필·조항범·박용만(2006), ≪역주 어제자성편(언해)≫, ≪역주 어제속자성편(언해)≫, ≪역주 어제(언해)·어제조훈(언해)≫, ≪역주 어제경세문답(언해)≫, ≪역주 어제경세문답속록(언해)≫, 장서각 소장 한글필사본 자료총서 1~5, 역락.

일러두기

1. 본서는 크게 '역주편(譯註篇)'과 '자료편(資料篇)' 두 책으로 나뉜다. '역주편'은 한국학중앙연구원(구 한국정신문화연구원) 장서각(藏書閣)에 소장된 한글 필사본 ≪곤범≫을 대상으로 원문을 판독(判讀)하고 여기에 주석(註釋)과 현대어역(現代語譯)을 가한 것이다. '자료편'은 본서에서 역주 대상으로 삼은 한글 필사본 ≪곤범≫(3권 3책)을 영인(影印)하여 실으면서 ≪곤범≫의 권1과 부분적으로 이본(異本) 관계에 있는 ≪국풍(國風)≫(1권 1책)도 함께 영인(影印)한 것이다.

2. 본서의 '역주편'은 한글 필사본의 각 엽(葉)을 단위로 '판독 원문+주석+출전+현대어역'의 순서로 구성된다. 각 구성 요소를 순서에 따라 소개하면 아래와 같다.

(가) 판독 원문

원본의 흘려 쓴 글씨체를 판독하여 원문대로 옮겨 싣되 (독서의 편의를 위하여) 가로쓰기로 바꾸고 현행 맞춤법에 따라 띄어쓰기를 하여 실었다. 한문 원문과 대조한 결과 어원(語源)이 파악되는 한자어는 ( ) 안에 그 어원을 모두 밝혔다. 쌍행(雙行)의 소자(小字)로 등장하는 협주(夾註)는 【 】 안에 넣어 본문과 구별되도록 하였다.

(나) 주석

원문에 등장하는 인명(人名), 지명(地名), 서명(書名) 등 각종 고유명사(固有名詞)에 대하여는 필요할 경우 주석(註釋)을 베풀어 내용 이해에 도움이 되도록 하였다. 또한 고어(古語) 지식이 필요한 난해 어구(語句)에 대하여는 표기·음운·형태·어휘·통사 등 여러 측면에서 국어사적 설명을 베풀었다. 이를 위하여 국어사 분야에서 이루어진 학계의 성과를 수렴하되 논쟁의 여지가 있는 내용은 되도록 배제하였다.

(다) 출전

판독문과 관련된 한문 원문을 옮겨 싣고 그 출전(出典)을 밝혔다. 한문 원문은 독서(讀書)의 편의를 위하여 구두점(句讀點)과 함께 임의로 구두(句讀)를 분단하여 실었다.

(라) 현대어역

현대어역은 (언해된) 판독 원문을 직역(直譯)하는 것으로 원칙을 삼았다. 독자의 이해를 돕기 위하여 판독 원문의 질서를 유지하는 범위 내에서 보충어를 ( ) 안에 넣기도 하였다. 한자어는 ( ) 안에 한자를 밝혀 주되 뜻풀이가 더 필요할 경우에는 ≪표준국어대사전≫(국립국어연구원)에서 뜻풀이를 찾아 ( ) 안의 한자 다음에 반점(,)을 찍고 추가하였다. 예 : 덕을 밝혀 집안사람이 화(化, 교화를 입음)하여 균편(均偏, 골고루 두루 미침)한 후에.

3. 본서에서는 편의상 여러 가지 기호와 약호가 사용되었다. 학계의 일반적 관례에 따른 것 외에 본서에서 유의할 몇 가지를 소개하면 아래와 같다.

^	: 원문의 행(行)이 단어 내부에서 나뉘어 그 위치를 표시할 때
[隔]	: 격간법(隔間法), 곧 원문에서 관련 인물에 대한 존대를 표시하기 위하여 일부러 글자 사이에 간격을 둔 것을 표시할 때
[頭]	: 대두법(擡頭法), 곧 원문에서 관련 인물에 대한 존대를 표시하기 위하여 일부러 행을 바꾸고 한 글자를 위로 올려 쓴 것을 표시할 때
[ ]	: 원문에 명백히 누락된 부분이 있어 보충하였음을 표시할 때
{ }	: 원문에 명백히 잘못된 부분이 있어 바로잡았음을 표시할 때
/ /	: 어떤 언어 형식의 음상(音相)을 특별히 보이고자 할 때
#	: 단어(單語) 경계를 표시할 때
+	: 형태소(形態素) 경계를 표시할 때
〈 〉	: 인용 예문의 출전(出典)을 표시할 때
…	: 인용문 가운데 생략된 부분이 있음을 표시할 때

권지일(卷之一)

▶▶▶ **원문 판독**

〈1 : 1a〉

곤범(壺範) 권지일(卷之一)

쥬역(周易)[1]

　가인과(家人卦)[2]

　　아래 세 획(劃)은 니과(離卦)요[3] 웃 세 획(劃)은 손과(巽卦)니 니(離)는

　　화(火)요 손(巽)은 풍(風)이니 합(合)ᄒᆞ야 풍화가인(風火家人)이니라

　　뎐(傳)에[4] ᄀᆞᆯ오디【뎐(傳)은 이쳔션싱(伊川先生)이[5] 쥬역(周易) 쥬(註)를 내시고 일

　　홈을 뎐(傳)이라 ᄒᆞ시니라】가인(家人)은 집^

　　안의 되(道ㅣ)니 부ᄌᆞ(父子)의 친(親)홈과 부부(夫婦)의 의(義)와 존비(尊卑) 댱^

　　유(長幼)의 ᄎᆞ례니 눈니(倫理)를 바로게 ᄒᆞ고 은의(恩義)를 두터^

　　이 ᄒᆞ미 가인(家人)의 되(道ㅣ)라 사ᄅᆞᆷ이 몸의 이 도(道)를 둔^

　　즉 능히 집의 베프고 십의 힝(行)ᄒᆞ즉 능히 나라^

▶▶▶ **주 석**

1 쥬역 : 주역(周易). 고대 중국의 철학서로 육경(六經)의 하나. 만상(萬象)을 '음'과 '양'이라는 이원적 요소로 이해하고 이에 맞추어 철학 · 윤리 · 정치를 해석하고자 하였다.

2 가인과 : 가인괘(家人卦). 육십사괘(六十四卦)의 하나. 손괘(巽卦)와 이괘(離卦)가 거듭된 것으로, 바람이 불에서 남을 상징한다. 이곳에서는 '卦'의 한자음이 '과'로 나타났으나 자료의 다른 곳에는 '괘'로 나타나는 경우도 있다.

3 니과요 : 이괘(離卦)요. (위의 '가인과'에서 보듯) '卦'의 한자음이 '과'로 나타나는 점을 감안하면 '니과(離卦)+-요'로 분석될 수 있다. 이곳의 '-요'는 '이-[계사]+-고'의 통합체와 관련될 형태로 중세 문헌에서라면 개음절 체언 뒤에서 '-ㅣ오'가 결합하여 '니쾌오' 정도로 나타났을 어형이다(중세국어에서 '-ㅣ오'는 '오'가 '고'의 ㄱ 약화형에 해당하는 만큼 '-요'로 축약되어 나타난 예가 없다). 자료에는 '이-[계사]+-고'의 통합체가 폐음절 체언 뒤에서는 '-이오'로, 개음절 체언 뒤에서는 이곳과 같이 '-요'(간혹 '-오')로 나타나

▶▶▶ 출 전

≪주역(周易)≫ '가인괘(家人卦)'

〔傳曰〕 <u>家人者 家內之道 父子之親 夫婦之義 尊卑長幼之序 正倫理, 篤恩義 家人之道也</u> 卦外
巽內離 爲風自火出 火熾則風生 風生自火 自內而出也 自內而出 由家而〔一无而字〕及
於外之象

▶▶▶ 현대어역

〈1 : 1a〉

곤범(壼範) 권지일(卷之一)

　주역(周易)

　　가인괘(家人卦)

　　　아래 세 획(劃)은 이괘(離卦)요 위 세 획(劃)은 손괘(巽卦)이니, 이(離)는 화(火)요 손(巽)
은 풍(風)이니, 합(合)하여 풍화가인(風火家人)이니라.
　　　전(傳)에 이르되,【전(傳)은 이천선생(伊川先生)이 주역(周易) 주(註)를 내시고 이름을 전
(傳)이라 하시니라】가인(家人)은 집안의 도(道)이니, 부자(父子)의 친(親)함과 부부(夫婦)
의 의(義)와 존비(尊卑)·장유(長幼)의 차례이니, 윤리(倫理)를 바르게 하고 은의(恩義)를
두터이 함이 가인(家人)의 도(道)라. 사람이 몸에(=자신에게) 이 도(道)를 둔즉(=지닌즉)
능히 집에(=집안에) (도를) 베풀고, 집에(=집안에) (도를) 행(行)한즉 능히 나라에

▶▶▶ 주 석

는 특징을 보인다. 중세국어와 같이 개음절 체언 뒤에서 '-ㅣ오'가 결합하는 예는 '녀오(女ㅣ오)' 정도에서
만 예외적으로 볼 수 있을 뿐이다. 자료에는 개음절 체언 뒤에서 계사가 탈락하는 현상이 빈번하게 나타
나므로 이곳과 같이 개음절 체언 뒤에 나타나는 '-요'는 단순히 이전 시기 '-ㅣ오'의 준말에 해당하는 형태
를 넘어 (현대국어와 같이) "나열"의 조사 '-(이)요'로 재구조화되는 과정과 관련될 가능성이 높다.

4 뎐에 : 전(傳)에. 송대(宋代)의 유학자인 정이천(程伊川)이 ≪역경(易經)≫을 주석한 ≪역전(易傳)≫을 가
리킨다. ≪역경≫에 바탕을 둔 새로운 유학의 학문 체계 조직을 염두에 두고, ≪역경≫을 역(易)의 원리
에 좇아 주석하였다.

5 이천션싱이 : 이천선생(伊川先生)이. '이천(伊川)'은 중국 북송(北宋)의 유학자(1033~1107)인 정이(程
頤)의 호(號)이다. 자(字)는 정숙(正叔)이며, 형인 정호(程顥)와 함께 이정자(二程子)로도 불리었다.
최초로 이기(理氣)의 철학을 내세우고 유교 도덕에 철학적 기초를 마련하였으며, 저서로 ≪이천선생문집≫,
≪이정전서(二程全書)≫(공저) 등이 전한다.

▸▸▸ **원문 판독**

〈1 : 1b〉

히 베퍼[1] 텬하(天下) 다스리기의 니르느니라
가인(家人)은 니녀뎡(利女正)ᄒ니라【인(人)은 괘ᄉ(卦辭)롤[2] 니론 쯧이니 문왕(文王)이[3]
ᄒ신 글이니라】
　가인(家人)은 녜(女ㅣ) 뎡(正)ᄒ미 니(利)ᄒ니라
　　뎐(傳)에 골오디 가인(家人)의 도(道)는 니(利)ᄒ미 겨집이 졍대(正大)^
　　ᄒ매 이시니 녜(女ㅣ) 뎡(正)ᄒ죽 가되(家道ㅣ) 뎡(正)ᄒ는디라 남^
　　편(男便)은 남편의 도롤 ᄒ고 안해는 안해 도롤 ᄒ^
　　여야 가되(家道ㅣ) 뎡(正)ᄒ디 홀로 니녀뎡(利女正)이라 니르믄 녜(女ㅣ)
　　뎡(正)ᄒ면 남(男)의 뎡(正)ᄒ믈 가히 알디니라
단왈(彖曰) 가인(家人)은 녀뎡위호닉(女正位乎內)ᄒ고 남이뎡호외(男以正乎外)ᄒ고 남녀^
뎡(男女正)이 텬디지대의야(天地之大義也)라【단(彖)은 공ᄌ(孔子ㅣ) 문왕(文王) 말솜】

▸▸▸ **주 석**

1 베퍼 : 베풀어. 자료의 다른 곳에 등장하는 '베프고, 베프기, 베프는, 베프다, 베프디, 베프미' 등의 활용형을 감안할 때 이곳의 '베퍼'는 '베프-+-어'로 분석될 어형이다. 이 '베프-'는 중세국어 이래의 형태를 계승한 것이라 할 수 있는데 '베프>베플-'의 변화가 이미 18세기 문헌에 등장함에도 불구하고 자료에는 '베프-'의 형태로만 일관하여 보수적인 특징을 보인다. 예 : 믄득 俚句롤 베플어 뻐 歡聲을 돕느이다<오륜전비언해 (1721) 4 : 17a>. '베프>베플-'의 변화는 '빗〔斜〕->빗글-', '잇〔牽〕->잇글-', '잇〔虧〕->이즐-'의 변화에서 보듯이 기존의 어간에 의미나 품사 범주를 바꾸지 않는 접미사 '-을-'이 결합하여 새로운 어간을 형성한

▸▸▸ **출 전**

家人 利女貞

〔傳曰〕 <u>家人之道 利在女正 女正則家道正矣</u> 夫夫婦婦而家道正 獨云利女貞者 夫正者 身正也 女正者 家正也 <u>女正則男正 可知矣</u>

▸▸▸ **현대어역**

〈1 : 1b〉

　　(도를) 베풀어 천하(天下)를 다스리기에 이르느니라.

가인(家人)은 이여정(利女正)하니라.【인(人)은 괘사(卦辭)를 이른 뜻이니 문왕(文王)이 하신 글이니라.】

　가인(家人)은 여(女)가 정(正)함이 이(利)하니라.

　　전(傳)에 이르되, 가인(家人)의 도(道)는 이로움이 여자가 정대(正大)함에 있으니, 여자가 정(正, =정대함)한즉 가도(家道)가 정(正)하는지라(=정대해지는 것이다). 남편(男便)은 남편의 도를 행하고 아내는 아내의 도를 행하여야 가도(家道)가 정(正)하되(=정대해지되), 유독 이여정(利女正)이라고 이른 것은 여자가 정(正, =정대함)하면 남자(=남편)가 정(正=정대함)한 것을 가히 알지니라(=알 것이기 때문이다).

단왈(彖曰), 가인(家人)은 여정위호내(女正位乎內)하고 남이정호외(男以正乎外)하고 남녀정(男女正)이 천지지대의야(天地之大義也)라.【단(彖)은 공자(孔子)가 문왕(文王)에게 하신 말씀】

▸▸▸ **주 석**

　결과로 해석된다. 중세국어에서 '베프-'는 "設(베풀다), 陳(펴다), 敷(부연하다)"를 뜻하는 타동사로서뿐 아니라 "發(발생하다), 揚(일어나다)"을 뜻하는 자동사로도 쓰였다. 예 : <u>겨지비 軍中에 이시면 兵馬ㅅ 氣運이 베프디 몯홀가 전노라 (婦人在軍中 兵馬恐不揚)</u> <두시언해 8 : 68>. 그러나 자료의 '베프-'를 비롯하여 근대국어의 '베플-'이나 현대국어의 '베풀-'에서는 더 이상 자동사적 용법이 확인되지 않는다.

2 괘소롤 : 괘사(卦辭)를. '괘사(卦辭)'는 점괘를 쉽게 풀어 써 놓은 글을 이른다.

3 문왕이 : 문왕(文王)이. 중국 주나라 무왕(武王)의 아버지. 이름은 창(昌), 계왕(季王)의 아들로, 은나라 말기에 태공망 등 어진 선비들을 모아 국정을 바로잡고 융적(戎狄)을 토벌하는 등 덕치(德治)를 행하였다. 무왕(武王)이 주(周)나라를 세운 후 그를 추존(追尊)하여 문왕(文王)이라 하였으며, 고대의 이상적인 성인(聖人) 군주의 전형으로 꼽힌다.

▸▸▸ 원문 판독

〈1 : 2a〉

단(彖)에 ᄀᆞᆯ오ᄃᆡ 가인(家人)은 녜(女ㅣ) 위(位)ᄅᆞᆯ 안히[1] 뎡(正)ᄒᆞ고 남(男)이 위(位)^
ᄅᆞᆯ 외(外)예 뎡(正)ᄒᆞ니 남녜(男女ㅣ) 뎡(正)ᄒᆞ미 텬디(天地)의 큰 의(義)니라
  뎐(傳)에 ᄀᆞᆯ오ᄃᆡ 남녜(男女ㅣ) 각〃 그 위(位)ᄅᆞᆯ 뎡(正)ᄒᆞ야 존비(尊卑)와
  내외(內外)의 되(道ㅣ) 뎡(正)ᄒᆞ미 텬디(天地)와 음양(陰陽)의 대의(大義)예 합(合)^
ᄒᆞ미라
가인(家人)이 유엄군언(有嚴君焉)ᄒᆞ니 부모지위야(父母之謂也)라
  가인(家人)이 엄(嚴)ᄒᆞᆫ 군(君)이 이시니 부모(父母)ᄅᆞᆯ 니ᄅᆞ미라
    뎐(傳)에 ᄀᆞᆯ오ᄃᆡ 가인(家人)의 되(道ㅣ) 반ᄃᆞ시 존엄(尊嚴)ᄒᆞᆫ 배 이셔
    님군텨로[2] 읏듬이 되ᄂᆞᆫ 쟈ᄂᆞᆫ 부모ᄅᆞᆯ 니ᄅᆞ미니 군^
    댱(君長)이 업ᄉᆞ면 법되(法度ㅣ) 폐ᄒᆞᄂᆞ니 엄군(嚴君)이 이신 후에

▸▸▸ 주 석

1 안히 : 안에. '안ㅎ+의〔처격〕'. '안〔內〕ㅎ'은 이른바 ㅎ종성 체언으로, '안ㅎ'에 처격 조사 '-의'가 연결된
  것이다. 15세기 국어에서는 처격 '-애'와 결합된 형태가 주로 나타난다. 예 : 城 안해<석보상절(1447)
  6 : 14a>, 셤 안해<용비어천가(1447) 53>. 처격 '-의'와 결합한 형태는 '얼굴 안희 이실<번역소학
  (1517) 8 : 5b>, '디경 안희 어버이 업고<소학언해(1588) 6 : 114a>처럼 16세기 문헌부터 나타난다.

▸▸▸ **출 전**

≪주역(周易)≫ 가인괘(家人卦)
象曰 家人 女正位乎內 男正位乎外 男女正 天地之大義也
〔傳曰〕象 以卦才而言 陽居五在外也 陰居二處內也 男女各得其正位也 尊卑內外之道 正合天地 陰陽之大義也
家人 有嚴君焉 父母之謂也
〔傳曰〕家人〔一无人字〕之道 必有所尊嚴而君長者 謂父母也 雖一家之小 无尊嚴則孝敬衰 无君 長則法度廢 有嚴君而後家道正

▸▸▸ **현 대 어 역**

〈1:2a〉

　단(象)에 이르되, 가인(家人)은 여자의 위(位)를 안에 정(正)하고(=정대히 하고) 남자의 위(位)를 밖에 정(正)하니(=정대히 하니) 남녀가 정(正, =정대함)함이 천지(天地)의 큰 의(義)이니라.
　전(傳)에 이르되, 남녀가 각각 그 위(位)를 정(正)하고(=정대히 하고) 존비(尊卑)와 내외(內外)의 도(道)가 정(正, =정대함)함이 천지(天地)와 음양(陰陽)의 대의(大義)에 합(合)함이라.
가인(家人)이 유엄군언(有嚴君焉)하니 부모지위야(父母之謂也)라.
　가인(家人)이 엄(嚴)한 군(君)이 있으니 부모(父母)를 이름이라.
　전(傳)에 이르되, 가인(家人)의 도(道)가 반드시 존엄(尊嚴)한 바가 있어, 임금처럼 으뜸이 되는 자는 부모를 이른 것이니, 군장(君長)이 없으면 법도(法度)가 폐(廢)하나니, 엄군(嚴君)이 있은 후에

▸▸▸ **주 석**

2 님군텨로 : 임금처럼. '님군'에 비교격 조사 '-텨로'가 결합한 어형으로, 이곳의 '-텨로'는 다른 문헌에 '-톄로'의 꼴로 나타나기도 한다. 예 : 힝둘이 이톄로 흐기를 열흘이나 흐니(行達如此積旬之外)<태평광기언해 1 : 50>. '님군'은 중세국어의 '님금'에 소급하는데, 15세기에는 '님금' 일색이던 것이 16세기부터는 역행 원순모음화를 반영한 '님굼'이 쓰이기 시작하고(예 : 님굼씌<번역소학(1517) 9 : 43b>), 16세기 후반부터는 ≪천자문(석봉)≫(1583)에 '禹 님군 우'<26b>가 등장하면서 '님군'도 함께 쓰이게 된다. 이러한 변화 과정을 감안할 때 '님군'은 '님굼'의 '굼'을 음(音)이 비슷하고 훈(訓)이 어형 전체의 의미와 상통하는 한자 '君'에 부회(附會)시킨 결과로 해석된다. 이같이 한자 부회로 새로운 어형이 형성된 예는 '우뢰〔雷〕, 여호〔狐〕, 지와/기와〔瓦〕' 등에서도 찾아볼 수 있다.

▸▸▸ 원문 판독

〈1 : 2b〉

가되(家道ㅣ) 뎡(正)ᄒᆞᄂᆞᆫ디라 집은 나라희 법측(法則)이 되ᄂᆞ니라
부부ᄌᆞᄌᆞ형형뎨뎨부부부부(父父子子兄兄弟弟夫夫婦婦)이 가도(家道)ㅣ 뎡(正)ᄒᆞ리니 가^
이텬하이뎡의([正]家而天下以定矣)리라
아비ᄂᆞᆫ 아븨[1] 도리(道理)롤 ᄒᆞ고 ᄌᆞ식은 ᄌᆞ식의 도(道)롤 ᄒᆞ^
고 형은 형의 도롤 ᄒᆞ고 아은[2] 아ᄋᆞ의 도롤 ᄒᆞ고 남^
편은 남편의 도롤 ᄒᆞ고 안해ᄂᆞᆫ 안해 도롤 ᄒᆞ매
가되(家道ㅣ) 뎡(正)ᄒᆞ리니 집이 졍(正)ᄒᆞ매 텬해(天下ㅣ) 뎡(定)ᄒᆞ리라
뎐(傳)에 ᄀᆞᆯ오ᄃᆡ 부ᄌᆞ(父子)와 형뎨(兄弟)와 부뷔(夫婦ㅣ) 각〃 그 도(道)롤
어드면 가되(家道ㅣ) 뎡(正)ᄒᆞ리라 ᄒᆞᆫ 집 도(道)롤 밀외혀[3] 기^
히 뻐 텬하(天下)의 밋ᄂᆞᆫ[4] 고로 집이 뎡(正)ᄒᆞ면 텬해(天下ㅣ) 뎡(定)^

▸▸▸ 주 석

1 아븨 : 아버지의. '아비+-의[속격]'. '아비'의 마지막 모음 'ㅣ'가 속격 조사 '-의' 앞에서 탈락되는 규칙이 적용되어 '아븨'가 된 것이다.

2 아은 : 아우는. 바로 다음에 나오는 '아ᄋᆞ'를 참고할 때, 이곳의 '아은'은 '아ᄋᆞ+-ㄴ[주제격]'으로 분석될 어형이다. '아ᄋᆞ'는 중세국어의 '아ᅀᆞ'에 소급하는데, 15세기 문헌에서 '아ᅀᆞ'는 모음(매개 모음 포함)으로 시작하는 조사(공동격 제외)와 결합할 때 '아ᅀᆞ~앗ㅇ'의 특수 어간 교체를 보여 '앗이'(주격형), '앗올'(대격형) 등과 같이 나타나는 것이 특징이었다. 이곳의 '아은'은 15세기 문헌이라면 '앗온'으로 나타났

▸▸▸ **출 전**

家者는 國之則也

父父子子兄兄弟弟夫夫婦婦而家道正 正家而天下定矣

〔傳曰〕 父子兄弟夫婦 各得其道則家道正矣 推一家之道 可以及天下 故家正則天下定矣

▸▸▸ **현대어역**

〈1 : 2b〉

　가도(家道)가 정(正)하는지라(＝정대해지는 것이다). (따라서) 집은 나라에 법칙(法則)이 되느니라.

부부자자형형제제부부부부(父父子子兄兄弟弟夫夫婦婦)가 가도(家道)가 명(正)하리니 가이천하이정의(〔正〕家而天下以定矣)리라

　아버지는 아버지의 도리를 하고 자식은 자식의 도리를 하고 형은 형의 도리를 하고 아우는 아우의 도리를 하고 남편은 남편의 도리를 하고 아내는 아내의 도리를 하면 가도(家道)가 정(正, ＝정대함)하리니, 집이 정(正)하면 천하(天下)가 정(定, ＝안정됨)하느니라.

　전(傳)에 이르되, 부자(父子)와 형제(兄弟)와 부부(夫婦)가 각각 그 도(道)를 얻으면 가도(家道)가 정(正, ＝정대함)하리라. 한 집의 도(道)를 밀고 나아가 (마침내) 가히 천하(天下)에 미치는 고로 집이 정(正)하면 천하가 정(定, ＝안정됨)

▸▸▸ **주 석**

　을 어형이나 'ㅿ'의 음가 소실을 반영하여 '아은'으로 나타난 것이다(여기서 '아ᄋᆞᆫ' 대신 '아은'으로 나타난 것은 제2음절 이하에서 'ㆍ'가 'ㅡ'와 혼동된 표기 현실을 반영한다.).

3 밀외혀 : 밀고 나아가. '밀외혀-+-어'. 이곳의 '밀외혀-'는 '밀〔推〕-'의 사동사 '밀외-'에 강세접미사 '-혀-'가 결합한 것으로 분석될 어형이다. '밀-'의 사동사로는 '밀외' 외에 사동 접사 '-오/우-'가 결합한 '미로/미루-'가 있지만 이것은 "委(미루다, 넘기다)"의 의미로 쓰여 의미상에 다소 차이가 있다. 예 : 패군흔 죄를 내게 <u>미루고져</u> ᄒᆞᆫ다〈오륜행실도(1797) 1 : 21a〉. 이곳의 '밀외-'는 다른 18세기 문헌에 '밀위/미뢰/미뤼-' 등 여러 가지 표기로 등장하는데, 이들 어형은 "委"보다 이곳과 같이 "推(밀고 나아가다)"의 의미로 쓰인 예가 대부분이다. 예 : 父母 셤기는 道롤 舅姑에 <u>미뢰면</u> ᄡᅥ 다시 더으며〈여사서언해(1736) 3 : 53b〉, 교홰 쏘흔 흔 어질 인 ᄠᅳ를 <u>미뤼여</u> 널니기에 지나지 아닐 ᄯᅳ름이라〈字恤典則(1783) 3a〉.

4 밋ᄂᆞᆫ : 미치는. 이곳의 '밋-'은 칠종성법에 따라 '및〔及〕-'을 적은 표기이다. '및-'에 의미나 문법범주를 바꾸지 않는 접사 '-이-'가 결합하여 현대국어에는 '미치-'로 이어졌다. 이러한 어간 재구조화는 '그릇->그르치-', '긏->그치-', '뉘웃->뉘우치-', 'ᄉᆞ못->사무치-' 등 어간 말음을 'ㅊ'으로 하는 어간에서 자주 볼 수 있다.

▶▶▶ **원문 판독**

⟨1 : 3a⟩

호ᄂᆞ니라

샹왈(象曰) 풍ᄌᆞ화츌(風自火出)이 가인(家人)이니 군ᄌᆞ(君子)ㅣ 이(以)호야 언유물이^

힝유훙(言有物而行有恒)이니라【샹(象)은 공지(孔子ㅣ) 은대(殷代) 샹(象)을 의논호신 말

슴이라】

　샹(象)에 ᄀᆞᆯ오디 풍(風)이 화(火)로브터 나미 가인(家人)이니 군지(君子ㅣ)

　뻐 말슴호매 ᄉᆞ실(事實)이 잇고 힝(行)호매 덧〃호미[1] 잇^

　ᄂᆞ니라

　　뎐(傳)에 ᄀᆞᆯ오디 집을 뎡(正)케 호ᄂᆞᆫ 본이 그 몸을 바^

　　로게 호매 잇고 몸을 바로게 호ᄂᆞᆫ 되(道ㅣ) 호번 말슴

　　호며 호번 움죽이미 가히 쉽사리 못홀 거시^

　　니 군지(君子ㅣ) ᄇᆞ롬이 블로브터 나ᄂᆞᆫ 형상을 보아 일^

▶▶▶ **주 석**

1 덧〃호미 : 항상 일정함이. 이곳의 '덧덧ᄒᆞ-'는 원문의 '恒'에 대응되어 "(변함없이) 항상 일정하다"의 의미
로 쓰인 것이다. 현대국어의 후대형 '떳떳하-'는 "굽힐 것 없이 당당하다"를 뜻하여 의미에 차이가 있다.
이곳의 '덧덧ᄒᆞ-'는 중세국어에서는 '덛덛ᄒᆞ-'로 나오는데, 근대국어에서 'ㄷ'이 'ㅅ'으로 표기되는 경향에
따라 여기서는 '덧덧ᄒᆞ-'로 나온 것이다. 근대국어에 파생 부사 '쩟쩟이'<첩해몽어(1790) 1 : 3>가 나타
나는 것을 보면 같은 시기에 '쩟쩟ᄒᆞ-'도 존재했음이 분명한데, 이를 통해 '덧덧ᄒᆞ-'가 18세기에 된소리로
변했음을 알 수 있다.

▸▸▸ **출 전**

주역(周易) 가인괘(家人卦)
象曰 風自火出 家人 君子以 言有物而行有恒
〔傳曰〕正家之本 在正其身 正身之道 一言一動 不可易也 君子觀風自火出之象 知事之由內而出 故所言必有物 所行必有恒也 物 謂事實 恒 謂常度法則也 德業之著於外 由言行之謹於 內也 言愼行修 則身正而家治矣

▸▸▸ **현대어역**

〈1 : 3a〉

하느니라.
상왈(象曰), 풍자화출(風自火出)이 가인(家人)이니, 군자(君子)가 이(以)하여 언유물이행유항(言有物而行有恒)이니라.【상(象)은 공자(孔子)가 은대(殷代, 은나라 때) 상(象)을 의논하신 말씀이라.】

상(象)에 이르되, 풍(風)이 화(火)로부터 나는 것이 가인(家人)이니, (그러므로) 군자(君子)가 말함에 사실(事實)이 있고 행(行)함에 항상 일정함이 있느니라.

전(傳)에 이르되, 집을 정(正, =정대함)하게 하는 근본은 그 몸을 바르게 하는 데 있고, 몸을 바르게 하는 도는 한번 말하며 한번 움직이는 것을 가히 쉽사리(=쉽게) 하지 못할(=못하는) 것이니, 군자(君子)는 바람이 불로부터 나오는 형상(形象)을 보아 일

〈1 : 3b〉

이 안흐로 말미암아 남을 아는 고로 말슴ᄒᆞ매

반ᄃᆞ시 믈(物)이【믈(物)은 ᄉᆞ실(事實)이라 말이라】 잇고 ᄒᆡᆼ(行)ᄒᆞ매 반ᄃᆞ시 ᄒᆞᆼ(恒)이【ᄒᆞᆼ(恒)은

법도(法度)를 니ᄅᆞ미니라】 잇ᄂᆞ니 덕업(德業)이 밧긔 나타나면 언ᄒᆡᆼ(言行)을

안히 삼가믈 말미암으미니 말슴을 삼가고

ᄒᆡᆼ실을 닷그면 몸이 바로고¹ 집이 다ᄉᆞᄂᆞ니라²

초구(初九)³는 한유가(閑有家)면 회무(悔亡)ᄒᆞ리라【효ᄉᆞ(爻辭)⁴는 쥬공(周公)⁵이 효(爻)

마다⁶ 프러 내신 말슴이니 초구(初九)는 범괘(凡卦)예 아래로 첫 획(劃)^

을 초효(初爻)라 ᄒᆞ고 양효(陽爻)를 구(九)라 ᄒᆞ니 구수(九數)는 양(陽)의 극(極)ᄒᆞᆫ 수

며 양(陽)을 구(九)라 ᄒᆞ니 범효(凡爻)의 건너 ᄒᆞ는 거슬 양효(陽爻)라 ᄒᆞᄂᆞ니라】

초구(初九)는 집을 한(閑)ᄒᆞ면 회(悔ㅣ) 업ᄂᆞ니라

뎐(傳)에 ᄀᆞᆯ오디 초(初)는 가도(家道)의 비로스미라 한(閑)은 막다

말이니 그 집을 다ᄉᆞ리매 비로소 능히 법도(法度)로뻐

1 바로고 : 바르고. '바로-+-고'. 이곳의 '바로-'는 중세국어의 '바ᄅᆞ-'에 소급할 어형이다. '바ᄅᆞ->바로-'의 변화는 '바ᄅᆞ-'에서 파생된 어간형 부사 '바ᄅᆞ'에서도 마찬가지인데('바ᄅᆞ>바로'), 이는 '고ᄅᆞ>고로', '서ᄅᆞ>서로'의 예에서 보듯이 제2음절 'ᄅᆞ>로'의 변화에 유추된 것이다. 중세국어에서 '바ᄅᆞ-'는 "直(곧다, 바르다)"을 뜻하는 형용사뿐 아니라 "使直(바르게 하다, 바로잡다)"을 뜻하는 타동사로도 쓰였다. 이곳의 '바로-'는 (대격어 없이) 형용사로 쓰였지만 자료의 다른 곳에는 (대격어를 취하여) '바로-'가 타동사로 쓰인 용례도 발견된다. 예: 신해 님군의 말을 바로디 아니ᄒᆞ면<1 : 71a>. 그러나 '바ᄅᆞ-, 바로-'와 달리 현대국어에서는 어휘 의미에 따라 어형이 분화되어 "直"의 (형용사적) 의미로는 '바르-'가 "使直"의 (타동사적) 의미로는 '바루-'가 쓰인다.

2 다ᄉᆞᄂᆞ니라 : 다스려지느니라. '다ᄉᆞᆯ-+-ᄂᆞ니라'의 결합에서 'ㄹ'이 탈락한 어형이다. 이곳의 '다ᄉᆞᆯ-'은 중세국어와 마찬가지로 "다스려지다"를 뜻하는 자동사로 쓰였으나 현대국어에는 사어화하여 더 이상 쓰이지 않는다. 예 : 내 이 世界는 本來 제 ᄆᆞᆰ고 平ᄒᆞ야 다ᄉᆞᆯ며 어즈러우미 다 업거니 (… 理亂이 俱亡ᄒᆞ거니) <금강경삼가해언해(1482) 2 : 6a> 현대국어에 남은 '다ᄉᆞ리-'는 자료에 '다ᄉᆞ리-'로 나타나는데, 중세국어 이래 '다ᄉᆞ리-'가 항상 대격어를 지배하여 타동사로 쓰인 점을 감안하면 '다ᄉᆞ리-'는 '다ᄉᆞᆯ-'에 ('기울이-, 드리-, 버리-' 등에 포함된 '-이-'와 마찬가지로) 사동 접미사 '-이-'가 결합한 어형일 가능성이 높다.

3 초구는 : 초구(初九)는. 역괘(易卦)에서, 맨 아랫자리의 양효(陽爻)를 가리킨다.

▶▶▶ 출 전

주역(周易) 가인괘(家人卦)

知事之由內而出 故所言必有物 所行必有恒也 物 謂事實 恒 謂常度法則也 德業之著於外 由言行之謹於內也 言愼行修 則身正而家治矣

　初九 閑有家 悔亡

〔傳曰〕初 家道之始也 閑 謂防閑法度也 治其有家之始 能以法度爲之防閑

▶▶▶ 현대어역

〈1 : 3b〉

　　이 안으로부터 말미암아 나는 것을 아는 고로, 말씀함에 반드시 물(物)이【물(物)은 사실(事實)이라는 말이라.】있고, 행(行)함에 반드시 항(恒)이【항(恒)은 법도(法度)를 이름이니라.】있나니, 덕업(德業)이 밖에 나타나면(＝나타나는 것은) 언행(言行)을 안으로부터 삼가는 것에서 말미암은 것이니, 말씀을 삼가고 행실을 닦으면 몸이 바르고(＝바르게 되고) 집이(＝집안이) 다스려지느니라.

초구(初九)는 한유가(閑有家)면 회무(悔亡)하리라.【효사(爻辭)는 주공(周公)이 효(爻)마다 풀어내신 말씀이니, 초구(初九)는 범괘(凡卦)에서 아래로 첫 획(劃)을 초효(初爻)라 하고 양효(陽爻)를 구(九)라 하니 구수(九數)는 양(陽)의 극(極)한 수이며, 양(陽)을 구(九)라 하니 범효(凡爻)가 건너 하는 것을 양효(陽爻)라 하느니라.】

　　초구(初九)는 집을 한(閑)하면 회(悔)가 없느니라.

　　전(傳)에 이르되, 초(初)는 가도(家道)의 비롯함이라(＝시작됨이라). 한(閑)은 막는다는 말이니, 그 집을 다스림에 비로소 능히 법도(法度)로써

▶▶▶ 주 석

4 효ㅅ는 : 효사(爻辭)는. '효사(爻辭)'는 주역(周易)에서 괘(卦)를 구성하는 각 효(爻)를 풀이한 말이다. 64괘에 대한 386개의 효사가 있는데, 중국 주(周)나라의 문왕(文王) 또는 그의 아들인 주공(周公)이 지은 것으로 전한다.

5 쥬공이 : 주공(周公)이. '주공(周公)'은 중국 주나라 문왕(文王)의 아들로, 성은 희(姬)이며 이름은 단(旦)이다. 형인 무왕(武王)을 도와 은나라를 멸하고 주나라의 기초를 튼튼히 하였다. 예악제도(禮樂制度)를 정비하고, ≪주례(周禮)≫를 지은 것으로 전한다.

6 효마다 : 효(爻)마다. '효(爻)'는 역(易)의 괘(卦)를 나타내는 가로 그은 획(劃)을 이른다. '―'을 양효(陽爻)라 하고 '－－'을 음효(陰爻)라 하며 밑에서부터 세어 초효(初爻), 이효(二爻)라고 하고, 맨 위 여섯 번째의 것을 상효(上爻)라고 한다.

〈1 : 4a〉

막으면 뉘우츠매 니ᄅ들 아니리니【막다 말은 법도(法度)의 넘치는 일을 막다
니ᄅ미라】진실로 법도(法度)로뻐 막디 아니ᄒ면 사름의 ᄆᆞᆷ^
이 흐ᄅ고[1] 프러져 반드시 뉘우츠미 잇ᄂ니 어룬과
아ᄒᆡ 츠례 일코 ᄉ나ᄒᆡ와 겨집의 각별(恪別)ᄒ미
어ᄌᆞ러워 은의(恩義ㅣ) 샹(傷)ᄒ고 눈니(倫理)의 해로오미 니ᄅ디
아닐 배 업ᄂ니 능히 법도(法度)로뻐 그 처음의[2] 막으^
면 이런 일이 업는 고로 뉘우츠미 업ᄂ니라
샹왈(象曰) 한유가(閑有家)는 디미변야(志未變也)라
  샹(象)에 ᄀᆞ오디 집을 한(閑)ᄒ다 ᄒᆞᆫ 뜻이 변(變)티 아니^
  미라

1 흐ᄅ고 : 흐르고. 15세기에 소급되는 형태는 '흐르-'이다. 이곳의 '흐ᄅ-'는 '흐르-'에서 'ㄹ' 다음에 오는
  'ㅡ'가 'ㆍ'로 바뀌어 나타난 것이다. 이 문헌에서는 'ㄷ, ㅌ, ㅅ, ㅈ, ㅊ, ㄴ, ㄹ' 등의 자음 뒤에서 'ㅡ'가
  'ㆍ'로 바뀌어 나타나는 예들이 다수 나타나고 있다.

▶▶▶ **출 전**

則不至於悔矣 治家者 治乎衆人也 <u>苟不閑之以法度 則人情流放 必至於有悔 失長幼之序 亂男女</u>
<u>之別 傷恩義害倫理 无所不至 能以法度閑之於始 則无是矣</u> 故悔亡也 九 剛明之才 能閑其家者
也 不云无悔者 群居必有悔 以能閑故 亡耳
　象曰 閑有家 志未變也

▶▶▶ **현 대 어 역**

〈1 : 4a〉

　　막으면 뉘우침에 이르지 아니하리니, 【막는다는 말은 법도(法度)에 넘치는 일을 막는다는
것을 이름이라.】 진실로 법도로 막지 아니하면 사람의 마음이 흐르고 풀어져 반드시 뉘
우침이 있나니, 어른과 아이가 차례를 잃고 남자와 여자의 구별이 어지러워져 은의(恩
義)가 상(傷)하고 윤리(倫理)에 해로움이(=해로움을 끼치는 것이) 이르지 아니할 바가 없나
니, 능히 법도(法度)로써 그 처음에 막으면 이런 일이 없는 고로 뉘우침이 없느니라.
　상왈(象曰), 한유가(閑有家)는 지미변야(志未變也)라.
　　상(象)에 이르되, 집을 한(閑)한다 함은 뜻이 변(變)하지 아니함이라.

▶▶▶ **주 석**

2 처음의 : 처음에. 애초에. '처음+-의'로 분석되는데, 이곳의 '처음'은 중세국어의 '처엄'에 소급할 어형이
　다. /ㅿ/의 소실에 따라 '처엄>처엄'의 변화를 거친 뒤, 이곳과 같이 '처음'으로 등장하는 것은 ≪가례언
　해≫(1632)를 위시하여 17세기 문헌부터이다. 예 : 入棺이 임의 처음 殯소ᄒᆞᆫ 때예 잇고<5 : 26a>.
　17세기 문헌에는 '처음' 외에 '처음'도 보이는데, 이는 비어두음절에서 'ㆍ>ㅡ' 변화를 의식하여 'ㅡ'를 'ㆍ'
　로 과도 교정한 결과이다. 예 : 破荒田 처음 닐온 밧<역어유해(1690) 하 : 7b>. '처음'은 (중세국어의
　'처엄'과 마찬가지로) "첫 번째"와 함께 "애초, 당초"의 의미를 지니기도 하는데 여기서는 후자의 의미로
　쓰인 것이다.

▸▸▸ 원문 판독

〈1 : 4b〉

뎐(傳)에 골오디 처엄의[1] 법도(法度)로 막으믄 집 사롬의

뜻이[2] 변통(變通)티 아닌 적의 몬져 막으미니 뜻이 흐^

르고 흐터뎌 변통(變通)티 아닌 때의 막아 바로게 흐면

은(恩)에 샹(傷)티 아니흐고 의(義)예 일(逸)티 아니흐야 집을 다^

스리미 잘 흐미니 이러므로뻐 뉘우츠미 업고 뜻^

이 변흔 후의 다스리면 샹흐는 배 만하 이에[3] 뉘^

우츠미 잇느니라

뉵이(六二)는 무유슈(无攸遂)요 지듕궤(在中饋)면 뎡길(貞吉)흐리라【뉵(六)은 범괘(凡
卦)예 음효(陰爻)롤[4] 뉵(六)이라 흐니 뉵(六)^

은 음수(陰數)의 극(極)이라 음효(陰爻)롤 뉵(六)이라 일꾿고 음효(陰爻)는 획(劃)의 가

온대 꺼딘 획이 음효(陰爻)요 이(二)는 아래로서 지혜여 사느니라】

  뉵이(六二)는 일워 흐는 배 업고 가온대 이셔 먹을 일^

▸▸▸ 주 석

1 처엄의 : 처음에. '처엄+-의〔처격〕'로 분석되는데, 이곳의 '처엄'은 중세국어의 '처섬'에 소급할 어형으로,
/△/의 소실에 따라 '처섬>처엄'의 변화를 거친 것이다. 자료의 다른 곳에는 '처음의'<1 : 4a>처럼 '처음'
으로도 나타나 '처엄>처음'의 변화에 놓인 두 어형이 함께 나타나고 있다. '처엄'은 ≪원각경언해≫(1465)
에서 보이기 시작하며, '처음'은 근대국어 문헌인 ≪가례언해≫(1632)를 위시하여 17세기 문헌부터 나타
난다.

2 뜻이 : 뜻이. 이곳의 '뜻'은 중세국어의 '뜯'에 소급할 어형이다. 어두자음군의 경음화를 거쳐 16세기 문헌
부터는 '뜯'으로 등장하기 시작한다. 예 : 즐기는 쓰들 보노라<중간두시언해(1613) 7 : 11a>. 이곳에서
'뜯'이 '뜻'으로 적힌 것은 (칠종성법의 확립 이후) 어간 말음 /ㄷ/을 'ㅅ' 분철 표기로 나타내는 자료의 표
기 방식에 따른 것이다. 현대국어의 '뜻'은 '뜯'에서 어간 말음이 다시 'ㅅ'으로 재구조화된 결과이다.

▸▸▸ **출 전**

주역(周易) 가인괘(家人卦)

〔傳曰〕

閑之於始 家人志意未變動之前也 正志未流散變動而閑之 則不傷恩 不失義 處家之善也 是以悔亡 志變而後治 則所傷多矣 乃有悔也

　　六二 无攸遂 在中饋 貞吉

▸▸▸ **현 대 어 역**

〈1 : 4b〉

　　전(傳)에 이르되, 처음에 법도(法度)로 막음은 집안 사람의 뜻이 변통(變通)하지 않았을 때에 먼저 막음이니, 뜻이 흐르고 흩어져 변통(變通)하지 않았을 때에 막아 바르게 하면 은(恩)에 상(傷)하지(＝손상을 입히지) 아니하고 의(義)에 일(逸)하지(＝벗어나지) 아니하여 집안을 다스림이 잘 함이니(＝다스리는 것이니) 이럼으로써 뉘우침이 없고, 뜻이 변한 후에 다스리면 상(傷)하는(＝손상을 입히는) 바가 많아 이에 뉘우침이 있느니라.

육이(六二)는 무유수(无攸遂)요, 재중궤(在中饋)면 정길(貞吉)하리라. 【육(六)은 범괘(凡卦)에서 음효(陰爻)를 육(六)이라 하니 육(六)은 음수(陰數)의 극(極)이라. 음효(陰爻)를 육(六)이라 일컫고 음효(陰爻)는 획(劃)의 가운데 퍼진 획이 음효(陰爻)요, 이(二)는 아래로부터 치세어(＝위로 세어) 가느니라.】

　　육이(六二)는 이루어 하는 바가 없고 가운데 있어 먹을 일

▸▸▸ **주 석**

3　이에 : 이에. 자료는 표기상 ' ㅣ'를 말음으로 하는 체언이 처격 '예'와 통합하는 경우도 있지만(예 : 대의예, 위예) 지시대명사 '이'만큼은 처격 '-에'와 통합하여 항상 '이에'의 형태로 등장한다. '이에'를 종래의 처격형 '-예~-에~-애' 등이 '-에'로 통일되는 경향의 일환으로 볼 가능성이 있다. 그러나 자료 이전에 처격형 '-예', '-에'의 분화가 뚜렷한 시기에도 지시대명사 '이'의 경우는 '이예'보다 '이에'의 표기가 압도적이었음에 유의할 필요가 있다. '이에'가 'ㅇ'이 사용된 중세 문헌에서 '이에'로 소급하는 점을 감안하면, '이에'는 중세국어 이래의 표기 전통을 따른 보수적 표기로 보아야 온당할 것이다. 곧 중세국어에서는 /ㆁ/의 존재 때문에 처격은 '-예'가 아닌 '-에'가 통합되는 것이 당연하였다. 그러나 /ㆁ/의 음가 소실 뒤에도 이전 시기 '이에'의 표기 방식이 준수된 결과 '이에'의 표기가 등장했다고 보는 것이다. 이러한 관점에 따르면 '이예'와 '이에'가 공존하는 문헌에서 표기상 개신형은 '이예'가 되고, 현대국어의 '이에'는 처격의 이형태가 '-에'로 통일되면서 '이예'가 소멸한 결과라 할 수 있을 것이다.

4　음효룰 : 음효(陰爻)를. 역(易)의 괘(卦)를 구성하는, '--'로 나타내는 효(爻)를 가리킨다.

▸▸▸ 원문 판독

〈1 : 5a〉

을 ᄒᆞ면 뎡(貞)ᄒᆞ야 길(吉)ᄒᆞ리라
뎐(傳)에 ᄀᆞᆯ오ᄃᆡ 사ᄅᆞᆷ이 집의 이셔 골육(骨肉) 부ᄌᆞ(父子) ᄉᆞ이^
의 이셔 대범(大凡) ᄉᆞ(私)로ᄡᅥ 의(義)ᄅᆞᆯ 앗ᄂᆞ니 오직 강(剛)ᄒᆞᆫ 사ᄅᆞᆷ^
이야 능히 ᄉᆞᄋᆡ(私愛)로ᄡᅥ 그 바ᄅᆞᆫ 니(理)ᄅᆞᆯ 일티 아니ᄒᆞᄂᆞᆫ디^
라 가인괘(家人卦ㅣ) 대강(大綱) 강(剛)ᄒᆞ므로ᄡᅥ 웃듬을 삼ᄂᆞ니 이 ᄒᆈ(爻ㅣ)
눅(六)이 음(陰)이오 이(二)도 음(陰)이라 브드러온 거ᄉᆞ로 브드러온
ᄃᆡ 이셔 능히 집을 다ᄉᆞ리디 못ᄒᆞᄂᆞᆫ 고로 ᄒᆞᄂᆞᆫ 배 업
서야 가(可)ᄒᆞ니 영웅(英雄)의 ᄌᆡ조로도 오히려 졍ᄋᆡ(情愛)의 ᄡᅡ^
더 능히 스ᄉᆞ로[1] 딕희디[2] 못ᄒᆞ미 잇거든 ᄒᆞ믈며 유^
약(柔弱)ᄒᆞᆫ 사ᄅᆞᆷ이 그 능히 쳐ᄌᆞ(妻子)의 졍을 이긔랴 이 ᄒᆈ(爻ㅣ) 만^

▸▸▸ 주 석

1 스ᄉᆞ로 : 스스로. 중세국어에서는 'ᄉᆞᄉᆞ로'나 'ᄉᆞᄉᆡ로'가 일반적이지만, 근대국어에서는 'ᄉᆞᄉᆞ로'와 함께 이곳처럼 (비어두음절의) 'ㆍ>ㅡ'의 변화와 반대되는 '스ᄉᆞ로'가 많이 쓰이는 것이 특징이다.
2 딕희디 : 지키지. 이곳의 '딕희-'는 중세 문헌(≪석보상절≫ 제외)에서 주로 '디킈-'나 '딕킈-'(16세기 이후)로 나타나던 것이다. 근대 문헌에서는 어중 유기음 /ㅋ/을 재음소화한 '딕희-' 혹은 '딕히-'의 표기로 나타나는 것이 일반적이다.

▸▸▸ **출 전**

〔傳曰〕
人之處家 在骨肉父子之間 大率以情勝禮 以恩奪義 唯剛立之人 則能不以私愛失其正理 故家人卦 大要以剛爲善 初, 三, 上 是也 不能治六二以陰柔之才而居柔 不能治於家者也 故无攸遂 无所爲 而可也 夫以英雄之才 尙有溺情愛而不能自守者 況柔弱之人 其能勝妻子之情乎 如二之才

▸▸▸ **현대어역**

〈1 : 5a〉

을 하면 정(貞)하여 길(吉)하리라.

전(傳)에 이르되, 사람이 집에 있어(=처하여) 골육(骨肉) 부자(父子) 사이에 있어서는 대범(大凡, 무릇) 사(私)로써(=사로 인하여) 의(義)를 빼앗기게 되나니, 오직 강(剛)한 사람이어야만 능히 사애(私愛)로써 그 바른 이(理)를 잃지 아니하는지라. 가인괘(家人卦)는 대강(大綱, 대체로) 강(剛)함으로써 으뜸을 삼나니, 이 효(爻)가 육(六)이 음(陰)이요, 이(二)도 음(陰)이라. 부드러운 것으로 부드러운 데 있어서 능히 집을 다스리지 못하는 고로, 하는 바가 없어야 가(可)하니, 영웅(英雄)의 재주로도 오히려 정애(情愛)에 빠져 능히 스스로 지키지 못함이 있거늘 하물며 유약(柔弱)한 사람이 그 능히 처자(妻子)의 정을 이기랴(=이겨내겠는가)? 이 효(爻)가 만

〈1 : 5b〉

일 부인(婦人)의 되(道ㅣ) 된즉 그 비록 유슌(柔順)ㅎ므로뻐 힝(行)ㅎ^
나 가듕(家中)의 이시미 졍히 겨집의 되(道ㅣ)니 가듕(家中)의 거(居)^
ㅎ야 음식을 쥬관(主管)홀 뿐이면 그 졍도(正道)롤 어더
길(吉)ㅎ니라
샹왈(象曰) 뉵이디길(六二之吉)은 슌이손야(順以巽也)ㄹ시니라
샹(象)에 골오디 뉵이(六二)의 길(吉)ㅎ믄 슌(順)ㅎ미 손(巽)으로뻬라¹
뎐(傳)에 골오디 이 회(爻ㅣ) 음유(陰柔)ㅎ므로뻐 듕졍(中正)ㅎ 디 이^
셔【이회(二爻ㅣ) 아래 괘(卦) 세 획(劃) 듕의 가온대 회(爻ㅣ)매 듕(中)이라 ㅎ고
이회(二爻ㅣ) 음(陰)인 디 뉵이(六二ㅣ) 게 이시매 졍(正)이라 ㅎㄴ니라】 능히 슌죵
(順從)ㅎ^
고 비손(卑巽)ㅎ 고로 부인(婦人)의 바로고² 길훈 거시 되는 샹(象)^
이니라

1 손으로뻬라 : 손(巽)으로써 (되기) 때문이라. 이곳의 '손(巽)'은 육십사괘 중의 하나인 손괘(巽卦)를 의미
한다. 육십사괘 중 간괘(艮卦)와 태괘(兌卦)가 겹쳐서 상형을 이루는 괘이다. 산 아래에 못〔澤〕이 있음
을 상징하며 "아랫것을 덜어서 위에 더하는 상형으로 아랫사람이 윗사람을 받들어 봉사하면 뒤에 몇 배의
덕을 본다."고 되어 적당한 손실 뒤에 큰 이익을 얻는다는, 뒤가 길한 괘이다.

▸▸▸ **출 전**

若爲婦人之道 則其正也 以柔順處中〔他本无此五字〕正 婦人之道也 故在中饋 則得其正而吉也
婦人 居中而主饋者也 故云中饋
　象曰 六二之吉 順以巽也
〔傳曰〕二以陰柔居中正 能順從而卑巽者也 故爲婦人之貞吉也

▸▸▸ **현대어역**

〈1 : 5b〉

　　일 부인(婦人)의 도(道)가 된즉 그 비록 유순(柔順)함으로써 행하나 가중(家中, 집안)에 있
　　음이 정히 여자의 도이니 가중(家中, 집안)에 거하여 음식을 주관(主管)할 뿐이면 그 정도
　　(正道)를 얻어 길(吉)하니라.
상왈(象曰), 육이지길(六二之吉)은 순이손야(順以巽也)일쌔니라.
　상(象)에 이르되, 육이(六二)의 길(吉)함은 순(順)함이 손(巽)으로써 (되기) 때문이라.
　전(傳)에 이르되, 이효(二爻)가 음유(陰柔)함으로써 중정(中正)한 곳에 있어【이효(二爻)가
　아래 괘(卦) 세 획(劃) 중에 가운데 (있는) 효(爻)임에 중(中)이라 하고, 이효(二爻)가 음
　(陰)인 데(=곳에) 육이(六二)가 거기에 있음에 정(正)이라 하느니라.】능히 순종(順從)하고
　비손(卑巽)한 고로 부인(婦人)에게 바르고 길한 것이 되는 상(象)이니라.

▸▸▸ **주 석**

2 바로고 : 바르고. '바로-+-고'. 이곳의 '바로-'는 중세국어의 '바ᄅ-'에 소급할 어형이다. '바ᄅ->바로-'의
　변화는 '바ᄅ-'에서 파생된 어간형 부사 '바ᄅ'에서도 마찬가지인데('바ᄅ>바로'), 이는 '고ᄅ>고로', '서
　ᄅ>서로'의 예에서 보듯이 제2음절 'ᄅ>로'의 변화에 유추된 것이다. 중세국어에서 '바ᄅ-'는 "直(곧다,
　바르다)"을 뜻하는 형용사뿐 아니라 "使直(바르게 하다, 바로잡다)"을 뜻하는 타동사로도 쓰였다. 이곳
　의 '바로-'는 (대격어 없이) 형용사로 쓰였지만 자료의 다른 곳에는 (대격어를 취하여) '바로-'가 타동사
　로 쓰인 용례도 발견된다. 예 : 신해 님군의 말을 <u>바로디</u> 아니ᄒ면<1 : 71a>. 그러나 '바ᄅ-, 바로-'와 달
　리 현대국어에서는 어휘 의미에 따라 어형이 분화되어 "直"의 (형용사적) 의미로는 '바르-'가 "使直"의 (타
　동사적) 의미로는 '바루-'가 쓰인다.

▸▸▸ **원문 판독**

〈1:6a〉

구삼(九三)은 가인(家人)이 학학(嗃嗃)ᄒ니 회녀(悔厲)나 길(吉)ᄒ니 부ᄌ(婦子)ㅣ 희희
(嘻嘻)면
죵닌(終吝)ᄒ리라【가인(家人)은 괘(卦)로 니른 말이니 가쟝(家長)을 니른미오 학학(嗃
嗃)은 과도히 급혼 거동이오 회회(嘻嘻)ᄂᆞᆫ 과(過)히 프러딘 거동이라】
구삼(九三)은 가인(家人)이 학학(嗃嗃)ᄒ니 녀(厲)ᄒ미 뉘우츠나 길(吉)^
ᄒ니 안해와 ᄌᆞ식이 회희(嘻嘻)ᄒ면 ᄆᆞ춤내[1] 닌(吝)ᄒ리라
【닌(吝)은 븟그럽다[2] 말이라】
뎐(傳)에 ᄀᆞᆯ오디 구삼(九三)이 하괘(下卦) 우희 이셔 너치(內治) 맛든[3]
거시니 양효(陽爻)로써 양위(陽位)예 이셔 듕(中)티 못혼디라
비록 바론 거술 어드나 강(剛)ᄒ기의 과(過)ᄒ면 엄(嚴)ᄒ^
고 급(急)ᄒ기의 샹(傷)혼 고로 가인(家人)이 학학(嗃嗃)ᄒᄂᆞ니 골육(骨肉)^
의 은의(恩義ㅣ) 승(勝)ᄒ디라 비록 엄녀(嚴厲)혼 더 뉘우츠나[4] 그^

▸▸▸ **주 석**

1 ᄆᆞ춤내 : 마침내. 'ᄆᆞ춤내'는 ≪훈민정음언해≫(1446)에도 이미 나타난다. 제1음절의 'ㆍ'가 'ㅏ'로 바뀐 용례는 '마춤내'<가례언해(1632) 10:41a> 등에서 나타나기 시작하고, '마춤내' 형태로 쓰이다가 'ㅊ' 다음 위치에서 'ㅡ'가 'ㅣ'로 전설모음화되어 현대국어의 '마침내'가 된 것이다. 중세국어의 'ᄆᆞ춤내'는 '몿 [了]-'의 파생 명사 'ᄆᆞ춤'과 파생 부사 '내'가 결합하여 합성부사가 된 어형이다. 이 '내'는 '겨슬내(>겨우 내), '내죵내' 등에서도 확인되나 출현례가 극히 드물다. 중세국어나 근대국어에서는 '내' 및 이것의 중가 형(重加形) '내내'도 확인되는데 이들 어형과 용법은 현대국어까지 이어진다.
2 븟그럽다 : 부끄럽다는. '븟그리-+-업-+-다'로 분석될 수 있는 어형으로, 동사 '븟그리-'에 형용사 파생 접미사 '-업-'이 결합되어 만들어졌다. 제1음절의 '븟'은 15세기에는 '붓'이었는데, '붓그러운'<두시언해 (1481) 9:21b>과 같이 15세기 후반에 'ㅂ' 다음의 'ㅜ'가 'ㅡ'로 바뀐 '붓'형이 나타나기 시작한다. 근대

▶▶▶ **출 전**

九三 家人 嗃嗃 悔厲 吉 婦子嘻嘻 終吝

〔傳曰〕 未詳字義 然以文義及音意觀之 與相類 又若〔一作人若〕 急束〔一作速〕 之意 <u>九三 在內</u> <u>卦之上 主治乎內者也 以陽居剛而不中 雖得正而過乎剛者也 治內過剛則傷於嚴急 故家</u> <u>人然</u> 治家過嚴 不能无傷 故必悔於嚴 <u>骨肉 恩勝</u> 嚴過 故悔也 <u>雖悔於嚴</u> 未得寬猛之中

▶▶▶ **현대어역**

〈1 : 6a〉

구삼(九三)은 가인(家人)이 학학(嗃嗃)하니 회려(悔厲)나 길(吉)하니 부자(婦子)가 희희(嘻嘻)면 종린(終吝)하리라.【가인(家人)은 괘(卦)로 이른 말이니 가장(家長)을 이름이요, 학학(嗃嗃)은 과도히 급한 거동이요, 희희(嘻嘻)는 과도히 풀어진 거동이라.】

구삼(九三)은 가인(家人)이 학학(嗃嗃)하니 여(厲)함이 뉘우치나(=뉘우칠 정도이나) 길(吉)하니, 아내와 자식이 희희(嘻嘻, 즐겁게 웃는 모양)하면 마침내 인(吝)하리라.【인(吝)은 부끄럽다는 말이라.】

전(傳)에 이르되, 구삼(九三)이 하괘(下卦) 위에 있어 내치(內治)를 맡은 것이니, 양효(陽爻)로써 양위(陽位)에 있어 중(中)하지 못한지라. 비록 바른 것을 얻으나 강(剛)하기에 과하면(=지나치면) 엄(嚴)하고 급(急)하기에 상(傷)하는 고로 가인(家人)이 학학(嗃嗃, 숨을 자꾸 몰아쉬는 모양)하나니, 골육(骨肉)에서 은의(恩義)가 승(勝)한지라. 비록 엄려(嚴厲)한 바가 뉘우치나(=뉘우칠 정도이나), 그

▶▶▶ **주 석**

국어 문헌에서는 '붓그리-'보다는 '붓그리-'가 주로 사용된다. 이 문헌에 '붓그리-'는 나타나지 않는다.
3 맏든 : 맡은. '맜-+-은'의 어간 '맜-'은 현대국어에서 '맡-'으로 사용된다. 어간의 종성 위치에 있는 'ㅅㄷ>ㅌ' 의 변화를 겪은 특이한 어형이다. '맜->맡-'의 변화가 이미 17세기 문헌부터 발견되기 시작하나 자료에서 '맡-'은 는 '맜-'으로, '맡기-'는 '맛다-'로만 나타나 이같은 변화를 보여 주지 않는다. 예 : ᄆᆞ춤내 **맛튼** 싸 히 ᄯ려나디 아니ᄒᆞ고(終始不離任所)<동국신속삼강행실도 忠1 : 48b>
4 뉘우ᄎ나 : 뉘우치나. 형태상 '뉘읓-+-ᄋᆞ나'로 분석될 어형이다. 중세국어에는 '뉘읓-'으로 쓰여 '뉘읓-> 뉘읓-'의 변화가 일어났음을 보여 주는데, 이곳의 '뉘읓-'은 후대에 의미나 문법 범주를 바꾸지 않는 접미 사 '-이-'와 결합하여 현대국어에 '뉘우치-'로 남았다.

〈1 : 6b〉

러나 가되(家道ㅣ) 엄녀(嚴厲)호즉 ᄀ즉ᄒ고 엄슉(嚴肅)ᄒ야 가간(家間)
인심(人心)이 공경(恭敬)ᄒ고 저허ᄒᄂ다라 오히려 집의 길(吉)^
ᄒ 거시 되거니와 만일 안해며 ᄌ식이 희희(嘻嘻)^
ᄒ면 ᄆ춤내[1] 닌(吝)ᄒ 디 니르ᄂᄂ니 닐온 프러디^
기의 더브러론 출하리 엄(嚴)ᄒ기의 과(過)홈만 ᄀᆺ^
디 못ᄒ다 ᄒ미니 대개 엄녀(嚴厲)의 과(過)ᄒ면 비록 인^
정(人情)의 샹(傷)ᄒ미 업디 못ᄒ나 그러나 진실로 법^
의(法義ㅣ) 셔고 눈니(倫理ㅣ) 볼라[2] 은의(恩義ㅣ) 보젼(保全)ᄒ 배 되거니와 만^
일 프러디기의 과(過)ᄒ면 법되(法度ㅣ) 업서 눈니(倫理ㅣ) 어ᄌ럽^
기의 니르ᄂᄂ니 엇디 그 집을 보젼(保全)ᄒ리오

1 ᄆ춤내 : 마침내. 'ᄆ춤내'는 ≪훈민정음언해≫(1446)에도 이미 나타난다. 제1음절의 'ㆍ'가 'ㅏ'로 바뀐
용례는 '마춤내'<가례언해(1632) 10 : 41a> 등에서 나타나기 시작하고, '마춤내' 형태로 쓰이다가 'ㅊ'
다음 위치에서 'ㅡ'가 'ㅣ'로 전설모음화되어 현대국어의 '마침내'가 된 것이다. 중세국어의 'ᄆ춤내'는 'ᄆᆽ
[了]-'의 파생 명사 'ᄆ춤'과 파생 부사 '내'가 결합하여 합성부사가 된 어형이다. 이 '내'는 '겨슬내(>겨우
내), '내죵내' 등에서도 확인되나 출현례가 극히 드물다. 중세국어나 근대국어에서는 '내' 및 이것의 중가
형(重加形) '내내'도 확인되는데 이들 어형과 용법은 현대국어까지 이어진다.

▶▶▶ **출 전**

然而家道齊肅 人心祗畏 猶爲家之吉也요 若婦子면 則終至羞吝矣 在卦 非有之象 蓋對而言 謂
與其失於放肆 寧過於嚴也 笑樂无節也 自恣无節 則終至敗家 可羞吝也 蓋嚴謹之過 雖於人情
不能无傷 然苟法度立 倫理正 乃恩義之所存也 若无度 乃法度之所由廢 倫理之所由亂 安能保其
家乎 之甚 則致敗家之凶 但云吝者 可吝之甚則至於凶 故未遽言凶也

▶▶▶ **현대어역**

〈1 : 6b〉

러나 가도(家道)가 엄려(嚴厲)한즉 (집안이) 가지런하고 엄숙(嚴肅)하여 가간(家間, 온 집
안) 인심(人心)이 공경(恭敬)하고 두려워하는지라. 오히려 집에(=집안에) 길(吉)한 것이 되
거니와, 만일 아내며 자식이 희희(嘻嘻, 즐겁게 웃는 모양)하면 마침내 인(吝)한(=부끄러운)
곳에 이르나니, (이것이) 이른바 '풀어지기보다는 차라리 엄(嚴)하기에 과함만(=지나침
만) 같지 못하다(=풀어지기보다는 차라리 과도히 엄한 것이 낫다)' 함이니, 대개 엄려(嚴厲)가
과(過)하면 비록 인정(人情)에 상(傷)함이 없지 못하나(=않으나) 그러나 진실로 법의(法義)
가 서고 윤리(倫理)가 발라(=바르게 되어) 은의(恩義)가 보전(保全, 온전하게 보호하여 유지함)
되거니와, 만일 풀어지기의 과(過)하면(=지나치면) 법도(法度)가 없어 윤리(倫理)가 어지
럽기에(=어지러워지기에) 이르나니 어찌 그 집을(=집안을) 보전(保全)하리요?

▶▶▶ **주 석**

2 불라 : 발라. 원문의 '正'을 옮긴 것으로, 자료의 다른 곳에는 '발라'<1 : 8a>로 나타나기도 한다. '발라'는
'바로-'('바로-'에 대한 자세한 주석은 '바로고'<1 : 3b>의 주석 참조)의 활용형에 해당하므로, 이곳의 '불
라는 오기(誤記)가 아니라면 어두의 'ㆍ>ㅏ' 변화 시기에 나타날 수 있는 'ㅏ>ㆍ'의 변화, 곧 일종의 과
도 교정이 적용된 표기로 해석될 수 있다.

▶▶▶ **원문 판독**

〈1 : 7a〉

상왈(象曰) 가인학학(家人嗃嗃)은 미실야(未失也)요 부ㅈ희희(婦子嘻嘻)는 실가ᄀᆞ
졀야(失家節也)라
　상(象)에 글오디 가인(家人)이 학학(嗃嗃)ᄒᆞ믄 실(失)ᄒᆞ미 업스디[1]
　부지(婦子ㅣ) 희희(嘻嘻)ᄒᆞ믄 집의 졀(節)을 일ᄒᆞ미니라
　　뎐(傳)에 글오디 학학(嗃嗃)ᄒᆞ미 티가(治家)ᄒᆞ는 도(道)의 과(過)ᄒᆞ^
　　나 그러나 그르미 심(甚)티 아니ᄒᆞ고 부지(婦子ㅣ) 희희(嘻嘻)ᄒᆞ믄
　　녜법(禮法)이 업스니 집이 반ᄃᆞ시 어즈럽ᄂᆞ니라[2]
뉵ᄉᆞ(六四)는 부가(富家)니 대길(大吉)ᄒᆞ니라
　뉵사(六四)는 부가(富家)니 크게 길(吉)ᄒᆞ니리
　　뎐(傳)에 글오디 뉵이(六二ㅣ) 음효(陰爻)의 손순(巽順)ᄒᆞᆫ 톄(體)로써 ᄉᆞ^

▶▶▶ **주 석**

1 업스되 : 없으되. 자료에서 중세국어 '-오디'의 후대형은 '-오/우-'의 쇠퇴에 따라 (출현 빈도가 극히 높은
　일부 어휘를 제외하면) '-오-'의 원순성 소실로 '-ᄋᆞ디/으디'나 '-ᄋᆞ되/으되'로 나타난다. 이 어휘는 그러한
　흐름을 잘 보여주고 있는 용례이다.
2 어즈럽ᄂᆞ니라 : 어지럽느니라. 어지럽게 되느니라. 15세기에 소급되는 형태는 '어즈럽-'이다. 이 문헌에서
　는 '어즈럽-'처럼 'ㅈ'과 결합한 'ㅡ'가 'ㆍ'로 나타나기도 한다.

▶▶▶ **출 전**

象曰 家人嗃嗃 未失也 婦子嘻嘻 失家節也

〔傳曰〕 (嗃嗃) <u>於治家之道 未爲甚失 若婦子(嘻嘻) 是无禮法 失家之節 家必亂矣</u>

六四 富家 大吉

〔傳曰〕 <u>六以巽順之體而居四</u>

▶▶▶ **현대어역**

〈1 : 7a〉

상왈(象曰), 가인학학(家人嗃嗃)은 미실야(未失也)요, 부자희희(婦子嘻嘻)는 실가절야(失家節也)라.

　상(象)에 이르되, 가인(家人)이 학학(嗃嗃, 숨을 몰아쉬는 모양)함은 실(失)함이(=실수함이) 없
으되 부자(婦子, 아내와 자식)가 희희(嘻嘻, 즐겁게 웃는 모양)함은 집의(=집안의) 절(節)을 잃음
이니라.

　전(傳)에 이르되, 학학(嗃嗃)함이 치가(治家, 집안을 다스림)하는 도(道)에 과하나 그러나 그름
이(=잘못됨이) 심하지 아니하고, 부자(婦子)가 희희(嘻嘻)함은 예법(禮法)이 없으니(=없어지
니) 집이(=집안이) 반드시 어지럽게 되느니라.

육사(六四)는 부가(富家)니 대길(大吉)하니라.

　육사(六四)는 부가(富家)이니 크게 길(吉)하니라.

　　전(傳)에 이르되, 육이(六二)가 음효(陰爻)의 손순(巽順)한 체(體)로서 사

▸▸▸ 원문 판독

〈1 : 7b〉

회(四爻ㅣ) 음위(陰位)예 거(居)ᄒ야 그 바로믈 어더 평안(平安)이 이셔 손^
순(巽順)ᄒ미 되여시니 대개 능히 졍도(正道)로 말미암^
아¹ 그 본더 부경ᄒᆞ믈 보젼(保全)ᄒ야시니 거가(居家)ᄒᄂ
도(道)의 크게 길(吉)ᄒ미 되ᄂᆞ니라
샹왈(象曰) 부가대길(富家大吉)은 슌지위야(順在位也)올시니라
샹(象)에 ᄀᆞᆯ오더 부가(富家)의 크게 길(吉)ᄒᆞᆷ은 슌(順)ᄒ 도리^
로 위(位)예 이실시니라
뎐(傳)에 ᄀᆞᆯ오더 손슌(巽順)ᄒ 도리(道理)로써 뎡위(正位)예 거(居)ᄒ^
야시니 능히 그 부(富)ᄒᆞᆷ믈 보젼(保全)ᄒ미 크게 길(吉)ᄒ니라
구오(九五)ᄂ 왕격유가(王假有家)니 물휼(勿恤)ᄒ야 길(吉)ᄒ니라

▸▸▸ 주 석

1 말미암아 : 말미암아. 이곳의 '말미암-'은 중세국어의 '말미삼-'에 소급할 형태로, '말미삼-'은 '말미〔緣由〕
삼-'의 구성에서 어휘화한 것이다. 예 : 이롤 말미사마 비호면<번역소학(1517) 8 : 31a>. '말미암-'은
16세기 후반 문헌에서부터 나타나는데, 이는 삼-'의 'ㅅ'이 'ㅿ'으로 바뀐 뒤(예 : 他日에 鄒로 <u>말미삼아</u>
任애 가샤<맹자언해(1590) 12 : 14a>) 'ㅿ'의 음가 소실을 겪은 결과이다. 현대국어에는 제2음절의 단
모음화를 거쳐 '말미암-'으로 남았다.

▸▸▸ **출 전**

주역(周易) 가인괘(家人卦)

得其正位 居得其正 爲安處之義 巽順於事而由正道 能保有〔一无有字〕其富者也 居家之道 能保有〔一无有字〕其富 則爲大吉也 四高位而獨云富者 於家而言 高位 家之尊也 能有其富 是能保其家也 吉孰大焉

象曰 富家大吉 順在位也

〔傳曰〕以巽順而居正位 正而巽順 能保有其富者也 富家之大吉也

九五 王假(격)有家 勿恤 吉

▸▸▸ **현 대 어 역**

⟨1 : 7b⟩

효(四爻, 가로로 그은 여섯 개의 획에서 넷째 획)가 음위(陰位)에 거하여 그 바름을 얻어 평안(平安)히 있어 손순(巽順)함이 되었으니, 대개 능히 정도(正道)로 말미암아 그 본래 부경함을 보전(保全, 온전하게 보호하여 유지함)하였으니 거가(居家)하는 도(道)에 크게 길(吉)함이 되느니라.

상왈(象曰), 부가대길(富家大吉)은 순재위야(順在位也)올새니라.

상(象)에 이르되, 부가(富家)가 크게 길(吉)함은 순(順)한 도리(道理)로 위(位)에 있기 때문이니라.

전(傳)에 이르되, 손순(巽順)한 도리로써 정위(正位)에 거(居)하였으니 능히 그 부(富)함을 보전(保全)함이 크게 길(吉)하니라.

구오(九五)는 왕격유가(王假有家)니 물휼(勿恤)하여 길(吉)하니라.

〈1 : 8a〉

구오(九五)는 왕(王)이 유가(有家)의 격(假)ᄒᆞ미니 휼(恤)티 아니ᄒᆞ야
길(吉)ᄒᆞ리라
뎐(傳)에 글오디 귀(九ㅣ) 양효(陽爻)로 오양위(五陽位)예 이시니 스나ᄒ
ᄒᆡ 강(剛)ᄒᆞᄆᆞᆯ 밧긔 이셔【아래 괘(卦)ᄂᆞᆫ 니괘(內卦)오 웃 괘(卦)ᄂᆞᆫ 외괘(外卦ㅣ)니
라】 듕(重)ᄒᆞ고 발라
ᄯᅩ 니괘(內卦ㅣ) 뉵이(六二)의 손슌(巽順)ᄒᆞ고 바로믈¹ 응(應)ᄒᆞ야시니
집 다ᄉᆞ리기의 지극히 졍대(正大)하고 지극히 됴흔ᄒ
디라 왕(王) ᄌᆞ(字)ᄅᆞᆯ 니ᄅᆞ믄 오(五)ᄂᆞᆫ 군위(君位)오【쥬역(周易) 범괘(凡卦) 다숫재
효(爻)ᄅᆞᆯ 군위(君位)라 ᄒᆞ야 님군ᄒ
의게² 쇽ᄒᆞ고 넷재 효(爻)ᄂᆞᆫ 신효(臣爻)라 ᄒᆞ야 신하의게 쇽ᄒᆞ야 니ᄅᆞᄂᆞ니 가댱(家
長)이 집안흐로 웃듬 듕(重)ᄒᆞᆫ
고로 왕(王) ᄌᆞ(字)ᄅᆞᆯ 비러 닐럿ᄂᆞ니라】 격(假)은
극진(極盡)타 말이니 왕격유가(王假有家)ᄂᆞᆫ 왕(王)이 집 도(道)의 극진(極盡)ᄒ
타 말이니 왕쟈(王者)의 되(道ㅣ) 몸을 다ᄉᆞ려 ᄡᅥ 집을 ᄀᆞᄌᆞᄒ

1 바로믈 : 바름을. 이곳의 '바로-'는 중세국어의 '바ᄅᆞ-'에 소급할 어형이다. '바ᄅᆞ->바로-'의 변화는 '바ᄅᆞ-'
에서 파생된 어간형 부사 '바ᄅᆞ'에서도 마찬가지인데('바ᄅᆞ>바로'), 이는 '고ᄅᆞ>고로', '서ᄅᆞ>서로'의 예
에서 보듯이 제2음절 'ᄅᆞ>로'의 변화에 유추된 것이다. 중세국어에서 '바ᄅᆞ-'는 "直(곧다, 바르다)"을 뜻
하는 형용사뿐 아니라 "使直(바르게 하다, 바로잡다)"을 뜻하는 타동사로도 쓰였다. 이곳의 '바로-'는
(대격어 없이) 형용사로 쓰였지만 자료의 다른 곳에는 (대격어를 취하여) '바로-'가 타동사로 쓰인 용례
도 발견된다. 예 : 신해 님군의 말을 <u>바로디</u> 아니ᄒᆞ면<1 : 71a>. 그러나 '바ᄅᆞ-, 바로-'와 달리 현대국어

〔傳曰〕
九五 男而在外 剛而處陽 居尊而中正 又其應順正於內 治家之至正至善者也 王假有家 五君位
故以王言 假 至也 極乎有家之道也 夫王者之道 修身以齊家

▸▸▸ 현 대 어 역

〈1 : 8a〉

구오(九五)는 왕(王)이 유가(有家)에 격(假)함이니 휼(恤)치 아니하여 길(吉)하리라.

　　전(傳)에 이르되, 구(九)가 양효(陽爻)로 오양위(五陽位)에 있으니 사나이의 강함을 밖에
있어(=두어)【아래 괘(卦)는 내괘(內卦)요, 윗 괘(卦)는 외괘(外卦)이니라.】 중(重)하고 발
라(=바르며), 또 내괘(內卦)가 육이(六二)의 손순(巽順)하고 바름에 응(應)하였으니 집안
다스리기에 지극히 정대하고 지극히 좋은지라. 왕(王) 자(字)를 이름은, 오(五)는 군위(君
位)요,【주역(周易) 범괘(凡卦) 다섯째 효(爻)를 군위(君位)라 하여 임금에게 속하고(=속한
다 하고), 넷째 효(爻)는 신효(臣爻)라 하여 신하에게 속하여(=속한다고) 이르나니, 가장(家
長)이 집안에서 으뜸(=가장) 중(重)한 고로 왕(王) 자(字)를 빌어 일렀느니라.】 격(假)은
극진(極盡)하다는 말이니, 왕격유가(王假有家)는 왕이 집안의 도(道)에 극진(極盡)하다는
말이니, 왕자(王者)의 도(道)는 몸을(=자신을) 다스려 집을(=집안을) 가지런히

▸▸▸ 주 석

에서는 어휘 의미에 따라 어형이 분화되어 "直"의 (형용사적) 의미로는 '바르-'가 "使直"의 (타동사적) 의
미로는 '바루-'가 쓰인다.
2 님군의게 : 임금에게. 이곳의 '님군'은 중세국어의 '님금'에 소급할 어형이다. 15세기에는 '님금' 일색이던
　것이 16세기부터는 역행 원순모음화를 반영한 '님굼'이 쓰이기 시작하고(예 : 님굼끠<번역소학(1517)
　9 : 43b>), 16세기 후반부터는 ≪천자문(석봉)≫(1583)에 '禹 님군 우'<26b>가 등장하면서 '님군'도
　함께 쓰이게 된다. 이러한 변화 과정을 감안할 때 '님군'은 '님굼'의 '굼'을 음(音)이 비슷하고 훈(訓)이 어
　형 전체의 의미와 상통하는 한자 '君'에 부회(附會)시킨 결과로 해석된다. 이같이 한자 부회로 새로운 어
　형이 형성된 예는 '우뢰〔雷〕, 여호〔狐〕, 지와/기와〔瓦〕' 등에서도 찾아볼 수 있다.

▶▶▶ **원문 판독**

〈1 : 8b〉

> 론이 ᄒᆞ고 되(道ㅣ) 바로면 텬해(天下ㅣ) 다ᄉᆞᆫ디라[1] 근심 아냐[2] 길(吉)^
> ᄒᆞᄂᆞ니 오위(五位ㅣ) 몸을 밧긔셔 공경(恭敬)ᄒᆞ고 이회(二爻ㅣ) 가내^
> 외(家內外) 졍다이 ᄒᆞ면 닉외(內外) 덕이 ᄀᆞᆺᄐᆞ야 가히 극진(極盡)타
> 니ᄅᆞ리라
> 샹왈(象曰) 왕격유가(王假有家)ᄂᆞᆫ 교샹위{이}야(交相愛也)라
> 샹(象)에 ᄀᆞᆯ오디 왕(王)이 유가(有家)의 격(假)ᄒᆞᆷ은 서ᄅᆞ ᄉᆞ랑ᄒᆞ^
> 미라[3]
> 뎐(傳)에 ᄀᆞᆯ오디 왕(王)이 가도(家道)의 극진(極盡)ᄒᆞᆷ은 ᄒᆞᆫ갓 능히
> 순죵(順從)ᄒᆞᆯ 분 아니라 만드시 그 ᄆᆞ음이 화(化)ᄒᆞ고 셩(誠)^
> 의 합(合)ᄒᆞᄂᆞᆫ 디 니ᄅᆞᄂᆞ니 남편은 그 안흘 도으믈

▶▶▶ **주 석**

1 다ᄉᆞᆫ디라 : 다스려지는지라. '다ᄉᆞᆯ-+-ᄂᆞᆫ디라'의 결합에서 'ㄹ'이 탈락한 어형이다. 이곳의 '다ᄉᆞᆯ-'은 중세 국어와 마찬가지로 "다스려지다"를 뜻하는 자동사로 쓰였으나(예 : 내 이 世界ᄂᆞᆫ 本來 제 ᄆᆞᆰ고 平ᄒᆞ야 <u>다 ᄉᆞᆯ며</u> 어즈러우미 다 업거니 (… 理亂이 俱亡ᄒᆞ거니)〈금강경삼가해언해(1482) 2 : 6a〉), 현대국어에는 사어화하여 더 이상 쓰이지 않는다. 현대국어에 남은 '다스리-'는 자료에 '다스리-'로 나타나는데, 중세국 어 이래 '다스리-'가 항상 대격어를 지배하여 타동사로 쓰인 점을 감안하면 '다스리-'는 '다ᄉᆞᆯ-'에 ('기울이-, 드리-, 버리-' 등에 포함된 '-이-'와 마찬가지로) 사동 접사 '-이-'가 결합한 어형일 가능성이 높다.

▸▸▸ **출 전**

家正而天下治矣 自古聖王 未有不以恭己正家爲本 故有家之道旣至 則不憂勞而天下治矣 勿恤而
吉也 五恭己於外 二正家於內 內外同德 可謂至矣

象曰 王假有家 交相愛也
〔傳曰〕王假有家之道者 非止能使之順從而已 必致其心化誠合 夫愛其內助

▸▸▸ **현대어역**

〈1 : 8b〉

하고, 도(道)가 바르게 되면 천하가 잘 다스려지는지라. 근심하지 않아도 길(吉)하나니,
오위(五位)가 몸을(=자신을) 밖에서 공경하고 이효(二爻)가 가내외(家內外)를 정다이(=정답
게) 하면 내외(內外)의 덕이 같아서(=같아져서) 가히 극진(極盡)하다 이르리라.

상왈(象曰), 왕격유가(王假有家)는 교상애야(交相愛也)라.

상(象)에 이르되, 왕(王)이 유가(有家)에 격(假)함은 서로 사랑함이라.

전(傳)에 이르되, 왕(王)이 가도(家道)에 극진(極盡)함은 다만 능히 순종(順從)할 뿐 아니
라 반드시 그 마음이 화(化)하고 성(誠)에 합(合)하는 데 이르나니(=이르게 하나니), 남편
은 그 안을 도움을

▸▸▸ **주 석**

2 아냐 : 아니하여. 중세국어 이래 모음으로 끝나는 어기에 '-ᄒ-'가 결합한 어사는 매개 모음을 포함하여 모
음으로 시작하는 어미 앞에서 'ᄒ'가 수의적으로 생략되는 경우가 많았다. 자료에는 '아니ᄒ-'의 경우 'ᄒ'
생략의 예가 자주 보이는데(예 : 뜻이 변티 아니미라<1 : 4a>, 빈킥을 디졉ᄒ미 맛당티 아니미 업더라
<3 : 23b>, 엇디 긔특디 아니리오<1 : 37a>, 자최는 비록 얼골티 아녀시나<2 : 24a>) 이곳의 '아냐'는
'아니ᄒ야'에서 'ᄒ'가 생략되고 다시 음절 축약까지 일어난 것으로 해석될 형태이다.
3 ᄉ랑ᄒ미라 : 사랑함이라. 'ᄉ랑ᄒ-'는 본래 "思"와 "愛"의 두 가지 의미를 지녔으나 16세기 말 이후에는
"愛"만으로 의미가 축소된다. 자료에 나타나는 'ᄉ랑ᄒ-' 역시 "愛"의 의미만 보이는 것이 특징이다.

〈1 : 9a〉

스랑ᄒ고 안해 그 집을 법도(法度)로 다스리믈 ᄉ^

랑ᄒ야 서ᄅ 스랑ᄒᄂ디라 능히 이 ᄀᆺ툰 쟈ᄂ

문왕(文王)[1]과 태ᄉ(太姒)[2]ᄅᆞᆯ 니ᄅ미시니라

샹구(上九)ᄂ 유부(有孚)코 위여(威如)면 죵길(終吉)ᄒ리라【여슷재 효(爻)ᄂ 눅효(六爻)

라 아니ᄒ야 샹효(上爻)라 ᄒᄂ니라】

  샹구(上九)ᄂ 뷔(孚ㅣ) 잇고 위(威)ᄒ면 ᄆᄎᆞᆷ내 길(吉)ᄒ리라

    뎐(傳)의 ᄀᆞᆯ오디 웃 괘(卦)의 마즈막[3] 효(爻)라 가도(家道)ᄅᆞᆯ 일^

    움이니[4] 극히 집 다스리ᄂ 근본을 닐러시니 집

    다스리ᄂ 되(道ㅣ) 지극ᄒ 졍셩이 아니면【대문(大文)의 부(孚) ᄌ(字)ᄂ 졍셩되다

샷이라】능^

    히 못ᄒᄂ 고로 반ᄃ시 속의 졍셩되고 믿브미 이신^

    즉 능히 덛더시 댱구(長久)ᄒ야 모든 사ᄅᆷ이 스스로[5] 화(化)^

1 문왕 : 문왕(文王). 중국 주나라 무왕(武王)의 아버지. 이름은 창(昌), 계왕(季王)의 아들로, 은나라 말
  기에 태공망 등 어진 선비들을 모아 국정을 바로잡고 융적(戎狄)을 토벌하는 등 덕치(德治)를 행하였다.
  무왕(武王)이 주(周)나라를 세운 후 그를 추존(追尊)하여 문왕(文王)이라 하였으며, 고대의 이상적인
  성인(聖人) 군주의 전형으로 꼽힌다.
2 태ᄉ : 태ᄉ(太姒). 중국 주나라 문왕(文王)의 비(妃). 현모양처(賢母良妻)의 귀감(龜鑑)으로 알려져 있다.

▸▸▸ 출 전

婦愛其刑家 交相愛也 能如是者 文王之妃乎 若身修法立而家未化 未得爲假有家之道也

上九 有孚 威如 終吉
〔傳曰〕 上 卦之終 家道之成也 故極言治家之本 治家之道 非至誠 不能也 故必中有孚信 則能常
久而衆人自化爲善

▸▸▸ 현대어역

〈1 : 9a〉

　　사랑하고 아내는 그 집을 법도(法度)로 다스림을 사랑하여 서로 사랑하는지라.

　　능히 이 같은 자는 문왕(文王)과 태사(太姒)를 이름이시니라.

상구(上九)는 유부(有孚)하고 위여(威如)면 종길(終吉)하리라.【여섯째 효(爻)는 육효(六爻)라 아
니하고 상효(上爻)라 하느니라.】

　　상구(上九)는 부(孚)가 있고 위(威)하면 마침내 길(吉)하리라.

　　전(傳)에 이르되, 윗 괘(卦)의 마지막 효(爻)라. 가도(家道)를 이룸이니, 극히 집안 다스리
는 근본을 일렀으니, 집안 다스리는 도는 지극한 정성이 아니면【대문(大文)의 부(孚) 자
(字)는 정성되다는(=정성스럽다는) 뜻이라.】능히 못하는 고로, 반드시 속에 정성되고(=정
성스럽고) 미더움이 있은즉 능히 항상 장구(長久)하여 모든 사람이 스스로 화(化, =교화를
입음)

▸▸▸ 주 석

3 마즈막 : 마지막. '마즈막'의 15세기 표기형은 'ᄆᆞ즈막'이다. 1음절의 'ᄆᆞ'가 '마'로 표기된 용례는 '마즈막'
　〈한중록 272〉, '마즈막'〈규합총서(1869) 23b〉 등 19세기 중후기 문헌에 이르면 자주 나타난다.
4 일움이니 : 이룸이니. 이곳의 '일우-'는 자동사 '일[成]-'에 사동 접미사 '-우-'가 결합한 것이다. 자동사 '일
　-'은 사어화한 반면 '일우-'는 현대국어의 '이루-'로 이어졌다.
5 스스로 : 스스로. 중세국어에서는 '스스로'나 '스싀로'가 일반적이지만, 근대국어에서는 '스스로'와 함께 이
　곳처럼 (비어두음절의) 'ㆍ>ㅡ'의 변화와 반대되는 '스스로'가 많이 쓰이는 것이 특징이다.

▸▸▸ **원문 판독**

〈1 : 9b〉

호야 올흔 디 도라가느니 지셩(至誠)으로 말미암디
아니호면 내 몸의 호는 일이 능히 덧˝이[1] 딕희^
디 못호거든 호믈며 여러 사롬으로 호여곰
화(化)호는 디 니르랴 집을 다스리미 쳐로(妻帑)의 졍이(情愛)^
호는 스이의 이시니 스랑호미 과호면 엄(嚴)호미
업고 은혜(恩惠ㅣ) 승(勝)호면 의(義)룰 フ리오는[2] 고로 집의 근^
심이 덧˝이 녜법(禮法)이 브죡(不足)호야 눈니(倫理ㅣ) 어즈럽기^
의 니르매 잇느니 그런 고로 반드시 위엄(威嚴)이 ˝시면
【대문(大文)의 위(威) 주(字)는 위엄(威嚴) 위(威) 주(字)라】 능히 무춤내 길(吉)호
야 집을 보젼(保全)호^
느니라

▸▸▸ **주 석**

1 덧˝이 : 항상. 늘. 자료의 다른 곳에는 '덧더시', '덧덧시'로 등장하기도 한다. 중세국어에서는 '덛더디'로
등장한 사실과 비교할 때 어근 '덛덛'의 말음 'ㄷ'이 자료에서 이미 'ㅅ'으로 바뀐 사실을 알 수 있다. 자료
에는 '덧덧이'가 파생되었을 것으로 추정되는 '덧덧호-'도 보이는데, 이 '덧덧호-'는 원문의 '恒, 常'에 대응
되어 "(변함없이) 항상 일정하다, 한결같다"의 의미로 쓰인다. 현대국어의 후대형 '떳떳하-'는 "굽힐 것 없
이 당당하다"를 뜻하여 의미에 차이가 있다.

▸▸▸ **출 전**

不由至誠 己且不能常守也 況欲使〔一作使衆〕 人乎 故治家 以有孚爲本 治家者 在妻情愛之間 慈過則无嚴 恩勝則掩義 故家之患 常在禮法不足而瀆慢生也 長失尊嚴 少忘恭順而家不亂者 未之有也 故必有威嚴則能終吉 保家之終 在有孚威如二者而已 故於卦終言之

▸▸▸ **현대어역**

〈1 : 9b〉

하여 옳은 곳으로 돌아가나니, 지성(至誠)으로 말미암지 아니하면 내 몸에 하는 일도 능히 항상 지키지(=지켜지지) 못하거늘 하물며 여러 사람으로 하여금 화(化)하는(=교화되게 하는) 데 이르랴? 집안을 다스림이 처노(妻帑, =妻子)에게 정애(情愛, 따뜻이 사랑함)하는 사이에 있으니, 사랑함이 과하면 엄(嚴)함이 없고 은혜(恩惠)가 승(勝)하면 의(義)를 가리는 고로, 집안의 근심이 항상 예법(禮法)이 부족(不足)하여 윤리(倫理)가 어지럽기에(=어지러워지는 데) 이르는 것에 있나니, 그런 고로 반드시 위엄(威嚴)이 있으면, 【대문(大文)의 위(威) 자(字)는 위엄(威嚴) 위(威) 자(字)라.】 능히 마침내 길(吉)하여 집안을 보전(保全)하느니라.

▸▸▸ **주 석**

2 マ리오ᄂᆞᆫ : 가리는. 이곳의 'マ리오-'는 15세기 문헌의 'マ리ᄫᅳ-'에 소급할 어형이라 할 수 있는데 이 'マ리ᄫᅳ-'는 이미 15세기 당시부터 'マ리-'와 의미차 없이 공존하였다. 예 : 부톄…사ᄅᆞ미게론 더러본 서근 내를 マ리ᄫᅳ며<월인석보 2 : 75>, 부톄…사ᄅᆞ미게 이션 내 나며 서근 더러우믈 マ리며(佛이…在人ᄒᆞ얀 則掩臭腐之穢ᄒᆞ며)<법화경언해 6 : 154>.

▸▸▸ **원문 판독**

〈1 : 10a〉

샹왈(象曰) 위여지길(威如之吉)은 반신지위야(反身之謂也)라

　샹(象)에 굴오디 위(威)흔 길(吉)은 몸의 반(反)ᄒᆞᄆᆞᆯ 니ᄅᆞ미라

　뎐(傳)에 굴오디 집 다스리ᄂᆞᆫ 되(道ㅣ) 몸을 바ᄅᆞ게 ᄒᆞ므로^

　뻐 근본을 삼는 고로 몸의 도로현다¹ ᄒᆞ미니

　효ᄌᆞ(孝子)의 집 다스리기ᄅᆞᆯ 당〃이 위엄(威嚴)을 두라 ᄒᆞ^

　니 공ᄌᆞ(孔子ㅣ) 쏘 다시 경계(警戒)ᄒᆞ야 니ᄅᆞ샤디 당〃이 그 몸^

　을 몬져² 엄히 ᄒᆞ라 ᄒᆞ시니 위엄(威嚴)이 몬져 내 몸^

　의 ᄒᆡᆼ(行)티 못ᄒᆞ고 사ᄅᆞᆷ의게 위엄(威嚴)을 베프면³ 사^

　ᄅᆞᆷ이 원망(怨望)ᄒᆞ고 항복(降服)디 아니ᄒᆞᄂᆞ니 ᄆᆡᆼᄌᆞ(孟子ㅣ) 니ᄅᆞ^

　신 바 몸의 도(道)ᄅᆞᆯ ᄒᆡᆼ(行)티 아니ᄒᆞ면 쳐ᄌᆞ(妻子)의게도 ᄒᆡᆼ(行)^

▸▸▸ **주 석**

1 도로현다 : 돌이킨다. 자료의 다른 곳에 나타나는 '도로혀'(←도로혀-+-어)와 같은 활용형을 감안할 때 '도로혀-'에 '-ㄴ다'가 결합한 것으로 분석될 어형이다. 예 : 늙은 한미 교약ᄒᆞ야 전후에 그 집에 드ᄂᆞ니 괴로이 너기디 아니리 업더니 부인이 뎌졉ᄒᆞ미 도리로 ᄒᆞ시니 도로혀 브드럽고 어딘디라<3 : 4b>. 이곳의 '도로혀-'는 중세국어의 '도ᄅᆞ혀-'에 소급하는데, '도ᄅᆞ혀-'는 '돌[廻]-'의 사동사 '도ᄅᆞ-(←돌-+-ᄋᆞ-)에 강세 접사 '-혀'가 결합한 어형이다. '도로혀-'는 '도ᄅᆞ혀-'(<도ᄅᆞ혀-)에서 일종의 원순성 동화가 일어난 것으로, 현대국어에서는 새로운 사동사 '돌이-'(←돌-+-이-)가 기존의 사동사를 대체한 결과 '돌이키-'의 꼴로 어간이 재구조화되었다(어간 재구조화의 자세한 내용에 대하여는 '니ᄅᆞ혀다'<1 : 11a>의 주석 참조).

2 몬져 : 먼저. 현대국어의 '먼저'는 15세기에 '몬져'로 나온다. 이 '몬져'는 중세국어에서 명사적 용법과 부사적 용법을 가지고 있었다. 'ᄒᆞᆫ 法이 몬졔니 업고'<원각경언해(1465) 상1-2 : 41a>의 '몬져'는 명사이고, '믓 몬져 니ᄅᆞ시니'<월인천강지곡(1447) 상 : 其94>의 '몬져'는 부사이다. 그런데 지금은 부사적 용법만

▸▸▸ **출 전**

象曰 威如之吉 反身之謂也

〔傳曰〕 治家之道 以正身爲本 故云反身之謂 爻辭 謂治家當有威嚴 而夫子又復戒云當先嚴其身
也 威嚴 不先行於已 則人怨而不服 故云威如而吉者 能自反於身也 孟子所謂身不行道
不行於妻子也

▸▸▸ **현대어역**

〈1 : 10a〉

상왈(象曰), 위여지길(威如之吉)은 반신지위야(反身之謂也)라.

　상(象)에 이르되, 위(威)한 길(吉)은 몸에 반(反)함을 이름이라.

　　전(傳)에 이르되, 집안 다스리는 도(道)는 몸을(＝자신을) 바르게 하는 것으로써 근본을
삼는 고로 몸에(＝자신에게) 돌이킨다고(＝돌이켜본다) 함이니, 효사(爻辭)에 집안 다스리기
를(＝다스리는 데) 반드시 위엄(威嚴)을 두라 하니, 공자(孔子)께서 또 다시 경계(警戒)하여
이르시되, 반드시 그 몸을(＝자신을) 먼저 엄(嚴)히 하라 하시니, 위엄(威嚴)이 먼저 내 몸
에 행치(＝행해지지) 못하고 (다른) 사람에게 위엄을 베풀면 (다른) 사람이 원망(怨望)하
고 항복(降服, 마음으로 복종함)하지 아니하나니, (이것이) 맹자(孟子)가 이르신 바, 몸에(＝
자신에게) 도(道)를 행하지 아니하면 처자(妻子)에게도 행

▸▸▸ **주 석**

　남아 있다. 15세기의 '몬져'는 근대국어 시기를 거쳐 20세기 초 문헌에도 보인다. 그런데 '몬져'는 18세
기 문헌에 '먼져'로 나오기도 한다. 이는 '몬져'의 제1음절의 모음 'ㅗ'가 'ㅓ'로 변한 어형이다. 'ㅗ>ㅓ'는
'몬지>먼지, 보션>버션' 등에서도 확인된다.

3 베프면 : 베풀면. 자료의 다른 곳에 등장하는 '베프고, 베프기, 베프는, 베프다, 베프디, 베프미' 등의 활용
형을 감안할 때 이곳의 '베프면'은 '베프-+-면'으로 분석될 어형이다. 이 '베프-'는 중세국어 이래의 형태를
계승한 것이라 할 수 있는데 '베프->베풀-'의 변화가 이미 18세기 문헌에 등장함에도 불구하고 자료에는
'베프-'의 형태로만 일관하여 보수적인 특징을 보인다. 예 : 믄득 俚句를 베플어 뻐 歡聲을 돕ᄂᆞ이다<오륜
전비언해(1721) 4 : 17a>. '베프->베풀-'의 변화는 '빗〔斜〕->빗글-', '잇〔牽〕->잇글-', '잊〔騎〕->이즐-'
의 변화에서 보듯이 기존의 어간에 의미나 품사 범주를 바꾸지 않는 접미사 '-을-'이 결합하여 새로운 어간
을 형성한 결과로 해석된다. 중세국어에서 '베프-'는 "設(베풀다), 陳(펴다), 敷(부연하다)"를 뜻하는 타동
사로뿐 아니라 "發(발생하다), 揚(일어나다)"을 뜻하는 자동사로도 쓰였다. 예 : 겨지비 軍中에 이시면 兵
馬ㅅ 氣運이 베프디 몯홀가 전노라 (婦人在軍中 兵馬恐不揚)<두시언해 8 : 68>. 그러나 자료의 '베프-'
를 비롯하여 근대국어의 '베플-'이나 현대국어의 '베풀-'에서는 더 이상 자동사적 용법이 확인되지 않는다.

▶▶▶ **원문 판독**

〈1 : 10b〉

티 못흔다 ᄒ시미니라

▸▸▸ **출 전**

<u>不行於妻子也</u>

▸▸▸ **현대어역**

〈1 : 10b〉

하지 못한다 하심이니라.

▶▶▶ **원문 판독**

〈1 : 11a〉

시뎐(詩傳)[1]
　풍(風) 쥬람(周南)[2]
관관져구(關關雎鳩) 지하지쥬(在河之洲)ㅣ로다　뇨됴슉녀(窈窕淑女)ㅣ　군ᄌ호구(君子好
　逑)로다
　흥야(興也)라【흥(興)은 몬져 다ᄅᆫ 거슬 닐러 음영(吟詠)ᄒᆞᄂᆞᆫ 말로 니ᄅᆞ혀다[3] 말이라】
　　관관(關關)은 ᄌᆞ웅(雌雄)이 서ᄅᆞ[4] 응(應)ᄒᆞ야 화(和)ᄒᆞᄂᆞᆫ 소리오 져^
　　구(雎鳩)ᄂᆞᆫ 믈새 일홈이니 즉금(卽今) 승경이라 나며 녕^
　　ᄒᆞᆫ ᄶᅡ기 이셔 서ᄅᆞ ᄶᅡ을[5] 어즈러이디 아니ᄒᆞ고 샹^
　　해 안기와 놀기ᄅᆞᆯ ᄀᆞ티 ᄒᆞ디 서ᄅᆞ 닐압(溢狎)디 아니^
　　ᄒᆞ야 각별(恪別)ᄒᆞᆫ 거시 잇ᄂᆞ니라
참치힝치(參差荇荣)ᄅᆞᆯ 좌우뉴지(左右流之)로다　뇨됴슉녀(窈窕淑女)ᄅᆞᆯ 오믜구^

▶▶▶ **주 석**

1 시뎐 : 시전(詩傳). ≪시경(詩經)≫의 내용을 알기 쉽게 풀이한 책.
2 쥬람 : 주남(周南). 모음 사이에서 'ㄴ>ㄹ'의 변화를 겪은 것인지, 필사자의 단순한 오기(誤記)인지 판단
　하기 어렵다. 그러나 이 문헌에서는 '周南'은 항상 '쥬람'으로 표기되고, 또한 두음(頭音)이 'ㄴ'이던 한자
　어들이 'ㄹ'로 나타나는 예들이 나타나고 있어(예 : 롱ᄉᆞ(農事)<1 : 51b>, 쳐로(妻帑)<1 : 61b> 등),
　'ㄴ>ㄹ'의 변화가 표기에 반영된 것이 아닌가 한다.

▸▸▸ **출 전**

시전(詩傳) 풍(風) 주남(周南)
關關雎鳩 在河之州 窈窕淑女 君子好求
參差荇菜 左右流之 窈窕淑女 寤寐求之

▸▸▸ **현 대 어 역**

〈1 : 11a〉

시전(詩傳)
　풍(風) 주남(周南)
관관저구(關關雎鳩)　재하지주(在河之洲)이로다.　요조숙녀(窈窕淑女)가 군자호구(君子好逑)
로다.
　　흥야(興也)라.【흥(興)은 먼저 다른 것을 일러 음영(吟詠)하는 말로 일으킨다는 말이라.】
　　　관관(關關)은 자웅(雌雄)이 서로 응(應)하여 화(和, =和答)하는 소리요, 저구(雎鳩)는 물
　　　새 이름이니 지금의 승경이라. (승경이는) 나며(=날 때부터) 정(定)한 짝이 있어 서로 짝
　　　을 어지럽히지 아니하고 항상 앉기와 날기를 함께하되 서로 일압(溢狎, 지나치게 사랑함)하
　　　지 아니하여 각별한 것이 있느니라.
참치행채(參差荇菜)를 좌우류지(左右流之)로다.　요조숙녀(窈窕淑女)를 오매구

▸▸▸ **주 석**

3 니르혀다 : 일으키다. 이곳의 '니르혀-'는 중세국어의 '니르혀-'에 소급하는데, '니르혀-'는 '닐〔起〕-'의 사동사
'니르-'에 강세 접사 '-혀-'가 결합한 어형이다. 제2음절의 'ㆍ>ㅡ' 변화로 15세기 문헌에는 '니르혀-'로도 등
장하다가, '-혀->-혀-'의 변화가 일어난 뒤 16세기 후반 문헌부터는 '니르혀-'로 등장하기 시작한다. '니르
혀-'는 근대국어 들어 '-혀->-켜-'의 변화에 따라 '니르켜-'로 등장하는데 '니르켜-+-어'에 해당하는 '니르켜'
가 '니르키-+-어'로 오분석된 결과 현대국어에서는 '일으키-'로 어간이 재구조화되었다. 예 : 블을 부러 <u>니르
켜</u><박통사언해(1677) 중 : 35b>, 張昭ㅣ 孫權의 군ᄉ <u>니르켜믈</u> 듯고<삼역총해(1774) 3 : 22b>.
4 서르 : 서로. 중세국어의 일반적인 어형은 '서르'이다. '서로'는 16세기 이후 문헌에 많이 보인다. 이 문헌
에서는 '서로'<3 : 14a>의 한 예만 제외하고는 '서르'로만 나타난다.
5 ᄶ알을 : 짝을. 중세 문헌에서도 'ᄶ악'으로 나타난다. 예 : ᄶ악爲雙<훈민정음언해(1446) 48>. 'ㅅ'계 합용병서
로 사용된 경우는 '一隻 호 짝'<동문유해(1748) 하 : 21b>처럼 18세기 문헌부터 확인된다. 18세기 이
후에는 'ㅂ'계 합용병서인 'ᄶ악'보다는 'ㅅ'계 합용병서인 '짝'으로 나타나는데, 이 문헌에는 'ㅂ'계 합용병서
로만 나타나는 특징을 보인다.

〈1 : 11b〉

지(寤寐求之)로다 구지브득(求之不得)이라 오미ᄉ복(寤寐思服)ᄒᆞ야 유지유지(悠哉悠哉)

 라 뎐뎐^

반측(輾轉反側)ᄒᆞ노라

 흥야(興也)라

  춤치(參差)ᄂᆞᆫ 길고 쟈론[1] 거시 ᄀᆞ즈론티 못ᄒᆞᆫ 거동이오

  힝(荇)은 믈ᄂᆞ믈이라 좌우뉴지(左右流之)ᄂᆞᆫ 올흔 편과 왼

  편으로 믈로 흘러가며 ᄯᅳᆺᄂᆞᆫ다 말이라 오미구^

  지(寤寐求之)ᄂᆞᆫ ᄭᆡ야 자매 구(求)ᄒᆞ다 말이오 복(服)은 싱각ᄒᆞ다

  말이오 뎐〃(輾轉)은 두로혀[2] 눕다 말이오 반측(反側)은 두^

  로혀다 말이니 다 누으매 돗기[3] 평안(平安)티 아냐 ᄒᆞᄂᆞᆫ

  ᄯᅳᆺ이니라 〔隔〕웃 대문(大文)은 태ᄉᆞ(太姒)의[4] 덕을 니르미오

1 쟈론 : 짧은. 이곳의 '쟈ᄅᆞ-'는 15세기의 '댜ᄅᆞ-, 뎌르-'에 소급하는 어형이다. 이 어형은 '댜ᄅᆞ-'에 구개음
 화가 일어난 것으로, 중세국어에서는 '댜론'<두시언해(1481) 24 : 44a>이나 '뎌른'<석보상절(1447) 21 :
 25b>이 사용되었다.

▸▸▸ **출 전**

시전(詩傳) 풍(風) 주남(周南)
求之不得 寤寐思服 悠哉悠哉 輾轉反側

▸▸▸ **현대어역**

〈1 : 11b〉

지(寤寐求之)로다. 구지부득(求之不得)이라 오매사복(寤寐思服)하여 유재유재(悠哉悠哉)라 전
전반측(輾轉反側)하노라.

　흥야(興也)라.

　　참치(參差)는 길고 짧은 것이 가지런하지 못한 거동(＝모습)이요, 행(荇)은 물나물(＝물에
　서 사는 나물)이라. 좌우류지(左右流之)는 오른편과 왼편으로 물로(＝물이) 흘러가며 떨어
　진다는 말이라. 오매구지(寤寐求之)는 깨고 잠에(＝깨어 있든 자고 있든 언제나) 구(求)한다
　는 말이요, 복(服)은 생각한다는 말이요, 전전(輾轉)은 (몸을) 돌이켜 눕는다는 말이요,
　반측(反側)은 돌이킨다는 말이니, 다 누움에(＝누웠을 때) 자리가 편안하지 않아 하는 뜻
　이니라. 〔隔〕윗(＝위의) 대문(大文)은 태사(太姒)의 덕을 이름이요,

▸▸▸ **주 석**

2 두로혀 : 돌이켜. 바로 다음에 나오는 '두로혀다'의 예를 감안할 때 '두로혀-+-어'로 분석될 어형이다. 이
　곳의 '두로혀-'는 자료의 다른 곳에 나타나는 '도로혀-'와 모음 교체형에 해당한다('도로혀-'에 대한 자세한
　주석은 '도로현다'<1 : 10a>의 주석 참조). 중세국어의 '두르혀-'('도르혀-'의 모음 교체형)에 소급할 어형
　이나(예 : 廻는 두르혈 씨라<월인석보 어제월인석보서 : 22>) 일종의 원순성 동화를 겪은 결과 '두로혀-'
　로 나타난 것이다.
3 돗기 : 돗자리가, 자리가. '돍〔席〕+이〔주격〕'로 분석되며, '돍'은 오늘날의 "돗자리"를 가리키나 "자리"의
　뜻으로 사용되기도 한다. '숡〔炭〕>숯'의 변화를 감안하면 '돍>돛'의 변화도 상정할 수 있으나 '돍'은 '돗자
　리'로만 주로 쓰여 그 변화 모습을 확인하기 어렵다.
4 태스의 : 태사(太姒)의. 중국 주(周)나라 문왕(文王)의 비(妃). 현모양처(賢母良妻)의 귀감(龜鑑)으로 알려
　져 있다.

〈1 : 12a〉

이 대문은 문왕(文王)[1]이 태스(太姒)룰 엇디 못ㅎ신 째의 궁^
인(宮人)이 위ㅎ야 이런 비필을 어드시과져[2] ㅎ야
싱각ㅎ고 구(求)ㅎ미니 오미스복(寤寐思服)과 뎐〃반측(輾轉反側)이
다 궁인(宮人)이 그리 ㅎ다 말이라
춤치힝치(參差荇菜)룰 좌우치지(左右采之)로다 뇨됴슉녀(窈窕淑女)룰 금슬우^
지(琴瑟友之)로다 춤치힝치(參差荇菜)룰 좌우모지(左右芼之)로다 뇨됴슉녀(窈窕淑女)룰[3]
죵고^
낙지(鍾鼓樂之)로다[4]
　흥야(興也)라
　치(采)ᄂᆞᆫ 키다 말이오 모(芼)ᄂᆞᆫ 닉이다 말이니 우(友)ᄂᆞᆫ 친〃(親親)ㅎ^
　고 ᄉᆞ랑ㅎ다 뜻이오 낙(樂)은 화평(和平)ㅎ기 극진(極盡)타 말^

1 문왕이 : 문왕(文王)이. 중국 주나라 무왕(武王)의 아버지. 이름은 창(昌), 계왕(季王)의 아들로, 은나라
　말기에 태공망 등 어진 선비들을 모아 국정을 바로잡고 융적(戎狄)을 토벌하는 등 덕치(德治)를 행하였
　다. 무왕(武王)이 주(周)나라를 세운 후 그를 추존(追尊)하여 문왕(文王)이라 하였으며, 고대의 이상적
　인 성인(聖人) 군주의 전형으로 꼽힌다.

▸▸▸ 출 전

시전(詩傳) 풍(風) 주남(周南)

參差荇菜　左右采之　窈窕淑女　琴瑟友之
參差荇菜　左右芼之　窈窕淑女　鍾鼓樂之

▸▸▸ 현대어역

〈1 : 12a〉

　　이 대문(大文)은 문왕(文王)이 태사(太姒)를 얻지 못하신 때에 궁인(宮人)이 (문왕을) 위하
여 (문왕이) 이런 배필을 얻으셨으면 하여 생각하고 구함이니, '오매사복(寤寐思服)'과
'전전반측(輾轉反側)'이 다 궁인(宮人)이 그리 하였다는 말이라.

참치행채(參差荇菜)를 좌우채지(左右采之)로다.　요조숙녀(窈窕淑女)를 금슬우지(琴瑟友之)
로다.　참치행채(參差荇菜)를 좌우모지(左右芼之)로다.　요조숙녀(窈窕淑女)를 종고낙지(鍾鼓樂
之)로다.

　　흥야(興也)라.

　　채(采)는 캔다는 말이요, 모(芼)는 익힌다는 말이니 우(友)는 친친(親親, 마땅히 친하여야 할
　사람을 친하게 대함)하고 사랑한다는 뜻이요, 낙(樂)은 화평(和平)하기가 극진(極盡)하다는 말

▸▸▸ 주 석

2 어드시과져 : 어드시과져 : 얻으셨으면. 얻게 되셨으면. 이곳의 '-과져'는 자료의 다른 곳에 '-과쟈'로 나타
　나기도 한다. '-과져/과쟈'는 중세국어에서 '-과뎌' 또는 '-과댜'로 나타나는데, 이 '-과뎌/과댜'는 주로 희
　망이나 사유의 의미를 보이는 '원ᄒᆞ-', 'ᄇᆞ라-'류의 동사가 후행하는 것이 특징이었다. 중세국어에서 '-과
　뎌/과댜'는 "희망"의 의미 기능을 나타내는데, 그것은 크게 두 가지로 나누어볼 수 있다. 희망을 품은 이가
　자신이 아닌 제삼자를 통해 그 일을 이루기를 바라는 것과, 어떤 무정물이나 추상물의 상태 변화 내지 예
　정을 바라는 의미 기능이 그것이다. 이곳의 '-과져'는 전자의 의미 기능을 계승하여 쓰였다고 할 수 있다.
3 뇨됴슉녀를 : 요조숙녀(窈窕淑女)를. '요조숙녀(窈窕淑女)'는 "품위있고 얌전하게 정숙한 아가씨"라는 의
　미로서, 오늘날에는 흔히 사자성어(四字成語)로 사용되어, "말과 행동이 품위가 있으며 얌전하고 정숙한
　여자"를 가리킨다.
4 종고낙지로다 : 종고락지(鍾鼓樂之)로다. '종고락지(鍾鼓樂之)'는 "종과 북을 울리며 즐겼네"의 의미이다.
　'樂之'의 '之'는 앞 행의 '요조숙녀(窈窕淑女)'를 가리키므로 "요조숙녀와 즐겁게 지냈네" 정도로 풀이된다.

▸▸▸ **원문 판독**

〈1 : 12b〉

이니 친익(親愛)ᄒ미 금슬(琴瑟) 탁ᄂ 것[1] ᄀᆺ고 화평(和平)ᄒ미 죵^
고(鍾鼓)의 즐기ᄂ 것 ᄀᆺ다 말이니라
대개 이 사롬의 이 덕이 셰샹의 덧〃이 잇디 못^
홀 고로 오미(寤寐)예[2] 닛디 아니ᄒ야 구ᄒ야 엇디 못^
ᄒ죽 군ᄌ(君子)의 비필을 삼아 안흘 다ᄉ리ᄂ
덕을 일우디 못홀 고로 근심ᄒ야 싱각ᄒ미
깁다가 그 밋[3] 비필이 되야 니티(內治)ᄅᆞᆯ 일워ᄂ 그 친^
이(親愛)ᄒ며 즐거온 ᄯᅳᆺ이 스스로 마디 아니ᄒ미 금슬(琴瑟)
죵고(鍾鼓)의 즐김 ᄀᆺ다 말이라
관져(關雎)[4] 삼댱(三章)

▸▸▸ **주 석**

1 금슬 탁ᄂ 것 : 금슬(琴瑟)을 타는 것. '부부 금실이 좋다'라고 할 때의 '금실'은 '금슬(琴瑟)'로서, '거문고와 비파'에서 온 말이다. 거문고 소리와 비파 소리가 잘 어울리듯이, "남편과 아내가 잘 어울려 매우 부부 사이가 좋다"라는 의미로 사용된다. 시경(詩經) 관저편(關雎篇)에 '얌전하고 정숙한 숙녀를 거문고와 비파처럼 벗하고 싶다(窈窕淑女 琴瑟友之)'는 구절에서 유래한다. 아내를 맞아 다정하고 화목하게 지내고 싶은 마음을 나타낸 구절이다.

▸▸▸ 출 전

시전(詩傳) 풍(風) 주남(周南)

▸▸▸ 현대어역

〈1 : 12b〉

　　이니, 친애(親愛)함이 금슬(琴瑟, 거문고와 비파)을 타는 것 같고 화평(和平)함이 종고(鍾鼓, 종과 북)를 즐기는 것 같다는 말이니라. 대개 이 사람의 이 덕이 세상에 항상 있지 못할 고로(=못할 것이기 때문에) 오매(寤寐)에(=자나 깨나 언제나) 잊지 아니하여 구하고, 얻지 못한즉 군자(君子)의 배필을 삼아 안을 다스리는 덕을 이루지 못할 고로(=못할 것이기 때문에) 근심하여 생각함이 깊다가, 그 배필이 되어 내치(內治)를 이루는 데 미쳐서는 그 친애(親愛)하며 즐거운 뜻이 스스로 말지(=그치지) 아니함이 금슬(琴瑟)과 종고(鍾鼓)를 즐김과 같다는 말이라.

관저(關雎) 삼장(三章)

▸▸▸ 주 석

2 오미예 : 오매(寤寐)에. '오매불망(寤寐不忘)'이라는 고사성어의 유래가 된 부분이다. '오매불망(寤寐不忘)'은 뒷 구절의 '전전반측(輾轉反側)'과 함께 원래는 사랑하는 사람을 그리워하여 잠 못 들고 뒤척이는 경우를 비유하는 말로 사용되다가 나중에는 근심이나 생각이 많아 잠 못 드는 것을 비유하는 말로도 쓰이게 되었다.

3 밋 : 및. 중세국어 이래 '및[及]-'에서 파생된 어간형 부사 '및'(표기상으로는 '믿' 또는 '밋')은 대등한 관계의 두 구나 절 사이에 위치하여 "그리고, 그 밖에"를 뜻하는 접속 부사로 쓰였다(현대국어에서 'NP 및 NP'의 구성에 참여하는 '및'은 바로 이 접속 부사의 용법을 계승한 것이다). 예 : 도적이 그 지아비과 밋 그 아들을 주기고〈동국신속삼강행실도(1617) 烈6 : 73b〉, 믈읫 吊ᄒᆞ며 밋 喪을 보내ᄂᆞᆫ 者ㅣ〈가례언해(1632) 7 : 8a〉. 그러나 이곳에 쓰인 '밋'은 (부사로 쓰였다고 할 수밖에는 없지만) 선행절과 후행절이 전혀 대등한 관계에 있지 않다는 점에서 위의 (접속 부사) '및'과는 성격을 달리 한다. 이곳의 '밋'은 원문을 축자역(逐字譯)하면서 원문의 '及'이 이미 '되야'로 번역에 반영되었음에도 원문의 어순에 따라 '及'을 중복 번역한 결과라 할 수밖에 없다. 이들은 당시의 언어 질서를 반영한 것이라기보다 지나친 축자역에 따른 출전의 간섭 현상으로 보아야 할 것이다.

4 관져 : 관저(關雎). 시경(詩經)의 첫머리에 실린 시명(詩名). 고체시(古體詩, 평측이나 자수에 제한이 없어 비교적 자유로운 형식의 한시) 중에서 사언시(四言詩, 한 구가 넉 자로 이루어진 한시)를 대표하는 작품으로 알려져 있다.

▸▸▸ **원문 판독**

〈1 : 13a〉

공지(孔子ㅣ) 골오샤디 관져(關雎)는 낙(樂)ᄒᆞ디【낙(樂)은 즐거워ᄒᆞ다 말이라】음
(淫)티

아니ᄒᆞ고【음(淫) ᄣᆞ(字)[1]는 넘씨다 말이라】이(哀)ᄒᆞ디【이(哀)는 서글퍼ᄒᆞ다 말이
라】샹(傷)티 아니ᄒᆞ다

ᄒᆞ시니【샹(傷)은 셜워ᄒᆞ다 말이라】쥬지(朱子ㅣ)[2] 골오샤디 이 시(詩)를 짓는 사ᄅᆞᆷ^
이 그 셩졍(性情)의 바른 것과 소리의 화(和)ᄒᆞᆷ을 엇다 니^

롤디니 뎐〃반측(輾轉反側)은 이(哀)ᄒᆞ미오 금슬죵고(琴瑟鍾鼓)는 낙(樂)^

ᄒᆞ미로디 다 그 법도(法度)의 나디 아니ᄒᆞᆷ을 볼 거시라

갈지담혜(葛之覃兮) 이우듕곡(施于中谷)ᄒᆞ야 유엽쳐쳐(維葉萋萋)어늘 황됴우비(黃鳥于
飛)^

집우관목(集于灌木)ᄒᆞ야 기명긔긔(其鳴喈喈)ᄒᆞ더라

부야(賦也)라【부(賦)는 일을 져 바로[3] 니ᄅᆞ는 뜻이라】

갈(葛)은 츩이오 담(覃)은 너추다[4] 말이니 이(施)는 버러가다

▸▸▸ **주 석**

1 ᄣᆞ : 자(字). 글자. 원문의 '字'에 대한 한자음은 'ᄌᆞ'로 나타나는 것이 일반적이나 여기서는 'ᄣᆞ'로 나타났
다. 다른 근대 문헌에 등장하는 'ᄡᅳ'를 감안할 때(예 : 오회라 경 ᄡᅳ는 곳 혼 죵디니<어제경세문답(언해)
11b>), 이곳의 'ᄣᆞ'는 경음화 현상을 반영한 표기로 보아야 할 것이다. 어두 경음 표시에 'ㅂ'이 사용된
데서 보듯이 자료에 등장하는 'ㅂ'계 합용 병서는 더 이상 어두 자음군 표기에 쓰였다고 보기 어렵다.

▶▶▶ 출 전

시전(詩傳) 풍(風) 주남(周南) 관저(關雎)
葛之覃兮 施于中谷 維葉萋萋 黃鳥于飛 集于灌木 其鳴喈喈

▶▶▶ 현대어역

〈1 : 13a〉

공자께서 이르시되 관저(關雎)는 낙(樂)하되【낙(樂)은 즐거워한다는 말이라.】음(淫)하지
아니하고【음(淫) 자(字)는 넘친다는 말이라.】, 애(哀)하되【애(哀)는 서글퍼한다는 말이
라.】상(傷)치 아니한다 하시니【상(傷)은 서러워한다는 말이라.】, 주자(朱子)가 이르시되,
이 시(詩)를 짓는 사람이 그 성정(性情)의 바른 것과 소리의 화(和)함을 얻었다 이를지니
전전반측(輾轉反側)은 애(哀)함이요, 금슬종고(琴瑟鍾鼓)는 낙(樂)함이로되 다 그 법도(法
度)에서 벗어나지 아니함을 볼 것이라.
갈지담혜(葛之覃兮) 이우중곡(施于中谷)하여 유엽처처(維葉萋萋)이거늘 황조우비(黃鳥于飛) 집우
관목(集于灌木)하여 기명개개(其鳴喈喈)하더라.
　부야(賦也)라.【부(賦)는 일을 져(＝지고) 바로 이르는 뜻이라.】
　갈(葛)은 칡이요, 담(覃)은 넝쿨진다는 말이니, 이(施)는 벌려 간다는

▶▶▶ 주 석

2 쥬지 : 주자(朱子)가. 주자(朱子, 1130~1200)는 송대(宋代)의 유학자로 이름은 희(熹)이다. 19세에
진사시에 합격하여 임종 전까지 여러 관직을 거쳤으나 대부분은 현지에 부임할 필요가 없는 명목상의 관
직이었기 때문에 학문에 전념할 수 있었다. ≪資治通鑑綱目≫, ≪近思錄≫, ≪四書集注≫ 등 수많은 저
서를 남겼다.
3 바로 : 바로. 15세기 국어에서는 '바ᄅ'로 나타난다. 부사 '서ᄅ'가 '서로'로 바뀐 것처럼 부사 '바ᄅ'가 '바
로'로 바뀐 것이다. '바로'는 16세기 중기 이후 문헌부터 보이기 시작한다.
4 너추다 : 넝쿨지다. 넝쿨진다는. 이곳의 '너추-'는 중세국어 이래의 '너출[蔓]-'과 관련될 형태이다. 예: 藍
田ㅅ 두듥과 굴헝에 츤 藤草ㅣ 너추렛도다(藍田丘壑曼寒藤)＜두시언해 16 : 14b＞. 자료에서 '너추-'로
나타난 것은 '-다'와 같이 자음으로 시작하는 어미 앞에서 '너출-'의 어간 말음 'ㄹ'이 탈락한 결과이다.

〈1 : 13b〉

말이오 듕곡(中谷)은 골 가온대 말이라 엽(葉)흔 닙히^
오[1] 쳐〃(萋萋)는 성(盛)타 말이니 황됴(黃鳥)는 꾀꼬리오[2] 비(飛)는
ᄂᆞ다 말이라 집(集)은 못다[3] 말이오 관목(灌木)은 총싱(叢生)
남기니 명(鳴)은 우다 말이오 기기(嗜嗜)는 소리 화(和)ᄒᆞ다
말이니라
이ᄂᆞ 태시(太姒ㅣ) 츩을 키여 질삼ᄒᆞ시ᄂᆞ[4] 일을 니ᄅᆞ미^
니 그 ᄣᅢ의 츩도 성(盛)ᄒᆞ고 꾀꼬리도 울믈 니ᄅᆞ미라
갈지담혜(葛之覃兮) 이우듕곡(施于中谷)ᄒᆞ야 유엽막막(維葉莫莫)이어든 시애시^
확(是刈是濩)ᄒᆞ야 위치위격(爲絺爲綌)ᄒᆞ니 복지무역(服之無斁)이로다
부야(賦也)라

1 닙히오 : 잎이요. 15세기 국어에서는 단어의 마지막 'ㅍ'은 모음으로 시작하는 어미나 조사와의 결합되면
그 다음 음절로 이동하여 초성 위치에 표기되었다. 그런데 16세기에 오면, '닢'의 'ㅍ'을 '닙피'나 '닙히'와
같이 표기하여 'ㅍ'을 'ㅂ+ㅍ'이나 'ㅂ+ㅎ'으로 하는 표기가 나타난다. '닙히오'의 'ㅂㅎ' 분할 표기는 'ㅂ+
ㅎ=ㅍ'이 되는 음운현상이 반영된 것이라고 할 수 있다.

▶▶▶ **출 전**

시전(詩傳) 풍(風) 주남(周南) 관저(關雎)
葛之覃兮 施于中谷 維葉莫莫 是刈是濩 爲絺爲綌 服之無斁

▶▶▶ **현대어역**

〈1 : 13b〉

말이요, 중곡(中谷)은 골 가운데라는 말이라. 엽(葉)은 잎이요, 처처(萋萋)는 성(盛)하다는 말이니, 황조(黃鳥)는 꾀꼬리요, 비(飛)는 난다는 말이라. 집(集)은 모인다는 말이요, 관목(灌木)은 총생(叢生, 줄기나 꽃대 따위가 뿌리 근처에서 무더기로 남)하는 나무이니, 명(鳴)은 운다는 말이요, 개개(喈喈)는 소리가 화(和)하다는 말이니라.
　　이는 태사(太姒)가 칡을 캐어 길쌈하시는 일을 이름이니, 그 때에 칡도 무성하고 꾀꼬리도 운 것을 이름이라.
갈지담혜(葛之覃兮) 이우중곡(施于中谷)하여 유엽막막(維葉莫莫)이어든 시애시확(是刈是濩)하여 위치위격(爲絺爲綌)하니 복지무역(服之無斁)이로다.
　　부야(賦也)라.

▶▶▶ **주 석**

2 쬐쬬리오 : 꾀꼬리요. '꾀꼬리'가 소급하는 최초의 형태는 15세기의 '곳고리'이다. 15세기의 '곳고리'와 16세기의 '굇고리'는 의성어 '*곳골'과 '*굇골'에 명사 형성 접사 '-이'가 결합된 것이다. 18세기에 '꾀ㅅ고리, 쬣쬬리' 등이 나타나기 시작하여 19세기에 모두 경음으로 시작되는 형태들만 나타나는 것을 보면, 이러한 어두 경음화가 이 시기에 일어났음을 알 수 있다.

3 못다 : 모인다는. 자동사 '몯〔會〕-'에 '-다'가 결합한 것으로 분석될 어형이다. 이곳에서 '몯-'이 '못-'으로 나타난 것은 자료에 확립된 칠종성법에 따라 어간 말음 /ㄷ/이 'ㅅ'으로 적힌 결과이다. 현대국어에서 '몯-'은 사어화하고 그 자리가 '모이-'로 대체되었으나 '몯-'에 사동 접사 '-오-'가 결합한 '모도-'는 일부 방언에 '모두-'로 남아 있다.

4 질삼ᄒᆞ시는 : 길쌈하시는. 현대국어의 '길쌈'이 소급될 최초의 형태는 15세기 국어 문헌에 나타나는 '질삼, 질쌈'이다. '질삼'은 《원각경언해》(1465) 이후 각자병서가 사용되지 않게 됨에 따라 'ㅆ'이 'ㅅ'으로 표기된 것이기 때문에, 국어사 자료에서 '질삼'으로 표기되어 있는 것도 '질쌈'의 'ㅅ'은 된소리로 발음되었다고 볼 수 있다. 이 '질쌈'이 현대국어의 '길쌈'으로 바뀐 것은 근대국어에서 일어난 구개음화 때문이다. 즉 18세기에 'ㅣ'모음이나 반모음 'ㅣ' 앞에서 'ㄷ, ㅌ, ㄸ'이 'ㅈ, ㅊ, ㅉ'으로 바뀌는 현상이 일어났고, 일부 방언에서는 같은 환경의 'ㄱ, ㅋ, ㄲ'도 'ㅈ, ㅊ, ㅉ'으로 바뀌었다. 그리하여 '질쌈'의 'ㅈ'이 'ㄱ'에서 바뀐 것으로 생각하고, '질쌈'을 '길쌈'으로 바꾼 것이다. 이 '길쌈' 형태는 19세기부터 나타나서 현대국어로 이어진다.

〈1 : 14a〉

막〃(莫莫)은 무셩ᄒ미오 애(刈)와 확(濩)은 뷔다[1] 말이라

치(絺)ᄂ ᄀᄂ 뷔오[2] 격(綌)은 굵은 뷔니 복(服)은 닙다 말ᐟ

이오 무역(無斁)은 슬흐미 업다 말이라

언고ᄉ시(言告師氏)ᄒ야 언고언귀(言告言歸)ᄒ라 박오아ᄉ(薄汚我私)며 박한아의(薄澣我

衣)니 할ᐟ

한할부(害澣害否)오 귀령부모(歸寧父母)ᄒ리라

　부야(賦也)라

　언(言)은【어주ᄌ(語助字)오[3]】 고(告)ᄂ【고(告)ᄒ다 말이라】 ᄉ시(師氏)ᄂ 겨집 스싱[4]

　이라 귀(歸)ᄂ 내

　집의 도라가믈 고(告)ᄒ미라 박(薄)은 잠간 ᄒ다 말ᐟ

　이오 오(汚)ᄂ 더러온 거슬 업시 ᄒ다 말이오 아ᄉ(我私)ᄂ

　내 ᄉ〃로이 닙ᄂ 오시라 한(澣)은 오슬 ᄲᄂ다 말이오 아ᐟ

1 뷔다 : 베다. 중세국어에서 '뷔-'는 곡식 따위와 같이 주로 기다란 것을 끊어 자르는 동작에 쓰이고 여타의
　베거나 자르는 동작 일반에는 '버히/베히-'가 사용되었다. 현대국어에서는 '버히/베히-'를 계승한 '베-'가
　'뷔-'(내지 '븨-')의 의미 영역까지 담당하면서 종래의 어휘 분화가 '베-'로 단일화된 양상을 보인다.

‣‣‣ **출 전**

시전(詩傳) 풍(風) 주남(周南) 관저(關雎)
言告師氏 言告言歸 薄汚我私 薄澣我衣 割澣割否 歸寧父母.

‣‣‣ **현대어역**

〈1 : 14a〉

막막(莫莫)은 무성(茂盛)함이요, 애(刈)와 확(濩)은 벤다는 말이라. 치(絺)는 가는 베요,
격(綌)은 굵은 베이니, 복(服)은 입는다는 말이요, 무역(無斁)은 싫어함이 없다는 말이라.
언고사씨(言告師氏)하여 언고언귀(言告言歸)하라. 박오아사(薄汚我私)며 박한아의(薄澣我衣)니 할
한할부(害澣害否)요 귀령부모(歸寧父母)하리라.
부야(賦也)라.
언(言)은【어조자(語助字)요】, 고(告)는【고(告)한다는 말이라】. 사씨(師氏)는 여자 스승이
라. 귀(歸)는 내가 집에 돌아감을 고(告)함이라. 박(薄)은 잠깐 한다는 말이요, 오(汚)는
더러운 것을 없이 한다는(=없앤다는) 말이요, 아사(我私)는 내가 사사로이 입는 옷이라.
한(澣)은 옷을 빤다는 말이요,

‣‣‣ **주 석**

2 뵈오 : 베〔布〕요. 이곳의 '뵈'는 '뵈>베'와 같이 원순성의 자음 'ㅂ' 아래에서 'ㅗ>ㅓ'의 비원순모음화를 겪
는다. 이러한 '베'의 표기가 나타나는 것은 '베 포(布)'<정몽유해(1884) 16a>나 '친히 삼 샴고 베 짜더
라<여사수(1889) 27a>처럼 19세기 후반부터이다. 그러나 이 문헌에서 해당 어휘는 항상 '뵈'로만 표기
되며, '베'로 표기된 예는 발견되지 않는다.
3 스싱 : 스승. 중세국어에서는 '스승'으로 나타난다. 예 : 太子ㅅ 스스이 ᄃᆞ외려뇨<석보상절 3 : 7a>. 그러
나 근대국어에서 '스싱의 ᄀᆞᄅ침이'<오륜전비언해(1721) 1 : 20a>처럼 '스싱'이 나타나기 시작하는데,
이 문헌 또한 예외가 아니어서, 대부분 '스싱'으로 표기된다. 그러나 '스승'<3 : 3b, 3 : 48b>처럼 '스승'
의 경우도 발견된다.
4 어ᄌᆞ오 : 어조자(語助字)요. 이곳의 '어ᄌᆞ'는 자료의 다른 곳에 '어주ᄶᆞ'로 나타나기도 한다. 어조자
(語助字)는 실질적인 뜻이 없이 다른 글자를 보조하여 주는 한문의 토 역할을 하는 것이다. 자료에서 '조
(助)'의 한자음을 왜 '주'로 읽었는지는 분명치 않으나 '주'가 '助'의 속음이었을 가능성이 있다.

▶▶▶ **원문 판독**

〈1 : 14b〉

의(我衣)는 내 녜복(禮服)으로 우희 닙는 오시라 할(害)은【므어시라[1] 말이라】
부(否)는 마다 말이니 어느[2] 오손 샐고 어느 오손 아니 샐^
니 혼 말이라 녕(寧)은 부모의게 문안(問安)ᄒ라 말이^
라 ○ 웃 대문(大文)의 임의 치격(絺綌)을 일어 닙으믈 니^
ᄅ고 이 대문(大文)은 ᄉ시(師氏)의게【ᄉ시(師氏)는 요ᄉ이 유모(乳母) ᄀ툰 거시
라】고(告)ᄒ야 ᄒ여곰
남편의게 고(告)ᄒ야 쟝ᄎ 귀령(歸寧)ᄒ려 ᄯᅳᆺ을 고(告)ᄒ고
ᄯᅩ 굴오ᄃᆡ 엇디 내의 ᄉ〃(私私) 닙는 오시 더러온 거슬
샌디 아니ᄒ며 내의 웃오슬 샌디 아니ᄒ리오 어^
ᄂᆫ 오손 샐고 어느 오손 샌디 아니ᄒ리오 내 쟝ᄎ 닙^
고 ᄡᅥ 부모의게 귀령(歸寧)ᄒ리라 ᄒ미라

▶▶▶ **주 석**

1 므어시라 : 무엇이라. '므섯'의 '므'가 '무'로 원순모음화를 거친 표기형은 '무섯'<역어유해(1690) 上 : 37b>부터 확인된다. 이 문헌에서는 원순모음화가 반영된 '무어슬'<3 : 9b> 따위도 함께 나타나는데, 이 어휘에 한하여 원순모음화 현상이 적용된 예가 4회, 원순모음화가 반영되지 않은 예가 3회 나타나고 있어, 어느 한 쪽이 더 우세하다고 할 수는 없다.

▶▶▶ **출 전**

시전(詩傳) 풍(風) 주남(周南) 관저(關雎)

▶▶▶ **현대어역**

〈1 : 14b〉

아의(我衣)는 내가 예복(禮服)으로 위에 입는 옷이라. 할(害)은【무엇이라는 말이라】. 부(否)는 만다는(=그만둔다는) 말이니, 어느 옷은 빨고 어느 옷은 아니 빨리요 하는 말이라. 녕(寧)은 부모에게 문안(問安)하라는 말이라. ○ 위의 대문(大文)에 이미 치격(絺綌, 가는 베와 굵은 베)을 이루어 입음을 이르고(=이른 뒤), 이 대문(大文)은 사씨(師氏)에게【사씨(師氏)는 요사이 유모(乳母) 같은 것이라.】고(告)하여 하여금 남편에게 고(告)하여 장차 귀령(歸寧)하려는 뜻을 고(告)하고, 또 이르되, 어찌 내가 사사로이 입는 옷에 (묻은) 더러운 것을 빨지 아니하며 (어찌) 나의 웃옷을 빨지 아니하리요? 어느 옷은 빨고 어느 옷은 빨지 아니하리요? 내 장차 (그 옷을) 입고 부모에게 귀령(歸寧)하리라 함이라.

▶▶▶ **주 석**

2 어느 : 어느. 15세기 국어에서는 '어느'와 '어ᄂᆞ' 둘 다 사용된다. 예 : '어느'<용비어천가(1447) 18>, '어ᄂᆞ'<용비어천가(1447) 87>. 그러나 '어ᄂᆞ'는 그 빈도가 극소수에 불과하고, 대부분은 '어느'로 표기되어 나타난다. 이 문헌에서는 '어느'는 하나도 나타나지 않고, 모두 '어ᄂᆞ'로만 나타나는데, 'ㄷ, ㅌ, ㅅ, ㅈ, ㅊ, ㄴ, ㄹ' 등과 결합되면 'ㅡ'가 'ㆍ'로 표기된 예들이 다수 나타난다.

▶▶▶ **원문 판독**

〈1 : 15a〉

갈담(葛覃) 삼댱(三章)

이 시(詩)는 태시(太姒ㅣ) 스스로 지으신 글이니 기리는 말이 업^
스나 그러나 이룰 보면 가히 뻐 그 임의 귀(貴)ᄒᆞ디 능^
히 브즈런ᄒᆞ고 임의 가음여디[1] 능히 검박(儉朴)ᄒᆞ고
임의 어룬이로디 공경(恭敬)ᄒᆞ미 녀스의게 프러지디
아니ᄒᆞ고 임의 츌가(出嫁)ᄒᆞ여시디 효셩(孝誠)이 스친(私親)의^
게 쇠(衰)티 아니ᄒᆞ니 이 다 덕의 후(厚)ᄒᆞ믈 가히 볼 거^
시로다
남유규목(南有樛木)ᄒᆞ니 갈류뉴지(葛藟纍之)로다 낙지군ᄌᆞ(樂只君子)여 복니유^
지(福履綏之)로다

▶▶▶ **주 석**

1 가음여디 : 부유하되. 귀하되. '가음열-+-디'. 이곳의 '가음열-'은 중세국어의 '가ᅀᅳ멸-'에 소급할 어형으로, 'ᅀ'의 소실 이후 근대 문헌에는 '가음열-'이나 '가음열-'과 같이 분철된 표기로 등장하는 경우가 많다. 자료에서 15세기의 '-오디'의 후대형은 '-오/우-'의 쇠퇴에 따라 (출현 빈도가 높은 일부 어휘를 제외하면) '-오/우-'의 원순성이 약화된 '-ᄋᆞ디'나 '-으디'로 나타난다. 그런데 이곳의 '가음여디'는 '-ᄋᆞ디'나 '-으디'가 결합된 것이 아니라 (매개모음이 개재하지 않은) '-디'가 결합된 것으로 보아야 한다. '가음열-'의 어간 말음 'ㄹ'이 탈락하는 것은 치조(齒槽)에서 조음되는 자음 앞에서 가능한 현상이기 때문이다. 현대

▸▸▸ **출 전**

시전(詩傳) 풍(風) 주남(周南) 갈담(葛覃)
南有樛木 葛藟纍之 樂只君子 福履綏之 류

▸▸▸ **현대어역**

〈1 : 15a〉

　이 시(詩)는 태사(太姒)가 스스로 지으신 글이니, 기리는 말이 없으나 그러나 이를 보면 가히 그 이미 귀(貴)하되 능히 부지런하고, 이미 부유하되 능히 검박(儉朴)하고, 이미 어른이로되 공경함이 여사에게 풀어지지 아니하고, 이미 출가(出嫁)하였으되 효성(孝誠)이 사친(私親, 친어머니)에게 쇠(衰)치 아니하니, 이것이 다 덕(德)이 후(厚)함을 가히 볼 것이로다.
남유규목(南有樛木)하니 갈류유지(葛藟纍之)로다. 낙지군자(樂只君子)여 복리유지(福履綏之)로다.

▸▸▸ **주 석**

　국어에서 '-되'는 용언의 어간에 직접 결합할 때에 매개모음이 개재하지 않는데, 이곳의 '가음여디'는 현대 국어 '-되'의 단초를 보여주는 예라 할 수 있다.

▶▶▶ 원문 판독

〈1 : 15b〉

홍야(興也)라

　규목(樛木)은 굽은 남기니 남녁히[1] 규목(樛木)이 잇다

　말이오 갈(葛)은 츩이오 류(藟)는 츩 ᄀᆞ툰 거시오 뉴(纍)ᄂ

　ᄂᆞᆫ 남긔 엉긔다 말이라 낙(樂)은 즐거오미오 지(只)ᄂᆞᆫ【어주ᄌᆞ(語助字)니】

　군ᄌᆞ(君子)ᄂᆞᆫ 후비(后妃)ᄅᆞᆯ 니ᄅᆞ미오 유(綏)ᄂᆞᆫ 평안타 ᄒᆞᆫ 말이ᄂ

　니라 〔隔〕이 댱(章)은 후비(后妃ㅣ) 덕이 셩ᄒᆞ야 아래로 즁쳡(衆妾)ᄂ

　ᄀᆞ디 미처 질투ᄒᆞᄂᆞᆫ ᄆᆞ음이 업스매 즁쳡(衆妾)이 후ᄂ

　비(后妃) 덕을 즐겨 일ᄏᆞ라 후비(后妃ㅣ) 복녹(福祿)을 평안이

　ᄒᆞ과져[2] 원(願)ᄒᆞ미라

남유규복(南有樛木)ᄒᆞ니 갈류황지(葛藟荒之)로다 낙지군ᄌᆞ(樂只君子)여 복니쟝ᄂ

▶▶▶ 주 석

1 남녁히 : 남녘에. 남쪽에. 현대국어의 '녘'은 중세국어에서는 '녁'으로 사용되었다. 예 : '올ᄒᆞᆫ 녀기라'〈훈민
　정음언해(1446) 13a〉, '南녀긔셔 수므면 北녀긔 내돋고'〈석보상절(1447) 6 : 34a〉. 예외적으로, 15
　세기 국어에서 '녘'이 '層層인 뫼ᄒᆞᆯ 구비 네 녀크로 도라보니'〈두시언해(1481) 3 : 63b〉에 보인다. '녘'은
　'范益謙이 안잣는 올ᄒᆞᆫ 녁희 경계ᄒᆞ는 그를'〈번역소학(1517) 8 : 21a〉이나 '일즉 西ㄴ녁흐로 向ᄒᆞ야 안
　ᄶᅵ 아니ᄒᆞ야'〈소학언해(1586) 6 : 25a〉처럼 16세기 문헌에서 주로 나타나기 시작하는데, '녘'의 말음
　'ㅋ'은 'ㄱ'과 'ㅎ'으로 나뉘어 표기되기도 하였다.

▶▶▶ 출 전

시전(詩傳) 풍(風) 주남(周南) 갈담(葛覃)
南有樛木 葛藟荒之 樂只君子

▶▶▶ 현대어역

〈1 : 15b〉

홍야(興也)라.
　규목(樛木)은 굽은 나무이니 남쪽에 규목(樛木)이 있다는 말이요, 갈(葛)은 칡이요, 류(藟)
는 칡 같은 것이요, 류(纍)는 나무가 엉겼다는 말이라. 낙(樂)은 즐거움이요, 지(只)는【어
조자(語助字)니】, 군자(君子)는 후비(后妃)를 이름이요, 유(綏)는 평안하다는 말이니라.
〔隔〕이 장(章)은 후비(后妃)의 덕이 성하여 아래로 중첩(衆妾, 여러 첩)까지 미치어 질투하
는 마음이 없으매(=없으므로) 중첩(衆妾)이 후비(后妃)의 덕을 일컬어(=칭송하여) 후비(后
妃)가 복록(福祿)을 평안이 하였으면 (한다 하고) 원(願)함이라.
남유규목(南有樛木)하니 갈류황지(葛藟荒之)로다. 낙지군자(樂只君子)여 복리장^

▶▶▶ 주 석

2 ㅎ과져 : 하였으면. 이곳의 '-과져'는 자료의 다른 곳에 '-과쟈'로 나타나기도 한다. '-과져/과쟈'는 중세국
어에서 '-과뎌' 또는 '-과댜'로 나타나는데, 이 '-과뎌/과댜'는 주로 희망이나 사유의 의미를 보이는 '원ᄒᆞ-',
'ᄇᆞ라'류의 동사가 후행하는 것이 특징이었다. 중세국어에서 '-과뎌/과댜'는 "희망"의 의미 기능을 나타내
는데, 그것은 크게 두 가지로 나누어볼 수 있다. 희망을 품은 이가 자신이 아닌 제삼자를 통해 그 일을
이루기를 바라는 것과, 어떤 무정물이나 추상물의 상태 변화 내지 예정을 바라는 의미 기능이 그것이다.
이곳의 '-과져'는 전자의 의미 기능을 계승하여 쓰였다고 할 수 있다.

▶▶▶ **원문 판독**

⟨1 : 16a⟩

지(福履將之)로다
　흥야(興也)라
　　황(荒)은 덥다 말이오 쟝(將)은 돕다 말이니라
남유규목(南有樛木)ᄒ니 갈류영지(葛藟縈之)로다 낙지군ᄌ(樂只君子)여 복니셩^
지(福履成之)로다
　흥야(興也)라
　　영(縈)은 엉긔다 말이오 셩(成)은 일우다 말이니라
　규목(樛木)[1] 삼댱(三章)
　　경원 보시 굴오디【일홈은 광이니 쥬ᄌ(朱子)[2] 뎨ᄌ(弟子)라】 즁쳡(衆妾)이 후비(后妃)롤
　　덕되이 너기디 넘씬 말이 업고 후비(后妃)롤 츅원(祝願)^

▶▶▶ **주 석**

1 규목 : 규목(樛木). ≪시경(詩經)≫에 실린 시명(詩名). 고체시(古體詩, 평측이나 자수에 제한이 없어 비
　교적 자유로운 형식의 한시) 가운데 한 구(句)가 넉 자로 이루어진 사언시(四言詩)에 해당한다.

▶▶▶ **출 전**

시전(詩傳) 풍(風) 주남(周南) 갈담(葛覃)
福履將之
南有樛木　葛藟縈之　樂只君子　福履成之.

▶▶▶ **현 대 어 역**

〈1 : 16a〉

지(福履將之)로다.
　흥야(興也)라.
　　황(荒)은 덮는다는 말이요, 장(將)은 돕는다는 말이니라.
남유규목(南有樛木)하니 갈류영지(葛藟縈之)로다. 낙지군자(樂只君子)여 복리성지(福履成之)로다.
　흥야(興也)라.
　　영(縈)은 엉킨다는 말이요, 성(成)은 이룬다는 말이니라.
　규목(樛木) 삼장(三章)
　　경원 보씨가 이르되【이름은 광이니 주자(朱子) 제자(弟子)라.】, 중첩(衆妾, 여러 첩)이 후비
　　(后妃)를 덕스럽다고 여기되 넘치는 말이 없고, 후비(后妃)를 축원(祝願)

▶▶▶ **주 석**

2 쥬즈 : 주자(朱子). 중국 송나라의 유학자 주희(朱熹, 1130~1200)를 말한다. 자는 원회(元晦)·중회
(仲晦)이고 호는 회암(晦庵)·회옹(晦翁)·운곡산인(雲谷山人)·둔옹(遯翁)이다. 도학(道學)과 이학
(理學)을 합친 이른바 송학(宋學)을 집대성하였다. '주자(朱子)'라고 높여 이르며, 그의 학문을 주자학
(朱子學)이라고 한다. 주요 저서에 ≪시전≫, ≪사서집주≫, ≪근사록≫, ≪자치통감강목≫ 따위가 있다.

▶▶▶ **원문 판독**

〈1 : 16b〉

흐디 과(過)흔 말이 업스니 쏘흔 중쳡(衆妾)의 셩졍(性情)^
이 바로믈 보리로다 ○ 동니 녀시 골오디 한(漢)나라[1]
됴황후(曹皇后)[2]와 슈(隋)나라 독고황후(獨孤皇后)[3]와 당(唐)나라 무후(武后)[4]의
투긔(妬忌)ᄒ는 홰(禍ㅣ) 나라 망ᄒ기의 니르니 쥬(周)나라 후^
비(后妃)[5]의 덕이 이 ᄀᆞᆺᄐ니 시인(詩人)【시 짓는 사름이라】이 엇디 시러곰 탄^
식(歎息)디 아니리오
종ᄉ우선선혜(螽斯羽詵詵兮)니 의이ᄌᆞ손(宜爾子孫)이 진진혜(振振兮)로다
　비야(比也)라
　　종ᄉ(螽斯)는 황튱(蝗蟲)의 뉘(類ㅣ)니 흔 번 나흐매 아흔 아홉
　　ᄌᆞ식을 낫ᄂᆞ니라 우(羽)는【짓 우(羽) ᄯᅡ(字)니】놀개라 선〃(詵詵)은 화(化)ᄒ^

▶▶▶ **주 석**

1 한(漢)나라 : 중국의 후한(後漢)을 일컫는다.
2 됴황후 : 조황후(曹皇后). 조조의 딸로서, 나중에 조조가 자신을 위협하려는 복완과 복황후를 죽이고 난
뒤 헌제에게 시집을 보낸 인물이다.
3 독고황후 : 독고황후(獨孤皇后). 중국 수(隋)나라 제1대 황제(541~604)의 부인. 독고황후는 남자보다
기승스럽고 남보다 갑절 영리하여, 남편의 정무(政務)에 대해서도 좋은 의견을 말하여 정치가 잘 되도록
배려하였다고 한다.

시전(詩傳) 풍(風) 주남(周南) 갈담(葛覃)
〔興也〕
螽斯羽詵詵兮 宜爾子孫 振振兮

〈1 : 16b〉

　　하되 과(過)한 말이 없으니 또한 중첩(衆妾, 여러 첩)의 성정(性情)이 바름을 보리로다. ○
　　동래 여씨가 이르되, 한(漢)나라 조황후(曹皇后)와 수(隋)나라 독고황후(獨孤皇后)와 당(唐)
　　나라 무후(武后)의 투기(妬忌)하는 화(禍)가 나라를 망하게 하는 데 이르니, 주(周)나라
　　후비(后妃)의 덕이 이와 같으니 시인(詩人)【시 짓는 사람이라】이 어찌 능히 탄식(歎息)하
지 않으리요?
종사우선선혜(螽斯羽詵詵兮)니 의이자손(宜爾子孫)이 진진혜(振振兮)로다.
　　비야(比也)라.
　　종사(螽斯)는 황충(蝗蟲, 풀무치)의 유(類, 무리)이니 한 번 낳음에 아흔 아홉 자식을(=새끼
　　를) 낳느니라. 우(羽)는【깃 우(羽) 자(字)니】 날개라. 선선(詵詵)은 화(化)

4 무후(武后) : 측천무후(則天武后). 중국 당(唐)나라 고종의 황후(皇后, ?624~705). 성은 무(武)이며
　이름은 조(曌)이다. 중국 역사에서 유일한 여제(女帝)로 고종을 대신하여 실권을 쥐고, 두 아들을 차례
　로 제왕의 자리에 오르게 하였다. 나중에는 스스로 제왕의 자리에 올라 국호를 주(周)로 고치고 성신 황
　제(聖神皇帝)라 칭하였다.
5 후비의 : 후비(后妃)의. 주(周)나라 후비(后妃)인 태사(太姒)를 가리킨다. ≪시경≫의 주남(周南)은 주나라
　문왕의 후비(后妃)가 수신제가(修身齊家)한 일을 노래한 것인데, 문왕(文王)의 후비(后妃)가 질투하지 않
　는 아름다운 덕을 칭송하고 있다.

〈1 : 17a〉

야 못는 거동이라 의(宜)는 맛당타 말이오 이(爾)는【너 이(爾) 쯔(字)요[1]】
진〃(振振)은 셩(盛)호 거동이니 네 ᄌ손이 맛당이 셩(盛)^
ᄒ리로다 말이라 ○ 이 댱(章)은 후비(后妃)의 덕이 셩(盛)^
ᄒ야 투긔(妬忌)를 아니ᄒ야 ᄌ손이 만흔 고로 즁^
쳡(衆妾)이 죵ᄉ(螽斯)의 모다[2] 화(化)호 거스로뻐 ᄌ손(子孫)의 만흐^
믈 비(比)ᄒ야 닐오디 그 이런 덕이 이시니 이런 복^
이 이시미 맛당타 말이라
죵ᄉ우흥흥혜(螽斯羽薨薨兮)니 의이ᄌ손(宜爾子孫)이 승승혜(繩繩兮)로다
　비야(比也)라
　　흥〃(薨薨)은 무리지어 ᄂ다 말이오 승〃(繩繩)은 니음ᄃ라

1 쯔요 : 자(字)요. 이곳의 '-요'는 '이-[계사]＋-고'의 통합체와 관련될 형태로 중세 문헌에서라면 개음절
체언 뒤에서 '-ㅣ오'가 결합하여 '지오'(혹은 '쩌오') 정도로 나타났을 어형이다(중세국어에서 '-ㅣ오'는 '오'
가 '고'의 ㄱ 약화형에 해당하는 만큼 '-요'로 축약되어 나타난 예가 없다). 자료에는 '이-[계사] ＋ -고'의
통합체가 폐음절 체언 뒤에서는 '-이오'로, 개음절 체언 뒤에서는 이곳과 같이 '-요'(간혹 '-오')로 나타나
는 특징을 보인다. 중세국어와 같이 개음절 체언 뒤에서 '-ㅣ오'가 결합하는 예는 '녜오(女ㅣ오)' 정도에서
만 예외적으로 볼 수 있을 뿐이다. 자료에는 개음절 체언 뒤에서 계사가 탈락하는 현상이 빈번하게 나타

▶▶▶ 출 전

시전(詩傳) 풍(風) 주남(周南) 갈담(葛覃)

螽斯羽薨薨兮 宜爾子孫 繩繩兮

▶▶▶ 현 대 어 역

〈1 : 17a〉

하여 모이는 거동이라. 의(宜)는 마땅하다는 말이요, 이(爾)는【너 이(爾) 자(字)요】, 진진 (振振)은 성(盛)한 거동이니 네 자손이 마땅히 성(盛)하리로다 하는 말이라. ○ 이 장(章) 은 후비(后妃)의 덕이 성하여 투기(妬忌)를 아니하여 자손이 많은 고로 중첩(衆妾)이, 종 사(螽斯, 풀무치)가 모여 화(化)한 것으로써 자손이 많음을 비(比)하여 이르되, (그) 이런 덕이 있으니 이런 복이 있음이 마땅하다는 말이라.

종사우홍홍혜(螽斯羽薨薨兮)니 의이자손(宜爾子孫)이 승승혜(繩繩兮)로다.

비야(比也)라.

홍〃(薨薨)은 무리지어 난다는 말이요, 승승(繩繩)은 연이어

▶▶▶ 주 석

나므로 이곳과 같이 개음절 체언 뒤에 나타나는 '-요'는 단순히 이전 시기 '-ㅣ오'의 준말에 해당하는 형태 를 넘어 (현대국어와 같이) "나열"의 조사 '-(이)요'로 재구조화되는 과정과 관련될 가능성이 높다.

2 모다 : 모여. 자동사 '몯[會]-'에 '-아'가 결합한 것으로 분석될 어형이다. 현대국어에서 '몯'은 사어화하고 그 자리를 '모이-'가 대체하였으나 '몯-'에 사동 접사 '-오-'가 결합한 '모도-'는 일부 방언에 '모두-'로 남아 있다.

▶▶▶ **원문 판독**

〈1 : 17b〉

긋티디 아니타 말이니라

종ᄉ우즙즙혜(螽斯羽揖揖兮)니 의이ᄌ손(宜爾子孫)이 팁팁혜(蟄蟄兮)로다

비야(比也)라

즙〃(揖揖)은 못다 말이오 팁〃(蟄蟄)은 만타 ᄯᅳᆺ이라

종ᄉ(螽斯)[1] 삼댱(三章)

쥬지(朱子ㅣ) 콜오샤디 투긔(妬忌) 아니믄 후비(后妃)의 ᄒᆞᆫ 가지 ᄒᆡᆼ실^

이오 관져댱(關雎章)[2]의 니르믄 뎐쳬(全體)[3]의 덕을 니르미라

영가 뎡시 콜오디 부인의 덕이 투긔(妬忌) 아니ᄒᆞ매

큰 거시 잇ᄂᆞ니 대개 일은 강잉(强仍)ᄒᆞ야 힘쁘면 일^

우려니와 ᄆᆞ음의 나는 졍(情)은 이긔여 업시 ᄒᆞ기 어^

▶▶▶ **주 석**

1 종ᄉ : 종사(螽斯). ≪시경(詩經)≫ 국풍(國風) 주남(周南)의 편명으로, 자손의 번창함을 읊고 있는 고체시(古體詩)이다.

▶▶▶ **출 전**

시전(詩傳) 풍(風) 주남(周南) 규목(樛木)

螽斯羽揖揖兮 宜爾子孫 蟄蟄兮

▶▶▶ **현대어역**

〈1 : 17b〉

　그치지 아니한다는 말이니라.

종사우즙즙혜(螽斯羽揖揖兮)니 의이자손(宜爾子孫)이 칩칩혜(蟄蟄兮)로다.

　비야(比也)라

　　즙즙(揖揖)은 모인다는 말이요, 칩칩(蟄蟄)은 많다는 뜻이라.

　종사(螽斯) 삼장(三章)

　　주자(朱子)가 이르시되, 투기(妬忌) 아니함은 후비(后妃)의 한 가지 행실이요, 관저장(關雎章)의(＝관저장에서) 이름은 전체의 덕을 이름이라. 영가 정씨가 이르되, 부인의 덕이 투기(妬忌) 아니함에 큰 것이 있으니, 대개 일은 강잉(强仍, 억지로 참음)하여 힘쓰면 이루려니와 마음에서 나는 정은 이겨 없애기 어

▶▶▶ **주 석**

2 관져댱 : 관저장(關雎章). ≪시경(詩經)≫의 첫머리에 실린 관저(關雎) 편을 가리키는 말이다. 고체시(古體詩, 평측이나 자수에 제한이 없어 비교적 자유로운 형식의 한시) 중에서 한 구(句)가 넉 자로 이루어진 사언시(四言詩)를 대표하는 작품으로, 성인으로 추앙받는 주나라 문왕(文王)과 그의 아내 태사(太姒)의 덕을 칭송하였다.

3 뎐쳬 : 전체(全體). 한자어 '전체(全體)'의 한자 '全'은 중세국어에서 '젼'으로, '體'는 '톄'로 표기되었다. 즉 '젼톄'로 나타나는데, '뎐쳬'는 1음절에서 'ㅈ>ㄷ'을, 2음절에서는 'ㅌ>ㅊ'이 반영된 것이다. 2음절의 'ㅌ>ㅊ'은 구개음화가 반영된 것이며, 1음절의 'ㅈ>ㄷ'은 구개음화를 의식하여 어두 'ㅈ'을 'ㄷ'으로 과도 교정한 것이다.

▸▸▸ **원문 판독**

〈1 : 18a〉

려오니라

남헌 댱시 골오디 후비(后妃)의 즈손 만호미 그러호

근본을 구호면 진실로 투긔(妬忌) 아니믈 말미아^

믄 고로 이 댱(章)을 규목댱(樛木章)[1] 아래 니어 추례호여 겨^

시니라

쏘 골오디 종스(螽斯)는 황튱(蝗蟲)의 뉴(類ㅣ)니 후비(后妃)의게 비호^

미 맛당티 아니호나 이는 시(詩) 짓는 사롬이 그 덕의 합(合)^

호믈 취(取)호미니 대개 즈손의 만호믈 니르미니라

도지요요(桃之夭夭)여 쟉쟉기화(灼灼其華)로다 지즈우귀(之子于歸)여 의이실가(宜其室

家)로다

도(桃)는 복셩화요 요〃(夭夭)는 됴흔 거동이라 쟉〃(灼灼)은 빗난

▸▸▸ **주 석**

1 규목댱 : 규목장(樛木章). ≪시경(詩經)≫ 국풍(國風) 주남(周南)의 편명으로, 문왕(文王)의 후비(后妃)
가 질투하지 않고, 아랫사람을 잘 감쌌다고 하여, 중첩(衆妾)을 잘 다스린 후비(后妃)의 아름다운 덕을
칭송한 것이다.

▶▶▶ **출 전**

시전(詩傳) 풍(風) 주남(周南) 도요(桃夭)
桃之夭夭 灼灼其華 之子于歸 宜其室家

▶▶▶ **현대어역**

〈1 : 18a〉

려우니라.
남헌 장씨가 이르되, 후비(后妃)의 자손 많음이 그러한(=자손이 많게 된) 근본을 구하면
진실로 투기(妬忌) 아니하는 것에서 말미암은 고로 이 장(章)을 규목장(樛木章) 아래 이어
차례하셨느니라(=차례를 삼으셨느니라). 또 이르되, 종사(螽斯)는 황충(蝗蟲, 풀무치)의 유
(類, 무리)이니 후비(后妃)에게 비(比)함이 마땅하지 않으나, 이는 시(詩) 짓는 사람이 그
덕에 합(合)함을 취함이니 대개 자손 많음을 이름이니라.
도지요요(桃之夭夭)여 작작기화(灼灼其華)로다 지자우귀(之子于歸)여 의이실가(宜其室家)로다.
　도(桃)는 복숭아요, 요요(夭夭)는 좋은 거동이라. 작작(灼灼)은 빛난

〈1 : 18b〉

거동이오 화(華)는 그 열미라 지즈(之子)는 신부(新婦)롤 니로미^

오 우귀(于歸)는 도라가다 ᄒᆞ미니 의기실가(宜其室家)는 그 집의

맛당타 ᄒᆞ미니라 ○ 녀지(女子ㅣ) 셔방 마자 가믈 도라간^

다 니르ᄂᆞ니 쥬(周) 째의 남녀 가춰(嫁娶)를 ᄒᆞ게 ᄒᆞ는다^

라 복셩화꼿치[1] 그 째 픠는[2] 거시매 시인(詩人)【시 짓는 사롬이라】이 일^

로 긔흥(起興)ᄒᆞ야 닐럿ᄂᆞ니라 ○ 문왕(文王)[3]의 홰(化ㅣ)【화(化)는 교화(敎化)라

말이라】 집^

으로브터 나라히 미처 남녜(男女ㅣ) 째로뻐 혼인을 녜(禮)를

바로게 ᄒᆞ니 시인(詩人)이 보는 바롤 인ᄒᆞ야 그 녀즈(女子)의 어^

딜미 반ᄃᆞ시 그 집의 맛당ᄒᆞ미 이실 줄[4] 기려 탄^

식(歎息)ᄒᆞ미니라

1 복셩화꼿치 : 복숭아꽃이. 15세기 국어에서는 단어의 마지막 'ㅊ'은 모음으로 시작하는 어미나 조사와의
 결합되면 그 다음 음절로 이동하여 초성 위치에 표기되었다. 그런데 16세기에 오면, '꽃'의 'ㅊ'을 '꼿치'와
 같이 표기하여 'ㅊ'을 'ㅅ+ㅊ'으로 하는 표기가 나타난다. '꼿치'도 이러한 표기 경향이 반영된 것이다.

▶▶▶ **출 전**

시전(詩傳) 풍(風) 주남(周南) 도요(桃夭)
桃之夭夭 灼灼其華 之子于歸 宜其室家

▶▶▶ **현대어역**

⟨1 : 18b⟩

거동이요, 화(華)는 그 열매라. 지자(之子)는 신부(新婦)를 이름이요, 우귀(于歸)는 돌아간
다 함이니, 의기실가(宜其室家)는 그 집에 마땅하다 함이니라. ○ 여자가 서방을 맞아 감
을(=가는 것을) 돌아간다 이르나니, 주(周) 때에 남녀 가취(嫁娶, 시집가고 장가듦)를 하게
하는지라. 복숭아꽃이 그 때 피는 것이매(=것이므로) 시인(詩人)【시 짓는 사람이라.】이
이것으로 기흥(起興, 흥을 일으킴)하여 일렀느니라. ○ 문왕(文王)의 화(化)가【화(化)는 교
화(敎化)라는 말이라.】집으로부터 나라에 미치어 남녀가 때로써 혼인의 예(禮)를 바르게
하니, 시인(詩人)이 보는 바를 인하여 (그) 여자의 어짊이 반드시 그 집에 마땅함이 있
는 것을 기리어 탄식(歎息)함이니라.

▶▶▶ **주 석**

2 피논 : 피는. 이곳의 '파-'는 15세기 국어에서 '곳도 프며'<석보상절(1447) 11 : 2b>와 같이 '프-'로 나타
났다. 중세국어에서는 '고즈로 픠게'<두시언해(1481) 10 : 7a>처럼 '픠-'도 나타나는데, 16세기 국어에
서는 '곳 퓌오'<번역박통사(1571 상 : 40a>처럼 순자음 'ㅍ'의 영향으로 비원순모음 'ㅡ'가 원순모음 'ㅜ'
로 바뀐(곧 원순모음화가 반영된) '퓌-'도 발견된다. 여기서는 '픠-'로만 나타나는데, '픠여'<1 : 57a>를
포함하여 2회 나타난다.
3 문왕 : 문왕(文王). 중국 주나라 무왕(武王)의 아버지. 이름은 창(昌), 계왕(季王)의 아들로, 은나라 말
기에 태공망 등 어진 선비들을 모아 국정을 바로잡고 융적(戎狄)을 토벌하는 등 덕치(德治)를 행하였다.
무왕(武王)이 주(周)나라를 세운 후 그를 추존(追尊)하여 문왕(文王)이라 하였으며, 고대의 이상적인
성인(聖人) 군주의 전형으로 꼽힌다.
4 줄 : 현대국어에서 '줄'은 방법 등을 나타내나, 여기에서는 '줄'이 '것'과 같은 의미로 쓰였다.

〈1 : 19a〉

도지요요(桃之夭夭)여 유분기실(有蕡其實)이로다 지ᄌᆞ우귀(之子于歸)여 의기가실(宜其家室)이로다

　홍야(興也)라

　　유분기실(有蕡其實)은 그 셩(盛)ᄒᆞᆫ 열미로다 말이오 의기가^

　　실(宜其家室)은 그 집의 맛당ᄒᆞ다 말이니라 분(蕡) ᄧ(字)ᄂᆞᆫ【셩(盛)ᄒᆞᆯ 분(蕡) ᄧ(字)라】

도지요요(桃之夭夭)여 기엽진진(其葉蓁蓁)이로다 지ᄌᆞ우귀(之子于歸)여 의기가인(宜其家人)이로다

　홍야(興也)라

　　기엽(其葉)은 닙히오[1] 진〃(蓁蓁)은 셩(盛)ᄒᆞᆫ 거동이니 가인(家人)은

　　집안 사름을 니ᄅᆞ미니라

도요(桃夭)[2] 삼댱(三章)

　　풍셩 쥬시 ᄭᅮ오디 맛당타 ᄒᆞᆷ믄 화슌(和順)ᄒᆞᆫ 뜻이^

1 닙히오 : 잎이요. 15세기 국어에서는 단어의 마지막 'ㅍ'은 모음으로 시작하는 어미나 조사와의 결합되면 그 다음 음절로 이동하여 초성 위치에 표기되었다. 그런데 16세기에 오면, '닢'의 'ㅍ'을 '닙피'나 '닙히'와 같이 표기하여 'ㅍ'을 'ㅂ+ㅍ'이나 'ㅂ+ㅎ'으로 하는 표기가 나타난다. '닙히오'의 'ㅂㅎ' 분할 표기는 'ㅂ+ㅎ=ㅍ'이 되는 음운현상이 반영된 것이라고 할 수 있다.

►►► 출 전

시전(詩傳) 풍(風) 주남(周南) 도요(桃夭)
桃之夭夭 有蕡其實 之子于歸 宜其家室
桃之夭夭 其葉蓁蓁 之子于歸 宜其家人

►►► 현 대 어 역

〈1 : 19a〉

도지요요(桃之夭夭)여 유분기실(有蕡其實)이로다. 지자우귀(之子于歸)여 의기가실(宜其家室)이로다.
  흥야(興也)라.
    유분기실(有蕡其實)은 그 성(盛)한 열매라는 말이요, 의기가실(宜其家室)은 그 집에 마땅하
    다는 말이니라. 분(蕡) 자(字)는【성(盛)할 분(蕡) 자(字)라.】
도지요요(桃之夭夭)여 기엽진진(其葉蓁蓁)이로다. 지자우귀(之子于歸)여 의기가인(宜其家人)이로다.
  흥야(興也)라.
    기엽(其葉)은 잎이요, 진진(蓁蓁)은 성(盛)한 거동이니 가인(家人)은 집안 사람을 이름이니라.
도요(桃夭) 삼장(三章)
  풍성 주씨가 이르되, 마땅하다 함은 화순(和順)한 뜻이

►►► 주 석

2 도요 : 도요(桃夭). ≪시경(詩經)≫ 국풍(國風) 주남(周南)의 편명으로, '잘 자란 복숭아나무'가 시집가서
  집안을 화목하게 만듦을 읊은 한시이다.

▸▸▸ 원문 판독

〈1 : 19b〉

니 화(和)ᄒ면 괴격(乖隔)디 아니ᄒ고 손슌(巽順)ᄒ면 거슯즈디[1]
아니ᄒᄂ니 반ᄃ시 효셩(孝誠)이 구고(舅姑)의게 극진(極盡)ᄒ고 공^
경(恭敬)ᄒ미 남편의게 어그릇디 아니ᄒ고 녜의(禮義ㅣ) 남편^
의 형뎨의게 맛ᄀ즌 후의 가히 ᄡᅥ 맛당타 니ᄅ^
리니 이 다 문왕(文王)의 교회{홰}(敎化ㅣ) 후비(后妃ㅣ) 우희 힝ᄒᆞᆫ 고로 국^
니(國內)의 부인이 아래로셔 관감(觀感)ᄒ야 법측(法則)ᄒ미 이^
ᄀᆞᆺᄐᆞ니라
쇼남(召南)
유쟉유소(維鵲有巢)에 유구거지(維鳩居之)로다 지ᄌ우귀(之子于歸)여 ᄇᆡᆨ냥아지(百兩御
之)로다
흥야(興也)라

▸▸▸ 주 석

1 거슯즈디 : 거스르지. 이곳의 '거슯즈-'는 중세 문헌의 '거슬ᄣᅳ-'에 소급할 어형이다. '거슬ᄣᅳ-'는 '거슬-'에
"강세"의 뜻을 더하는 접사 '-ᄣᅳ-'가 결합한 어형인데 중세국어에서는 '너기ᄣᅳ-, 마초ᄣᅳ-, 버리ᄣᅳ-' 등에서
도 강세 접사 '-ᄣᅳ-'의 예를 찾아볼 수 있다. 이곳에서는 '-ᄣᅳ-'의 'ㅂ'이 종성화한 결과 '거슯즈-'로 나타난
것이다.

▸▸▸ 출 전

시전(詩傳) 풍(風) 주남(周南) 도요(桃夭)

維鵲有巢 維鳩居之 之子于歸 百兩御之

▸▸▸ 현대어역

〈1 : 19b〉

니, 화(和)하면 괴격(乖隔, 서로 어그러지고 멀어짊)하지 아니하고 손순(巽順)하면 거스르지 아니하나니, 반드시 효성(孝誠)이 구고(舅姑)에게 극진(極盡)하고 공경(恭敬)함이 남편에게 (=남편의 뜻에) 어기지 아니하고 예의(禮義)가 남편의 형제에게 알맞은 후에(=후에야) 가히 마땅하다 이르리니, 이것이 다 문왕(文王)의 교화(敎化)가 후비(后妃) 위에 행한 고로 국내(國內)의 부인이 아래로부터 관감(觀感, 눈으로 보고 마음으로 느낌)하여 법측(法則, 모범으로 삼아 본받음)함이 이와 같으니라.

소남(召南)

유작유소(維鵲有巢)에 유구거지(維鳩居之)로다. 지자우귀(之子于歸)여 백냥어지(百兩御之)로.

흥야(興也)라.

▶▶▶ 원문 판독

〈1 : 20a〉

쟉(鵲)은 가치니 유소(有巢)는 집이 잇다 말이오 구(鳩)는 비돌^

기니 거(居)는 잇다 말이니라 빅냥(百兩)은 술위니¹ 아〔御〕는

마즈미라 이는 졔후(諸侯)의 쫄이 졔후(諸侯)의 혼인ㅎ야

가매 보내며 마즈미 다 빅냥(百兩)으로 ㅎ미라 졔후(諸侯)들^

이 문왕(文王)의 덕화(德化)를 닙어 능히 ᄆ음과 몸을 닷^

가 뻐 그 집을 ᄀ즈론케 ㅎ니 녀지(女子ㅣ) 쏘흔 후비(后妃)의 덕^

화(德化)를 닙어 다믄² 슌젼(純全)ㅎ고 고요ㅎ고 슌젼(純全)ㅎ고

혼곫ᄀᄐᆫ 덕이 잇는 고로 졔후(諸侯)의게 혼인ㅎ야 가^

매 그 집 사름이 아름다이 너겨 굴오ᄃᆡ 가치 쇠(巢ㅣ) 잇^

거늘 비돌기 와 거(居)ㅎ다 ㅎ니【가치는 집을 잘 짓고 비돌기는 집을 잘 못 지으매

긔흥(起興)ㅎ야 닐럿ᄂᆞ니라】

▶▶▶ 주 석

1 술위니 : 수레니. 중세국어에서는 '술위'로 나타나나, '술의, 수뤼' 따위로 표기된 형태도 나타난다. 예 : 술
의를<번역소학(1517) 9 : 59b>, 수뤼롤<소학언해(1588) 6 : 98b>. 18세기 문헌에서는 '수레'<종덕신
편언해(1758) 上 : 25b>와 '수릭박회'<윤음(1783) 1a>의 표기형도 나타나는데, 이 문헌에서는 '술위
니'<1 : 40a>를 포함하여 대부분 '술위'로 나타나고, 유일하게 '수릭'가 한 번 나타난다.

▶▶▶ **출 전**

시전(詩傳) 소남(召南) 작소(鵲巢)

維鵲有巢 維鳩居之 之子于歸 百兩御之

▶▶▶ **현대어역**

〈1 : 20a〉

작(鵲)은 까치니 유소(有巢)는 집이 있다는 말이요, 구(鳩)는 비둘기니 거(居)는 있다는 말이니라. 백냥(百兩)은 수레니 어(御)는 맞음이라. 이는 제후(諸侯)의 딸이 제후(諸侯)에게 혼인하여 감에(=갈 때에) 보내며 맞음이 다 백냥(百兩)으로 함이라. 제후(諸侯)들이 문왕(文王)의 덕화(德化)를 입어 능히 마음과 몸을 닦아 그 집을 가지런하게 하니, 여자(女子)가 또한 후비(后妃)의 덕화(德化)를 입어 다만 순전(純全)하고 고요하고, 순전(純全)하고 한결같은 덕이 있는 고로 제후(諸侯)에게 혼인하여 감에 그 집 사람이 아름다이 여겨 이르되, 까치가(=까치에게) 소(巢, 둥지)가 있거늘 비둘기가 와 (함께) 거(居)한다 하니【까치는 집을 잘 짓고 비둘기는 집을 잘 못 지음에 기흥(起興, 흥을 일으킴)하여 일렀느니라.】

▶▶▶ **주 석**

2 다믄 : 다만. 15세기 국어에서는 '다믄'과 '다민'에 대응하는데, '다민'은 ≪월인석보≫(1459)와 ≪능엄경언해≫(1461) 등의 몇몇 문헌에서 소수 발견되며, '다믄'이 대부분의 빈도를 차지한다. '다믄'은 제2음절 이하에서의 '·>ㅡ' 변화를 겪은 것으로 해석되지만, 이 문헌에서는 제2음절 이하의 '·'가 'ㅏ'로 바뀐, '다만'의 경우도 발견되고 있어 제2음절 이하에서의 '·>ㅡ' 변화와는 다른 모습을 보여 준다.

〈1 : 20b〉

이 시(詩)는 쥬람(周南)의 관져(關雎) ᄀᆺᄐᄂ니라

유작유소(維鵲有巢)에 유구방지(維鳩方之)로다 지ᄌᆞ우귀(之子于歸)여 빅냥쟝지(百兩將之)로다

홍야(興也)라

방(方)은 두다 말이니 쟝지(將之)ᄂᆞᆫ 보내다 말이니라

유작유소(維鵲有巢)에 유구영지(維鳩盈之)로다 지ᄌᆞ우귀(之子于歸)여 빅냥셩지(百兩成之)로다

홍야(興也)라

영(盈)은 ᄀᆞ득ᄒᆞ미오 셩지(成之)ᄂᆞᆫ 혼인을 일우다[1] 말ᄉ
이라

주의 ᄀᆞ득ᄒᆞ다 말은 잉첩(媵妾)이 만타 말이니 녜ᄉ
ᄂᆞᆫ 혼인ᄒᆞ매 녀뎨(女弟)【겨집 동성이라】와 형뎨(兄弟)의 ᄯᆞᆯ이 ᄯᆞᆯᄉ

1 일우다 : 이룬다. 이곳의 '일우-'는 자동사 '일[成]-'에 사동 접미사 '-우-'가 결합한 것으로, 현대국어 '이루-'의 소급형에 해당한다.

▶▶▶ **출 전**

시전(詩傳) 소남(召南) 작소(鵲巢)

維鵲有巢 維鳩盈之 之子于歸 百兩成之

▶▶▶ **현대어역**

〈1 : 20b〉

　　이 시(詩)는 주남(周南)의 관저(關雎) 같으니라.

유작유소(維鵲有巢)에 유구방지(維鳩方之)로다. 지자우귀(之子于歸)여 백냥쟝지(百兩將之)
로다.

　　흥야(興也)라

　　방(方)은 둔다는 말이니, 쟝지(將之)는 보낸다는 말이니라.

유작유소(維鵲有巢)에 유구영지(維鳩盈之)로다. 지자우귀(之子于歸)여 백냥셩지(百兩成之)
로다.

　　흥야(興也)라.

　　영(盈)은 가득함이요, 셩지(成之)는 혼인을 이룬다는 말이라.

　　주위가 가득하다는 말은 잉첩(媵妾)이 많다는 말이니, 옛날에는 혼인함에(=혼인할 때에)
　　여제(女弟)【여동생이라】와 형제(兄弟)의 딸이 (신부를) 따라가

▸▸▸ 원문 판독

〈1 : 21a〉

아가 혼 남편을 셤기니 이룰 닐온[1] 잉쳡(媵妾)이^

라 ㅎᄂ니라

쟉소(鵲巢)[2] 삼댱(三章)

우이치번(于以采蘩)이 우쇼우지(于沼于沚)로다 우이용지(于以用之)이 공호지ᄉ(公侯之

事)로다

부야(賦也)라

우(于)ᄂ【어주ᄌ(語助字)요】 이(以)ᄂ【뻐 이(以) ᄌ(字)니】 번(蘩)은 흰 뿍이라 치

(采)ᄂ 키다 말이오

쇼(沼)ᄂ 모시니 지(沚)ᄂ 믈ᄀ이라 공후(公侯)ᄂ 졔후(諸侯)요 ᄉ(事)ᄂ 졔^

ᄉ(祭祀)니라 ○ 남녁 나라히 문왕(文王)의 화(化)룰 닙어 졔^

후(諸侯)의 부인이 능히 졍셩과 공경을 극진이 ㅎ^

야 뻐 졔ᄉ(祭祀)룰 밧드니 그 집안 ᄉ롬이 그 일을 닐러

▸▸▸ 주 석

1 닐온 : 이른바. '닐온'은 기원적으로 '니르/니ᄅ-〔曰〕'에 선어말어미 '-오-'가 결합된 '니로-'의 동명사형에
해당한다. 다른 근대 문헌에는 '니론, 니론바'가 주로 나타나나, 이 문헌에서는 "이른바"의 의미로 사용된
경우에는 '닐온'을 사용하고, "이르는"의 의미로는 '니론' 형태를 구분하여 사용하고 있다.

▸▸▸ 출 전

시전(詩傳) 소남(召南) 작소(鵲巢)
于以采蘩 于沼于沚 于以用之 公侯之事

▸▸▸ 현대어역

〈1 : 21a〉

한 남편을 섬기니 이를 이른바 잉첩(媵妾)이라 하느니라.
우이채번(于以采蘩)이 우소우지(于沼于沚)로다. 우이용지(于以用之)가 공후지사(公侯之事)로다.
부야(賦也)라.

우(于)는【어조자(語助字)요】, 이(以)는【써 이(以) 자(字)니】 번(蘩)은 흰 쑥이라. 채(采)는
캔다는 말이요, 소(沼)는 못이니 지(沚)는 물가라. 공후(公侯)는 제후(諸侯)요, 사(事)는 제
사(祭祀)니라. ○ 남녘의 나라가 문왕(文王)의 화(化, =敎化)를 입어 제후(諸侯)의 부인이
능히 정성과 공경을 극진히 하여 제사(祭祀)를 받드니 그 집안 사람이 그 일을 일러

▸▸▸ 주 석

2 쟉소 : 작소(鵲巢). ≪시경(詩經)≫ 국풍(國風) 주남(周南)의 편명이다.

▶▶▶ 원문 판독

〈1 : 21b〉

아롬다이 너기미라
우이치번(于以采蘩)이 우간지듕(于澗之中)이로다 우이용지(于以用之)이 공후지궁(公侯之
宮)^
이로다
　부야(賦也)라
　　간(澗)은 시내오 지(之)는【어주ᄌ(語助字)니】듕(中)은 가온대니 궁(宮)은 종묘(宗
　　廟)^
　　롤 니론 말이니라
피지동동(被之僮僮)이여 슉야지공(夙夜在公)이로다 피지긔긔(被之祁祁)여 박언환귀(薄言
還歸)로다
　부야(賦也)라
　　피(被)는 머리 뛰온 거시니【요ᄉ이 큰머리 ᄀ튼 거시라】동〃(僮僮)은 공경ᄒ^
　　는 거동이오 슉(夙)은 새배오[1] 야(夜)는 밤이니 지공(在公)은 공^

▶▶▶ 주 석

1 새배오 : 새벽이오. 중세국어에서는 "새벽"을 뜻하는 명사로 '새배' 외에 '새박'이 있었는데, 이 '새박'은 "새
　벽에"의 의미로 쓰일 경우 반드시 처격의 통합을 요구하여(예 : '새바기', '새바긔') '새배'와는 차이를 보였
　다. ('새배>새볘'의 변화에 평행한) '새박>새벽'의 변화가 일어나 18세기부터는 '새벽'이 등장하지만
　(예 : 曉頭 새벽<몽어유해(1768) 上 : 2b>), 이 '새벽'은 중세국어 '새박'과 마찬가지로 (조사의 통합 없
　이) 그 자체로 부사로 사용되는 예가 없다.

▸▸▸ **출 전**

시전(詩傳) 소남(召南) 채번(采蘩)

于以采蘩 于澗之中 于以用之 公侯之宮

被之僮僮 夙夜在公 被之祁祁 薄言還歸

▸▸▸ **현대어역**

〈1 : 21b〉

　　아름다이 여김이라.

우이채번(于以采蘩)이 우간지중(于澗之中)이로다. 우이용지(于以用之)가 공후지궁(公侯之宮)이로다.

　부야(賦也)라.

　　간(澗)은 시내요, 지(之)는【어조자(語助字)】요 중(中)은 가운데니, 궁(宮)은 종묘(宗廟)를

　　이른 말이니라.

피지동동(被之僮僮)이여 숙야재공(夙夜在公)이로다. 피지기기(被之祁祁)여 박언환귀(薄言還歸)로다.

　부야(賦也)라.

　　피(被)는 머리 꾸민 것이니【요사이 큰머리 같은 것이라】. 동동(僮僮)은 공경하는 거동(=

　　모습)이요, 숙(夙)은 새벽이요, 야(夜)는 밤이니 재공(在公)은

▸▸▸ **원문 판독**

〈1 : 22a〉

소(公所)의 잇다 말이니 공소(公所)는 종묘(宗廟) 졔(祭)ᄒᆞᆫ 곳이라 긔〃^
(祁祁)는 완〃(緩緩)ᄒᆞᆫ 거동이니 박(薄)은 잠간 ᄒᆞ다 말이오 언(言)^
은【어죠ᄌ(語助字)요】 환귀(還歸)는 도라오다 말이니 완〃(緩緩)ᄒᆞ믄 공경ᄒᆞ^
미 마디 아니믈 니ᄅᆞ니라
치번(采蘩)[1] 삼댱(三章)
지지 진시 왈 쥬역(周易) 가인괘(家人卦ㅣ) 뉵이(六二)의 일워 ᄒᆞ는
배 업고 듕궤(中饋)의 잇다 ᄒᆞ니 부인이 일워 ᄒᆞ는 일^
이 업고 오직 음식과 졔ᄉ(祭祀)롤 ᄀᆞᄋᆞᆷ알[2] ᄯ롬이니
이 시(詩)의 닐온[3] 번(蘩)을 쇼(沼)와 간(澗)의 가 키여 졔ᄉ(祭祀)의 쓰오미
쥬역(周易)괘 ᄒᆞᆫ 뜻이오 말졔 댱(章)은 그 졍셩과 공경ᄒᆞ^

▸▸▸ **주 석**

1 치번 : 채번(采蘩). ≪시경(詩經)≫의 국풍(國風) 소남(召南)의 편명.
2 ᄀᆞᄋᆞᆷ알 : 주관할. 이곳의 'ᄀᆞᄋᆞᆷ알'은 'ᄀᆞᄋᆞᆷ알-'에 관형사형 어미 '-ㄹ'이 결합된 형태이다. 'ᄀᆞᄋᆞᆷ알-'은 중세
　국어의 'ᄀᆞᅀᆞᆷ알-'로 소급한다.
3 닐온 : 이른바. '닐온'은 기원적으로 '니르/니ᄅᆞ-〔曰〕'에 선어말어미 '-오-'가 결합된 '니로-'의 동명사형에
　해당한다. 다른 근대 문헌에는 '니론, 니론바'가 주로 나타나나, 이 문헌에서는 "이른바"의 의미로 사용된
　경우에는 '닐온'을 사용하고, "이르는"의 의미로는 '니론' 형태를 구분하여 사용하고 있다.

▸▸▸ **출 전**

시전(詩傳) 소남(召南) 채번(采蘩)

▸▸▸ **현대어역**

〈1 : 22a〉

공소(公所)에 있다는 말이니 공소(公所)는 종묘(宗廟) 제(祭, =祭祀)하는 곳이라. 기기(祁祁)는 완완(緩緩)한 거동이니 박(薄)은 잠깐 한다는 말이요, 언(言)은【어조자(語助字)요】환귀(還歸)는 돌아온다는 말이니, 완완(緩緩)함은 공경함이 말지(=그치지) 아니함을 이름이라.

채번(采蘩) 삼장(三章)

지재 진씨가 이르되, 주역(周易) 가인괘(家人卦)가 육이(六二)에 이루어 하는 바가 없고 중궤(中饋)에 있다 하니, 부인이 이루어 하는 일이 없고 오직 음식과 제사(祭祀)를 주관할 따름이니, 이것이 시(詩)에서 이른바 번(蘩, 쑥)을 소(沼, 못)와 간(澗, 시내)에 가서 캐어 제사(祭祀)에 쓰는 것이 주역(周易)과 한 뜻이요, 말재(=마지막) 장(章)은 그 정성과 공경함

▶▶▶ **원문 판독**

〈1 : 22b〉

> 미 시죵(始終)이 〃시믈 형용(形容)ᄒᆞ미 극진ᄒᆞ니 ᄌᆞ셔히
> 보와 기리 읇흐면[1] 어딘 부인의 의티(意態)와 졍신(精神)^
> 을 그려낸 ᄃᆞᆺᄒᆞᆫ 거슬 가히 볼 거시니라
> 패풍(邶風)
> 범피빅쥬(汎彼柏舟)여 역범기류(亦汎其流)로다 경경블미(耿耿不寐)ᄒᆞ야 여유^
> 은우(如有隱憂)ᄒᆞ라 미아무쥬(微我無酒)ㅣ 이오이유(以敖以遊)니라
> 비야(比也)라【비(比)ᄂᆞᆫ 뎌 거슬 인ᄒᆞ야 이 일을 비(比)ᄒᆞ야 니ᄅᆞᆫ 말이라】
> 범피(汎彼)ᄂᆞᆫ 뎌 ᄯᅥᆻ다 말이오 빅듀(柏舟)ᄂᆞᆫ 잣나모 비라 역(亦)^
> 은【쏘 역(亦) ᄯᅳᆺ(字)니】기류(其流)ᄂᆞᆫ 흐르ᄂᆞᆫ 더 씌웟다 말이니 빅쥬(柏舟)^
> ᄂᆞᆫ 겨집 사ᄅᆞᆷ이 남편의게 엇디 ᄒᆞ믈 빅듀(柏舟)의 비(比)^

▶▶▶ **주 석**

1 읇흐면 : 읊으면. 자료는 '읇흐면'은 18세기의 '을퍼'<오륜전비언해(172) 8 : 34b>, '읇프며'<여사서언해 (1736) 2 : 25a>로 등장하는 것과 비교할 때, '읇으니'를 표기한 것이 분명하되, 어중 유기음 'ㅍ'을 (연철이나 중철에 의하지 않고) 재음소하여 표기한 결과에 해당한다. '읇흐면'이 '읇-'의 활용형이라면 이전시기의 '잎-'이나 '읖-'과 비교할 때 'ㄹ'이 첨가된 변화를 겪은 것으로 파악되는데, 이는 'ㅍ' 앞에서 'ㄹ'이 탈락되는 변화(예 : 앒>앞 ; 골프->고프- ; 알프->아프- 등)와 정확히 대칭을 이루는 변화이기도 한다. 대칭적인 두 변화가 공존했음을 감안하면 결국 '읖>읇-'의 변화는 'ㅍ' 앞의 'ㄹ' 탈락에 대한 일종의 과도

▶▶▶ 출 전

시전(詩傳) 소남(召南) 채번(采蘩)

汎彼柏舟 亦汎其流 耿耿不寐 如有隱憂 微我無酒 以敖以遊

▶▶▶ 현대어역

〈1 : 22b〉

　　이 시종(始終)이 있음을 형용(形容)함이 극진하니, 자세히 보아 길이 읊으면 어진 부인의
　　의태(意態, =심경)와 정신(精神)을 그려낸 듯한 것을 가히 볼 것이니라.
범피백주(汎彼柏舟)여 역범기류(亦汎其流)로다. 경경블매(耿耿不寐)하여 여유은우(如有隱憂)하라.
미아무주(微我無酒)가 이오이유(以敖以遊)니라.
　　비야(比也)라.【비(比)는 저 것을 인하여 이 일을 비(比)하여 이른 말이라.】
　　범피(汎彼)는 저기 떴다는 말이요, 백주(柏舟)는 잣나무 배라. 역(亦)은【또 역(亦) 자(字)
　　니】, 기류(其流)는 흐르는 데 띄웠다는 말이니, 백주(柏舟)는 여자가 남편에게 어찌 함을
　　백주(柏舟)에 비

▶▶▶ 주 석

　　교정이 관여한 변화로 해석될 수 있을 것이다.

▸▸▸ **원문 판독**

〈1 : 23a〉

기미라 경〃(耿耿)은 근심ᄒᆞᄂᆞᆫ 거동이오 블미(不寐)ᄂᆞᆫ 자디
못ᄒᆞᄂᆞᆫ 거동이니 여유은우(如有隱憂)ᄂᆞᆫ 숨은 근심 잇ᄂᆞᆫ
거동이라 미아무쥬(微我無酒) 이오이유(以敖以遊)ᄂᆞᆫ 내 술이 뼈 즐^
기며 놀미 업손 줄[1]이 아니라 말이라 ○ 이 시(詩)ᄂᆞᆫ
말ᄉᆞᆷ과 긔운이 늦고 슌ᄒᆞ며 브드럽고 약ᄒᆞ^
니 대개 부인의 지은 글이니 아니 쏘ᄒᆞᆫ 장강(莊姜)의
신(詩ㄴ)가 ᄒᆞ노라
아심비감(我心匪鑑)이라 블가이여(不可以茹)며 역유형뎨(亦有兄弟)나 블가이거(不可以
據)로소니
박언왕소(薄言往愬)요 봉피지노(逢彼之怒)ᄒᆞ라
부야(賦也)라

▸▸▸ **주 석**

1 줄 : 현대국어에서 '줄'은 방법 등을 나타내나, 여기에서는 '줄'이 '것'과 같은 의미로 쓰였다.

▶▶▶ **출 전**

시전(詩傳) 패풍(邶風) 백주(栢舟)
我心匪鑑 不可以茹 亦有兄弟 不可以據 薄言往愬 逢彼之怒

▶▶▶ **현대어역**

〈1 : 23a〉

　김이라. 경경(耿耿)은 근심하는 거동이요, 불매(不寐)는 자지 못하는 거동이니, 여유은우(如有隱憂)는 숨은 근심이 있는 거동이라. 미아무주(微我無酒) 이오이유(以敖以遊)는 내가 술이 써서 즐기며 놂이 없는 것이 아니라는 말이라. ○ 이 시(詩)는 말씀과 기운이 낮고 순하며 부드럽고 약하니, 대개 부인이 지은 글이니 또한 장강(莊姜)의 시(詩)가 아닌가 하노라.
아심비감(我心匪鑑)이라 불가이여(不可以茹)며, 역유형제(亦有兄弟)나 불가이거(不可以據)로소니, 박언왕소(薄言往愬)요 봉피지노(逢彼之怒)하라.
　부야(賦也)라.

▶▶▶ **원문 판독**

〈1 : 23b〉

감(鑑)은 거울이니 블가이여(不可以茹)는 가히 혜아리디 못훈^
다 말이오 거울은 비최면 뎌 거술 혜아리디 내 ㅁ^
음은 붉디 못ᄒᆞ야 뎌의 ᄆᆞ음을 혜아리디 못훈^
다 말이라 역유형뎨(亦有兄弟)는 ᄯ도 형뎨(兄弟ㅣ) 이시나 말이오
블가이거(不可以據)는 의거(依據)ᄒᆞ야 견듕티 못ᄒᆞ다 말이오
박(薄)은 잠간 하다 말이오 언(言)은 어주ᄌ(語助字)니 왕(往)은 가다
말이오 소(愬)는 고(告)ᄒᆞ다 말이니 봉피지노(逢彼之怒)는 뎌의 셩내^
믈 만나롸[1] ᄒᆞ미라
아심비셕(我心匪石)이라 블가뎐야(不可轉也)며 아심비셕(我心匪席)이라 블가권야(不可卷
也)^
며 위의톄톄(威儀棣棣)라 블가션야(不可選也)로다

▶▶▶ **주 석**

1 만나롸 : 만났도다. '만나-'에 '-으롸'가 결합한 어형으로, 이곳의 '-으롸'는 중세국어의 종결형 '-오라'(←
-오-[화자표시]+-라[←다])에 소급할 어형이다. 자료에는 '-오라'도 등장하지만 구결문의 '호라'에 한하
여 나타날 뿐이고, '-오라'보다는 이곳과 같이 (선어말어미 '-오-'의 쇠퇴와 더불어) '-오라>-오롸>-으롸'
의 변화를 겪은 '-으롸'나 이것을 과잉 분철한 '-을롸'로 나타나는데 이들 형태는 18세기 간본이나 필사본
(영조 대<1746~1776> 어제류)에 집중 등장하는 것이 특징이다. 예 : 내 알롸 홈을 기ᄃᆞ림이 무던ᄒᆞ다
<오륜전비언해(1721) 1 : 54>, 보내여 四十里 짜히 가 ᄒᆞ롯밤 머므러 곳 하직ᄒᆞ고 도라오롸<박통사신

▶▶▶ **출 전**

시전(詩傳) 패풍(邶風) 백주(栢舟)
我心匪鑑 不可以茹 亦有兄弟 不可以據 薄言往愬 逢彼之怒

▶▶▶ **현대어역**

〈1 : 23b〉

　　감(鑑)은 거울이니 불가이여(不可以茹)는 가히 헤아리지 못한다는 말이요, 거울은 (어떤
것을) 비추면 저것을(=그것을) 헤아리되 내 마음은 밝지 못하여 저의(=그 사람의) 마음을
헤아리지 못한다는 말이라. 역유형제(亦有兄弟)는 형제가 있으나 (하는) 말이요, 불가이
거(不可以據)는 의거(依據)하여 견중하지 못한다는 말이요, 박(薄)은 잠깐 한다는 말이요
언(言)은 어조자(語助字)니, 왕(往)은 간다는 말이요 소(愬)는 고(告)한다는 말이니, 봉피
지노(逢彼之怒)는 저의(=그 사람의) 성냄을 만났도다 함이라.
아심비석(我心匪石)이라　불가전야(不可轉也)며,　아심비석(我心匪席)이라　불가권야(不可卷也)며,
위의체체(威儀棣棣)라 불가선야(不可選也)로다.

▶▶▶ **주 석**

석언해(1765) 3 : 40b〉; 나도 그날 가 拜壽ᄒ고 여러 잔 술 먹고 兩道場을 지내고 곳 몰을 ᄐ고 나올
와〈박통사신석언해(1765) 2 : 4a〉.

▸▸▸ **원문 판독**

〈1 : 24a〉

부야(賦也)라

아심비셕(我心匪石)은 내 ᄆᆞ음이 돌히 아니라 말이니

블가뎐(不可轉)은 구을리디[1] 못ᄒᆞ다 말이오 셕(席)은 돗기오[2]

뎨〃(棣棣)ᄂᆞᆫ 닉숙다 말이오 션(選)은 굴희다 말이니라

우심쵸쵸(憂心悄悄)어ᄂᆞᆯ 온우군쇼(慍于君小)ᄒᆞ라 구민긔다(覯閔旣多)어ᄂᆞᆯ 슈모블쇼(受侮不少)ᄒᆞ라

졍언ᄉᆞ지(靚言思之)오 오벽유표(寤辟有摽)ᄒᆞ라

부야(賦也)라

우심(憂心)은 근심ᄒᆞᄂᆞᆫ ᄆᆞ음이오 쵸〃(悄悄)ᄂᆞᆫ 근심ᄒᆞᄂᆞᆫ 거^

동이니 군쇼(君小)ᄂᆞᆫ 모든 쳡(妾)이오 온우(慍于)ᄂᆞᆫ 노호아[3] ᄒᆞ믈

보다 말이라 구(覯)ᄂᆞᆫ 보다 말이오 민(閔)은 민망타 말^

▸▸▸ **주 석**

1 구을리디 : 굴리지. 중세국어의 '그우리-'에 소급되는데, '그우리-'는 '그울-'에 사동 접미사 '-이-'가 결합한 것으로 분석될 어형이다. 이들이 후에 '구우리-'와 '구을리-'의 변화를 겪은 뒤 축약이 일어나 '굴리-'로 바뀌게 된다.

2 돗기오 : 돗자리요. '돍〔席〕+-이오'. '돍'은 오늘날의 "돗자리"를 가리키나 "자리"의 뜻으로 사용되기도 한다. '숡〔炭〕>숯'의 변화를 감안하면 '돍>돗'의 변화도 상정할 수 있으나 '돍'은 '돗자리'로만 주로 쓰여 그 변화 모습을 확인하기 어렵다.

▸▸▸ 출 전

시전(詩傳) 패풍(邶風) 백주(栢舟)
憂心悄悄 慍于君小 覯閔旣多 受侮不少 靜言思之 寤辟有摽

▸▸▸ 현대어역

〈1 : 24a〉

부야(賦也)라.
　아심비석(我心匪石)은 내 마음이 돌이 아니라는 말이니, 불가전(不可轉)은 굴리지 못한다
는 말이요, 석(席)은 돗자리요, 체체(棣棣)는 익숙하다는 말이요, 선(選)은 가린다는 말이
니라.
우심초초(憂心悄悄)어늘 온우군소(慍于君小)하라. 구민기다(覯閔旣多)어늘 수모블소(受侮不少)하
라. 정언사지(靜言思之)오 오벽유표(寤辟有摽)하라.
　부야(賦也)라.
　우심(憂心)은 근심하는 마음이요, 초초(悄悄)는 근심하는 거동이니, 군소(君小)는 모든 첩
(妾)이요, 온우(慍于)는 노여워함을 본다는 말이라. 구(覯)는 본다는 말이요. 민(閔)은 민
망하다는 말

▸▸▸ 주 석

3 노호아 : 노여워. '노홉-+아'. 자료의 다른 곳에는 '노호와'로 등장하기도 한다. 이곳의 '노홉-'은 '노(怒)ᄒᆞ-'
에 파생 접미사 '-ㅂ-'이 결합한 어형으로, '노홉-' 아닌 '노홉-'으로 나타난 것은 음절말 'ㅂ'의 순음성에
이끌려 역행 원순모음화가 일어난 결과이다. 중세국어 이래 접미사 '-ㅂ-'은 ('-ㅸ/브-'의 이형태로서) 'ㄹ'
이나 모음으로 끝나는 어기 뒤에 나타나면서 특히 이곳과 같이 'Xᄒᆞ-'를 어기로 한 경우가 많았다.

▶▶▶ **원문 판독**

〈1 : 24b〉

이니 긔(旣)는【임의 긔(旣) 뜨(字)】요 다(多)는【만흘 다(多) 뜨(字)】라 모(侮)는 업
슈이 너기다 말ᄒ
이오 슈(受)는【바들 슈(受) 뜨(字)】니 블쇼(不少)는 격디 아니ᄒ게 ᄒ다 말ᄒ
이라 뎡(靚)은【고요홀 뎡(靚) 뜨(字)】니 ᄉ지(思之)는 싱각ᄒ다 말이오 오(寤)는
【ᄭᅵ둣다 말이오】라 벽(辟)은 ᄆᆞᄋᆞᆷ을 믄지다 말이오 표(摽)는 ᄆᆞᄋᆞᆷ을
믄지는 거동이라

일거월졔(日居月諸)예 호질이미(胡迭而微)오 심지우의(心之憂矣)여 여비한의(如匪澣衣)
로다

졍언ᄉ지(靜言思之)오 블능분비(不能奮飛)로다

비야(比也)라

일(日)괴 월(月)은 날과 둘이니 호질(胡迭)은 엇디 서ᄅᆞ ᄒ
다 말이오 미(微)는 이즈러디다 말이니 여비한의(如匪澣衣)는

▶▶▶ **출 전**

시전(詩傳) 패풍(邶風) 백주(栢舟)
日居月諸 胡迭而微 心之憂矣 如匪澣衣 靜言思之 不能奮飛

▶▶▶ **현대어역**

〈1 : 24b〉

이니 기(旣)는【이미 기(旣) 자(字)】요, 다(多)는【많을 다(多) 자(字)】라. 모(侮)는 업수이
여긴다는 말이요, 수(受)는【받을 수(受) 자(字)】니 불소(不少)는 적지 아니하게 한다는 말
이라. 정(靚)은【고요할 정(靚) 자(字)】니, 사지(思之)는 생각한다는 말이요, 오(寤)는【깨닫
는다는 말이(요)】라. 벽(辟)은 마음을 만진다는 말이요, 표(摽)는 마음을 만지는 거동이라.
일거월제(日居月諸)에 호질이미(胡迭而微)요, 심지우의(心之憂矣)여 여비한의(如匪澣衣)로다. 정
언사지(靜言思之)요 불능분비(不能奮飛)로다.

비야(比也)라.

일(日)과 월(月)은 날과 달이니 호질(胡迭)은 어찌 서로 한다는 말이요, 미(微)는 이지러
진다는 말이니 여비한의(如匪澣衣)는

〈1 : 25a〉

샏디 아닌 옷 ᄀᆞᆺ다 말이오 블능(不能)은 능히 못ᄒᆞᆫ다
말이니 분비(奮飛)ᄂᆞᆫ 분연(奮然)이 ᄂᆞ디 못ᄒᆞᆫ다 말이라 ○ 히^
ᄂᆞᆫ 덛〃이[1] 붉고 돌은 ᄍᆡ로 이ᄌᆞ러디미 비컨대 졍^
젹(正嫡)은 맛당이 놉고 즁쳡(衆妾)은 맛당이 ᄂᆞ즘 ᄀᆞᆺ거^
ᄂᆞᆯ 도로혀[2] 즁쳡(衆妾)이 졍젹(正嫡)을 이긔니 일월(日月)이
서ᄅᆞ 밧고여 이ᄌᆞ러딤 ᄀᆞᆺᄐᆞᆫ다라 이롤 근심ᄒᆞ^
다 말이라
ᄇᆡᆨ듀(柏舟)[3] 오댱(五章)
풍셩 쥬시 왈 쟝강(莊姜)이[4] 남편의게 ᄯᅳᆺ을 엇디
못ᄒᆞ디 남편 원ᄒᆞᄂᆞᆫ ᄯᅳᆺ이 업고 모든 쳡(妾)의게

1 덛〃이 : 항상. 늘. 자료의 다른 곳에는 '덛더시', '덛덧시'로 등장하기도 한다. 중세국어에서는 '덛더디'로 등장한 사실과 비교할 때 어근 '덛덛'의 말음 'ㄷ'이 자료에서 이미 'ㅅ'으로 바뀐 사실을 알 수 있다. 자료에는 '덛덧이'가 파생되었을 것으로 추정되는 '덛덧ᄒᆞ-'도 보이는데, 이 '덛덧ᄒᆞ-'는 원문의 '恒, 常'에 대응되어 "(변함없이) 항상 일정하다, 한결같다"의 의미로 쓰인다. 현대국어의 후대형 '떳떳하-'는 "굽힐 것 없이 당당하다"를 뜻하여 의미에 차이가 있다.

▸▸▸ 출 전

시전(詩傳) 패풍(邶風) 백주(栢舟)

▸▸▸ 현대어역

〈1 : 25a〉

　빨지 않은 옷 같다는 말이요, 불능(不能)은 능히 못한다는 말이니 분비(奮飛)는 분연(奮
然)히 날지 못한다는 말이라. ○ 해는 항상 밝고 달은 때로 이지러짐이, 비하건대 정적
(正嫡, 정식으로 예를 갖추어 맞은 아내)은 마땅히 높고 중첩(衆妾, 여러 첩)은 마땅히 낮음(=
낮은 것과) 같거늘 도리어 중첩(衆妾)이 정적(正嫡)을 이기니 일월(日月)이 서로 바뀌어 이
지러짐 같은지라. 이를 근심한다는 말이라.
백주(柏舟) 오장(五章)
　풍성 주씨가 이르되, 장강(莊姜)이 남편에게 뜻을 얻지 못하되 남편 원하는 뜻이 없고 모
든 첩(妾)에게

▸▸▸ 주 석

2 도로혀 : 도리어. '도로혀'는 '도ㄹ혀'로 소급한다. '도ㄹ혀'의 제2음절 모음 'ㆍ'가 제1음절 모음 'ㅗ'에 이끌
　려 '도로혀'가 된 것이다. '도ㄹ혀'는 동사 '도ㄹ혀-'의(이에 대하여는 '도로현다'<1 : 10a>의 주석 참조)
　어간이 그대로 부사로 굳어진 예이다.
3 빅듀 : 백주(柏舟). ≪시경(詩經)≫의 국풍(國風) 소남(召南)의 편명.
4 장강이 : 장강(莊姜)이. '장강(莊姜)'은 제(齊)나라 동궁(東宮) 득신(得臣)의 여동생이며 위(衛)나라 장
　공(莊公)의 처이다. 춘추좌씨전(春秋左氏傳)의 은공(隱公)에 "위나라 장공(莊公)이 제(齊)나라 동궁(東
　宮) 득신(得臣)의 여동생에게 장가드니 그녀의 이름이 장강(莊姜)이다. 아름답기는 했지만 자식이 없었
　고, 사람들에게 '큰 사람'이란 말을 들었다.(衛莊公娶于齊東宮得臣之妹 曰莊姜 美而無子 衛人所爲賦碩
　人也)"라고 언급되어 있다.

▶▶▶ **원문 판독**

〈1 : 25b〉

스랑ᄒᆞ야[1] 셤기믈 보디 못ᄒᆞ디 즁쳡(衆妾)을 노호^
와 ᄒᆞᄂᆞᆫ ᄆᆞᄋᆞᆷ이 업서 뻐 ᄌᆞ반(自反)ᄒᆞᄂᆞᆫ 배 오직 내 ᄆᆞᄋᆞᆷ^
을 젼일(專一)티 아니티 못ᄒᆞᆯ가 ᄒᆞ며 위의(威儀)를 가^
히 뻐 닉이디 아니티 못ᄒᆞ리라 ᄒᆞ야 날 슬희여
ᄒᆞᄂᆞ니로 ᄒᆞ야 날 글니 너기게 아니ᄒᆞ며 날 노호^
와[2] ᄒᆞᄂᆞ니로 ᄒᆞ야곰 하ᄌᆞᄒᆞ디 아니ᄒᆞ게 ᄒᆞ니 가^
히 닐온[3] 스스로 쳐신을 잘 ᄒᆞᆫ다 ᄒᆞ리로다
ᄯᅩ ᄀᆞᆯ오디 장강(莊姜)의 근심은 내 남편의게 엇디 못^
ᄒᆞ미 근심ᄒᆞ도록 아닐 듯ᄒᆞ디 부부의 되(道ㅣ) 일^
로브터 어즈러워 규문(閨門)의 비(妃)로서 독(毒)이 일국(一國)의

▶▶▶ **주 석**

1 스랑ᄒᆞ야 : 사랑하여. 사랑하고. '스랑ᄒᆞ-'는 본래 "思"와 "愛"의 두 가지 의미를 지녔으나 16세기 말 이후
에는 "愛"만으로 의미가 축소된다. 자료에 나타나는 '스랑ᄒᆞ-' 역시 "愛"의 의미만 보이는 것이 특징이다.

▶▶▶ **출 전**

시전(詩傳) 패풍(邶風) 백주(栢舟)

▶▶▶ **현대어역**

〈1 : 25b〉

사랑하여 섬김을 보지 못하되 노여워하는 마음이 없어 자반(自反, 스스로 반성함)하는 바는
오직 내 마음을 전일(專一)케 하지 못할까 하며 위의(威儀)를 가히 써 익히지 아니하지
못하리라 하여 날 싫어하는 사람으로 하여금 나를 그르게(=잘못이라) 여기게 아니하며
나에게 노여워하는 사람으로 하여금 (나를) 해치지 않게 하니 가히 이른바 스스로 처신
을 잘한다 하리로다. 또 이르되 장강(莊姜)의 근심은 내 남편에게 (사랑을) 얻지 못함이
근심하도록(=근심하게) 아니할 듯하되 부부의 도(道)가 이로부터 어지러워 규문(閨門)의
비(妃)로서 독(毒)이 일국(一國)에

▶▶▶ **주 석**

2 노호와 : 노여워. '노홉-+아'. 이곳의 '노홉-'은 '노(怒)ᄒᆞ-'에 파생 접미사 '-ㅂ-'이 결합한 어형으로, '노홉-'
    아닌 '노홉-'으로 나타난 것은 음절말 /ㅂ/의 순음성에 이끌려 역행 원순모음화가 일어난 결과이다. 중세
    국어 이래 접미사 '-ㅂ-'은 ('-ㅸ/ㅂ-'의 이형태로서) 'ㄹ'이나 모음으로 끝나는 어기 뒤에 나타나면서 특히
    이곳과 같이 'Xᄒᆞ-'를 어기로 한 경우가 많았다.

3 닐온 : 이른바. '닐온'은 기원적으로 '니르/니ᄅᆞ-〔曰〕'에 선어말어미 '-오-'가 결합된 '니로-'의 동명사형에
    해당한다. 다른 근대 문헌에는 '니론, 니론바'가 주로 나타나나, 이 문헌에서는 "이른바"의 의미로 사용된
    경우에는 '닐온'을 사용하고, "이르는"의 의미로는 '니론' 형태를 구분하여 사용하고 있다.

▶▶▶ 원문 판독

〈1 : 26a〉

밋고 임셕(袵席)으로브터 홰(禍ㅣ) 후셰(後世)의 미츠니 엇디 혼

사룸의 근심쑨이리오 진실로 나라히 무궁혼

근심이니 비록 근심티 말고져 혼들 어드랴

비피쳔슈(毖彼泉水)도 역뉴우긔(亦流于淇)로다 유회우외{위}(有懷于衛)ᄒ야 미일블ᄉ(靡

日不思)^

ᄒ라 년피졔희(變彼諸姬)와 뇨여지모(聊與之謀)로다

흥야(興也)라

비(毖)ᄂᆫ 흐르ᄂᆫ 거동이오 쳔슈(泉水)ᄂᆫ 쉼믈이니 역뉴^

우긔(亦流于淇)ᄂᆫ ᄯᅩ혼 거{긔}(淇)로 흐론다 ᄒ니【긔(淇)ᄂᆫ 위(衛) ᄯᅡ히라】회(懷)

ᄂᆫ【싱각다 말이】라

위(衛)를 싱각ᄒ다 말이라 미일블ᄉ(靡口不思)ᄂᆫ 날로 싱^

각ᄒ디 아니미 업다 말이니 년(變)은 됴혼 거동^

▶▶▶ **출 전**

시전(詩傳) 패풍(邶風) 백주(栢舟)

毖彼泉水 亦流于淇 有懷于衛 靡日不思 孌彼諸姬 聊與之謀

▶▶▶ **현대어역**

〈1 : 26a〉

미치고 임석(衽席, 부부가 동침하는 잠자리)으로부터 화(禍)가 후세(後世)에 미치니 어찌 한 사람의 근심일 뿐이리요? 진실로 나라의 무궁한 근심이니, 비록 근심하지 않고자 한들 얻으랴(=가능하랴)?

비피천수(毖彼泉水)도 역류우기(亦流于淇)로다. 유회우위(有懷于衛)하여 미일불사(靡日不思)하라. 연피제희(孌彼諸姬)와 요여지모(聊與之謀)로다.

흥야(興也)라.

비(毖)는 흐르는 거동이요 천수(泉水)는 샘물이니, 역류우긔(亦流于淇)는 또한 기(淇)로 흐른다 하니【기(淇)는 위(衛) 땅이라】. 회(懷)는【생각한다는 말이】라. 위(衛)를 생각한다는 말이라. 미일불사(靡日不思)는 날로(=날마다) 생각하지 아니함이 없다는 말이니, 연(孌)은 좋은 거동

〈1 : 26b〉

이오 졔희(諸姬)ᄂᆞ 모든 잉쳡(媵妾)이니 뇨여지모(聊與之謀)ᄂᆞ 더브러 쇠^

ᄒᆞ다 말이라 ○ 위(衛)나라 겨집이 다ᄅᆞᆫ 나라히 혼^

인ᄒᆞ야 부모ᄅᆞᆯ 싱각ᄒᆞ야 가 보고져 ᄒᆞ디 엇디

못ᄒᆞ야 이 시(詩)ᄅᆞᆯ 지으니라

츌슉우ᄌᆞ(出宿于沘)ᄒᆞ고 음젼우례(飮餞于禰)ᄒᆞ라 녀ᄌᆞ유힝(女子有行)이 원부모^

형뎨(遠父母兄弟)라 문아졔고(問我諸姑)코 슈급ᄇᆡᆨᄌᆞ(遂及伯姊)ᄒᆞ라

  부야(賦也)라

  ᄌᆞ(沘)ᄂᆞ 위(衛)【디명(地名)】이니 츌슉(出宿)은 나 자다 말이오 례(禰)도【위(衛)

  디명(地名)이】니

  음(飮)은 먹다 말이오 술 먹고 젼송(餞送)ᄒᆞ다 ᄒᆞ미라

  녀ᄌᆞ유행(女子有行)은 원부모형뎨(遠父母兄弟)라 ᄒᆞ니 원(遠)은【멀 원(遠) ᄌᆞ(字)】니

▸▸▸ **출 전**

시전(詩傳) 패풍(邶風) 백주(栢舟)
出宿于泲 飮餞于禰 女子有行 遠父母兄弟 問我諸姑 遂及伯姊

▸▸▸ **현대어역**

〈1 : 26b〉

이요, 제희(諸姬)는 모든 잉첩(媵妾, 귀인에게 시집가는 여인이 데리고 가던 侍妾)이니 요여지모(聊與之謀)는 더불어 꾀한다는 말이라. ○ 위(衛)나라 여자가 다른 나라에 혼인하여 부모를 생각하여 가 보고자 하되 얻지(=가능하지) 못하여 이 시를 지으니라.

출숙우자(出宿于泲)하고 음전우례(飮餞于禰)하라. 여자유행(女子有行)이 원부모형제(遠父母兄弟)라. 문아제고(問我諸姑)코 수급백자(遂及伯姊)하라.

부야(賦也)라.

자(泲)는 위(衛)【지명(地名)】이니 출숙(出宿)은 나가 잔다는 말이요, 례(禰)도【위(衛) 지명(地名)】이니 음(飮)은 먹는다 말이요, 술 먹고 전송(餞送)한다 함이라. 여자유행(女子有行)은 원부모형제(遠父母兄弟)라 하니 원(遠)은【멀 원(遠) 자(字)】니

〈1 : 27a〉

> 힝(行)은 힝ᄒᆞᄆᆞᆯ 두다 ᄒᆞ니 싀집 가다 말이니 부^
> 모롤 먼리[1] 가다 ᄯᅳᆺ이라 내 모든 아ᄌᆞ미게 뭇다 말^
> 이오 슈급(遂及)은 드듸여 밋다 말이니 ᄇᆡᆨ(伯)은 묫형이^
> 오 ᄌᆞ(姊)ᄂᆞᆫ 겨집 형이니 모든 잉쳡(媵妾)을 니ᄅᆞ미니 대^
> 개 임의 혼인ᄒᆞ야 부모 형뎨 먼리ᄒᆞ미 녀ᄌᆞ(女子)의
> 응당(應當)ᄒᆞᆫ 일이라 비록 ᄉᆞᄉᆞ(私私) 싱각ᄒᆞᄂᆞᆫ 졍이 ᄀᆞᆫ졀^
> ᄒᆞ나 의리(義理)의 합당ᄒᆞᆫ 여부룰 몰라 모든 잉쳡(媵妾)^
> 드려 무ᄅᆞ미니라
> 츌슉우간(出宿于干)ᄒᆞ고 음젼우언(飮餞于言)ᄒᆞ야 지지지할(載脂載舝)ᄒᆞ야 션거인^
> 매(還車言邁)ᄒᆞ면 쳔진우위(邇臻于衛)언마ᄂᆞᆫ 블하유하(不暇有害)야

1 먼리 : 멀리. 중세 문헌에는 '머리'(← 멀〔遠〕-+-이〔부사화 접미사〕)로 나타나다가 '머리>멀리'의 변화에 따라 근대 문헌에는 '멀리'나 '멀니'로 나타나는 것이 일반적이다. 이곳에서는 '먼리'로 나타났는데 자료의 다른 곳에는 '먼니'로 등장하기도 한다. 이곳의 '먼리'는 /쳘리/를 '쳔리'로 적는 것과 마찬가지로 어중의 /ㄹㄹ/을 'ㄴㄹ'로 표기한 결과라 할 수 있다. 다만 어중 /ㄹㄹ/에 대한 'ㄴㄹ' 표기는 '千里, 新羅' 등 한자어에만 특징적으로 적용되던 것인데, '먼리'는 한자어가 아님에도 그러한 표기를 취하여 독특하다고 할 수 있다. 혹 언중들이 '먼리'를 한자어 '萬里'에 부회하여 이해하였을 가능성이 있지 않을까 한다.

▸▸▸ **출 전**

시전(詩傳) 패풍(邶風) 백주(栢舟)
出宿于干 飮餞于言 載脂載舝 還車言邁 遄臻于衛 不瑕有害

▸▸▸ **현대어역**

〈1 : 27a〉

　　행(行)은 행함을 둔다 하니 시집간다는 말이니, 부모를 (떠나) 멀리 간다는 뜻이라. 〔문아제고(問我諸姑)는〕 내가 모든 아주머니께 묻는다는 말이요, 수급(遂及)은 드디어 미친다는 말이니, 백(伯)은 맏형이요, 자(姊)는 여자 형(=언니)이니 모든 잉첩(媵妾, 귀인에게 시집가는 여인이 데리고 가던 侍妾)을 이름이니, 대개 이미 혼인하여 부모 형제를 멀리함이 여자의 응당(應當)한 일이라. 비록 사사로이 생각하는 정이 간절하나 의리(義理)에 합당한지 여부를 몰라 모든 잉첩(媵妾)에게 물은 것이니라.

출숙우간(出宿于干)하고 음전우언(飮餞于言)하여 재지재할(載脂載舝)하여 선거언매(還車言邁)하면 천진우위(遄臻于衛)건마는 불하유하(不瑕有害)야?

▶▶▶ **원문 판독**

〈1 : 27b〉

부야(賦也)라
간(干)과 언(言)은 위(衛)【디명(地名)】이라 지(載)ᄂᆞᆫ【어주ᄧᅡ(語助字)[1]】요 지(脂)ᄂᆞᆫ
술위 박회 도^
ᄂᆞᆫ 더 기름 ᄇᆞ른미오 할(舝)은 박회 겟 남긔 두 섭^
쇠 마촌 거시라 거(車)ᄂᆞᆫ 술위니 매(邁)ᄂᆞᆫ 가다 말이오 블^
하슈{유}하{해}(不瑕有害)ᄂᆞᆫ 아니 해로오미 이시랴 말이니 대개 가기^
ᄂᆞᆫ 어렵디 아니ᄒᆞ나 의리(義理)의 해로올가 결단(決斷)티
못ᄒᆞ야 두려ᄒᆞ미라
아ᄉᆞ비쳔(我思肥泉)ᄒᆞ야 ᄌᆞ지영탄(玆之永歎)ᄒᆞ라 ᄉᆞ슈여됴(思須與漕)ᄒᆞ니 아심유유(我心
悠悠)로다 가^
언츌유(駕言出遊)ᄒᆞ야 이샤아우(以寫我憂)아

▶▶▶ **주 석**

1 어주ᄧᅡ : 어조자(語助字). 이곳의 '어주ᄧᅡ'는 자료의 다른 곳에 '어주ᄌᆞ'로 나타나는 경우가 더 많다. 어조
자(語助字)는 실질적인 뜻이 없이 다른 글자를 보조하여 주는 한문의 토 역할을 하는 것이다. 자료에서
'조(助)'의 한자음을 왜 '주'로 읽었는지는 분명치 않으나 '주'가 '助'의 속음이었을 가능성이 있다.

▶▶▶ 출 전

시전(詩傳) 패풍(邶風) 백주(泉水)
我思肥泉 玆之永歎 思須與漕 我心悠悠 駕言出遊 以寫我憂

▶▶▶ 현대어역

〈1 : 27b〉

　부야(賦也)라

　　간(干)과 언(言)은 위(衛)【지명(地名)】이라. 재(載)는【어조자(語助字)】요, 지(脂)는 수레바
　　퀴 도는 데 기름 바르는 것이요, 할(牽)은 바퀴 (거기에 있는) 나무 두 섭쇠를 맞춘 것
　　이라. 거(車)는 수레니 매(邁)는 간다는 말이요, 불하유해(不瑕有害)는 아니 해로움이 있
　　으랴 (하는) 말이니, 대개 가기는 어렵지 아니하나 의리(義理)에 해로울까 결단(決斷)하
　　지 못하여 두려워함이라.
아사비천(我思肥泉)하여 자지영탄(玆之永歎)하라. 사수여조(思須與漕)하니 아심유유(我心悠悠)로
다. 가언출유(駕言出遊)하야 이사아우(以寫我憂)아?

　부야(賦也)라.

▸▸▸ 원문 판독

〈1 : 28a〉

아사(我思)ᄂᆞᆫ 내 ᄉᆡᆼ각다 말이오 비쳔(肥泉)은 믈 일홈이니
ᄌᆞ지(玆之)ᄂᆞᆫ 이에라[1] 말이오 영탄(永歎)은 기리 탄식(歎息)ᄒᆞ다 말^
이라 〔ᄉᆞ슈여됴(思須與漕)ᄂᆞᆫ〕 슈(須)와 됴(漕)ᄅᆞᆯ ᄉᆡᆼ각다 말이라 유〃(悠悠)ᄂᆞᆫ 머다 말이^
니 내 ᄆᆞᄋᆞᆷ이 머다 말이라 가(駕)ᄂᆞᆫ 멍에 메오다 말이오
언(言)은【어조ᄍᆞ(語助字)】니 술위예 멍에 메워 나가 위(衛) ᄯᅡ희 노다 말^
이니 이샤아우(以寫我憂)ᄂᆞᆫ 내 근심을 샤(寫)ᄒᆞ야 흐트다 ᄒᆞᆫ 말^
이라 ○ 이 시(詩)ᄂᆞᆫ 녀ᄌᆞ(女子ㅣ) 본집의 가기ᄅᆞᆯ ᄉᆡᆼ각ᄒᆞ야
첫 당(章)과 둘재 당(章)은 가ᄂᆞᆫ 거시 엇더홀고 잉쳡(媵妾)과
의논(議論)ᄒᆞᄂᆞᆫ ᄯᅳᆺ이오 셋재 당(章)은 간(干) ᄯᅡ희 자고 언(言) ᄯᅡ희
젼송(餞送) 먹고 술위 ᄐᆞ고 가면 위(衛)로 가려니와 의리(義理)의

▸▸▸ 주 석

1 이에라 : 이에라는. 자료에서는 표기상 'ㅣ'를 말음으로 하는 체언이 처격 '-예'와 통합하는 경우도 있지만 (예 : 대의예, 위예) 지시대명사 '이'만큼은 처격 '-에'와 통합하여 '이에'의 형태로 등장한다. '이에'를 종래의 처격형 '-예~-에~-애' 등이 '-에'로 통일되는 경향의 일환으로 볼 가능성이 있다. 그러나 자료 이전에 처격형 '-예', '-에'의 분화가 뚜렷한 시기에도 지시대명사 '이'의 경우는 '이예'보다 '이에'의 표기가 압도적이었음에 유의할 필요가 있다. '이에'가 'ㅇ'이 사용된 중세 문헌에서 '이에'로 소급하는 점을 감안하면, '이에'는 중세국어 이래의 표기 전통을 따른 보수적 표기로 보아야 온당할 것이다. 곧 중세국어에서는

▸▸▸ 출 전

시전(詩傳) 패풍(邶風) 백주(泉水)

▸▸▸ 현대어역

〈1 : 28a〉

아사(我思)는 내가 생각한다는 말이요, 비천(肥泉)은 물 이름이니, 자지(玆之)는 이에라는 말이요, 영탄(永歎)은 길이 탄식(歎息)한다는 말이라. 〔사수여조(思須與漕)는〕 수(須)와 조(漕)를 생각한다는 말이라. 유유(悠悠)는 멀다는 말이니 내 마음이 멀다는 말이라. 가(駕)는 멍에를 메운다는 말이요, 언(言)은【어조자(語助字)】니 수레에 멍에 메워 나가 위(衛)땅에서 논다는 말이니, 이사아우(以寫我憂)는 내 근심을 사(寫, 없앰)하여 흩어버린다 하는 말이라. ○ 이 시(詩)는 여자가 본집에 가기를(=갈 것을) 생각하여, 첫 장(章)과 둘째 장(章)은 가는 것이 어떠할까 잉첩(媵妾)과 의논하는 뜻이요, 셋째 장(章)은 간(干) 땅에서 자고 언(言) 땅에서 전송(餞送) 먹고(=받고) 수레를 타고 가면 위(衛)로 가려니와 의리(義理)에

▸▸▸ 주 석

/ㆁ/의 존재 때문에 처격은 '-예'가 아닌 '-에'가 통합되는 것이 당연하였다. 그러나 /ㆁ/의 음가 소실 뒤에도 이전 시기 '이에'의 표기 방식이 준수된 결과 '이에'의 표기가 등장했다고 보는 것이다. 이러한 관점에 따르면 '이예'와 '이에'가 공존하는 문헌에서 표기상 개신형은 '이예'가 되고, 현대국어의 '이에'는 처격의 이형태가 '에'로 통일되면서 '이예'가 소멸한 결과라 할 수 있을 것이다.

▶▶▶ **원문 판독**

〈1 : 28b〉

해롭디 아닐가 말이오 말재[1] 댱(章)은 ᄆᆞ춤내 가디
못ᄒᆞ매 굴오디 술위 ᄐᆞ고 위(衛) ᄯᅡ히 가 놀면 내
근심이 훗터딜가 ᄒᆞᆫ 말이라
천슈(泉水) ᄉᆞ댱(四章)
양시(楊氏) 굴오디 위(衛) ᄯᅡ 겨집이 도라가기롤 싱각ᄒᆞ^
ᄆᆞᆫ 인졍(人情)의 극진(極盡)ᄒᆞ나 ᄆᆞ춤내 도라가디 아니ᄒᆞ^
ᄆᆞᆫ 의리(義理)의 극진(極盡)ᄒᆞ미니 셩인(聖人)의 경셔(經書)의 올려^
셔 ᄡᅥ 후셰(後世)의 뵈시믄 ᄒᆞ야곰[2] 다ᄅᆞᆫ ᄯᅡ히 우귀(于歸)^
ᄒᆞᆫ 부인(婦人)이 부모롤 ᄆᆞ춤내 도라가 보미 업ᄂᆞᆫ 의(義)^
롤 알게 ᄒᆞ시미니라

▶▶▶ **주 석**

1 말재 : 말째. 마지막. 한자어 말(末)에 "차례"의 뜻을 접미사 '-재'가 결합한 어형이다. 이곳의 '-재'는 15
세기 문헌에 '-자히'나 '-차히'로 나타나던 것인데 현대국어에는 어두 경음화를 겪은 '-째'로 이어졌다.

▸▸▸ **출 전**

시전(詩傳) 패풍(邶風) 백주(泉水)

▸▸▸ **현대어역**

〈1 : 28b〉

　해롭지 않을까 (하는) 말이요, 말째(=마지막) 장(章)은 마침내(=끝내) 가지 못하매(=못하
므로), (여자가) 이르되, 수레를 타고 위(衛) 땅에 가서 놀면 내 근심이 흩어질까 한 말
이라.
　천수(泉水) 사장(四章)
　양씨(楊氏)가 이르되, 위(衛) 땅의 여자가 돌아기기를 생각함은 인정(人情)에 극진하나 마
침내 돌아가지 아니함은 의리(義理)에 극진함이니, 성인(聖人)이 경서(經書)에 올려서 후
세(後世)에 보이심은 하여금 다른 땅에 우귀(于歸, 대례를 마치고 3일 후 신부가 처음으로 시집
에 들어감)한 부인(婦人)이 부모를 마침내(=끝내) 돌아가 봄이 없는 의(義)를 알게 하심이
니라.

▸▸▸ **주 석**

2 ᄒᆞ야곰: 하여금. 중세국어의 'ᄒᆡ여곰'에 소급할 형식으로, 중세국어의 'ᄒᆡ여곰'은 'ᄒᆡ여'('ᄒᆞ-'의 사동사 'ᄒᆡ
-'의 활용형)에 "강세"의 뜻을 더하는 보조사 '-곰'이 결합한 것으로 분석될 형식이다. 자료에서 'ᄒᆞ여곰'은
'NP-로 ᄒᆞ여곰'의 구성으로 사동문의 피사동주를 표시하는 경우가 대부분이지만 이곳과 같이 'NP-로'를
동반하지 않고 마치 부사처럼 쓰인 경우도 간혹 보인다. 중세국어에서 'ᄒᆡ여곰'은 피사동주를 표시할 경우
'NP-로 ᄒᆡ여곰' 외에도 대격어를 지배한 'NP-ᄅᆞᆯ ᄒᆡ여곰', 보조사 '-곰'을 결여한 'NP-로 ᄒᆡ여' 등 여러
구성으로 등장하여 ('ᄒᆞ-'의 사동사에 해당하는) 'ᄒᆡ-'의 활용형으로서의 성격을 어느 정도 유지하고 있
었다. 그러나 자료에서는 피사동주를 표시할 때 'NP-로 ᄒᆞ여곰'의 구성으로만 등장하여 ('-로 ᄒᆞ여곰'에
포함된) 'ᄒᆞ여곰'은 이미 활용형의 성격을 잃고 부사로 어휘화한 양상을 보인다.

▶▶▶ **원문 판독**

〈1 : 29a〉

위풍(衛風)
셕인기긔(碩人其頎)ᄒ니 의금경의(衣錦褧衣)로다 졔후지ᄌᆞ(諸侯之子)요 위후지쳐(衛侯之妻)오
동궁지미(東宮之妹)오 형후지이(邢侯之姨)오 담공유ᄉ(譚公維私)로다
　부야(賦也)라
　　셕인(碩人)은 큰 사ᄅᆞᆷ이니 긔(頎)는 크고 유덕(有德)ᄒᆞᆫ 샹(像)이니
　　의금(衣錦)은 금의(錦衣)오 경의(褧衣)는 빗 업슨 오시니 금의(錦衣ㅣ) 너^
　　모 빗나믈 혐의(嫌疑)로이 너겨 무싁(無色)ᄒᆞᆫ 오슬 우희
　　ᄀᆞ리오미라 졔후지ᄌᆞ(諸侯之子)는 졔(諸) 님군의 ᄯᆞᆯ이오 위후^
　　지쳐(衛侯之妻)는 위(衛) 님군의 안해라 말이오 동궁지미(東宮之妹)^
　　는 님군의 아ᄃᆞᆯ의 누의라[1] 말이니 형후(邢侯)도 님군^

▶▶▶ **주 석**

1 누의라 : 누이라는. 이곳의 '누의'는 15세기 국어 이래의 어형이다. 예 : 妹는 누의라<월인석보(1459) 21 : 95a>. 이 '누의'에서 단모음화가 적용된 '누이'는 19세기 후반의 문헌에 이르러야 나타나기 시작한다.

▸▸▸ **출 전**

시전(詩傳) 패풍(邶風) 백주(泉水)
碩人其頎 衣錦褧衣 諸侯之子 衛侯之妻 東宮之妹 邢侯之姨 譚公維私

▸▸▸ **현대어역**

〈1 : 29a〉

　위풍(衛風)
석인기기(碩人其頎)하니 의금경의(衣錦褧衣)로다. 제후지자(諸侯之子)요 위후지처(衛侯之妻)오 동
궁지매(東宮之妹)오 형후지이(邢侯之姨)오 담공유사(譚公維私)로다.
　부야(賦也)라.
　　석인(碩人)은 큰 사람이니 기(頎)는 크고 유덕(有德)한 상(像)이니, 의금(衣錦)은 금의(錦衣,
　　비단옷)요, 경의(褧衣, 걸을 때 간편하도록 만든 옷)는 빛 없는 옷이니 금의(錦衣, 비단옷)가 너
　　무 빛남을 혐의(嫌疑, 꺼리고 미워함)로이 여겨 무색(無色, 색깔이 없음)한 옷을 위에 가린 것
　　이라. 제후지자(諸侯之子)는 제(諸) 임금의 딸이요, 위후지처(衛侯之妻)는 위(衛) 임금의 아
　　내라. 동궁지매(東宮之妹)는 임금의 아들의 누이라는 말이니, 형후(邢侯)도 임금

〈1 : 29b〉

이니 이는 쳐형(妻兄) 쳐뎨(妻弟)라 담공유스(譚公維私)는 동성의

남편이라 ○ 이 시(詩)는 위(衛) 사룸이 장강(莊姜)이 님군^

의게 엇디 못홈믈 블샹이 너겨 장강(莊姜)이 처엄[1]

혼인홀 째 일을 긔록(記錄)ㅎ야 극히 기려 지으디

그 지위(地位)와 족뉴(族類ㅣ) 귀(貴)ㅎ야 맛당이 졍뎍(正嫡)이 되염죽^

ㅎ믈[2] 니르미라

슈여유뎨(手如柔荑)오 부여응지(膚如凝脂)오 녕여츄졔(領如蝤蠐)오 치여호셔(齒如瓠犀)

오 진^

슈아미(蝾首蛾眉)로소니 교쇼쳔혜(巧笑倩兮)며 미목변혜(美目盼兮)로다

　부야(賦也)라

　　슈(手)눈 손이니 여(如)눈【ㄱ톨 여(如) ㅼ字)】라 유뎨(柔荑)눈 쎄유기니 쎰 속

　　(屬)^

1 처엄 : 처음. 이곳의 '처엄'은 중세국어의 '처섬'에 소급할 어형으로, /△/의 소실에 따라 '처섬>처엄'의 변
화를 거친 것이다. 자료의 다른 곳에는 '처음의'〈1:4a〉처럼 '처음'으로도 나타나 '처엄>처음'의 변화에 놓
인 두 어형이 함께 나타나고 있다. '처엄'은 ≪원각경언해≫(1465)에서 보이기 시작하며, '처음'은 근대
문헌인 ≪가례언해≫(1632)를 위시하여 17세기 문헌부터 나타난다.

▶▶▶ **출 전**

시전(詩傳) 위풍(衛風) 석인(碩人)
手如柔荑 膚如凝脂 領如蝤蠐 齒如瓠犀 螓首蛾眉 巧笑倩兮 美目盼兮

▶▶▶ **현대어역**

⟨1 : 29b⟩

　　이니 이는 처형(妻兄)과 처제(妻弟)라. 담공유사(譚公維私)는 동생의 남편이라. ○ 이 시(詩)는 위(衛)나라 사람이 장강(莊姜)이 임금에게 (사랑을) 얻지 못함을 불쌍히 여겨 장강(莊姜)이 처음 혼인할 때 일을 기록(記錄)하여 극히 기려(=칭송하여) 짓되, 그 지위(地位)와 족류(族類)가 귀(貴)하여 마땅히 정적(正嫡, 정식으로 예를 갖추어 맞은 아내)이 됨직함을 이름이라.

수여유제(手如柔荑)오 부여응지(膚如凝脂)오 영여추제(領如蝤蠐)오 치여호서(齒如瓠犀)오 진수아미(螓首蛾眉)로소니 교소천혜(巧笑倩兮)며 미목변혜(美目盼兮)로다.

　　부야(賦也)라.

　　수(手)는 손이니 여(如)는【같을 여(如) 자(字)】라. 유제(柔荑)는 병아리이니 띠 속(屬)

▶▶▶ **주 석**

2 되염즉ᄒᆞᄆᆞᆯ : 됨직함을. '되염즉ᄒᆞ-'는 '되-'에 "可望"(=가히 ~할 만하다/~할 수 있다)을 뜻하는 '-엄즉ᄒᆞ-'가 결합한 어형이다. '-엄즉ᄒᆞ-'에는 기원적으로 "강세"의 뜻을 더하는 선어말어미 '-아/어-'가 포함된 것으로 추정되는데, 이곳에서는 선행 어간의 음운론적 조건(하향 이중모음)에 따른 교체형 '-여-'가 선택된 결과 '-염즉ᄒᆞ-'로 나타난 것이다. '-암/엄즉ᄒᆞ-'는 18세기 말부터 (선어말어미 '-아/어-'의 쇠퇴에 따른) '-암/엄-> -음-'의 변화로 '-음즉ᄒᆞ-'의 꼴로 쓰이다가 현대어에는 (치음 아래) 전설모음화까지 겪어 '-음직하-'로 남았다.

〈1 : 30a〉

이오 부여응지(膚如凝脂)ᄂ 슐흔 어린 기름 ᄀᆺ다 말이라
녕(領)은 목이니 츄졔(蝤蠐)ᄂ 흰 굼벙이로다 말이오 치(齒)^
ᄂ 니니 호셔(瓠犀)ᄂ 박ᄢᅵ ᄀᆺ다 말이오 진슈(蓁首)ᄂ 존자리니
아미(蛾眉)ᄂ 나비 눈섭이라 말이오 교쇼(巧笑)ᄂ 공교(工巧)ᄒᆫ 우^
슘이라 말이니 쳔(倩)은 우슬 제 입ᄀᆞ와 두 쌤이 옴^
욕ᄒᆞ다 ᄒᆞ다 말이라 미목변(美目盼)은 눈의 흑빅(黑白)이 분명^
타 말이라
용모의 아롬다오미 이러틋 ᄒᆞ니 맛당이 님군^
의 통힝(寵幸)ᄒᆞᆯ 어딤죡ᄒᆞᆯ[1] 니ᄅᆞ미라
셕인오오(碩人敖敖)ᄒᆞ니 셰우농교(說于農郊)ᄒᆞ야 ᄉᆞ모유교(四牡有驕)ᄒᆞ며 쥬본표표(朱幩
鑣鑣)여늘

1 어딤죡ᄒᆞᆯ : 얻음직함을. 얻을 만함을. 이곳의 '어딤죡ᄒᆞ-'는 '얻-'에 "可望"(=가히 ~할 만하다/~할 수
있다)을 뜻하는 '-엄죡ᄒᆞ-'가 결합한 어형이다. '-엄죡ᄒᆞ-'에는 기원적으로 "강세"의 뜻을 더하는 선어말어
미 '-아/어-'가 포함된 것으로 추정되는데, '-암/엄죡ᄒᆞ-'는 18세기 말부터 (선어말어미 '-아/어-'의 쇠퇴
에 따른) '-암/엄->-음'의 변화로 '-음죡ᄒᆞ-'의 꼴로 쓰이다가 현대국어에는 (치음 아래) 전설모음화까
지 겪어 '-음직하-'로 남았다.

▸▸▸ **출 전**

시전(詩傳) 위풍(衛風) 석인(碩人)
碩人敖敖 說于農郊 四牡有驕 朱幘鑣鑣

▸▸▸ **현대어역**

〈1 : 30a〉

　이요, 부여응지(膚如凝脂)는 살이 엉긴 기름 같다는 말이라. 영(領)은 목이니 추제(蝤蠐)는
흰 굼벵이로다는 말이요, 치(齒)는 이니 호서(瓠犀)는 박씨 같다는 말이요, 진수(蓁首)는
잠자리니 아미(蛾眉)는 나비 눈썹이라는 말이요, 교소(巧笑)는 공교(工巧)한 웃음이라는
말이니 천(倩)은 웃을 때 입가와 두 뺨이 옴쏙하다는 말이라. 미목변(美目盼)은 눈의 흑
백(黑白)이 분명하다는 말이라.
　용모의 아름다움이 이렇듯 하니 마땅히 임금의(＝임금에게) 총행(寵幸, 특별히 총애함)함을
얻음직함을 이름이라.
석인오오(碩人敖敖)하니 세우농교(說于農郊)하야 사모유교(四牡有驕)하며 주본표표(朱幘鑣鑣)어늘

▶▶▶ **원문 판독**

〈1 : 30b〉

격블이됴(翟茀以朝)호니 대부슉퇴(大夫夙退)호야 무ᄉ군노(無使君勞)러니라
  부야(賦也)라
    오〃(敖敖)는 킈 큰 거동이오 농교(農郊)는 녀롬지이ᄒ는 들히^
    니 셰(說)는 햐쳐(下處)ᄒ다¹ 말이오 ᄉ모(四牡)는 수몰이니 유교(有驕)^
    는 ᄀ래다 말이라 쥬분(朱幩)은 붉은 구레 장식이오
    표〃(鑣鑣)는 셩(盛)호 거동이니 거마(車馬)의 셩장(盛裝)코 빗나믈
    니르미오 격블(翟茀)은 꿩의 짓츠로² 술위롤 ᄭᅮ미^
    고 ᄀ리온 거시니 졔후(諸侯)의 부인이 ᄐᆞᄂᆞ니라 대부(大夫)^
    는 태우니 슉퇴(夙退)는 일죽이 믈러나라 말이니 무^
    ᄉ군노(無使君勞)는 님군으로 ᄒ여곰 슈고ᄒ게 말라 ᄯᅳᆺ이^

▶▶▶ **주 석**

1 햐쳐ᄒ다 : 유숙하다. 이곳의 '햐쳐'는 중세 문헌에 '하쳐'로도 등장한다(예 : 下쳐에 가 짐둘 설엇노라 ᄒ면
  <飜譯老乞大 上 : 58>) 이것은 황윤석(黃胤錫)의 ≪理藪新編≫에서 중국어 '下햐處쳐'의 차용어로 지
  적된 것인데(李基文, "近世中國語 借用語에 대하여", 亞細亞研究 8권 2호, 1965 참조), '하쳐>햐쳐'의
  변화는 ('하쳐'의 '쳐'가 '處'와 결부되면서) '處'의 東音(한국 한자음)에 이끌린 결과로 해석된다. '햐쳐'는
  이후 y계 이중모음 앞에서 ㅎ 구개음화를 겪어 '샤쳐'로 쓰이다가 현대국어에는 단모음화까지 겪은 '사처'
  로 남았다.

▸▸▸ **출 전**

시전(詩傳) 위풍(衛風) 석인(碩人)
翟茀以朝 大夫夙退 無使君勞

▸▸▸ **현대어역**

〈1 : 30b〉

적불이조(翟茀以朝)하니 대부숙퇴(大夫夙退)하여 무사군로(無使君勞)러니라.

　부야(賦也)라.

　　오오(敖敖)는 키가 큰 거동(=모습)이요 농교(農郊)는 농사짓는 들이니, 세(說)는 하처(下
　　處, 길을 가다가 묵음)한다는 말이요 사모(四牡)는 숫말이니, 유교(有驕)는 갈랜다는(=이리저
　　리 날뛴다는) 말이라. 주본(朱幘)은 붉은 굴레 장식이요 표표(鑣鑣)는 성(盛)한 거동이니,
　　거마(車馬, 수레와 말)가 성장(盛裝)하고 빛남을 이름이요, 적불(翟茀)은 꿩의 깃으로 수레
　　를 꾸미고 가린 것이니, 제후의 부인이 타느니라. 대부(大夫)는 태우니 숙퇴(夙退)는 일
　　찍 물러나라는 말이니, 무사군로(無使君勞)는 임금으로 하여금 수고하게 (하지) 말라는
　　뜻이니,

▸▸▸ **주 석**

2 짓츠로 : 깃으로. '깇+-으로'로 분석될 어형이나 이곳에서 '짓츠로'로 나타난 것은 어중 유기음 /ㅊ/이 'ㅅ
　-ㅊ'으로 중철 표기된 결과이다. 현대국어의 '깃'이 소급될 최초의 형태는 15세기 문헌에 나타나는 '깇'이
　다. 이 '깇'이 현대국어의 '깃'으로 바뀐 것은 근대국어에서 일어난 구개음화 때문이다. 즉 18세기에 'ㅣ'모
　음이나 반모음 'ㅣ' 앞에서 'ㄷ, ㅌ, ㄸ'이 'ㅈ, ㅊ, ㅉ'으로 바뀌는 현상이 일어났고, 일부 방언에서는 같은
　환경의 'ㄱ, ㅋ, ㄲ'도 'ㅈ, ㅊ, ㅉ'으로 바뀌었다. 그리하여 '깇'의 'ㅊ'이 'ㄱ'에서 바뀐 것으로 생각하고,
　'깇'을 '깃'으로 바꾼 것이다. 이 '깃' 형태는 18세기 말엽부터 나타나서 현대국어로 이어진다.

〈1 : 31a〉

니 님군이 졍스(政事)를 긋티고 장강(莊姜)과¹ 혼디 이셔 셔^

ᄅ 친케 ᄒ과져² ᄒ미라

처음 혼인ᄒ야 오던 ᄶ를 긔록(記錄)ᄒ미라 위(衛) 사^

롭이 장강(莊姜)이 님군의 비필 되믈 즐겨 일족이 셔^

ᄅ 친(親)키를 ᄇ라더니 이제는 그러티 못ᄒ믈 앗기^

미니라

하슈양양(河水洋洋)ᄒ야 북뉴괄괄(北流活活)이어ᄂᆞᆯ 시고활활(施罛濊濊)ᄒ니 젼유^

발발(鱣鮪發發)ᄒ며 가담걸걸(葭菼揭揭)이어ᄂᆞᆯ 셔강얼얼(庶姜孽孽)ᄒ며 셔ᄉ유걸(庶士有

揭)^

이러니라

부야(賦也)라

1 장강과 : 장강(莊姜)과. '장강(莊姜)'은 제(齊)나라 동궁(東宮) 득신(得臣)의 여동생이며 위(衛)나라 장
  공(莊公)의 처이다. 춘추좌씨전(春秋左氏傳)의 은공(隱公)에 "위나라 장공(莊公)이 제(齊)나라 동궁(東
  宮) 득신(得臣)의 여동생에게 장가드니 그녀의 이름이 장강(莊姜)이다. 아름답기는 했지만 자식이 없었
  고, 사람들에게 '큰 사람'이란 말을 들었다.(衛莊公娶于齊東宮得臣之妹 曰莊姜 美而無子 衛人所爲賦碩
  人也)"라고 언급되어 있다.

▶▶▶ **출 전**

시전(詩傳) 위풍(衛風) 석인(碩人)

河水洋洋 北流活活 施罛濊濊 鱣鮪發發 葭菼揭揭 庶姜孽孽庶士有朅

▶▶▶ **현대어역**

〈1 : 31a〉

임금이 정사(政事)를 그치고(=마치고) 장강(莊姜)과 함께 있어 (임금과 장강이) 서로 친하
게 하기를(=되기를) 바란다 함이라.

처음 혼인하여 오던 때를 기록한 것이라. 위(衛)나라 사람이 장강(莊姜)이 임금의 배필
됨을 즐겨(=기꺼워하여) 일찍이 서로 친하기를 바랐는데 이제는 그렇지 못함을 안타까워
한 것이라.

하수양양(河水洋洋)하여 북류괄괄(北流活活)이어늘 시고활활(施罛濊濊)하니 전유발발(鱣鮪發發)하
며 가담걸걸(葭菼揭揭)이어늘 서강얼얼(庶姜孽孽)하며 서사유걸(庶士有朅)이러니라.

부야(賦也)라.

▶▶▶ **주 석**

2 ᄒᆞ과져 : 하였으면. 되었으면. 되기를. 이곳의 '-과져'는 자료의 다른 곳에 '-과쟈'로 나타나기도 한다. '-과
져/과쟈'는 중세국어에서 '-과뎌' 또는 '-과댜'로 나타나는데, 이 '-과뎌/과댜'는 주로 희망이나 사유의 의
미를 보이는 '원ᄒᆞ-', 'ᄇᆞ라'류의 동사가 후행하는 것이 특징이었다. 중세국어에서 '-과뎌/과댜'는 "희망"의
의미 기능을 나타내는데, 그것은 크게 두 가지로 나누어볼 수 있다. 희망을 품은 이가 자신이 아닌 제삼
자를 통해 그 일을 이루기를 바라는 것과, 어떤 무정물이나 추상물의 상태 변화 내지 예정을 바라는 의미
기능이 그것이다. 이곳의 '-과져'는 전자의 의미 기능을 계승하여 쓰였다고 할 수 있다.

▸▸▸ **원문 판독**

〈1 : 31b〉

하슈(河水)는 믈이니 양〃(洋洋)은 믈 거동이오 북뉴(北流)는 북(北)^
으로 흐르다 말이니 괄괄(活活)은 흐르는 거동이라
시(施)는 베프다¹ 말이오 고(罟)는 그믈이오 활〃(濊濊)은 그믈
주는 소리라 젼유(鱣鮪)는 고기 일홈이오 발〃(發發)은 셩(盛)^
혼 거동이니 가담(葭菼)은 굴히니 걸〃(揭揭)은 플이 긴
거동이오 셔강(庶姜)은 모든 겨집이니 얼얼(孽孽)은 쳡잉(妾勝)^
이 셩(盛)혼 거동이라 셔슈(庶士)는 모든 스나희오 유걸(有揭)^
은 세촌 거동 잇는 양(樣)이라
이 시(詩)는 위(衛)로 올 졔 하슈(河水)롤 건너니 그 째 경샹(景狀)이 이^
러터니라 말이니 거포 녯말을 니르며 차탄(嗟歎)호^

▸▸▸ **주 석**

1 베프다 : 베푼다는. 자료의 다른 곳에 등장하는 '베프고, 베프기, 베프는, 베프디, 베프미' 등의 활용형을 감
안할 때 이곳의 '베프다'는 '베프-+-다'로 분석될 어형이다. 이 '베프-'는 중세국어 이래의 형태를 계승한 것
이라 할 수 있는데 '베프->베플-'의 변화가 이미 18세기 문헌에 등장함에도 불구하고 자료에는 '베프-'의
형태로만 일관하여 보수적인 특징을 보인다. 예 : 믄득 俚句롤 베플어 뻐 歡聲을 돕ᄂ이다<오륜전비언해
(1721) 4 : 17a>. '베프->베플-'의 변화는 '뷧〔斜〕->빗글-', '읷〔牽〕->잇글-', '잇〔虧〕->이즐-'의 변화에
서 보듯이 기존의 어간에 의미나 품사 범주를 바꾸지 않는 접미사 '-을-'이 결합하여 새로운 어간을 형성한

▸▸▸ **출 전**

시전(詩傳) 위풍(衛風) 석인(碩人)

▸▸▸ **현대어역**

〈1 : 31b〉

하수(河水)는 물이니 양양(洋洋)은 물의 거동(=모습)이요, 북류(北流)는 북(北)으로 흐른다 는 말이니 괄괄(活活)은 흐르는 거동(=모습)이라. 시(施)는 베푼다는 말이요, 고(罛)는 그 물이요, 활활(濊濊)은 그물 주는(=펴는) 소리라. 전유(鱣鮪)는 고기 이름이요, 발발(發發) 은 성(盛)한 거동이니 가담(葭菼)은 갈대이니 걸걸(揭揭)은 풀이 긴 거동(=모습)이요, 서 강(庶姜)은 모든 여자이니 얼얼(蘗蘗)은 첩잉(妾媵, =媵妾)이 성(盛)한 거동(=모습)이라. 서사(庶士)는 모두 사나이요, 유걸(有朅)은 세찬 거동이 있는 모양이라.

이 시(詩)는 위(衛)로 올 때 하수(河水)를 건너니 그 때 경상(景狀)이 이렇더니라 하는 말 이니, 거듭 옛말을 이르며 차탄(嗟歎)함

▸▸▸ **주 석**

결과로 해석된다. 중세국어에서 '베프-'는 "設(베풀다), 陳(펴다), 敷(부연하다)"를 뜻하는 타동사로서뿐 아 니라 "發(발생하다), 揚(일어나다)"을 뜻하는 자동사로도 쓰였다. 예 : 겨지비 軍中에 이시면 兵馬ㅅ 氣運이 <u>베프디</u> 몯홀가 전노라 (婦人在軍中 兵馬恐不揚) <두시언해 8 : 68>. 그러나 자료의 '베프-'를 비롯하여 근 대국어의 '베플-'이나 현대국어의 '베풀-'에서는 더 이상 자동사적 용법이 확인되지 않는다.

▶▶▶ **원문 판독**

〈1 : 32a〉

> 믈 마디 아니ᄒᆞ미라
>
> 셕인(碩人) ᄉᆞ댱(四章)
>
> 경원 보시 쥬ᄌᆞ(朱子)긔 뭇ᄌᆞ오ᄃᆡ 장강(莊姜)을 니ᄅᆞ매 덕ᄒᆡᆼ(德行)^
>
> 과 문쟝(文章)의 거룩ᄒᆞᄆᆞᆯ 니ᄅᆞᆯ 거시어ᄂᆞᆯ 이 시(詩)의 일^
>
> ᄏᆞᆮ디 아니ᄒᆞ고 다만 그 족당(族黨)의 귀흠과 용모의 아^
>
> 롬다옴과 위의(威儀)의 ᄀᆞ줌과 ᄉᆞ녀(士女)의 블샹이 너기는
>
> 뜻분 니ᄅᆞ믄 엇디니잇가 쥬지(朱子ㅣ) ᄀᆞᆯ오샤ᄃᆡ 이 다만[1] 그 사^
>
> 롬의 보와 알기 쉬온 일로 닐러 ᄡᅥ 장공(莊公)의[2] 혼암(昏暗)^
>
> ᄒᆞ며 겨집의 요혹(妖惑)ᄒᆞ야 장강(莊姜)의 아롬다오믈 아^
>
> 디 못ᄒᆞᄂᆞᆫ 줄 긔롱(譏弄)ᄒᆞ미니 ㄱ 덕ᄒᆡᆼ(德行)과 문쟝(文章)을 니^

▶▶▶ **주 석**

1 다만 : 다만. 15세기 국어에서는 '다ᄆᆞᆫ'과 '다민'에 대응하는데, '다민'은 ≪월인석보≫(1459)와 ≪능엄경언해≫(1461) 등의 몇몇 문헌에서 소수 발견되며, '다ᄆᆞᆫ'이 대부분의 빈도를 차지한다. '다ᄆᆞᆫ'은 제2음절 이하에서의 'ㆍ>ㅡ' 변화를 겪은 것으로 해석되지만, 이 문헌에서는 제2음절 이하의 'ㆍ'가 'ㅏ'로 바뀐, '다만'의 경우도 발견되고 있어 제2음절 이하에서의 'ㆍ>ㅡ' 변화와는 다른 모습을 보여 준다.

시전(詩傳) 위풍(衛風) 석인(碩人)

〈1 : 32a〉

　을 말지(=그치지) 아니 함이라.

　석인(碩人) 사장(四章)

　경원 보씨가 주자(朱子)께 묻자오되, 장강(莊姜)을 이름에(=이를 때에) 덕행(德行)과 문장
(文章)의 거룩함을 이를 것이거늘 이 시(詩)에서 일컫지 아니하고, 다만 그 족당(族黨, 같
은 문중에 속하는 겨레붙이)이 귀함과 용모가 아름다움과 위의(威儀)가 갖추어짐과 사녀(士
女)가 불쌍히 여기는 뜻만 이름은 어찌 된 것입니까? 주자(朱子)께서 이르시되, 이것이
다만 그 사람이 보아 알기 쉬운 일로 일러(=이름으로써), 장공(莊公)이 혼암(昏暗, 어둡고
캄캄함)하며 계집에게 요혹(妖惑, 요사스러움에 홀림)하여 장강(莊姜)의 아름다움을 아지 못
하는 것을 기롱(譏弄, 비웃으며 놀림)함이니, 그 덕행(德行)과 문장(文章)을 이

2 장공의 : 장공(莊公)의. 장공(莊公)이. 위(衛)나라 11대 군주. 제(齊)나라 득신(得臣)의 누이인 장강(莊
姜)을 아내로 맞이하였다.

〈1 : 32b〉

ㄹ디 아닛ᄂᆞᆫ 듕 ᄌᆞ연(自然)이 알 거시라

뎡풍(鄭風)

녀왈계명(女曰鷄鳴)이어늘 ᄉᆞ왈미됴(士曰昧旦)어ᄂᆞ라 ᄌᆞ흥시야(子興視夜)ᄒᆞ라 명셩유^

란(明星有爛)이어니 쟝고쟝샹(將翺將翔)ᄒᆞ야 익부여안(弋鳧與鴈)이어다

부야(賦也)라

녀왈계명(女曰鷄鳴)은 겨집은 ᄀᆞᆯ오디 ᄃᆞᆰ이 우럿다 말^

이오 ᄉᆞ왈미됴(士曰昧旦)ᄂᆞᆫ ᄉᆞ나희 ᄀᆞᆯ오디 ᄃᆞᆰ 우리ᄲᅮᆫ[1] 아^

니라 새여 ᄀᆞᄂᆞ니란 말이니 ᄌᆞ흥시야(子興視夜)ᄂᆞᆫ 그더 니러

밤을 보라 말이오 명셩유란(明星有爛) 말은 새별이 빗^

나미 잇다 ᄠᅳᆮ이라 쟝ᄎᆞᆺ〔은〕【쟝ᄎᆞᆺ[2] ᄒᆞ다 쟝(將) ᄠᅳᆺ(字)】니 고(翺)와 샹(翔)은 활 뽀

노^

1 우리ᄲᅮᆫ : 우는 것뿐. '울-+-ㄹ〔관형사형〕+이〔의존명사〕+ᄲᅮᆫ'으로 분석된다. 그러므로 '우는 것뿐'으로 해
석되어야 한다. 현대국어에서는 관형사형 어미와 의존명사가 연결되면 띄어쓰기가 개재되어야 하지만,
중세국어나 근대국어에서는 이를 한 어절로 인식하여 연철 표기가 적용된다.
2 쟝ᄎᆞᆺ : 장차(將次). 부사 '쟝ᄎᆞ'에 부사를 파생시키는 접미사 '-ㅅ'이 통합한 어형이다. 중세국어 이래 '쟝
ᄎᆞ'와 '쟝ᄎᆞᆺ'이 공존하였으나 자료에서는 '쟝ᄎᆞᆺ'만 발견된다.

▸▸▸ 출 전

시전(詩傳) 정풍(鄭風) 여왈계명(女曰鷄鳴)

女曰鷄鳴 士曰昧旦. 子興視夜 明星有爛 將翶將翔 弋鳧與鴈

▸▸▸ 현대어역

〈1 : 32b〉

　르지 않은 중에도 자연히 알 것이라.

　정풍(鄭風)

여왈계명(女曰鷄鳴)이어늘 사왈매조(士曰昧旦)니라. 자흥시야(子興視夜)하라. 명성유^
란(明星有爛)이어니 장고장상(將翶將翔)하여 익부여안(弋鳧與鴈)이어다.

　부야(賦也)라.

　　여왈계명(女曰鷄鳴)은 여자가 이르되 '닭이 울었다'(하는) 말이요, 사왈매단(士曰昧旦)은
　　남자가 이르되 '닭이 울(=울었을) 뿐 아니라 (날이) 새어 가느니라' 하는 말이니, 자흥시
　　야(子興視夜)는 그대 일어나 밤을 보라는 말이요, 명성유란(明星有爛)(이라 하는) 말은 샛
　　별이 빛남이 있다는 뜻이라. 장차(將次)는【장차(將次) 하다 장(將) 자(字)】니, 고(翶)와 상
　　(翔)은 활을 쏘느

▶▶▶ **원문 판독**

〈1 : 33a〉

라 너퍼는 거동이오 익(弋)은【줄 익(弋) 뜨(字)】부(鳧)는 올히오 안(鴈)은
기럭이룰 니룬 말이라
이는 시(詩) 짓는 사룸이 어딘 부뷔(夫婦ㅣ) 서룰 경계(警戒)ᄒᆞ는 말ᅀᆞ
을 긔록(記錄)ᄒᆞ야 지어시니 닐온 녀왈계명(女曰鷄鳴)이라
ᄒᆞ야 그 남편을 경계(警戒)ᄒᆞ거늘 스왈미됴(士曰昧旦)라 ᄒᆞᆫ
임의 날이 새게 되야 돍 우리쑨 아니라 쯧이니 서ᅀᆞ
룰 경계(警戒)ᄒᆞ미 부부(夫婦)의 연닐(宴昵)ᄒᆞᆫ 스졍(私情)을 두디 아ᅀᆞ
닛는¹ 쯧을 가히 알 거시라 ᄒᆞ미니라 ○ 익부여ᅀᆞ
안(弋鳧與鴈)은 부안(鳧鴈)을 뽀는 거시 제 ᄌᆞ싱(資生)ᄒᆞ는 일이매 ᄒᆞᅀᆞ
논 일올 브즈런이 ᄒᆞ야 부부(夫婦)의 스졍(私情)의 게어르디²

▶▶▶ **주 석**

1 아닛는 : 아니하는. 않는. 중세국어 이래 '아니ᄒᆞ-'는 'ㄴ'을 두음으로 하는 어미와 결합할 때 'ᄒᆞ'의 '·'가 수
  의적으로 탈락하는 경우가 많았다. (이에 대한 자세한 주석은 '아닛는다'<2 : 26a>의 주석 참조) 이곳의
  '아닛-'도 '아니ᄒᆞ-'의 '·' 탈락형을 표기하되 자료에 확립된 칠종성법에 따라 '아닛-'으로 표기한 것이다.

▸▸▸ **출 전**

시전(詩傳) 정풍(鄭風) 여왈계명(女曰鷄鳴)

▸▸▸ **현대어역**

〈1 : 33a〉

라 날뛰는 거동(=모습)이요, 익(弋)은【줄 익(弋) 자(字)】, 부(鳧)는 오리요, 안(鴈)은 기러
기를 이르는 말이라.

이는 시(詩) 짓는 사람이 어진 부부(夫婦)가 서로 경계(警戒)하는 말을 기록하여 지었으
니, 이른바 여왈계명(女曰鷄鳴)이라 하여 그 남편을 경계(警戒)하거늘, 사왈매조(士曰昧旦)
라 함은 이미 날이 새게 되어 닭이 울(=울었을) 뿐 아니라는 뜻이니, 서로 경계(警戒)함
이 부부(夫婦)의 연일(宴昵)한 사정(私情)을 두지 않는 뜻을 가히 알 것이라 함이니라. ○
익부여안(弋鳧與鴈)은 부안(鳧鴈, 오리와 기러기)을 쏘는 것이 자기가 자생(資生, 생계를 유지
함)하는 일이매(=일이므로) 하는 일을 부지런히 하여 부부의 사정에(=사사로운 정 때문에)
게으르지

▸▸▸ **주 석**

2 게어르디 : 게으르지. 이곳의 '게어르-'는 중세국어에서 '게으르-, 게을오-, 게을으-' 등으로 다양하게 표기
  되어 나온다. '게어르-'는 중세국어의 '게으르-'형으로부터 제1음절 모음 'ㅔ'에 이끌려 제2음절 모음 'ㅡ'가
  'ㅓ'로 변한 어형으로 추정된다. 이 문헌에서는 '게으르-' 형은 하나도 나타나지 않으며 '게어르-'형으로만
  표기되어 나타난다.

〈1 : 33b〉

아니ᄒᆞᆷ믈 권(勸)ᄒᆞ미라 익(弋)은 줄의 살 ᄆᆡ야 ᄡᅩᄂᆞᆫ 거ᄉ
시라

익언가지(弋言加之)어늘 여ᄌᆞ의지(與子宜之)ᄒᆞ야 의언음쥬(宜言飮酒)ᄒᆞ야 여ᄌᆞ히로(與子
偕老)ᄒᆞ리라

금슬지어(琴瑟在御)이 막블졍호(莫不靜好)로다
　부야(賦也)라

　언(言)은【어주ᄌᆞ(語助字)】여ᄌᆞ의지(與子宜之)ᄂᆞᆫ 그디로 더브러 맛당이 ᄒᆞ다 말ᄉ
이니 음식을 맛게 ᄒᆞ다 말이오 의언음쥬(宜言飮酒)ᄂᆞᆫ
맛당케 ᄒᆞ야 술 먹다 말이니 여ᄌᆞ히로(與子偕老)ᄂᆞᆫ 그디ᄉ
로 더브러 ᄒᆞᆫ가지로[1] 늙쟈 ᄒᆞᆫ 말이라 금슬지어(琴瑟在御)ᄉ
ᄂᆞᆫ 금슬(琴瑟)을 ᄐᆞ다 말이오 졍(靜)은【안졍(安靜)ᄒᆞᆯ 졍(靜) ᄧᆞ(字)】니 호(好)ᄂᆞᆫ 화
호(和好)ᄉ

1 ᄒᆞᆫ가지로 : 함께. 'ᄒᆞᆫ가지'는 'ᄒᆞᆫ〔一〕 # 가지〔種〕'의 통사 구성에 소급할 어형이나 이미 중세국어부터 "同"
　이나 "共"의 뜻으로 어휘화된 용례가 빈번히 등장한다. 여기서는 "共(함께)"의 의미로 쓰였는데 중세국어
　에서 "同"의 의미는 'ᄒᆞᆫ가짓, ᄒᆞᆫ가지로, ᄒᆞᆫ가지(이)-' 등 다양한 어형에서 확인될 수 있지만 "共"의 의미는
　'ᄒᆞᆫ가지로'에서만 확인된다. ≪新增類合≫(1576)에 등장하는 '同 ᄒᆞᆫ가지 동<하 : 49>, 共 ᄒᆞᆫ가지로 공
　<하 : 61>'의 훈(訓)이 참고된다.

시전(詩傳) 정풍(鄭風) 여왈계명(女曰鷄鳴)
弋言加之 與子宜之 宜言飮酒 與子偕老 琴瑟在御 莫不靜好

〈1 : 33b〉

　아니함을 권함이라. 익(弋)은 줄에 화살을 메어 쏘는 것이라.
익언가지(弋言加之)어늘 여자의지(與子宜之)하여 의언음주(宜言飮酒)하여 여자히로(與子偕老)하리
라. 금슬재어(琴瑟在御)가 막불정호(莫不靜好)로다.
　부야(賦也)라.
　언(言)은【어조자(語助字)】, 여자의지(與子宜之)는 그대와 더불어 마땅히 한다는 말이니 음
식을 맞게 한다는 말이요, 의언음주(宜言飮酒)는 마땅하게 하여 술을 먹는다는 말이니 여
자해로(與子偕老)는 그대와 더불어 함께 늙자 하는 말이라. 금슬재어(琴瑟在御)는 금슬(琴
瑟, 거문고와 비파)을 탄다는 말이요, 정(靜)은【안정(安靜, 편안하고 고요함)할 정(靜) 자(字)】
니, 호(好)는 화호(和好, 화평하고 사이가 좋음)

〈1 : 34a〉

ᄒᆞ다【호(好) ᄯᅳ(字)】다 안뎡(安靜)ᄒᆞ고 화호(和好)티 아니미 업다 말이라
지ᄌᆞ지ᄂᆡ지(知子之來之)란 잡패이증지(雜佩以贈之)며 지ᄌᆞ지슌지(知子之順之)란 잡패^
〔이〕문지(雜佩以問之)며 지ᄌᆞ지호지(知子之好之)란 잡패이보지(雜佩以報之)ᄒᆞ리라
　부야(賦也)라
　지(之)ᄂᆞᆫ【갈 지(之) ᄌᆞ(字)】요 ᄌᆞ(子)ᄂᆞᆫ【그디 ᄌᆞ(子) ᄯᅳ(字)】니 ᄂᆡ(來) ᄌᆞ(字)ᄂᆞᆫ 오
다 말이오 잡패(雜佩)ᄂᆞᆫ 촌
패옥(佩玉)이니 착ᄒᆞᆫ 벗을 오게 ᄒᆞ면 촌 패옥(佩玉)을 주^
련노라 말이라 슌지(順之)란 말은 친슌(親順)타 말이오
호(好)ᄂᆞᆫ 됴히 너기다 말이니 보(報)ᄂᆞᆫ 갑다 말이니 남편^
이 착ᄒᆞᆫ 벗을 사괴면 촌 패옥(佩玉)으로 갑흐련노라
말이라

▶▶▶ **출 전**

시전(詩傳) 정풍(鄭風) 여왈계명(女曰鷄鳴)
知子之來之 雜佩以贈之 知子之順之 雜佩以問之 知子之好之 雜佩以報之

▶▶▶ **현대어역**

〈1 : 34a〉

　하다【호(好) 자(字)】, 다 안정(安靜, 편안하고 고요함)하고 화호(和好, 화평하고 사이가 좋음)하
　지 아니함이 없다는 말이라.
지자지래지(知子之來之)란 잡패이증지(雜佩以贈之)며, 지자지순지(知子之順之)란 잡패[이]문지(雜
佩以問之)며, 지자지호지(知子之好之)란 잡패이보지(雜佩以報之)하리라.
　부야(賦也)라.
　지(之)는【갈 지(之) 자(字)】요, 자(子)는【그대 즈(子) 자(字)】니, 래(來) 자(字)는 온다는
　말이요 잡패(雜佩)는 (몸에) 찬 패옥(佩玉)이니, 착한 벗을 오게 하면 (몸에) 찬 패옥(佩
　玉)을 주려 하노라는 말이라. 순지(順之)란 말은 친순(親順)하다는 말이요, 호(好)는 좋게
　여긴다는 말이니 보(報)는 갚는다는 말이니, 남편이 착한 벗을 사귀면 (몸에) 찬 패옥(佩
　玉)으로 갚으려 하노라는 말이라.

〈1 : 34b〉

녀왈계명(女曰鷄鳴) 삼댱(三章)
　이눈 부인(婦人)이 집안 일로 남편을 서로 경계홀
　쑨 아니라 쏘 남편이 어던 사룸을 친히 ᄒ고 착ˆ
　혼 사룸을 벗ᄒ야 즐겨 ᄒ는 ᄆ옴을 밋고져
　ᄒ미 극진ᄒ야 ᄉ랑ᄒ는 노리개의 보ᄇ도 앗ˆ
　기미 업서 ᄒ미라
　경원 보시 ᄀᆯ오디 뎡(鄭)나라 풍쇽이 음난(淫亂)ᄒ디
　이 사룸의 부부(夫婦)는 오히려 녜의(禮儀)롤 아라 싱업(生業)ˆ
　을 브즈런이 ᄒ야 게어르디[1] 아니ᄒ고 닉이(溺愛)ᄒ는
　ᄉ졍(私情)의 탐(貪)티 아니ᄒ야 화락(和樂)ᄒ는 졍도(正道)의 평안ˆ

1 게어르디 : 게으르지. 이곳의 '게어르-'는 중세국어에서 '게으르-, 게을오-, 게을으-' 등으로 다양하게 표기
　되어 나온다. '게어르-'는 중세국어의 '게으르-'형으로터 제1음절 모음 'ㅔ'에 이끌려 제2음절 모음 'ㅡ'가
　'ㅓ'로 변한 어형으로 추정된다. 이 문헌에서는 '게으르-' 형은 하나도 나타나지 않으며 '게어르-'형으로만
　표기되어 나타난다.

▸▸▸ 출 전

시전(詩傳) 정풍(鄭風) 여왈계명(女曰鷄鳴)

▸▸▸ 현대어역

〈1 : 34b〉

여왈계명(女曰鷄鳴) 삼장(三章)

　　이는 부인(婦人)이 집안 일로 남편을 서로 경계할 뿐 아니라, 또 남편이 어진 사람을 친히 하고 착한 사람을 벗하여 (이를) 즐겨 하는 마음을 맺고자(＝갖추게 하고자) 함이 극진하여 (부인이 자신이) 사랑하는 노리개의 보배도 아낌이 없어 함이라.

　　경원 보씨가 이르되, 정(鄭)나라 풍속이 음란(淫亂)하되 이 사람의 부부(夫婦)는 오히려 예의(禮義)를 알아, 생업(生業)을 부지런히 하여 게으르지 아니하고 익애(溺愛, 지나치게 사랑하거나 귀여워함)하는 사정(私情)에 탐(貪)하지 아니하여 화락(和樂, 화평하게 즐김)하는 정도(正道)에 평안

▶▶▶ **원문 판독**

〈1 : 35a〉

이 너기고 쏘 능히 남편을 도아 착훈 사롬을
벗ㅎ야 그 덕을 일과져¹ ㅎ니 심샹(尋常)훈 부인^
의셔 훈 등(等)이 더훈 줄 알 거시로다
패풍(齊風)
계긔명의(鷄旣鳴矣)라 됴긔영의(朝旣盈矣)라 ㅎ니 비계즉명(匪鷄則鳴)이라 창승지셩(蒼
蠅之聲)^
이로다
부야(賦也)라
계긔명이(鷄旣鳴矣)라 말은 닭이 임의 우럿다 말이오 됴^
긔영의(朝旣盈矣)ᄂ 됴회(朝會ㅣ) 임의 춧다 ㅎ니 됴뎡(朝廷)의 됴회(朝會)ㅎ^
라 온 신해(臣下ㅣ) 춧다 말이오 비계즉명(匪鷄則鳴)은 닭의 우룸^

▶▶▶ **주 석**

1 일과져 : 이루게 되었으면. 이루게 하고자. '일[成]-+-과져'. 이곳의 '-과져'는 자료의 다른 곳에 '-과쟈'로
나타나기도 한다. '-과져/과쟈는 중세국어에서 '-과뎌' 또는 '-과댜'로 나타나는데, 이 '-과뎌/과댜'는 주로
희망이나 사유의 의미를 보이는 '원ㅎ-', 'ㅂ라-'류의 동사가 후행하는 것이 특징이었다. 중세국어에서 '-과
뎌/과댜'는 "희망"의 의미 기능을 나타내는데, 그것은 크게 두 가지로 나누어볼 수 있다. 희망을 품은 이
가 자신이 아닌 제삼자를 통해 그 일을 이루기를 바라는 것과, 어떤 무정물이나 추상물의 상태 변화 내지
예정을 바라는 의미 기능이 그것이다. 이곳의 '-과져'는 전자의 의미 기능을 계승하여 쓰였다고 할 수 있다.

▸▸▸ **출 전**

시전(詩傳) 정풍(鄭風) 여왈계명(女曰鷄鳴)

鷄旣鳴矣 朝旣盈矣　匪鷄則鳴 蒼蠅之聲

▸▸▸ **현대어역**

〈1 : 35a〉

히 여기고, 또 능히 남편을 도와 착한 사람을 벗하여 그 덕을 이루게 하고자 하니 심상
(尋常, 대수롭지 않고 예사로움)한 부인에서(＝부인보다) 한 등(等, ＝等級)이 더한 것을 알 것
이로다.
　제풍(齊風)
계기명의(鷄旣鳴矣)라 조기영의(朝旣盈矣)라 하니, 비계즉명(匪鷄則鳴)이라 창승지성(蒼蠅之聲)이
로다.
　부야(賦也)라
　　계기명의(鷄旣鳴矣)라는 말은 닭이 이미 울었다는 말이요, 조기영의(朝旣盈矣)는 조회(朝
　　會)가 이미 찼다 하니 조정(朝廷)에 조회(朝會)하러 온 신하가 찼다는 말이요, 비계즉명
　　(匪鷄則鳴)은 닭의 울음

⟨1 : 35b⟩

이 아니라 뜻이니 창승지성(蒼蠅之聲)은 프른 프리 소리라
말이라
이 시(詩)는 닐온[1] 녜 어딘 후비(后妃ㅣ) 님군의 혼 디셔 자매
새벽 째의 니르러 님군긔 경계(警戒)ᄒ야 니론 말이니
혹 연닐(宴昵)호 ᄉᆞ졍(私情)의 탐(貪)ᄒ야 군신(群臣)의 됴회(朝會) 바드^
미 느즐가 두려ᄒ야 ᄆᆞ음이 고죽호 고로 둙이 우디
아냐 프리 소리롤 듯고 둙의 우룸만 너겨 경쳑(驚惕)^
ᄒᆞᄂᆞᆫ ᄆᆞ음이니 지극호 졍셩의 엇디 감동ᄒ미
업ᄉ리오
동방명의(東方明矣)라 됴긔챵의(朝旣昌矣)라 ᄒ니 비동방즉명(匪東方則明)이라 월츌지^

1 닐온 : 이른바. '닐온'은 기원적으로 '니르/니ᄅ-[曰]'에 선어말어미 '-오-'가 결합된 '니로-'의 동명사형에
해당한다. 다른 근대 문헌에는 '니론, 니론바'가 주로 나타나나, 이 문헌에서는 "이른바"의 의미로 사용된
경우에는 '닐온'을 사용하고, "이르는"의 의미로는 '니론' 형태를 구분하여 사용하고 있다.

▸▸▸ 출 전

시전(詩傳) 제풍(齊風) 계명(鷄鳴)
東方明矣 朝旣昌矣 匪東方則明 月出之光

▸▸▸ 현대어역

〈1 : 35b〉

이 아니라는 뜻이니 창승지성(蒼蠅之聲)은 푸른 파리 (날아다니는) 소리라는 말이라.

이 시(詩)는 이른바 옛 어진 후비(后妃)가 임금과 함께 잠에(=잘 때에) 새벽에 이르러 임
금께 경계(警戒)하여 이른 말이니, 혹 연일(宴昵)한 사정(私情)에 탐(貪)하여 군신(群臣)의
조회(朝會)를 받음이 늦을까 두려워하여 마음이 골똘한 고로, 닭이 울지 아니하여(=않았
는데) 파리 소리를 듣고 닭의 울음으로만 여겨 경척(驚惕, 놀라고 근심함)하는 마음이니, 지
극한 정성에 어찌 감동함이 없으리요?

동방명의(東方明矣)라 조기창의(朝旣昌矣)라 하니 비동방즉명(匪東方則明)이라 월출지

〈1 : 36a〉

광(月出之光)이로다

부야(賦也)라

동방명의(東方明矣)는 동방(東方)이 붉앗다 말이오 됴긔챵^

의(朝旣昌矣)는 됴회(朝會ㅣ) 임의 셩(盛)ᄒ엿다 말이라 비동방즉^

명(匪東方則明)은 동방(東方)이 붉아시미 아니라 말이오 월츌지^

광(月出之光)은 ᄃᆞᆯ빗치 아니라 말이라 ○ ᄑᆞ리 소리를 듯고

ᄃᆞᆰ의 우룸만 너기며 ᄃᆞᆯ빗츨 보고 동방(東方)이 붉앗^

ᄂᆞᆫ가 의심ᄒ니 그 동″쵹″(洞洞屬屬)ᄒ야 혹 님군의 졍ᄉᆞ(政事)

보미 게어룰가[1] 두려ᄒ니 연닐(宴昵)ᄒᆫ 셩졍(性情)의 ᄯᅳᆺ을[2]

두디 아니미 진실로 후셰(後世) 부인의 경계(警戒)ᄒᆯ 배로다

1 게어룰가 : 게을를까. 이곳의 '게어ᄅᆞ-'는 중세국어에서 '게으르-, 게을오-, 게을으-' 등으로 다양하게 표기
되어 나온다. '게어ᄅᆞ-'는 중세국어의 '게으르-'형으로부터 제1음절 모음 'ᅦ'에 이끌려 제2음절 모음 'ᅳ'가
'ᅥ'로 변한 어형으로 추정된다. 이 문헌에서는 '게으르-' 형은 하나도 나타나지 않으며 '게어르-'형으로만
표기되어 나타난다.

▶▶▶ **출 전**

시전(詩傳) 제풍(齊風) 계명(鷄鳴)

▶▶▶ **현대어역**

〈1 : 36a〉

광(月出之光)이로다.

　부야(賦也)라.

　　동방명의(東方明矣)는 동방(東方)이 밝았다는 말이요, 조기창의(朝旣昌矣)는 조회(朝會)가
　　이미 성하였다는 말이라. 비동방즉명(匪東方則明)은 동방(東方)이 밝았음이 아니라는 말이
　　요, 월출지광(月出之光)은 달빛이 아니라는 말이라. ○ 파리 소리를 듣고 닭의 울음으로
　　만 여기고, 달빛을 보고 동방(東方)이 밝았는가 의심하니, 그 동동촉촉(洞洞屬屬, 공경하고
　　삼가며 매우 조심스러움)하여 임금이 정사(政事)를 봄이(＝돌보는 것이) 게으를까 두려워하니,
　　연일(宴昵)흔 성정(性情)에 뜻을 두지 않음이 진실로 후세(後世) 부인이 경계(警戒)할(＝경
　　계로 삼을) 바이로다.

▶▶▶ **주 석**

2　뜻을 : 뜻을. 이곳의 '뜻'은 중세국어의 '뜯'에 소급할 어형이다. 어두자음군의 경음화를 거쳐 16세기 문헌
　　부터는 '뜯'으로 등장하기 시작한다. 예 : 즐기는 쓰들 보노라<중간두시언해(1613) 7 : 11a>. 이곳에서
　　'뜯'이 '뜻'으로 적힌 것은 (칠종성법의 확립 이후) 어간 말음 /ㄷ/을 'ㅅ' 분철 표기로 나타내는 자료의 표
　　기 방식에 따른 것이다. 현대국어의 '뜻'은 '뜯'에서 어간 말음이 다시 'ㅅ'으로 재구조화된 결과이다.

▶▶▶ **원문 판독**

〈1 : 36b〉

튱비홍홍(蟲飛薨薨)이어든 감여ᄌ동몽(甘與子同夢)이언마ᄂ 회챠구의(會且歸矣)란 무셔
여^

ᄌ증(無庶予子憎)가
　부야(賦也)라
　　튱비(蟲飛)ᄂ 버레오[1] 홍〃(薨薨)은 ᄀᄂ 소리니 감여ᄌ동몽(甘與子同夢)^
　　은 그듸로 더브러 ᄭᅮᆷ을 ᄒᆞᆫ가지로 ᄒᆞ미 둘련마^
　　ᄂ 말이오 회챠구의(會且歸矣)ᄂ 됴회(朝會ㅣ) 쟝ᄎᆞᆺ 도라 간다 말^
　　이니 무셔여ᄌ증(無庶予子憎)은 아니 거의 날로 ᄒᆞ야 그듸롤
　　믜이 너기랴 말이라 이 닐온 날이 새야 버러지[2] ᄂ^
　　도록 그듸로 더브러 ᄒᆞᆫ가지로 자미 즐겁디 아니^
　　랴마ᄂ 군신(群臣)들이 됴회(朝會)ᄒᆞ려 ᄒᆞ고 보낫다가 님군^

▶▶▶ **주 석**

1 버레오 : 벌레요. 이곳의 '버레'는 중세국어의 '벌에'에 소급할 어형이다. '벌에'에서 제1음절의 'ㄹ'이 제2음
절로 연철되지 않은 것은, 제2음절의 '에'가 원래는 '*벌게'로부터 유래되었을 가능성을 시사한다. 'ㄹ' 다
음에 'ㄱ'이 약화된 상태로 있다가 약화된 'ㄱ'이 완전히 사라지자 연음되어 '버레'가 된 것으로 추정되는
것이다. '벌레'는 '흑한병과 밋 ᄭᅩ리놀 벌레 먹는 병을 고티ᄂᆞ니'<마경초집언해(1682) 上 : 68b>나 '焦苗
虫兒 닥쟝벌레'<역어유해(1690) 下 : 35b>처럼 '벌레'가 나타나기도 하나, 근대국어 시기에는 이 문헌에
서처럼 대부분 '버레'로 나타난다.

▶▶▶ 출 전

시전(詩傳) 제풍(齊風) 계명(鷄鳴)
蟲飛薨薨 甘與子同夢 會且歸矣 無庶予子憎

▶▶▶ 현대어역

〈1 : 36b〉

충비홍홍(蟲飛薨薨)이어든 감여자동몽(甘與子同夢)이언마는 회차구의(會且歸矣)란 무서여자증(無
庶予子憎)가.

　　부야(賦也)라.

　　　충비(蟲飛)는 벌레요, 홍홍(薨薨)은 가는(=가느다란) 소리니, 감여자동몽(甘與子同夢)은 그
　　　대와 더불어 꿈을 함께 함이 달련마는(=달콤하겠건마는) (하는) 말이요, 회차구의(會且歸
　　　矣)는 조회(朝會)가 (파하여) 장차 돌아간다는 말이니, 무서여자증(無庶予子憎)은 아니 거
　　　의 나로 하여금 그대를 밉게 여기랴 (하는) 말이라. 이것은 이른바 날이 새어 벌레가 날
　　　도록(=날 때까지) 그대와 더불어 함께 자는 것이 즐겁지 않으랴마는 군신(群臣)들이 조회
　　　(朝會)하려고 모였다가 임금

▶▶▶ 주 석

2 버러지 : 벌레. "벌레[蟲]"를 의미하는 단어로 중세국어에서는 '벌에'로 나타난다. '버러지'는 'ㅂ롬과 비와
버러지와 쥐의 ㅎ여ㅂ린 배 되ᄂ니'<소학언해(1588) 5 : 117b>처럼 16세기 후반에 나타나기 시작하여
근대국어의 몇몇 문헌에서 발견된다. 이 문헌에서는 '버레'와 함께 나타난다.

▶▶▶ 원문 판독

〈1 : 37a〉

이 됴회(朝會)룰 아니 바드면 쟝촛 훗터뎌 도라가매 아^
니 날로 ᄒ야 그더룰 아오ᄒ야 믜워홀 거시 되^
ᄂ냐 ᄒ는 뜻이니 엇디 긔특디 아니리오
계명(鷄鳴) 삼댱(三章)
삼산 니시 왈 즈고(自古)로 인군(人君)이 몸을 닥고[1] 힝실(行實)을
삼가 황음(荒淫)ᄒ는 해(害ㅣ) 업스미 착ᄒ 신해(臣下ㅣ) 업술 쓴
아니라 어딘 안해와 뎡녈(貞烈)ᄒ 겨집이 슉야(夙夜)의 경^
계(警戒)ᄒ야 그 덕을 일게 ᄒ매 말미암ᄂ니 쥬(周) 션^
왕(宣王)[2]의 강후(姜后)[3]와 졔(齊) 환공(桓公)[4]의 위희(衛姬)와 초(楚) 장왕(莊王)[5]의 번^
희(樊姬)[6] ᄀᆞᆺᄐ니 이시니 혼갓 후비(后妃)의 돕ᄂ 거슬 닙어

▶▶▶ 주 석

1 닥고 : 닭고. 이곳의 '닥-'은 중세국어의 '닭-'에 소급될 어형이다. 그러나 이곳의 '닥고'를 근거로 자료에서 '닭->닥-'의 어간 재구조화가 완료되었다고 보기는 어렵다. 자료에는 ('닥-'이 아닌) 어간 '닭-'의 활용형 (예 : '닭그면'<1 : 3b>, '닭가'<1 : 55b>)도 존재하기 때문이다. 따라서 이곳의 '닥고'는 아직 재구조화에는 이르지 않고 단순히 /닭고/에서 수의적인 조음위치 동화가 일어난 현실을 반영한 표기로 보아야 할 것이다.

▶▶▶ **출 전**

시전(詩傳) 제풍(齊風) 계명(鷄鳴)

▶▶▶ **현대어역**

〈1 : 37a〉

이 조회(朝會)를 아니 받으면 장차 흩어져 돌아가매(돌아가므로), 아니 나로 하여금 그대와 아울러(=더불어) 미워하게 할(=만들) 것이냐 하는 뜻이니 어찌 기특하지 않으리요?
계명(鷄鳴) 삼장(三章)

　　삼산 이씨 왈, 자고(自古)로 인군(人君)이 몸을 닦고 행실(行實)을 삼가 황음(荒淫, 함부로 음탕한 짓을 함)하는 해(害)가 없는 것은, 착한 신하(臣下)가 없을 뿐 아니라 어진 아내와 정렬(貞烈)한 여자가 숙야(夙夜, 이른 아침과 깊은 밤)에 경계(警戒)하여 그 덕을 이루어지게 함에 말미암나니, 주(周) 선왕(宣王)의 강후(姜后)와 제(齊) 환공(桓公)의 위희(衛姬)와 초(楚) 장왕(莊王)의 번희(樊姬) 같은 사람이 있으니, 다만 후비(后妃)가 돕는 것을 입어

▶▶▶ **주 석**

2 쥬 션왕 : 주(周) 선왕(宣王). 중국 주(周)나라 제11대 왕(BC 828~782 재위)이다. 이름은 희정(姬靜/姬靖)으로 여왕(厲王)의 아들이다. 여왕은 폭정으로 쫓겨나나 선왕은 대신(大臣) 소공(邵公)의 집에 숨어 있었으므로 다행히 목숨을 건질 수 있었다. 여왕이 죽은 후 제위(帝位)에 올랐는데, 관제를 정비하고, 문(文)·무(武)·성(成)·강(康) 등 여러 왕의 유업을 계승하였다고 한다.
3 강후 : 강후(姜后). 주나라 선왕(宣王)의 정비(正妃)로, 선왕이 매일 늦잠을 자며 정사를 게을리하자 강후(姜后)는 자신의 잘못이라 여기고 비녀와 귀고리를 벗어버리고는 죄를 청하여 선왕(宣王)의 잘못을 바로잡았다고 한다.
4 제 환공 : 제(齊) 환공(桓公). 환공(桓公, B.C. 685~643 재위)은 중국 춘추시대 제나라의 군주이다. 성은 강(姜)이며 이름은 소백(小白)이다. 춘추 오패의 한 사람으로 관중(管仲)을 등용하여 부국강병에 힘썼으며, 제후를 규합하여 맹주가 되고 패업을 완성하였다.
5 초 장왕 : 초(楚) 장왕(莊王). 중국 춘추시대 초(楚)나라의 왕(B.C. 614~591 재위)으로, 이름은 여(侶)이다. 춘추 오패(五霸)의 한 사람으로, 진(晉)나라 경공(景公)의 군대를 격파하고 중원(中原)의 패자(霸者)가 되었다.
6 번희 : 번희(樊姬). 춘추시대 초(楚)나라 장왕(莊王)의 비(妃)로, 장왕이 사냥에 탐닉하는 것을 걱정하여 수 차례 그만둘 것을 간하였다. 그러나 장왕이 말을 듣지 않자 짐승의 고기를 일절 입에 대지 않았다. 이에 왕은 잘못을 깨달아 사냥을 그만두고 정사에 힘썼다고 한다.

▶▶▶ **원문 판독**

〈1 : 37b〉

착호 님군이 될 쑨 아니라 오(吳) 짜 허승이 잡계호^
고 혹업(學業)을 아니호고 효양(孝養)홀 줄 싱각디 아니^
호더니 그 안해 녀영이 몸소 가업(家業)을 브즈런이 호^
야 싀어미롤 봉양(奉養) 호고 주로 승을 권호야 혹업(學業)^
을 닥그라 권호며 승이 미양 블의(不義)예 일을 호^
면 믄득 눈믈을 흘려 근졀이 규간(規諫) 호니 승^
이 감격호야 스스로 분녀(奮勵)호야 이에 스싱을[1] 츳자
혹업(學業)을 힘뻐 무춤내 일홈난 현인(賢人)이 되니
부인의 도으미 이러톳호디라 셰샹 겨집이 이런
도리롤 모루고 스나히 혼암(昏暗)호고 음난(淫亂)호믈 조차

▶▶▶ **주 석**

1 스싱을 : 스승을. 중세국어에서는 '스숭'으로 나타난다. 예 : 太子ㅅ 스스이 두외려뇨<석보상절 3 : 7a>.
그러나 근대국어에서 '스싱의 フ르침이'<오륜전비언해(1721) 1 : 20a>처럼 '스싱'이 나타나기 시작하는
데, 이 문헌 또한 예외가 아니어서, 대부분 '스싱'으로 표기된다. 그러나 '스숭'<3 : 3b, 3 : 48b>처럼 '스
숭'의 경우도 발견된다.

▸▸▸ **출 전**

시전(詩傳) 제풍(齊風) 계명(鷄鳴)

▸▸▸ **현대어역**

〈1 : 37b〉

착한 임금이 될 뿐 아니라, 오(吳) 땅의 허승이 잡계하고 학업(學業)을 아니하고 효양(孝養)하는 것을 생각하지 아니하였는데, 그 아내 여영이 몸소 가업(家業)을 부지런히 하여 시어미를 봉양(奉養)하고 자주 승에게 권하여 학업을 닦으라 권하며 승이 매양 불의(不義)의 일을 하면 문득 눈물을 흘려 간절히 규간(規諫, 옳은 도리나 이치로써 웃어른이나 왕의 잘못을 고치도록 말함)하니, 승이 감격하여 스스로 분려(奮勵, 기운을 내어 힘씀)하여 이에 스승을 찾아 학업을 힘써 마침내 이름난 현인(賢人)이 되니 부인의 도움이 이렇듯한지라. 세상 여자가 이런 도리를 모르고, 사나이가 혼암(昏暗, 어둡고 캄캄함) 흐고 음난(淫亂)함을 좇아(＝따라)

⟨1 : 38a⟩

> 서ᄅ 경계(警戒)ᄒᆞᆯ 줄 몰라 나라흘 망ᄒᆞ고 집을
> 업쳐 ᄡᅵ둣긔 못ᄒᆞᄂᆞᆫ 뉴(類)ᄂᆞᆫ 엇디 죡히 닐럼즉^
> ᄒᆞ리오¹
>   위풍(魏風)
> 텩피호혜(陟彼岵兮)ᄒᆞ야 텸망부혜(瞻望父兮)호라 부왈차여ᄌᆞ힝역(父曰嗟予子行役)이여
> 슉^
> 야무이(夙夜無已)로다 샹신젼지(上愼旃哉)어다 유니무기{지}(猶來無止)니라
>   부야(賦也)라
>   피(彼)ᄂᆞᆫ【뎌 피(彼)】니 호(岵)ᄂᆞᆫ 뫼히오 쳑(陟)은 오ᄅᆞ다 말이니 쳠망^
>   부혜(瞻望父兮)ᄂᆞᆫ 아비를 텸망(瞻望)ᄒᆞ다 말이니 망(望) ᄌᆞ(字)ᄂᆞᆫ【ᄇᆞ랄 망(望) ᄯᅳ
>   (字)】^
>   니, 아비 ᄀᆞᆯ오디 슬프다 내 ᄌᆞ식이여 힝역(行役)ᄒᆞ미여

1 닐럼즉ᄒᆞ리오 : 이름직하리요. 이를 만하리요. 이곳의 '닐럼즉ᄒᆞ-'는 '니ᄅᆞ-'에 "可望"(=가히 ~할 만하다
/~할 수 있다)을 뜻하는 '-엄즉ᄒᆞ-'가 결합한 어형이다. '-엄즉ᄒᆞ-'에는 기원적으로 "강세"의 뜻을 더하는
선어말어미 '-아/어-'가 포함된 것으로 추정되는데, 이곳에서는 선행 어간의 음운론적 조건(하향 이중모
음)에 따른 교체형 '-여-'가 선택된 결과 '-염즉ᄒᆞ-'로 나타난 것이다. '-암/엄즉ᄒᆞ-'는 18세기 말부터 (선
어말어미 '-아/어-'의 쇠퇴에 따른) '-암/엄->-음-'의 변화로 '-음즉ᄒᆞ-'의 꼴로 쓰이다가 현대국어에는
(치음 아래) 전설모음화까지 겪어 '-음직하-'로 남았다.

▸▸▸ 출 전

시전(詩傳) 위풍(魏風) 척호(陟岵)

陟彼岵兮 瞻望父兮 父曰嗟予子行役 夙夜無已 上愼旃哉 猶來無止

▸▸▸ 현대어역

〈1 : 38a〉

　서로 경계(警戒)할 줄 몰라 나라를 망하고(=망치고) 집을 엎쳐(=깨트려) (그러고도) 깨닫
지 못하는 유(類)는 어찌 족히 이름직하리요?

　위풍(魏風)

척피호혜(陟彼岵兮)하여 첨망부혜(瞻望父兮)하라. 부왈차여자행역(父曰嗟予子行役)이여 숙야무이
(夙夜無已)로다. 상신전재(上愼旃哉)어다 유내무지(猶來無止)니라.

　부야(賦也)라.

　　피(彼)는【저 피(彼)】니, 호(岵)는 뫼요(=산이요), 척(陟)은 오른다는 말이니, 첨망부혜(瞻
望父兮)는 아비를 첨망(瞻望, 높은 곳을 바라다 봄)한다는 말이니, 망(望) 자(字)는【바랄 망
(望) 자(字)】니, 아비가 이르되, 슬프다 내 자식이여, 행역(行役)을 함이여(=겪음이여).

〈1 : 38b〉

말이오 숙야(夙夜)는 아츰과 밤이니 무이(無已)는 말이 업다

말이라 샹(上)은 거의 ᄒ다 말이오 신(愼)은 삼가다 말이^

니 젼(旃) ᄌ(字)는【어주ᄌ(語助字)】라 유ᄂᆡ무지(猶來無止)는 오히려 와 그치미 업^

스롸¹ 말이니 그치다 말은 ᄎᄌᄆᆡ 업게 ᄒ라

ᄯᅳᆺ이라 ○ 이 시(詩)는 효ᄌ(孝子ㅣ) 힝역(行役) ᄒ여 그 어버이룰

넛디 못ᄒᆞᄂᆞᆫ 고로 뫼ᄒᆡ 올라 ᄡᅥ 그 아뷔² 잇ᄂᆞᆫ 디룰

ᄇᆞ라 인ᄒᆞ야 그 아뷔 제 몸 념녀(念慮)ᄒᆞ믈 샹〃(想像)ᄒ야

니론 말이라

텩피긔혜(陟彼屺兮)ᄒᆞ야   텸망모혜(瞻望母兮)로다   모왈차여계힝역(母曰嗟予季行役)이여 숙^

야무ᄆᆡ(夙夜無寐)로다 샹신젼ᄌᆡ(上愼旃哉)어다 유ᄂᆡ무기(猶來無棄)니라

1 업스롸 : 없도다. '없-'에 '-으롸'가 결합한 어형으로, 이곳의 '-으롸'는 중세국어의 종결형 '-오라'(← -오-〔화자표시〕+-라〔←다〕)에 소급할 어형이다. 자료에는 '-오라'도 등장하지만 구결문의 '호라'에 한하여 나타날 뿐이고, '-오라'보다는 이곳과 같이 (선어말어미 '-오-'의 쇠퇴와 더불어) '-오라>-오롸> -으롸'의 변화를 겪은 '-으롸'나 이것을 과잉 분철한 '-을롸'로 나타나는데 이들 형태는 18세기 간본이나 필사본(영조 대(1746~1776) 어제류)에 집중 등장하는 것이 특징이다. 예 : 내 알롸 홈을 기ᄃᆞ림이 무던ᄒ다<오류전비언해(1721) 1 : 54>, 보내여 四十里 짜히 가 ᄒᆞ룻밤 머므러 곳 하직ᄒ고 도라오롸<박통사신석언

시전(詩傳) 위풍(魏風) 척호(陟岵)

陟彼岵兮 瞻望母兮 母曰嗟予季行役 夙夜無寐 上慎旃哉 猶來無棄

〈1 : 38b〉

　　(하는) 말이요, 숙야(夙夜)는 아침과 밤이니 무이(無已)는 말이 없다는 말이라. 상(上)은 거의 한다는 말이요, 신(慎)은 삼간다는 말이니 전(旃) 자(字)는【어조자(語助字)】라. 유래무지(猶來無止)는 오히려 와 그침이 없도다 (하는) 말이니, 그치다 (하는) 말은 찾음이 없게 하라는 뜻이라. ○ 이 시(詩)는 효자(孝子)가 행역(行役)을 하여 그 어버이를 잊지 못하는 고로, 뫼에(=산에) 올라 그 아비가 있는 곳을 바라보고 인하여 그 아비가 제 몸 염려(念慮)함을 상상(想像)하여 이른 말이라.

척피기혜(陟彼岵兮) ᄒᆞ야 첨망모혜(瞻望母兮)로다. 모왈차여계행역(母曰嗟予季行役)이여 숙야무매(夙夜無寐)로다. 상신전재(上慎旃哉)어다 유내무기(猶來無棄)니라.

　　해(1765) 3 : 40b〉 ; 나도 그날 가 拜壽ᄒᆞ고 여러 잔 술 먹고 兩道場을 지내고 곳 믈을 트고 나올와〈박통사신석언해(1765) 2 : 4a〉.

2　아븨 : 아비의. '아비+-의'와 같이, '아비[父]'에 속격 조사 '-의'가 결합되면 '아비'의 마지막 모음 'ㅣ'가 탈락되어 '아븨'로 나타나는 것이 일반적인 형태였다. 예 : 제 몸으로 <u>아븨</u> 주구믈 디신ᄒᆞ야지라 비더라 〈번역소학(1517) 9 : 31b〉. 이곳의 '아뷔'는 '아븨'의 두 번째 음절에서 순자음 'ㅂ'의 영향으로 원순모음화 현상이 일어나 'ㅡ'가 'ㅜ'로 바뀐 형태이다.

〈1 : 39a〉

부야(賦也)라
　긔(屺)는 뫼히오 계(季)는 말자(末子) 즈식이니 무미(無寐)는 줌이 업^
　다 말이니 나라 일의 분황(奔遑)ᄒ야 줌도 못잔다
　말이라 기(棄)는 ᄇ리다 말이니 죽어 시톄를 ᄇ리다
　말이라
척피강혜(陟彼岡兮)ᄒ야 텸망형혜(瞻望兄兮)로다 형왈차여뎨힝역(兄曰嗟予弟行役)^
이여 슉야필히(夙夜必偕)로다 샹신젼ᄌ(上愼旃哉)어다 유ᄂ니무ᄉ(猶來無死)ᄒ라
　부야(賦也)라
　강(岡)은 뫼ᄭ리오 히(偕)는 ᄀ티 ᄒ다 말이니 동관과 힝^
　지(行止)를 ᄀ티 ᄒ다 말이라 ᄉ(死)는 죽으미 업게 ᄒ라 말이라

►►► **출 전**

시전(詩傳) 위풍(魏風) 척호(陟岵)

陟彼岡兮 瞻望兄兮 兄曰嗟予弟行役 夙夜必偕 上愼旃哉 猶來無死

►►► **현대어역**

⟨1 : 39a⟩

부야(賦也)라.

　기(屺)는 뫼요(＝산이요), 계(季)는 말자(末子, 막내아들) 자식이니 무매(無寐)는 잠이 없다는 말이니, 나라 일에 분황(奔遑)하여 잠도 못 잔다는 말이라. 기(棄)는 버린다는 말이니 죽어 시체를 버린다는 말이라.

척피강혜(陟彼岡兮)하여 첨망형혜(瞻望兄兮)로다. 형왈차여제형역(兄曰嗟予弟行役)이여 숙야필해(夙夜必偕)로다. 상신전재(上愼旃哉)어다 유래무사(猶來無死)하라.

　부야(賦也)라.

　강(岡)은 묏부리요, 해(偕)는 같이 한다는 말이니 동관과 행지(行止, 행동거지)를 같이 한다는 말이라. 사(死)는 죽음이 없게 하라는 말이라.

▸▸▸ **원문 판독**

〈1 : 39b〉

척호(陟岵) 삼댱(三章)
　선위(先儒ㅣ) 굴오디 임의 부모(父母)와 형을 싱각ᄒ고 또 부^
　모와 형의 내 몸 싱각ᄒ야 원ᄒᄂᆫ 말을 샹〃(想像)^
　ᄒ야 니ᄅ니 이 그 반ᄃ시 어버이 ᄆᆞ음으로뻐 ᄆᆞ음을
　삼으니 진실로 어딘 사ᄅᆞᆷ이라 니ᄅᆞᆯ로다 또 굴오디
　이 사ᄅᆞᆷ이 제 어버이 싱각ᄒᄂᆫ ᄆᆞ음으로뻐 어버^
　이 날 싱각ᄒᄂᆫ 말을 ᄒᄂᆫ 밧 재 실로 내의 어버이
　싱각ᄒᄂᆫ ᄆᆞ음을 부치니 그 회(孝ㅣ) 극진ᄒ도다
회풍(檜風)
비풍발혜(匪風發兮)여 비거걸혜(匪車偈兮)라 고쳠쥬도(顧瞻周道)오 등심달혜(中心怛兮)로다

▶▶▶ 출 전

시전(詩傳) 위풍(魏風) 척호(陟岵)
匪風發兮 匪車偈兮 顧瞻周道 中心怛兮

▶▶▶ 현대어역

〈1 : 39b〉

척호(陟岵) 삼장(三章)

선유(先儒, 옛 선비)가 이르되, 이미 부모와 형을 생각하고, 또 부모와 형이 내 몸을 생각하여 원하는 말을 상상(想像)하여 이르니, 이(=이 사람이) 그 반드시 어버이 마음으로써 (내) 마음을 삼으니 진실로 어진 사람이라 이를 것이로다. 또 이르되, 이 사람이 제가 (=자기가) 어버이 생각하는 마음으로써 어버이가 나를(=자기를) 생각하는 말을 하는 바 그것이 실로 내가 어버이를 생각하는 마음에 부치니(=의지하니) 그 효(孝)가 극진하도다.

회풍(檜風)

비풍발혜(匪風發兮)여 비거걸혜(匪車偈兮)라. 고첨주도(顧瞻周道)요 중심달혜(中心怛兮)로다.

▶▶▶ **원문 판독**

〈1 : 40a〉

부야(賦也)라

비풍(匪風)은 샌르다 말이오 거(車)는 술위니[1] 걸(偈)은 섈니 듯는^

다 말이라 쥬도(周道)는 쥬(周)나라흘 가는 길히니 고쳠(顧瞻)은

도라보다 말이오 듕심달(中心怛)은 ᄆᆞᆷ이 슬허ᄒᆞ다[2] 말^

이라

이 시(詩)ᄂᆞᆫ 쥬(周)나라히 쇠미(衰微)ᄒᆞ매 군ᄌᆡ(君子ㅣ) 근심ᄒᆞ고 탄식(歎息)^

ᄒᆞ야 이 시를 지으니 닐온[3] 샹해 ᄇᆞ람이 미이 불고

술위 섈리 몰면 ᄆᆞᆷ이 달연(怛然)ᄒᆞ디 이제 ᄇᆞ람이

브디 아니ᄒᆞ고 술위 섈리 아니 가니 다만 쥬(周)나라흐^

로 가는 길을 보와 왕실(王室)의 능체(陵滯)ᄒᆞᆷ를 싱각ᄒᆞᄂᆞᆫ

▶▶▶ **주 석**

1 술위니 : 수레니. 중세국어에서는 '술위'로 나타나나, '술의, 수릐' 따위로 표기된 형태도 나타난다. 예 : 술 의를<번역소학(1517) 9 : 59b>, 수릐롤<소학언해(1588) 6 : 98b>. 18세기 문헌에서는 '수레'<종덕신 편언해(1758) 上 : 25b>와 '수릐박회'<윤음(1783) 1a>의 표기형도 나타나는데, 이 문헌에서는 이곳을 포함하여 대부분 '술위'로 나타나고, 유일하게 '수릐'<3 : 14b>가 한 번 나타난다.

▸▸▸ **출 전**

시전(詩傳) 회풍(檜風) 비풍(匪風)

▸▸▸ **현대어역**

〈1 : 40a〉

부야(賦也)라.

비풍(匪風)은 빠르다는 말이요, 거(車)는 수레니 걸(偈)은 빨리 달린다는 말이라. 주도(周道)는 주(周)나라를 가는 길이니, 고첨(顧瞻)은 돌아본다는 말이요, 중심달(中心怛)은 마음이 슬퍼한다는 말이라.

이 시(詩)는 주(周)나라가 쇠미(衰微)함에 군자(君子)가 근심하고 탄식(歎息)하여 이 시를 지으니 이른바 항상 바람이 심하게 불고 수레를 빨리 몰면 마음이 달연(怛然, 깜짝 놀라는 모습)하되, 이제 바람이 불지 아니하고 수레가 빨리 아니 가니 다만 주(周)나라로 가는 길을 보아 왕실(王室)의 능체(陵遞, 처음에는 성하다가 나중에 쇠퇴함)함을 생각하는

▸▸▸ **주 석**

2 슬허ᄒ다 : 슬퍼한다는. 이곳의 '슬허ᄒ-'는 '슳'이 '-어 ᄒ-' 구성에 참여한 것으로 분석될 형태이다. 중세 국어에서 '짓-, 두리-, 므싀-, 즐기-' 등과 같은 심리 동사는 자체나 '-어 ᄒ-' 구성에 참여한 형태로 'NP₁(경험주)-이 NP₂(대상)-를 V'의 심리 구문을 이루는 것이 일반적이었다. 이에 비해 (심리 동사에서 파생된) 심리 형용사 '깃브-, 두립-, 므싀엽-, 즐겁-' 등은 'NP₁(대상)-이 V'의 심리 구문을 이루고 '-어 ᄒ-'와 구성에 참여하는 일이 없어 '*깃버 ᄒ-, *두리워 ᄒ-, *므싀여워 ᄒ-, *즐거워 ᄒ-'와 같은 구성은 중세 문헌에 거의 나타나지 않았다. 그러나 예외적으로 '셟〔苦〕-, 슬ᄒ〔厭〕-'와 같은 경우는 심리 동사와 심리 형용사 양쪽의 용법을 모두 지녔는데, 이들의 예외적 용법이 점차 다른 심리 형용사에도 파급되면서 (종래의) 심리 형용사는 'NP₁(경험주)-이 NP₂(대상)-이 V'의 심리 구문을 이루는가 하면 '-어 ᄒ-' 구성에도 참여할 수 있게 된다. '슳-'에서 파생된 '슬프-(← '슳'+-브-')가 '-어 ᄒ-' 구성에 참여하여 '슬퍼ᄒ-'로 나타나는 것도 ≪동국신속삼강행실도≫(1617)를 위시하여 근대 문헌에 들어와서의 일이다. 예 : 열둘에 아븨 상소ᄅᆞᆯ 만나 슬퍼 ᄒ기ᄅᆞᆯ 너모 ᄒᆞ야<7 : 74b>.

3 닐온 : 이른바. '닐온'은 기원적으로 '니르/니ᄅᆞ-〔曰〕'에 선어말어미 '-오-'가 결합된 '니로-'의 동명사형에 해당한다. 다른 근대 문헌에는 '니론, 니론바'가 주로 나타나나, 이 문헌에서는 "이른바"의 의미로 사용된 경우에는 '닐온'을 사용하고, "이르는"의 의미로는 '니론' 형태를 구분하여 사용하고 있다.

〈1 : 40b〉

고로 듕심(中心)이 셟다 말이라

비풍표혜(匪風飄兮)며 비거표혜(匪車嘌兮)라 고첨쥬도(顧瞻周道)요 듕심됴혜(中心弔兮)
로다

부야(賦也)라

표(飄)는 회호리ㅂ람이오 비거표(匪車嘌)는 편티 아니타 말이^

니 듕심됴(中心弔)는 슬허ㅎ다 말이니라

슈능펑어(誰能烹魚)요 개지부심(漑之釜鬵)ㅎ리라 슈쟝어귀(誰將西歸)오 회지호음(懷之好
音)ㅎ리라

슈(誰)는【누고 슈(誰) ㅈ(字)】니 어(魚)는 고기오 펑(烹)은 숨다 말이라 부(釜)와
심(鬵)은

가마솟치니 개(漑)는 씻다 말이라 쟝(將)은 쟝춧[1] ㅎ다 말^

이니 셔귀(西歸)는 도라가다 말이니 셔(西)는 쥬(周)나라 도읍이^

라 호음(好音)은 됴타 말이오 회(懷)는 위로ㅎ다 말이니 대개

1 쟝춧 : 장차(將次). 부사 '쟝츠'에 부사를 파생시키는 접미사 '-ㅅ'이 통합한 어형이다. 중세국어 이래 '쟝
츠'와 '쟝춧'이 공존하였으나 자료에서는 '쟝춧'만 발견된다.

▸▸▸ **출 전**

시전(詩傳) 회풍(檜風) 비풍(匪風)
匪風飄兮 匪車嘌兮 顧瞻周道 中心弔兮
誰能烹魚 漑之釜鬵 誰將西歸 懷之好音

▸▸▸ **현대어역**

〈1:40b〉

　　고로 중심(中心)이 서럽다는 말이라.
비풍표혜(匪風飄兮)며 비거표혜(匪車嘌兮)라. 고첨쥬도(顧瞻周道)요 듕심됴혜(中心弔兮)로다.
　부야(賦也)라.
　　표(飄)는 회오리바람이요, 비거표(匪車嘌)는 편치 않다는 말이니 중심조(中心弔)는 슬퍼한
　　다는 말이니라.
수능팽어(誰能亨魚)요 개지부심(漑之釜鬵)하리라. 슈쟝서귀(誰將西歸)오 회지호음(懷之好音)하리라.
　　수(誰)는【누구 수(誰) 자(字)】니, 어(魚)는 고기요, 팽〔亨〕은 삶는다는 말이라. 부(釜)와
　　심(鬵)은 가마솥이니 개(漑)는 씻는다는 말이라. 장(將)은 장차 한다는 말이니 서귀(西歸)
　　는 돌아간다는 말이니 서(西)는 주(周)나라 도읍이라. 호음(好音)은 좋다는 말이요 회(懷)
　　는 위로한다는 말이니, 대개

〈1 : 41a〉

쥬(周)나라흐로 가느니 이시면 ᄆᆞ옴의 탄모(歎慕)ᄒᆞ야 됴흔 말ᄉᆞ
로뼈 위로ᄒᆞ고 권면(勸勉)ᄒᆞ리라 말이니라
비풍(匪風) 삼댱(三章)
경원 보시 왈(曰) 쥬(周)나라히 긔강(紀綱)이 업서 왕실(王室)이 능체(陵滯)ᄒᆞ
ᄒᆞ매 졔휘(諸侯ㅣ) 방ᄌᆞ(放恣)ᄒᆞ야 다시 왕실을 존경ᄒᆞᄂᆞᆫ
의리(義理) 아ᄂᆞ니 업ᄂᆞᆫ디라 이 시(詩)의 니론 말이 왕실의
권〃(拳拳)ᄒᆞᆫ 튱의(忠義ㅣ) ᄌᆞ별(自別)ᄒᆞ니 닉게 닑어 ᄌᆞ셔히 보면
그 군신(君臣)의 덧〃ᄒᆞᆫ[1] 의(義ㅣ) 업디 아닐 줄을 가히 볼 거ᄉᆞ
시로다
조풍(曹風)

1 덧〃ᄒᆞᆫ : 떳떳한. 이곳의 '덧덧ᄒᆞ-'는 "(변함없이) 항상 일정하다"의 의미로 쓰여 현대국어의 후대형 '떳떳
하-'("굽힐 것 없이 당당하다")와는 의미에 차이가 있다. '덧덧ᄒᆞ-'는 중세 문헌에 '덛덛ᄒᆞ-'로 나오는데,
근대국어에서 'ㄷ'이 'ㅅ'으로 표기되는 경향에 따라 여기서는 '덧덧ᄒᆞ-'로 나온 것이다. 근대국어에 파생
부사 '쩟쩟이'<첩해몽어(1790) 1 : 3>가 나타나는 것을 보면 같은 시기에 '쩟쩟ᄒᆞ-'도 존재했음이 분명한
데, 이를 통해 '덧덧ᄒᆞ-'가 18세기에 된소리로 변했음을 알 수 있다.

▸▸▸ 출 전

시전(詩傳) 회풍(檜風) 비풍(匪風)

▸▸▸ 현대어역

〈1 : 41a〉

　주(周)나라로 가는 사람이 있으면 마음에 탄모(歎慕)하여 좋은 말로 위로하고 권면(勸勉, 알아듣도록 권하고 격려하여 힘쓰게 함)하리라 (하는) 말이니라.

　비풍(匪風) 삼장(三章)

　경원 보씨가 이르되, 주(周)나라가 기강(紀綱)이 없어 왕실(王室)이 능체(陵滯, 처음에는 성하다가 나중에 쇠퇴함)하매 제후(諸侯)가 방자(放恣)하여 다시 왕실을 존경하는 의리를 아는 이가 없는지라. 이 시(詩)에 이른 말이 왕실에 권권(拳拳, 참된 마음으로 정성스럽게 지킴)한 충의(忠義)가 자별(自別, 본디부터 남다르고 특별함)하니 익숙하게 읽어 자세히 보면 그 군신(君臣)의 변함없는 의(義)가 없지 아니한 것을 가히 볼 것이로다.

　조풍(曹風)

▶▶▶ **원문 판독**

〈1 : 41b〉

널피하쳔(洌彼下泉)이여 침피포랑(浸彼苞稂)이로다 개아오탄(愾我寤嘆)ᄒ야 념피쥬경(念彼周京)ᄒ라

　비이흥야(比而興也)라

　　널(洌)은 ᄎ다 말이오 하쳔(下泉)은 심 아래 믈이니 포(苞)ᄂ

　　플 총ᄉᆡᆼ(叢生)이오 낭(稂)은 기은 플이니 침(浸)은 ᄃᆞᆷ기다

　　말이오 개(愾)ᄂ 탄식(歎息)ᄒᄂ 소리니 탄(嘆)은【탄식(歎息)ᄒ단[1] 탄(歎) ᄠᆞ(字)】

　　니 념(念)은

　　【싱각ᄒ단 념(念) ᄠᆞ(字)】요 쥬경(周京)은 쥬(周)나라 셔울 길히라

　　이 시(詩)ᄂ 왕실(王室)이 능쳬(陵滯)ᄒ매 져근 나라히 곤(困)ᄒ고 피^

　　폐(疲弊) ᄒ매 츤 신믈의 포랑(苞稂)이 샹(傷)ᄒ므로ᄡᅥ 비(比)ᄒ고

　　인ᄒ야 개연(愾然)이 ᄡᅥ 쥬(周)나라 셔울을 싱각ᄒ미라

널피하쳔(洌彼下泉)이여 침피포쇼(浸彼苞蕭)로다 개아오탄(愾我寤嘆)ᄒ야 념피경쥬(念彼京周)ᄒ라

▶▶▶ **주 석**

1 탄식ᄒ단 : 탄식하다는. '탄식ᄒ단'이 줄어든 어형으로, 이때의 '-단'은 중세국어라면 '-닷'과 같이 속격 '-ㅅ'이 개입한 관형 구성에 소급할 형식이다. 중세국어에서 속격 '-ㅅ'은 '-다'나 '-라'로 종결되는 문장 뒤에 통합하여 후행 명사를 수식하는 경우가 있었다. '-닷/랏'은 이미 중세국어부터 '-단/란'으로 변화한 형태가 등장하는데, 이 '-단/란'이 근대국어에 들어 '-다/라 ᄒᄂ' 구성의 'ᄒ' 생략형과 혼동되면서 언중에게는 '-다는/라는'과 동일한 가치로 인식되기에 이른다. 현대어에서 '-단/란'이 '"-다는'의 준말" 또는 '"-다고 한'이 줄어든 말'(《표준국어대사전》)로 처리되는 것은 바로 이러한 인식에 따른 결과라 할 수 있다.

▸▸▸ **출 전**

시전(詩傳) 조풍(曹風) 하천(下泉)

冽彼下泉　浸彼苞稂 愾我寤嘆 念彼周京

冽彼下泉 浸彼苞蕭 愾我寤嘆 念彼京周

▸▸▸ **현대어역**

〈1 : 41b〉

조풍(曹風)

열피하천(冽彼下泉)이여 침피포랑(浸彼苞稂)이로다. 개아오탄(愾我寤嘆)하여 넘피주경(念彼周京)
하라.

비이흥야(比而興也)라

열(冽)은 차다는 말이요 하천(下泉)은 샘 아래 물이니, 포(苞)는 풀이 총생(叢生, 더부룩하
게 무더기로 남)한 것이요, 낭(稂)은 기은 풀이니, 침(浸)은 담긴다는 말이요 개(愾)는 탄식
(歎息)하는 소리니, 탄(嘆)은【탄식(歎息)한다는 탄(歎) 자(字)】니, 염(念)은【생각한다는 염
(念) 자(字)】요, 주경(周京)은 주(周)나라 서울 (가는) 길이라.

이 시(詩)는 왕실(王室)이 능체(陵潽, 처음에는 성하다가 나중에 쇠퇴함)함에 작은 나라가 곤
(困)하고 피폐(疲弊)하므로, 찬 샘물에서 포랑(苞稂)이 상(傷)함으로써 비유하고 인하여
개연(愾然)히(=탄식하며) 주(周)나라 서울을 생각함이라.

열피하천(冽彼下泉)이여 침피포소(浸彼苞蕭)로다. 개아오탄(愾我寤嘆)하여 넘피경주(念彼京周)하라.

▸▸▸ **원문 판독**

⟨1 : 42a⟩

비이흥야(比而興也)라

쇼(蕭)는 뿍이니 경쥬(京周)는 쥬나라 셔울이라

녈피하쳔(冽彼下泉)이여 침피포시(浸彼苞蓍)로다 개아오탄(愾我寤嘆)ᄒ야 념피경ᄉ(念彼京師)호라

비이흥야(比而興也)라

시(蓍)는 졈ᄒ는 풀이니 경ᄉ(京師)는 셔울이라

봉봉셔묘(芃芃黍苗)룰 음우고지(陰雨膏之)로다 ᄉ국유왕(四國有王)이시어늘 순빅노지(郇伯勞之)^

러니라

비이흥야(比而興也)라

봉〃(芃芃)은 아롬다온 기동이오 셔묘(黍苗)는 기장 삭이라 음우(陰雨)^

는 그늘 디고 비 오다 말이오 고(膏)는 기롭디게 ᄒ다 말이^

▸▸▸ 출 전

시전(詩傳) 조풍(曹風) 하천(下泉)

冽彼下泉 浸彼苞蓍 愾我寤嘆 念彼京師

芃芃黍苗 陰雨膏之 四國有王 郇伯勞之

▸▸▸ 현대어역

〈1 : 42a〉

　비이흥야(比而興也)라.

　　소(蕭)는 쑥이니 경주(京周)는 주(周)나라 서울이라.

　열피하천(冽彼下泉)이여 침피포시(浸彼苞蓍)로다. 개아오탄(愾我寤嘆)하여 념피경사(念彼京師)
호라.

　비이흥야(比而興也)라.

　　시(蓍)는 점하는(＝점치는) 풀이니 경사(京師)는 서울이라.

　봉봉서묘(芃芃黍苗)를 음우고지(陰雨膏之)로다. 사국유왕(四國有王)이시어늘 순백노지(郇伯勞
之)러니라.

　비이흥야(比而興也)라.

　　봉봉(芃芃)은 아름다운 거동이요, 서묘(黍苗)는 기장 싹이라. 음우(陰雨)는 그늘지고 비
온다는 말이요, 고(膏)는 기름지게 한다는 말이

▸▸▸ **원문 판독**

〈1 : 42b〉

라 ᄉ국(四國)은 ᄉ방 나라히니 쥬왕(周王)이 ᄉ방(四方)을 다ᄉ리시^
다 말이라 슌빅노지(郇伯勞之)ᄂᆞᆫ 문왕(文王)의 휘(諱ㅣ)니 위로(慰勞)ᄒᆞ더라
말이니 방빅(方伯)이 되야 졔후(諸侯)의 슌힝(巡行)ᄒᆞ야 무휼(撫恤)^
ᄒᆞ더니라
하쳔(下泉) ᄉ댱(四章)
뎡지(程子ㅣ)[1] ᄀᆞᆯ오샤디 쥬역(周易) 박괘(剝卦)[2] 샹구(上九) 회(爻ㅣ) 모든 음(陰)
가온대
양(陽)ᄒᆞᆫ 회(爻ㅣ) 오히려 이시니 비컨대 나모 ᄭᅵᆺ히[3] 나믄 실^
과 먹디 아니면 쟝ᄎᆞᆺ 다시 날 니(理ㅣ) 이시니 어ᄌᆞ럽기
극진ᄒᆞ면 ᄌᆞ연이 다ᄉ리ᄂᆞᆫ 니(理ㅣ) 잇ᄂᆞ니 비풍(匪風) 하쳔(下泉)^
의 시(詩ㅣ) 변풍(變風) 아래 ᄯᅳᆺ이 업디 아니타 ᄒᆞ시니라

▸▸▸ **주 석**

1 뎡지 : 정자(程子)가. 중국 송나라의 유학자 정호(程顥)와 정이(程頤) 형제를 높여 이르는 말이다. 이정
　(二程)이라 칭하기도 한다.

▸▸▸ **출 전**

시전(詩傳) 조풍(曹風) 하천(下泉)

▸▸▸ **현대어역**

〈1 : 42b〉

　라. 사국(四國)은 사방 나라이니 주왕(周王)이 사방(四方)을 다스리신다는 말이라. 순백노지(郇伯勞之)는 문왕(文王)의 휘(諱)이니 위로(慰勞)하더라는 말이니, 방백(方伯)이 되어 제후(諸侯)에 순행(巡幸, 임금이 나라 안을 두루 살피며 돌아다님)하여 무휼(撫恤, 어려운 처지에 있는 사람을 불쌍히 여겨 위로하고 물질로 도움)하던 것이니라.

하천(下泉) 사장(四章)

　정자(程子)께서 이르시되 주역(周易) 박괘(剝卦) 상구(上九) 효(爻)는 모든 음(陰) 가운데 양(陽)한 효(爻)가 오히려 있으니, 비하건대 나무 끝에 남은 실과(實果)를 먹지 않으면 장차 다시 나는 이치가 있으니, 어지럽기가 극진하면 자연히 (잘) 다스리는(=다스리게 되는) 이치가 있나니, 비풍(匪風) 하천(下泉)의 시(詩)가 변풍(變風) 아래 (있음이) 뜻이 없지 않다 하시니라.

▸▸▸ **주 석**

---

2 박괘(剝卦) : 박괘. 육십사괘의 하나. 간괘(艮卦)와 곤괘(坤卦)가 거듭된 것으로 산이 땅에 붙어 있음을 상징한다.

3 긎희 : 끝에. '긑〔末〕+-의〔처격조사〕'로 분석된다. 15세기 국어에서는 '긑〔末〕의 마지막 자음 'ㅌ'이 모음으로 시작하는 조사와 결합하면 그 다음 음절로 이동하여 연음되었다. 그런데 16세기를 지나면서, 단어의 마지막 'ㅌ'이 'ㅅ(혹은 ㄷ)+ㅌ'이나 'ㅅ+ㅎ'과 같이 두 개의 자음자로 표기되기도 한다. 이러한 이중 표기는 'ㄷ+ㅎ=ㅌ'이 되는 격음화 현상을 반영한 표기이다.

▶▶▶ **원문 판독**

〈1 : 43a〉

【쥬람(周南) 쇼람(召南)은 뎡풍(鄭風)이오 그 아래 녀느 글의 시(詩)는 변풍(變風)
이니 변풍(變風)은 난셰(亂世) 글이라 비풍(匪風) 하쳔(下泉) 두 댱(章)이¹ 부녀(婦
女)의게 긴훈 말이 업스디 즉금 존쥬(尊周)ᄒᆞ는 의리(義理ㅣ) 병ᄌᆞ(丙子)² 이후의
더 다른 ᄯᅢ와 다ᄅᆞᆷ매 비록 부녀(婦女)나 이 의리ᄅᆞᆯ 대톄(大體)는 아니 아디 못홀 거
시매 올리노라】

빈풍(豳風)

칠월뉴화(七月流火)어든 구월슈의(九月授衣)ᄒᆞᄂᆞ니 일지일필발(一之日觱發)ᄒᆞ고 이지일^
뉼녈(二之日栗烈)ᄒᆞᄂᆞ니 무의무갈(無衣無褐)이면 하이졸셰(何以卒歲)리오 삼지일우ᄉᆞ(三
之日于耜)오 ᄉᆞ지^

일거지(四之日擧趾)어든 동아부ᄌᆞ(同我婦子)ᄒᆞ야 엽피남묘(饁彼南畝)커든 뎐쥰지희(田畯
至喜)ᄒᆞᄂᆞ니라

부야(賦也)라

칠월뉴화(七月流火)는 뉴(流)는【흐롤 뉴(流) ᄶᆞ(字)】요 화(火)는 심셩(心星)【이십
팔 슈(宿)】이니 ᄯᅩ 대^

화셩(大火星)이라 ᄒᆞᄂᆞ니라 뉵월(六月)이면 초혼(初昏)의 남방(南方)의
뵈다가 칠월(七月)이면 졈〃 흘러 셔방(西方)으로 ᄂᆞ리ᄂᆞ니

▶▶▶ **주 석**

1 댱이 : 장(章)이. 16세기 문헌에서 '章'의 한자음은 '쟝'으로 표기된다. 예 : 章 글월 쟝<훈몽자회(1527)
上 : 18a, 신증유합(1576) 下 : 39a, 석봉천자문(1583) 5b>. 그런데 근대국어에서 'ㄷ, ㅌ, ㄸ'이 'ㅣ'
모음이나 반모음 'ㅣ' 앞에서 'ㅈ, ㅊ, ㅉ'으로 바뀌는 구개음화가 일어나자, 이러한 현상을 의식하여 원래
'쟝'이었던 것을 '댱'으로 과도 교정한 것이다.
2 병ᄌᆞ : 병자(丙子). 조선 인조(仁祖) 14년(1636)에 청나라가 침입한 병자호란(丙子胡亂)을 가리킨다.

> ▸▸▸ **출 전**

시전(詩傳) 조풍(曹風) 하천(下泉)

七月流火 九月授衣 一之日觱發 二之日栗烈 無衣無褐 何以卒歲 三之日于耜 四之日擧趾 同我
婦子
饁彼南畝 田畯至喜

> ▸▸▸ **현대어역**

〈1 : 43a〉

【주남(周南) 소남(召南)은 정풍(正風)이요, 그 아래 여남은 글의 시(詩)는 변풍(變風)이니
변풍은 난세(亂世)의 글이라. 비풍(匪風) 하천(下泉) 두 장(章)이 부녀(婦女)에게 긴한 말이
없으되 지금 존주(尊周, 주나라를 존숭함)하는 의리(義理)가 병자(丙子) 이후의 더 다른 때와
다르매(＝다르므로) 비록 부녀(婦女)이나 이 의리(義理)를 대체(大體, 큰 줄거리)는 아니 알
지 못할 것임에 올리노라.】

빈풍(豳風)

칠월류화(七月流火)어든 구월수의(九月授衣)하나니, 일지일필발(一之日觱發)하고 이지일율렬(二之
日栗烈)하나니, 무의무갈(無衣無褐)이면 하이졸세(何以卒歲)리요. 삼지일우사(三之日于耜)요 사지
일거지(四之日擧趾)어든 동아부자(同我婦子)하여 엽피남묘(饁彼南畝)커든 전준지희(田畯至喜)하나
니라.

부야(賦也)라.

칠월류화(七月流火)는 류(流)는【흐를 류(流) 자(字)】요, 화(火)는 심성(心星, 이십팔수의 다섯
째 별자리에 있는 별들)【이십팔 수(宿)】이니 쏘 대화성(大火星)이라 하느니라. 유월(六月)이
면 초혼(初昏, 해가 지고 어슴푸레 땅거미가 지기 시작할 무렵)에 남방(南方)에 보이다가 칠월(七
月)이면 점점 흘러 서방(西方)으로 내려가나니

▶▶▶ **원문 판독**

〈1 : 43b〉

ᄀ올이 되야 쟝춧 치위[1] 도라올 긔후(氣候ㅣ)라 구월슈의(九月授衣)^
ᄂᆞᆫ【슈(授)ᄂᆞᆫ 주다 말】이오 의(衣)ᄂᆞᆫ 오시니 구월(九月)은 치위 졈〃 깁ᄒᆞ^
매 새 오ᄉᆞᆯ 다 닙게 ᄒᆞ다 말이라 일지일(一之日)은 일양(一陽)^
이 나ᄂᆞᆫ ᄃᆞᆯ 날이니 즉금 십일월(十一月)이라 필발(觱發)은 ᄇᆞ^
람이 ᄎᆞ다 말이오 이지일(二之日)은 이양(二陽)이 나ᄂᆞᆫ ᄃᆞᆯ 날이^
니 즉금은 십이월(十二月)이오 눌녈(栗烈)은 긔운이 ᄎᆞ다 말이^
오 무의무갈(無衣無褐)은 무(無) ᄌᆞ(字)ᄂᆞᆫ【업다】말이오 의(衣)ᄂᆞᆫ 오시오 갈(褐)은
털로 ᄯᅮᆫ 거시니 엇디 ᄒᆞ야 셰(歲)ᄅᆞᆯ ᄆᆞᆺ츠리오[2] ᄒᆞ미니
대개 구월(九月)의 오ᄉᆞᆯ 주디 못ᄒᆞ면 일지일(一之日)의 ᄇᆞ람^
이 ᄎᆞ고 이지일(二之日)의 긔운이 ᄎᆞ니 옷도 업고 갈(褐)도 업ᄉᆞ면

▶▶▶ **주 석**

1 치위 : 추위가. '치위'의 15세기 국어 형태는 '치뷔'였다. '치뷔'는 '칩〔寒〕-'에 명사파생 접미사 '-의'가 결합
된 것으로서, '치븨'로 나타나는 것이 예상되지만 15세기 문헌에는 '치뷔'로 나타난다. 이 예는 아마도 'ㅸ'
뒤에 오는 'ㅡ'가 'ㅜ'로 원순모음화되어 만들어진 형태로 추정된다. 그 후 'ㅸ'이 탈락되어 이곳과 같은 '치
위'가 만들어졌을 것인데, '덥-'에 '-의'가 결합된 경우에도 '더븨'가 아니라 '더뷔'로 나타나는 예들이 보인
다. 예 : 더뷔 치뷔로 셜버ᄒᆞ다가<석보상절(1447) 9 : 9b>.

▸▸▸ **출 전**

시전(詩傳) 빈풍(豳風) 칠월(七月)

▸▸▸ **현대어역**

〈1 : 43b〉

　가을이 되어 장차 추위가 돌아올 기후(氣候)라. 구월수의(九月授衣)는【수(授)는 준다는 말】이요, 의(衣)는 옷이니 구월(九月)은 추위가 점점 깊으매(=깊어지매) 새 옷을 다 입게 한다는 말이라. 일지일(一之日)은 일양(一陽)이 나는 달의 날이니 지금의 십일월(十一月)이라. 필발(觱發)은 바람이 차다는 말이요, 이지일(二之日)은 이양(二陽)이 나는 달의 날이니 지금의 십이월(十二月)이요, 율렬(栗烈)은 기운이 차다는 말이요, 무의무갈(無衣無褐)은 무(無) 자(字)는【없다】는 말이요, 의(衣)는 옷이요, 갈(褐)은 털로 짠 것이니 어찌 하여(=하여야) 세(歲, 한 해)를 마치리요 함이니, 대개 구월(九月)에 옷을 주지 못하면 일지일(一之日)에 바람이 차고 이지일(二之日)에 기운이 차니, 옷도 없고 갈(褐)도 없으면

▸▸▸ **주 석**

2 못츠리오 : 마치리요. 이곳의 '못-'은 칠종성법에 따라 '뭇〔終〕-'을 적은 표기이다. '뭇-'에 의미나 문법 범주를 바꾸지 않는 접사 '-이-'가 결합하여 현대국어에는 '마치-'로 이어지는데, 이러한 어간 재구조화는 '그룿>그르치-', '긏>그치-', '뉘웋>뉘우치-', '亽못>사무치-' 등 어간 말음을 'ㅊ'으로 하는 어간에서 주로 볼 수 있다.

▶▶▶ 원문 판독

〈1 : 44a〉

엇디 뻐 치위롤 견듸여 히롤 못츠리오 ᄒᆞ미니 닙^
을 일을 미리 넘녀(念慮)ᄒᆞ야 젼긔(前期)ᄒᆞ야 쥰비(準備)홀 ᄯᅳᆺ^
이라 삼지일우ᄉᆞ(三之日于耜)ᄂᆞᆫ 삼양(三陽)의 둘 날이니 즉금 졍^
월(正月)이니 우(于)ᄂᆞᆫ 가다 말이오 ᄉᆞ(耜)ᄂᆞᆫ 잠기니[1] 졍월(正月)의 잠^
기롤 다ᄉᆞ려 쟝ᄎᆞᆺ 밧 갈려 ᄒᆞ미라 ᄉᆞ지일(四之日)은 ᄉᆞ^
양(四陽)의 둘 날이니 이월(二月)이오 거(擧)ᄂᆞᆫ 드다 말이오 지(趾)ᄂᆞᆫ
발구머리니 이월(二月)의 발을 드러 밧출[2] ᄀᆞ다 말이^
오 동아부ᄌᆞ(同我婦子)ᄂᆞᆫ 내 며ᄂᆞ리 ᄌᆞ식과 ᄒᆞᆫ가지로 ᄒᆞ다 말^
이오 엽피남묘(饁彼南畝)ᄂᆞᆫ 엽(饁)은 밥 먹이다 말이오 피(彼)ᄂᆞᆫ【뎌라】
말이오 남(南)은【남녁히】요 묘(畝)ᄂᆞᆫ 밧 두듥이오 뎐쥰(田畯)은 녀롬^

▶▶▶ 주 석

1 잠기니 : 쟁기이니. 농기구의 일종인 '쟁기'는 '잠기'의 1음절 'ㅁ'이 후행하는 'ㄱ'의 연구개음에 위치가 동화되고 'ㅣ' 모음에 영향을 받아 움라우트가 일어나 만들어진 것이다(잠기>장기>쟁기). 15세기에는 '잠개'<월인천강지곡(1447) 상 : 27a>로 나타나며, '잠기'는 '병잠기를'<소학언해(1588) 4 : 48a>처럼 16세기 후기 문헌부터 나타나기 시작하고, 현대국어의 '쟁기'는 '장기롤'<삼역총해(1774) 10 : 8b>처럼 18세기 문헌에서 나타난다.

▶▶▶ **출 전**

시전(詩傳) 빈풍(豳風) 칠월(七月)

▶▶▶ **현대어역**

〈1 : 44a〉

어찌하여 추위를 견디어 (한) 해를 마치리요 함이니, (옷) 입을 일을 미리 염려(念慮)하여 전기(前期, 기한보다 앞섬)하여 준비(準備)할(＝준비하는) 뜻이라. 삼지일우사(三之日于耜)는 삼양(三陽)의 달 날이니 지금의 정월(正月)이니, 우(于)는 간다는 말이요 사(耜)는 쟁기이니, 정월(正月)에 쟁기를 다스려 장차 밭을 갈려 함이라. 사지일(四之日)은 사양(四陽)의 달 날이니 이월(二月)이요, 거(擧)는 든다는 말이요 지(趾)는 발구머리니, 이월(二月)에 발을 들어 밭을 간다는 말이요, 동아부자(同我婦子)는 내 며느리와 자식과 함께 한다는 말이요, 엽피남묘(饁彼南畝)는 엽(饁)은 밥 먹인다는 말이요, 피(彼)는【저라】(하는) 말이요, 남(南)은【남녘이】요, 묘(畝)는 밭두둑이요, 전준(田畯)은 농사를

▶▶▶ **주 석**

2 밧츨 : 밭을. '밭〔田〕+-올'로 분석될 어형이나 '밧츨'로 나타난 것은 어중 유기음 /ㅊ/이 중철 표기된 결과이다. 중세 문헌에는 '바톨'로 등장하여 어간형으로 '밭'을 보여 주는데, 대격형에서 '밭>밫'의 어간 재구조화가 일어난 것을 알 수 있다.

▶▶▶ **원문 판독**

〈1 : 44b〉

지이 권(勸)ᄒᄂᆫ 관원(官員)이오 지(至)ᄂᆫ 니르다 말이오 희(喜)ᄂᆫ 깃거^
ᄒ다 말이니 져믄 재(者ㅣ) 임의 밧 골거든 늙은 재(者ㅣ) 머ᄂ^
리와 ᄌᆞ식을 ᄃᆞ리고 남묘(南畝)의 가 밧 ᄀᆞᄂᆫ 사룸을 밥
먹이거든 뎐쥰(田畯)이 니르러 보고 깃거ᄒᄂ니라 말이^
니 먹을 일을 미리 넘녀(念慮)ᄒ야 일즉이 힘쓰ᄂᆫ 말^
이라 ○ 이 편(篇)은 쥬공(周公)이[1] 성왕(成王)의[2] 나히 어려 가식(稼穡)의
가난ᄒᆫ 줄 아디 못ᄒᆞᆯ 뻐 후직(后稷)과[3] 공뉴(公劉)의[4] ᄇᆡᆨ셩^
을 풍화(風化)ᄒᆞ시던 연유(緣由)ᄅᆞᆯ 베퍼 ᄒ야곰 됴셕(朝夕)으로
풍숑(諷誦)ᄒ야 뻐 ᄀᆞ르쳐 왕으로 ᄒ야곰 쇼민(小民)의 의뢰(依賴)^
ᄒᄂᆫ 바ᄅᆞᆯ 아라 감히 ᄇᆡᆨ셩의 일을 경홀(輕忽)이 너겨

▶▶▶ **주 석**

1 쥬공이 : 주공(周公)이. '주공(周公)'은 중국 주나라 문왕(文王)의 아들로, 성은 희(姬)이며 이름은 단 (旦)이다. 형인 무왕(武王)을 도와 은나라를 멸하고 주나라의 기초를 튼튼히 하였다. 예악제도(禮樂制 度)를 정비하고, ≪주례(周禮)≫를 지은 것으로 전한다.
2 성왕의 : 성왕(成王)의. 중국 주나라의 제2대 왕으로 이름은 송(誦)이다. 어려서 즉위하여 처음에는 숙부 주공(周公)이 섭정하나, 후에 소공(召公)·필공(畢公) 등의 보좌를 받아 주나라의 기초를 쌓았다.

▸▸▸ **출 전**

시전(詩傳) 빈풍(豳風) 칠월(七月)

▸▸▸ **현대어역**

〈1 : 44b〉

권(勸)하는 관원(官員)이요, 지(至)는 이른다는 말이요, 희(喜)는 기뻐한다는 말이니, 젊은
이가 이미 밭을 갈거든 늙은이가 며느리와 지식을 데리고 남묘(南畝)에 가서 밭 가는 사
람을 밥 먹이거든(=먹이니), 전준(田畯)이 이르러 (이를) 보고 기뻐하느니라(=기뻐하더라)
(하는) 말이니 먹을 일을 미리 염려하여 일찍이 힘쓴다는 말이라. ○ 이 편(篇)은 주공
(周公)이 성왕(成王)의 나이가 어려 가색(稼穡)이 가난한(=어려운) 것을 아지 못하므로, 후
직(后稷)과 공류(公劉)가 백성을 풍화(風化, 교육이나 정치의 힘으로 풍습을 잘 교화함)하시던
연유(緣由)를 베풀어(=설명하여) (성왕으로) 하여금 조석(朝夕)으로 풍송(諷誦, 글을 읽고 시
를 읊음)하여 가르쳐 왕으로 하여금 소민(小民, 평민)이 의뢰(依賴)하는 바를 알아, 감히 백
성의 일을 경홀(輕忽)히 여겨

▸▸▸ **주 석**

3 후직과 : 후직(后稷)과. 중국 주나라의 전설적인 시조로 농경신(農耕神)으로 일컬어진다. 성은 희(姬)이
  며 이름은 기(棄)이다. 어머니가 거인의 발자국을 밟고 잉태한 탓에 낳으면 불길하다 하여 세 차례나 버
  려져 기(棄)라는 이름이 붙여진 것이라 한다. 순(舜)임금을 섬겨 사람들에게 농사를 가르치고 그 공으로
  후직(后稷)이라는 벼슬에 오른다.
4 공뉴의 : 공류(公劉)가. 후직(后稷)의 증손자. 아버지 국(鞠)이 죽자 후직(公劉)에 즉위한다. 후직의 사
  업을 다시 익혀서 농경에 힘쓰고 사방으로 다니며 토지의 특성을 살폈다고 한다.

▶▶▶ **원문 판독**

〈1 : 45a〉

내 몸을 평안이 너기디 못ᄒᄀ게 ᄒ시미니라

풍셩 쥬시 왈(曰)이 시(詩)는 의식(衣食)의 급〃(急急)히 ᄒ디 의식(衣食) 나^

는 바는 예비(豫備)ᄒᄆᆯ 귀히 너기ᄂᆫ디라 칠월(七月)로ᄡ 머리^

ᄅᆯ 삼으믄 칠월(七月)의 음긔(陰氣ㅣ) 비로소 셩(盛)ᄒ매 이에[1] 어^

한(禦寒)을 념녀(念慮)ᄒ고 이월(二月) 양긔(陽氣ㅣ) 비로소 셩(盛)ᄒ매 비로소 이^

에 녀롬지이ᄅᆯ 시작ᄒ니 만일 치운 후 닙기^

ᄅᆯ 념녀ᄒ고 주린 후의 먹기ᄅᆯ 념녀ᄒ즉 그 계^

피(計巧ㅣ) 쏘ᄒ 느즈리로다

칠월뉴화(七月流火)어든 구월슈의(九月授衣)ᄒᄂ니라 츈일지양(春日載陽)ᄒ야 유명챵^

경(有鳴倉庚)이어든 녀집의광(女執懿筐)ᄒ야 준피미ᄒ잉(遵彼微行)ᄒ야 원구유상(爰求柔

桑)ᄒ며 츈일^

▶▶▶ **주 석**

1 이에 : 이에. 이 문헌에서는 표기상 ' ㅣ'를 말음하는 하는 체언이 처격 '-예'와 통합하는 경우도 있지만 (예 : 대의예, 위예) 지시대명사 '이'만큼은 처격 '-에'와 통합하여 '이에'의 형태로 등장한다. '이에'를 종래 의 처격형 '-예~-에~-애' 등이 '-에'로 통일되는 경향의 일환으로 볼 가능성이 있다. 그러나 자료 이전에 처격형 '-예', '-에'의 분화가 뚜렷한 시기에도 지시대명사 '이'의 경우는 '이예'보다 '이에'의 표기가 압도적 이었음을 유의할 필요가 있다. '이에'가 'ㅇ'이 사용된 중세 문헌에서 '이에'로 소급하는 점을 감안하면, '이 에'는 중세국어 이래의 표기 전통을 따른 보수적 표기로 보아야 온당할 것이다. 곧, 중세 국어에서는 / ㅇ/

▸▸▸ 출 전

시전(詩傳) 빈풍(豳風) 칠월(七月)
七月流火 九月授衣 春日載陽 有鳴倉庚 女執懿筐 遵彼微行 爰求柔桑 春日遲遲

▸▸▸ 현대어역

〈1 : 45a〉

　내 몸을 평안히 여기지 못하게 하심이니라. 풍성 주씨가 이르되, 이 시(詩)는 의식(衣食)
에 급급(急急)히 하되 의식(衣食)이 나는 바는 예비(豫備, 미리 준비함)함을 귀하게 여기는
지라. 칠월(七月)로써 머리를 삼음은 칠월(七月)에 음기(陰氣)가 비로소 성(盛)함에 이에
어한(禦寒, 추위를 막음)을 염려하고, 이월(二月) 양기(陽氣)가 비로소 성(盛)함에 이에 농사
짓기를 시작하니, 만일 추운(=추워진) 후에 입기를 염려하고 주린 후에 먹기를 염려한즉
그 계교(計巧)가 또한 늦으리로다.
칠월류화(七月流火)어든 구월수의(九月授衣)하나니라. 춘일재양(春日載陽)하여 유명창경(有鳴倉
庚)이어든 여집의광(女執懿筐)하여 준피미행(遵彼微行)하여 원구유상(爰求柔桑)하며 춘일(春日)

▸▸▸ 주 석

의 존재 때문에 처격은 '-예'가 아닌 '-에'가 통합되는 것이 당연하였다. 그러나 /ㅇ/의 음가 소실 뒤에도
이전 시기 '이에'의 표기 방식이 준수된 결과 '이에'의 표기가 등장했다고 보는 것이다. 이러한 관점에 따
르면 '이예'와 '이에'가 공존하는 문헌에서 표기상 개신형은 '이예'가 되고, 현대국어의 '이에'는 처격의 이
형태가 '에'로 통합되면서 '이예'가 소멸한 결과라 할 수 있을 것이다.

▶▶▶ **원문 판독**

〈1 : 45b〉

디디(春日遲遲)어든 치번긔긔(采蘩祁祁)ᄒᆞᄂᆞ니 녀심상비(女心傷悲)여 ᄐᆡ급공ᄌᆞ동귀(殆及公子同歸)로다

부야(賦也)라

칠월뉴화(七月流火) 구월슈의(九月授衣)룰 다시 니ᄅᆞ믄 쟝ᄎᆞᆺ 아래

누에 쳐 질삼홀[1] 일을 니ᄅᆞ려 ᄒᆞ미니 누에치기ᣟ

ᄂᆞᆫ 의복(衣服)을 위ᄒᆞᆫ 일이오 의복은 치위룰 방비(防備)ᄒᆞᣟ

ᄂᆞᆫ 거시매 슈의(授衣)ᄒᆞᄂᆞᆫ 졀후(節侯)룰 다시 닐럿ᄂᆞ니라 츈ᣟ

일(春日)은 봄날이오 지양(載陽)은 양화(陽和)ᄒᆞ다 말이오 유(有)ᄂᆞᆫ

잇다 말이오 명(鳴)은 우다 말이오 창경(倉庚)은 꾀꼬리니[2]

녀(女)ᄂᆞᆫ 겨집이오 집(執)은 잡다 말이오 의광(懿筐)은 아롬다ᣟ

온 광주리오 준(遵)은 조차 가다 말이오 피(彼)ᄂᆞᆫ【뎌라】말이오 미ᣟ

▶▶▶ **주 석**

1 질삼홀 : 길쌈할. 현대국어의 '길쌈'이 소급될 최초의 형태는 15세기 국어 문헌에 나타나는 '질삼, 질쌈'이다. '질삼'은 ≪원각경언해≫(1465) 이후 각자병서가 사용되지 않게 됨에 따라 'ㅆ'이 'ㅅ'으로 표기된 것이기 때문에, 국어사 자료에서 '질삼'으로 표기되어 있는 것도 '질삼'의 'ㅅ'은 된소리로 발음되었다고 볼 수 있다. 이 '질쌈'이 현대국어의 '길쌈'으로 바뀐 것은 근대국어에서 일어난 구개음화 때문이다. 즉 18세기에 'ㅣ'모음이나 반모음 'ㅣ' 앞에서 'ㄷ, ㅌ, ㄸ'이 'ㅈ, ㅊ, ㅉ'으로 바뀌는 현상이 일어났고, 일부 방언에서는 같은 환경의 'ㄱ, ㅋ, ㄲ'도 'ㅈ, ㅊ, ㅉ'으로 바뀌었다. 그리하여 '질쌈'의 'ㅈ'이 'ㄱ'에서 바뀐 것으

▶▶▶ **출 전**

시전(詩傳) 빈풍(豳風) 칠월(七月)
采蘩祁祁
女心傷悲 殆及公子同歸

▶▶▶ **현대어역**

⟨1 : 45b⟩

지지(遲遲)어든 채번기기(采蘩祁祁)하나니, 여심상비(女心傷悲)여 태급공자동귀(殆及公子同歸)로다.
  부야(賦也)라.
    칠월류화(七月流火) 구월수의(九月授衣)를 다시 이름은 장차 누에를 쳐 길쌈할 일을 이르
    려 함이니, 누에치기는 의복(衣服)을 위한 일이요, 의복은 추위를 방비(防備)하는 것이매
    수의(授衣)하는 절후(節侯)를 다시 이른 것이니라. 춘일(春日)은 봄날이요, 재양(載陽)은
    양화(陽和, 봄날씨가 화창함)하다는 말이요, 유(有)는 있다는 말이요, 명(鳴)은 운다는 말이
    요, 창경(倉庚)은 꾀꼬리니, 여(女)는 계집이요, 집(執)은 잡는다는 말이요, 의광(懿筐)은
    아름다운 광주리요, 준(遵)은 좇아간다는 말이요, 피(彼)는【저라】는 말이요, 미

▶▶▶ **주 석**

  로 생각하고, '질쌈'을 '길쌈'으로 바꾼 것이다. 이 '길쌈' 형태는 19세기부터 나타나서 현대국어로 이어진다.
2 꾀쏘리니 : 꾀꼬리니. '꾀꼬리'가 소급하는 최초의 형태는 15세기의 '곳고리'이다. 15세기의 '곳고리'와 16
  세기의 '굇고리'는 의성어 '*곳골'과 '*굇골'에 명사 형성 접사 '-이'가 결합된 것이다. 18세기에 '꾀ㅅ고리,
  꾓쏘리' 등이 나타나기 시작하여 19세기에 모두 경음으로 시작되는 형태들만 나타나는 것을 보면, 이러
  한 어두 경음화가 이 시기에 일어났음을 알 수 있다.

〈1 : 46a〉

힝(微行)은 フ는 길히오 원(爰)은 이에라 말이오 구(求)는 구ᄒ다
말이오 유상(柔桑)은 브드러온 쎵이니 봄날이 비로소
양화(陽和)ᄒ야 우는 쇠꼬리 잇거든 이 쎄예 겨집이 아름^
다온 광주리를 잡아 뎌 フ는 길로 조차 이에 브드^
러온 又 나는 쎵을 구ᄒ다 말이라 츈일디〃(春日遲遲)는 더^
더다 말이니 봄날이 기리[1] 더디고 더더다 말이라 치(釆)^
는 키다 말이오 번(蘩)은 쑥이니 누에 어려 쎵을 먹디
못홀 제 일로 몬져 먹이는 거시라 긔〃(祁祁)는 만흔 거^
동이니 번(蘩) 키는 겨집이 만코 만타 말이라 녀심샹^
비(女心傷悲)는 슬허ᄒ다[2] 말이오 티(殆)는 거의라 말이오 급(及)은 밋^

1 기리 : 길이. 길게. '길〔長〕-'에 부사화 접미사 '-이'가 결합된 어형이다. 이와 비교하여 15세기 국어에서 '길〔長〕-'의 파생 명사는 '기릐'였다. 이때는 '길〔長〕-'에 척도 명사를 만드는 파생 접미사 '-의'가 결합된 것이다. 이처럼 중세국어에서는 접미사에 따라 '키'(부사)와 '킈'(명사), '노피'(부사)와 '노픠'(명사)가 분명히 구분되었다.

▸▸▸ **출 전**

시전(詩傳) 빈풍(豳風) 칠월(七月)

▸▸▸ **현대어역**

〈1 : 46a〉

힝(微行)은 가는(=좁은) 길이요, 원(爰)은 이에라는 말이요, 구(求)는 구한다는 말이요, 유상(柔桑)은 부드러운 뽕이니, 봄날이 비로소 양화(陽和, 봄날씨가 화창함)하여 우는 꾀꼬리가 있거든(=있자) 이 때에 계집이 아름다운 광주리를 잡고 저 가는(=좁은) s길을 좇아(=따라) 이에 부드러운 갓 난 뽕을 구한다는 말이라. 춘일지지(春日遲遲)는 더디다는 말이니 봄날이 길이(=길게) 더디고 더디다는 말이라. 채(采)는 캔다는 말이요, 번(蘩)은 쑥이니, 누에가 어려 뽕을 먹지 못할 때 이것으로 먼저 먹이는 것이라. 기기(祁祁)는 많은 거동(=모습)이니, 번(蘩, 쑥)을 캐는 계집이 많고 많다는 말이라. 여심상비(女心傷悲)는 슬퍼한다는 말이요, 태(殆)는 거의라는 말이요, 급(及)은 미친

▸▸▸ **주 석**

2 슬허ᄒ다 : 슬퍼한다는. 이곳의 '슬허ᄒ-'는 '슳-'이 '-어 ᄒ-' 구성에 참여한 것으로 분석될 형태이다. 중세 국어에서 '짓-, 두리-, 므싀-, 즐기-' 등과 같은 심리 동사는 자체나 '-어 ᄒ-' 구성에 참여한 형태로 'NP₁(경험주)-이 NP₂(대상)-를 V'의 심리 구문을 이루는 것이 일반적이었다. 이에 비해 (심리 동사에서 파생된) 심리 형용사 '깃브-, 두립-, 므싀엽-, 즐겁-' 등은 'NP₁(대상)-이 V'의 심리 구문을 이루고 '-어 ᄒ-'와 구성에 참여하는 일이 없어 '*깃버 ᄒ-, *두리워 ᄒ-, *므싀여워 ᄒ-, *즐거워 ᄒ-'와 같은 구성은 중세 문헌에 거의 나타나지 않았다. 그러나 예외적으로 '셟[苦]-, 슬ᄒ[厭]-'와 같은 경우는 심리 동사와 심리 형용사 양쪽의 용법을 모두 지녔는데, 이들의 예외적 용법이 점차 다른 심리 형용사에도 파급되면서 (종래의) 심리 형용사는 'NP₁(경험주)-이 NP₂(대상)-이 V'의 심리 구문을 이루는가 하면 '-어 ᄒ-' 구성 에도 참여할 수 있게 된다. '슳-'에서 파생된 '슬프-'(← '슳-+-브-')가 '-어 ᄒ-' 구성에 참여하여 '슬퍼ᄒ-' 로 나타나는 것도 ≪동국신속삼강행실도≫(1617)를 위시하여 근대 문헌에 들어와서의 일이다. 예 : 열둘 에 아븨 상ᄉ를 만나 <u>슬퍼 ᄒ기를</u> 너모 ᄒ야<7 : 74b>.

〈1 : 46b〉

다¹ 말이오 공ᄌ(公子)는 공후(公侯)의 집 ᄌ식이오 동(同)은 ᄒᆞᆫ가ᵔ
지오 귀(歸)는 도라가다 말이니 싀집 가다 말이라 봄날ᵔ
이 디〃(遲遲)ᄒᆞ거든 번(蘩) 키기를 긔〃(祁祁)히 ᄒᆞᄂᆞ니 겨집의 ᄆᆞᵔ
음이 슬프고 슬허ᄒᆞ미여 거의 공ᄌ(公子)를 미처 ᄒᆞᵔ
가지로 도라가리로다 ᄒᆞᆷᄅ 니ᄅᆞ미니 대개 이 ᄣᅢ예
귀가대족(貴家大族)이 공실(公室)의 년인(連姻)ᄒᆞᆫ 집도 ᄯᅩᄒᆞᆫ 누에치ᵔ
기의 힘쓰디 아니리 업ᄂᆞᆫ디라 허가(許嫁)ᄒᆞᆫ 쳐녀(處女ㅣ) 썅을
ᄯᆞ다가 졀믈(節物)의 샹감(傷感)ᄒᆞ야 미리 쟝ᄎ 공ᄌ(公子)를 미ᵔ
처 ᄒᆞᆫ가지로 싀집 가 부모를 ᄆᆞ리ᄒᆞᆯ² 줄 슬허ᄒᆞᵔ
미니라 ○ 이 댱(章)은 닙기의 힘쓰ᄂᆞᆫ 일을 니ᄅᆞ시니 그

1 밋다 : 미친다는. 이곳의 '밋-'은 칠종성법에 따라 '및〔及〕-'을 적은 표기이다. '및-'에 의미나 문법범주를
바꾸지 않는 접사 '-이-'가 결합하여 현대국어에는 '미치-'로 이어졌는데, 이러한 어간 재구조화는 '그릇->
그르치-', '긏->그치-', '뉘읏->뉘우치-', 'ᄉᆞᆷ->사무치-' 등 어간 말음을 'ㅊ'으로 하는 어간에서 자주 볼
수 있다.

▶▶▶ **출 전**

시전(詩傳) 빈풍(豳風) 칠월(七月)

▶▶▶ **현대어역**

〈1 : 46b〉

다는 말이요, 공자(公子)는 공후(公侯)의 집 자식이요, 동(同)은 한가지요, 귀(歸)는 돌아
간다는 말이니 시집으로 간다는 말이라. 봄날이 지지(遲遲)하거든 번(蘩, 쑥) 캐기를 기기
(祁祁, 많고 많음)히 하나니 계집의 마음이 슬프고 슬퍼함이여. 거의 공자(公子)를 미처(=
맞이하여) 함께 돌아가리로다 함을 이름이니, 대개 이 때에 귀가대족(貴家大族)이 공실(公
室, 제후의 집)에 연인(連姻, 혼인으로 인하여 친척이 됨)한 집도 또한 누에치기에 힘쓰지 아니
할 사람이 없는지라. 허가(許嫁, 혼인을 앞둠)한 처녀(處女)가 뽕을 따다가 절물(節物, 철에
따라 나오는 산물)에 상감(傷感, 감상에 젖음)하여 미리 장차 공자(公子)를 미처(=맞이하여)
함께 시집으로 가 부모를 멀리할 것을 슬퍼함이니라. ○ 이 장(章)은 (옷) 입기에 힘쓰
는 일을 이르시니, 그

▶▶▶ **주 석**

2 먼리홀 : 멀리할. 이곳의 '먼리ᄒᆞ-'에 포함된 '먼리'는 중세국어에서 '머리'(← 멀-+-이〔부사화 접미사〕)로
등장하다가 근대국어에서 '멀리' 일색으로 등장하여 '머리>멀리'의 변화를 보여 주는 어사이다. 이곳에서
는 '먼리'로 나타났는데 자료의 다른 곳에는 '먼니'로 등장하기도 한다. 이곳의 '먼리'는 /쳘리/를 '천리'로
적는 것과 마찬가지로 어중의 /ㄹㄹ/을 'ㄴㄹ'로 표기한 결과라 할 수 있다. 다만 어중 /ㄹㄹ/에 대한 'ㄴ
ㄹ' 표기는 '千里, 新羅' 등 한자어에만 특징적으로 적용되던 것인데, '먼리'는 한자어가 아님에도 그러한
표기를 취하여 독특하다고 할 수 있다. 혹 언중들이 '먼리'를 한자어 '萬里'에 부회하여 이해하였을 가능성
이 있지 않을까 한다.

▶▶▶ **원문 판독**

〈1 : 47a〉

가온대 빅셩의 뜻을 톄험(體驗)ᄒ기롤 지극히 ᄌ셔^
히 ᄒ샤 겨집의 슬허ᄒᄂ[1] ᄆ옴의ᄶᄃ 니ᄅ시니
그 남은 일은 진실로 극진(極盡)이 아니시미 업스시니
능히 텬하(天下)의 뜻을 통ᄒ샤 텬하(天下)로써 ᄒ 몸을
삼으시미 이러틋 ᄒ도다
칠월뉴화(七月流火)어든 팔월환위(八月萑葦)니라 줌월됴상(蠶月條桑)이라 취피부^
장(取彼斧斨)ᄒ야 이벌원양(以伐遠揚)이오 의피녀샹(猗彼女桑)이니라 칠월명격(七月鳴
鵙)이어든 팔^
월지뎍(八月載績)ᄒᄂ니 지현지황(載玄載黃)ᄒ야 아쥬공양(我朱孔陽)이어든 위공ᄌ샹(爲
公子裳)ᄒᄂ니라
　부야(賦也)라
　팔월환위(八月萑葦)ᄂ 환[萑]과 위(葦)ᄂ 굴히니 팔월(八月)의 븨여[2] 두엇^

▶▶▶ **주 석**

1 슬허ᄒᄂ : 슬퍼하는. 슬퍼한다는. 이곳의 '슬허ᄒ-'ᄂ '슳-'이 '-어 ᄒ-' 구성에 참여한 것으로 분석될 형태
이다. 중세국어에서 '짒-, 두리-, 므싀-, 즐기-' 등과 같은 심리 동사는 자체나 '-어 ᄒ-' 구성에 참여한 형
태로 'NP₁(경험주)-이 NP₂(대상)-를 V'의 심리 구문을 이루는 것이 일반적이었다. 이에 비해 (심리 동
사에서 파생된) 심리 형용사 '깃브-, 두립-, 므싀엽-, 즐겁-' 등은 'NP₁(대상)-이 V'의 심리 구문을 이루
고 '-어 ᄒ-'와 구성에 참여하는 일이 없어 '*깃버 ᄒ-, *두리워 ᄒ-, *므싀여워 ᄒ-, *즐거워 ᄒ-'와 같은
구성은 중세 문헌에 거의 나타나지 않았다. 그러나 예외적으로 '셟[苦]-, 슳ᄒ[厭]-'와 같은 경우는 심리

▸▸▸ **출 전**

시전(詩傳) 빈풍(豳風) 칠월(七月)

七月流火 八月萑葦 蠶月條桑 取彼斧斨 以伐遠揚 猗彼女桑 七月鳴鵙 八月載績 載玄載黃
我朱孔陽 爲公子裳

▸▸▸ **현대어역**

〈1 : 47a〉

　　가운데 백성의 뜻을 체험(體驗)하기를 지극히 자세히 하여 계집이 슬퍼하는 마음에까지
이르시니, 그 남은(=나머지) 일은 진실로 극진히 아니하심이 없으시니, 능히 천하(天下)
에 뜻을 통하시어 천하(天下)로써 한 몸을 삼으심이 이렇듯 하도다.

칠월류화(七月流火)어든 팔월환위(八月萑葦)니라. 잠월조상(蠶月條桑)이라 취피부장(取彼斧斨)하
여 이벌원양(以伐遠揚)이오 의피녀상(猗彼女桑)이니라. 칠월명격(七月鳴鵙)이어든 팔월재적(八月
載績)하나니, 재현재황(載玄載黃)하여 아주공양(我朱孔陽)이어든 위공자상(爲公子裳)하나니라.

　　부야(賦也)라.

　　팔월환위(八月萑葦)는 환[萑]과 위(葦)는 갈대이니 팔월(八月)에 베어 두었

▸▸▸ **주 석**

　　동사와 심리 형용사 양쪽의 용법을 모두 지녔는데, 이들의 예외적 용법이 점차 다른 심리 형용사에도 파
급되면서 (종래의) 심리 형용사는 'NP1(경험주)-이 NP2(대상)-이 V'의 심리 구문을 이루는가 하면
'-어 ᄒᆞ-' 구성에도 참여할 수 있게 된다. '슳-'에서 파생된 '슬프-'(← '슳-+-브-')가 '-어 ᄒᆞ-' 구성에 참여
하여 '슬퍼ᄒᆞ-'로 나타나는 것도 《동국신속삼강행실도》(1617)를 위시하여 근대 문헌에 들어와서의 일
이다. 예 : 열둘에 아비 상ᄉᆞᆯ 만나 <u>슬퍼 ᄒᆞ기ᄅᆞᆯ</u> 너모 ᄒᆞ야<7 : 74b>.

2 븨여 : 베어. 이곳의 '븨-'는 중세국어의 '뷔-[刈]'에 소급할 어형이다. '븨-'는 '뷔-'의 순자음 'ㅂ' 아래에서
원순모음 'ㅜ'가 비원순모음인 'ㅡ'로 바뀌는 비원순모음화가 일어난 것이다. 중세국어에서 '뷔-'는 곡식 따
위와 같이 주로 기다란 것을 끊어 자르는 동작에 쓰이고 여타의 베거나 자르는 동작 일반에는 '버히/베히
-'가 사용되었다. 현대국어에서는 '버히/베히-'를 계승한 '베-'가 '뷔-(내지 '븨-')의 의미 영역까지 담당하
면서 종래의 어휘 분화가 '베-'로 단일화된 양상을 보인다.

▸▸▸ **원문 판독**

⟨1 : 47b⟩

다가 홋 희예 발 역거[1] 누에치는 더 쓰ᄂᆞ니라 줌월(蠶月)은

누에치는 ᄃᆞᆯ이오 됴(條)는 가지오 상(桑)은 뽕이니 줌월(蠶月)의

뽕가지ᄅᆞᆯ 즐겨 ᄧᅡ 먹이다 말이라 취(取)는 가지다 말ᴖ

이오 부(斧)와 장(斨)은 다 도치[2] 뉴(類ㅣ)라 이(以)는 ᄲᅦ라 말이오 벌(伐)ᴖ

은 버히다 말이오 양(揚)은 넘노다 말이니 놉히 넘노ᴖ

는 가지라 말이라 의(猗)는 긴 거동이오 피(彼)는 뎌라 말이ᴖ

오 녀상(女桑)은 겨집 곳치 약ᄒᆞᆫ 뽕남기라 대개 줌월(蠶月)ᴖ

의 뽕 가지ᄅᆞᆯ 즐겨 먹이디 뎌 도치ᄅᆞᆯ ᄡᅥ 먼리[3] 넘ᴖ

는 가지ᄅᆞᆯ 즐기고 뎌 약ᄒᆞᆫ 뽕을 홀고 가지ᄅᆞᆯ

두어 의〃(猗猗)히 길게 ᄒᆞᆫ다 말이라 칠월넝격(七月鳴鵙)은 명(鳴)ᴖ

▸▸▸ **주 석**

1 역거 : 엮어. '엮-'의 중세국어 형태는 'ᄯᅧᆨ-'이었다. 어간의 받침 'ㅺ'이 'ㄲ'으로 바뀌어 굳어진 형태이다. 이 문헌에서는 받침 'ㅺ'이 'ㄲ'으로 변한 '역거'와 함께 'ᄯᅧᆨ-'의 활용형인 '엿거'⟨1 : 54a⟩가 함께 나타난다.

2 도치 : 도끼. 도끼의. 이곳의 '도치'는 중세국어의 '도최'에 소급할 어형으로, 중세 문헌(특히 15세기 문헌)에는 '도최'와 함께 '돗귀'가 쌍형어로 존재하며 자주 쓰였다. '돗귀~도최'와 같이 어중에 'ㅅ'을 지닌 어형이 'ㅊ'을 지닌 어형과 (쌍형어로) 공존한 예는 'ᄭᅩᆽ~곳', '슷~숯', '돔~돛'에서도 볼 수 있는 것이나, 전자는 'ㅅ'형이 현대국어로 이어진 반면 후자는 'ㅊ'형이 현대국어로 이어져 차이가 있다.

▸▸▸ **출 전**

시전(詩傳) 빈풍(豳風) 칠월(七月)

▸▸▸ **현대어역**

〈1 : 47b〉

다가 다음 해에 발을 엮어 누에치는 데 쓰느니라. 잠월(蠶月)은 누에치는 달이요, 조(條)
는 가지요, 상(桑)은 뽕이니, 잠월(蠶月)에 뽕나무 가지를 갈겨(=베어) 따 먹인다는 말이
라. 취(取)는 가진다는 말이요, 부(斧)와 장(斨)은 다 도끼의 유(類)라. 이(以)는 써라는
말이요, 벌(伐)은 벤다는 말이요, 양(揚)은 넘논다는(=넘실거린다는) 말이니, 높이 넘노는
(=넘실거리는) 가지라는 말이라. 의(猗)는 긴 거동(=모습)이요, 피(彼)는 저라는 말이요,
여상(女桑)은 계집 꽃이(=암꽃이) 약한 뽕나무라. 대개 잠월(蠶月)에 뽕나무 가지를 즐
겨 먹이되, 저 도끼를 써서 멀리 넘는(=뻗은) 가지를 갈기고(=베고) 저 약한 뽕을 훑고
가지를 두어(=남겨) 의의(猗猗, 아름답고 성함)히 길게 한다는 말이라. 칠월명격(七月鳴鵙)
은 명(鳴)

▸▸▸ **주 석**

3 먼리 : 멀리. 중세 문헌에는 '머리'(← 멀[遠]-+-이[부사화 접미사])로 나타나다가 '머리>멀리'의 변화에
따라 근대 문헌에는 '멀리'나 '멀니'로 나타나는 것이 일반적이다. 이곳에서는 '먼리'로 나타났는데 자료의
다른 곳에는 '먼니'로 등장하기도 한다. 이곳의 '먼리'는 /쳘리/를 '쳔리'로 적는 것과 마찬가지로 어중의
/ㄹㄹ/을 'ㄴㄹ'로 표기한 결과라 할 수 있다. 다만 어중 /ㄹㄹ/에 대한 'ㄴㄹ' 표기는 千里, 新羅 등 한
자어에만 특징적으로 적용되던 것인데, '먼리'는 한자어가 아님에도 그러한 표기를 취하여 독특하다고 할
수 있다. 혹 언중들이 '먼리'를 한자어 '萬里'에 부회하여 이해하였을 가능성이 있지 않을까 한다.

〈1 : 48a〉

은 우다 말이오 격(鵙)은 새 일홈이니 팔월지뎍(八月載績)은
비로소 ᄒ다 말이오 뎍(績)은 삼 닛다 말이니 칠월(七月)의
격(鵙)이 울거든 팔월(八月)의 삼 질삼ᄒ다[1] 말이라 현(玄)^
은 검고 황(黃)은 누론 빗치니 이에 거믄 믈도 드리며
이에 누론 믈도 드리다 말이오 아(我)ᄂ 내라 말이오 쥬(朱)^
ᄂ 븕은 빗치오 공(孔)은 진실로라 말이오 양(陽)은 볏치^
니 내 븕은 믈 드린 거시니 진실로 볏ᄀ티 빗나다
말이라 위(爲)ᄂ ᄒ다 말이오 공ᄌ(公子)ᄂ 귀혼 사롬이오 샹(裳)^
은 치마니 공ᄌ(公子)의 치마롤 민ᄃ다 말이니 대개 비단^
과 뵈롤[2] 짜 검으며 누론 믈을 드리며 븕은 믈이 빗^

1 질삼ᄒ다 : 길쌈한다는. 현대국어의 '길쌈'이 소급될 최초의 형태는 15세기 국어 문헌에 나타나는 '질삼, 질쌈'이다. '질삼'은 《원각경언해》(1465) 이후 각자병서가 사용되지 않게 됨에 따라 'ㅆ'이 'ㅅ'으로 표기된 것이기 때문에, 국어사 자료에서 '질삼'으로 표기되어 있는 것도 '질삼'의 'ㅅ'은 된소리로 발음되었다고 볼 수 있다. 이 '질쌈'이 현대국어의 '길쌈'으로 바뀐 것은 근대국어에서 일어난 구개음화 때문이다. 즉 18세기에 'ㅣ'모음이나 반모음 'ㅣ' 앞에서 'ㄷ, ㅌ, ㄸ'이 'ㅈ, ㅊ, ㅉ'으로 바뀌는 현상이 일어났고, 일부 방언에서는 같은 환경의 'ㄱ, ㅋ, ㄲ'도 'ㅈ, ㅊ, ㅉ'으로 바뀌었다. 그리하여 '질쌈'의 'ㅈ'이 'ㄱ'에서 바뀐

▶▶▶ 출 전

시전(詩傳) 빈풍(豳風) 칠월(七月)

▶▶▶ 현대어역

〈1 : 48a〉

은 운다는 말이요, 격(鵙)은 새 이름이니 팔월재적(八月載績)은 비로소 한다는 말이요, 적(績)은 삼을 잇는다는 말이니 칠월(七月)에 격(鵙)이 울거든(=울 때) 팔월(八月)에 삼 길쌈한다는 말이라. 현(玄)은 검고 황(黃)은 노란 빛이니 이에 검은 물도 들이며 이에 노란 물도 들인다는 말이요, 아(我)는 내라는 말이요, 주(朱)는 붉은 빛이요, 공(孔)은 진실로라는 말이요, 양(陽)은 볕이니, 내가 붉은 물들인 것이니 진실로 볕같이 빛난다는 말이라. 위(爲)는 한다는 말이요, 공자(公子)는 귀한 사람이요, 상(裳)은 치마니 공자(公子)의 치마를 만든다는 말이니, 대개 비단과 베를 짜 검으며(=검고) 노란 물을 들이며 붉은 물이 빛

▶▶▶ 주 석

것으로 생각하고, '질쌈'을 '길쌈'으로 바꾼 것이다. 이 '길쌈' 형태는 19세기부터 나타나서 현대국어로 이어진다.

2 뵈롤 : 베를. 이곳의 '뵈'는 '뵈>베'와 같이 원순성의 자음 'ㅂ' 아래에서 'ㅗ>ㅓ'의 비원순모음화를 겪는다. 이러한 '베'의 표기가 나타나는 것은 '베 포(布)'<정몽유해(1884) 16a>나 '친히 삼 삼고 베 짜더라'<여사수(1889) 27a>처럼 19세기 후반부터이다. 그러나 이 문헌에서 해당 어휘는 항상 '뵈'로만 표기되며, '베'로 표기된 예는 발견되지 않는다.

▶▶▶ **원문 판독**

〈1 : 48b〉

나거든 스스로 가지기롤 아니ᄒᆞ고 공ᄌᆞ(公子)의 치마롤 믠^

들게 나라히 드리쟈 ᄒᆞ미니 풍쇽(風俗)의 이러ᄐᆞ시 아롬^

다오믄 웃 사ᄅᆞᆷ의 덕의 화(化)ᄒᆞ미라

ᄉᆞ월슈요(四月秀葽)어든 오월명됴(五月鳴蜩)며 팔월기확(八月其穫)이어든 십월운탁(十月隕蘀)^

이니라 일지일우락(一之日于貉)ᄒᆞ야 ᄎᆔ피호리(取彼狐狸)ᄒᆞ야 위공ᄌᆞ구(爲公子裘)ᄒᆞ고 이지일^

기동(二之日其同)ᄒᆞ야 지찬무공(載纘武功)ᄒᆞ야 언ᄉᆞ기동(言私其豵)이오 헌견우공(獻豜于公)ᄒᆞᄂᆞ니라

부야(賦也)라

ᄉᆞ월슈요(四月秀葽)ᄂᆞᆫ 슈(秀)ᄂᆞᆫ 플 여롬이오 요(葽)ᄂᆞᆫ 플 일홈이니[1]

오월명됴(五月鳴蜩)ᄂᆞᆫ 명(鳴)은 우다 말이오 됴(蜩)ᄂᆞᆫ 미얌이니 오월(五月)^

의 미얌이 우ᄂᆞᆫ 거시 다 ᄀᆞ올 긔휘(氣候ㅣ) 도라올 졈(點)이오 팔^

▶▶▶ **주 석**

1 일홈이니: 이름이니. 이곳의 '일홈'은 동사 '잃〔稱, 名〕-'에 명사형 '-옴'이 결합한 어형이나 이미 중세국어
의 이른 시기부터 어휘화된 존재로 나타난다. 예 : 號ᄂᆞᆫ <u>일홈</u> 사마 브르ᄂᆞᆫ 거시라<월인석보(1459) 1 :
15b주>. 현대국어의 '이름'은 '-오/우-'의 쇠퇴에 따라 '일홈>일홈'의 변화를 겪은 뒤 다시 유성음간 /ㅎ/
이 약화, 탈락한 결과이다.

▶▶▶ **출 전**

시전(詩傳) 빈풍(豳風) 칠월(七月)
四月秀葽 五月鳴蜩 八月其穫 十月隕蘀 一之日于貉 取彼狐狸 爲公子裘 二之日其同 載纘武功
言私其豵 獻豣于公

▶▶▶ **현대어역**

〈1 : 48b〉

　　나거든(=빛날 때) 스스로 가지지 아니하고 공자(公子)의 치마를 만들게(=만들도록) 나라에
　　드리자 함이니 풍속(風俗)이 이렇듯이 아름다움은 윗사람의 덕이 화(化)함이라(=교화시킨
　　것이라).
사월수요(四月秀葽)어든 오월명조(五月鳴蜩)며 팔월기확(八月其穫)이어든 십월운탁(十月隕蘀)이니
라. 일지일우락(一之日于貉)하여 취피호리(取彼狐狸)하여 위공자구(爲公子裘)하고, 이지일기동(二
之日其同)하여 재찬무공(載纘武功)하여 언사기종(言私其豵)이오 헌견우공(獻豣于公)하나니라.
　　부야(賦也)라.
　　사월수요(四月秀葽)는 수(秀)는 풀 열매요, 요(葽)는 풀 이름이니 오월명조(五月鳴蜩)는 명
　　(鳴)은 운다는 말이요, 조(蜩)는 매미이니 오월에 매미가 우는 것이 다 가을 기후(氣候)가
　　돌아올 때요, 팔(八)

▶▶▶ **원문 판독**

〈1 : 49a〉

월기확(八月其穫)은 기(其)는【그 기(其) 뜻(字)】요 확(穫)은 곡식 거두다 말이오 십^
월운탁(十月隕蘀)은 다 초목(草木)이 이우러 쩌러디다 말이니
츄동(秋冬)이 도라와 치워 가는 졈(點)이라 일지일우락(一之日于貉)은
우(于)는 가다 말이오 낙(貉)은 여으 숨 뉘(類ㅣ)니 일양지월(一陽之月)의 여^
으 숨을 가 산영ᄒ다[1] ᄒ미오 취(取)는 가지다 말이오
피(彼)는 뎌라 말이오 호(狐)는 여이오[2] 니(狸)는 숡이니 뎌 여으와
숡을 취(取)ᄒ야 잡다 말이오 위공ᄌ구(爲公子裘)는 구(裘)는 갓오시^
니 공ᄌ(公子)의 갓오슬 민드다 말이니 대개 ᄉ월(四月)브터 ᄀ올
졈(點)이 도라올 졈(點)을 보고 치위롤 미리 념녀(念慮)ᄒ다가
츄슈(秋收)ᄒ고 초목(草木)이 쩌러딘 후의 질삼ᄒ 공으로 족^

▶▶▶ **주 석**

1 산영ᄒ다 : 사냥하다. 이곳의 '산영'은이 한자어 '산ᅙ(山行)'에서 기원한 것으로, '산ᅙ>산영'의 변화는 '산ᅙ'이 더 이상 한자어가 아니라 고유어로 인식되면서 (고유어에서 흔히 일어나는) 유성음간 'ㅎ' 탈락이 적용된 결과라 할 수 있다. 이 같은 변화는 '귀향>귀양'의 변화에서도 볼 수 있는 것이나 'ㅎ' 탈락형 '귀양'이 19세기 말에나 등장하는 데 비해 이곳의 '산영'은 ≪동국신속삼강행실도≫를 위시하여 이미 17세기 문헌부터 등장하는 점이 다르다. '산영'은 문헌에 따라 '사녕'으로도 등장하다가(예 : 安東將軍 周浚이 일 즉 <u>사녕</u>ᄒ다가 비롤 만나<여사서언해(1736) 4 : 54a>) 현대국어와 같이 '사냥'의 어형으로 쓰이게 된

▶▶▶ **출 전**

시전(詩傳) 빈풍(豳風) 칠월(七月)

▶▶▶ **현대어역**

〈1 : 49a〉

　월기확(月其穫)은 기(其)는【그 기(其) 자(字)】요, 확(穫)은 곡식을 거둔다는 말이요, 십월
운탁(十月隕蘀)은 다 초목(草木)이 시들어 떨어진다는 말이니, 추동(秋冬)이 돌아와 추워지
는 때이라. 일지일우락(一之日于貉)은 우(于)는 간다는 말이요, 낙(貉)은 여우와 삵의 유
(類, 무리)이니 일양지월(一陽之月)에 여우와 삵을 가서 사냥한다 함이요, 취(取)는 가진다
는 말이요, 피(彼)는 저라는 말이요, 호(狐)는 여우요, 리(狸)는 삵이니 저 여우와 삵을
취(取)하여 잡는다는 말이요, 위공자구(爲公子裘)는 구(裘)는 갖옷(＝짐승의 털가죽으로 안을
댄 옷)이니 공자(公子)의 갖옷을 만든다는 말이니, 대개 사월(四月)부터 가을 때가 돌아올
때를 보고 추위를 미리 염려(念慮)하다가 추수(秋收)하고 초목(草木)이 떨어진 후에 길쌈
한 공으로 족

▶▶▶ **주 석**

　　것은 19세기에 들어서의 일이다.
2 여이오 : 여우요. 바로 앞에 나타나는 '여ᅀᆞ'의 예를 참고할 때 이곳의 '여이-'는 '여ᅀᆞ'와 계사의 결합으로
　이해될 어형이다. '여ᅀᆞ'는 15세기 문헌의 '여ᅀᅮ'에 소급하는데, 15세기 문헌에서 '여ᅀᅮ'는 모음(매개 모음
　포함)으로 시작하는 조사(공동격 제외)와 결합할 때 '여ᅀᅮ~영ᄋ'의 특수 어간 교체를 보여 '영은'(주제
　형), '영의'(속격형) 등으로 나타나는 것이 특징이었다. 이곳의 '여이오'는 15세기 문헌이라면 '영이오'로
　나타났을 어형이나 'ㅿ'의 음가 소실을 반영하여 '여이오'로 나타난 것이다.

▶▶▶ **원문 판독**

⟨1 : 49b⟩

히 어한(禦寒)을 못홀가 두려 산영ᄒ여 가족 벗겨 공^
ᄌ(公子)의 갓오술 민ᄃ다 말이라 이지일기동(二之日其同)은 〔기(其)ᄂ〕【그 기(其)
ᄶ(字)】요 동(同)^
은 ᄒ가지로 ᄒ다 말이오 지(載)ᄂ 비로소 ᄒ다 말이오
찬(纘)은 닉이다 말이오 무공(武功)은 호반(虎班)의 공(功)이니 산영^
ᄒᄂ 일이라 말이니 이양지월(二陽之月)의 그 ᄒ가지로 산^
영ᄒ야 비로소 호반(虎班)의 일을 닉이다 말이니 언(言)은
【어주ᄌ(語助字)】요 ᄉ(私)ᄂ ᄉ〃(私私) 깃 삼ᄂ다 말이오 기(其)ᄂ【그 기(其) ᄶ
(字)】요 동〔豵〕은 ᄒ릅[1]
돗치오 헌(獻)은 드리다 말이오 견(豜)은 사룹[2] 돗치오 우(于)ᄂ
【어주ᄌ(語助字)】요 공(公)은 님군이니 산영ᄒ야 즘셩을[3] 잡아든
져근 거슨 스스로 가지고 큰 거슨 님군의게 드리다 말이^

▶▶▶ **주 석**

1 ᄒ릅 : 하릅. 나이 한 살. 이곳의 'ᄒ릅'은 동물의 나이를 세는 특수한 수사로 쓰인 것이다. ≪시경언해≫
  에 등장하는 '豵 ᄒ릅 돈'<물명 : 13>의 예가 참고된다.
2 사룹 : 사릅. 나이 세 살. 이곳의 '사룹'은 '사릅'을 잘못 표기한 것이다. 대응하는 한자는 '豜'으로, 이 한자
  의 뜻에 '세 살 난 돼지'라는 의미를 지니고 있으므로, 이 단어는 '사릅'의 오기임이 분명하다. '사릅'은 앞
  서 'ᄒ릅'과 마찬가지로 동물의 나이를 세는 데 쓰이는 특수한 수사이다. ≪시경언해≫에 등장하는 '豜 사
  릅 돈'<물명 : 13>의 예가 참고된다.

▶▶▶ **출 전**

시전(詩傳) 빈풍(豳風) 칠월(七月)

▶▶▶ **현대어역**

〈1 : 49b〉

히 어한(禦寒, 추위를 막음)을 못할까 두려워하여, 사냥하여 가죽을 벗겨 공자(公子)의 갖
옷(=짐승의 털가죽으로 안을 댄 옷)을 만든다는 말이라. 이지일기동(二之日其同)은 [기(其)는]
【그 기(其) 자(字)】요, 동(同)은 함께 한다는 말이요, 재(載)는 비로소 한다는 말이요,
찬(纘)은 익힌다는 말이요, 무공(武功)은 호반(虎班, =武班)의 공(功)이니 사냥하는 일이라
는 말이니, 이양지월(二陽之月)에 함께 사냥하여 비로소 호반(虎班=武班)의 일을 익힌다는
말이니, 언(言)은【어조자(語助字)】요, 사(私)는 사사로이 깃을(=자기 몫을) 삼는다는 말이
요, 기(其)는【그 기(其) 자(字)】요, 종(豵)은 하릅(=나이 한 살) 돼지요, 헌(獻)은 드린다는 말
이요, 견(豜)은 사릅(=나이 세 살) 돼지요, 우(于)는【어조자(語助字)】요, 공(公)은 임금이
니, 사냥하여 짐승을 잡거든 적은 것은 스스로 가지고 큰 것은 임금에게 드린다는 말이

▶▶▶ **주 석**

3 즘성을 : 짐승을. 이곳의 '즘성'은 15세기 국어의 '즁싱'에 소급할 어형이다. '즁싱'은 불교 용어인 '중생(衆
生)'에서 나온 말로서 "살아 있는 생물체" 전반를 가리키는 불교 용어였으나 오늘날에는 '獸'를 가리키는
말로 의미가 축소되었다. '즁싱'은 '즘싱'과 '즘승'으로 바뀌다가 '즘승'의 제1음절에서 (치음 아래) 전설모
음화가 적용되어 오늘날의 '짐승'이 되었다. '짐승'이란 형태는 19세기 후기 문헌에 보인다. 예 : 신와 <u>짐승</u>
도 더쳬 다 성품과 명이니<관성제군명성경언해(1883) 21b>.

〈1 : 50a〉

니 다 님군의게 툥애(寵愛)ᄒᆞ야 닙으며 먹을 거시 다

내 몸을 경(輕)히 ᄒᆞ고 공ᄌᆞ(公子)의게 념녀(念慮)ᄒᆞ야 듕(重)ᄒᆞ니 .

웃 사ᄅᆞᆷ이 덕을 베프미 아니면 엇디 능히 ᄒᆞ여^

곰 이러ᄐᆞ시 ᄒᆞ리오 ○ 이 샹{댱}(章)은 다 뒷 댱(章)의¹ 무의무^

갈(無衣無褐)이면 하이졸셰(何以卒歲)리오 ᄒᆞᆫ 뜻을 펴미라

오월ᄉᆞ죵동고(五月斯螽動股)요 뉵월사계진우(六月莎雞振羽)요 칠월지야(七月在野)오

팔월지우(八月在宇)오 구월지호(九月在戶)요 십월실솔(十月蟋蟀)이 입아샹^

하(入我牀下)ᄒᆞᄂᆞ니 궁질훈셔(穹窒熏鼠)ᄒᆞ며 식향근호(塞向墐戶)ᄒᆞ고 차아부ᄌᆞ(嗟我婦

子)아 왈위^

기셰(曰爲改歲)어니 입ᄎᆞ실쳐(入此室處)어다

부야(賦也)라

1 댱의 : 장(章)의. 16세기 문헌에서 '章'의 한자음은 '쟝'으로 표기된다. 예 : 章 글월 쟝<훈몽자회(1527)
　 上 : 18a, 신증유합(1576) 下 : 39a, 석봉천자문(1583) 5b>. 그런데 근대국어에서 'ㄷ, ㅌ, ㄸ'이 'ㅣ'
　 모음이나 반모음 'ㅣ' 앞에서 'ㅈ, ㅊ, ㅉ'으로 바뀌는 구개음화가 일어나자, 이러한 현상을 의식하여 원래
　 '쟝'이었던 것을 '댱'으로 과도 교정한 것이다.

시전(詩傳) 빈풍(豳風) 칠월(七月)

〈1 : 50a〉

니, 다 임금에게 총애(寵愛)하여 입으며 먹을 것이 다 내 몸을 경(輕)히 하고 공자(公子)에게 염려하여 중(重)하니, 윗사람이 덕을 베푼 것이 아니면 어찌 능히 하여금 이렇듯이 (되게) 하리요? ○ 이 장(章)은 다 뒷 장(章)의 '무의무갈(無衣無褐)이면 하이졸세(何以卒歲)리요'(라고) 한 뜻을 편 것이라.

오월사종동고(五月斯螽動股)요 육월사계진우(六月莎雞振羽)요 칠월재야(七月在野)오 팔월재우(八月在宇)오 구월재호(九月在戶)요 십월실솔(十月蟋蟀)이 입아상하(入我牀下)하나니, 궁질훈서(穹窒熏鼠)하며 색향근호(塞向墐戶)하고 차아부자(嗟我婦子)아. 왈위개세(曰爲改歲)어니 입차실처(入此室處)어다.

부야(賦也)라.

〈1 : 50b〉

스죵(斯螽)과 사계(莎雞)와 실솔(蟋蟀)은 다 버러지 일홈이니 다 흔
버레로셔 시긔(時期)롤 샏롸[1] 형톄(形體ㅣ) 변ᄒᆞ야 일홈이
다ᄅᆞ니라 동(動)은 움죽이다 말이오 고(股)ᄂᆞᆫ 다리니 오^
월(五月)의 스죵(斯螽)이 다리롤 움죽여 쮜니 다리로 소리 ᄒ^
다 말이라 진(振)은 쩔다 말이오 우(羽)ᄂᆞᆫ 짓치니[2] 뉵월(六月)^
의 사계(莎雞ㅣ) 짓츨 쩔워 눌며 눌개로 소리 ᄒ다 말이라
지(在)ᄂᆞᆫ 잇다 말이오 야(野)ᄂᆞᆫ 들히니 칠월(七月)의 시긔(時期ㅣ) 더으매
버러지 들히 잇다 말이오 우(宇)ᄂᆞᆫ 집이니 팔월(八月)의 시
긔(時期ㅣ) 졈〃 ᄎᆞ매 사ᄅᆞᆷ의 집 텸하(檐下)의 와 잇다 ᄒᆞᆫ 말이^
니 호(戶)ᄂᆞᆫ 디게니 구월(九月)의ᄂᆞᆫ 문 틈의 드러 잇다 말이오

1 샏롸 : 따라. '샏로-+-아'로 분석될 어형이다. 이곳의 '샏로-'는 중세국어의 '뿔오-'에 소급하는데, 자료에
는 ('뿔오-'에서 어두 경음화를 겪은) '샏로-' 외에 두 번째 음절 'ㅗ>ㅡ'의 변화가 일어난 '샏르-'형도 공
존하여 이곳의 '샏롸' 대신 '샏라'로 등장한 예도 보인다. 이 '샏르-'와 관련된 활용형은 어두 자음군 표기
를 유지한 '쁘라'의 꼴이기는 하지만 이미 17세기 문헌에 등장한 예를 찾아볼 수 있다. 예 : 나아가 쁘라
계요 十里 짜히<노걸대언해(1670) 상 : 27a>. 근대 문헌에 등장하는 '샏르-'의 활용형은 특히 부동사
형('샏라')에 집중된 것이 특징인데 이는 중세국어의 '뿔와' 내지 '쏠와'에서 실현되는 /롸/가 국어의 자연

▸▸▸ **출 전**

시전(詩傳) 빈풍(豳風) 칠월(七月)

▸▸▸ **현대어역**

〈1 : 50b〉

　　사종(斯螽)과 사계(莎雞)와 실솔(蟋蟀)은 다 벌레 이름이니, 다 한(=같은) 벌레로서(=벌레
인데) 시기(時期)를 따라 형체(形體)가 변하여 이름이 다르니라. 동(動)은 움직인다는 말이
요, 고(股)는 다리니, 오월(五月)에 사종(斯螽)이 다리를 움직여 뛰니 다리로 소리를 한다
(=낸다)는 말이라. 진(振)은 떤다는 말이요, 우(羽)는 깃이니 유월(六月)에 사계(莎雞)가
깃을 떨어 날며 날개로 소리를 한다(=낸다)는 말이라. 재(在)는 있다는 말이요, 야(野)는
들이니, 칠월(七月)에 시기(時期)가 더우매(=더우므로) 벌레가 들에 있다는 말이요, 우(宇)
는 집이니 팔월(八月)에 시기(時期)가 점점 차가워지매 사람의 집 첨하(檐下, =처마)에 와
있다는 말이니, 호(戶)는 지게니(=지게문이니) 구월(九月)에는 문 틈에 들어 있다는 말이
요,

▸▸▸ **주 석**

스러운 음절 구조를 위배하여 이로부터 '롸>라' 변화가 일어난 결과일 가능성이 높다.

2 짓치니 : 깃이니. 현대국어의 '깃'이 소급될 최초의 형태는 15세기 문헌에 나타나는 '짗'이다. 이 '짗'이 현
대국어의 '깃'으로 바뀐 것은 근대국어에서 일어난 구개음화 때문이다. 즉 18세기에 'ㅣ'모음이나 반모음
'ㅣ' 앞에서 'ㄷ, ㅌ, ㄸ'이 'ㅈ, ㅊ, ㅉ'으로 바뀌는 현상이 일어났고, 일부 방언에서는 같은 환경의 'ㄱ,
ㅋ, ㄲ'도 'ㅈ, ㅊ, ㅉ'으로 바뀌었다. 그리하여 '짗'의 'ㅈ'이 'ㄱ'에서 바뀐 것으로 생각하고, '짗'을 '깃'으로
바꾼 것이다. 이 '깃' 형태는 18세기 말엽부터 나타나서 현대국어로 이어진다.

〈1 : 51a〉

입(入)은 드다 말이오 아(我)는 내라 말이니 상(牀) 아래 드다 말이[니]

졈〃 깁히 치우매 십월(十月)의는 실솔(蟋蟀)이 내 상(牀) 아래

드러 잇다 말이라 대개 오뉵월(五六月)브터 졈〃 시긔(時期ㅣ) 변^

ᄒ야 츄동(秋冬)이 도라오니 실솔(蟋蟀)이 사롬의게 갓가이

오믈 보면 치위 쟝ᄎ 니롤 줄 니ᄅ미니라 궁(穹)^

은 뷘 틈이오 질(窒)은 막단 말이오 훈(熏)은 너 ᄲᅩ이다

말이오 셔(鼠)는 치위 도라오믈 념녀(念慮)ᄒ야 집 안히

틈 난 ᄃᆡ롤 막고 쥐굼긔 너 ᄲᅩ여 다시 ᄶᆞᆲ디 못ᄒ게

ᄒ미오 싁(塞)은 막다 말이오 향(向)은 북향(北向)ᄒᆫ 문이오

근(墐)은 흙 ᄇᆞᄅ다 말이오 호(戸)는 디게니 북향(北向)ᄒᆫ 문을

1 쟝ᄎ : 장차(將次). 부사 '쟝ᄎ'에 부사를 파생시키는 접미사 '-ㅅ'이 통합한 어형이다. 중세국어 이래 '쟝
ᄎ'와 '쟝ᄎᆺ'이 공존하였으나 자료에서는 '쟝ᄎᆺ'만 발견된다.

▸▸▸ **출 전**

시전(詩傳) 빈풍(豳風) 칠월(七月)

▸▸▸ **현대어역**

〈1 : 51a〉

입(入)은 든다는 말이요, 아(我)는 내라는 말이니 상(牀, 침상) 아래 든다는 말은 점점 깊이 추워지매 시월(十月)에는 실솔(蟋蟀)이 내 상(牀, 침상) 아래 들어 있다는 말이라. 대개 오뉴월(五六月)부터 점점 시기(時期)가 변하여 추동(秋冬)이 돌아오니, 실솔(蟋蟀)이 사람에게 가까이 옴을 보면 추위가 장차 이를 것을 이름이니라. 궁(穹)은 빈 틈이요. 질(窒)은 막는다는 말이요, 훈(熏)은 연기를 쏘인다는 말이요, 서(鼠)는 추위가 돌아옴을 염려하여 집 안에 틈이 난 곳을 막고 쥐구멍에 연기를 쐬어 다시 뚫지 못하게 함이요, 색(塞)은 막는다는 말이요, 향(向)은 북향(北向)한 문이요, 근(墐)은 흙을 바른다는 말이요, 호(戶)는 지게니(=지게문이니), 북향(北向)한 문을

▶▶▶ 원문 판독

〈1 : 51b〉

막고 디게예 흙 불라 치위롤[1] 막으미라 차(嗟)는 슬프^

다 말이오 아(我)는 내라 말이오 부ᄌ(婦子)는 며ᄂ리와 ᄌ식이^

니 왈(曰)은【ᄀᆯ오 왈(曰) ᄭᆟ(字ㅣ)】오 위(爲)는【ᄒᆞ 위(爲) ᄭᆞ(字ㅣ)】요 기(改)는 곳

치다 말이오 셰(歲)는 ᄒᆡ^

오 입(入)은 드다 말이오 추(此)는 이거시 말이오 실(室)은 집이^

오 쳐(處)는 거쳐(居處)ᄒᆞ다 말이니 슬프다 내 며ᄂ리 ᄌ식들^

아 ᄒᆡ 고치미 되엿거니 이 집 거쳐(居處)ᄒᆞᆯ 디롤 들디어^

다 ᄒᆞᆫ 말이니 츈하(春夏)의 롱ᄉ(農事)ᄒᆞ노라 들희 잇다가 겨^

올이 되매 집을 슈츅(修築)ᄒᆞ고 드쟈 말이니라

웃 댱(章)은 웃 사롬의 치위롤 몬져[2] ᄒᆞ미오 이 댱(章)은 비로소

내 몸의 치위롤 념녀(念慮)ᄒᆞ미로디 이 샹하(上下)의 션후(先後)와 귀^

▶▶▶ 주 석

1 치위롤 : 추위를. '치위'의 15세기 국어 형태는 '치뷔'였다. '치뷔'는 '칩〔寒〕-'에 명사파생 접미사 '-의'가 결합된 것으로서, '치ᄫᅴ'로 나타나는 것이 예상되지만 15세기 문헌에는 '치뷔'로 나타난다. 이 예는 아마도 'ᄫᅠ' 뒤에 오는 'ㅡ'가 'ㅜ'로 원순모음화되어 만들어진 형태로 추정된다. 그 후 'ᄫᅠ'이 탈락되어 이곳과 같은 '치위'가 만들어졌을 것인데, '덥-'에 '-의'가 결합된 경우에도 '더븨'가 아니라 '더뷔'로 나타나는 예들이 보인다. 예 : 더뷔 치뷔로 셜버ᄒᆞ다가〈석보상절(1447) 9 : 9b〉.

▸▸▸ **출 전**

시전(詩傳) 빈풍(豳風) 칠월(七月)

▸▸▸ **현대어역**

〈1 : 51b〉

　막고 지게에(=지게문에) 흙을 발라 추위를 막음이라. 차(嗟)는 슬프다는 말이요, 아(我)는 내라는 말이요, 부자(婦子)는 며느리와 지식이니, 왈(日)은【가로 왈(日) 자(字)】요, 위(爲)는【하 위(爲) 자(字)】요, 개(改)는 고친다는 말이요, 세(歲)는 해요, 입(入)은 든다는 말이요, 차(此)는 이것이라는 말이요, 실(室)은 집이요, 처(處)는 거처한다는 말이니, 슬프다 내 며느리와 자식들아, 해가 바뀜이(=바뀔 때가) 되었거니(=되었으니) 이 집 거처(居處)할 데로 들지어다 (하고) 한 말이니, 춘하(春夏, 봄과 여름)에 농사 하느라(=짓느라) 들에 있다가 겨울이 되매(=되므로) 집을 수축(修築, 헐어진 곳을 고쳐 짓거나 보수함)하고 들어가자는 말이니라.

　윗 장(章)은 윗 사람의 추위를 먼저 함이요(=염려함이요), 이 장(章)은 비로소 내 몸의 추위를 염려함이로되, 이것은 상하(上下)의 선후(先後)와

▸▸▸ **주 석**

2 몬져 : 먼저. 현대국어의 '먼저'는 15세기에 '몬져'로 나온다. 이 '몬져'는 중세국어에서 명사적 용법과 부사적 용법을 가지고 있었다. '흔 法이 <u>몬졔</u>니 업고'<원각경언해(1465) 상1-2 : 41a>의 '몬져'는 명사이고, '뭇 <u>몬져</u> 니르시니'<월인천강지곡(1447) 상 : 其94>의 '몬져'는 부사이다. 그런데 지금은 부사적 용법만 남아 있다. 15세기의 '몬져'는 근대국어 시기를 거쳐 20세기 초 문헌에도 보인다. 그런데 '몬져'는 18세기 문헌에 '먼져'로 나오기도 한다. 이는 '몬져'의 제1음절의 모음 'ㅗ'가 'ㅓ'로 변한 어형이다. 'ㅗ> ㅓ'는 '몬지>먼지, 보션>버선' 등에서도 확인된다.

▸▸▸ **원문 판독**

〈1 : 52a〉

천(貴賤)의 등분(等分)을 붉히미니라

뉵월식울급욱(六月食鬱及薁)ᄒ며 칠월핑규급슉(七月亨葵及菽)ᄒ며 팔월박^

조(八月剝棗)ᄒ며 십월확도(十月穫稻)ᄒ야 위ᄎ츈쥬(爲此春酒)ᄒ야 이개미슈(以介眉壽)

ᄒᄂ니라 칠월^

식과(七月食瓜)ᄒ며 팔월단호(八月斷壺)ᄒ며 구월슉져(九月叔苴)ᄒ며 치도신녀(采荼薪

樗)ᄒ야 스아^

롱부(食我農夫)ᄒᄂ니라

　부야(賦也)라

　　식(食)은 먹다 말이오 울(鬱)은 실과요 급(及)은 밋다 말이오

　　욱(薁)도 실과니 뉵월(六月)의 울(鬱)과 밋 욱(薁)을 먹다 말이라

　　핑(亨)은 슘다 말이오 규(葵)는 ᄂ믈이니 급(及)은 밋다 말이^

　　오 슉(菽)은 픗 닙히니 칠월(七月)의 규(葵)와 밋 슉(菽)을 슘다 말^

▸▸▸ 출 전

시전(詩傳) 빈풍(豳風) 칠월(七月)

六月食鬱及薁 七月亨葵及菽 八月剝棗 十月穫稻 爲此春酒 以介眉壽 七月食瓜 八　月斷壺 九月叔苴

采荼薪樗 食我農夫

▸▸▸ 현대어역

〈1 : 52a〉

　　귀천(貴賤)의 등분(等分)을 밝힌 것이니라.

육월식울급욱(六月食鬱及薁)하며 칠월팽규급숙(七月亨葵及菽)하며 팔월박조(八月剝棗)하며 십월확도(十月穫稻)하여 위차춘주(爲此春酒)하여 이개미수(以介眉壽)하나니라. 칠월식과(七月食瓜)하며 팔월단호(八月斷壺)하며 구월숙저(九月叔苴)하며 채도신저(采荼薪樗)하여 사아농부(食我農夫)하나니라.

　　부야(賦也)라.

　　식(食)은 먹는다는 말이요, 울(鬱)은 실과요, 급(及)은 미친다는 말이요, 욱(薁)도 실과니, 유월(六月)에 울(鬱)과 욱(薁)을 먹는다는 말이라. 팽(亨)은 삶는다는 말이요, 규(葵)는 나물이니, 급(及)은 미친다는 말이요, 숙(菽)은 팥 잎이니, 칠월(七月)에 규(葵)와 숙(菽)을 삶는다는

▸▸▸ 원문 판독

〈1 : 52b〉

이오 박(剝)은 두드리다 말이오 조(棗)는 대쵸니 팔월(八月)의 대쵸^

룰 두드려 ᄯᅡ다 말이오 확(穫)은 거두다 말이오 도(稻)는 벼^

니 십월(十月)의 벼롤 거두다 말이오 〔위ᄎᆞ츈쥬(爲此春酒)ᄂᆞᆫ〕 봄술을 민ᄃᆞᆫ다

말이오 이(以)ᄂᆞᆫ【ᄡᅥ 이(以) ᄯᅡ(字)】요 개(介)ᄂᆞᆫ 돕다 말이오 미슈(眉壽)ᄂᆞᆫ 눈썹이

기도록 댱슈(長壽)ᄒᆞ라 말이니 쥬과(酒果)와 치소(菜蔬)롤 민ᄃᆞ라

노인의게 헌슈(獻壽)ᄒᆞ다 말이라 과(瓜)ᄂᆞᆫ 외니 칠월(七月)의 외^

롤 먹다 말이오 단(斷)은 ᄉᆞᆺ다[1] 말이오 호(壺)ᄂᆞᆫ 박이니 ᄯᅡ다

말이라 슉(叔)은 줍다 말이오 뎌(苴)ᄂᆞᆫ 삼 ᄲᅵ니 구월(九月)의

삼 ᄲᅵ롤 주어 먹게 ᄒᆞ다 말이오 져{치}(采)ᄂᆞᆫ 키다 ᄒᆞ미오

뎌(樗)ᄂᆞᆫ 가죽남기니 쓤바괴 키고 가죽남글 버혀 블^

▸▸▸ 주 석

1 ᄉᆞᆺ다 : 끊는다는. 원문의 '斷'에 해당하는 동사 어간으로 다른 18세기 문헌에는 '긏-'과 '긿-'이 공존하기도 한다. 예 : 엇디 아븨 명을 져ᄇᆞ리고 어믜 ᄌᆞ익롤 <u>긏츠려</u> ᄒᆞᄂᆞ뇨〈오륜행실도(1797) 2 : 75b〉. 목을 남게 돌고 스스로 ᄂᆞ려디니 목이 <u>긿쳐</u> 죽으리라〈오륜행실도(1797) 2 : 8a〉. 이를 감안하면 이곳의 'ᄉᆞᆺ'은 '긏'의 어간 말음 'ㅊ'을 자료에 확립된 칠종성법에 따라 'ㅅ'으로 적은 것으로 이해된다. 위의 '긏'과 '긿' 은 모두 중세국어 '긏-'(내지 '그치-')의 후대형으로, 형태상 '긏-'은 '긏-'에서 어두 경음화가 일어난 어형, '긿-'은 어두 경음화와 더불어 모음간 'ㅊ' 앞에 'ㄴ'이 첨가된 어형에 해당된다. 현대국어의 '끊-'은 '긿-'에

▶▶▶ **출 전**

시전(詩傳) 빈풍(豳風) 칠월(七月)

▶▶▶ **현대어역**

〈1 : 52b〉

이요, 박(剝)은 두드린다는 말이요, 조(棗)는 대추이니, 팔월(八月)에 대추를 두드려 딴다
는 말이요, 확(穫)은 거둔다는 말이요, 도(稻)는 벼니, 시월(十月)에 벼를 거둔다는 말이
요, 〔위차춘주(爲此春酒)는〕 봄 술을 만든다는 말이요, 이(以)는【써 이(以) 자(字)】요, 개
(介)는 돕는다는 말이요, 미수(眉壽)는 눈썹이 길도록 장수(長壽)하라는 말이니, 주과(酒
果, 술과 과일)와 채소(菜蔬)를 만들어 노인에게 헌수(獻壽)한다는 말이라. 과(瓜)는 오이니
칠월(七月)에 오이를 먹는다는 말이요, 단(斷)은 끊는다는 말이요, 호(壺)는 박이니, 딴다
는 말이라. 숙(叔)은 줍는다는 말이요, 저(苴)는 삼의 씨이니 구월(九月)에 삼의 씨를 주
위 먹게 한다는 말이요, 채(采)는 캔다 함이요, 저(樗)는 가죽나무이니, 씀바귀 캐고 가
죽나무를 베어

▶▶▶ **주 석**

서 재구조화된 어형이라 할 수 있으나 음운론적으로는 그 변화를 설명하기 어렵다. 18세기 중후반에 '끈
히아-'의 예가 등장함을 감안할 때, 이미 '긇-'의 재구조화가 이루어졌음을 지적할 수 있을 뿐이다. 예 :
스남의 경시 ㅂ라오미 끈히여시되<천의소감언해(1795) 1 : 1a>. 자료에도 이곳과 같은 '긏-'의 예와 함
께 '끈허'<1 : 74b>, '끈흔'<2 : 33a>, '끈흐매'<2 : 51a>, '끈티'<3 : 28a> 등 '긇-'의 예가 공존하는 것
을 볼 수 있다.

▸▸▸ 원문 판독

〈1 : 53a〉

　　ᄡᅵ 틀 섭ᄒᆞᆯ[1] ᄆᆡᆫᄃᆞ다 말이오 농부(農夫)ᄂᆞᆫ 농ᄉᆞ(農事)ᄒᆞᄂᆞᆫ 놈^
　　이라 말이니 ᄂᆞ믈이나 ᄏᆡ여 두엇다가 농부ᄅᆞᆯ 먹^
　　이다 말이니 노쇼(老少)의 음식과 댱유(長幼)의 녜졀(禮節)이 각별^
　　케 ᄒᆞ미니라 ○ 이 댱(章) 이하ᄂᆞᆫ 첫 댱(章) 말단(末端) 녀롬지^
　　이 말을 펴미라 음식을 ᄀᆞ초ᄂᆞᆫ 배니 힘ᄡᅳ디 아^
　　닐 곳이 업ᄉᆞ미라

구월츅댱포(九月築場圃)오 십월납화가(十月納禾稼)ᄒᆞᄂᆞ니 셔직즁뉵(黍稷重穋)과 화^
마슉ᄆᆡᆨ(禾麻菽麥)이니라 차아농부(嗟我農夫)아 아가긔동(我稼既同)이어니 샹입집궁공(上入執宮功)이니
듀이우모(晝爾于茅)오 쇼이삭도(宵爾索綯)ᄒᆞ야 극기승옥(亟其乘屋)이오사 기시파ᄇᆡᆨ곡(其始播百穀)이니라
　부야(賦也)라

▸▸▸ 주 석

1 섭ᄒᆞᆯ : 섶을. 15세기 국어에서는 단어의 마지막 'ㅍ'은 모음으로 시작하는 어미나 조사와의 결합되면 그 다음 음절로 이동하여 초성 위치에 표기되었다. 그런데 16세기에 오면, '닢'의 'ㅍ'을 '섭피'나 '섭히'와 같이 표기하여 'ㅍ'을 'ㅂ+ㅍ'이나 'ㅂ+ㅎ'으로 하는 표기가 나타난다. '섭ᄒᆞᆯ'의 'ㅂㅎ' 분할 표기는 'ㅂ+ㅎ=ㅍ'이 되는 음운현상이 반영된 것이라 할 수 있다.

▸▸▸ **출 전**

시전(詩傳) 빈풍(豳風) 칠월(七月)

九月築場圃 十月納禾稼 黍稷重穋 禾麻菽麥 嗟我農夫 我稼旣同 上入執宮功 晝爾于茅 宵爾索綯

亟其乘屋 其始播百穀

▸▸▸ **현대어역**

〈1 : 53a〉

　　씨를 틀(=지필) 섶을 만든다는 말이요, 농부(農夫)는 농사(農事)하는 사람이라는 말이니, 나물이나 캐어 두었다가 농부를 먹인다는 말이니, 노소(老少)의 음식과 장유(長幼)의 예절(禮節)이 각별(恪別)하게 함이니라. ○ 이 장(章) 이하는 첫 장(章)의 말단(末端) 농사짓기 말을 편 것이라. 음식을 갖추는 바이니(=것이니) 힘쓰지 아니할 곳이 없음이라.

구월축장포(九月築場圃)오 십월납화가(十月納禾稼)하나니, 서직종육(黍稷重穋)과 화마숙맥(禾麻菽麥)이니라. 차아농부(嗟我農夫)아 아가기동(我稼旣同)이어니 상입집궁공(上入執宮功)이니 주이우모(晝爾于茅)오 소이삭도(宵爾索綯)하여 극기승옥(亟其乘屋)이오사 기시파백곡(其始播百穀)이니라.

　　부야(賦也)라.

▶▶▶ **원문 판독**

〈1 : 53b〉

튝(築)은 싸흘 쪄허 굿게 ᄒ미오 댱(場)은 쓸히오 포(圃)ᄂ
ᄂᄆᆯ 밧치니 구월(九月)의 ᄂᄆᆯ 밧츨[1] 쓸흘 민ᄃ라 바^
닥을 쪄허 ᄃ〃이 ᄒ야 쟝춧[2] 들히 곡식을 거두워
드리려 ᄒ미라 납(納)은 드리다 말이오 화(禾)와 가(稼)ᄂ 곡식
이삭과 집히 년(連)ᄒᆫ 일홈이니 십월(十月)의 화가(禾稼)ᄅᆯ
쓸로 드리다 말이라 셔(黍)ᄂ 기장이오 직(稷)은 조요 죵[重]^
과 뉵(穆)은 곡식의 별양(別樣) 일홈이라 화(禾)ᄂ 곡식 일^
홈이오 마(麻)ᄂ 깨오 슉(菽)은 풋치오 ᄆᆨ(麥)은 보리니 다 주어
쓸히 드리다 말이라 〔차아농부(嗟我農夫)ᄂ〕 슬프다 내 농ᄉᆞ(農事)ᄒᄂ 사ᄅᆷ들^
아 ᄒᆫ 말이오 아(我)ᄂ 내오 가(稼)ᄂ 곡식 일홈이오[3] 긔(旣)ᄂ

▶▶▶ **주 석**

1 밧츨 : 밭을. '밫[田]+-올'로 분석될 어형이나 이곳에서 '밧츨'로 나타난 것은 어중 유기음 /ㅊ/이 중철 표
  기된 결과이다. 중세 문헌에는 '바톨'로 등장하여 어간형으로 '밭'을 보여 주는데, 대격형에서 '밭>밫'의
  어간 재구조화가 일어난 것을 알 수 있다.

▸▸▸ **출 전**

시전(詩傳) 빈풍(豳風) 칠월(七月)

▸▸▸ **현대어역**

〈1 : 53b〉

축(築)은 땅을 찧어 굳게 함이요, 장(場)은 뜰이요, 포(圃)는 나물(=채소) 밭이니, 구월 (九月)에 나물(=채소) 밭을 뜰을 만들어 바닥을 찧어 단단히 하여 장차 들의(=들에 있는) 곡식을 거두어 들이려 함이라. 납(納)은 들인다는 말이요, 화(禾)와 가(稼)는 곡식 이삭 과 짚이 연(連, 이어짐)한 이름이니, 시월(十月)에 화가(禾稼)를 뜰로 들인다는 말이라. 서 (黍)는 기장이요, 직(稷)은 조요, 종[重]과 육(穆)은 곡식의 별양(別樣, 보통과 다름) 이름이 라. 화(禾)는 곡식 이름이요, 마(麻)는 깨요, 숙(菽)은 팥이요, 맥(麥)은 보리니, 다 주워 뜰에 들인다는 말이라. 〔차아농부(嗟我農夫)는〕'슬프다, 내 농사(農事)하는 사람들아.'(라 고) 한 말이요, 아(我)는 내요, 가(稼)는 곡식 이름이요, 기(旣)는

▸▸▸ **주 석**

2 쟝촷 : 장차(將次). 부사 '쟝촷'에 부사를 파생시키는 접미사 '-ㅅ'이 통합한 어형이다. 중세국어 이래 '쟝 촷'와 '쟝촷'이 공존하였으나 자료에서는 '쟝촷'만 발견된다.

3 일훔이오 : 이름이요. 이곳의 '일훔'은 동사 '잃〔稱, 名〕-'에 명사형 '-옴'이 결합한 어형이나 이미 중세국어 의 이른 시기부터 어휘화된 존재로 나타난다. 예 : 號는 <u>일훔</u> 사마 브르는 거시라<월인석보(1459) 1 : 15b주>. 현대국어의 '이름'은 '-오/우-'의 쇠퇴에 따라 '일훔>일홈'의 변화를 겪은 뒤 다시 유성음간 /ㅎ/ 이 약화, 탈락한 결과이다.

▸▸▸ **원문 판독**

〈1 : 54a〉

임의라 말이오 동(同)은 혼가지라 말이니 내 곡식을 임^
의 혼가지로 거두어 드렷다 말이오 샹(上)은 올라 말이오
입(入)은 드다 말이오 집(執)은 잡다 말이오 궁(宮)은 집이^
오 공(功)은 일이니 들히켜 농亽롤 못차시매[1] 올라
드러가 집 슈축(修築)홀 일을 잡으리라 말이오 듀(晝)^
는 낫이오[2] 이(爾)는 네라 말이오 우(于)는 가다 말이오 모(茅)는 쒸^
니 나지는 네 쒸롤 엿거 집 닐 일ᄒ다 말이오 쇼(宵)는
밤이오 삭(索)과 도(綯)는 숫치니 밤의는 네 숫출 쑈와 집 얽^
을 일을 ᄒ다 말이오 기(其)는 그거시라 말이오 승(乘)은 오^
ᄅ다 말이니 옥(屋)은 집이오 극(亟)은 급히 ᄒ다 말이오

▸▸▸ **주 석**

1 못차시매 : 마쳤으매. '못〔終〕-+-아시-+-매'로 분석될 어형이나 이곳에서 '못차시매'로 나타난 것은 어중 유기음 /ㅊ/이 'ㅅ-ㅊ'으로 중철 표기된 결과이다. 이곳의 '못-'은 의미나 문법 범주를 바꾸지 않는 접사 '-이-'가 결합하여 현대국어에는 '마치-'로 이어졌는데, 이러한 어간 재구조화는 '그릇->그르치-', '긏->그치-', '뉘읓->뉘우치-', '亽못->사무치-' 등 어간 말음을 'ㅊ'으로 하는 어간에서 주로 볼 수 있다.

▸▸▸ **출 전**

시전(詩傳) 빈풍(豳風) 칠월(七月)

▸▸▸ **현대어역**

〈1 : 54a〉

이미라는 말이요, 동(同)은 함께라는 말이니, 내가 곡식을 이미 함께 거두어 들였다는 말이요, 상(上)은 '올라'(라는) 말이요, 입(入)은 든다는 말이요, 집(執)은 잡는다는 말이요, 궁(宮)은 집이요, 공(功)은 일이니, 들에서 농사를 마쳤으매 올라 들어가 집 수축(修築. 헐어진 곳을 다시 고쳐 짓거나 보수함)할 일을 잡으리라 (하는) 말이요, 주(晝)는 낮이요, 이(爾)는 '네'라는 말이요, 우(于)는 간다는 말이요, 모(茅)는 띠니, 낮에는 네가 띠를 엮어 집 일을(=집안일을) 일한다는 말이요, 소(宵)는 밤이요, 삭(索)과 도(綯)는 새끼이니, 밤에는 네가 새끼를 꼬아 집 얽을 일을 한다는 말이요, 기(其)는 그것이라는 말이요, 승(乘)은 오른다는 말이니, 옥(屋)은 집이요 극(亟)은 급히 한다는 말이요,

▸▸▸ **주 석**

2 낫이오 : 낮이요. 바로 아래 '나지'가 등장하는 것으로 보아 이곳의 '낫'은 '낮'(晝)을 표기한 것임을 알 수 있다. 중세 문헌에서도 (곡용형에서) '낮'이 '낫'으로 표기된 경우가 있지만 그것은 어디까지나 휴지나 자음(으로 시작되는 조사) 앞에 국한된 것이었다(예 : '晝 낫 듀', '낫과 바미' 등). 이곳과 같이 '낮'이 분철 표기되면서 '낫'으로 나타난 예는 ≪오륜전비언해≫(1721)를 위시하여 18세기 문헌에 와서나 등장한다. 예 : 세 弟兄이 ▽장 和氣ᄒᆞ여 낫이면 훈가지로 놀고 밤이면 훈가지로 자<1 : 2a>. 곧 자료에서는 분철 표기를 종래보다 확장하여 어간말 /ㅈ/에까지 적용하되 종성의 표기는 종래의 칠종성법에 따라 ('낮'이 아닌) '낫'으로 적었다고 할 것이다.

▶▶▶ **원문 판독**

〈1 : 54b〉

기(其)는 긔라 말이오 시(始)는 비로스란 말이오 파(播)는 쎄탄 말이^
오 빅곡(百穀)은 빅 가지 곡식이니 급ᄼ히 그 집을 올^
라 니고야 비로소 닉년(來年)의 빅곡(百穀)을 쎄흐리라 ᄒ미니
대개 죵세(終歲)토록 근노(勤勞)ᄒ야 계유[1] 츄슈(秋收)ᄒ고 쏘 잠간
한힐(間歇)ᄒ매 이 쌔롤 타 집을 슈리(修理)ᄒ고 닉년(來年) 녀룸^
지이롤 ᄒ리라 ᄒ야 서르 경계(警戒)ᄒ야 감히 쉬디 못^
ᄒ니 그 근심ᄒ며 슈고(受苦)ᄒ야 간고(艱苦)ᄒ미 극진(極盡)ᄒ믈
니르시미니라
이지일착빙퉁퉁(二之日鑿氷沖沖)ᄒ야 삼지일납우능음(三之日納于凌陰)ᄒᄂ니 ᄉ지^
일기조(四之日其蚤)에 헌고졔구(獻羔祭韭)ᄒᄂ니라 구월슉상(九月肅霜)이어든 십월텩댱
(十月滌場)ᄒ고 븡^

▶▶▶ **주 석**

1 계유 : 겨우. 중세 문헌에는 '계오'나 '계우'로 나타나던 것이나, 이곳과 같이 (선행 음절에 포함된 하향 이
중모음의 영향으로) 후행 음절에 y가 첨가된 '계유'는 '계요'와 더불어 17세기 문헌부터 등장하기 시작한
다. 예 : 궁듕을 조려 <u>계요</u> 용납게 묻둘고<계축일기(1600?) 하 : 38b>, 나히 <u>계유</u> 열세힌 제<동국신속
삼강행실도(1617) 孝7 : 2b>. '계유'(내지 '계요')가 등장하는 문헌에는 '겨요'(내지 '겨유')가 함께 등장
하는 경우가 많은데, 이로 볼 때 '계유'와 '겨유'는 같은 음상(音相)을 반영하되 y의 표기가 음절 경계에서
유동적으로 표기된 것으로 판단된다. 현대국어 '겨우'에 근접한 표기로는 '겨오'가 18세기 후반 문헌부터

▶▶▶ **출 전**

시전(詩傳) 빈풍(豳風) 칠월(七月)

二之日鑿冰沖沖 三之日納于凌陰 四之日其蚤 獻羔祭韭 九月肅霜 十月滌場

▶▶▶ **현대어역**

〈1 : 54b〉

기(其)는 그라는 말이요, 시(始)는 비로소라는 말이요, 파(播)는 뿌린다는 말이요, 백곡(百穀)은 백 가지 곡식이니, 급급히 그 집을 올라 잇고서야 비로소 내년(來年)에 백곡(百穀)을 뿌리리라 함이니, 대개 종세(終歲, 한 해를 마침)토록 근로(勤勞)하여 겨우 추수(秋收)하고 또 잠깐 한헐(閒歇)하매 이 때를 타서 집을 수리(修理)하고 내년 농사짓기를 하리라 하여, 서로 경계(警戒)하여 감히 쉬지 못하니 그 근심하며 수고(受苦)하여 간고(艱苦, 어렵고 힘듦)함이 극진(極盡)함을 이르신 것이라.

이지일착빙충충(二之日鑿冰沖沖)하여 삼지일납우능음(三之日納于凌陰)하나니, 사지일기조(四之日其蚤)에 헌고제구(獻羔祭韭)하나니라. 구월숙상(九月肅霜)이어든 십월척장(十月滌場)하고,

▶▶▶ **주 석**

보이지만, '겨우'는 이보다 늦어 19세기 후반 문헌에서나 등장하기 시작한다. 예 : 겨오 약관【이십】의<경신록언석(1796) 55b>, 곤해 발끼에 일으러 <u>겨우</u> 싸인 후도<조군영적지(1881) 11b>. 이들 '겨오'나 '겨우'의 등장과 관련하여 '겹-'의 존재가 확인되는 것도 18세기 문헌에 와서의 일이다. 예 : 夕陽의 醉興을 겨워<고금가곡(1764) 144>, 대되 편안이 쉬면 늬일 ᄀ장 조오롬 <u>졉지</u> 아니ᄒ리라<중간노걸대언해(1795) 上 : 52a>.

▶▶▶ **원문 판독**

〈1 : 55a〉

쥬ᄉ향(朋酒斯饗)ᄒ야 왈살고양(曰殺羔羊)ᄒ야 졔피공당(躋彼公堂)ᄒ야 칭피시굉(稱彼兕
觥)ᄒ니 만슈^
무강(萬壽無疆)이로다
　부야(賦也)라
　　착(鑿)은 ᄑ다 말이오 빙(冰)은 어룸이오 튱〃(沖沖)은 어룸 ᄑ는
　　ᄯᅳ시니[1] 이양지월(二陽之月)의 어룸을 튱〃(沖沖)이 파내다 말이^
　　오 납(納)은 드리다 말이오 우(于)ᄂᆫ【어주ᄧ(語助字)】요 능음(凌陰)은 빙고(冰庫)니
　　삼^
　　양지월(三陽之月)의 어룸을 빙고(冰庫)의 드리다 말이라 기(其)ᄂᆫ 긔^
　　라 말이오 고(羔)ᄂᆫ 염쇼요 졔(祭)ᄂᆫ 졔ᄉ(祭祀)ᄒ다 말이오 구(韭)ᄂᆫ 부초
　　ᄂᆫ들이니 ᄉ양지월(四陽之月)의 일죽이 염쇼ᄅᆞᆯ 잡아 종묘(宗廟)^
　　의 드리고 구초(韭草)ᄅᆞᆯ 졔(除)ᄒ야 어룸을 비로소 여러 ᄡᅳᄂᆫ 줄

▶▶▶ **주 석**

1 ᄯᅳ시니 : 뜻이니. 이곳의 'ᄯᅳᆺ'은 중세국어의 'ᄠᅳᆮ'에 소급할 어형이다. 어두자음군의 경음화를 거쳐 16세기 문헌부터는 'ᄯᅳᆮ'으로 등장하기 시작한다. 예: 즐기ᄂᆫ ᄯᅳ들 보노라〈중간두시언해(1613) 7 : 11a〉. 이곳 에서 'ᄯᅳᆮ'이 'ᄯᅳᆺ'으로 적힌 것은 (칠종성법의 확립 이후) 어간 말음 /ㄷ/을 'ㅅ' 분철 표기로 나타내는 자료 의 표기 방식에 따른 것이다. 현대국어의 '뜻'은 'ᄯᅳᆮ'에서 어간 말음이 다시 'ㅅ'으로 재구조화된 결과이다.

▸▸▸ **출 전**

시전(詩傳) 빈풍(豳風) 칠월(七月)

朋酒斯饗 曰殺羔羊

躋彼公堂 稱彼兕觥 萬壽無疆

▸▸▸ **현대어역**

〈1 : 55a〉

붕주사향(朋酒斯饗)하여 왈살고양(曰殺羔羊)하여 제피공당(躋彼公堂)하여 칭피시굉(稱彼兕觥)하니 만수무강(萬壽無疆)이로다.

　부야(賦也)라.

　　착(鑿)은 판다는 말이요, 빙(冰)은 얼음이요, 충충(沖沖)은 얼음을 파는 뜻이니 이양지월(二陽之月)에 얼음을 충충(沖沖)히 파낸다는 말이요, 납(納)은 드린다는 말이요, 우(于)는 【어조자(語助字)】요, 능음(凌陰)은 빙고(氷庫)이니 삼양지월(三陽之月)에 얼음을 빙고(氷庫)에 들인다는 말이라. 기(其)는 그라는 말이요, 고(羔)는 염소요, 제(祭)는 제사(祭祀)한다는 말이요, 구(韭)는 부추 나물이니 사양지월(四陽之月)에 일찍이 염소를 잡아 종묘(宗廟)에 들이고 구초(韭草)를 제(除)하여(＝없애고) 얼음을 비로소 열어 쓰는 것을

〈1 : 55b〉

고(告)ᄒ미라 슉(肅)은 엄슉(嚴肅)ᄒ다 말이오 상(霜)은 서리오 쳑(滌)^
은 닷가 ᄇ리다 말이오 댱(場)은 ᄯᆯ히니 구월(九月)의 텬긔(天氣ㅣ)
엄슉ᄒ야 서리 ᄂ리거든 십월(十月)의 ᄯᆯ흘 닷가 농^
공(農功)을 ᄆᆽ다¹ 말이라 븡(朋)운² 두〔二〕 준(樽)이오 쥬(酒)ᄂᆫ 술이오 스(斯)^
ᄂᆫ 이라 말이오 향(饗)은 연향(宴饗)ᄒ다 말이오 왈(曰)은【ᄀᆯ오 왈(曰) ᄶ(字)】^
요 살(殺)은【죽일 살(殺) ᄶ(字ㅣ)】요 고양(羔羊)은 염쇼와 양이오 졔(躋)ᄂᆫ 오르다
말이오 피(彼)ᄂᆫ 뎨란 말이오 공당(公堂)은 님군의 집이오
칭(稱)은 드다 말이오 피(彼)ᄂᆫ 뎌란 말이오 시굉(兕觥)은 무쇼 샬
잔이오 만슈(萬壽)ᄂᆫ 만년(萬年)이나 댱슈(長壽)ᄒ라 말이오 무(無)ᄂᆫ
업다 말이오 강(疆)은 ᄆᆽ다 말이니 농ᄉ(農事)ᄅᆞᆯ ᄆᆽ고 두 준(樽)^

1 ᄆᆽ다 : 마치다. 이곳의 'ᄆᆽ-'은 칠종성법에 따라 'ᄆᆾ〔終〕-'을 적은 표기이다. 'ᄆᆾ-'에 의미나 문법 범주를 바
꾸지 않는 접사 '-이-'가 결합하여 현대국어에는 '마치-'로 이어졌는데, 이러한 어간 재구조화는 '그릇->
그르치-', 'ᄀᆾ>그치-', '뉘읓>뉘우치-', 'ᄉᄆᆾ->사무치-' 등 어간 말음을 /ㅊ/으로 하는 어간에서 자주
볼 수 있다.

▸▸▸ **출 전**

시전(詩傳) 빈풍(豳風) 칠월(七月)

▸▸▸ **현대어역**

〈1 : 55b〉

　고함이라. 숙(肅)은 엄숙(嚴肅)하다는 말이요, 상(霜)은 서리요, 척(滌)은 닦아 버린다는
말이요, 장(場)은 뜰이니, 구월(九月)에 천기(天氣)가 엄숙하여 서리가 내리거든 시월(十
月)에 뜰을 닦아 농공(農功, 농사일)을 마친다는 말이라. 붕(朋)은 두[二] 준(樽)이요, 주
(酒)는 술이요, 사(斯)는 이라는 말이요, 향(饗)은 연향(宴饗, 잔치를 베풀어 손님을 대접함)한
다는 말이요, 왈(曰)은【가로 왈(曰) 자(字)】요, 살(殺)은【죽일 살(殺) 자(字)】요, 고양(羔
羊)은 염소와 양이요, 제(隮)는 오른다는 말이요, 피(彼)는 저라는 말이요, 공당(公堂)은
임금의 집이요, 칭(稱)은 든다는 말이요, 피(彼)는 저라는 말이요, 시굉(兕觥)은 무소 뿔
(=뿔로 만든) 잔이요, 만수(萬壽)는 만년(萬年)이나 장수(長壽)하라는 말이요, 무(無)는 없
다는 말이요, 강(疆)은 마친다는 말이니, 농사(農事)를 마치고 두

▸▸▸ **주 석**

2 붕운 : 붕(朋)은. '朋'은 중세국어에서도 '붕'으로 표기된다. 근대국어 시기에 순자음 아래에서 비원순모음
　　인 'ㅡ'가 원순모음인 'ㅜ'로 바뀌어 '븡'이 '붕'으로 변화한다. 그런데 이곳에서는 '붕'은 바뀌지 않고 오히려
　　후행 음절의 '은'이 '운'으로 나타났다. '은>운'만을 본다면, 이러한 현상을 이해하기 어렵다. 그러나 제1음
　　절의 '븡'이 '붕'으로 실현되는 것을 전제로 한다면 '은'이 선행 음절의 '붕'에 영향을 받아 '운'으로 바뀐 것
　　이라는 설명이 가능하다.

〈1 : 56a〉

의 술로 이에 연향(宴饗)ᄒ야 쿨오디 염쇼와 양을 죽^
여 뎌 님군의 집을 나 시굉(兕觥)을 드니 만년(萬年)을 댱^
슈(長壽)ᄒ야 ᄆᄎ미 업게 ᄒ다 말이니라 ○ 이 댱(章)은 음^
식의 힘쓰믈 ᄆᄎ미니 농작(農作)을 다 ᄒ매 귀신의^
게 졔사(祭祀)ᄒ며 님군의게 연향(宴饗)ᄒ야 지셩(至誠)으로 웃 사^
롬을 튱이(忠愛)ᄒ야 셤기니 그 풍쇽(風俗)의 후(厚)홈과 샹^
하(上下)의 졍(情)이 지극ᄒᆯ믈 닐러 이 편(篇)을 ᄆᄎ미라
칠월(七月) 팔댱(八章)
왕시 왈(曰) 우러러 날과 별과 셔리와 이슬의 변ᄒᆯ믈
보고 굽어 곤튱(昆蟲)과 초목(草木)의 화(化)ᄒᆯ믈 보와 ᄡᅥ 텬시(天時)를

▶▶▶ **출 전**

시전(詩傳) 빈풍(豳風) 칠월(七月)

▶▶▶ **현대어역**

〈1 : 56a〉

준(樽)의 술로 이에 연향(宴饗, 잔치를 베풀어 손님을 대접함)하여 이르되, 염소와 양을 죽여 저 임금의 집을 나(=나와) 시굉(兕觥, 무소의 뿔로 만든 잔)을 드니 만년(萬年)을 장수(長壽)하여 마침이 없게 한다는 말이니라. ○ 이 장(章)은 음식에 힘쓰기를 마침이니, 농작(農作, 농사를 지음)을 다 하매(=마치매) 귀신에게 제사하며 임금에게 연향(宴饗)하여 지성(至誠)으로 윗사람을 충애(忠愛)하여 섬기니, 그 풍속(風俗)의 후(厚)함과 상하(上下)의 정(情)이 지극함을 일러 이 편(篇)을 마침이라.

칠월(七月) 팔장(八章)

왕씨가 이르되, (위로) 우러러 (보아) 날과(=태양과) 별과 서리와 이슬의 변함을 보고, (아래로) 굽어(=굽어봐) 곤충(昆蟲)과 초목(草木)의 화(化)함을 보아 천시(天時)를

▶▶▶ **원문 판독**

〈1 : 56b〉

아라 뼈 민ᄉ(民事)롤 주어 겨집은 안히셔 일을 힝ᄒ고
ᄉ나히ᄂ 밧긔셔 일을 힝ᄒ야 웃 사룸은 졍셩(精誠)^
으로 아래롤 ᄉ랑ᄒ고 아래 사룸은 튱셩(忠誠)으로 우^
홀 셤겨 아비ᄂ 아븨[1] 도리롤 ᄒ고 ᄌ식은 ᄌ식의
도리롤 ᄒ고 남편은 남편의 도리롤 ᄒ고 안해ᄂ
안해 도리롤 ᄒ야 늙으니롤 봉양(奉養)ᄒ고 어리니[2]롤
ᄉ랑ᄒ며 힘드려 먹고 약ᄒ니롤 도으며 그 졔ᄉ(祭祀)^
롤 ᄌ로 ᄒ고 연향(宴饗)을 졀당(切當)이 ᄒ니 이 칠월편(七月篇)
대의(大義)니라
뎡ᄌ(程子ㅣ) 굴오샤ᄃ 칠월편(七月篇) 대의(大義)ᄂ 그 근심과 의ᄉ(意思ㅣ) 깁고

▶▶▶ **주 석**

1 아븨 : 아비의. '아비+-의'와 같이, '아비〔父〕'에 속격 조사 '-의'가 결합되면 '아비'의 마지막 모음 'ㅣ'가
탈락되어 '아븨'로 나타나는 것이 일반적인 형태였다. 예 : 제 몸으로 <u>아븨</u> 주구믈 ᄃ신ᄒ야지라 비더라
〈번역소학(1517) 9 : 31b〉. 이곳의 '아븨'는 '아븨'의 두 번째 음절에서 순자음 'ㅂ'의 영향으로 원순모음
화 현상이 일어나 'ㅡ'가 'ㅜ'로 바뀐 형태이다.

▶▶▶ 출 전

시전(詩傳) 빈풍(豳風) 칠월(七月)

▶▶▶ 현대어역

〈1 : 56b〉

알아 민사(民事)를 주어 여자는 안에서 일을 행하고 남자는 밖에서 일을 행하여, 윗사람
은 정성(精誠)으로 아래를 사랑하고 아랫사람은 충성(忠誠)으로 위를 섬겨, 아비는 아비
의 도리를 하고 자식은 자식의 도리를 하고 남편은 남편의 도리를 하고 아내는 아내의
도리를 하여, 늙은이를 봉양(奉養)하고 어린이를 사랑하며 힘들여 먹고 약한 이를 도우
며, 그 제사(祭祀)를 때에 맞춰 하고 연향(宴饗, 잔치를 베풀어 손님을 대접함)을 절당(切當,
사리에 꼭 들어맞음)히 하니 이것이 칠월편(七月篇)의 대의(大義, 글의 대략적인 뜻)니라. 정자
(程子)가 이르시되, 칠월편(七月篇) 대의(大義)는 그 근심과 의사(意思)가 깊고

▶▶▶ 주 석

2 어리니 : 어린 사람. '어리-'의 관형사형 '어린'에 "사람"을 뜻하는 의존 명사 '이'가 결합된 어형으로, 현대
국어 '어린이'의 소급형에 해당된다. '어리-'는 15세기에서는 "愚"의 의미를 띠나 16세기 이후에는 지금과
같은 "幼"의 의미도 띤다. 따라서 16세기 이후의 '어리니'는 "어리석은 사람"이나 "어린 사람"이라는 두 가
지 의미로 쓰일 수 있다. 그런데 18세기 이후 '어리-'에서 "愚"의 의미가 빠져나감으로써 '어리니'는 지금
과 같은 "어린 사람"만을 뜻하게 되었다.

▶▶▶ **원문 판독**

〈1 : 57a〉

> 머러 성왕(成王)으로 ᄒᆞ여곰 션공(先公)의 왕업(王業)을 닐윈[1] 연^
> 유(緣由)와 빅셩의 힘을 슈고로이 ᄒᆞ야 일의 가난(艱難)ᄒ^
> 미 이 ᄀᆞᆺᄐᆞᆯ 알게 ᄒᆞ시미니라
> 쇼아(小雅)
> 샹톄지화(常棣之華)여 악블위위(鄂不韡韡)아 범금지인(凡今之人)은 막여형뎨(莫如兄弟)
> 니라
> 흥야(興也)라
> 샹톄지화(常棣之華)ᄂᆞᆫ 곳 일홈이니 흡긔 다 픠여[2] 일시의
> 빗나매 형뎨(兄弟)의 일을 긔흥(起興)ᄒᆞ니라 지(之)ᄂᆞᆫ【갈 지(之) ᄯᅡ(字)】요 화(華)
> 〔ᄂᆞᆫ〕
> 곳치오 악(鄂)은 밧그로 나타나ᄂᆞᆫ 거동이오 블(不)은 아니 ᄒ^
> 라 ᄒᆞᆫ 말이오 위〃(韡韡)ᄂᆞᆫ 빗난 거동이니 샹톄(常棣) 곳치 나타^

▶▶▶ **주 석**

1 닐윈 : 이룬. 이곳의 '닐위-'는 중세국어의 '니르위-'에 소급할 어형이다. '니르위-'는 '니르〔到〕-'에 사동 접
사 '-위-'가 결합한 어사로 주로 원문의 '致'나 '效'를 번역하는 데 쓰였다. '니르위-'는 ≪소학언해(小學諺
解)≫(1586)를 위시하여 16세기 후반 문헌부터는 '닐위-'(예 : 안햇 지계롤 닐위고 밧긔 지계롤 흩ᄒᆞ야
(致齊於內 散齊於外)<2 : 26a>) 혹은 '니뤼-'로 등장하는데, 원문의 '致, 效에 대응되어 쓰이는 점은
여전하지만 문맥에 따라 "이르게 하다", "이루다"를 비롯, "이르다"와 같은 자동사적 의미로까지 다양한 해
석을 받을 수 있었던 것이 특징이다.

▶▶▶ **출 전**

시전(詩傳) 빈풍(豳風) 칠월(七月)
常棣之華 鄂不韡韡 凡今之人 莫如兄弟

▶▶▶ **현대어역**

〈1 : 57a〉

멀어 성왕(成王)으로 하여금 선공(先公)이 왕업(王業)을 이루게 한 연유(緣由)와 백성의 힘을 수고로이 하여 일의 간난(艱難, 몹시 힘들고 고생스러움)함이 이 같음을 알게 하심이니라.

소아(小雅)

상체지화(常棣之華)여 악불위위(鄂不韡韡)아 범금지인(凡今之人)은 막여형제(莫如兄弟)니라.

흥야(興也)라.

상체지화(常棣之華)는 꽃 이름이니 함께 다 피어 일시에 빛남에 형제(兄弟)의 일을 기흥(起興)한 것이니라. 지(之)는【갈 지(之) 자(字)】요, 화(華)는 꽃이요, 악(鄂)은 밖으로 나타나는 거동(=모습)이요, 불(不)은 아니 하라는 말이요, 위위(韡韡)는 빛난 거동이니, 상체(常棣) 꽃이

▶▶▶ **주 석**

2 픠여 : 피어. 이곳의 '픠-'는 15세기 국어에서 '곳도 픠며'<석보상절(1447) 11 : 2b>와 같이 '프-'로 나타났다. 중세국어에서는 '고즈로 픠게'<두시언해(1481) 10 : 7a>처럼 '픠-'도 나타나는데, 16세기 국어에서는 '곳 퓌오'<번역박통사(1571 상 : 40a>처럼 순자음 'ㅍ'의 영향으로 비원순모음 'ㅡ'가 원순모음 'ㅜ'로 바뀐(곧 원순모음화가 반영된) '퓌-'도 발견된다. 여기서는 '픠-'로만 나타나는데, '픠는'<1 : 18b>을 포함하여 2회 나타난다.

〈1 : 57b〉

나 빗나디 아니랴 ᄒᆞᆫ 말이라 범(凡)은 믈읫 범(凡) ᄌᆞ(字)요

금(今)은【이제 금(今) ᄠᅳᆺ(字)】요 지(之)ᄂᆞᆫ【갈 지(之) ᄠᅳᆺ(字)】요 인(人)은 사름이오

막여형뎨(莫如兄弟)ᄂᆞᆫ 막(莫)＾

은 못ᄒᆞ다 말이오 여(如)ᄂᆞᆫ ᄀᆞᆺ다 말이니 믈읫 이제 사＾

름은 형뎨(兄弟)만 ᄀᆞᆺ디 못ᄒᆞ다 말이니 대범(大凡) 늠 사름＾

은 내 형뎨만 ᄀᆞᆺ디 못ᄒᆞ니라 말이라 ○ 이 시(詩)ᄂᆞᆫ 대＾

개 쥬공(周公)이[1] 관채(管蔡)ᄅᆞᆯ 죄 주신 후의 지으신 배니 그 말＾

슴 ᄒᆡ오미 그 ᄠᅳᆺ이 ᄀᆞᆫ졀(懇切)ᄒᆞ고 그 졍(情)이 슬퍼 다ᄅᆞᆫ 시(詩)＾

의 화려(華麗) 홈과 다ᄅᆞ니라

ᄉᆞ상지위(死喪之威)예 형뎨공회(兄弟孔懷)ᄒᆞ며 원습부의(原隰裒矣)예 형뎨구의(兄弟求

矣)ᄒᆞᄂᆞ니라

부야(賦也)라

1 쥬공이 : 주공(周公)이. '주공(周公)'은 중국 주나라 문왕(文王)의 아들로, 성은 희(姬)이며 이름은 단
  (旦)이다. 형인 무왕(武王)을 도와 은나라를 멸하고 주나라의 기초를 튼튼히 하였다. 예악제도(禮樂制
  度)를 정비하고, ≪주례(周禮)≫를 지은 것으로 전한다.

▸▸▸ **출 전**

시전(詩傳) 소아(小雅) 녹명(鹿鳴)-상체(常棣)
死喪之威 兄弟孔懷 原隰裒矣 兄弟求矣

▸▸▸ **현대어역**

〈1 : 57b〉

　　나타나 빛나지 않으랴 (하는) 말이라. 범(凡)은 무릇 범(凡) 자(字)요, 금(今)은【이제 금
　　(今) 자(字)】요, 지(之)는【갈 지(之) 자(字)】요, 인(人)은 사람이요, 막여형제(莫如兄弟)는
　　막(莫)은 못한다는 말이요, 여(如)는 같다는 말이니, 무릇 이제 사람은 형제만 같지 못하
　　다는 말이니 대범(大凡, 무릇) 남 사람은(=타인은) 내 형제만 같지 못하다는 말이라. ○
　　이 시(詩)는 대개 주공(周公)이 관채(管蔡)를 죄 주신 후에 지으신 바이니, 그 말씀하심이
　　그 뜻이 간절하고 그 정(情)이 슬퍼 다른 시(詩)의 화려(華麗)함과 다르니라.
사상지위(死喪之威)에 형제공회(兄弟孔懷)하며, 원습부의(原隰裒矣)에 형제구의(兄弟求矣)하나니라.
　　부야(賦也)라.

▸▸▸ 원문 판독

〈1 : 58a〉

ᄉᆞ상(死喪)은 죽으며 상ᄉᆞ(喪事)라 말이니 지(之)ᄂᆞᆫ【갈 지(之) ᄶᆞ(字)】요 위(威)ᄂᆞᆫ 위엄(威嚴)^
이니 무셔온 일이란 말이니 상화(喪禍)ᄅᆞᆯ 니ᄅᆞ미라 공(孔)은
진실로라 말이니 회(懷)ᄂᆞᆫ ᄉᆡᆼ각ᄒᆞ다 말이니 죽으며
상ᄉᆞ(喪事)의 무셔온 일의 형뎨(兄弟)야 진실로 ᄉᆡᆼ각ᄒᆞ다 말^
이니 원(原)은 언덕이오 습(隰)은 즌 ᄃᆡ오 부(裒)ᄂᆞᆫ 빠히다[1] 말이^
오 의(矣)ᄂᆞᆫ【어주ᄌᆞ(語助字)】니 언덕과 즌 ᄃᆡ 죽엄이 빠힌 곳이라도 형^
뎨(兄弟)ᄂᆞᆫ 구ᄒᆞ야 ᄎᆞᆺᄂᆞᆫ다 말이니 타인(他人)이 무셔이 너기ᄂᆞᆫ
일과 슬히 너기ᄂᆞᆫ 곳이라도 형뎨(兄弟)야 서ᄅᆞ ᄉᆡᆼ각ᄒᆞ며
구ᄒᆞᄂᆞ니 일로 보아도 형뎨 ᄀᆞᄐᆞ니 업다 말이니라

쳑녕지원(脊令在原)ᄒᆞ니 형뎨급난(兄弟急難)이로다 ᄆᆡ유냥븡(每有良朋)이나 황야영탄(況也永歎)이니라

▸▸▸ 주 석

1 빠히다 : 쌓이다. 쌓인다는. 이곳의 '빠히-'는 중세국어의 '싸히-'('쌓-'의 피동사)에 소급할 어형이다. 자료에서는 어두 /ㅆ/이 한결같이 ㅂ계 합용병서로 표기되기 때문에 여기서는 '빠히-'로 나타난 것이다.

시전(詩傳) 소아(小雅) 녹명(鹿鳴)-상체(常棣)
脊令在原 兄弟急難 每有良朋 況也永歎

〈1 : 58a〉

　사상(死喪)은 죽으며 상사(喪事)라는 말이니, 지(之)는【갈 지(之) 자(字)】요, 위(威)는 위엄
(威嚴)이니 무서운 일이라는 말이니 상화(喪禍)를 이름이라. 공(孔)은 진실로 라는 말이니
회(懷)는 생각한다는 말이니, 죽으며 상사(喪事)의 무서운 일에 형제(兄弟)는 진실로 생각
한다는 말이니, 원(原)은 언덕이요, 습(隰)은 진 데요, 부(裒)는 쌓인다는 말이요, 의(矣)
는【어조자(語助字)】니, 언덕과 진 곳에 주검이 쌓인 곳이라도 형제는 구하여 찾는다는
말이니, 타인(他人)이 무서워 여기는 일과 싫어하는 곳이라도 형제는 서로 생각하며 구
하나니, 이것으로 보아도 형제 같은 이가 없다는 말이니라.
척령재원(脊令在原)하니　형제급난(兄弟急難)이로다.　매유양붕(每有良朋)이나　황야영탄(況也永歎)
이니라.

▸▸▸ **원문 판독**

〈1 : 58b〉

> 흥야(興也)라
> 척녕(脊令)은 새 일홈이니[1] 눌면 울고 둘니면 흔드러 머^
> 리와 꼬리 서ᄅ[2] 응(應)ᄒ매 형뎨(兄弟ㅣ) 서ᄅ 응(應)ᄒᄂᆫ 디 긔흥(起興)ᄒ^
> 니라 지(在)ᄂᆫ 잇다 말이오 원(原)은 언덕이라 급(急)은 급히 구^
> ᄒ다 말이오 난(難)은 환난(患難)이니 형뎨(兄弟ㅣ) 환난(患難)을 당ᄒ면
> 서ᄅ 급히 구ᄒ다 말이라 미(每)ᄂᆞᆫ 미양(每樣)이오 유(有)ᄂᆞᆫ 엇{잇}다 말^
> 이오 냥(良)은 어디다 말이오 븡(朋)은 벗이오 〔황(況)은〕 황연이 놀라ᄂᆞᆫ
> 거동이오 야(也)ᄂᆞᆫ【어주ᄌᆞ(語助字)】요 영(永)은 기다 말이오 탄(歎)은 탄식(歎息)ᄒ다
> 말이니 환난(患難)을 당ᄒ매 미양 어딘 벗이 〃시나 황^
> 연(況然)이 기리[3] 탄식ᄒᆞᆯ ᄲᅳᆫ이오 능히 구ᄒ디 못ᄒ다 말^

▸▸▸ **주 석**

1 일홈이니 : 이름이니. 이곳의 '일홈'은 동사 '잃〔稱, 名〕-'에 명사형 '-옴'이 결합한 어형이나 이미 중세국어
   의 이른 시기부터 어휘화된 존재로 나타난다. 예 : 號ᄂᆞᆫ 일홈 사마 브르는 거시라<월인석보(1459) 1 :
   15b주>. 현대국어의 '이름'은 '-오/우-'의 쇠퇴에 따라 '일홈>일흠'의 변화를 겪은 뒤 다시 유성음간 /ㅎ/
   이 약화, 탈락한 결과이다.
2 서ᄅ : 서로. 중세국어의 일반적인 어형은 '서르'이다. '서ᄅ'는 16세기 이후 문헌에 많이 보인다. 이 문헌
   에서는 '서로'<3 : 14a>의 한 예만 제외하고는 '서ᄅ'로만 나타난다.

▶▶▶ **출 전**

시전(詩傳) 소아(小雅) 녹명(鹿鳴)-상체(常棣)

▶▶▶ **현대어역**

〈1 : 58b〉

흥야(興也)라.

척령(脊令)은 새 이름이니 날면 울고 달리면 흔들어 머리와 꼬리가 서로 응(應)하매(=응하므로) 형제가 서로 응(應)하는 데 기흥(起興)하니라. 재(在)는 있다는 말이요, 원(原)은 언덕이라. 급(急)은 급히 구한다는 말이요, 난(難)은 환난(患難)이니, 형제(兄弟)가 환난(患難)을 당하면 서로 급히 구한다는 말이라. 매(每)는 매양(每樣)이요, 유(有)는 있다는 말이요, 양(良)은 어질다는 말이요, 붕(朋)은 벗이요, 〔황(況)은〕 황연히 놀라는 거동이요, 야(也)는【어조자(語助字)】요, 영(永)은 길다는 말이요, 탄(歎)은 탄식(歎息)한다는 말이니, 환난(患難)을 당함에 매양 어진 벗이 있으나 황연(況然)히 길이 탄식할 뿐이요, 능히 구하지 못한다는

▶▶▶ **주 석**

3 기리 : 길이. 길게. '길[長]-'에 부사화 접미사 '-이'가 결합된 어형이다. 이와 비교하여 15세기 국어에서 '길[長]-'의 파생 명사는 '기릐'였다. 이때는 '길[長]-'에 척도 명사를 만드는 파생 접미사 '-의'가 결합된 것이다. 이처럼 중세국어에서는 접미사에 따라 '키'(부사)와 '킈'(명사), '노피'(부사)와 '노픠'(명사)가 분명히 구분되었다.

▶▶▶ 원문 판독

〈1 : 59a〉

이니 반복ᄒ야 붕우(朋友)ᄂᆞᆫ 형뎨만 ᄀᆞᆺ디 못ᄒᄆᆞᆯ 니ᄅᆞ^

시미니라

형뎨혁우댱(兄弟鬩于牆)이나 외어기모(外禦其務)ㅣ니라 미야{유}냥붕(每有良朋)이나 증야

무융(烝也無戎)이니라

부야(賦也)라

혁(鬩)은 ᄡᅡ호다 말이오 우(于)ᄂᆞᆫ【어주ᄌᆞ(語助字)】요 댱(牆)은 담이라 외(外)ᄂᆞᆫ 밧^

기오 외{어}(禦)ᄂᆞᆫ 막ᄂᆞᆫ다 말이오 기(其)ᄂᆞᆫ 긔라 말이오 모[務]ᄂᆞᆫ 업슈이

너긴다 말이니 형뎨(兄弟ㅣ) 혹 블ᄒᆡᆼ(不幸)ᄒ야 혹 담 안ᄒᆡ셔

ᄡᅡ호나 밧그로 업슈이 너기ᄂᆞᆫ 일을 ᄒᆞᆫ가지로 막ᄂᆞ니^

란 말이니라 미유냥붕(每有良朋)은 웃 댱(章)의 삭엿고 증(烝)은 말 냅^

ᄡᅳᄂᆞᆫ[1] 소리오 야(也)ᄂᆞᆫ【어주ᄌᆞ(語助字)】요 무(無)ᄂᆞᆫ 업다 말이오 융(戎)은 돕다 말^

▶▶▶ 주 석

1 냅ᄡᅳᄂᆞᆫ : 내뻗는. 자료와 비슷한 시기의 다른 문헌에 등장하는 '냅ᄃᆞ-'의 존재를 참고할 때 '냅ᄡᅳ-+-ᄂᆞᆫ'로
분석될 수 있다. 예 : 右手右脚으로 얇흘 ᄒᆞᆫ 번 디ᄅᆞ고 左足을 냅ᄃᆞ며 (右手右脚前一刺進左足) <무예도
보통지언해(1790) 30a>. '냅ᄡᅳ-'는 중세국어 '내ᄠᅳ-'의 어두자음군 'ㅳ'에서 /ㅂ/이 종성화한 어형에 해
당한다. 중세국어의 '내ᄠᅳ-'는 ('나[出]-'의 사동사) '내-'와 ("浮, 漂'를 뜻하는) 'ᄠᅳ-'가 어간끼리 직접 결
합한 비통사적 복합동사로서, '넓ᄠᅳ-, 드리ᄠᅳ-, 듧ᄠᅳ-' 등에서도 'ᄠᅳ-'가 비통사적으로 결합한 예를 찾아볼
수 있다. 현대국어에서 '내ᄠᅳ-'의 어간 자체는 사어화하고 그것의 활용형 '내뼈', '냅더'를 계승한 '냅다'만

▸▸▸ 출 전

시전(詩傳) 소아(小雅) 녹명(鹿鳴)-상체(常棣)
兄弟鬪于牆 外禦其務 每有良朋 烝也無戎

▸▸▸ 현 대 어 역

〈1 : 59a〉

　　말이니 반복하여 붕우(朋友)는 형제만 같지 못함을 이르심이니라.
형제혁우장(兄弟鬪于牆)이나 외어기무(外禦其務)니라. 매유양붕(每有良朋)이나 증야무융(烝也無
戎)이니라.
　　부야(賦也)라
　　　　혁(鬪)은 싸운다는 말이요, 우(于)는【어조자(語助字)】요, 장(牆)은 담이라. 외(外)는 밖이
　　　　요, 어(禦)는 막는다는 말이요. 기(其)는 그라는 말이요 모(務)는 업신여긴다는 말이니,
　　　　형제(兄弟)가 혹 불행하여 혹 담 안에서 싸우나 밖으로 업신여기는 일은 함께 막는다는
　　　　말이니라. 매유양붕(每有良朋)은 윗 장(章)에서 새겼고, 증(烝)은 말 냅뜨는(=내뱉는) 소리
　　　　요, 야(也)는【어조자(語助字)】요, 무(無)는 없다는 말이요, 융(戎)은 돕는다는

▸▸▸ 주 석

　이 "몹시 빠르고 세찬 모양"을 표현하는 부사로 굳어져 쓰인다.

〈1 : 59b〉

이니 안히셔 싸호미 어딘 형뎨(兄弟ㅣ) 아니나 밧그로 놈을 어(禦)^

호기는 어딘 벗이라도 어디 〃 못훈 형뎨만 곳디 못호니

스상(死喪)의 서르 우휼(優恤)호며 급난(急難)의 서르 구호매 진실^

로 형뎨(兄弟)의 지졍(至情)을 볼 거시어니와 안흐로 비록 싸^

호다가도 밧그로 모욕(侮辱)호느니롤 막기의 니르러는 더욱

그 지졍(至情)의 스스로[1] 능히 마디 못호믈 볼 거시니 븡위(朋友ㅣ) 엇^

디 형뎨(兄弟)의게 비호리오

상난긔평(喪亂旣平)호야 긔안챠령(旣安且寧)호면 슈유형뎨(雖有兄弟)나 블여우싱(不如友

生)가

부야(賦也)라

상난(喪亂)과{은} 환난(患難)이오 긔(旣)는 임의오 평(平)은 평뎡(平定)이라 말이^

1 스스로 : 스스로. 중세국어에서는 '스스로'나 '스싀로'가 일반적이지만, 근대국어에서는 '스스로'와 함께 이 곳처럼 (비어두음절의) 'ㆍ>ㅡ'의 변화와 반대되는 '스스로'가 많이 쓰이는 것이 특징이다.

▶▶▶ **출 전**

시전(詩傳) 소아(小雅) 녹명(鹿鳴)-상체(常棣)
喪亂旣平 旣安且寧 雖有兄弟 不如友生

▶▶▶ **현대어역**

〈1∶59b〉

말이니 안에서 싸우는 것이 어진 형제(兄弟)가 아니나 밖으로 남을 어(禦, 막음)하기는 어
진 벗이라도 어질지 못한 형제만 같지 못하니, 사상(死喪)에 서로 우휼(優恤, 두텁게 은혜를
베풀어 구제함)하며 급난(急難, 갑자기 닥친 어려운 일)에 서로 구하는 것에서 진실로 형제의
지정(至情, 지극한 정)을 볼 것이거니와, 안으로 비록 싸우다가도 밖으로 모욕(侮辱)하는
이를 막기에 이르러서는 더욱 그 지정(至情)에 스스로 능히 말지(＝그만두지) 못함을 볼
것이니 붕우(朋友)를 어찌 형제(兄弟)에게 비하리요?
상란기평(喪亂旣平)하여 기안차령(旣安且寧)하면 수유형제(雖有兄弟)나 불여우생(不如友生)가.
부야(賦也)라.
　상란(喪亂)은 환난(患難, 근심과 재난)이요, 기(旣)는 이미요, 평(平)은 평정(平定)이라는

▸▸▸ **원문 판독**

〈1 : 60a〉

오 긔안(既安)은 임의 평안ᄒ다 말이오 차령(且寧)은 ᄯ호 평^

안ᄒ다 말이라 슈유형뎨(雖有兄弟)ᄂ 슈(雖)ᄂ【비록 슈(雖) ᄯ(字)】요 유(有)ᄂ 잇

다

말이오 블여(不如)ᄂ 블(不)은 아니요 여(如)ᄂ ᄀᆺ다 말이오 우싱(友生)은

벗이니 웃 댱(章)의 ᄉ상(死喪) 환난(患難)의 형뎨(兄弟ㅣ) 구ᄒ미 붕우(朋友)^

의 비ᄒᆯ 배 아니믈 니르고 이 댱(章)의 ᄯ 닐오디 상난(喪亂)이

임의 평뎡(平定)ᄒ야 임의 평안ᄒ고 ᄯ 평안ᄒ거든 이

ᄯ는 비록 형뎨(兄弟ㅣ) 이시나 벗만 ᄀᆺ디 못ᄒ랴 니르시니 상^

난(喪亂)의 서ᄅ 밋던 일을 닛고 안녕(安寧)ᄒ매 벗만 ᄀᆺ디 못^

ᄒ게 보는 쟈는 텬디(天地)의 패려(悖戾)ᄒ미 심ᄒ도다

빈이변두(儐爾邊豆)ᄒ야 음쥬지어(飲酒之飫)라도 형뎨긔구(兄弟既具)라야 화락챠유(和樂且孺)리라

▸▸▸ 출 전

시전(詩傳) 소아(小雅) 녹명(鹿鳴)-상체(常棣)
儐爾邊豆 飲酒之飫 兄弟旣具 和樂且孺
〔傳曰〕

▸▸▸ 현대어역

〈1 : 60a〉

말이요, 기안(旣安)은 이미 평안하다는 말이요, 차령(且寧)은 또한 평안하다는 말이라. 수
유형제(雖有兄弟)는 수(雖)는【비록 수(雖) 자(字)】요, 유(有)는 있다는 말이요, 불여(不如)
는 불(不)은 아니요, 여(如)는 같다는 말이요, 우생(友生)은 벗이니, 윗 장(章)에서 사상
(死喪)과 환난(患難, 근심과 재난)에 형제가 (서로) 구함이 붕우(朋友)에 비할 바 아님을 이
르고, 이 장(章)에 또 이르되, 상란(喪亂)이 이미 평정(平定)하여 이미 평안하고 또 평안
하거든 이 때는 비록 형제가 있으나 벗만 같지 못하랴 이르시니, 상란(喪亂)에 서로 믿
던 일을 잊고 안녕(安寧)하매 벗만 같지 못하게 보는 자는 천지(天地)에 패려(悖戾, 도리에
어그러지고 사나움)함이 심하도다.
빈이변두(儐爾邊豆)하여 음주지어(飲酒之飫)라도 형제기구(兄弟旣具)라야 화락차유(和樂且孺)리
라.

▶▶▶ **원문 판독**

〈1 : 60b〉

부야(賦也)라

　빈(儐)은 베프다 말이오 이(爾)는【어주ᄌ(語助字)】요 변(籩)은 대로 결은 그르시^

　오 두(豆)는 나모 그르시니 다 음식 담는 그르시라 음(飮)은 마^

　시다 말이라 쥬(酒)는 술이오 지(之)는【어주ᄌ(語助字)】요 어(飫)는 염어ᄒ야

　슬타 말이오 형뎨긔구(兄弟旣具)는 긔(旣)는 임의오 구(具)는 ᄀᆞᆽ다 말^

　이니 화락(和樂)은 화(和)ᄒ며 즐겁다 말이오 유(孺)는 친(親)ᄒ^

　며 ᄉᆞ모(思慕)ᄒᆞ는 ᄯᅳ시니[1] 변두(籩豆)는 버리고 술 먹기를 염어^

　홀디라도 형뎨(兄弟ㅣ) 임의 ᄀᆞ자야 화락(和樂)ᄒ고 ᄯᅩ 친(親)히 ᄒᆞ며

　ᄉᆞ모(思慕)ᄒᆞ리라 말이니 술 먹고 잔치ᄒᆞ미 비록 즐거우^

　나 만일 형뎨(兄弟ㅣ) ᄀᆞᆽ디 못ᄒᆞ면 더ᄒᆞ리 업스믈 니르시미니라

▶▶▶ **주 석**

1 ᄯᅳ시니 : 뜻이니. 이곳의 'ᄯᅳᆺ'은 중세국어의 'ᄠᅳᆮ'에 소급할 어형이다. 어두자음군의 경음화를 거쳐 16세기 문헌부터는 'ᄯᅳᆮ'으로 등장하기 시작한다. 예 : 즐기는 ᄯᅳ들 보노라〈중간두시언해(1613) 7 : 11a〉. 이곳에서 'ᄯᅳᆮ'이 'ᄯᅳᆺ'으로 적힌 것은 (칠종성법의 확립 이후) 어간 말음 /ㄷ/을 'ㅅ' 분철 표기로 나타내는 자료의 표기 방식에 따른 것이다. 현대국어의 '뜻'은 'ᄯᅳᆮ'에서 어간 말음이 다시 'ㅅ'으로 재구조화된 결과이다.

▸▸▸ **출 전**

시전(詩傳) 소아(小雅) 녹명(鹿鳴)-상체(常棣)

▸▸▸ **현대어역**

〈1 : 60b〉

부야(賦也)라.

빈(儐)은 베푼다는 말이요, 이(爾)는【어조자(語助字)】요, 변(邊)은 대로 결은(=엮은) 그릇
이라. 두(豆)는 나무 그릇이니 다 음식 담는 그릇이라. 음(飮)은 마신다는 말이라. 주(酒)
는 술이요, 지(之)는【어조자(語助字)】요, 어(飫)는 염어하여 싫다는 말이요, 형제기구(兄弟
旣具)는 기(旣)는 이미요, 구(具)는 갖추어지다 말이니, 화락(和樂)은 화(和)하며 즐겁다는
말이요, 유(孺)는 친(親)하며 사모(思慕)하는 뜻이니, 변두(邊豆)는 버리고 술 먹기를 염어
할지라도 형제가 이미 갖추어져 있어야 화락(和樂)하고 또 친(親)히 하며 사모(思慕)하리
라 (하는) 말이니, 술 먹고 잔치함이 비록 즐거우나 만일 형제가 갖추어져 있지 못하면
더할 이가(=사람이) 없음을 이르심이니라.

▶▶▶ **원문 판독**

〈1 : 61a〉

쳐ᄌ호합(妻子好合)이 여고금슬(如鼓琴瑟)이라도 형뎨긔흡(兄弟旣翕)이라야 화락챠담(和樂且湛)이니라

부야(賦也)라

쳐ᄌ호합(妻子好合)은 호(好)는 됴타 말이오 합(合)은 화합(和合)ᄒ다 말^

이오 여(如)는 ᄀᆞᆺ다 말이오 고(鼓)는 타다 말이오 슬금(瑟琴)은 비^

파와 거믄고니 형뎨긔흡(兄弟旣翕)은 긔(旣)는 임의오 흡(翕)은 화^

흡(和翕)ᄒ다 말이오 화락챠담(和樂且湛)은 담(湛)은 오래 ᄒ다 말^

이니 쳐ᄌ(妻子)의 됴ᄒ며 합(合)ᄒ미 슬금(瑟琴) ᄀᆞᆺᄐᆞ나 형뎨(兄弟ㅣ) 임^

의 화흡(和翕)ᄒ여야 화(和)ᄒ고 즐거우며 ᄯᅩ 오래 ᄒ리라 ᄒ^

시니 형뎨(兄弟ㅣ) 화(和)티 못ᄒ쥭 가졍지간(家庭之間)이 다 괴려(乖戾)ᄒᆫ 긔^

운이라 비록 쳐ᄌ(妻子)의 즐거우미 이시나 평안티 못ᄒ^

▸▸▸ **출 전**

시전(詩傳) 소아(小雅) 녹명(鹿鳴)-상체(常棣)
妻子好合 如鼓琴瑟 兄弟既翕 和樂且湛

▸▸▸ **현대어역**

〈1:61a〉

처자호합(妻子好合)이 여고금슬(如鼓琴瑟)이라도 형제기흡(兄弟既翕)이라야 화락차담(和樂且湛)이
니라.

　부야(賦也)라.

　　처자호합(妻子好合)은 호(好)는 좋다는 말이요, 합(合)은 화합(和合)한다는 말이요, 여(如)
　　는 같다는 말이요, 고(鼓)는 탄다는 말이요, 슬금(瑟琴)은 비파와 거문고니, 형제기흡(兄
　　弟既翕)은 기(既)는 이미요, 흡(翕)은 화흡(和翕)하다는 말이요, 화락차담(和樂且湛)은 담
　　(湛)은 오래 한다는 말이니, 처자(妻子)가 좋으며 화합(和合)함이 슬금(瑟琴, 비파와 거문고)
　　과 같으나 형제가 이미 화흡(和翕)하여야 화(和)하고 즐거우며 또 오래 하리라 하시니,
　　형제가 화(和)치 못한즉 가정지간(家庭之間, 가족 사이가)이 다 괴려(乖戾, 사리에 어그러져 온
　　당하지 않음)한 기운이라. 비록 처자(妻子)의 즐거움이 있으나 평안하지

〈1 : 61b〉

ㄴ니 사룸이 각〃 그 안해와 ᄌᆞ식을 스〃로이 ᄒᆞ매 형^
뎨(兄弟ㅣ) 어긔여디며 ᄃᆞ토미 이에 근본(根本)ᄒᆞᄂᆞ디라 임의 형뎨^
(兄弟)의 졍을 일흔즉 쳐ᄌᆞ(妻子)의 즐거우믈 능히 오라게
못ᄒᆞ리라
의이실가(宜爾室家)ᄒᆞ며 낙이쳐노(樂爾妻帑)룰 시구시도(是究是圖)면 단기연호(亶其然
乎)ㄴ뎌
부야(賦也)라
의(宜)ᄂᆞᆫ 맛당ᄒᆞ다 말이오 이(爾)ᄂᆞᆫ 네라 말이오 쳐노(妻帑)ᄂᆞᆫ 쳐지(妻子ㅣ)오
두 시(是) ᄌᆞ(字)ᄂᆞᆫ 다 이라 말이오 구(究)ᄂᆞᆫ 궁구(窮究)ᄒᆞ다 말이오 도(圖)ᄂᆞᆫ 혜^
아리다 말이오 단(亶)은 진실로라 말이오 호(乎)ᄂᆞᆫ【어주ᄌᆞ(語助字)】니 네의
실가(室家)룰 맛당이 ᄒᆞ며 네의 쳐로(妻帑)룰 즐겨ᄒᆞ믈 이룰

▶▶▶ **출 전**

시전(詩傳) 소아(小雅) 녹명(鹿鳴)-상체(常棣)
宜爾室家 樂爾妻帑 是究是圖 亶其然乎

▶▶▶ **현대어역**

〈1 : 61b〉

　　못하나니, 사람이 각각 그 아내와 자식을 사사로이 하매(=하므로) 형제가 어그러지며 다
툼이 이에서 근본(根本)하는지라. 이미 형제(兄弟)의 정을 잃은즉 처자(妻子)의 즐거움을
능히 오래게(=오래 가게) (하지) 못하리라.
　의이실가(宜爾室家)하며 낙이처노(樂爾妻帑)를 시구시도(是究是圖)면 단기연호(亶其然乎)
인져.
부야(賦也)라.
　　의(宜)는 마땅하다는 말이요, 이(爾)는 네라는 말이요, 처노(妻帑)는 처자(妻子)요, 두 시
(是) 자(字)는 다 이라는 말이요, 구(究)는 궁구(窮究)한다는 말이요, 도(圖)는 헤아린다는
말이요, 단(亶)은 진실로라는 말이요, 호(乎)는【어조자(語助字)】니, 네가 실가(室家, 가정)
를 마땅히 하며 네가 처노(妻帑, =妻子)를 즐거함을, 이를

▶▶▶ **원문 판독**

〈1 : 62a〉

궁구(窮究)ᄒ며 이ᄅᆞᆯ 혜아리면 진실로 그러ᄒᆞ뎌 ᄒᆞ시니 실^

가(室家)와 처ᄌᆞ(妻子)의 맛당ᄒᆞ며 즐거오믈 다 형뎨(兄弟ㅣ) 화(和)ᄒᆞᆫ 후^

의야 닐위ᄂᆞ니¹ 일로 보면 형뎨의 듕(重)ᄒᆞ미 엇디 진^

실로 그러티 아니리오 ᄒᆞ시니라

샹뎨(常棣) 팔댱(八章)

이 시(詩)ᄂᆞᆫ 대개 지친(至親)의 형뎨 ᄀᆞᆺ트니 업ᄂᆞᆫ 줄 닐러시니

샹ᄉᆞ(喪事)와 급난(急難)ᄒᆞᆫ 즈음의 형뎨(兄弟)의 졍의(情意)ᄅᆞᆯ 오히려 아^

다가 그 평안ᄒᆞᆫ 후의 니ᄅᆞ러ᄂᆞᆫ 이에 ᄀᆞᆯ오디 형뎨(兄弟ㅣ) 벗^

만 ᄀᆞᆺ티 못ᄒᆞᆫ죡 이ᄂᆞᆫ 지친(至親)이 도로혀² 힝노인(行路人)이 되야 인^

되(人道ㅣ) 거의 멸식(滅息)ᄒᆞᆯ디라 다시 형뎨 은의(恩意)ᄅᆞᆯ 극히 닐^

▶▶▶ **주 석**

1 닐위ᄂᆞ니 : 이르게 하나니. 이루나니. 이곳의 '닐위-'는 중세국어의 '니르위-'에 소급할 어형이다. '니르위-'
는 '니르[到]-'에 사동 접사 '-위-'가 결합한 것으로 주로 원문의 '致'나 '效'를 번역하는 데 쓰였다. '니르위-'
는 ≪소학언해(小學諺解)≫(1586)를 위시하여 16세기 후반 문헌부터는 '닐위-'(예 : 안햇 지계를 닐위고
밧긔 지계를 흩ᄒᆞ야(致齊於內 散齊於外)<2 : 26a>) 혹은 '니뤼-'로 등장하는데, 원문의 '致, 效'에 대응
되어 쓰이는 점은 여전하지만 문맥에 따라 "이르게 하다", "이루다"를 비롯, "이르다"와 같은 자동사적 의
미로까지 다양한 해석을 받을 수 있었던 것이 특징이다.

> ▸▸▸ 출 전

시전(詩傳) 소아(小雅) 녹명(鹿鳴)-상체(常棣)

> ▸▸▸ 현대어역

⟨1 : 62a⟩

　궁구(窮究)하며 이를 헤아리면 진실로 그러하도다 하시니, 실가(室家, 가정)와 처자(妻子)의 마땅하며 즐거움을 다 형제가 화(和)한 후에야 이루나니, 이로써 보면 형제의 중(重)함이 어찌 진실로 그렇지 않으리요 하시니라.
　샹체(常棣) 팔장(八章)
　이 시(詩)는 대개 지친(至親, 매우 가까운 친족)에 형제 같은 이가 없는 것을 일렀으니, 상사(喪事)와 급난(急難)한 즈음에(=때에)는 형제(兄弟)의 정의(情意)를 오히려 알다가, 그 평안한 후에 이르러서는 이에 이르되 형제가 벗만 같지 못한즉, 이는 도리어 지친(至親)이 행로인(行路人, 오다가다 길에서 만난 사람)이 되어 인도(人道)가 거의 멸식(滅息)할지라. 다시 형제의 은의(恩意)를 지극히

> ▸▸▸ 주 석

2 도로혀 : 도리어. '도로혀'는 '도르혀'로 소급한다. '도르혀'의 제2음절 모음 'ㆍ'가 제1음절 모음 'ㅗ'에 이끌려 '도로혀'가 된 것이다. '도르혀'는 동사 '도르혀-'의(이에 대하여는 '도로현다'<1 : 10a>의 주석 참조) 어간이 그대로 부사로 굳어진 예이다.

▶▶▶ 원문 판독

〈1 : 62b〉

러 형톄(形體ㅣ) 다르나 긔운(氣運)이 흔가지라 스싱고락(死生苦樂)의 서르 돕^
디 아니미 업는 줄 반복ᄒ야 진실로 그런 줄 니르시^
니 닑는 재 맛당이 깁히 맛드렴죽ᄒ니라[1]
눅눅쟈아(蓼蓼者莪)러니 비아이호(匪莪伊蒿)ㅣ로다 이이부모(哀哀父母)여 싱아구로(生我
劬勞)샷다
　비야(比也)라
　　눅〃〔蓼蓼〕은 길고 큰 거동이라 쟈(者)는【어주ᄌ(語助字)】요 아(莪)는 됴흔 ᄂ믈이^
　　라 비(匪)는 아니라 말이오 이(伊)는【어주ᄌ(語助字)】요 호(蒿)는 쳔흔 플이라
　　이〃(哀哀)는 슬프다 말이오 싱(生)은 나타 말이오 아(我)는 내라 말^
　　이니 구로(劬勞)는 슈고롭다 말이라 효지(孝子ㅣ) 부모롤 ᄆ춤^
　　내[2] 봉양(奉養)티 못ᄒ야 셜워 이 시(詩)롤 지으더 부뫼(父母ㅣ) 날을

▶▶▶ 주 석

1 맛드렴죽하니라 : 맛들임직하니라. 맛들일 만하니라. 맛들여야 하니라. 이곳의 '맛드렴죽ᄒ-'는 '맛드리'에 "可望"(=가히 ~할 만하다/~할 수 있다)이나 "當爲"(=마땅히 ~하여야 한다)를 뜻하는 '-엄죽ᄒ-'가 결합한 어형이다. '-엄죽ᄒ-'에는 기원적으로 "강세"의 뜻을 더하는 선어말어미 '-아/어-'가 포함된 것으로 추정되는데, 이곳에서는 선행 어간의 음운론적 조건(ㅣ 말음)에 따른 교체형 '-여-'가 선택된 결과 '-염죽ᄒ-'로 나타난 것이다. '-암/엄죽ᄒ-'는 18세기 말부터 (선어말어미 '-아/어-'의 쇠퇴에 따른) '-암/엄->-음'의 변화로 '-음죽ᄒ-'의 꼴로 쓰이다가 현대어에는 (치음 아래) 전설모음화까지 겪어 '-음직하-'로 남았다.

▸▸▸ **출 전**

시전(詩傳) 소아(小雅) 녹명(鹿鳴)-상체(常棣)
蓼蓼者莪 匪莪伊蒿 哀哀父母 生我劬勞

▸▸▸ **현대어역**

〈1 : 62b〉

　　일러 형체(形體)는 다르나 기운(氣運)은 한가지라. 사생고락(死生苦樂)에 서로 돕지 않음이
없는 것을 반복하여 진실로 그러한 것을 이르시니 읽는 자는 마땅히 깊이 맛들임직하니
라(＝체화하여야 하니라).
　육육자아(蓼蓼者莪)러니 비아이호(匪莪伊蒿)로다. 애애부모(哀哀父母)여 생아구로(生我劬勞)샷다.
비야(比也)라.
　　육육[蓼蓼]은 길고 큰 거동(＝모습)이라. 자(者)는【어조자(語助字)】요, 아(莪)는 좋은 나물
이라. 비(匪)는 아니라는 말이요, 이(伊)는【어조자(語助字)】요, 호(蒿)는 천한 풀이라. 애
애(哀哀)는 슬프다는 말이요, 생(生)은 낳는다는 말이요, 아(我)는 내라는 말이니, 구로
(劬勞)는 수고롭다는 말이라. 효자(孝子)가 마침내 부모를 봉양(奉養)하지 못하여 서러워
이 시(詩)를 짓되 부모가 나를

▸▸▸ **주 석**

---

2 ᄆᆞ촘내 : 마침내. 'ᄆᆞ촘내'는 ≪훈민정음언해≫(1446)에도 이미 나타난다. 제1음절의 'ㆍ'가 'ㅏ'로 바뀐
용례는 '마촘내'＜가례언해(1632) 10 : 41a＞ 등에서 나타나기 시작하고, '마촘내' 형태로 쓰이다가 'ㅊ'
다음 위치에서 'ㅡ'가 'ㅣ'로 전설모음화되어 현대국어의 '마침내'가 된 것이다. 중세국어의 'ᄆᆞ촘내'는 '몿
[了]-'의 파생 명사 'ᄆᆞ촘'과 파생 부사 '내'가 결합하여 합성부사가 된 어형이다. 이 '내'는 '겨슬내(＞겨우
내), '내죵내' 등에서도 확인되나 출현례가 극히 드물다. 중세국어나 근대국어에서는 '내' 및 이것의 중가
형(重加形) '내내'도 확인되는데 이들 어형과 용법은 현대국어까지 이어진다.

▸▸▸ **원문 판독**

〈1 : 63a〉

나ᄒᆞ시고 아롬다온 ᄌᆡ목(材木)이라 ᄒᆞ야 가히 힘 닙어 죵^

효(終孝)ᄅᆞᆯ 바들가 ᄒᆞ엿다가 ᄆᆞᄎᆞᆷ내 효양(孝養)을 밧디 못^

ᄒᆞ시도다 ᄒᆞ야 비(比)ᄒᆞ야 닐오ᄃᆡ 뉵〃〔蓼蓼〕ᄒᆞᆫ 쟈아(者莪)라 ᄒᆞ^

야 닐럿더니 애(莪ㅣ) 아니오 회(蒿ㅣ)로다 ᄒᆞ고 다시 부모의 날

나하 슈고ᄒᆞ던 일을 싱각ᄒᆞ야 스스로 깁히 슬허

ᄒᆞ야 인ᄒᆞ야 닐오ᄃᆡ 슬프고 슬프다 부모여 날을[1]

나ᄒᆞ시매 슈고ᄒᆞ시도다 닐럿ᄂᆞ니라

뉵뉵쟈아(蓼蓼者莪)러니 비아이위(匪莪伊蔚)로다 이이부모(哀哀父母)여 싱아노췌(生我勞瘁)샷다

　비야(比也)라

　뉵〃(蓼蓼)ᄒᆞᆫ 쟈아(者莪)라 ᄒᆞ엿더니 애(莪ㅣ) 아니오 위(蔚)로다 ᄒᆞ니 위도

▸▸▸ **주 석**

1 날을 : 나를. '나'의 대격형에 해당하는 어형으로 자료에는 '나ᄅᆞᆯ'은 나타나지 않고 '날을'로만 등장한다. 자료를 비롯하여 근대 문헌에 등장하는 '날을'은 이른바 음절초 /ㄹ/의 과잉분철(過剩分綴) 표기로 이해되는 것이 일반적이다. 그러나 자료의 표기 현실을 검토할 때 '날을'이 단순히 표기상의 문제에 지나지 않는지는 의심의 여지가 있다. 자료에서는 대격 조사의 이형태가 대폭 간소화되어 모음조화에 관계없이 자음 어간 아래에서는 '-을', 모음 어간 아래에서는 '-ᄅᆞᆯ'로 통일되어 나타나기 때문이다. 자료의 표기 현실에 입각한다면 '날을'은 '날+-을'로 분석되고 이때의 '날'은 '날와, 날ᄀᆞ티'에 보이는 '날'과 같은 성격의 존재

시전(詩傳) 소아(小雅) 소민(小旻)-요아(蓼莪)
蓼蓼者莪 匪莪伊蔚 哀哀父母 生我勞瘁

〈1 : 63a〉

　　낳으시고 아름다운 재목(材木)이라 하여 가히 힘입어 종효(終孝, 어버이의 임종 때에 곁에서
정성을 다함)를 받을까 하였다가 마침내 효양(孝養)을 받지 못하시도다 하여, 비유하여 이
르되, 육육[蓼蓼]한 자아(者莪)라 하여 일렀는데, 아(莪, 좋은 나물)가 아니요 호(蒿, 천한
풀)로다 하고, 다시 부모가 나를 낳아 수고하던 일을 생각하여 스스로 깊이 슬퍼하여 인
하여 이르되 슬프고 슬프다 부모여 나를 낳으시매 수고하시도다 일렀느니라.
　육육자아(蓼蓼者莪)러니 비아이위(匪莪伊蔚)로다. 애애부모(哀哀父母)여 생아노췌(生我勞瘁)샷다.
비야(比也)라.
　　육육(蓼蓼)한 자아(者莪)라 하였는데, 아(莪, 좋은 나물)가 아니요 호(蒿, 천한 풀)로다 하니
위(蔚)도

로 파악될 수도 있다. '날로, 날란, 날와, 날ㄱ티' 같은 곡용형에서 '나~날'의 교체를 인정한다면 이곳의
'날을'도 단순히 과잉 분철된 표기로만 단정하기는 어렵지 않을까 한다.

▶▶▶ **원문 판독**

〈1 : 63b〉

> 플이라 슬프고 슬프다 날을 나흐시매 노췌(勞瘁)히 ㅎ^
> 시도다 ㅎ니 노(勞)는 슈고ㅎ다 말이오 췌(瘁)는 병드다 말^
> 이라 웃 댱(章) 쯧을 다시 닐러 무흔(無限)이 셜워ㅎ미라

병지경의(缾之罄矣)여 유뇌지티(維罍之恥)로다 션민지싱(鮮民之生)이여 블여ᄉ지구의(不
如死之久矣)^
로다 무부하호(無父何怙)며 무모하시(無母何恃)오 츌즉함휼(出則銜恤)이오 입즉미^
지(入則靡至)호라

> 비야(比也)라
> > 병(缾)은 술 병이오 지(之)는【어주ᄌ(語助字)】요 경(罄)은 븨다[1] 말이오 의(矣)는
> > 【어주ᄌ(語助字)】^
> > 요 유(維)는 오직이오 뇌(罍)는 술 준(樽)이오 지(之)〔ᄂ〕【어주ᄌ(語助字)】요 티
> > (恥)는 븟그^
> > 럽다[2] 말이니 병(缾)이 준(樽)의 술을 밧ᄂ니 어버이 ᄌ식의 효^

▶▶▶ **주 석**

1 븨다 : 빈다는. 이곳의 '븨-'는 15세기 국어의 '뷔〔空〕-'에 소급할 어형이다. 순자음 아래에서 원순모음인
 'ㅜ'가 비원순모음인 'ㅡ'로 바뀌는 비원순모음화가 반영된 것이다.

▶▶▶ **출 전**

시전(詩傳) 소아(小雅) 소민(小旻)-요아(蓼莪)

缾之罄矣 維罍之恥 鮮民之生 不如死之久矣 無父何怙 無母何恃 出則銜恤 入則靡至

▶▶▶ **현대어역**

〈1 : 63b〉

풀이라. 슬프고 슬프다. 나를 낳으심에 노췌(勞瘁, 지치고 힘들어서 몸이 마르고 핼쑥함)히 하
시도다 하니 노(勞)는 수고한다는 말이요, 췌(瘁)는 병이 든다는 말이라. 윗 장(章)의 뜻
을 다시 일러 무한(無限)히 서러워함이라.
병지경의(缾之罄矣)여 유뇌지치(維罍之恥)로다. 선민지생(鮮民之生)이여 불여사지구의(不如死之久
矣)로다. 무부하호(無父何怙)며 무모하시(無母何恃)오, 출즉함휼(出則銜恤)이오 입즉미지(入則靡
至)호라.
  비야(比也)라.
  병(缾)은 술 (담는) 병이요, 지(之)는【어조자(語助字)】요, 경(罄)은 비다는 말이요, 의(矣)
는【어조자(語助字)】요, 유(維)는 오직이요, 뇌(罍)는 술 (담는) 준(樽)이요, 지(之)는【어조
자(語助字)】요, 치(恥)는 부끄럽다는 말이니, 병(缾)이 준(樽)의 술을 받는 것이 어버이가
자식의

▶▶▶ **주 석**

2 붓그럽다 : 부끄럽다는. '붓그리-+-업-+-다'로 분석될 수 있는 어형으로, 동사 '붓그리-'에 형용사 파생
  접미사 '-업-'이 결합되어 만들어졌다. 제1음절의 '붓'은 15세기에는 '붓'이었는데, '붓그러운'<두시언해
  (1481) 9 : 21b>과 같이 15세기 후반에 'ㅂ' 다음의 'ㅜ'가 'ㅡ'로 바뀐 '붓'형이 나타나기 시작한다. 근대
  국어 문헌에서는 '붓그리-'보다는 '붓그리-'가 주로 사용된다. 이 문헌에 '붓그리-'는 나타나지 않는다.

▶▶▶ **원문 판독**

〈1 : 64a〉

양(孝養) 바듬 ㄳ튼디라 병(餠)이 술을 밧디 못ᄒᆞ야 븨면 오^
직 뇌(罍)의 븟그러오미라 ᄒᆞ야 어버이 ᄌᆞ식을 효양(孝養)티
못ᄒᆞ면 ᄌᆞ식의 븟그러오믈 비(比)ᄒᆞ야 니ᄅᆞᄂᆞ니라 션(鮮)^
은 젹다 말이니 궁독(窮獨)ᄒᆞ다 ᄒᆞᆫ 뜻이오 민(民)은 빅셩^
이니 범(凡)사ᄅᆞᆷ이라 말이오 지(之)ᄂᆞᆫ【어주ᄌᆞ(語助字)】싱(生)은 사랏다 말이^
라 블여ᄉᆞ지구의(不如死之久矣)ᄂᆞᆫ 블(不)은 아니라 말이오 여(如)ᄂᆞᆫ ㄳ다
말이오 ᄉᆞ(死)ᄂᆞᆫ 죽다 말이오 지(之)ᄂᆞᆫ【어주ᄌᆞ(語助字)】요 구(久)ᄂᆞᆫ 오래다 말이오
의(矣)ᄂᆞᆫ【어주ᄌᆞ(語助字)】니 궁독(窮獨)ᄒᆞᆫ 사ᄅᆞᆷ의 사랏ᄂᆞᆫ 거시 죽ᄂᆞ니만 못^
ᄒᆞ얀 디[1] 오라다 말이라 무(無)ᄂᆞᆫ 업다 말이오 부(父)ᄂᆞᆫ【아비 부(父) ᄌᆞ(字)】
하(何)ᄂᆞᆫ【엇디 하(何) ᄌᆞ(字)】요 호(怙)ᄂᆞᆫ 밋다 말이오 무모하시(無母何恃)ᄂᆞᆫ 밋다
말이^

▶▶▶ **주 석**

1 못ᄒᆞ얀 디 : 못한 지. "시간 경과"를 표현하는 'V-언 # 디' 구성에 '못ᄒᆞ-'가 참여한 것이다. 중세국어에서
'V-언 디' 구성에 포함된 '어'는 (일반적으로) 선행 어간의 타동성 여부에 따라 '어~거'의 교체를 보였으
나, 자료에서는 그러한 교체 없이 '어'로 통일되어 나타난다. 여기서는 '못ᄒᆞ-' 뒤에 '어'의 교체형 '야'가 선
택되어 '못ᄒᆞ얀 디'로 나타난 것이다. 현대국어에서는 'V-언 디' 구성에 필수적으로 참여하던 '어'가 빠져
현대국어에는 'V-(으)ㄴ 지' 구성으로 나타난다.

▶▶▶ **출 전**

시전(詩傳) 소아(小雅) 소민(小旻)-요아(蓼莪)

▶▶▶ **현대어역**

〈1 : 64a〉

효양(孝養) 받음 같은지라. 병(缾)이 술을 받지 못하여 비면 오직 뇌(罍)의 부끄러움이라 하여 어버이가 자식을 효양하지 못하면(→자식이 어버이를 효양하지 못하면) 자식이 부끄러운 것임을 비(比)하여 이른 것이니라. 선(鮮)은 적다는 말이니 궁독(窮獨)하다는 뜻이요, 민(民)은 백성이니 범인(凡人)이라는 말이요, 지(之)는【어조자(語助字)】, 생(生)은 살았다는 말이라. 불여사지구의(不如死之久矣)는 불(不)은 아니라는 말이요, 여(如)는 같다는 말이요, 사(死)는 죽는다는 말이요, 지(之)는【어조자(語助字)】요, 구(久)는 오래다는 말이요, 의(矣)는【어조자(語助字)】니, 궁독한(窮獨) 사람이 살아 있는 것이 죽는 것만 (같지) 못한지 오래다는(=오래되었다는) 말이라. 무(無)는 없다는 말이요, 부(父)는【아비 부(父) 자(字)】, 하(何)는【어찌 하(何) 자(字)】요, 호(怙)는 믿는다는 말이요, 무모하시(無母何恃)는 믿는다는

▸▸▸ **원문 판독**

〈1 : 64b〉

니 아비 업스면 눌을 밋으며 어미 업스면 누고롤 밋^

으리오 흔 말이라 츌(出)은 나가다 말이오 즉(則)은【곳 즉(則) ᄌ(字)】니

함(銜)은 먹음다 말이오 휼(恤)은 근심이라 입(入)은 드다

말이오 디(至)는 니르다 말이니 나면 근심을 먹음고

들면 니롤 더 업도다 ᄒ니 부모롤 효양(孝養)티 못ᄒ^

ᄂ디라 사는 거시 죽ᄂ니만 못ᄒ다 ᄒ고 나면 근심을

품고 들면 갈 곳이 업는 사롬 ᄀᆺᄒ여 ᄒ미라

부혜싱아(父兮生我)ᄒ시고 모혜국아(母兮鞠我)ᄒ시니 무{부}아휵아(拊我畜我)ᄒ시며 댱아육^

아(長我育我)ᄒ시며 고아복아(顧我復我)ᄒ시며 츌입복아(出入腹我)ᄒ시니 욕보지덕(欲報之德)인댄 호^

텬망극(昊天罔極)이샷다

▶▶▶ **출 전**

시전(詩傳) 소아(小雅) 소민(小旻)-요아(蓼莪)
父兮生我 母兮鞠我 拊我畜我 長我育我 顧我復我 出入腹我 欲報之德 昊天罔極

▶▶▶ **현대어역**

〈1 : 64b〉

　말이니, 아비가 없으면 누구를 믿으며 어미가 없으면 누구를 믿으리요 한 말이라. 출 (出)은 나간다는 말이요, 즉(則)은【곧 즉(則) 자(字)】니, 함(銜)은 머금는다는 말이요, 휼 (恤)은 근심이라. 입(入)은 든다는 말이요, 지(至)는 이른다는 말이니, 나면 근심을 머금 고 들면 이를 곳이 없도다 하니 부모를 효양(孝養)하지 못하는지라. 사는 것이 죽는 것 만 (같지) 못하다 하고, 나면 근심을 품고 들면 갈 곳이 없는 사람 같아 함이라.

부혜생아(父兮生我)하시고 모혜국아(母兮鞠我)하시니, 부아휵아(拊我畜我)하시며 장아육아(長我育 我)하시며, 고아복아(顧我復我)하시며 출입복아(出入腹我)하시니, 욕보지덕(欲報之德)인댄 호천 망극(昊天罔極)이샷다.

▸▸▸ **원문 판독**

〈1 : 65a〉

부야(賦也)라
　부(父)는 아비오 혜(兮)는【어주ᄌᆞ(語助字)】요 싱(生)은 나타 말이오 아(我)는 내라
　말^
　이오 모(母)는 어미니 국(鞠)은 기ᄅᆞ다 말이오 두 아(我) ᄌᆞ(字)는 내라
　말이오 댱(長)은 ᄌᆞ라게 ᄒᆞ다 말이오 육(育)은 기ᄅᆞ다 말^
　이오 고(顧)는 도라보다 말이오 복(復)은 거포 ᄒᆞ다 말이^
　니 잠시ᄅᆞᆯ 브리오디 못ᄒᆞ는 거동이오 츌입(出入)은 나^
　며 드다 말이오 복(腹)은【비 복(腹) ᄌᆞ(字)】니 품다 말이오 욕(欲)은 ᄒᆞ고^
　져 ᄒᆞ다 말이오 보(報)는 갑다 말이오 지(之)는【어주ᄌᆞ(語助字)】요 덕(德)은
　덕이오 호텬망극(昊天罔極)은 〔텬(天)은〕 하ᄂᆞᆯ이오 망(罔)은 업다
　말이오 극(極)은 궁극(窮極)ᄒᆞ다 말이니 아비는 날을 나ᄒᆞ^

▸▸▸ **출 전**

시전(詩傳) 소아(小雅) 소민(小旻)-요아(蓼莪)

▸▸▸ **현 대 어 역**

〈1 : 65a〉

부야(賦也)라.

부(父)는 아비요, 혜(兮)는【어조자(語助字)】요, 생(生)은 낳는다는 말이요, 아(我)는 내라
는 말이요, 모(母)는 어미니, 국(鞠)은 기른다는 말이요, 두 아(我) 자(字)는 내라는 말이
요, 장(長)은 자라게 한다는 말이요, 육(育)은 기른다는 말이요, 고(顧)는 돌본다는 말이
요, 복(復)은 거듭 한다는 말이니 잠시를 부리지(=마음을 놓지) 못하는 거동(=모습)이요,
출입(出入)은 나며 든다는 말이요, 복(腹)은【배 복(腹) 자(字)】니 품는다는 말이요, 욕(欲)
은 하고자 한다는 말이요, 보(報)는 갚는다는 말이요, 지(之)는【어조자(語助字)】요, 덕(德)
은 덕이요, 호천망극(昊天罔極)은〔천(天)은〕하늘이요, 망(罔)은 없다는 말이요, 극(極)은
궁극(窮極)하다는 말이니, 아비는 나를

▶▶▶ **원문 판독**

〈1 : 65b〉

시고 어미는 날을 기르시니 날을 어르몬지시며[1] 날^

을 기르시며 날을 즈라게 ㅎ시며 날을 도라보^

시며 날을 긔{거}포 ㅎ시며 나며 들매 날을 품으시^

니 대개 은익(恩愛ㅣ) 이러툿 ㅎ시니 근노(勤勞)ㅎ미 이러툿 ㅎ^

시니 덕을 갑고져 홀딘대 하눌 ᄀᆞᆺ투야 궁진(窮盡)ㅎ^

미 이 업도다 ㅎ니 그 덕이 ᄀᆞ이 업다 말이니라

남산녈녈(南山烈烈)이어늘 표풍발발(飄風發發)이로다 민막블곡(民莫不穀)이어늘 아독^

하해(我獨何害)오

　홍야(興也)라

　　남산(南山)은 남녁 뫼히오 녈(烈)은 놉고 큰 거동이오 표풍(飄風)^

▶▶▶ **주 석**

1 어르몬지시며 : 어루만지시며. 이곳의 '어르몬지-'는 중세국어의 '어르만지-'에 소급할 어형으로, 'ㄹ' 다음
　에 오는 'ㅡ'가 'ㆍ'로 바뀐 것이다. 이 문헌에서는 'ㄷ, ㅌ, ㅅ, ㅈ, ㅊ, ㄴ, ㄹ' 등의 자음 뒤에서 'ㅡ'가 'ㆍ'
　로 바뀌어 나타나는 예들이 자주 발견된다.

▸▸▸ 출 전

시전(詩傳) 소아(小雅) 소민(小旻)-요아(蓼莪)
南山烈烈 飄風發發 民莫不穀 我獨何害

▸▸▸ 현대어역

〈1 : 65b〉

　낳으시고 어미는 나를 기르시니, 나를 어루만지며 나를 돌보시며 나를 거푸 하시며(=돌보시며) 나며 들 때 나를 품으시니 대개 은애(恩愛)가 이렇듯 하시니 근로(勤勞, 수고로움)함이 이렇듯 하시니, 덕을 갚고자 할진대 (덕이) 하늘 같아서 궁진(窮盡, 다하여 없어짐)함이 없도다 하니 그 덕이 끝이 없다는 말이니라.

남산열렬(南山烈烈)이어늘 표풍발발(飄風發發)이로다. 민막불곡(民莫不穀)이어늘 아독하해(我獨何害)오.

　흥야(興也)라.

　남산(南山)은 남녘 뫼요(=산이요), 열(烈)은 높고 큰 거동(=모습)이요,

▶▶▶ 원문 판독

〈1 : 66a〉

은 회호리ᄇ람이오 발〃(發發)은 샌론 거동이오 민(民)^

은 빅셩이오 막(莫)은 업다 말이오 블(不)은 아니라 말^

이오 곡(穀)은 됴타 말이오 아(我)는 내오 독(獨)은 혼재라 말^

이오 해(害)는 됴티 못ᄒᆞᆫ 일이라 말이니 남산(南山)의 놉^

ᄒᆞ며 표풍(飄風)의 샌ᄅᆞ믈 보고 감동ᄒᆞ야 긔흥(起興)ᄒ^

야 니ᄅᆞ디 범인(凡人)이 다 됴티 아닌 일이 업거ᄂᆞᆯ 나는

홀로 해로오미 이러ᄐᆞᆺ ᄒᆞ고 ᄒᆞ미니 홀로 어버^

이 상ᄉᆞ(喪事)ᄅᆞᆯ 만나 효양(孝養)을 못ᄒᆞ노라 말이라

남산뉼뉼(南山律律)이어ᄂᆞᆯ 표풍블블(飄風弗弗)이로다 민막블곡(民莫不穀)이어ᄂᆞᆯ 아독^
블졸(我獨不卒)호라

▸▸▸ **출 전**

시전(詩傳) 소아(小雅) 소민(小旻)-요아(蓼莪)
南山律律 飄風弗弗 民莫不穀 我獨不卒

▸▸▸ **현대어역**

〈1 : 66a〉

표풍(飄風)은 회오리바람이요, 발발(發發)은 빠른 거동(=모습)이요, 민(民)은 백성이요, 막(莫)은 없다는 말이요, 불(不)은 아니라는 말이요, 곡(穀)은 좋다는 말이요, 아(我)는 내요, 독(獨)은 혼자라는 말이요, 해(害)는 좋지 못한 일이라는 말이니, 남산(南山)이 높고 표풍(飄風, 회오리바람)이 빠름을 보고 감동하여 기흥(起興)하여 이르되, 범인(凡人)이 (=범인에게) 다 좋지 않은 일이 없거늘 나는(=내게는) 홀로 해로움이 이렇듯 한가함이니 홀로 어버이 상사(喪事)를 만나 효양(孝養)을 못하노라 (하는) 말이라.
남산율율(南山律律)이어늘 표풍불불(飄風弗弗)이로다. 민막불곡(民莫不穀)이어늘 아독불졸(我獨不卒)호라.

▶▶▶ **원문 판독**

〈1 : 66b〉

흥야(興也)라

　눌〃(律律)과 녈〃(烈烈)은 흔 쯧이오 블〃(弗弗)과 발〃(發發)은 흔 쯧이^

　오 블졸(不卒)은 뭋디 못ᄒ얏다 말이니 내 홀로 효^

　양(孝養)을 뭋디 못ᄒ얏다 말이니 대개 웃 댱(章)과 ᄀᆞᄐᆞ^

　니라

뇩아(蓼莪) 뇩댱(六章)

　삼산 니시 왈(曰) 이 시(詩)ᄂᆞᆫ 효지(孝子ㅣ) 부모(父母)의 죵양(終養)ᄒᆞ믈 엇디

　못ᄒ고 지엇ᄂᆞᆫ 고로 셜워ᄒᆞ며 ᄉᆞ모(思慕)ᄒᆞ며 이통(哀痛)ᄒᆞ^

　미 이 ᄀᆞᄐᆞ니라 ○ 쥬지(朱子ㅣ) 왈(曰) 진(晉) 왕뷔(王裒ㅣ) 죄 아닌 ᄃᆡ 죽으^

　매 깁히 셜워ᄒᆞ야 미양 시(詩)를 닑으매 이 편(篇)의 이^

▸▸▸ **출 전**

시전(詩傳) 소아(小雅) 소민(小旻)-요아(蓼莪)

▸▸▸ **현대어역**

〈1 : 66b〉

흥야(興也)라.

율률(律律)과 열렬(烈烈)은 한(=같은) 뜻이요, 불불(弗弗)과 발발(發發)은 한(=같은) 뜻이요, 불졸(不卒)은 마치지 못하였다는 말이니, 내가 홀로 효양(孝養)을 마치지 못하였다는 말이니 대개 윗 장(章)과 같으니라.

육아(蓼莪) 육장(六章)

삼산 이씨가 이르되, 이 시(詩)는 효자(孝子)가 부모(父母)의 종양(終養, 어버이를 돌아가실 때까지 봉양함)함을 얻지 못하고 지었는 고로 서러워하며 사모(思慕)하며 애통(哀慟)해함이 이와 같으니라. ○ 주자(朱子)가 이르되, 진(晉)나라 왕부(王裒)가 죄가 없는데 죽으매 깊이 서러워하여 매양 시(詩)를 읽음에 이 편(篇)의

▶▶▶ **원문 판독**

⟨1 : 67a⟩

〃부모(哀哀父母) 싱아구로(生我劬勞)의 니르러는 일죽 다시옴 읇허[1] 눈^
믈을 흘리디 아닐 제 업손디라 슈업(授業)ᄒᆞ는 사^
롬이 위ᄒᆞ야 이 편(篇)을 폐(廢)ᄒᆞ니 시(詩)의 사롬 감동^
ᄒᆞ미 이 ᄀᆞᆺ도다

▶▶▶ **주 석**

1 읇허 : 읊어. 자료의 '읇허'는 비슷한 시기의 다른 문헌에 '을퍼'⟨오륜전비언해(1721) 8 : 34b⟩, '읇퍼'
⟨여사서언해(1736) 4 : 38a⟩로 등장하기도 한다. 이를 감안할 때 이곳의 '읇허'는 '읊어'를 표기하되
어중 유기음 'ㅍ'을 (연철이나 중철에 의하지 않고) 재음소화하여 표기한 결과로 해석된다. '읇허'가 '읊-'
의 활용형이라면 이전 시기의 '잎-'이나 '읖-'과 비교할 때 'ㄹ'이 첨가된 변화를 겪은 것으로 파악되는데,
이는 'ㅍ' 앞에서 'ㄹ'이 탈락되는 변화(예 : '앒>앞 ; 골프->고프-, 알프->아프-' 등)와 정확히 대칭을 이
루는 변화이기도 하다. 대칭적인 두 변화가 공존하였음을 감안하면 결국 '읖->읇-'의 변화는 'ㅍ' 앞의

▸▸▸ **출 전**

시전(詩傳) 소아(小雅) 소민(小旻)-육아(蓼莪)

▸▸▸ **현대어역**

⟨1 : 67a⟩

　애애부모(哀哀父母) 생아구로(生我劬勞)에 이르러서는 일찍이 다시 읊어 눈물을 흘리지 않
을 때가 없는지라. 수업(授業)하는 사람이 위하여 이 편(篇)을 폐(廢)하니 시(詩)가 사람
을 감동시킴이 이와 같도다.

▸▸▸ **주 석**

‘ㄹ’ 탈락에 대한 일종의 과도 교정이 관여한 변화로 해석될 수 있을 것이다.

▶▶▶ **원문 판독**

〈1 : 67b〉

셔뎐(書傳)[1]

이훈(伊訓)【이(伊)는 이윤(伊尹)이오[2] 훈(訓)은 ᄀᆞᄅ티다 말이라 이윤(伊尹)은 신야(莘野)의 숨엇던 사ᄅᆞᆷ이니 은왕(殷王)[3] 셩탕(成湯)[4]이 마자 졍승(政丞)을 삼앗더니 탕(湯)이 븡(崩)ᄒᆞ신 후 탕(湯)의 손ᄌᆞ(孫子)

태갑(太甲)[5]이 즉위(卽位)ᄒᆞ매 이윤(伊尹)이 글 지어 ᄀᆞᄅ티시니라】

유원ᄉᆞ십유이월을튝(惟元祀十有二月乙丑)애 이윤(伊尹)이 ᄉᆞ우션왕(祠于先王)홀ᄉᆡ 봉^ᄉᆞ왕(奉嗣王)ᄒᆞ야 지현궐조(祗見厥祖)어늘 후뎐군휘함지(侯甸羣后咸在)ᄒᆞ며 빅관(百官)

이 통^긔(總己)ᄒᆞ야 이텽튱지(以聽冢宰)어늘 이윤(伊尹)이 내명언녈조지셩덕(乃明言烈祖之成德)ᄒᆞ야 이훈^우왕(以訓于王)ᄒᆞ니라

오직 원ᄉᆞ(元祀)【오직은 말 넙드는[6] 소리오 원ᄉᆞ(元祀)는 태갑(太甲)의 즉위(卽位)ᄒᆞᆫ 원년(元年)이라】십유이월(十有二月)【유(有)는 어주ᄌᆞ(語助字)니 십이월(十二月)은 셧^둘이라】을튝(乙丑)에 이윤(伊尹)이 션왕(先王)긔 졔ᄉᆞ(祭祀)홀ᄉᆡ【션왕(先王)은 몬져 님군이니 탕(湯)이라

새 님군이 상즁(喪中)의 잇기 졔ᄉᆞ(祭祀)를 셥ᄒᆡᆼ(攝行)ᄒᆞ니라】ᄉᆞ왕(嗣王)을 밧드러【ᄉᆞ왕(嗣王)은 니어 션 님군이니 태갑(太甲)이라】공경ᄒᆞ^

▶▶▶ **주 석**

1 셔뎐 : 서전(書傳). 중국 송나라 때에, 주희(朱熹)의 제자 채침(蔡沈)이 《서경(書經)》에 주해를 달아 편찬한 책. 10책으로 구성되어 있다.

2 이윤이오 : 이윤(伊尹)이요. 본래는 유신씨(有辛氏)의 들에서 농사를 지으며 은둔했던 인물이다. 후에 탕왕(湯王)으로부터 세 번의 부름을 받은 후에 응하여 탕왕을 도왔다. 하(夏)나라의 걸왕(桀王)을 멸하고 왕도정치(王道政治)를 펴게 하여 은(殷) 나라를 부흥시킨 훌륭한 재상(宰相)이다.

3 은왕 : 은왕(殷王). 은(殷)나라의 왕. 여기서는 은(殷)나라를 건국한 탕왕(湯王)을 가리킨다.

4 셩탕이 : 셩탕(成湯)이. '셩탕(成湯)'은 탕왕(湯王)의 다른 이름이다. 탕왕(湯王)은 하(夏)나라를 멸하고 은(殷)나라를 건국한 왕이다.

5 태갑이 : 태갑(太甲)이. '태갑(太甲)'은 은(殷)나라를 세운 탕(湯) 임금의 손자이다. 태갑은 왕위에 오른 뒤 향락에 눈이 멀어 정치를 내팽개치고 탕왕(湯王)이 만들어 놓은 규정도 없애 버렸다. 이에 당시 재상

▶▶▶ 출 전

서전(書傳) 이훈(伊訓)

惟元祀十有二月乙丑 伊尹 祠于先王 奉嗣王 祗見厥祖 侯甸群后咸在 百官 總己 以聽冢 伊尹
乃明言烈祖之成德 以訓于王

▶▶▶ 현대어역

〈1：67b〉

서전(書傳)

　　이훈(伊訓)【이(伊)는 이윤(伊尹)이오 훈(訓)은 가르친다는 말이라. 이윤(伊尹)은 신야(莘野)
　　에 숨었던 사람이니 은왕(殷王, 은나라 왕) 성탕(成湯)이 맞아 정승(政丞)을 삼았는데, 탕
　　(湯)이 붕(崩)하신 후 탕(湯)의 손자(孫子) 태갑(太甲)이 즉위(卽位)함에 이윤(伊尹)이 글을
　　지어 가르치시니라.】
유원사십유이월을축(惟元祀十有二月乙丑)에 이윤(伊尹)이 사우선왕(祠于先王)할쌔, 봉사왕(奉嗣王)하
여 지현궐조(祗見厥祖)어늘 후전군후함재(侯甸羣后咸在)하며 백관(百官)이 총기(總己)하여 이청총
재(以聽冢宰)어늘 이윤(伊尹)이 내명언열조지성덕(乃明言烈祖之成德)하여 이훈우왕(以訓于王)하니라.
　　오직 원사(元祀)【오직은 말 내뱉는 소리요, 원사(元祀)는 태갑(太甲)이 즉위(卽位)한 원년
　　(元年)이라.】 십유이월(十有二月)【유(有)는 어조자(語助字)니 십이월(十二月)은 섯달이라.】
　　을축(乙丑)에 이윤(伊尹)이 선왕(先王)께 제사(祭祀)할 때에【선왕(先王)은 먼저 임금이니
　　탕(湯)이라. 새 임금이 상중(喪中)에 있기에 제사(祭祀)를 섭행(攝行, 대신 행함)하니라.】 사
　　왕(嗣王)을 받들어【사왕(嗣王)은 이어 선 임금이니 태갑(太甲)이라.】

▶▶▶ 주 석

　　인 이윤(伊尹)이 태갑을 궁궐에서 추방하여 성탕(成湯)의 능이 있는 동궁(桐宮)에서 기거하게 하였다.
그로부터 3년동안 태갑은 할아버지인 성탕(成湯)의 업적을 배우면서 어진 사람이 되어 다시 제위(帝位)
에 오르게 된다.

6 냅드는 : 내뱉는. 자료와 비슷한 시기의 다른 문헌에 등장하는 '냅드-'의 존재를 참고할 때 '냅드-+-는'로
분석될 수 있다. 예 : 右手右脚으로 얇흘 훈 번 디르고 左足을 냅드며(右手右脚前一刺進左足) <무예도보
통지언해(1790) 30a>. '냅드-'는 중세국어 '내ᄠᅳ-'의 어두자음군 'ㅵ'에서 /ㅂ/이 종성화한 어형에 해당
한다. 중세국어의 '내ᄠᅳ-'는 ('나[出]-'의 사동사) '내-'와 ("浮, 漂'를 뜻하는) 'ᄠᅳ-'가 어간끼리 직접 결합
한 비통사적 복합동사로서, '닙ᄠᅳ-, 드리ᄠᅳ-, 듧ᄠᅳ-' 등에서도 'ᄠᅳ-'가 비통사적으로 결합한 예를 찾아볼
수 있다. 현대국어에서 '내ᄠᅳ-'의 어간 자체는 사어화하고 그것의 활용형 '내뗘', '냅더'를 계승한 '냅다'만
이 "몹시 빠르고 세찬 모양"을 표현하는 부사로 굳어져 쓰인다.

▸▸▸ **원문 판독**

〈1 : 68a〉

야 그 션조(先祖)긔【셩탕(成湯)이라】 뵈옵거늘 뎐(甸)의 모든 계휘(諸侯ㅣ) 다 이시
며

【후(侯)와 뎐(甸)은 다 졔후(諸侯) 봉(封)혼 짜히니 졔스(祭祀)홀 제 졔휘(諸侯ㅣ)
잇다 말이라】 백관(百官)이 제 직임(職任)을 거느려 통^

지(冢宰)의게 드리거늘【통지(冢宰)는 웃듬 지샹(宰相)이니 상듕(喪中)의 이셔 졍스
(政事)룰 술피디 못호매 통지(冢宰)의게 들려 결단(決斷)호미라】

이윤(伊尹)이 녈조(烈祖)의 일우신 덕을 붉혀 닐러 뼈 왕(王)^

의게 フ르티니라

왈(曰) 오호(嗚呼)ㅣ라 고유하션후(古有夏先后)ㅣ 방무궐덕(方懋厥德)호실시 망유텬지
(罔有天災)^

호며 산쳔귀신(山川鬼神)이 역막블녕(亦莫不寧)호며 게됴슈어별(曁鳥獸魚鼈)이 함약(咸
若)^

호더니 우기ᄌ손(于其子孫)이 블솔(弗率)혼대 황텬(皇天)이 강지(降災)호샤 가슈우아유
명(假手于我有命)^

호시니 조공(造攻)은 ᄌ명됴(自鳴條)어늘 딤지ᄌ박(朕哉自亳)호시니라

굴오디 오회(嗚呼ㅣ)라 녜 하(夏)나라 몬져 님군이【하(夏)는 우(禹)의[1] 나라히니 몬
져 님군은 우(禹)룰

▸▸▸ **주 석**

1 우의 : 우(禹)의. '우(禹)'는 하(夏)나라의 우왕(禹王)을 이른다. 하(夏)나라의 시조(始祖)로서, 치수(治
水)의 공을 인정받아 순(舜)에 이어 왕위를 계승한 인물이다.

▸▸▸ **출 전**

서전(書傳) 이훈(伊訓) 제일장(第一章)

曰 嗚呼 古有夏先后 方懋厥德 罔有天災 山川鬼神 亦莫不寧 鳥獸魚鼈 咸若 于其子孫 弗率 皇天 降災 假手于我有命 造攻 自鳴條 朕哉自亳

▸▸▸ **현대어역**

〈1 : 68a〉

　　공경하여 그 선조(先祖)께【성탕(成湯)이라】뵈옵거늘 전(甸)의 모든 제후(諸侯)가 다 있으며【후(侯)와 전(甸)은 다 제후(諸侯)를 봉(封)한 땅이니 제사(祭祀)할 때 제후(諸侯)가 있다는 말이라.】백관(百官)이 제 직임(職任, 직무상 맡은 임무)을 거느려 총재(冢宰)에게 들이거늘(=보고하거늘)【총재(冢宰)는 으뜸 재상(宰相)이니, 상중(喪中)에 있어서 정사(政事)를 살피지 못하매 총재(冢宰)에게 들려(=보고하여) 결단(決斷)함이라.】이윤(伊尹)이 열조(烈祖, 커다란 공로와 업적이 있는 조상)가 이루신 덕을 밝혀 일러 왕(王)에게 가르치니라.

왈(曰), 오호(嗚呼)라, 고유하선후(古有夏先后)가 방무궐덕(方懋厥德)하실새 망유천재(罔有天災)하며 산천귀신(山川鬼神)이 역막불령(亦莫不寧)하며 게조수어별(暨鳥獸魚鼈)이 함약(咸若)하더니 우기자손(于其子孫)이 불솔(弗率)한대 황천(皇天)이 강재(降災)하사 가수우아유명(假手于我有命)하시니 조공(造攻)은 자명조(自鳴條)어늘 짐재자박(朕哉自亳)하시니라.

　　이르되, 오호(嗚呼)라. 옛 하(夏)나라 먼저 임금이【하(夏)는 우(禹)의 나라이니 먼저 임금은 우(禹)를

〈1 : 68b〉

니르미라】 보야호로[1] 그 덕을 힘쓰실시 지앙(災殃)이 〃시며{미} 업스며

믿 산쳔(山川)과 귀신(鬼神)이 평안티 아니미 업스며 새와 즘싱^

과[2] 고기와 쟈래〔鼈ㅣ〕 다 슌(順)ᄒ더니【각 〃 제 텬셩(天性)을 슌(順)히 ᄒ다 말이

니 님군이 덕을 힘쓰ᄂ던라 텬디(天地) 귀신(鬼神)^

이 화(化)ᄒ야 만믈(萬物)이 슌(順)ᄒ다 말이라】 그 ᄌ손이 덕을 거ᄂ리디 못ᄒ대 황

텬(皇天)^

이 지앙(災殃)을 ᄂ리오샤 우리 텬명(天命) 잇ᄂ 듸 손〔手〕을 비르시^

니【하(夏) ᄌ손이 덕을 닥디 아닛ᄂ던라 하ᄂ리 우리 덕이 이셔 텬명(天命) 바드시

ᄂ 탕(湯)의게 손〔手〕을 비러 하(夏)ᄅᆞᆯ 죄 주시게 ᄒ시다 말이라】 칠 죄ᄅᆞᆯ

짓기ᄂ 명묘(鳴條)로브터 ᄒ거ᄂᆞᆯ 우리 비로소 ᄒ기ᄂ 박(亳)으^

로브터 ᄒ시ᄂ이다【박(亳)은 탕(湯)의 겨신 ᄯᅡ히니 비로소 ᄒ기ᄂ 덕을 닥가 비로소

흥(興)ᄒ다 말이니 걸(桀)의[3] 망(亡)홈과 탕(湯)의 흥(興)ᄒ^

시믄 다만 걸(桀)이 덕을 닥디 아니ᄒ매 망(亡)ᄒ얏고 탕(湯)이 덕을 닥그시매 흥

(興)ᄒ야 겨시다 말이니 만일 태갑(太甲)이 탕(湯)의 덕을 거ᄂ리디 못ᄒᆞᆨ죽 걸(桀)

의 망(亡)ᄒ던 화(禍)ᄅᆞᆯ

가히 보리라 말이라】

1 보야호로 : 바야흐로. 15세기 문헌에는 '보야호로'로 나타나는데, '보야호로'는 '보'가 'ᄇ'로 비원순모음화
된 현상이 표기의 층위가 아니라 실제 음성의 층위에서 일어난 현상을 보여주는 증거로 볼 수 있다. '보
야호로'가 비원순모음화된 '보야호로'는 제1음절에서의 'ㆍ > ㅏ' 변화를 거쳐 현대국어의 '바야흐로'가 되기
때문이다.

▶▶▶ **출 전**

서전(書傳) 이훈(伊訓) 제이장(第二章)

▶▶▶ **현대어역**

〈1 : 68b〉

이름이라】 바야흐로 그 덕을 힘쓰시매(=힘쓰시므로) 재앙(災殃)이 있음이 없으며 산천(山川)과 귀신(鬼神)이 평안하지 않음이 없으며 새와 짐승과 고기와 자라가 다 순(順)하였는데,【각각 제 천성(天性)을 순(順)히 한다는 말이니, 임금이 덕을 힘쓰는지라 천지(天地)와 귀신(鬼神)이 화(化, 교화를 입음)하여 만물(萬物)이 순(順)하다는 말이라.】 그 자손이 덕을 거느리지(=지니지) 못하매 황천(皇天)이 재앙(災殃)을 내리셔서 우리 천명(天命)이 있는 곳에 손〔手〕을 빌리시니【하(夏) 자손이 덕을 닦지 아니하였는지라. 하늘이 우리 덕이 있어 천명(天命)을 받으시는 탕(湯)에게 손〔手〕을 빌려 하(夏)를 죄 주시게 하셨다는 말이라.】 칠 죄를 짓기는 명조(鳴條)로부터 하거늘 우리가 비로소 하기는 박(亳)으로부터 하시니이다(=하신 것입니다).【박(亳)은 탕(湯)이 계신 땅이니 비로소 하기는 덕을 닦아 비로소 흥(興)하였다는 말이니, 걸(桀)의 망(亡)함과 탕(湯)의 흥(興)하심은 다만 걸(桀)이 덕을 닦지 아니하매 망(亡)하였고 탕(湯)이 덕을 닦으시매 흥(興)하셨다는 말이니, 만일 태갑(太甲)이 탕(湯)의 덕을 거느리지(=지니지) 못한즉 걸(桀)이 망(亡)하던 화(禍)를 가히 보리라는 말이라.】

▶▶▶ **주 석**

2 즘싱과 : 짐승과. 이곳의 '즘싱'은 15세기 국어의 '즁싱'에 소급할 어형이다. '즁싱'은 불교 용어인 '중생(衆生)'에서 나온 말로서 "살아 있는 생물체" 전반을 가리키는 불교 용어였으나 오늘날에는 '獸'를 가리키는 말로 의미가 축소되었다. '즁싱'은 '즘싱'과 '즘숭'으로 바뀌다가 '즘숭'의 제1음절에서 (치음 아래) 전설모음화가 적용되어 오늘날의 '짐승'이 되었다. '짐승'이란 형태는 19세기 후기 문헌에 보인다. 예 : 신와 <u>짐승</u>도 디톄 다 셩품과 명이니<관셩졔군명셩경언해(1883) 21b>.
3 걸의 : 걸(桀)의. 하(夏)나라의 마지막 왕인 걸왕(桀王)을 이른다. 은(殷)나라의 탕왕(湯王)에게 멸망하는데, 은(殷)나라의 주왕(紂王)과 더불어 동양 폭군의 전형으로 불린다.

〈1 : 69a〉

유아샹왕(惟我商王)이 표쇼셩무(布昭聖武)ㅎ샤 디학이관(代虐以寬)ㅎ신대 죠민(兆民)이 윤회(允懷)^
ㅎ니이다
　　오직 우리 샹왕(商王)[1]이【샹(商)은 나라 녯 국호(國號)니 샹탕(商湯)을 니ᄅ미라】
　　셩무(聖武)ᄅᆞᆯ 펴고 붉히샤
　　【셩(聖)은 셩인(聖人)의 덕이니 무(武)ᄂᆞ 졍벌(征伐)ㅎ믈 니ᄅ미라】 어그러오므로ᄡᅥ
　　사오나오믈 디(代)ㅎ신대
　　【걸(桀)을 티고 디(代)ㅎ야 텬ᄌᆞ(天子ㅣ) 되다 말이라】 억됴(億兆) 빅셩이 미더 싱각
　　ㅎ니이다【싱각ㅎ다 말은 덕을 ᄆᆞ음의 싱각ㅎ다 말이라】
금왕(今王)이 ᄉᆞ궐덕(嗣厥德)ㅎ야든 망블지초(罔不在初)ㅎ니 닙이유친(立愛惟親)ㅎ시며 닙경^
유댱(立敬惟長)ㅎ샤 시우가방(始于家邦)ㅎ샤 죵우ᄉᆞ히(終于四海)ㅎ쇼셔
　　이제 왕(王)이 그 덕을 닥그시기ᄂᆞ 처엄 잇디 아니미 업ᄉᆞ^
　　니【처음은[2] 즉위(卽位)ᄒᆞᆫ 처엄이라 말이니 만ᄉᆞ(萬事)ᄅᆞᆯ 다 처엄브터 힘ᄡᅳ디 아닐
　　일이 업ᄉᆞ니 처엄의 삼가디 못ᄒᆞ면 더옥 나죵이 업다 말이라】 ᄉᆞ^

1 샹왕 : 상왕(商王). 중국 고대에 탕왕(湯王)이 하(夏)나라의 걸왕(桀王)을 물리치고 세운 나라의 이름이
　상(商)이다. 그러므로 '상왕(商王)'은 중국 은(殷)나라의 초대 왕인 탕왕(湯王)을 의미한다. 탕왕의 이름
　은 이(履) 또는 대을(大乙)이며 박(亳)에 도읍을 정하고, 13년간 재위하며 제도와 전례(典禮)를 정비하
　였다.

▸▸▸ **출 전**

서전(書傳) 이훈(伊訓) 제삼장(第三章)
惟我商王 布昭聖武 代虐以寬 兆民 允懷

▸▸▸ **현대어역**

〈1 : 69a〉

유아상왕(惟我商王)이 포소성무(布昭聖武)하샤 대학이관(代虐以寬)하신대 조민(兆民)이 윤회(允懷)하니이다.

오직 우리 상왕(商王)이【상(商)은 나라 옛 국호(國號)이니 상탕(商湯)을 이름이라.】 성무(聖武)를 펴고 밝히시어【성(聖)은 성인(聖人)의 덕이니 무(武)는 정벌(征伐)함을 이름이라.】 너그러움으로써 사나움을 대(代, 대신함)하신대【걸(桀)을 치고 대(代, 대신함)하여 천자(天子)가 되었다는 말이라.】 억조(億兆) 백성이 믿어 생각하나이다(=생각한 것입니다). 【생각한다는 말은 덕을 마음에 생각한다는 말이라.】

금왕(今王)이 사궐덕(嗣厥德)하여든 망불재초(罔不在初)하니 입애유친(立愛惟親)하시며 입경유장(立敬惟長)하사 시우가방(始于家邦)하사 종우사해(終于四海)하소서.

이제 왕(王)이 그 덕을 닦으시기는 처음 있지 않음이 없으니,【처음은 즉위(卽位)한 처음이라는 말이니, 만사(萬事)를 다 처음부터 힘쓰지 않을 일이 없으니 처음에 삼가지 못하면 더욱 나중이 없다는 말이라.】

▸▸▸ **주 석**

2 처음은 : 당초(當初)는. 이곳의 '처음'은 중세국어의 '처엄'에 소급할 어형이다. /ㅿ/의 소실에 따라 '처엄>처엄'의 변화를 거친 뒤, 이곳과 같이 '처음'으로 등장하는 것은 ≪가례언해≫(1632)를 위시하여 17세기 문헌부터이다. 예 : 入棺이 임의 <u>처음</u> 殯所ᄒᆞᄂᆞᆫ 때예 잇고<5 : 26a>. 17세기 문헌에는 '처음' 외에 '처음'도 보이는데, 이는 비어두음절에서 'ㆍ>ㅡ' 변화를 의식하여 'ㅡ'를 'ㆍ'로 과도 교정한 결과이다. 예 : 破荒田 <u>처음</u> 닐온 밧<역어유해(1690) 하 : 7b>. '처음'은 (중세국어의 '처엄'과 마찬가지로) "첫 번째"와 함께 "애초, 당초"의 의미를 지니기도 하는데 여기서는 후자의 의미로 쓰였다.

▸▸▸ **원문 판독**

〈1 : 69b〉

랑ᄒᆞ믈 셰우샤ᄃᆡ 어버이로브터 ᄒᆞ시며 공경(恭敬)^

ᄒᆞ믈 셰우샤ᄃᆡ 어룬으로브터 ᄒᆞ샤【사랑ᄒᆞᄂᆞᆫ 덕을 어버이로브터 ᄒᆞ샤 텬하(天下)의 밋^

츠며[1] 공경ᄒᆞᄂᆞᆫ 덕을 어룬으로브터 셰워 텬하(天下)의 밋게 ᄒᆞ라 말이라】집과 나라히 시작ᄒᆞ야

ᄉᆞ히(四海)의 믓게 ᄒᆞ쇼셔【ᄒᆞᆫ 집안히셔 효우(孝友)ᄒᆞ며 돈목(敦睦)기의 시작ᄒᆞ야 덕이 빅셩의게 미처 가 ᄒᆞᆫ 나라히 펴인 후

졈〃 텬하(天下) 다ᄉᆞ리시기의 미처 ᄉᆞ히(四海)의 덥히면 셩인(聖人)의 덕을 힝(行)홀 ᄎᆞ셔(次序)로ᄡᅥ 고(告)ᄒᆞ얏ᄂᆞ니라】

오호(嗚呼)ㅣ라 션왕(先王)이 됴슈인긔(肇修人紀)ᄒᆞ샤 죵간블블(從諫弗咈)ᄒᆞ시며 션민(先民)을 시약(時若)^

ᄒᆞ시며〔居上克明 爲下克忠 與人不求備〕검신약블급(檢身若不及)ᄒᆞ샤 이지우〔유〕만방(以至于有萬邦)ᄒᆞ시니 지유간ᄌᆡ(玆惟艱哉)니이다

오회(嗚呼ㅣ)라 션왕(先王)이 비로소 사ᄅᆞᆷ의 눈긔(倫紀)ᄅᆞᆯ 닥그샤【눈긔(倫紀)ᄂᆞᆫ 삼강오샹(三綱五常)이니라】[2]

간(諫)ᄒᆞᄂᆞᆫ 말을 조ᄎᆞ샤 거스리디 아니ᄒᆞ시며 녯 사ᄅᆞᆷ을

슌(順)히 ᄒᆞ시며【녯 사ᄅᆞᆷ은 녜 셩인(聖人)이라 슌(順)히 ᄒᆞ믄 좃다 말이라】우히 거(居)ᄒᆞ시매 능히 붉으^

▸▸▸ **주 석**

1 밋츠며 : 미치며. 이곳의 '밋-'은 칠종셩법에 따라 '및〔及〕-'을 적은 표기이다. '및-'에 의미나 문법범주를 바꾸지 않는 접사 '-이-'가 결합하여 현대국어에는 '미치-'로 이어졌는데, 이러한 어간 재구조화는 '그릋->그르치-', '긏->그치-', '뉘옻->뉘우치-', 'ᄉᆞ몿->사무치-' 등 어간 말음을 'ㅊ'으로 하는 어간에서 자주 볼 수 있다.

▸▸▸ **출 전**

서전(書傳) 이훈(伊訓) 제사장(第四章)
今王 嗣厥德 罔不在初 立愛惟親 立敬惟長 始于家邦 終于四海
嗚呼 先王 肇修人紀 從諫弗 先民 時若 居上克明 爲下克忠 與人不求備 檢身若不及 以至于有
萬邦 茲惟艱哉

▸▸▸ **현대어역**

〈1 : 69b〉

　　사랑함을 세우시되 어버이로부터 하시며 공경함을 세우시되 어른으로부터 하시어,【사랑
하는 덕을 어버이로부터 하시어 천하(天下)에 미치며, 공경하는 덕을 어른으로부터 세워
천하(天下)에 미치게 하라는 말이라.】집과 나라에서 시작하여 사해(四海)에서 마치게 하
소서.【한 집안에서 효우(孝友, 효성스럽고 우애가 있음)하며 돈목(敦睦, 일가친척이 사이가 좋고
화목함)하는 것에서 시작하여 덕이 백성에게 미쳐, 한 나라에 펼쳐진 후 점점 천하 다스
리시기에 미쳐 사해(四海)에 덮히면, 성인(聖人)의 덕을 행(行)할 차서(次序, 차례)로써 고
(告)하였느니라.】
오호(嗚呼)라 선왕(先王)이 조수인기(肇修人紀)하사 종간불불(從諫弗咈)하시며 선민(先民)을 시약
(時若)하시며 〔居上克明 爲下克忠 與人不求備〕검신약불급(檢身若不及)하사 이지우〔유〕만방(以至于有
萬邦)하시니 자유간재(茲惟艱哉)니이다

　　오호(嗚呼)라. 선왕(先王)이 비로소 사람의 윤기(倫紀, 윤리와 기강)를 닦으시어【윤기(倫紀)
는 삼강오상(三綱五常)이니라】간(諫)하는 말을 좇으시어 거스르지 아니하시며 옛 사람을
순(順)히 하시며【옛 사람은 옛 성인(聖人)이라. 순(順)히 함은 좇는다는 말이라.】위에 거
(居)하심에 능히

▸▸▸ **주 석**

2 삼강오상이니라 : 삼강오상(三綱五常)이니라. '삼강오상(三綱五常)'은 삼강(三綱)과 오상(五常)을 아울러
　이르는 말로, 곧 사람이 지켜야 할 도리를 이른다. 삼강(三綱)은 임금과 신하, 부모와 자식, 남편과 아내
　사이에 마땅히 지켜야 할 도리로 군위신강(君爲臣綱), 부위자강(父爲子綱), 부위부강(夫爲婦綱)을 이르
　며, 오상(五常)은 사람이 지켜야 할 다섯 가지 도리인 오륜(五倫) 즉, 부자유친(父子有親), 군신유의(君
　臣有義), 부부유별(夫婦有別), 장유유서(長幼有序), 붕우유신(朋友有信)을 이른다.

▶▶▶ **원문 판독**

〈1 : 70a〉

시며 아래 되시매 능히 튱셩(忠誠)되시며【우히 거(居)ᄒᆞᆫ 님군이 되시미오 아래 되시믄 걸(桀)의게 신하^
되야 겨신 적이라】 사름을 여허(與許)ᄒᆞ시디 ᄀᆞ자믈 구(求)티 아니ᄒᆞ시며
【사름의 일을 진션진미(盡善盡美)ᄒᆞ기를 구(求)티 아니샤 ᄒᆞᆫ 어딘 일이 〃셔도 ᄇᆞ리디 아니신다 말이라】 몸을 검틱(檢飭)ᄒᆞ샤디 밋^
디 못홀 ᄃᆞ시 ᄒᆞ야【몸 닥그시기를 용결(勇決)이 ᄒᆞ시다 말이라】 ᄡᅥ 만방(萬邦)을 두시매
니르시니 오직 어려오니라【만방(萬邦)은 일만(一萬) 나라히니 텬하(天下)를 니르미라 인륜(人倫)을 닥그샤므로브터 빅ᄉᆞ(百事)의 힘을
극진이 ᄒᆞ샤 ᄡᅥ 텬하(天下) 두시기의 니르시니 탕(湯)의 ᄯᅡᄒᆞ신 공(功)과 텬하(天下) 어드시기 다 지극이 어려이 ᄒᆞ시다 말이라】
부구텰인(敷求哲人)ᄒᆞ샤 비보우이후ᄉᆞ(俾輔于爾後嗣)ᄒᆞ시리이다
너비 어딘 사름을 구ᄒᆞ샤 ᄒᆞ야곰[1] 너 후ᄉᆞ(後嗣)를 돕게 ᄒᆞ^
시니이다【녜라 말은 태갑(太甲)을 니른 말이니 후ᄉᆞ(後嗣)는 후(後)를 닛는 님군이라】
졔관형(制官刑)ᄒᆞ샤 경우유위(儆于有位)ᄒᆞ샤 왈(曰) 감유훙무우궁(敢有恒舞于宮)ᄒᆞ며 감가우실(酣歌于室)^

▶▶▶ **주 석**

1 ᄒᆞ야곰 : 하여금. 중세국어의 'ᄒᆡ여곰'에 소급할 형식으로, 중세국어의 'ᄒᆡ여곰'은 'ᄒᆡ여'('ᄒᆞ-'의 사동사 'ᄒᆡ-'의 활용형)에 "강세"의 뜻을 더하는 보조사 '-곰'이 결합한 것으로 분석될 형식이다. 자료에서 'ᄒᆞ여곰'은 'NP-로 ᄒᆞ여곰'의 구성으로 사동문의 피사동주를 표시하는 경우가 대부분이지만 이곳과 같이 'NP-로'를 동반하지 않고 마치 부사처럼 쓰인 경우도 간혹 보인다. 중세국어에서 'ᄒᆡ여곰'은 피사동주를 표시할 경우 'NP-로 ᄒᆡ여곰' 외에도 대격어를 지배한 'NP-룰 ᄒᆡ여곰', 보조사 '-곰'을 결여한 'NP-로 ᄒᆡ여' 등 여러 구성으로 등장하여 ('ᄒᆞ-'의 사동사에 해당하는) 'ᄒᆡ-'의 활용형으로서의 성격을 어느 정도 유지하고 있었다.

▶▶▶ 출 전

서전(書傳) 이훈(伊訓) 第五章
敷求哲人 輔于爾後嗣
制官刑 儆于有位 曰 敢有恒舞于宮 歌于室

▶▶▶ 현대어역

〈1 : 70a〉

밝으시며 아래가 되심에 능히 충성(忠誠)되시며,【위에 거(居)함은 임금이 되심이요, 아래가 되심은 걸(桀)에게 신하되신(=신하되셨던) 때이라.】사람을 여허(與許, =許與, 마음으로 허락하여 칭찬함)하시되 갖추어짐을 구(求)하지 아니하시며【사람의 일을 진선진미(盡善盡美)하기를 구(求)하지 아니하시어 한 (가지) 어진 일이 있어도 버리지 아니하신다는 말이라.】몸을(=자신을) 검칙(檢飭, 점검하여 바로잡음)하시되 미치지 못할 듯이 하여【몸 닦으시기를 용결(勇決)히 하셨다는 말이라.】만방(萬邦)을 두심에(=소유하심에) 이르시니 오직 어려운 것이라.【만방(萬邦)은 일만(一萬) 나라이니 천하(天下)를 이름이라. 인륜(人倫)을 닦으심으로부터 백사(百事)에 (이르기까지) 힘을 극진히 하시어 천하(天下)를 두시기에 (=소유하시기에) 이르시니, 탕(湯)이 쌓으신 공(功)과 천하(天下) 얻으시기가 다 지극히 어렵게 하셨다는 말이라.】

부구철인(敷求哲人)하사 비보우이후사(俾輔于爾後嗣)하시리이다.

넓리 어진 사람을 구하시어 하여금 너 후사(後嗣)를 돕게 하시니이다(=하신 것입니다).

【너라는 말은 태갑(太甲)을 이른 말이니 후사(後嗣)는 후(後)를 잇는 임금이라.】

제관형(制官刑)하사 경우유위(儆于有位)하사 왈(曰) 감유항무우궁(敢有恒舞于宮)하며 감가우실(敢歌于室)

▶▶▶ 주 석

그러나 자료에서는 피사동주를 표시할 때 'NP-로 ᄒᆞ여곰'의 구성으로만 등장하여 ('-로 ᄒᆞ여곰'에 포함된) 'ᄒᆞ여곰'은 이미 활용형의 성격을 잃고 부사로 어휘화한 양상을 보인다.

▶▶▶ **원문 판독**

〈1 : 70b〉

ㅎ면 시위무풍(時謂巫風)이며 감유슌우화식(敢有殉于貨色)ㅎ며 흥우유뎐(恒于遊畋)ㅎ면 시위^

음풍(時謂淫風)이며 감유모성언(敢有侮聖言)ㅎ며 역튱딕(逆忠直)ㅎ며 원기덕(遠耆德)ㅎ며 비완동(比頑童)^

ㅎ면 시위난풍(時謂亂風)이니 유ᄌ삼풍십건(惟玆三風十愆)에 경시(卿士ㅣ) 유일우신(有一于身)ㅎ면

가필상(家必喪)ㅎ고 방군(邦君)이 유일우신(有一于身)ㅎ면 국필망(國必亡)ㅎᄂ니 신하(臣下)ㅣ 블^

광(不匡)ㅎ면 기형(其刑)이 믁(墨)이라 ㅎ샤 구훈우몽ᄉ(具訓于蒙士)ㅎ리이다

　　관부(官府)엣 형벌(刑罰)을 지으샤 벼슬 잇ᄂ니롤 경계ㅎ야

　　ᄀᆞᆯ오샤ᄃᆡ 감히 궁(宮)의셔 흥샹(恒常)이 춤추며 실(室)의셔 취(醉)^

　　ㅎ야 노래 브르니 이시면 이 닐온[1] 무당(巫堂)의 풍습(風習)이며

　　【궁(宮)과 집은 다 집이니 흥샹(恒常)이 노래 브르며 춤추미 무당 ᄀᆞᆺ트니라】 감히 지믈(財物)과 녀식(女色)의 죽으며【몸을 지믈(財物)^

　　과 녀식(女色)의 브려 죽도록 ㅎ다 말이니라】노롬노리와 산영ㅎ기의[2] 흥샹(恒常)이 ㅎᄂ^

▶▶▶ **주 석**

1 산영ㅎ기의 : 사냥하기에. 이곳의 '산영'은 이 한자어 '산ᄒᆡᆼ(山行)'에서 기원한 것으로, '산ᄒᆡᆼ>산영'의 변화는 '산ᄒᆡᆼ'이 더 이상 한자어가 아니라 고유어로 인식되면서 (고유어에서 흔히 일어나는) 유성음간 'ㅎ' 탈락이 적용된 결과라 할 수 있다. 이 같은 변화는 '귀향>귀양'의 변화에서도 볼 수 있는 것이나 'ㅎ' 탈락형 '귀양'이 19세기 말에나 등장하는 데 비해 이곳의 '산영'은 ≪동국신속삼강행실도≫를 위시하여 이미 17세기 문헌부터 등장하는 점이 다르다. '산영'은 문헌에 따라 '사녕'으로도 등장하다가(예 : 安東將軍 周浚이 일즉 <u>사녕</u>ㅎ다가 비롤 만나<여사서언해(1736) 4 : 54a>) 현대국어와 같이 '사냥'의 어형으로 쓰

▸▸▸ **출 전**

서전(書傳) 이훈(伊訓)-第七章

時謂巫風 敢有殉于貨色 恒于遊 時謂淫風 敢有侮聖言 逆忠直 遠耆德 比頑童 時謂亂風 惟玆三風十愆 卿士有一于身 家必喪 邦君 有一于身 國必亡 臣下不匡 其刑 墨 具訓于蒙士

▸▸▸ **현대어역**

〈1 : 70b〉

하면 시위무풍(時謂巫風)이며 감유순우화색(敢有殉于貨色)하며 항우유전(恒于遊畋)하면 시위음풍(時謂淫風)이며 감유모성언(敢有侮聖言)하며 역충직(逆忠直)하며 원기덕(遠耆德)하며 비완동(比頑童)하면 시위난풍(時謂亂風)이니, 유자삼풍십건(惟玆三風十愆)에 경사(卿士)가 유일우신(有一于身)하면 가필상(家必喪)하고 방군(邦君)이 유일우신(有一于身)하면 국필망(國必亡)하나니, 신하(臣下)가 불광(不匡)하면 기형(其刑)이 묵(墨)이라 하사 구훈우몽사(具訓于蒙士)하리이다.

　　관부(官府)에 대한 형벌(刑罰)을 지으시어 벼슬 있는 이를 경계하여 이르시되, 감히 궁(宮)에서 항상(恒常) 춤추며 실(室)에서 취(醉)하여 노래 부르는 이가 있으면, 이것이 이른바 무당(巫堂)의 풍습(風習)이며【궁(宮)과 집은 다 집이니 항상 노래 부르며 춤춤이(=춤추는 것이) 무당과 같으니라.】, 감히 재물(財物)과 여색(女色)에 죽으며【몸을(=자신을) 재물(財物)과 여색(女色)에 버려 죽도록(=죽을 때까지) 한다는 말이니라.】 노름놀기와(=노름하기와) 사냥하기에 항상

▸▸▸ **주 석**

이게 된 것은 19세기에 들어서의 일이다.

2 닐온 : 이른바. '닐온'은 기원적으로 '니르/니르-〔曰〕'에 선어말어미 '-오-'가 결합된 '니로-'의 동명사형에 해당한다. 다른 근대 문헌에는 '니론, 니론바'가 주로 나타나나, 이 문헌에서는 "이른바"의 의미로 사용된 경우에는 '닐온'을 사용하고, "이르는"의 의미로는 '니론' 형태를 구분하여 사용하고 있다.

▸▸▸ **원문 판독**

〈1 : 71a〉

니 이시면 이 닐온 음난(淫亂)호 습(習)이며 감히 셩인(聖人)의 말을

업슈이 너기며 튱딕(忠直)ᄒ니ᄅᆞᆯ 거스리며 늙고 덕 잇^

ᄂᆞ니ᄅᆞᆯ 먼리ᄒᆞ며[1] 완악(頑惡)ᄒᆞᆫ 아히ᄅᆞᆯ 갓가이 ᄒᆞ미 이시^

면【완악(頑惡)ᄒᆞᆫ 아히ᄂᆞᆫ 나히 졈고 간사ᄒᆞᆫ 쇼인(小人)이라】 이 닐온 어ᄌᆞ러온 풍습(風習)이니 세

가지 풍습(風習)과 열 가지 허믈이【세 풍습의 됴목(條目)이 열 가지 허믈이라】 ᄒᆞᆫ가지^

로 몸의 두면 집이 반ᄃᆞ시 망ᄒᆞ고 님군이 ᄒᆞᆫ가지로 몸^

의 두면 나라히 반ᄃᆞ시 망ᄒᆞᄂᆞ니 신해(臣下ㅣ) 님군의 말을

바로디[2] 아니ᄒᆞ면 그 죄예 형벌(刑罰)이 믁(墨)이라 ᄒᆞ샤【믁(墨)은 ᄌᆞ지(刺字ㅣ) ᄒᆞ고 먹칠

ᄒᆞᆫ다 말이라 법을 ᄀᆞ초아 몽훅(蒙學)의 션비ᄅᆞᆯ ᄀᆞᄅᆞ티시니이다[3]

【세 가지 풍습을 경계ᄒᆞᄂᆞᆫ 법을 지으샤 몽훅(蒙學)을 ᄀᆞᄅᆞ텨 일죽이 아라 간(諫)ᄒᆞ기ᄅᆞᆯ 붉히시미라】

▸▸▸ **주 석**

1 먼리ᄒᆞ며 : 멀리하며. 이곳의 '먼리ᄒᆞ-'에 포함된 '먼리'는 중세국어에서 '머리'(←멀-+-이〔부사화 접미사〕)로 등장하다가 근대국어에서 '멀리' 일색으로 등장하여 '머리>멀리'의 변화를 보여 주는 어사이다. 이곳에서는 '먼리'로 나타났는데 자료의 다른 곳에는 '먼니'로 등장하기도 한다. 이곳의 '먼리'는 /쳘리/를 '쳔리'로 적는 것과 마찬가지로 어중의 /ㄹㄹ/을 'ㄴㄹ'로 표기한 결과라 할 수 있다. 다만 어중 /ㄹㄹ/에 대한 'ㄴㄹ' 표기는 '千里, 新羅' 등 한자어에만 특징적으로 적용되던 것인데, '먼리'는 한자어가 아님에도 그러한 표기를 취하여 독특하다고 할 수 있다. 혹 언중들이 '먼리'를 한자어 '萬里'에 부회하여 이해하였을

▸▸▸ **출 전**

서전(書傳) 이훈(伊訓)-第七章

▸▸▸ **현대어역**

〈1 : 71a〉

하는 사람이 있으면 이것이 이른바 음란(淫亂)한 습(習)이며, 감히 성인(聖人)의 말을 업신여기며 충직(忠直)한 이를 거스르며 늙고 덕이 있는 사람을 멀리하며 완악(頑惡)한 아이를 가까이 함이 있으면【완악(頑惡)한 아이는 나이가 젊고 간사한 소인(小人)이라.】이것이 이른바 어지러운 풍습(風習)이니, 세 가지 풍습(風習)과 열 가지 허물이【세 풍습(風習)의 조목(條目)이 열 가지 허물이라】한가지로(＝함께) 몸에 두면 집이 반드시 망하고, 임금이 한가지로(＝함께) 몸에 두면 나라가 반드시 망하나니, 신하(臣下)가 임금의 말을 바로잡지 아니하면 그 죄에 (대한) 형벌(刑罰)이 묵(墨)이라 하시어【묵(墨)은 자자(刺字, 얼굴이나 팔뚝의 살을 따고 홈을 내어 먹물로 죄명을 찍어 넣음)하고 먹칠한다는 말이라.】법(法)을 갖추어(＝제정하여) 몽학(蒙學, 어린아이의 공부)의 선비를 가르치시니이다(＝가르치신 것입니다).

【세 가지 풍습(風習)을 경계하는 법을 지으시어 몽학(蒙學, 어린아이의 공부)을 가르쳐 일찍이 알아 간(諫)하기를 밝히심이라.】

▸▸▸ **주 석**

가능성이 있지 않을까 한다.

2 바로디 : 바로잡지. '바로-+-디'. 이곳의 '바로-'는 중세국어의 '바ᄅ-'에 소급할 어형이다. '바ᄅ->바로-'의 변화는 '바ᄅ-'에서 파생된 어간형 부사 '바ᄅ'에서도 마찬가지인데('바ᄅ>바로'), 이는 '고ᄅ>고로', '서ᄅ>서로'의 예에서 보듯이 제2음절 'ᄅ>로'의 변화에 유추된 것이다. 중세국어에서 '바ᄅ-'는 "直(곧다, 바르다)"를 뜻하는 형용사뿐 아니라 "使直(바르게 하다, 바로잡다)"을 뜻하는 타동사로도 쓰였다. 이곳의 '바로-'는 대격어('말을')를 취하여 타동사로 쓰였지만 자료의 다른 곳에는 (대격어 없이) 형용사로 쓰인 용례도 발견된다. 예 : 되 <u>바로면</u> 텬해 다ᄉᆞᆫ디라<1 : 8b>. 그러나 '바ᄅ-, 바로-'와 달리 현대국어에서는 어휘 의미에 따라 어형이 분화되어 "直"의 (형용사적) 의미로는 '바르-'가 "使直"의 (타동사적) 의미로는 '바루-'가 쓰인다.

3 ᄀᆞᄅ티시니이다 : 가르치신 것입니다. 이곳의 'ᄀᆞᄅ티-'는 15세기 국어에서 'ᄀᆞᄅ치-'로 나타난다. 제3음절의 '티'는 구개음화를 의식하여 'ᄎ'을 'ᄐ'으로 과도 교정한 결과로 해석된다. 이러한 과도 교정은 '그저 맛당히 더롤 ᄀᆞᄅ틸씨니'<오륜전비언해(1721) 5 : 17b>처럼 (ᄃ 구개음화가 확산되는) 18세기 문헌부터 주로 나타난다.

▸▸▸ **원문 판독**

〈1 : 71b〉

오호(嗚呼)ㅣ라 ᄉ왕(嗣王)은 지궐신(祗厥身)ᄒ샤 념지(念哉)ᄒ쇼셔 셩모(聖謨)ㅣ 양양
(洋洋)ᄒ샤 가언(嘉言)이
공챵(孔彰)ᄒ시니 유샹뎨(惟上帝)ᄂ 블샹(不常)ᄒ샤 작션(作善)이어든 강지ᄇ샹(降之百
祥)ᄒ시고 작^
블션(作不善)이어든 강지ᄇ앙(降之百殃)ᄒ시ᄂ니 이유덕(爾惟德)이어든 망쇼(罔小)어다
만방(萬邦)에 유^
경(惟慶)이니이다 이유블덕(爾惟不德)이어든 망대(罔大)어다 ᄐ궐종(墜厥宗)ᄒ리이다【웃
댱(章)의 세 가지 풍습과 열 가지 허믈^
로 몸을 공경하다 말】
　오회(嗚呼ㅣ)라 ᄉ왕(嗣王)은 몸을 공경(恭敬)ᄒ야 념녀(念慮)ᄒ쇼셔 셩인^
　의 말ᄉ이 양〃(洋洋)ᄒ야【양〃(洋洋)은 크다 말이니 셩인(聖人)의 말은 웃 댱(章)
　의 탕(湯)의 경계(警戒)ᄒ신 말ᄉ이라】아ᄅ다^
　온 말이 진실로 나타나시니 오직 샹뎨(上帝)ᄂ【하ᄂ이라】흥샹(恒常)^
　티 아니샤 어딘 일을 짓거든 ᄇ가지 샹셔(祥瑞)롤 ᄂ리오시^
　고 어디디 아닌 일을 짓거든 ᄇ가지 앙화(殃禍)롤 ᄂ리오시^

▶▶▶ **출 전**

서전(書傳) 이훈(伊訓)-第八章

嗚呼 嗣王 祗厥身 念哉 聖謨洋洋 嘉言 孔彰 惟上帝 不常 作善 降之百祥 作不善 降之百殃 爾
惟德 罔小 萬邦 惟慶 爾惟不德 罔大 墜厥宗

▶▶▶ **현대어역**

〈1 : 71b〉

오호(嗚呼)라 사왕(嗣王)은 지궐신(祗厥身)하사 염재(念哉)하소서. 성모(聖謨)가 양양(洋洋)하사
가언(嘉言)이 공창(孔彰)하시니, 유상제(惟上帝)는 불상(不常)하사 작선(作善)이어든 강지백상
(降之百祥)하시고 작불선(作不善)이어든 강지백앙(降之百殃)하시나니, 이유덕(爾惟德)이어든 망소
(罔小)어다 만방(萬邦)에 유경(惟慶)이니이다. 이유불덕(爾惟不德)이어든 망대(罔大)어다 타궐종
(墜厥宗)하리이다.【윗 장(章)의 세 가지 풍습과 열 가지 허물로 몸을(=자신을) 공경(恭敬)한다
는 말】

　　오호(嗚呼)라, 사왕(嗣王, 왕위를 이은 임금)은 몸을(=자신을) 공경(恭敬)하여 염려(念慮)하소
서. 성인(聖人)의 말씀이 양양(洋洋)하여【양양(洋洋)은 크다는 말이니 성인(聖人)의 말은
윗 장(章)에 탕(湯)이 경계(警戒)하신 말씀이라.】아름다운 말이 진실로 나타나시니, 오직
상제(上帝)는【하늘이라】항상(恒常)치 않으시어 어진 일을 짓거든(=하거든) 백 가지 상서
(祥瑞, 복되고 길한 일이 일어날 조짐)를 내리시고 어질지 아닌 일을 짓거든(=하거든) 백 가
지 앙화(殃禍, 지은 죄의 앙갚음으로 받는 재앙)를

〈1 : 72a〉

ᄂ니 네 오직 덕이어든 젹다 니ᄅ디 말디어다 일만(一萬) 나ᄼ

라히 경하(慶賀)ᄒᄂ니이다 네 덕이 아니어든 크게 ᄒ디 말ᄼ

올디어다 그 종ᄉᄅᆯ 써러 ᄇ리리이다【우흐로 둘재 댱(章)의 하우(夏禹)의[1] 흥(興)ᄒ

심과

걸(桀)의[2] 망(亡)흠과 하늘의 덕 잇ᄂ니롤 도ᄋᆞ시고 덕 업ᄂ니롤 죄 주심과 셩탕(成

湯)의[3] 닥ᄀ시매 텬해(天下ㅣ) 싱각ᄒ다 니ᄅ 말을 거두어 다시 니ᄅ며 탕(湯)의 경

계ᄼ

ᄒᆫ 말을 니어 태갑(太甲)의[4] 몸을 다시 경계ᄒ야 웃 말을 다 ᄆ자 거포 권면(勸勉)ᄒ

니라】

1 하우의 : 하우(夏禹)의. 하우(夏禹)가. 이곳의 '하우(夏禹)'는 하(夏)나라의 우왕(禹王)을 의미한다. 우왕
　(禹王)은 하(夏)나라의 시조(始祖)로서, 치수(治水)의 공을 인정받아 순(舜)에 이어 왕위를 계승한 인
　물이다.
2 걸의 : 걸(桀)의. 걸(桀)이. '걸(桀)'은 하(夏)나라의 마지막 왕인 걸왕(桀王)을 가리킨다. 은(殷)나라의
　탕왕(湯王)에게 멸망하는데, 은(殷)나라의 주왕(紂王)과 더불어 동양 폭군의 전형으로 불린다.

▶▶▶ 출 전

서전(書傳) 이훈(伊訓)-第八章

▶▶▶ 현대어역

〈1 : 72a〉

내리시나니, 너는 오직 덕이거든 적다 이르지 말지어다. 일만(一萬) 나라들이 경하(慶賀)
하나니이다(=하는 것입니다). 너는 덕이 아니거든 크게 하지 말지어다. 그 종사를 떨어
버리리이다(=버릴 것입니다).【위로 둘째 장(章)에 하우(夏禹)가 흥(興)하심과, 걸(桀)이 망
(亡)함과, 하늘이 덕 있는 사람을 도우시고 덕이 없는 사람을 죄 주심과, 성탕(成湯)이
덕을 닦으심에 천하(天下)가 생각한다 이른 말을 거두어(=종합하여) 다시 이르며, 탕(湯)
이 경계(警戒)한 말을 이어 태갑(太甲)의 몸을 다시 경계(警戒)하여 윗말을 다 맺어 거푸
(=거듭) 권면(勸勉, 권하고 격려하여 힘쓰게 함)하니라.】

▶▶▶ 주 석

3 성탕의 : 성탕(成湯)의. 성탕(成湯)이. '성탕(成湯)'은 탕왕(湯王)의 다른 이름이다. 탕왕(湯王)은 하(夏)
나라를 멸하고 은(殷)나라를 건국한 왕이다.
4 태갑의 : 태갑(太甲)의. 태갑(太甲)이. '태갑(太甲)'은 은(殷)나라를 세운 탕(湯) 임금의 손자이다. 태갑
은 왕위에 오른 뒤 향락에 눈이 멀어 정치를 내팽개치고 탕왕(湯王)이 만들어 놓은 규정도 없애 버렸다.
이에 당시 재상인 이윤(伊尹)이 태갑을 궁궐에서 추방하여 성탕(成湯)의 능이 있는 동궁(桐宮)에서 기거
하게 하였다. 그로부터 3년 동안 태갑은 할아버지인 성탕(成湯)의 업적을 배우면서 어진 사람이 되어 다
시 제위(帝位)에 오르게 된다.

▶▶▶ **원문 판독**

〈1 : 72b〉

대흑(大學)[1]

대흑지도(大學之道)는 지명명덕(在明明德)ᄒ며 지신민(在新民)ᄒ며 지지어지션(在止於至善)이니라

대흑(大學)의 도(道)는 붉은 덕을 붉히기의 이시며【붉은 덕은 사ᄅᆞᆷ이 하ᄂᆞᆯ긔

어든 바 허령(虛靈)ᄒ고 붉아 ᄡᅥ 만 가지를 ᄀᆞ초와 만 가지 일을 응(應)ᄒᄂᆞᆫ 쟤(者ㅣ)니 다만 긔품(氣稟)의 얽미이면 인욕(人慾)의 ᄀᆞ리인 배 된족 ᄢᅢ로 어두올 제 이시나 그러나 그 본쪠^

의 붉은 거슨 업슨 적이 업슨디라 고로 흑쟤(學者ㅣ) 그 발현(發現)ᄒᆞᆫ 곳을 인ᄒᆞ야 붉혀 ᄡᅥ 그 당초(當初)의 본(本) 붉은 거슬 회복(回復)ᄒᆞᄂᆞ니라 말이라】ᄇᆡᆨ성을

새롭게 ᄒ기의 이시며【새롭게 ᄒ다 말은 내 덕을 붉힌 후의 ᄇᆡᆨ성을 ᄀᆞᄅᆞ텨 ᄒᆞ야곰[2] 제 네 일을 고텨 새로와^

디게 ᄒ다 말이라】지극히 축ᄒᆞᆫ 긔{곳}의 가 그티기의 잇ᄂᆞ니라【지극히 착ᄒᆞᆫ 곳은 ᄉᆞ리(事理ㅣ) 극^

진(極盡)이 올ᄒᆞᆫ 도리니 그티다 말은 게 가 머믈고 옴디 아니타 말이라 대개 붉은 덕을 붉히며 ᄇᆡᆨ성의 새롭게 ᄒ기를 다 맛당이 지극히 올ᄒᆞᆫ 곳의

가 그텨 텬니(天理)를 극진이 ᄒ고 인욕(人慾)의 ᄉᆞ(私私)를 업게 ᄒᆞ믈 니ᄅᆞ미니

대흑(大學)의 되(道ㅣ) 이 세 가지의 잇다 말이니 이 세 가지는 대흑의 강녕(綱領)이니라 강녕(綱領)은 그믈로 니^

ᄅᆞ면 별이오 오소로 니ᄅᆞ면 긔시니 됴목(條目)을 거ᄂᆞ린 거시라】

▶▶▶ **주 석**

1 대흑 : 대학(大學). 유교 경전(經典)인 사서(四書)의 하나. 본디 ≪예기≫의 한 편(篇)이었던 것을 송의 사마광이 처음으로 따로 떼어서 ≪대학광의(大學廣義)≫를 만들고, 그 후 주자(朱子)의 교정으로 현재의 형태가 된 것이다. 명명덕(明明德), 지지선(止至善), 신민(新民)의 세 강령을 세우고, 그에 이르는 여덟 조목의 수양 순서를 들어서 해설하였다.

2 ᄒ야곰 : 하여금. 중세국어의 'ᄒᆡ여곰'에 소급할 형식으로, 중세국어의 'ᄒᆡ여곰'은 'ᄒᆡ여'('ᄒ-'의 사동사 'ᄒᆡ-'의 활용형)에 "강세"의 뜻을 더하는 보조사 '-곰'이 결합한 것으로 분석될 형식이다. 자료에서 'ᄒᆡ여곰'은

▶▶▶ **출 전**

대학(大學) 경(經) 第一章
大學之道 在明明德 在新民 在止於至善

▶▶▶ **현대어역**

〈1 : 72b〉

대학(大學)

대학지도(大學之道)는 재명명덕(在明明德)하며 재신민(在新民)하며 재지어지선(在止於至善)이니라. 대학(大學)의 도(道)는 밝은 덕을 밝히는 것에 있으며, 【밝은 덕은 사람이 하늘께 얻은 바 허령(虛靈, 잡된 생각이 없어 마음이 신령함)하고 밝아 만 가지를 갖추어 만 가지 일에 응(應)하는 것이니, 다만 기품(氣稟, 타고난 기질과 성품)에 얽매이면 인욕(人慾)에 가리인(=가리워진) 바가 된즉 때로 어두울 때 있으나 그러나 그 본래의 밝은 것은 없은(=없던) 적이 없는지라. 고로 학자(學者)는 그 발현(發現, 속에 있는 것이 밖으로 나타남)한 곳을 인하여 밝혀 그 당초의 본래 밝은 것을 회복(回復)한다는 말이라.】 백성을 새롭게 하기에 있으며, 【새롭게 한다는 말은 내 덕을 밝힌 후에 백성을 가르쳐 (그들로) 하여금 자기의 옛일을 고쳐 새로워지게 한다는 말이라.】 지극히 착한 곳에 가 그치기에 있느니라. 【지극히 착한 곳은 사리(事理)가 극진히 옳은 도리이니, 그친다는 말은 그곳에 가 머무르게 하여 옮기지 않는다는 말이라. 대개 밝은 덕을 밝히며 백성을 새롭게 하기를 다 마땅히 지극히 옳은 곳에 가 그쳐, 천리(天理)를 극진히 하고 인욕(人慾)의 사사(私私)로움을 없게 함을 이름이니, 대학(大學)의 도(道)가 이 세 가지에 있다는 말이니 이 세 가지는 대학의 강령(綱領)이니라. 강령(綱領)은 그물로 이르면 벼리요, 옷으로 이르면 깃이니 조목(條目)을 거느린 것이라.】

▶▶▶ **주 석**

'NP-로 히여곰'의 구성으로 사동문의 피사동주를 표시하는 경우가 대부분이지만 이곳과 같이 'NP-로'를 동반하지 않고 마치 부사처럼 쓰인 경우도 간혹 보인다. 중세국어에서 '히여곰'은 피사동주를 표시할 경우 'NP-로 히여곰' 외에도 대격어를 지배한 'NP-롤 히여곰', 보조사 '-곰'을 결여한 'NP-로 히여' 등 여러 구성으로 등장하여 ('ᄒ-'의 사동사에 해당하는) '히-'의 활용형으로서의 성격을 어느 정도 유지하고 있었다. 그러나 자료에서는 피사동주를 표시할 때 'NP-로 히여곰'의 구성으로만 등장하여 ('-로 히여곰'에 포함된) '히여곰'은 이미 활용형의 성격을 잃고 부사로 어휘화한 양상을 보인다.

〈1 : 73a〉

고지욕명명덕어텬하쟈(古之欲明明德於天下者)는 션티기국(先治其國)ᄒ고 욕티기국쟈(欲治其國者)^

는 션졔기가(先齊其家)ᄒ고 욕졔기가쟈(欲齊其家者)는 션슈기신(先修其身)ᄒ고 욕슈기신쟈(欲修其身者)는

션졍기심(先正其心)ᄒ고 욕명기심쟈(欲正其心者)는 션셩기의(先誠其意)하고 욕셩기의^

쟈(欲誠其意者)는 션티기디(先致其知)니 티지(致知)는 지격믈(在格物)ᄒ니라

   녜 텬하(天下)의 붉은 덕을 붉히고져 ᄒᄂᆞ 쟈(者)는【텬하(天下) 사ᄅᆞᆷ으로 ᄒᆞ여곰 제^

게 잇ᄂᆞᆫ 붉ᄂᆞᆫ 덕을 붉게 ᄒᆞ다 말이니라】 몬져 그 나라ᄒᆞᆯ 다ᄉᆞ리고【ᄒᆞᆫ 나라히 몬져

덕을 붉힌 후의야 텬^

하(天下)의 밋ᄂᆞ니라[1]】 그 나라흘 몬져 다ᄉᆞ리고져 ᄒᆞᄂᆞᆫ 쟈ᄂᆞᆫ 몬져 그 집을

ᄀᆞᄌᆞ론이 ᄒ고【ᄒᆞᆫ 집의 덕을 붉혀 집 사ᄅᆞᆷ이 화(化)ᄒᆞ야 균편(均徧)ᄒᆞᆫ 후의 나라히

미쳐가ᄂᆞ니라】 그 집을 ᄀᆞᄌᆞ^

론이 ᄒ고져 ᄒᆞᄂᆞᆫ 쟈ᄂᆞᆫ 몬져 그 몸을 닥고[2]【ᄒᆞᆫ 몸의 덕을 붉혀 착ᄒᆞᆫ 후야 집

사ᄅᆞᆷ의게 미쳐 가ᄂᆞ니 내 몸을 바로디[3] 못ᄒᆞᆫ즉 ᄂᆞᆷ을 엇디 바로게 ᄒᆞ리오】 그 몸을 닥

고져 ᄒᆞᄂᆞᆫ 쟈ᄂᆞᆫ 몬^

1 밋ᄂᆞ니라 : 미치느니라. 이곳의 '밋-'은 칠종성법에 따라 '및〔及〕-'을 적은 표기이다. '및-'에 의미나 문법범
주를 바꾸지 않는 접사 '-이-'가 결합하여 현대어에는 '미치-'로 이어졌는데, 이러한 어간 재구조화는 '그
릇->그르치-', '긏->그치-', '뉘읏->뉘우치-', 'ᄉᆞ몿->사무치-' 등 어간 말음을 'ㅊ'으로 하는 어간에서 자
주 볼 수 있다.
2 닥고 : 닦고. 이곳의 '닥-'은 중세국어의 '닦-'에 소급될 어형이다. 그러나 이곳의 '닥고'를 근거로 자료에서
'닦->닥-'의 어간 재구조화가 완료되었다고 보기는 어렵다. 자료에는 ('닥-'이 아닌) 어간 '닦-'의 활용형
(예 : '닷그면'<1 : 3b>, '닷가'<1 : 55b>)도 존재하기 때문이다. 따라서 이곳의 '닥고'는 아직 재구조화에
는 이르지 않고 단순히 /닷고/에서 수의적인 조음위치 동화가 일어난 현실을 반영한 표기로 보아야 할
것이다.

▸▸▸ **출 전**

대학(大學) 경(經) 第一章
古之欲明明德於天下者 先治其國 欲治其國者 先齊其家 欲齊其家者 先修其身 欲修其身者 先正
其心
欲正其心者 先誠其意 欲誠其意者 先致其知 致知 在格物

▸▸▸ **현 대 어 역**

〈1 : 73a〉

고지욕명명덕어천하자(古之欲明明德於天下者)는　선치기국(先治其國)하고,　욕치기국자(欲治其國者)
는 선제기가(先齊其家)하고,　욕제기가자(欲齊其家者)는 선수기신(先修其身)하고,　욕수기신자(欲修
其身者)는 선정기심(先正其心)하고,　욕정기심자(欲正其心者)는 선성기의(先誠其意)하고,　욕성기의
자(欲誠其意者)는 선치기지(先致其知)니,　치지(致知)는 재격물(在格物)하니라.

옛날 천하(天下)에 밝은 덕을 밝히고자 하는 사람은【천하(天下)사람으로 하여금 자기에게
있는 덕을 밝게 한다는 말이니라.】먼저 그 나라를 다스리고,【한 나라에 먼저 덕을
밝힌 후에야 천하(天下)에 미치느니라.】그 나라를 먼저 다스리고자 하는 사람은 먼저 그
집을 가지런히 하고,【한 집에 덕을 밝혀 집안사람이 화(化, 교화를 입음)하여 균편(均徧,
골고루 두루 미침)한 후에 나라에 미치어 가는 것이니라.】그 집을 가지런히 하고자 하는
사람은 먼저 그 몸을 닦고,【한 몸에 덕을 밝혀 착(着)한(＝체화한) 후에야 집안사람에게
미치어 가나니, 내 몸을 바르게 하지 못한즉 남을 어찌 바르게 하리요?】그 몸을 닦고자
하는 사람은

▸▸▸ **주 석**

3 바로디 : 바로잡지. 이곳의 '바로-'는 중세국어의 '바ᄅ-'에 소급할 어형이다. '바ᄅ->바로-'의 변화는 '바
ᄅ-'에서 파생된 어간형 부사 '바ᄅ'에서도 마찬가지인데('바ᄅ>바로'), 이는 '고ᄅ>고로', '서ᄅ>서로'의
예에서 보듯이 제2음절 'ᄅ>로'의 변화에 유추된 것이다. 중세국어에서 '바ᄅ-'는 "直(곧다, 바르다)"을
뜻하는 형용사뿐 아니라 "使直(바르게 하다, 바로잡다)"을 뜻하는 타동사로도 쓰였다. 이곳의 '바로-'는
대격어('몸을')를 취하여 타동사로 쓰였지만 자료의 다른 곳에는 (대격어 없이) 형용사로 쓰인 용례도 발
견된다. 예 : 되 바로면 텬해 다ᄉᆞᆫ느니라<1 : 8b>. 그러나 '바ᄅ-, 바로-'와 달리 현대국어에서는 어휘 의
미에 따라 어형이 분화되어 "直"의 (형용사적) 의미로는 '바르-'가 "使直"의 (타동사적) 의미로는 '바루-'가
쓰인다.

▶▶▶ **원문 판독**

〈1 : 73b〉

져 그 ᄆᆞᄋᆞᆷ을 바르게 ᄒᆞ고,【ᄆᆞᄋᆞᆷ은 일신(一身)의 쥬지(主宰ㅣ)니 ᄆᆞᄋᆞᆷ이 바로디 못

ᄒᆞᆫ즉 몸을 닥고져 ᄒᆞ야도 닥디 못ᄒᆞᄂᆞ니 그러^

므로 ᄆᆞᄋᆞᆷ을 몬져 바르게 ᄒᆞᆯ 거시라】그 ᄆᆞᄋᆞᆷ을 바르게 ᄒᆞᄂᆞᆫ 쟈ᄂᆞᆫ 몬져 그 ᄠᅳᆺ을

셩실(誠實)케¹ ᄒᆞ고【ᄠᅳᆺ은 ᄆᆞᄋᆞᆷ의 발(發)ᄒᆞᆫ 거시니 셩실(誠實)케 ᄒᆞᆷᄋᆞᆫ 아ᄂᆞᆫ 바ᄅᆞᆯ 신

실(信實)이 ᄒᆞ야 반ᄃᆞ시 스스로 쾌죡(快足)ᄒᆞ고 스스로 속이기ᄅᆞᆯ 아니^

케 ᄒᆞ미라】그 ᄠᅳᆺ을 셩실(誠實)케 ᄒᆞ고져 ᄒᆞᄂᆞᆫ 쟈ᄂᆞᆫ 몬져 그 알기ᄅᆞᆯ

닐윌² 거시니【ᄉᆞ믈(事物)의 니(理)ᄅᆞᆯ 극진이 안 후의야 시비(是非)와 션악(善惡)을

ᄇᆞᆰ혀 ᄎᆔ샤(取捨)ᄅᆞᆯ 뎡(定)ᄒᆞ야 그 ᄠᅳᆺ을 셩실(誠實)케 ᄒᆞᄂᆞ니라 닐위다 말^

은 지극히 알기ᄅᆞᆯ 닐위다 말이라】알기ᄅᆞᆯ 닐위기ᄂᆞᆫ ᄉᆞ믈(事物)을 궁격(窮格)ᄒᆞ^

기의 잇ᄂᆞ니라【궁격(窮格)ᄒᆞ기ᄂᆞᆫ ᄉᆞ믈(事物)의 니(理)ᄅᆞᆯ 극진이 궁구(窮究)ᄒᆞ다 말

이니 ᄉᆞ리(事理)ᄅᆞᆯ 극진이 궁구(窮究)ᄒᆞᆫ 후의야 아롬이 지극히 ᄒᆞᄂᆞ니

이러므로 궁니(窮理)ᄅᆞᆯ 몬져 ᄒᆞ니 이 여ᄃᆞᆲ 가지ᄂᆞᆫ 대흑(大學)의 공부ᄒᆞᄂᆞᆫ ᄎᆞ셰(次序

ㅣ)니 이 닐온 여ᄃᆞᆲ 가지 됴복(條目)이니라】

우(右)ᄂᆞᆫ 경(經) 일댱(一章)【셩인(聖人)의 말ᄉᆞᆷ을 경(經)이라 ᄒᆞᄂᆞ니라】

대개 공ᄌᆞ(孔子)의 ᄠᅳᆺ을 증지(曾子ㅣ) 긔록(記錄)ᄒᆞ시미오 이 아래 뎐(傳)은

▶▶▶ **주 석**

1 셩실케 : 진실(眞實)하게. 진실되게. 중세국어 이래 '셩실(誠實)ᄒᆞ-'는 "셩실(誠實)하다"의 뜻 외에 "진실
   (眞實)하다, 진실되다"의 뜻으로도 쓰였다. 여기서는 후자의 의미로 쓰인 것이다. 비슷한 시기의 다른 문
   헌에도 "진실되다"의 의미로 사용된 '셩실ᄒᆞ-'의 예가 보인다. 예 : '사ᄅᆞᆷ의 <u>셩실홈</u>과 거즛되미 그 엇디 서
   ᄅᆞ 섯기이며'〈어제조훈언해(1764) 13a〉.

▸▸▸ **출 전**

대학(大學) 경(經) 第一章
右 經一章 蓋孔子之言 而曾子述之 其傳十章

▸▸▸ **현대어역**

〈1 : 73b〉

먼저 그 마음을 바르게 하고,【마음은 일신(一身)의 주재(主宰)이니 마음이 바르지 못한즉 몸을 닦고자 하여도 닦지 못하나니 그러므로 마음을 먼저 바르게 할 것이니라.】그 마음을 바르게 (하고자) 하는 사람은 먼저 그 뜻을 성실하게 하고,【뜻은 마음이 발(發)한 것이니 성실하게(=진실되게) 함은 아는 바를 신실(信實)히 하여 반드시 스스로 쾌족(快足)하고 스스로 속이기를 아니하게 함이라.】그 뜻을 성실하게(=진실되게) 하고자 하는 사람은 먼저 그 알기에 도달하여야 할 것이니,【사물(事物)의 이(理, 이치)를 극진히 안 후에야 시비(是非)와 선악(善惡)을 밝혀 취사(取捨)를 정(定)하여 그 뜻을 성실하게 하느니라. '닐위다'는 말은 지극히 알기를 이룬다는 말이라.】알기에 도달하기는 사물(事物)을 궁격(窮格)하기에 있느니라.【궁격(窮格)하기는 사물의 이(理, 이치)를 극진히 궁구(窮究)한다는 말이니, 사리(事理)를 극진히 궁구(窮究)한 후에야 아는 것이 지극히 되나니 이러므로 궁리(窮理)를 먼저 하니, 이 여덟 가지는 대학(大學)의 공부하는 차서(次序, 차례)이니 이것이 이른바 여덟 가지 조목(條目)이니라.】

우(右)는 경(經) 일장(一章)【성인(聖人)의 말씀을 경(經)이라 하느니라.】

대개 공자(孔子)의 뜻을 증자(曾子)가 기록(記錄)하심이요, 이 아래 전(傳)은

▸▸▸ **주 석**

2 닐윌 : 이룰. 이곳의 '닐위-'는 중세국어의 '니르위-'에 소급할 어형이다. '니르위-'는 '니르[到]-'에 사동 접사 '-위-'가 결합한 어사로 주로 원문의 '致'나 '效'를 번역하는 데 쓰였다. '니르위-'는 ≪소학언해(小學諺解)≫(1586)를 위시하여 16세기 후반 문헌부터는 '닐위-'(예 : 안햇 지계룰 닐위고 밧긔 지계룰 흗ㅎ야 (致齊於內 散齊於外)<2 : 26a>) 혹은 '니뤼-'로 등장하는데, 원문의 '致, 效에 대응되어 쓰이는 점은 여전하지만 문맥에 따라 "이르게 하다", "이루다"를 비롯, "이르다"와 같은 자동사적 의미로까지 다양한 해석을 받을 수 있었던 것이 특징이다.

〈1 : 74a〉

【뎐(傳)은 현인(賢人)의 말숨이라】증ᄌ(曾子) 말숨을 증ᄌ(曾子) 뭇 문인(門人)이
긔록(記錄)ᄒ미니

경(經) 뜻을 붉혀 세 강녕(綱領)과 여듧 됴목(條目)을 펴미라【됴목(條目)은 ᄀ^

믈로 니르면 고 ᄀᆺᄐ니 별이의 돌닌 거시라 격믈(格物)과 티지(致知)와 셩의(誠意)
와 졍심(正心)과 슈신(修身)은 명〃덕(明明德)의 돌닌 됴목(條目)이오 졔가(齊家)와
티국(治國)과 평텬하(平天下)ᄂᆞ 신민(新民)^

의 돌닌 됴목(條目)이오 여듧 됴목(條目)을 극진이 닥가 니(理)의 합당케 ᄒᄂ 거슨
지〃션(止至善)의 돌닌 거시니라】

소위셩기의쟈(所謂成其意者)ᄂᆞ 무ᄌ긔야(毋自欺也)니 여오악취(如惡惡臭)ᄒ며 여호호식
(如好好色)이

ᄎ지위ᄌ겸{겸}(此之謂自謙)이니 고(故)로 군ᄌ(君子)ᄂᆞ 필신기독야(必愼其獨也)니라

닐온 바 뜻을 셩실(誠實)케 ᄒ다 ᄒᄂ 쟈(者)ᄂᆞ 스스로 속이디
말올디니【올흔 일을 ᄒ고 그룬 일을 아닛ᄂ 줄 아디[1] 아ᄂ 대로 힝티 못ᄒ면 ᄆ옴을
소기ᄂ 일이니 아ᄂ 대로 반ᄃ시 힝ᄒ면 스스^

로 소기디 아니ᄒ미오 소기디 아니ᄒ면 뜻이 셩실(誠實)ᄒᄂᄂ라】사오나온 니룰 슬
히 너김ᄀᆺ티 ᄒ며

됴흔 빗출 됴히 너김ᄀᆺ티 ᄒ미 이룰 닐온[2] 스스로 쾌^

1 아디 : 알되. 자료에서 15세기의 '-오디'의 후대형은 '-오 / 우-'의 쇠퇴에 따라 (출현 빈도가 높은 일부 어
휘를 제외하면) '-오 / 우-'의 원순성이 약화된 '-ᄋ디'나 '-으디'로 나타난다. 그런데 이곳의 '아디'는 '-ᄋ
디'나 '-으디'가 결합된 것이 아니라 (매개모음이 개재하지 않은) '-디'가 결합된 것으로 보아야 한다. '알-'
의 어간 말음 'ㄹ'이 탈락하는 것은 치조(齒槽)에서 조음되는 자음 앞에서 가능한 현상이기 때문이다. 현
대국어에서 '-되'는 용언의 어간에 직접 결합할 때에 매개모음이 개재하지 않는데, 이곳의 '아디'는 현대국
어 '-되'의 단초를 보여주는 예라 할 수 있다.

▶▶▶ **출 전**

대학(大學) 경(經) 第一章
則曾子之意 而門人記之也
대학(大學) 전(傳) 第六章
所謂誠其意者 毋自欺也 如惡惡臭 如好好色 此之謂自謙(慊) 故 君子 必愼其獨也

▶▶▶ **현대어역**

〈1 : 74a〉

【전(傳)은 현인(賢人)의 말씀이라.】 증자(曾子) 말씀을 증자(曾子)의 뭇 문인(門人)이 기록
(記錄)함이니, 경(經)의 뜻을 밝혀 세 강령(綱領)과 여덟 조목(條目)을 폄이라.【조목(條目)
은 그물로 이르면 고 같으니 벼리에 달린 것이라. 격물(格物)과 치지(致知)와 성의(誠意)
와 정심(正心)과 수신(修身)은 명명덕(明明德)에 달린 조목(條目)이요, 제가(齊家)와 치국(治
國)과 평천하(平天下)는 신민(新民)에 달린 조목(條目)이요, 여덟 조목을 극진히 닦아 이
(理, 이치)에 합당하게 하는 것은 지지선(止至善)에 달린 것이니라.】

소위성기의자(所謂成其意者)는 무자기야(毋自欺也)니, 여오악취(如惡惡臭)하며 여호호색(如好好色)
이 차지위ᄌᆞ겸(此之謂自謙)이니, 고(故)로 군자(君子)는 필신기독야(必愼其獨也)니라.

이른바 뜻을 성실(誠實)하게 (하고자) 한다고 하는 사람은 스스로 속이지 말 것이니, 【옳
은 일을 하고 그른(=그릇된) 일을 아니하는 것을 알되, 아는 대로 행하지 못하면 마음을
속이는 일이니, 아는 대로 반드시 행하면 스스로 속이지 아니함이요, 속이지 아니하면
뜻이 성실(誠實)하느니라(=진실하게 되느니라).】 사나운(=나쁜) 냄새를 싫게 여기는 것과
같이 하며, 좋은 빛을 좋게 여기는 것 같이 함이, 이를 이른바 스스로

▶▶▶ **주 석**

2 닐온 : 이른바. '닐온'은 기원적으로 '니르/니르-〔曰〕'에 선어말어미 '-오-'가 결합된 '니로-'의 동명사형에
해당한다. 다른 근대 문헌에는 '니론, 니론바'가 주로 나타나나, 이 문헌에서는 "이른바"의 의미로 사용된
경우에는 '닐온'을 사용하고, "이르는"의 의미로는 '니론' 형태를 구분하여 사용하고 있다.

〈1 : 74b〉

쾌죡(快足)ᄒᆞ미니【사오나온 일을 슬히 너기디 사오나온 니ᄅᆞᆯ 슬히 너김 ᄀᆞᆺᄐᆞ여야 그 슬히 너기미 셩실(誠實)ᄒᆞ고 올흔 일을 됴히 너기디 고온 겨^
집 됴히 너김 ᄀᆞᆺᄐᆞ여야 그 됴히 너기미 셩실(誠實)ᄒᆞ야 그 사오나온 일은 반ᄃᆞ시 업시 ᄒᆞ고 올흔 일은 반ᄃᆞ시 구ᄒᆞ야 그 ᄆᆞ음이 비로소 쾌죡(快足)ᄒᆞ니라】고로 군^
ᄌᆞ(君子)ᄂᆞᆫ 반ᄃᆞ시 그 홀로 아ᄂᆞᆫ 째ᄅᆞᆯ 삼갈디니라【ᄆᆞ음이 비로소 밍동(萌動)홀 적은 ᄂᆞᆷ이 모ᄅᆞ고 내 혼자 아ᄂᆞ니 그 째ᄅᆞᆯ 삼가 올흔 ᄆᆞ음과 그론 ᄆᆞ음을 슬펴 올흔 ᄆᆞ음이어든 밀위여[1] 나타나게 ᄒᆞ고 그론 ᄆᆞ음이어든 밍동(萌動)홀 적 즉시 ᄭᅳᆫ허[2]
업시 ᄒᆞᄂᆞᆫ 거시 이 신독(愼獨)ᄒᆞᄂᆞᆫ 거시니 이런 후의야 셩실(誠實)ᄒᆞᄂᆞ니라】
쇼인(小人)이 한거(間居)애 위블션(爲不善)ᄒᆞ디 무소블지(無所不至)ᄒᆞ다가 견군ᄌᆞ이후(見君子以后)에 안{염}^
연엄기블션(厭然揜其不善)ᄒᆞ고 이뎌기션(而著其善)ᄒᆞᄂᆞ니 언지시긔(人之視己)ᄅᆞᆯ 여견기폐간^
연(如見其肺肝然)이니 즉하익의(則何益矣)리오 ᄎᆞ위셩어듕(此謂誠於中)이면 형어외(形於
外)니 고(故)로 군ᄌᆞ(君子)ᄂᆞᆫ
필신기독야(必愼其獨也)니라
쇼인(小人)이 한가(閑暇)히 거ᄒᆞ매【혼자 잇다 말이라】올티 아닌 일을 ᄒᆞ디 니^

1 밀위여 : 밀고 나아가. 이곳의 '밀위-'는 '밀-'에 사동 접사 '-위-'가 결합한 어형이다. '밀-'의 사동사로는 '밀위-' 외에 사동 접사 '-오/우-'가 결합한 '미로/미루-'가 있지만 이것은 "委(미루다, 넘기다)"의 의미로 쓰여 의미상에 다소 차이가 있다. 예 : 패군훈 죄ᄅᆞᆯ 내게 <u>미루</u>고져 ᄒᆞᄂᆞᆫ다<오륜행실도(1797) 1 : 21a>. 이곳의 '밀위-'는 다른 18세기 문헌에 '밀외/미뢰/미뤼-' 등 여러 가지 표기로 등장하는데, 이들 어형은 "委"보다 이곳과 같이 "推(밀고 나아가다)"의 의미로 쓰인 예가 대부분이다. 예 : 父母 셤기는 道ᄅᆞᆯ 舅姑애 <u>미뢰</u>면 ᄡᅥ 다시 더으며<여사서언해(1736) 3 : 53b>, 교화 쏘훈 훈 어질 인 ᄠᅳ를 <u>미뤼</u>여 널니기에 지나지 아닐 ᄯᆞᄅᆞᆷ이라<字恤典則(1783) 3a>.

▶▶▶ **출 전**

대학(大學) 전(傳) 第六章

小人閒居 爲不善 無所不至 見君子而后 厭 然其不善 而著其善 人之視己 如見其肺肝然 則何益矣
此謂 誠於中 形於外 故 君子 必愼其獨也

▶▶▶ **현대어역**

〈1 : 74b〉

쾌족(快足)함이니,【사나운(=나쁜) 일을 싫게 여기되 사나운(=나쁜) 냄새를 싫게 여기는
것과 같아야(=같이 하여야) 그 싫게 여김이 성실(誠實)하고(=진실하게 되고), 옳은 일을 좋
게 여기되 고운 여자를 좋게 여기는 것 같아야(=같이 하여야) 그 좋게 여김이 성실(誠實)
하여, 그 사나운(=나쁜) 일은 반드시 없게 하고 옳은 일은 반드시 구하여 그 마음이 비
로소 쾌족(快足)하니라.】고로 군자(君子)는 반드시 그 홀로 아는 때를 삼갈지니라.【마음
이 비로소 맹동(萌動, 어떤 생각이나 일이 일어나기 시작함)할 때는 남은 모르고 나 혼자 아나
니, 그 때를 삼가 옳은 마음과 그른(=그릇된) 마음을 살펴, 옳은 마음이거든 밀고 나아
가 나타나게 하고 그른(=그릇된) 마음이거든 맹동(萌動)할 때에 즉시 끊어 없애는 것이
이것이 신독(愼獨)하는 것이니, 이런 후에야 성실(誠實)하나니라(=성실하게 되느니라).】

소인(小人)이 한거(閒居)에 위불선(爲不善)하되 무소부지(無所不至)하다가, 견군자이후(見君子以
后)에 염연엄기불선(厭然揜其不善)하고 이저기선(而著其善)하나니, 인지시기(人之視己)를 여견기
폐간연(如見其肺肝然)이니 즉하익의(則何益矣)리오. 차위성어중(此謂誠於中)이면 형어외(形於外)
니, 고(故)로 군자(君子)는 필신기독야(必愼其獨也)니라.

소인(小人)이 한가(閒暇)히 거(居)하매,【혼자 있다는 말이라】옳지 않은 일을 하되

▶▶▶ **주 석**

2 끈허 : 끊어. '긇-+-어'. 자료와 비슷한 시기의 다른 문헌에는 "斷, 絶'을 뜻하는 동사 어간으로 '긇' 외에 '긏',
'긂'과 같은 어형도 공존한다. 예 : 엇디 아븨 명을 져ᄇᆞ리고 어미 ᄌᆞ익롤 긏츠려 ᄒᆞᄂᆞ뇨<오륜행실도(1797)
2 : 75b>, 목을 남게 둘고 스스로 ᄂᆞ려디니 목이 긂쳐 죽으니라<오륜행실도(1797) 2 : 8a>. 이들은 중세
국어 '긏'(내지 '그치-')의 후대형에 해당하는 것으로, 형태상 '긏'은 '긏'에서 어두 경음화가 일어난 어형,
'긂'은 어두 경음화와 더불어 모음간 /ㅊ/ 앞에 'ㄴ'이 첨가된 어형으로 이해되는데, ('긏'의 등장 시기가 다
소 앞서기는 하나) 두 어형 모두 17세기 문헌부터 발견되기 시작한다. 이곳의 '긇'은 '긏ᄎ-'에서 재구조화된
어형이라 할 수 있으나 음운론적으로는 그 변화를 설명하기 어렵다. (斷送了 命을 긇타<역어유해(1690)
하 : 52b>의 예를 위시하여) 18세기 중후반에 '끈히이-'의 예가 등장함을 감안할 때, 자료 이전에 이미 '긇'
의 재구조화가 이루어졌음을 지적할 수 있을 뿐이다. 예 : ᄉᆞ남의 경시 ᄇᆞ라오미 끈히여시되<천의소감언해
(1756) 1 : 1a>, 말홀 길이 끈히이고<전설참선곡(1796) 4b>.

▶▶▶ **원문 판독**

〈1 : 75a〉

ᄅ디 아니홀 배 업시 ᄒ다가【아니홀 일이 업다 말이라】 군ᄌ(君子)ᄅᆞᆯ 본 후^

의 안{염}연(厭然)이【ᄡᅳ리텨 곱초ᄂᆞᆫ 거동이라】 그 올티 아닌 일을 덥치고 올흔

일을 나타내ᄂᆞ니【올흔 일 ᄒ던 톄 ᄒ던 일이라】 사ᄅᆞᆷ이 제 몸 보기ᄅᆞᆯ 폐(肺)와

간(肝)ᄀᆞ티 보ᄂᆞ니【사ᄅᆞᆷ이 쇼인(小人)의 것만 ᄡᅳ리ᄂᆞᆫ 졍티(情態) 보기ᄅᆞᆯ 제 속을 보

ᄃᆞ시 아다 말이라】 곳 므어시 유익(有益)^

ᄒ리오【ᄂᆞᆷ이 속든 아니ᄒ고 제 속을 쎄보니 무익(無益)ᄒ다 말이니라】 이 닐온 바 가

온대 셩실(誠實)^

ᄒ면 밧긔 형용(形容)ᄒᆞ니【속의 진실 잇ᄂᆞᆫ 일이면 밧긔 나타나다 말이니 그러므로

ᄂᆞᆷ이 아라 보ᄂᆞ니라】

고로 군지(君子ㅣ) 반ᄃᆞ시 홀로 아ᄂᆞᆫ 째ᄅᆞᆯ 삼가ᄂᆞ니라【쇼인(小人)의 졍티(情態)ᄅᆞᆯ

닐러 거포 경계(警戒)ᄒᆞ미라】

쥬지(朱子ㅣ) ᄀᆞᆯ오샤ᄃᆡ 쇼인(小人)이 ᄀᆞ만이 그른 일을 ᄒ다가 거츳^

로 올흔 톄ᄒᆞ미 올흔 일은 ᄒ얌즉ᄒ고[1] 그른 일^

▶▶▶ **주 석**

1 ᄒ얌즉ᄒ고 : 함직하고. 할 만하고. 이곳의 'ᄒ얌즉ᄒ-'는 'ᄒ-'에 "可望"(=가히 ~할 만하다/~할 수 있다) 내지 "當爲"(=마땅히 ~해야 한다)를 뜻하는 '-엄즉ᄒ-'가 결합한 어형이다. '-엄즉ᄒ-'에는 기원적으로 "강세"의 뜻을 더하는 선어말어미 '-아/어-'가 포함된 것으로 추정되는데, 이곳에서는 선행 어간의 형태론적 조건('ᄒ-' 뒤)에 따른 교체형 '-야-'가 선택된 결과 '-얌즉ᄒ-'로 나타난 것이다. '-암/엄즉ᄒ-'는 18세기 말부터 (선어말어미 '-아/어-'의 쇠퇴에 따른) '-암/엄->-음-'의 변화로 '-음즉ᄒ-'의 꼴로 쓰이다가 현대어에는 (치음 아래) 전설모음화까지 겪어 '-음직하-'로 남았다.

▶▶▶ **출 전**

대학(大學) 전(傳) 第六章

▶▶▶ **현대어역**

〈1 : 75a〉

이르지 아니할 바가 없이 하다가,【아니할 일이 없다는 말이라】군자(君子)를 본 후에 염연(厭然)히【쓸어 감추는 거동이라】그 옳지 않은 일을 덮고 옳은 일을 나타내나니,【옳은 일 하던 척 하던 일이라.】(다른) 사람이(=남이) 제 몸 보기를 폐(肺)와 간(肝)같이 보나니,【(다른) 사람이 소인(小人)의 겉만 꺼리는 정태(情態, 어떤 일의 사정과 상태) 보기를 제 속을 보듯이 안다는 말이라.】곧 무엇이 유익(有益)하리요?【남이 속지는 아니하고 제 속을 꿰뚫어 보니 무익(無益)하다는 말이니라.】이것이 이른바 가운데가 성실(誠實)하면 밖에 형용(形容)하나니(=나타나는 것이니)【속에 진실 있는 일이면 밖에 나타난다는 말이니 그러므로 남이 알아보느니라.】고로 군자(君子)는 반드시 홀로 아는 때를 삼가느니라.【소인(小人)의 정태(情態)를 일러 거듭 경계(警戒)함이라.】주자(朱子)가 이르시되, 소인(小人)이 몰래 그른(=그릇된) 일을 하다가 겉으로 옳은 체함이, 옳은 일은 해야 마땅하고 그른(=그릇된)

▶▶▶ **원문 판독**

⟨1 : 75b⟩

은 아냠죽흔[1] 줄을 모르는 줄이 아니라 다만 뜻을
셩실(誠實)케 흐디 못흐야 스스로 소겨 이에 니르느니 그러^
나 그 사오나오믈 덥고져 흐나 모촘내 덥디 못흐고
간사(奸邪)히 올흔 일을 흐고져 흐나 모촘내 소기디 못^
흐니 엇디 유익(有益)흐미 이시리오 이러므로 군지(君子ㅣ) 뻐 거포
경계(警戒)흐야 반두시 그 혼자 홀 때롤 삼가시미라
십목소시(十目所視)며 십슈소시{지}(十手所指)니 기엄호(其嚴乎)ㅣ뎌
　　열 눈의 보는 바며 열 손의 マ르티는 배니 그 엄(嚴)흐뎌
　　【웃 댱(章) 뜻은 붉혀 니르디 비록 그윽흔 듕(中)이라도 놉이 보고 아는디라 곰초디
　　못흐미 이러툿 흐니 그 엄(嚴)흐고 무셔오미 심흐다 말이라】
부윤옥(富潤屋)이오 덕윤신(德潤身)이라 심광톄반(心廣體胖)흐느니 고(故)로 군즈(君子)
는 필셩기^

▶▶▶ **주 석**

1 아냠죽흔 : 아니함직한. 아니할 만한. 아니해야 마땅한. 이곳의 '아냠죽ᄒᆞ-'는 '아니ᄒᆞ-'에 "可望"(=가히 ～할
만하다/～할 수 있다) 내지 "當爲"(=마땅히 ～해야 한다)를 뜻하는 '-암죽ᄒᆞ-'가 결합한 어형이다. '-암죽ᄒᆞ-'
에는 기원적으로 "강세"의 뜻을 더하는 선어말어미 '-아/어-'가 포함된 것으로 추정되는데, 이곳에서는 선행
어간의 형태론적 조건('ᄒᆞ-' 뒤)에 따른 교체형 '-야-'가 선택되고 모음간에서 'ᄒ'가 생략된 결과 '아냠죽ᄒᆞ-'
로 나타난 것이다. '-암/엄죽ᄒᆞ-'는 18세기 말부터 (선어말어미 '-아/어-'의 쇠퇴에 따른) '-암/엄->-음'의
변화로 '-음죽ᄒᆞ-'의 꼴로 쓰이다가 현대국어에는 (치음 아래) 전설모음화까지 겪어 '-음직하-'로 남았다.

대학(大學) 전(傳) 第六章
(曾子曰) 十目所視 十手所指 其嚴乎
富潤屋 德潤身 心廣體 故 君子 必誠其意

▸▸▸ 현대어역

〈1 : 75b〉

일은 아니 해야 마땅한 것을 모르는 것이 아니라, 다만 뜻을 성실(誠實)하게 하지 못하여 스스로 속여 이에 이르나니, 그러나 그 사나움을(=나쁨을) 덮고자 하나 마침내 덮지 못하고 간사(奸邪)히 옳은 일을 하고자 하나 마침내 속이지 못하니 어찌 유익(有益)함이 있으리요? 이러므로 군자(君子)가 거듭 경계(警戒)하여 반드시 그 혼자 할 때를 삼가시는 것이라.

십목소시(十目所視)며 십수소지(十手所指)니 기엄호(其嚴乎)인저

열 눈이 보는 바며 열 손이 가리키는 바이니 그 엄(嚴)함이여.【윗 장(章) 뜻은 밝혀 이르되 비록 그윽한 중이라도 남이 보고 아는지라. 감추지 못함이 이렇듯 하니 그 엄(嚴)하고 무서움이 심하다는 말이라.】

부윤옥(富潤屋)이오 덕윤신(德潤身)이라. 심광체반(心廣體胖)하나니 고(故)로 군자(君子)는

▸▸▸ **원문 판독**

〈1 : 76a〉

의(必誠其意)니라

　　가옴열면[1] 집을 윤틱(潤澤)케 ᄒᆞ고 덕(德)이 〃셔는 몸을

　　윤틱(潤澤)케 ᄒᆞᄂᆞ니라 ᄆᆞ음이 너르고 몸이 펴이느니【덕이 이시^

　면 ᄆᆞ음이 넉〃ᄒᆞ고 몸이 푼ᄒᆞ야 밧긔 나타나ᄂᆞ니 이 거시 몸을 윤틱(潤澤)케 ᄒᆞ미라

　지믈(財物)이 〃시면 밧그로 나타나 집이 윤틱(潤澤)홈 ᄀᆞᆺᄐᆞ니 다 진실로 두^

　어시매 나타나ᄂᆞ니라】 고로 군ᄌᆞ(君子)는 반ᄃᆞ시 셩실(誠實)케 ᄒᆞᄂᆞ니라【쇼인(小人)이 진실로

　사오나오믈 두엇ᄂᆞᆫ디라 그 나타나미 웃 댱(章) 말 ᄀᆞᆺ고 군ᄌᆡ(君子ㅣ) 덕을 두엇ᄂᆞᆫ디

　라 이러므로 뜻을 셩실(誠實)케 ᄒᆞ다 말이니라】

우(右)ᄂᆞᆫ 셕경{셩}의(釋誠意)ᄒᆞ니라

　　쥬ᄌᆞ(朱子ㅣ) ᄀᆞᆯ오샤ᄃᆡ 경(經)의 닐러시ᄃᆡ【경(經)은 대ᄒᆞᆨ(大學)의[2] 공ᄌᆞ(孔子) 말ᄉᆞᆷ

　이니 증ᄌᆡ(曾子ㅣ)[3] 경(經) 뜻을 붉혀 뎐(傳)을 지으^

　시니라】 그 뜻을 셩실(誠實)케 ᄒᆞ고져 홀딘대 몬져 그 알기ᄅᆞᆯ

　닐월 거시라 ᄒᆞ시고【만ᄉᆞ(萬事) 만믈(萬物)의 니(理)ᄅᆞᆯ 극진이 알기ᄅᆞᆯ 닐위다 말이

　라】 ᄯᅩ ᄀᆞᆯ오샤ᄃᆡ 아ᄂᆞᆫ

▸▸▸ **주 석**

1 가옴열면 : 부유하면, 이곳의 '가옴열-'은 중세국어의 '가ᅀᆞ멸-'에 소급하는 어형으로, /ㅿ/의 소실 이후 근대 문헌에서 '가음열-/가옴열-'과 같이 분철된 표기로 등장하는 경우가 많다.

2 대ᄒᆞᆨ의 : 대학(大學)의. 유교 경전(經典)인 사서(四書)의 하나이다. 본디 ≪예기≫의 한 편(篇)이었던 것을 송의 사마광이 처음으로 따로 떼어서 ≪대학광의(大學廣義)≫를 만들고, 그 후 주자(朱子)의 교정으로 현재의 형태가 된 것이다. 명명덕(明明德), 지지선(止至善), 신민(新民)의 세 강령을 세우고, 그에 이르는 여덟 조목의 수양 순서를 들어서 해설하였다.

▶▶▶ **출 전**

대학(大學) 전(傳) 第六章
右 傳之六章 釋誠意
經曰 欲誠其意 先致其知 又曰

▶▶▶ **현대어역**

〈1 : 76a〉

필성기의(必誠其意)니라.

재산이 많으면 집을 윤택(潤澤)하게 하고 덕(德)이 있으면 몸을 윤택(潤澤)하게 하는지라. 마음이 넓고 몸이 펴지나니【덕이 있으면 마음이 넉넉하고 몸이 푼하여 밖에 나타나나니, 이것이 몸을 윤택(潤澤)하게 함이라. 재물(財物)이 있으면 밖으로 나타나 집이 윤택(潤澤)함과 같으니 다 진실로 두었음에(=지녔기 때문에) 나타나느니라.】고로 군즈(君子)는 반드시 성실하게 하느니라.【소인(小人)이 진실로 (몸에) 사나움을 두었는지라(=지녔는지라). 그 나타남이 윗 장(章)의 말과 같고, 군자는 덕을 두었는지라(=지녔는지라). 이러므로 뜻을 성실(誠實)하게 한다는 말이니라.】

우(右)는 석성의(釋誠意)하니라.

주자(朱子)께서 이르시되, 경(經)에 일렀으되,【경(經)은 대학(大學)의 공자(孔子) 말씀이니, 증자(曾子)께서 경(經)의 뜻을 밝혀 전(傳)을 지으시니라.】그 뜻을 성실(誠實)하게 하고자 할진대 먼저 그 알기에 이를 것이라 하시고,【만사(萬事)와 만물(萬物)의 이(理, 이치)를 극진히 알기에 이르라는 말이라.】또 이르시되, 아는

▶▶▶ **주 석**

3 증지 : 증자(曾子)가. '증자(曾子)'는 증삼(曾參)을 높여 이르는 이름이다. 중국 노(魯)나라의 유학자이며, 자는 자여(子輿)이다. 공자의 덕행과 사상을 조술(祖述)하여 공자의 손자인 자사(子思)에게 전하였다. 후세 사람이 높여 증자(曾子)라고 일컬으며, 저서에 ≪증자≫, ≪효경≫ 따위가 있다.

〈1 : 76b〉

거시 지극혼 후의 뜻이 셩실(誠實)혼다 ᄒ시니 대개 ᄆᆞ음^
의 붉으미 극진티 못혼죽 그 ᄆᆞ음이 발(發)ᄒ매 반ᄃᆞ시
능히 진실로 힘쓰디 못ᄒ야 구챠(苟且)히 ᄡᅥ 스스로 속이^
ᄂᆞᆫ 재(者ㅣ) 잇ᄂᆞ니 그러나 혹 알기ᄅᆞᆯ 지극히 ᄒ고도 뜻 셩^
실(誠實)이 ᄒ기의 삼가디 못혼죽 그 붉은 배 ᄯᅩ 내의 둔
거시 되디 못ᄒ야 덕(德)의 나올 터히 될 거시 업ᄂᆞ니
고로 그 ᄎᆞ셰(次序ㅣ) 이러ᄒ고 그 공(功)이 가히 궐(厥)티 못홀 거시 이^
러ᄒ니라
소위졔기가지슈기신쟈(所謂齊其家在脩其身者)ᄂᆞᆫ 인(人)이 디기소친의이벽언(之其所親愛
而辟焉)ᄒ며
디기소쳔오이벽언(之其所賤惡而辟焉)ᄒ며   디기소의{외}경이벽언(之其所畏敬而辟焉)ᄒ며
디기소이긍^

▸▸▸ **출 전**

대학(大學) 전(傳) 第六章

知至而后意誠 蓋心體之明 有所未盡 則其所發 必有不能實用其力 而苟焉以自欺者 然 或已明而 不謹乎此 則其所明 又非己有 而無以爲進德之基 故 此章之指 必承上章而通考之然後 有以見其 用力之始終 其序不可亂而功不可闕 如此云

所謂齊其家 在修其身者 人 之其所親愛而(僻) 焉 之其所賤惡而焉 之其所畏敬而焉 之其所哀矜 而焉

▸▸▸ **현대어역**

〈1 : 76b〉

것이 지극한 후에 뜻이 성실(誠實)한다고(=진실되게 된다고) 하시니, 대개 마음의 밝음이 극진하지 못한즉 그 마음이 발(發)함에 반드시 능히 진실로 힘쓰지 못하여 구차(苟且)히 스스로 속이는 것이 있나니, 그러나 혹 알기를 지극히 하고도 뜻을 성실(誠實)히 하기에 삼가지 못한즉, 그 밝은 바가 또 내가 둔(=지닌) 것이 되지 못하여 덕이 나올 터가(=바 탕이) 될 것이 없나니, 고로 그 차서(次序, 차례)가 이러하고 그 공(功)이 가히 궐(闕)하지 (=빠뜨리지) 못할 것이 이러하니라.

소위제기가재수기신자(所謂齊其家在脩其身者)는 인(人)이 지기소친애이벽언(之其所親愛而辟焉)하 며 지기소천오이벽언(之其所賤惡而辟焉)하며 지기소외경이벽언(之其所畏敬而辟焉)하며

▸▸▸ **원문 판독**

〈1 : 77a〉

이벽언(之其所哀矜而辟焉)ᄒ며 디기소오타이벽언(之其所敖惰而辟焉)ᄒᄂ니 고(故)로 호
이지기악(好而知其惡)ᄒ며 오이^
지기미쟈(惡而知其美者)ㅣ 텬하(天下)에 션의(鮮矣)니라
　널온 바 그 집을 졍졔(整齊)ᄒ미【집을 균평(均平)이 ᄒ다 말이니 여러 사ᄅᆷ 거ᄂ리
　기ᄅᆯ 균평(均平)이 ᄒ죡 집^
　이 닥ᄂ니라】그 몸을 닥기의 잇다 ᄒᄂ 사ᄅᆷ이 그 친(親)ᄒ며 ᄉ랑^
　ᄒᄂᆫ 바의 가 편벽(偏僻)도이 ᄒ며 그 쳔(賤)히 너기며 슬히 너기^
　ᄂᆫ 바의 편벽(偏僻)도이 ᄒ며 그 두려ᄒ고 공경(恭敬)ᄒᄂ 바의
　가 편벽(偏僻)도이 ᄒ며 그 블샹이 너기ᄂᆫ 바의 가 편벽(偏僻)도^
　이 ᄒ며 그 거오(倨傲)ᄒ고 게얼리 ᄒᄂ 바의 가【게얼리 ᄒ다 말은 녜졀(禮節)의 경
　근(敬謹)티 아^
　니타 말이라】편벽(偏僻)도히 ᄒᄂ니 이런 고로 됴히 너기디 그 아ᄅᆷ다^
　온 줄 아ᄂᆫ 재(者ㅣ) 텬하(天下)의 젹으니라【사ᄅᆷ을 디졉(待接)ᄒ매 알픠 당(當)ᄒ
　바ᄅᆯ 쫄와[1] 가며 각〃 그 맛당^

▸▸▸ **주 석**

1 쫄와 : 따라. '쫄오-+-아'. 이곳의 '쫄오-'는 중세국어의 '딸오-'에 소급하는데, 자료에는 ('딸오-'에서 어두
경음화를 겪은) 'ᄯ로-' 외에 두 번째 음절 'ㅗ〉ㅡ'의 변화가 일어난 'ᄯ르-'형도 공존하여 이곳의 '쫄와'
대신 'ᄯ라'로 등장한 예도 보인다. 이 'ᄯ르-'와 관련된 활용형은 어두 자음군 표기를 유지한 'ᄠ라'의 꼴
이기는 하지만 이미 17세기 문헌에 등장한 예를 찾아볼 수 있다. 예 : 나아가 ᄠ라 계요 十里 짜히〈노걸
대언해(1670) 상 : 27a〉. 근대 문헌에 등장하는 'ᄯ르-'의 활용형은 특히 부동사형('ᄯ라')에 집중된 것
이 특징인데 이는 '딸와' 내지 '쫄와'에서 실현되는 /롸/가 국어의 자연스러운 음절 구조를 위배하여 이로

▸▸▸ **출 전**

대학(大學) 전(傳) 第八章
之其所敖惰而焉 故 好而知其惡 惡而知其美者 天下 鮮矣

▸▸▸ **현대어역**

〈1 : 77a〉

지기소애긍이벽언(之其所哀矜而辟焉)하며　지기소오타이벽언(之其所敖惰而辟焉)하나니,　고(故)로 호이지기악(好而知其惡)하며 오이지기미자(惡而知其美者)는 천하(天下)에 선의(鮮矣)니라.

이른바 그 집을 정제(整齊, 정돈하여 가지런이 함)함이【집을 균평(均平, 고루 공평함)히 한다는 말이니 여러 사람 거느리기를 균평(均平)히 한즉 집이 닦여지느니라.】그 몸을 닦기에 있다 함은, 사람이 그 친(親)하며 사랑하는 바에 가서 편벽(偏僻)되게 하며, 그 천(賤)히 여기며 싫게 여기는 바에 편벽(偏僻)되게 하며, 그 두려워하고 공경(恭敬)하는 바에 가 편벽(偏僻)되게 하며, 그 불쌍히 여기는 바에 가 편벽(偏僻)되게 하며, 그 거오(倨傲, 거만하고 오만함)하고 게을리 하는 바에 가【게을리 한다는 말은 예절(禮節)에 경근(敬謹, 공경하고 삼감)하지 않는다는 말이라.】편벽(偏僻)되게 하나니, 이런 고로 좋게 여기되 그 아름다운 것을 아는 사람은 천하(天下)에 적으니라.【사람을 대접(待接)함에 앞에 당(當)한 바를 따라 가며 각각 그

▸▸▸ **주 석**

부터 '롸>라' 변화가 일어난 결과일 가능성이 높다.

〈1 : 77b〉

훈 도리(道理ㅣ) 잇느니 범사룸은 ᄆᆞ옴의 ᄂᆞᆫ 대로 ᄒᆞ고 술피디 못ᄒᆞ야 반ᄃᆞ시 편벽
(偏僻)도이 ᄆᆞ옴을 닥디 못ᄒᆞ야 집을 ᄀᆞᄌᆞ론이 못ᄒᆞ니 그러므로 됴히 너기는 가온대
아룸다온 일을 아라 편벽(偏僻)디 아니케 ᄒᆞ여야 몸을 닥고 집을 ᄀᆞᄌᆞ론이 ᄒᆞ다 훈
뜻이라】
쥬지(朱子ㅣ) ᄀᆞᆯ오샤디 부ᄌᆞ(父子)는 친(親)ᄒᆞ고 ᄉᆞ랑ᄒᆞ는 배로더 아비 그^
론 일이 〃시면 간(諫)티 아니티 못홀 거시오 ᄌᆞ식이 그ᄅᆞ〔면 ᄀᆞᄅᆞ〕^
티디 아니티 못홀 거시오 님군은 두려ᄒᆞ며 공경(恭敬)^
ᄒᆞ는 배로더 올흔 일을 나오며 그론 일을 구(求)티 못^
홀 거시오 쳔(賤)ᄒᆞ고 슬히 너길 사룸을 그대로 디졉(待接)홀
거시로더 혹 ᄀᆞᄅᆞ티며[1] 인진(引進)홀 거시오 거오(倨傲)ᄒᆞ며 게^
얼리 디졉(待接)홀 사룸을 그대로 디졉(待接)홀 배로더 오^
히려 슬퍼 과(過)티 아니케 홀 거시니라

1 ᄀᆞᄅᆞ티며 : 가르치며. 이곳의 'ᄀᆞᄅᆞ티-'는 15세기 국어에서 'ᄀᆞᄅᆞ치-'로 나타난다. 제3음절의 '티'는 구개음
화를 의식하여 'ᄎ'을 'ᄐ'으로 과도 교정한 결과로 해석된다. 이러한 과도 교정은 '그저 맛당히 뎌롤 ᄀᆞᄅᆞ
틸찌니'<오륜전비언해(1721) 5 : 17b>처럼 (ㄷ 구개음화가 확산되는) 18세기 문헌부터 주로 나타난다.

▸▸▸ 출 전

대학(大學) 전(傳) 第八章

▸▸▸ 현대어역

〈1 : 77b〉

마땅한 도리가 있나니, 범인(凡人)은 마음에 나는 대로 하고 살피지 못하여 반드시 편벽 (偏僻)되게 (되어) 마음을 닦지 못하여 집을 가지런히 (하지) 못하니, 그러므로 좋게 여기는 가운데 아름다운 일을 알아 편벽(偏僻)하지 않게 하여야 몸을 닦고 집을 가지런히 한다 하는 뜻이라.】 주자(朱子)가 이르시되, 부자(父子)는 친(親)하고 사랑하는 바이로되 아비가 그른(=그릇된) 일이 있으면 간(諫)하지 아니하지 못할 것이요, 자식이 그르면(= 그릇되면) 가르치지 아니하지 못할 것이요, 임금은 두려워하며 공경(恭敬)하는 바이로되 옳은 일을(=일에) 나아가며 그릇된 일을 구(求)하지 못할 것이요, 천(賤)하고 싫게 여길 사람을 그대로(=그에 맞게) 대접(待接)할 것이로되 혹 가르치며 인진(引進)할 것이요, 거오(倨傲, 거만하고 오만함)하며 게을리 대접(待接)할 사람을 그대로(=그에 맞게) 대접(待接)할 것이로되 오히려 살펴 과(過)하지 않게 할 것이니라.

▸▸▸ **원문 판독**

〈1 : 78a〉

고(故)로 언(諺)애 유지(有之)ᄒᆞ니 왈(曰) 인(人)이 막디기ᄌᆞ지악(莫知其子之惡)ᄒᆞ며 막디기묘지셕^
(莫知其苗之碩)이라 ᄒᆞ니라

　　이런 고로 비언(鄙諺)의【쇽담(俗談)이라】이시니 ᄀᆞᆯ오디 사ᄅᆞᆷ이 내 ᄌᆞ식의

　　사오나온 줄 아디 못ᄒᆞ며 제 곡식 이삭의 큰 줄을

　　아디 못ᄒᆞ다 ᄒᆞ니라【ᄉᆞ랑의 팀닉(沈溺)ᄒᆞᆫ 재(者ㅣ) 붉디 못ᄒᆞ고 엇기를 탐(貪)ᄒᆞᄂᆞᆫ

　　재(者ㅣ) 슬ᄒᆞ미 업순디라 이러틋 ᄒᆞ니 이 거슨

　　편벽(偏僻)된 거시 해(害ㅣ) 되야 집을 ᄀᆞ족이 못ᄒᆞᄂᆞ니 웃 댱(章) ᄯᅳᆺ을 붉히미라】
ᄎᆞ위신블슈(此謂身不脩)면 블가이졔기가(不可以齊其家)ᄒᆞ니라

　　이 닐온 바 몸을 닥디 못ᄒᆞ면 가히 ᄡᅥ 그 집을 ᄀᆞᄌᆞ론^

　　이 ᄒᆞ디 못ᄒᆞ다 말이라

　우(右)ᄂᆞᆫ 셕수신졔가(釋修身齊家)ᄒᆞ니라

▸▸▸ 출 전

대학(大學) 전(傳) 第八章
故 諺有之 曰 人莫知其子之惡 莫知其苗之碩
此謂身不修 不可以齊其家
右 傳之八章 釋修身齊家

▸▸▸ 현대어역

〈1 : 78a〉

고(故)로 언(諺)에 유지(有之)하니 왈(曰), 인(人)이 막지기자지악(莫知其子之惡)하며 막지기묘지석(莫知其苗之碩)이라 하나라.

　　이런 고로 비언(鄙諺)에【속담(俗談)이라】있으니 이르되, 사람이 내(=자기) 자식의 사나움을(=못됨을) 알지 못하며 제 곡식 이삭이 큰 줄을 알지 못한다 하나라.【사랑에 침닉(沈溺)한(=빠진) 사람은 밝지 못하고 얻기를 탐(貪)하는 사람은 싫증냄이 없는지라. 이렇듯하니 이것은 편벽(偏僻)된 것이 해(害)가 되어 집을 가지런히 하지 못하나니 윗 장(章)뜻을 밝힘이라.】

차위신불수(此謂身不修)면 불가이제기가(不可以齊其家)하나라.

　　이것은 이른바 몸을 닦지 못하면 가히 써 그 집을 가지런히 하지 못한다는 말이라.

　우(右)는 석수신제가(釋修身齊家)하나라.

〈1 : 78b〉

시운도지요요(詩云桃之夭夭)여 기엽진진(其葉蓁蓁)이로다 지즈우귀(之子于歸)여 의기가
인(宜其家人)이라 ᄒ니

의기가인이후(宜其家人而后)에 가이교국인(可以敎國人)이니라

　　시(詩)에 닐러시디 복셩화의 요″(夭夭)ᄒ미여 그 닙히¹ 진″(蓁蓁)＾

　　ᄒ도다 지즈(之子)의 도라가미여 그 집 사ᄅ믈 맛당케 ᄒᆫ

　　후에 가히 뼈 나라 사ᄅᆷ을 ᄀᄅ칠디니라

시운의형의뎨(詩云宜兄宜弟)라 ᄒ니 의형의뎨이후(宜兄宜弟以后)에 가이교국인(可以敎國
人)이니라

　　시(詩)에 닐러시디 형의게 맛당이 ᄒ며 아올² 맛당이 ᄒᆫ＾

　　다 ᄒ니 형을 맛당케 ᄒ며 아올 맛당케 ᄒᆫ 후에

　　가히 뼈 나라 사ᄅᆷ을 ᄀᄅ틸 거시니라

시운기위{의}블특(詩云其儀不忒)이라 졍시ᄉ국(正是四國)이라 ᄒ니 기위부즈형뎨죡법＾

1 닙히 : 잎이. 15세기 국어에서는 단어의 마지막 'ㅍ'은 모음으로 시작하는 어미나 조사와의 결합되면 그
다음 음절로 이동하여 초성 위치에 표기되었다. 그런데 16세기에 오면, '닢'의 'ㅍ'을 '닙플'나 '닙홀'와 같
이 표기하여 'ㅍ'을 'ㅂ+ㅍ'이나 'ㅂ+ㅎ'으로 하는 표기가 나타난다. '닙히'의 'ㅂㅎ' 분할 표기는 'ㅂ+ㅎ=
ㅍ'이 되는 음운현상이 반영된 것이라고 할 수 있다.

대학(大學) 전(傳) 第九章

詩云 桃之夭夭 其葉 之子于歸 宜其家人 宜其家人而后 可以敎國人 <詩云 '周南 桃夭之篇'>

詩云 宜兄宜弟 宜兄宜弟而后 可以敎國人 ※대학(大學) 전(傳) 第九章

〔〕 <詩云 '小雅 蓼蕭篇'>

詩云 其儀不 正是四國 其爲父子兄弟足法

〈1 : 78b〉

시운도지요요(詩云桃之夭夭)여 기엽진진(其葉蓁蓁)이로다 지자우귀(之子于歸)여 의기가인(宜其家人)이라 하니 의기가인이후(宜其家人而后)에 가이교국인(可以敎國人)이니라.

> 시(詩)에 일렀으되, 복숭아꽃의 요요(夭夭, 어리고 아름다움)함이여. 그 잎이 진진(蓁蓁)하도다. 지자(之子)의 돌아감이여. 그 집(=집안) 사람을 마땅하게 한 후에 가히 써 나라 사람을 가르칠지니라.

시운의형의제(詩云宜兄宜弟)라 하니 의형의제이후(宜兄宜弟以后)에 가이교국인(可以敎國人)이니라.

> 시(詩)에 일렀으되, 형에게 마땅히 하며 아우를(=아우에게) 마땅히 한다 하니 형을(=형에게) 마땅하게 하고 아우를(=아우에게) 마땅하게 한 후에 가히 나라 사람을 가르칠 것이니라.

시운기위{의}불특(詩云其儀不忒)이라 정시사국(正是四國)이라 하니, 기위부자형제족법(其爲父子兄弟足法)

2 아올 : 아우를. 이곳의 '아우'는 15세기 문헌의 '아ᅀᆞ'에 소급할 어형이다. 15세기 문헌에서 '아ᅀᆞ'는 모음(매개 모음 포함)으로 시작하는 조사(공동격 제외)와 결합할 때 '아ᅀᆞ~앗ᅀᆞ'의 특수 어간 교체를 보여 '앗ᅀᆞᆫ'(주제형), '앗ᅀᅵ'(주격형) 등과 같이 나타나는 것이 특징이었다. 이곳의 '아올'은 15세기 문헌이라면 '앗올'로 나타났을 어형이나 'ᅀᆞ'의 음가 소실을 반영하여 '아올'로 나타난 것이다.

▶▶▶ **원문 판독**

〈1 : 79a〉

이후(其爲父子兄弟足法以后)에 민(民)이 법지야(法之也)니라
　시(詩)에 닐러시디 그 위{의}(儀ㅣ) 어긋나디 아니ᄒ고【법도(法度)의 어긋나디 아니
　타 말이라】이 ᄉ^
　방(四方) 나라흘 바로게 ᄒ라 ᄒ니【내 몸의 위의(威儀ㅣ) 어긋나디 아니ᄒ여야 ᄉ방
　(四方)이 법(法)바다¹ 바로게 ᄒ다 말이라】
　그 부ᄌ(父子)와 형뎨(兄弟ㅣ) 법(法)바들 거시 족(足)ᄒ미 된 후의 빅^
　셩이 법(法)밧ᄂ니라【몸을 닥가 ᄒᆫ 집 사름이 법측(法則)ᄒ죽 나라 사름이 다 법(法)
　밧는다 말이라】
충위티국(此謂治國)이 지졔기가(在齊其家)ᄒ니라
　이 닐온 나라 다ᄉ리미 그 집 ᄀᄌ론ᄒ기의 잇ᄂ니^
　라【웃 댱(章)을² 거두어 ᄆᆡ자 니ᄅ미라】
우(右)ᄂ 셕졔가티국(釋齊家治國)ᄒ니라

▶▶▶ **주 석**

1 법바다 : 본받아. 이곳의 '법받-'은 원문의 '法'에 대응되는 것이다. 다른 근대 문헌에는 이곳의 '법받-' 외
　에 '법ᄒ-', '본받-' 등이 같은 의미로 사용되다가 현대국어에서는 '본받-'만이 사용된다.
2 댱을 : 장(章)을. 16세기 문헌에서 '章'의 한자음은 '쟝'으로 표기된다. 예 : 章 글월 쟝<훈몽자회(1527)
　上 : 18a, 신증유합(1576) 下 : 39a, 석봉천자문(1583) 5b>. 그런데 근대국어에서 'ㄷ, ㅌ, ㄸ'이 'ㅣ'
　모음이나 반모음 'ㅣ' 앞에서 'ㅈ, ㅊ, ㅉ'으로 바뀌는 구개음화가 일어나자, 이러한 현상을 의식하여 원래
　'쟝'이었던 것을 '댱'으로 과도 교정한 것이다.

▶▶▶ **출 전**

대학(大學) 전(傳) 第九章
詩云 其儀不 正是四國 其爲父子兄弟足法而后 民法之也 <詩云 '曹風 鳴鳩篇'>
대학(大學) 전(傳) 第九章
此謂之國 在齊其家
대학(大學) 전(傳) 第九章
右 傳之九章 釋齊家治國

▶▶▶ **현대어역**

〈1 : 79a〉

이후(以后)에 민(民)이 법지야(法之也)니라.

　　시(詩)에 일렀으되, 그 위의(威儀)가 어긋나지 아니하고【법도(法度)에 어긋나지 아니한다
　　는 말이라.】이 사방(四方) 나라를 바르게 하라 하니【내 몸의 위의(威儀)가 어긋나지 아
　　니하여야 사방(四方)이 본받아 바르게 한다는 말이라.】그 부자(父子)와 형제(兄弟)가 본
　　받을 것이 족(足)하게 된 후에 백성이 본받느니라.【몸을 닦아 한 집(=집안) 사람이 법측
　　(法則)한즉 나라 사람이 다 본받는다는 말이라.】

차위치국(此謂治國)이 재제기가(在齊其家)하니라.

　　이것이 이른바 나라 다스림이 그 집을 가지런하기에 있느니라.【윗 장(章)을 거두어(=종
　　합하여) 맺어 이름이라.】

　우(右)는 석제가치국(釋齊家治國)하니라.

권지이(卷之二)

〈2 : 1a〉

곤범(壼範) 권지이(卷之二)

　론어(論語)[1]

　　훅이(學而)

ᄌ(子)ㅣ 왈(曰) 훅이시습지(學而時習之)면 블역열호(不亦說乎)아

　　ᄌ(子ㅣ) ᄀᆞᆯ오샤디 훅(學)ᄒᆞ고 ᄢᅢ로 닉이면〔習〕 ᄯᅩᄒᆞᆫ 깃브디 아^

　　니ᄒᆞ랴【훅(學)은 모ᄅᆞᄂᆞᆫ 사름이 몬져[2] ᄭᆡᄃᆞᄅᆞᆫ 사름의게 비호다 말】

ᄌ(子)ㅣ 왈(曰) 유봉(有朋)이 ᄌᆞ원방릭(自遠方來)면 블역낙호(不亦樂乎)아

　　ᄌ(子ㅣ) ᄀᆞᆯ오샤디 벗이 이셔 원방(遠方)으로브터 오면 ᄯᅩᄒᆞᆫ 즐^

　　겁디 아니ᄒᆞ랴【내 훅(學)이 닉어 벗이 비호라 오면 즐겁다 말이라】

인브디이블온(人不知而不慍)이면 블역군ᄌᆞ호(不亦君子乎)아

1 론어 : 논어(論語). 유교 경전(經典)인 사서(四書)의 하나. 공자(孔子)와 그의 제자들의 언행을 적은 것
으로, 공자 사상의 중심이 되는 효제(孝悌)와 충서(忠恕) 및 '인(仁)'의 도(道)에 대하여 설명하고 있다.

▶▶▶ 출 전

논어(論語) 학이(學而) 第一章
子曰 學而時習之 不亦說乎
子曰 有朋自遠方來 不亦樂乎
人不知而不慍 不亦君子乎

▶▶▶ 현대어역

〈2 : 1a〉80a

곤범(壼範) 권지이(卷之二)
　논어(論語)
　　학이(學而)
자(子)가 왈(曰), 학이시습지(學而時習之)면 불역열호(不亦說乎)아?
　　공자(孔子)가 이르시되, 학(學, 배움)하고 때로 익히면 또한 기쁘지 아니하랴. 【학(學)은
　　모르는 사람이 먼저 깨달은 사람에게 배운다는 말】
자(子)가 왈(曰), 유붕(有朋)이 자원방래(自遠方來)면 불역락호(不亦樂乎)아?
　　공자(孔子)가 이르시되, 벗이 있어 원방(遠方, 먼 곳)으로부터 오면 또한 즐겁지 아니하랴.
　　【내가 학(學, 배움)이 익어 벗이 배우러 오면 즐겁다는 말이라.】
인불지이불온(人不知而不慍)이면 불역군자호(不亦君子乎)아?

▶▶▶ 주 석

2 몬져 : 먼저. 현대국어의 '먼저'는 15세기에 '몬져'로 나온다. 이 '몬져'는 중세국어에서 명사적 용법과 부사
　적 용법을 가지고 있었다. '훈 法이 몬졔니 업고≪원각경언해(1465) 상1-2 : 41a≫'의 '몬져'는 명사이
　고, '몃 몬져 니르시니'<월인천강지곡(1447) 상 : 其94>의 '몬져'는 부사이다. 그런데 지금은 부사적 용
　법만 남아 있다. 15세기의 '몬져'는 근대국어 시기를 거쳐 20세기 초 문헌에도 보인다. 그런데 '몬져'는
　18세기 문헌에 '먼져'로 나오기도 한다. 이는 '몬져'의 제1음절의 모음 'ㅗ'가 'ㅓ'로 변한 어형이다. 'ㅗ>
　ㅓ'는 '몬지>먼지, 보션>버션' 등에서도 확인된다.

▶▶▶ **원문 판독**

〈2 : 1b〉

사름이 아디 못ᄒ야도 노호아¹〔惱〕 아니ᄒ면 ᄯ한 군ᄌᆡ(君子ㅣ)
아니랴 비화 닉여 내 몸의 닉으면 ᄆᆞ음의 깃거ᄒ^
고 내 혹(學)이 닉은 줄 눔이 아라 와 비호면 즐거워ᄒ^
면 슌(順)ᄒ 도리(道理)라 깃거ᄒ고 내 혹(學)이 〃셔도 눔이 모른면
노호아 아니ᄒᆞᆫ 역(逆)ᄒ여 어려오니 고로 오직 덕 잇^
ᄂᆞᆫ 사름이야 능히 ᄒᆞᄂᆞ니라 그러나 덕의 이는 배 ᄯᅩᄒᆞᆫ
혹(學)ᄒ기를 바로 ᄒ고 니기를 닉게 ᄒ야 깃브미 깁^
ᄒ므로 말미암ᄂᆞ니라 말이라
ᄌᆞ(子)ㅣ 왈(曰) 교언녕식(巧言令色)이 션의인(鮮矣仁)이니라
　　지(子ㅣ) 굴오샤ᄃᆡ 말을 공교(工巧)히 ᄒ고 얼골빗ᄎᆞᆯ 됴ᄉᆞ리²

▶▶▶ **주 석**

1 노호아 : 노여워. '노홉-+아'. 자료의 다른 곳에는 '노호와'로 등장하기도 한다. 이곳의 '노홉-'은 '노(怒)ᄒ
-'에 파생 접미사 '-ㅂ-'이 결합한 어형으로, '노홉-' 아닌 '노홉-'으로 나타난 것은 음절말 /ㅂ/의 순음성에
이끌려 역행 원순모음화가 일어난 결과이다. 중세국어 이래 접미사 '-ㅂ-'은 ('-ᄫᆞ/브-'의 이형태로서) 'ㄹ'
이나 모음으로 끝나는 어기 뒤에 나타나면서 특히 이곳과 같이 'Xᄒ-'를 어기로 한 경우가 많았다.

>>> **출 전**

논어(論語) 학이(學而) 第一章
子曰 巧言令色 鮮矣仁

>>> **현대어역**

〈2 : 1b〉

　사람이(＝남이) 알지(＝알아 주지) 못하여도 노여워 아니하면 또한 군자(君子)가 아니랴?
배워 익혀 내 몸에 익으면 마음에 기뻐하고, 내가 학(學)이 익은 것을 남이 알아 (내게)
와 배우면 즐거워하면 순(順)한 도리(道理)라 기뻐하고, 내가 학(學)이 있어도 남이 모르
면 노여워 아니함은 역(逆)하여(＝자연스럽지 않아) 어려우니, 고로 오직 덕 있는 사람이야
(＝사람이라야) 능히 하나니라. 그러나 덕이 되는 바가 또한 학(學)하기를 바로 하고 익히
기를 익숙하게 하여 기쁨이 깊으므로 말미암느니라 (하는) 말이라.
자(子)가 왈(曰), 교언영색(巧言令色)이 선의인(鮮矣仁)이니라.
　공자(孔子)가 이르시되, 말을 공교(工巧)히 하고 얼굴빛을 좋게

>>> **주 석**

2 됴ᄉᆞ리 : 좋게. '둏-'에 '쉽사리'<1 : 3a>에서 볼 수 있는 접사 '-사리'가 결합한 것으로 분석될 어형이다.
　자료에는 '쉽사리'에 짝하여 '쉽살ᄒᆞ-'가 등장하므로(예 : 쉽살ᄒᆞ 더 과ᄒᆞᆫ즉 허탄ᄒᆞ고<2 : 44b>) 이곳의
　'됴ᄉᆞ리'는 문증되지는 않지만 '*됴살ᄒᆞ-'에서 파생된 부사일 가능성이 있다.

▶▶▶ **원문 판독**

⟨2 : 2a⟩

ㅎㄴ니 어디리 드므니라【교언녕식(巧言令色)ㅎㄴ 사룸은 밧그로 ㅼ며 뼈 눔의 ㅁㆍㅁ
을 됴케 ㅎ랴ㄴ 의스(意思)니 인욕(人慾)으로 말미^
암ㄴ디라¹ 본 ㅁㆍㅁ의 덕이 업ㄴ니라】
즈(子)ㅣ 왈(曰) 도쳔승지국(道千乘之國)ㅎㄷㆎ 경스이신(敬事而信)ㅎ며 졀용이익인(節用
而愛人)ㅎ며 도{사}^
민이시(使民以時)니라
지(子ㅣ) 글오샤ㄷㆎ 쳔승(千乘) 나라ㅎㆍㄹ 다스리ㄷㆎ 일을 공경(恭敬)ㅎ^
고 밋비〔信〕ㅎ며 쓰ㄴ 거슬 존졀(存節)ㅎ고 사룸을 스랑ㅎ^
며² 빅셩 브리기ㄹㆍㄹ 때로ㅼㅓ 홀디니라【쳔승(千乘)은 ㅎㆍㄴ 나라히 군스(軍士) 튼ㄴ 술위
일^
쳔(一千)을 거ㄴ린 나라히라 말이니 졔후국(諸侯國)을 니ㄹㆍ미라 때ㄴ 농스 틈을 니
ㄹㆍ미라】○ 뎡지(程子ㅣ) 글오샤ㄷㆎ 이 말숨^
이 지극히 엿ㅎ나 졔휘(諸侯ㅣ) 과연 능히 이ㄱ티 ㅎ면 죡히
뼈 나라ㅎㆍㄹ 다스릴디니 셩인(聖人)의 말이 비록 지극히

▶▶▶ **주 석**

1 말미암ㄴ디라 : 말미암ㄴ지라. 이곳의 '말미암-'은 중세국어의 '말미삼-'에 소급할 형태로, '말미삼-'은 '말
미〔緣由〕# 삼-'의 구성에서 어휘화한 것이다. 예 : 이롤 말미사마 비호면<번역소학(1517) 8 : 31a>.
'말미암-'은 16세기 후반 문헌에서부터 나타나는데, 이는 삼-'의 'ㅅ'이 'ㅿ'으로 바뀐 뒤(예 : 他日에 鄒로
말미삼아 任애 가샤<맹자언해(1590) 12 : 14a>) 'ㅿ'의 음가 소실을 겪은 결과이다. 현대국어에는 제2
음절의 단모음화를 거쳐 '말미암-'으로 남았다.

▸▸▸ **출 전**

논어(論語) 학이(學而) 第五章
子曰 道千乘之國 敬事而信 節用而愛人 使民以時
程子曰 此言至淺 然 當時諸侯果能此 亦足以治其國矣 聖人 言雖至近 上下皆通 此三言者 若推其極 堯舜之治 亦不過此 若常人之言 近則淺近而已矣 楊氏曰 上不敬則下慢 不信則下疑 下慢而疑 事不立矣 敬事而信 以身先之也

▸▸▸ **현대어역**

〈2 : 2a〉

　　하나니 어진 이가 드무니라. 【교언영색(巧言令色)하는 사람은 밖으로 꾸며 써 남의 마음을 좋게 하려는 의사(意思)이니 인욕(人慾)으로 말미암는지라 본 마음에 덕이 없느니라.】
자(子)가 왈(曰), 도천승지국(道千乘之國)하되 경사이신(敬事而信)하며 절용이애인(節用而愛人)하며 사민이시(使民以時)니라.
　　공자(孔子)가 이르시되, 천승(千乘) 나라를 다스리되 일을 공경(恭敬)하고 미덥게 하며 쓰는 것을 존절(存節, 씀씀이를 아껴 알맞게 씀)하고 사람을 사랑하며 백성 부리기를 (알맞은) 때[時]로써 할지니라. 【천승(千乘)은 한 나라에 (대하여) 군사(軍士) 타는 수레 일천(一千)을 거느린 나라라는 말이니 제후국(諸侯國)을 이름이라. 때[時]는 농사 틈을 이름이라.】
　　○ 정자(程子)가 이르시되, 이 말씀이 지극히 얕으나 제후(諸侯)가 과연 능히 이같이 하면 족히 써 나라를 다스릴지니 성인(聖人)의 말이 비록 지극히

▸▸▸ **주 석**

2 스랑ᄒ며 : 사랑하며. '스랑ᄒ-'는 본래 "思"와 "愛"의 두 가지 의미를 지녔으나 16세기 말 이후에는 "愛"만으로 의미가 축소된다. 자료에 나타나는 '스랑ᄒ-' 역시 "愛"의 의미만 보이는 것이 특징이다.

〈2 : 2b〉

갓가오나〔近〕 우와 아래 다 통(通)케 ᄒ시니 이 말ᄉᆞᆷ이 만일

극진이 츄이(推移)ᄒ면 요슌(堯舜)의 다ᄉᆞ림도 이에셔 디나디

아니ᄒ리라 ○ 양시(楊氏) ᄀᆞᆯ오디【일홈은¹ 시(時)오 ᄌᆞ(字)ᄂᆞᆫ 듕닙(中立)이오 별호

(別號)ᄂᆞᆫ 귀산(龜山)이니 뎡ᄌᆞ(程子)² 뎨지(弟子ㅣ)오 윤시(尹氏)

유시(游氏)과 동문(同門)이라】웃 사롬이 공경티 아니면 아래 사롬이 업슈^

이〔慢〕 너기고 웃 사롬이 밋게〔信〕 아니면 아래 사롬이 업슈이

너기고 의심ᄒ면 일이 셔디〔立〕 못ᄒᄂᆞ니라 쓰기ᄅᆞᆯ

넘씨게 ᄒ면 지믈(財物)을 샹(傷)ᄒ고 지믈(財物)이 샹ᄒ면 빅^

셩의게 해(害ㅣ) 잇ᄂᆞ니 빅셩을 ᄉᆞ랑ᄒ면 반ᄃᆞ시 몬^

져 쓰기ᄅᆞᆯ 존졀(存節)ᄒᄂᆞ니라 브리기ᄅᆞᆯ 째〔時〕로ᄡᅥ 아닌^

즉 빅셩이 농ᄉᆞ(農事)ᄅᆞᆯ 일허 살 도리(道理)ᄅᆞᆯ 일ᄂᆞ니라

1 일홈은 : 이름은. 이곳의 '일홈'은 동사 '잃〔稱, 名〕-'에 명사형 '-옴'이 결합한 어형이나 이미 중세국어의
이른 시기부터 어휘화된 존재로 나타난다. 예 : 號ᄂᆞᆫ 일홈 사마 브르ᄂᆞᆫ 거시라<월인석보(1459) 1 : 15b
주>. 현대국어의 '이름'은 '-오/우-'의 쇠퇴에 따라 '일홈>일훔'의 변화를 겪은 뒤 다시 유성음간 /ㅎ/이
약화, 탈락한 결과이다.
2 뎡ᄌᆞ : 정자(程子). 중국 송나라의 유학자 정호(程顥)와 정이(程頤) 형제를 높여 이르는 말이다. 이정(二
程)이라 칭하기도 한다.

>>> **출 전**

논어(論語) 학이(學而) 第五章

>>> **현대어역**

〈2 : 2b〉

가까우나 위와 아래가 다 통(通)하게 하시니, 이 말씀이 만일 극진(極盡)히 추이(推移, 따라 나아감)하면 요순(堯舜)의 다스림도 이에서 지나지 아니하리라. ○ 양시(楊氏)가 이르되,【이름은 시(時)요, 자(字)는 중립(中立)이요, 별호(別號)는 귀산(龜山)이니 정자(程子) 제자(弟子)요, 윤씨(尹氏) 유씨(游氏)와 동문(同門)이라.】윗사람이 공경하지 아니하면 아랫사람이 업신여기고 윗사람이 미덥게 아니하면 아랫사람이 업신여기고 의심하면 일이 서지(=제대로 되지) 못하나니라. 쓰기를 넘치게 하면(=사치하면) 재물(財物)을 상(傷)하고 재물(財物)이 상하면 백성에게 해(害)가 있나니, 백성을 사랑하면 반드시 먼저 쓰기를 존절(存節, 씀씀이를 아껴 알맞게 씀)하나니라. 부리기를 (알맞은) 때로써 아니한즉 백성이 농사(農事)를 잃어 살 도리(道理)를 잃느니라.

▶▶▶ **원문 판독**

〈2 : 3a〉

ᄌᆞ(子)] 왈(曰) 뎨ᄌᆞ입즉효(弟子入則孝)ᄒᆞ고 츌즉뎨(出則弟)ᄒᆞ며 근이신(謹而信)ᄒᆞ며 범이듕(汎愛衆)^

ᄒᆞ디 이친인(而親仁)이니 ᄒᆡᆼ유여력(行有餘力)이어든 즉이혹문(則以學文)이니라

ᄌᆞ(子]) ᄀᆞᆯ오샤ᄃᆡ 뎨ᄌᆞ(弟子]) 들면 효도(孝道)ᄒᆞ고 나면 공경ᄒᆞ며

삼가고 밋브게〔信〕ᄒᆞ며 너비 모든 사ᄅᆞᆷ을 ᄉᆞ랑ᄒᆞ디

어디니ᄅᆞᆯ 친(親)히 ᄒᆞᆯ 거시니 ᄒᆡᆼ(行)ᄒᆞ매 남은 힘이 잇^

거든 곳 ᄡᅥ 글을 ᄇᆡ홀디니라【남은 힘이 잇다 말은 다ᄉᆞᆺ 가지 일을 ᄒᆡᆼᄒᆞ고 결을이 잇ᄂᆞᆫ 날^

로 글을 ᄒᆞ라 말이라】○ 뎡ᄌᆞ(程子]) ᄀᆞᆯ오샤ᄃᆡ 내 ᄒᆡᆼᄒᆞᆯ ᄒᆡᆼ실(行實)을 닥^

디 아니ᄒᆞ고 몬져 글을 ᄒᆞ면 내 몸 위ᄒᆞᆫ 혹(學)이 아니^

라 윤시(尹氏]) ᄀᆞᆯ오디【일홈은 슌{돈}(焞)이오 ᄌᆞ는 언명(彦明)이니 송(宋) 휘죵(徽宗)[1] 째 화뎡쳐ᄉᆞᆯ(和靖處士ㄹ) 일ᄏᆞ르니라】덕ᄒᆡᆼ(德行)은 근본(根本)^

이오 문예(文藝)ᄂᆞᆫ 말(末)이니 몬져 ᄒᆞ며 후(後)의 ᄒᆞᆯ 바ᄅᆞᆯ 아라야

▶▶▶ **주 석**

1 휘종 : 휘종(徽宗). 중국 북송(北宋)의 제8대 황제(1082~1135). 도교(道教)를 숭배하여 스스로 교주 도군(道君) 황제라 칭하나 정치를 돌보지 않아 반란이 일어났다. 1125년에 금(金)나라가 침입하자 흠종에게 양위하고 근왕(勤王)의 군사를 모집하다가 실패함으로써 북송(北宋)은 멸망하였다. 시문과 서화에 능하였으며, 고금(古今)의 서화를 모아 <선화전화보(宣化電畫譜)>를 만들었다.

▸▸▸ **출 전**

논어(論語) 학이(學而) 第六章
子曰 弟子入則孝 出則弟 謹而信 汎愛衆 而親仁 行有餘力 則以學文
　○ 程子曰 爲弟子之職 力有餘則學文 不修其職而先文 非爲己之學也 尹氏曰 德行 本也 文藝
末也 窮其本末 知所先後

▸▸▸ **현대어역**

〈2：3a〉

자(子)가　왈(曰),　제자입즉효(弟子入則孝)하고　출즉제(出則弟)하며,　근이신(謹而信)하며　범애중
(汎愛衆)하되　이친인(而親仁)이니,　행유여력(行有餘力)이거든　즉이학문(則以學文)이니라.

　　공자(孔子)가　이르시되,　제자(弟子)가　(집안에)　들면　효도(孝道)하고　(밖에)　나면(＝나가면)
공경하며　삼가고　미덥게　하며　널리　모든　사람을　사랑하되　어진　이를　친히　할(＝지낼)　거
시니,　행(行)함에　남은　힘이　있거든　곧　써　글을　배울지니라.【남은　힘이　있다는　말은　다
섯　가지　일을　행하고　겨를이　있는　날로(＝날을　이용하여)　글을　하라는　말이라.】○　정자(程
子)가　이르시되,　내　행할　행실(行實)을　닦지　아니하고　먼저　글을　하면　내　몸을(＝자신을)
위한　학(學)이　아니라.　윤씨(尹氏)가　이르되,【이름은　돈(焞)이요,　자는　언명(彦明)이니　송
(宋)　휘종(徽宗)　때　화정처사(和靖處士)를　일컬으니라.】덕행(德行)은　근본(根本)이요,　문예
(文藝)는　말(末)이니,　먼저　하며　후(後)에　할　바를　알아야

▶▶▶ **원문 판독**

〈2 : 3b〉

> 가히 뻐 덕(德)의 들니라 ○ 쥬지(朱子ㅣ)[1] 굴오샤디 힘뻐 힝홀^
> 만 ᄒ고[2] 글을 비호디 아닌즉 뻐 셩현(聖賢)의 인법(人法)을
> 샹고(詳考)ᄒ고 ᄉ리(事理)의 당연흔 바룰 알 길히 업손디^
> 라 그 힝(行)ᄒᄂ 배 혹 ᄉ의(私意)로나 그룬 디로 도라가기
> 쉬오니라
> ᄌ하(子夏) 왈(曰) 현현(賢賢)ᄒ디 역식(易色)ᄒ며 ᄉ부모(事父母)ᄒ디 능갈기력(能竭其
> 力)ᄒ며 ᄉ^
> 군(事君)ᄒ디 능티기신(能致其身)ᄒ며 여붕우교(與朋友交)ᄒ디 언이유신(言而有信)이면
> 슈왈미ᄒ^
> (雖曰未學)이라도 오필위지ᄒ의(吾必謂之學矣)니라
>   ᄌ해(子夏ㅣ)[3]【ᄌ하(子夏)ᄂ 공ᄌ(孔子) 뎨지(弟子ㅣ)니 일홈은 샹(商)이오 셩은 복
> (卜)이라】굴오디 어디니룰 어디리 너기^
> 디 식(色)을 밧고며〔易〕부모룰 셤기디 능히 힘을 갈진(竭盡)^

▶▶▶ **주 석**

1 쥬지 : 주자(朱子)가. '주자(朱子)'는 중국 송나라의 유학자 주희(朱熹, 1130~1200)를 말한다. 도학(道 學)과 이학(理學)을 합친 이른바 송학(宋學)을 집대성하였다. '주자(朱子)'라고 높여 이르며, 그의 학문 을 주자학(朱子學)이라고 한다.

2 힝홀 만ᄒ고 : 행하기만 하고. 이곳의 '만'은 관형사형 '-ㄹ' 아래 "한정"을 뜻하는 의존명사로 쓰인 것이다. 자료와 비슷한 시기의 다른 문헌에는 "정도"의 의미로 사용된 '만'이 이곳과 동일한 '-ㄹ 만 ᄒ-'의 구성으 로 나타나기도 한다. 예 : 냥시 그 지아비 먼리 갈 만 ᄒ여 적댱을 쓰지저 굴오디<오륜행실도(1797) 3 : 45b~46a>. "한정"과 관련될 '-ㄹ 만 ᄒ-' 구성은 현대국어에서 '-기만 하-' 구성으로 대치되어 쓰인다.

3 ᄌ해 : 자하(子夏)가. 중국 춘추 시대의 유학자로, 본명은 복상(卜商)이며 공자의 제자로서 십철(十哲)의 한 사람이다. 위(衛)나라 문후(文侯)의 스승으로 시와 예(禮)에 능통하였는데, 특히 예의 객관적 형식을 존중하였다.

▸▸▸ **출 전**

논어(論語) 학이(學而) 第六章

可以入德矣 洪氏曰 未有餘力而學文 則文滅其質 有餘力而不學文 則質勝而野 愚謂 力行而不學文 則無以考聖賢之成法 識事理之當然 而所行 或出於私意 非但失之於野而已

　子夏曰 賢賢 易色 事父母 能竭其力 事君 能致其身 與朋友交 言而有信 雖曰未學 吾必謂之學矣

子夏 孔子弟子 姓卜 名商 賢人之賢而易其好色之心 好善有誠也 致 猶委也 委致其身 謂不有其身也 四者 皆人倫之大者 而行之必盡其誠 學求如是而已 故 子夏言有能如是之人 苟非生質之美 必其務學之至 雖或以爲未嘗爲學 我必謂之已學也 ○ 游氏曰 三代之學 皆所以明人倫也 能是四者 則於人倫厚矣 學之爲道何以加此 子夏以文學名而其言如此 則古人之所謂學者 可知矣 故 學而一篇 大抵皆在於務本 吳氏曰 子夏之言 其意善矣 然 詞氣之間 抑揚大(太) 過 其流之弊 將或至於廢學 必若上章夫子之言然後 爲無弊也

▸▸▸ **현 대 어 역**

〈2 : 3b〉

　　가히 써 덕(德)에 들리라. ○ 주자(朱子)가 이르시되, 힘써 행하기만 하고 글을 배우지 아니한즉 (써) 성현(聖賢)의 인법(人法)을 상고(詳考, 꼼꼼하게 따져서 검토하거나 참고함)하고 사리(事理)의 당연한 바를 알 길이 없는지라. 그 행(行)하는 바가 혹 사의(私意)로나 그른 (=그릇된) 데로 돌아가기 쉬우니라.

자하(子夏) 왈(曰), 현현(賢賢)하되 역색(易色)하며, 사부모(事父母)하되 능갈기력(能竭其力)하며, 사군(事君)하되 능치기신(能致其身)하며, 여붕우교(與朋友交)하되 언이유신(言而有信)이면, 수왈미학(雖曰未學)이라도 오필위지학의(吾必謂之學矣)니라.

　　자하(子夏)가【자하(子夏)는 공자(孔子) 제자(弟子)니 이름은 상(商)이요, 성은 복(卜)이라.】 이르되, 어진 이를 어질게 여기되 색(色)을 바꾸며, 부모를 섬기되 능히 힘을

▶▶▶ 원문 판독

〈2 : 4a〉

히 ᄒᆞ며 님군을 셤기ᄃᆡ 능히 몸을 닐위며〔致〕[1] 붕우(朋友)^

로 더브러 사괴매 말ᄊᆞᆷ이 밋브미〔信〕 이시면 비록 ᄀᆞᆯ^

오ᄃᆡ 혹(學)디 못ᄒᆞ얏다 ᄒᆞ나 나는 반ᄃᆞ시 혹(學) ᄒᆞ얏다

ᄒᆞ리라【이 네 가지ᄂᆞᆫ 다 인륜(人倫) 큰 거시라 극진이 홀 거시니 혹(學)이 블과 이러

ᄒᆞᆯ 구(求)홀 ᄯᆞᄅᆞᆷ이라 그런 고로 ᄌᆞ하(子夏)의 말이 〃러ᄒᆞ니라】

오시(吳氏) ᄀᆞᆯ오ᄃᆡ【일홈은 역(棫)이오 ᄌᆞ(字)ᄂᆞᆫ 지초{로}(才老)니 건안(建安) 사ᄅᆞᆷ

이라】ᄌᆞ하(子夏)의 말이 그 ᄠᅳᆺ이 됴ᄒᆞ^

나 그러나 그 말ᄊᆞᆷ이 어{억}양(抑揚)이 너모 과(過)ᄒᆞ야 그 흐르ᄂᆞᆫ 폐(弊ㅣ)

쟝ᄎᆞᆺ 폐혹(廢學)ᄒᆞ기의 니를 거시니 반ᄃᆞ시 웃 댱(章)의야

폐(弊ㅣ) 업ᄉᆞ리라

증ᄌᆞ(曾子)ㅣ 왈(曰) 신죵츄원(愼終追遠)이면 민덕(民德)이 귀호{후}의(歸厚矣)리라

증지(曾子ㅣ)[2] ᄀᆞᆯ오샤ᄃᆡ ᄆᆞᄎᆞᆷ을 삼가며 먼 ᄃᆡᄅᆞᆯ 밀위면[3] 빅^

▶▶▶ 주 석

1 닐위며 : 이르게 하며. 이곳의 '닐위-'는 중세국어의 '니르위-'에 소급할 어형이다. '니르위-'는 '니르〔到〕-'에 사동 접사 '-위-'가 결합한 것으로 주로 원문의 '致'나 '效'를 번역하는 데 쓰였다. '니르위-'는 ≪소학언해 (小學諺解)≫(1586)를 위시하여 16세기 후반 문헌부터는 '닐위-'(예 : 안햇 지계를 <u>닐위</u>고 밧긔 지계를 흩ᄒᆞ야(致齊於內 散齊於外)<2 : 26a>) 혹은 '니뤼-'로 등장하는데, 원문의 '致, 效'에 대응되어 쓰이는 점은 여전하지만 문맥에 따라 "이르게 하다", "이루다"를 비롯, "이르다"와 같은 자동사적 의미로까지 다양한 해석을 받을 수 있었던 것이 특징이다.

2 증지 : 증자(曾子)가. '증자(曾子)'는 증삼(曾參)을 높여 이르는 이름이다. 중국 노(魯)나라의 유학자이며, 자는 자여(子輿)이다. 공자의 덕행과 사상을 조술(祖述)하여 공자의 손자인 자사(子思)에게 전하였다. 후세 사람이 높여 증자(曾子)라고 일컬으며, 저서에 ≪증자≫, ≪효경≫ 따위가 있다.

▸▸▸ **출 전**

논어(論語) 학이(學而) 第七章

曾子曰 愼終追遠 民德 歸厚矣

〔〕 愼終者 喪盡其禮 追遠者 祭盡其誠 民德歸厚 謂下民化之 其德亦歸於厚 蓋終者 人之所易忽也 而能謹之 遠者 人之所易忘也 而能追之 厚之道也 故 以此自爲 則己之德厚 下民化之 則其德亦歸於厚也

▸▸▸ **현대어역**

〈2 : 4a〉

갈진(竭盡, 바닥이 드러날 정도로 힘을 다함)히 하며, 임금을 섬기되 능히 몸을(=자신을) 이르게 하며, 붕우(朋友)로 더불어 사귐에(=사귈 때) 말씀이 미더움이 있으면, 비록 가로되(=말하기를) 학(學)하지 못하였다 하나 나는 반드시 학(學)하였다 하리라.【이 네 가지는 다 인륜(人倫)의 큰 것이라 극진이 할 것이니, 학(學)이 불과(=다만) 이러함을 구(求)할 따름이라. 그런 고로 자하(子夏)의 말이 이러하니라.】 오씨(吳氏)가 이르되,【이름은 역(棫)이요, 자(字)는 재로(才老)이니 건안(建安) 사람이라.】 자하(子夏)의 말이 그 뜻이 좋으나 그러나 그 말이 억양(抑揚, 혹은 억누르고 혹은 찬양함)이 너무 과(過)하여, 그 흐르는 폐(弊)가 장차 폐학(廢學, 학업을 중도에 그만둠)하기에 이를 것이니 반드시 윗 장(章)에야(=윗 장의 말씀이 있고 난 후에야) 폐(弊)가 없으리라.

증자(曾子)가 왈(曰), 신종추원(愼終追遠)이면 민덕(民德)이 귀후의(歸厚矣)리라.

　증자(曾子)가 이르시되, 마침을(=마칠 때를) 삼가며(=조심하며) 먼 데를 밀고 나아가면

▸▸▸ **주 석**

3 밀위면 : 밀고 나아가면. 밀고 나아가면. 이곳의 '밀위-'는 '밀-'에 사동 접사 '-위-'가 결합한 어형이다. '밀-'의 사동사로는 '밀위-' 외에 사동 접사 '-오/우-'가 결합한 '미로/미루-'가 있지만 이것은 "委(미루다, 넘기다)"의 의미로 쓰여 의미상에 다소 차이가 있다. 예 : 패군훈 죄룰 내게 <u>미루고겨</u> 흐ᄂᆞᆫ다<오륜행실도(1797) 1 : 21a>. 이곳의 '밀위-'는 다른 18세기 문헌에 '밀외/미뢰/미뤼-' 등 여러 가지 표기로 등장하는데, 이들 어형은 "委"보다 이곳과 같이 "推(밀고 나아가다)"의 의미로 쓰인 예가 대부분이다. 예 : 父母 셤기ᄂᆞᆫ 道룰 舅姑에 <u>미뢰면</u> 써 다시 더으며<여사서언해(1736) 3 : 53b>, 교홰 ᄯ죠ᄒᆞᆫ ᄒᆞ 어질 인 ᄠᅳᆮ를 <u>미뤼여</u> 널니기에 지나지 아닐 ᄯᆞ름이라<字恤典則(1783) 3a>.

▸▸▸ **원문 판독**

〈2 : 4b〉

셩의 덕이 둣거온〔厚〕 디 도라가리라【우희 사룸이 샹ᄉ(喪事)의 그 녜(禮)룰 극진이 ᄒ
며 졔사(祭祀)의

그 졍셩(精誠)을 극진이 ᄒ면 아래 빅셩이 화(化)ᄒ야 빅셩의 덕이 쪼ᄒ 둣거온〔厚〕
디 도라가리라 말이라 대개 송죵(送終)은 사룸이 홀(忽)ᄒ기 쉬온 배어눌 능히

삼가ᄒ고 먼 디 조샹(祖上)은 사룸의 닛기〔忘〕 쉬온 배어눌 능히 밀위ᄂᆞᆫ〔追〕 거슨 ᄒ

도리(道理)라 고로 일로ᄡᅥ 스스로[1] ᄒ즉 내 몸의 덕이 후(厚)ᄒ고 빅셩이 화(化)ᄒ야

그 덕이 후(厚)ᄒ 디로 도라가ᄂᆞ니라】

ᄌᆞ(子) ㅣ 왈(曰) 부지(父在)예 관기지(觀其志)오 부몰(父沒)애 관기힝(觀其行)이니 삼년
(三年)을 무^

ᄀᆡ어블{부}지도(無改於父之道)라야 가위효의(可謂孝矣)니라

  ᄌᆞ(子ㅣ) ᄀᆞᆯ오샤ᄃᆡ 아비 이시매 그 ᄯᅳᆮ을 보고 아비 죽으매 그 힝^

  실(行實)을 보나 삼년(三年)을 아뷔[2] 도(道)애 고티미 업서야 가^

  히 효(孝)라 니ᄅᆞ리라 아비 이시면 ᄌᆞ식이 시러곰 쳔ᄌᆞ(擅恣)^

  티 못ᄒᄂᆞᆫ디라 그 지취(志趣)의 엇더ᄒᆞᆷ믈 볼 거시오 아비

▸▸▸ **주 석**

1 스스로 : 스스로. 중세국어에서는 '스스로'나 '스ᅀᅳ로'가 일반적이지만, 근대국어에서는 '스스로'와 함께 이
  곳처럼 (비어두음절의) 'ㆍ>ㅡ'의 변화와 반대되는 '스스로'가 많이 쓰이는 것이 특징이다.

2 아뷔 : 아비의. '아비+-의'와 같이, '아비〔父〕'에 속격 조사 '-의'가 결합되면 '아비'의 마지막 모음 'ㅣ'가
  탈락되어 '아븨'로 나타나는 것이 일반적인 형태였다. 예 : 제 몸으로 아븨 주구믈 ᄃᆡ신ᄒᆞ야지라 비더라
  〈번역소학(1517) 9 : 31b〉. 이곳의 '아뷔'는 '아븨'의 두 번째 음절에서 순자음 'ㅂ'의 영향으로 원순모음
  화 현상이 일어나 'ㅡ'가 'ㅜ'로 바뀐 형태이다.

▶▶▶ 출 전

논어(論語) 학이(學而) 第九章

子曰 父在 觀其志 父沒 觀其行 三年 無改於父之道 可謂孝矣

〔〕 <u>父在 子不得自專 而志則可知 父沒然後其行可見 故 觀此 足以知其人之善惡 然 又必能三年 無改於父之道 乃見其孝 不然則所行雖善 亦不得爲孝矣 ○ 尹氏曰 如其道 雖終身無改 可也 如 其非道 何待三年 然則三年無改者 孝子之心 有所不忍故也 游氏曰 三年無改 亦謂在所當改而可 以未改者耳</u>

▶▶▶ 현대어역

〈2：4b〉

　　백성의 덕이 두꺼운(＝두터운) 데로 돌아가리라.【윗사람이 상사(喪事)에 그 예(禮)를 극진 이 하며 제사(祭祀)에 그 정성(精誠)을 극진히 하면 아래 (있는) 백성이 화(化, 교화를 입 음)하여 백성의 덕이 또한 두꺼운(＝두터운) 데 돌아가리라 (한) 말이라. 대개 송종(送終, 장례)은 사람이 홀(忽, 소홀함)하기 쉬운 바이거늘 능히 삼가고(＝조심하고), 먼 데 (있는) 조상(祖上)은 사람이 잊기 쉬운 바이거늘 능히 밀고 나아가는 것은 한(＝같은) 도리(道理) 이라. 고로 이로써 스스로 한즉 내 몸의 덕이 후(厚)하고 백성이 화(化)하여 그 덕이 후 (厚)한 데로 돌아가느니라.】

　자(子)가 왈(曰), 부재(父在)에 관기지(觀其志)요, 부몰(父沒)에 관기행(觀其行)이니, 삼년(三年) 을 무개어부지도(無改於父之道)라야 가위효의(可謂孝矣)니라.

　　공자(孔子)가 이르시되, 아비가 있으매(＝살았을 때) 그 뜻을 보고 아비가 죽으매(＝죽었을 때) 그 행실(行實)을 보나, 삼년(三年)을 아비의 도(道)에 고침이 없어야 가히 효(孝)라 이 르리라. 아비가 있으면 자식이 능히 천자(擅恣, 제 마음대로 하여 조금도 꺼림이 없음)치 못하 는지라. 그 지취(志趣, 의지와 취향)가 어떠함을(＝어떠한지를) 볼 것이요, 아비가

▶▶▶ **원문 판독**

〈2 : 5a〉

죽은 후의야 그 힝ㅎ는 일을 가히 볼 거시니 그러^
나 쏘 반드시 삼년(三年)을 능히 아븨 도(道)롤 고티미 업서^
야 이에 효(孝)라 니르리라 말이라 ○ 윤시(尹氏) 굴오디 만일
아븨 일이 올흐면 비록 죵신(終身)토록[1] 고티미 업서^
도 가(可)ㅎ거니와 만일 그른 일이면 엇디 삼년(三年)을 기^
드리리오 그러나 삼년을 곳티미 업손 쟈(者)는 효주(孝子)의
ㅁ옴이 춤아 못ㅎ미 잇는 연고(緣故)ㅣ라 ○ 유시(游氏) 굴오디
【일홈은 쟉{초}(酢)이오 주(字)는 졍부(定夫)ㅣ니 송(宋)적 사롬이라】삼년(三年)의
곳티미[改] 업손 쟈(者)는 쏘ᄒᆞᆫ 맛당이 곳틸 바의 이시디 뼈 곳티디 못ㅎ야도 가(可)
ㅎ믈 니르^
미라

▶▶▶ **주 석**

1 죵신토록 : 죵신(終身)토록. 자료와 비슷한 시기의 다른 문헌에는 '죵신ᄐ록'으로 나타나기도 한다. '죵신
ᄒ-'의 존재를 감안할 때(예 : 풀 불히롤 키여 먹다가 ᄒ가지로 고구려 나라히 드러가 죵신ᄒ니라<오륜행
실도 3 : 63b>), 이곳의 '죵신토록'은 '죵신ᄒ-'에 "到及"의 연결형 '-도록'이 결합한 것으로 분석될 어형
이다. '-ᄐ록'과 '-토록'의 공존은 후행 음절 /ㄴ/의 영향으로 '-드록>-도록'의 변화가 일어난 결과인데,
이같이 /ㄹ/을 개재 자음으로 하여 일종의 역행적 원순성 동화가 일어난 예는 이미 중세국어부터 'ᄠ로~
ᄯ로, 보야ᄒ로~보야호로, ᄌᄀ로~ᄌ고로, -ᄋ로~-오로' 등의 공존에서 확인된다. 중세국어 이래 '-ᄃ

▶▶▶ **출 전**

논어(論語) 학이(學而) 第十一章

▶▶▶ **현대어역**

〈2 : 5a〉

　죽은 후에야 그 행하는 일을 가히 볼 것이니, 그러나 또 반드시 삼년(三年)을 능히 아비의 도(道)를 고침이 없어야 이에 효(孝)라 이르리라 (한) 말이라. ○ 윤씨(尹氏)가 이르되, 만일 아비의 일이 옳으면 비록 종신(終身)토록 고침이 없어도 가(可)하거니와, 만일 그른 일이면 어찌 삼년(三年)을 기다리리요? 그러나 삼년(三年)을 고침이 없는 자(者)는 효자(孝子)의 마음이 차마 못함이 있는 연고(緣故)이니라. ○ 유씨(游氏)가 이르되,【이름은 초(酢)요, 자(字)는 정부(定夫)이니 송(宋)적(＝송나라 때) 사람이라.】삼년(三年)에 고침이 없는 것은 또한 마땅히 고칠 바가 있으되 고치지 못하여도 가(可)함을 이름이라.

▶▶▶ **주 석**

록/도록'은 동사나 형용사뿐 아니라 계사나 일부 체언 뒤에도 분포하여 현대국어 '-도록'과는 차이가 있었다. 예 : 午時ᄃ록 니러 안자쇼몰 하눌히 불굴 적브터 호라(午時起坐自天明)<두시언해 21 : 22>, 어믜 거상애…니수어 군시 니러날시 여듧 히ᄃ록 영중을 몯ᄒᆞ야(母喪애…繼以師旅ᄒᆞ시 八年ᄂᆞᆯ 不得營葬ᄒᆞ야)<번역소학 9 : 32> ; 전의는 네 통도록 만히 밧으니<신전자초방언해 10a>. 이 같은 용법의 '-ᄃ록/도록'은 현대국어에 이어지지 못하였지만, 다만 이곳과 같이 주로 한자어 체언 뒤에서 '-ᄒᆞᄃ록/ᄒᆞ도록'의 축약형으로 나타나던 '-ᄐ록/토록'은 오히려 한자어가 아닌 다른 체언에까지 분포를 확대하여 현대국어에는 '이토록, 그토록, 저토록 ; 종일토록, 평생토록'과 같이 새로운 어사가 등장하기에 이르렀다. 이들 어사에 포함된 '-토록'은 연결형의 '-도록'과 구분되어 "정도나 수량에 다 차기까지의 뜻을 나타내는 보조사" (≪표준국어대사전≫)로 처리되고 있다.

▶▶▶ 원문 판독

〈2 : 5b〉

유즈(有子)ㅣ 왈(曰) 녜지용(禮之用)이 화위귀(和爲貴)ᄒᆞ니라

　유지(有子ㅣ)【공즈(孔子) 뎨지(弟子ㅣ)니 일홈은 약(若)이니 로(魯) 사ᄅᆞᆷ이라】 ᄀᆞᆯ오디 녜(禮)의 쓰이미 화(和)ᄒᆞ미

　귀(貴)ᄒᆞ니라【녜(禮)란 거슨 하ᄂᆞᆯ 리(理)의 졀조며〔節〕 문치(文彩)오 사ᄅᆞᆷ의 위의(威儀)와 법도(法度)요 화(和)ᄂᆞᆫ 종용(從容)ᄒᆞ야 박졀(迫切)티 아닌 ᄯᅳᆺ이니 녜(禮)의 폐단(弊端)이

　비록 엄(嚴)ᄒᆞ나 그러나 즈연(自然)ᄒᆞᆫ 니(理)로 나ᄂᆞᆫ〔出〕 고로 그 ᄡᅳ이ᄂᆞᆫ 거시 반드시 종용(從容)ᄒᆞ고 박졀(迫切)티 아니ᄒᆞ여야 이에 가히 귀(貴)ᄒᆞ니라】

밍의즈(孟懿子)ㅣ 문효(問孝)ᄒᆞᆫ대 즈(子)ㅣ 왈(曰) 무위(無違)니라

　밍의지(孟懿子ㅣ)【로국(魯國) 태우〔大夫〕 듕손시(仲孫氏)니 일홈은 하긔(何忌)라】 효(孝)ᄅᆞᆯ 뭇ᄌᆞ온대 지(子ㅣ) ᄀᆞᆯ오샤디

　어긔오미〔違〕 업ᄂᆞ니라【어긔오미〔違〕 업다 말은 니(理)의 어긔오미 업다 말이라】

번지(樊遲) 왈(曰) 하위야(何謂也)잇고 즈(子)ㅣ 왈(曰) 싱ᄉᆞ지이례(生事之以禮)ᄒᆞ며 ᄉᆞ장지이례(死葬之以禮)ᄒᆞ며

졔지이례(祭之以禮)니라

　번지(樊遲)【공즈(孔子) 뎨즈(弟子)니 일홈은 슈(須)라】 ᄀᆞᆯ오디 어이 니ᄅᆞ미니잇고 지(子ㅣ) ᄀᆞᆯ오샤디 사라^

▸▸▸ **출 전**

논어(論語) 학이(學而) 第十二章

有子曰 禮之用 和爲貴 (先王之道 斯爲美 小大由之)

〔〕 禮者 天理之節文 人事之儀則也 和者 從容不迫之意 蓋禮之爲體雖嚴 然 皆出於自然之理 故其爲用 必從容而不迫 乃爲可貴 (先王之道此其所以爲美而小事大事無不由之也)

孟懿子問孝 子曰 無違

〔〕 孟懿子 魯大夫仲孫氏 名何忌 無違 謂不背於理

樊遲曰 何謂也 子曰 生事之以禮 死葬之以禮 祭之以禮

▸▸▸ **현대어역**

〈2 : 5b〉

유자(有子)가 왈(曰), 예지용(禮之用)이 화위귀(和爲貴)하니라.

　　유자(有子)가【공자(孔子) 제자(弟子)이니 이름은 약(若)이니 노(魯) 사람이라.】이르되, 예(禮)의 쓰임이 화(和)함이 귀(貴)하니라.【예(禮)란 것은 하늘 이(理)의 절조이며 문채(文彩)이고 사람의 위의(威儀)와 법도(法度)요, 화(和)는 종용(從容)하여 박절(迫切)하지 아니한 뜻이니, 예(禮)의 폐단(弊端)이 비록 엄(嚴)하나(＝엄한 데 있으나) 그러나 (예가) 자연(自然)한 이(理, 이치)로부터 나는 고로, 그 쓰이는 것이 반드시 종용(從容)하고 박절(迫切)치 아니하여야 이에 가히 귀(貴)하니라.】

맹의자(孟懿子)가 문효(問孝)한대, 자(子)가 왈(曰), 무위(無違)니라.

　　맹의자(孟懿子)가【노국(魯國) 대부(大夫) 중손씨(仲孫氏)이니 이름은 하기(何忌)라.】효(孝)를 묻자온대(＝효에 대하여 여쭈어 보니), 공자(孔子)가 이르시되, 어김이 없는 것이니라.【어김이 없다는 말은 이(理, 이치)에 어김이 없다는 말이라.】

번지(樊遲)가 왈(曰), 하위야(何謂也)잇고. 자(子)가 왈(曰), 생사지이례(生事之以禮)하며 사장지이례(死葬之以禮)하며 제지이례(祭之以禮)니라.

　　번지(樊遲)가【공자(孔子) 제자(弟子)이니 이름은 수(須)라.】말하되, 어이 이름입니까(＝이르시는 것입니까)? 공자(孔子)가 이르시되,

▸▸▸ **원문 판독**

〈2 : 6a〉

시매 섬기〃롤 녜(禮)로쎠 ᄒ며 죽으매(死) 영장(營葬)을 녜(禮)로쎠
ᄒ며 졔ᄉ(祭祀)룰 녜(禮)로쎠 홀디니라 사라시매 섬기고 죽^
으매 영장(營葬)ᄒ고 졔ᄉ(祭祀)ᄒ미 친(親)을 셤기매 시종(始終)이 ᄀ^
자시니〔具〕 ᄒ골ᄀ티 녜(禮)로 ᄒ야 구챠(苟且)티 아니면 그 어버이^
룰 존(尊)ᄒ미 지극(至極)ᄒ니라 ○ 호시(胡氏ㅣ) ᄀᆯ오디【일홈은 인(寅)이오 ᄌ(字)
ᄂ 영{명}듕(命仲)이^
오 호(號)ᄂ 치당(致堂)이니 건안(建安) 사ᄅᆷ이오 호안뎡(胡安定) 아ᄃᆯ이라 송(宋)
고종(高宗)[1] 젹 사ᄅᆷ이라】사ᄅᆷ이 그 어버이게 효도ᄒ^
고져 ᄆᆞ옴이 비록 무궁(無窮)ᄒ나 각〃 분(分)의 흔(限)이 〃시니
분(分)의 홀 일 못ᄒᆞᄂ 것과 분(分)의 못홀 거슬 못ᄒ^
ᄂ 거시 ᄀᆺ티 블효(不孝)니 닐온 바 녜(禮)로쎠 ᄒ다 ᄒᄂ 쟈(者)ᄂ
그 시러곰 분(分)의 ᄒ얌죽ᄒᆫ[2] 바롤 홀 ᄯᄅᆷ이니라

▸▸▸ **주 석**

1 송 고종 : 송(宋) 고종(高宗). 중국 남송(南宋)의 제1대 황제(1107~1187). 도읍을 임안(臨安)으로 옮
 기고 금(金)나라와 화의를 맺었으며 남송의 기초를 구축하였다.

▸▸▸ **출 전**

논어(論語) 위정(爲政) 第五章

〔〕 <u>生事葬祭 事親之始終具矣</u> 禮 卽理之節文也 <u>人之事親 自始至終 一於禮而不苟 其尊親也至</u>
<u>矣</u> 是時 三家僭禮 故 夫子以是警之 然 語意渾然 又若不專爲三家發者 所以爲聖人之言也
○ <u>胡氏曰 人之欲孝其親 心雖無窮 而分則有限 得爲而不爲 與不得爲而爲之 均於不孝 所謂以</u>
<u>禮者 爲其所得爲者而已矣</u>

▸▸▸ **현대어역**

〈2 : 6a〉

살았으매(=살았을 때) 섬기기를 예(禮)로써 하며 죽으매(=죽었을 때) 영장(營葬, =送葬)을
예(禮)로써 하며 제사(祭祀)를 예로써 할지니라. 살았을 때 섬기고 죽었을 때 영장(營葬,
=送葬)하고 제사(祭祀)함이, 친(親, 어버이)을 섬김에 시종(始終)이 갖추어졌으니, 한결같
이 예(禮)로 하여 구차(苟且)하지 아니하면 그 어버이를 존(尊)함이(=높임이) 지극(至極)하
니라. ○ 호씨(胡氏)가 이르되【이름은 인(寅)이요, 자(字)는 명중(命仲)이요, 호(號)는 치
당(致堂)이니 건안(建安) 사람이요, 호안정(胡安定) 아들이라. 송(宋) 고종(高宗) 적 사람이
라.】사람이 그 어버이에게 효도하고자 (하는) 마음이 비록 무궁(無窮)하나 각각 분(分,
분수)에 한(限, 한계)이 있으니, 분(分)에 할 일을 못하는 것과 분(分)에 못할 것을 못하는
것이 같이(=모두) 불효(不孝)이니, 이른바 예(禮)로써 한다 하는 것은 그 능히 분(分, 분
수)에 할 만한(=해야 마땅한) 바를 할 따름이니라.

▸▸▸ **주 석**

2 ᄒᆞ얌죽한 : 함직한. 할 만한. 이곳의 'ᄒᆞ얌죽ᄒᆞ-'는 'ᄒᆞ-'에 "可望"(=가히 ~할 만하다/~할 수 있다)을 뜻
하는 '-암죽ᄒᆞ-'가 결합한 어형이다. '-암죽ᄒᆞ-'에는 기원적으로 "강세"의 뜻을 더하는 선어말어미 '-아/어-'
가 포함된 것으로 추정되는데, 이곳에서는 선행 어간의 형태론적 조건('ᄒᆞ-' 뒤)에 따른 교체형 '-야-'가
선택된 결과 '-얌죽ᄒᆞ-'로 나타난 것이다. '-암/엄죽ᄒᆞ-'는 18세기 말부터 (선어말어미 '-아/어-'의 쇠퇴에
따른) '-암/엄->-음-'의 변화로 '-음즉ᄒᆞ-'의 꼴로 쓰이다가 현대국어에는 (치음 아래) 전설모음화까지
겪어 '-음직하-'로 남았다.

▶▶▶ **원문 판독**

〈2 : 6b〉

쥬지(朱子ㅣ) 굴오샤디 삼개(三家ㅣ)【삼가(三家)는 밍손시(孟孫氏) 즁손시(仲孫氏)
니 노국(魯國) 종족(宗族)이라 말이라】녜(禮)를 춤남(僭濫)^
히 ᄒᆞ야 왕실(王室)과 ᄀᆞ티 ᄒᆞ는 고로 공ᄌᆞ(孔子ㅣ) 일로뻐 밍의ᄌᆞ(孟懿子)^
를 경계(警戒)ᄒᆞ시니 말숨 뜻이 호{혼}연(渾然)ᄒᆞ야 또 삼가(三家)만
젼(專)혀 위ᄒᆞ야 니ᄅᆞ신 것 ᄀᆞᆺ디 아니ᄒᆞ미 이 진실로 셩^
인(聖人)의 말숨이니라
밍부빅(孟武伯)이 문효(問孝)ᄒᆞᆫ대 ᄌᆞ(子)ㅣ 왈(曰) 부모(父母)는 유기질지우(唯其疾之
憂)시니라
　밍무빅(孟武伯)이【의자(懿子)의 아들이니 일홈은 톄(彘)라】효(孝)를 뭇ᄌᆞ온대 지
(子)ㅣ 굴오샤디
부모는 병들가 근심ᄒᆞ시ᄂᆞ니라【닐온[1] 부모의 ᄌᆞ식 ᄉᆞ랑ᄒᆞ는 ᄆᆞ음이 극진ᄒᆞᆫ 배 업디
아니^
ᄒᆞ디 그 병이 〃실가 샹해〔常〕 뻐 근심ᄒᆞᄂᆞ니 ᄌᆞ식 되니 부모의 ᄆᆞ음을 톄험(體驗)ᄒᆞ
야 그 ᄆᆞ음을 딕희는〔守〕[2] 밧 재(者ㅣ) 삼가미 업스면 엇디 가히 회(孝ㅣ) 아니리
오】○ 녯
주(註)의【녯 셩현(聖賢)이 경셔(經書) 주(註)를 내얏더니 고텨 내야 겨시매 녯 주
(註)를 뎡주(程註)라 ᄒᆞᄂᆞ니라】ᄒᆞ야시디 사름의 ᄌᆞ식

▶▶▶ **주 석**

1 닐온 : 이른바. '닐온'은 기원적으로 '니르/니ᄅᆞ-〔曰〕'에 선어말어미 '-오-'가 결합된 '니로-'의 동명사형에
　해당한다. 다른 근대 문헌에는 '니론, 니론바'가 주로 나타나나, 이 문헌에서는 "이른바"의 의미로 사용된
　경우에는 '닐온'을 사용하고, "이르는"의 의미로는 '니론' 형태를 구분하여 사용하고 있다.
2 딕희는 : 지키는. 이곳의 '딕희-'는 중세 문헌(≪석보상절≫ 제외)에서 주로 '디킈-'나 '딕킈-'(16세기 이
　후)로 나타나던 것이다. 근대 문헌에서는 어중 유기음 /ㅋ/을 재음소화한 '딕희-' 혹은 '딕희-'의 표기로
　나타나는 것이 일반적이다.

▸▸▸ 출 전

논어(論語) 위정(爲政) 第六章

孟武伯問孝 子曰 父母 唯其疾之憂

〔〕武伯 懿子之子 名彘 言父母愛子之心 無所不至 唯恐其有疾病 常以爲憂也 人子體此而以父母之心爲心 則凡所以守其身者 自不容於不謹矣 豈不可以爲孝乎 舊說 人子能使父母 不以其陷於不義爲憂 而獨以其疾爲憂 乃可爲孝 亦通

▸▸▸ 현대어역

〈2 : 6b〉

　　주자(朱子)가 이르시되, 삼가(三家)가【삼가(三家)는 맹손씨(孟孫氏)와 중손씨(仲孫氏)이니 노국(魯國) 종족(宗族, 성과 본이 같은 겨레붙이)이라 말이라.】예(禮)를 참람(僭濫)히 하여 왕실(王室)과 같이 하는 고로 공자(孔子)가 이로써 맹의자(孟懿子)를 경계(警戒)하시니, 말씀 뜻이 혼연(渾然, 차별이나 구별이 없음)하여 또 삼가(三家)만 전혀(=오로지) 위하여 이르신 것 같지 아니함이 이것이 진실로 성인(聖人)의 말씀이니라.

맹부백(孟武伯)이 문효(問孝)한대 자(子)가 왈(曰), 부모(父母)는 유기질지우(唯其疾之憂)시니라.
　　맹무백(孟武伯)이【의자(懿子)의 아들이니 이름은 체(彘)라.】효(孝)를 묻자온대(=여쭈자), 공자(孔子)가 이르시되, 부모는 (자식이) 병들까 근심하시느니라.【이른바 부모의 자식 사랑하는 마음이 극진한 바가 없지 아니하되 그 병이 있을까 항상 (써) 근심하나니, 자식 된 이가 부모의 마음을 체험(體驗)하여 그 마음을 지키는 바의 것이 삼감이(=조심함이) 없으면 어찌 가히 효(孝)가 아니리요?】○ 옛 주(註)에【옛 성현(聖賢)이 경서(經書) 주(註)를 내었는데 다시 내셨으매 옛 주(註)를 정주(程註)라 하느니라.】하였으되, 사람이 자식을

▶▶▶ **원문 판독**

〈2 : 7a〉

두니 능히 부모로 ᄒ야곰 그 블의(不義)예 ᄲᅡ디기로 근심을

아니ᄒ고 홀로 그 병들가 근심ᄒ면 가히 ᄡᅥ 회(孝ㅣ)라

니ᄅ리라 ᄒ니 ᄯᅩᄒᆞᆫ 통(通)ᄒ다

ᄌᆞ위(子游ㅣ) 문효(問孝)ᄒ대 ᄌᆞ(子)ㅣ 왈(曰) 금지효쟈(今之孝者)ᄂᆞᆫ 시위능양(是謂能養)이니 지어견^

마(至於犬馬)ᄒ야도 기능유양(皆能有養)이니 블경(不敬)이면 하이별호(何以別乎)ㅣ리오

ᄌᆞ유(子游)[1]【공ᄌᆞ(孔子) 뎨ᄌᆞ(弟子)니 셩(姓)은 언(言)이오 일홈도 언(偃)이라】효(孝)ᄅᆞᆯ 뭇ᄌᆞ온대 지(子)ㅣ ᄀᆞᆯ오샤ᄃᆡ 이^

지 효(孝)ᄒᆞᆫ 쟈(者)ᄂᆞᆫ 이 닐온 능히 친다[養] ᄒᆞᆯ 거시니 지어견^

마(至於犬馬)의 니ᄅᆞ러도 다 능히 치미[養] 이시니 공경티 아니면 엇^

디 ᄡᅥ 각별(各別)ᄒ리오【치다[養] 말은 음식(飮食)을 이밧ᄂᆞᆫ다 말이니 견마(犬馬)도 먹여 기ᄅᆞᄂᆞ니 만일 그 어버이ᄅᆞᆯ 이바들 만 ᄒ고[2] 공경^

ᄒ미 극진티 아니면 견마(犬馬) 먹여 치믈 엇디 다ᄅᆞ리오 ᄒ시니 심히 블경(不敬)ᄒᆞᆫ 죄ᄅᆞᆯ 니ᄅᆞ샤 깁히 경계(警戒)ᄒ시미라 호시(胡氏) ᄀᆞᆯ오ᄃᆡ 셰쇽(世俗)이 어버이ᄅᆞᆯ 셤기ᄃᆡ 능^

▶▶▶ **주 석**

1 ᄌᆞ유 : 자유(子游). 중국 춘추시대 노(魯)나라의 유학자(B.C. 506~?B.C. 445). 공문십철(孔門十哲) 의 한 사람으로, 자하(子夏)와 더불어 문학에 뛰어나고 예(禮) 사상이 투철하였다.

2 이바들 만 ᄒ고 : 받들기만 하고. 이곳의 '만'은 관형사형 '-ㄹ' 아래 "한정"을 뜻하는 의존명사로 쓰인 것이 다. 자료와 비슷한 시기의 다른 문헌에는 "정도"의 의미로 사용된 '만'이 이곳과 동일한 '-ㄹ 만 ᄒ-'의 구성 으로 나타나기도 한다. 예 : 낭시 그 지아비 먼리 <u>갈 만 ᄒ여</u> 적당을 ᄶᅮ지저 ᄀᆞᆯ오ᄃᆡ<오륜행실도(1797) 3 : 45b~46a>. "한정"과 관련될 '-ㄹ 만 ᄒ-' 구성은 현대어에서 '-기만 하-' 구성으로 대치되어 쓰인다.

▸▸▸ 출 전

논어(論語) 위정(爲政) 第七章

子游 問孝 子曰 今之孝者 是謂能養 至於犬馬 皆能有養 不敬 何以別乎

〔〕子游 孔子弟子 姓言 名偃 養 謂飮食供奉也 犬馬 待人而食 亦若養然 言人畜犬馬 皆能有以養之 若能養其親而敬不至 則與養犬馬者何異 甚言不敬之罪 所以深警之也

○ 胡氏曰 世俗事親 能養足矣 狃恩恃愛 而不知其漸流於不敬 則非小失也 子游 聖門高弟 未必至此 聖人直恐其愛踰於敬 故 以是深警發之也

▸▸▸ 현대어역

〈2 : 7a〉

　　둔 이가 능히 부모로 하여금 그 불의(不義)에 빠지기로(=빠질까) 근심을 아니하고 홀로(=다만) 그 병들까 근심하면(=근심하게 하면) 가히 써 효(孝)라 이르리라 하니 또한 통(通)한다.

자유(子游)가 문효(問孝)한대 자(子) 왈(曰), 금지효자(今之孝者)는 시위능양(是謂能養)이니 지어견마(至於犬馬)하여도 개능유양(皆能有養)이니 불경(不敬)이면 하이별호(何以別乎)리요.

　　자유(子游)가【공자(孔子) 제자(弟子)이니 성(姓)은 언(言)이요, 이름도 언(偃)이라.】효(孝)를 묻자온대(=여쭈자), 공자(孔子)가 이르시되, 이제 효(孝)하는 자(者)는 이것이 이른바 능히 친다(=봉양함에 있다) 할 것이니, 지어견마(至於犬馬)에 이르러도 다 능히 침이(=봉양함이) 있으니 공경(恭敬)치 아니하면 어찌 써 (견마와) 각별(恪別)하리요(=구별되리요)?【친다는 말은 음식(飮食)을 이바지한다는(=잘 대접한다는) 말이니, 견마(犬馬)도 먹여 기르나니, 만일 그 어버이를 이바지하기만 하고 공경함이 극진하지 아니하면 견마(犬馬)를 먹여 침을(=기름과) 어찌 다르리요 하시니, 심히 불경(不敬)한 죄를 이르시어 깊이 경계(警戒)하심이라. 호씨(胡氏)가 이르되, 세속(世俗)이 어버이를 섬기되

▶▶▶ **원문 판독**

〈2 : 7b〉

> 히 음식을 봉양(奉養)ᄒ면 죡(足)ᄒ 줄 아라 ᄉ랑ᄒ믈 미더 압닐ᄒ면 그 졈이 블경(不敬)ᄒ ᄃᆡ 니르니라】
>
> ᄌ하(子夏) 문효(問孝)ᄒᄃᆡ ᄌ(子)ㅣ 왈(曰) 식난(色難)이니라
>
> ᄌ해(子夏ㅣ) 효(孝)를 뭇ᄌ온대 직(子ㅣ) ᄀᆞᆯ오샤ᄃᆡ 빗치[色]¹ 어려오니라
>
> 【빗치 어렵다 말은 어버이를 셤기는 째의 오직 화(和)ᄒ 빗치 어렵다 말이니 대개 효ᄌ(孝子)의 깁흔 ᄉ랑은 반ᄃ시 화(和)ᄒ 긔운(氣運)이 잇고 화(和)ᄒ 긔운이 잇는 쟈는
>
> 반ᄃ시 깃븐 빗치 잇고 깃븐 빗치 잇는 쟈는 반ᄃ시 슌(順)ᄒ 빗치 잇ᄂ니라 뎡주(程註)의 부모의 빗츨 승슌(承順)ᄒ는 거시 어렵다 ᄒ니 ᄯᅩᄒ 통(通)ᄒ다】
>
> 팔일(八佾)
>
> 졔여지(祭如在)ᄒ시며 졔신여신직(祭神如神在)러시다
>
> 졔(祭)ᄒ시매 잇는 닷ᄒ야 ᄒ시며 신(神)에 졔(祭)ᄒ매 신(神)이 잇ᶺ
>
> 는 닷하야 ᄒ더시다【뎡지(程子ㅣ) ᄀᆞᆯ오샤ᄃᆡ 졔(祭)는 조샹(祖上)의 졔(祭)ᄒ는 거시오 졔신(祭神)은 산쳔(山川) ᄉ모의 졔(祭)ᄒ는 일이니 조션(祖先)의 졔(祭)ᶺ
>
> ᄒ믄 효(孝)를 쥬(主)ᄒ고 산쳔(山川)의 졔(祭)ᄒ믄 경(敬)을 쥬(主)ᄒ미라 이는 문인(門人)이 공ᄌ(孔子)의 졔사(祭祀)ᄒ실 적 셩의(誠意)의 나타나시믈 긔록(記錄)ᄒ미라】

▶▶▶ **주 석**

1 빗치 : 빛이. 15세기 국어에서는 단어의 마지막 'ㅊ'은 모음으로 시작하는 어미나 조사와의 결합되면 그 다음 음절로 이동하여 초성 위치에 표기되었다. 그런데 16세기에 오면, '빛'의 'ㅊ'을 '빗치'와 같이 표기하여 'ㅊ'을 'ㅅ+ㅊ'으로 하는 표기가 나타난다. '빗치'도 이러한 표기 경향이 반영된 것이다.

▶▶▶ **출 전**

논어(論語) 위정(爲政) 第八章

子夏 問孝 子曰 色難 有事 弟子服其勞 有酒食(사) 先生饌 曾是以爲孝乎

〔〕 <u>色難 謂事親之際 惟色爲難也</u> 食 飯也 先生 父兄也 饌 飮食之也 曾 猶嘗也 <u>蓋孝子之有深</u>
<u>愛者 必有和氣 有和氣者 必有愉色 有愉色者 必有婉容</u> 故 事親之際 惟色爲難耳 服勞奉養 未
足爲孝也 <u>舊說 承順父母之色 爲難</u> 亦通 ○ 程子曰 告懿子 告衆人者也 告武伯者 以其人多可
憂之事 子游 能養而或失於敬 子夏 能直義而或少溫潤之色 各因其材之高下 與其所失而告之 故
不同也

祭如在 祭神如神在

〔〕 <u>程子曰 祭 祭先祖也 祭神 祭外神也 祭先 主於孝 祭神 主於敬 愚謂此 門人記孔子祭祀之誠</u>
<u>意</u>

▶▶▶ **현대어역**

〈2 : 7b〉

　　능히 음식을 봉양(奉養)하면 족(足)한 줄 알아 사랑함을 믿어 압일하면 그 점이 불경(不
敬)한 데 이르니라.】

자하(子夏) 문효(問孝)한대, 자(子)가 왈(曰), 색난(色難)이니라.

　　자하(子夏)가 효를 묻자온대(=여쭈자), 공자(孔子)가 이르시되, 빛이(=얼굴빛이) 어려우니라.
　　【빛이(=얼굴빛이) 어렵다는 말은 어버이를 섬기는 때에 오직 화(和)한 빛이 어렵다는 말이
니, 대개 효자(孝子)의 깊은 사랑은 반드시 화(和)한 기운(氣運)이 있고, 화(和)한 기운이 있
는 자는 반드시 기쁜 빛이 있고, 기쁜 빛이 있는 자는 반드시 순(順)한 빛이 있느니라. 정주
(程註)에 부모의 빛을 승순(承順, 윗사람의 명령을 순순히 좇음)하는 것이 어렵다 하니 또한 통
(通)한다.】

　　팔일(八佾)

제여재(祭如在)하시며 제신여신재(祭神如神在)러시다.

　　제(祭)하심에(=제사하실 때에) 있는 듯하여 하시며, 신(神)에 제(祭)함에(=제사할 때에) 신(神)
이 있는 듯하여 하시었다. 【정자(程子)가 이르시되, 제(祭)는 조상(祖上)에게 제(祭)하는 것이
요, 제신(祭神)은 산천(山川) 사방에 제(祭)하는 일이니, 조선(祖先, =祖上)에 제함은 효(孝)
를 주(主, 위주로 함)하고, 산천(山川)에 제함은 경(敬)을 주(主, 위주로 함)함이라. 이는 문인
(門人)이 공자(孔子)가 제사(祭祀)하실 적에 (공자의) 성의(誠意)가 나타나심을 기록(記錄)함
이라.】

〈2 : 8a〉

ᄌᆞ(子)ㅣ 왈(曰) 오블여졔(吾不與祭)면 여블졔(如不祭)니라

ᄌᆞ(子ㅣ) ᄀᆞᆯ오샤ᄃᆡ 내 졔(祭)의 참예(參與)티 못ᄒᆞ면 졔(祭)ᄅᆞᆯ 아님과

ᄀᆞᆺᄐᆞ니라【내 당ᄶᅵ이 졔(祭)홀 ᄢᅢ의 혹 연고(緣故) 이셔 참예(參與)티 못ᄒᆞ고 다ᄅᆞᆫ 사ᄅᆞᆷ으로 ᄒᆞ야곰 셥ᄒᆡᆼ(攝行)ᄒᆞᆫ즉 시러곰 겨신 ᄃᆞᆺᄒᆞᆫ 졍셩(精誠)을 닐위디[1] 못ᄒᆞ^

ᄂᆞᆫ 고로 임의 졔ᄉᆞ(祭祀)ᄅᆞᆯ 디나나 ᄆᆞᄋᆞᆷ의 결연(缺然)ᄒᆞ미 일즉 졔(祭) 못 디냄과 ᄀᆞᆺ다 말이라 ○ 범시(范氏ㅣ) ᄀᆞᆯ오ᄃᆡ 군ᄌᆞ(君子)의 졔(祭)ᄒᆞᆷ은 칠일(七日)을 계(戒)ᄒᆞ고 삼일(三日)을 ᄌᆡ(齊)ᄒᆞ야 반^

ᄃᆞ시 그 졔(祭)ᄒᆞᄂᆞᆫ 쟈(者)ᄅᆞᆯ 보ᄂᆞᆫ ᄃᆞᆺᄒᆞᆫ 거슨 졍셩(精誠)의 지극ᄒᆞᆫ 거시라 이러므로 산쳔(山川)의 졔(祭)ᄒᆞ매 텬심(天心)이 흠격(歆格)ᄒᆞ고 죠션(祖先)의 졔ᄒᆞ매 죠션(祖先)이 흠향(歆饗)ᄒᆞᄂᆞ니 다 내 몸으로

말미암ᄂᆞᆫ 배라 그 졍셩(精誠)이 이시면 그 신(神)이 잇고 그 졍셩(精誠)이 업ᄉᆞ면 그 신(神)이 업ᄂᆞ니 가히 삼가디 아니랴】

안연(顔淵)

듕궁(仲弓)이 문인(問仁)ᄒᆞᆫ대 ᄌᆞ(子)ㅣ 왈(曰) 츌문여견대빈(出門如見大賓)ᄒᆞ며 ᄉᆞ민여승^

대졔(使民如承大祭)ᄒᆞ고 긔소블욕(己所不欲)을 믈시어인(勿施於人)이니 ᄌᆡ방무원(在邦無怨)ᄒᆞ며 ᄌᆡ가무^

원(在家無怨)이니라

1 닐위디 : 이르게 하지. 이루지. 이곳의 '닐위-'는 중세국어의 '니르위-'에 소급할 어형이다. '니르위-'는 '니르[到]-'에 사동 접사 '-위-'가 결합한 어사로 주로 원문의 '致'나 '效'를 번역하는 데 쓰였다. '니르위-'는 ≪소학언해(小學諺解)≫(1586)를 위시하여 16세기 후반 문헌부터는 '닐위-'(예 : 안햇 직계ᄅᆞᆯ 닐위고 밧긔 직계ᄅᆞᆯ 홀ᄒᆞ야 (致齊於內 散齊於外) <2 : 26a>) 혹은 '니뤼-'로 등장하는데, 원문의 '致, 效'에 대응되어 쓰이는 점은 여전하지만 문맥에 따라 "이르게 하다", "이루다"를 비롯, "이르다"와 같은 자동사적 의미로까지 다양한 해석을 받을 수 있었던 것이 특징이다.

▶▶▶ **출 전**

논어(論語) 위정(爲政) 第十二章
子曰 吾不與祭 如不祭
〔〕 又記孔子之言以明之 言己當祭之時 或有故不得與 而使他人攝之 則不得致其如在之誠 故 雖
已祭 而此心缺然 如未嘗祭也 ○ 范氏曰 君子之祭 七日戒 三日齊 必見所祭者 誠之至也 是故
郊則天神格 廟則人鬼享 皆由己以致之也 有其誠則有其神 無其誠則無其神 可不謹乎 吾不與祭
如不祭 誠爲實 禮爲虛也
仲弓 問仁 子曰 出門如見大賓 使民如承大祭 己所不欲 勿施於人 在邦無怨 在家無怨

▶▶▶ **현 대 어 역**

〈2:8a〉

자(子)가 왈(曰), 오불여제吾不與祭)면 여불제(如不祭)니라.
　　공자(孔子)가 이르시되, 내가 제(祭)에 참여(參與)치 못하면 제(祭)를 아니함과 같으니라.
　　【내가 반드시 제(祭)할 때에 혹 연고(緣故)가(=사정이) 있어 참여(參與)치 못하고 다른
사람으로 하여금 섭행(攝行, 대신 행함)한즉(=대신하게 하면) 능히 계신 듯한 정성(精誠)을
이루지 못하는 고로, 이미 제사(祭祀)를 지내나 마음에 결연(缺然, 모자라서 서운하거나 불만
족스러움)함이 일찍이 제(祭)를 못 지냄과 같다는 말이라. ○ 범씨(范氏)가 이르되, 군자
(君子)의 제(祭)함은 칠일(七日)을 계(戒)하고 삼일(三日)을 제(齊)하여 반드시 그 제(祭)하
는 자(者)를 보는 듯한(=듯이 하는) 것은 정성(精誠)의 지극한 것이라. 이러하므로 산천
(山川)에 제(祭)함에 천심(天心)이 흠격(歆格, 하늘과 땅의 신령이 감응함)하고, 조선(祖先, 조
상)에 제(祭)함에 조선(祖先, 조상)이 흠향(歆饗, 신명이 제물을 받아서 먹음)하나니 (그것이)
다 내 몸으로(=자신으로부터) 말미암는 바이라. 그 정성(精誠)이 있으면 그 신(神)이 있고
그 정성(精誠)이 없으면 그 신(神)이 없나니 가히 삼가지 아니하랴?】
　　안연(顔淵)
중궁(仲弓)이 문인(問仁)한대, 자(子)가 왈(曰), 출문여견대빈(出門如見大賓)하며 사민여승대제
(使民如承大祭)하고, 기소불욕(己所不欲)을 물시어인(勿施於人)이니, 재방무원(在邦無怨)하며 재가
무원(在家無怨)이니라.

▸▸▸ **원문 판독**

〈2 : 8b〉

듕궁(仲弓)[1]이【공ᄌ(孔子) 뎨ᄌ(弟子)니 일홈은 옹(雍)이라】인(仁)을 뭇ᄌ온대 ᄌ(子ㅣ) ᄀᆞᆯ오샤ᄃᆡ 문(門)^

의 나매〔出〕큰 손〔賓〕을 보ᄂᆞᆫ ᄃᆞ시 ᄒᆞ며 ᄇᆡ셩을 브리디〔使〕

큰 졔ᄉᆞ(祭祀)ᄅᆞᆯ 닐윈 ᄃᆞᆺ ᄒᆞ며 몸의 ᄒᆞ고져 아닛ᄂᆞᆫ 바ᄅᆞᆯ

사ᄅᆞᆷ의게 베프디〔施〕아니ᄒᆞ면 나라희 이시매 원망(怨望)이

업고 집의 이시매 원망이 업ᄂᆞ니라【공경(恭敬)ᄒᆞ야 ᄡᅥ 몸을 가지고 내 몸을 밀위^

여 ᄂᆞᆷ의게 미ᄎᆞ면 ᄉᆞ의(私意)가 용납(容納)ᄒᆞᆯ 배 업고 ᄆᆞᅀᆞᆷ의 덕이 오롯ᄒᆞ야〔全〕원

망(怨望)이 업ᄂᆞ니라 ○ 뎡ᄌ(程子ㅣ) ᄀᆞᆯ오샤ᄃᆡ 공ᄌ(孔子ㅣ) 인(仁)을 니ᄅᆞ시매 다

만 문(門)의 나매 큰 손〔賓〕을 본 ᄃᆞᆺ ᄒᆞ^

며 ᄇᆡ셩을 브리매 큰 졔(祭)ᄅᆞᆯ 바든 ᄃᆞᆺ ᄒᆞ믈 니ᄅᆞ시니 그 긔샹(氣象)을 보매 ᄆᆞᅀᆞᆷ이

너ᄅᆞ고 몸이 펴이며 동용(動容)ᄒᆞ며 쥬션(周旋)ᄒᆞ며 녜(禮)의 맛고 오직 홀로 잇ᄂᆞᆫ

ᄣᅢᄅᆞᆯ 삼가^

시ᄆᆞᆫ ᄠᅳᆺ을 딕희ᄂᆞᆫ 법(法)이라 혹(或)이 뎡ᄌ(程子)긔 뭇ᄌ오ᄃᆡ 문(門)의 나며 ᄇᆡ셩

을 브리ᄂᆞᆫ ᄣᅢ의ᄂᆞᆫ 이러ᄒᆞ미 가(可)ᄒᆞ거니와 문(門)의 나디 아니ᄒᆞ고 ᄇᆡ셩을 브리디

아닛ᄂᆞᆫ ᄣᅢ의ᄂᆞᆫ

엇디 ᄒᆞ리잇고 ᄌ(子ㅣ) ᄀᆞᆯ오샤ᄃᆡ 이ᄂᆞᆫ 엄연(儼然)이 ᄉᆡᆼ각ᄒᆞᄂᆞᆫ ᄃᆞᆺ ᄒᆞᆫ ᄣᅢ니 속의 이신

후의 것치 뵈ᄂᆞ니 문(門)의 나며 ᄇᆡ셩 브리ᄂᆞᆫ ᄣᅢ의 그 공경ᄒᆞ미 이러ᄐᆞᆺ ᄒᆞᆫ 줄 보면

이젼(以前)의 공경ᄒᆞ던 줄 가히 알 거시니 문(門)의 나며 ᄇᆡ셩을 브린 연후(然後)의

야 이 경(敬)이 〃시미 아니〃라】

▸▸▸ **주 석**

1 듕궁 : 중궁(仲弓). 중국 춘추시대 노(魯)나라의 학자 염옹(冉雍)의 자(字)이다. 공문십철(孔門十哲)의
한 사람으로, 덕행에 뛰어나고 예(禮)를 강조하였다.

▶▶▶ 출 전

논어(論語) 안연(顏淵) 第二章

仲弓曰 雍雖不敏 請事斯語矣

〔〕 敬以持己 恕以及物 則私意無所容而心德全矣 內外無怨 亦以其效言之 使以自考也 ○ 程子
曰 孔子言仁 只說出門如見大賓, 使民如承大祭 看其氣象 便須心廣體 動容周旋中禮 唯謹獨 便
是守之之法 或問 出門使民之時 如此可也 未出門使民之時 如之何 曰 此 儼若思時也 有諸中而
後見於外 觀其出門使民之時 其敬如此 則前乎此者敬 可知矣 非因出門使民然後有此敬也 愚按
克己復禮 乾道也 主敬行恕 坤道也 顏之學 其高下淺深 於此可見 然 學者誠能從事於敬恕之間
而有得焉 亦將無己之可克 矣

▶▶▶ 현대어역

〈2 : 8b〉

　　중궁(仲弓)이【공자(孔子) 제자(弟子)이니 이름은 옹(雍)이라.】인(仁)을 묻자온대(＝여쭙자),
공자(孔子)가 이르시되, 문(門)에서 남에(＝나섬에) 큰 손님을 보는 듯이 하며, 백성을 부
리되 큰 제사(祭祀)를 이르게 한 듯하며, 몸에(＝자신에게) 하고자 아니하는 바를 사람에
게(＝남에게) 베풀지 아니하면, 나라에 있음에 원망(怨望)이 없고 집에 있음에 원망이 없
느니라.【공경(恭敬)하여 (써) 몸을 가지고, 내 몸을 미루어 남에게 미치면 사의(私意)가
용납(容納)할 바가 없고 마음에 덕이 오롯하여 원망(怨望)이 없느니라. ○ 정자(程子)가 이
르시되, 공자(孔子)가 인(仁)을 이르시매 다만 문(門)에서 남에(＝나섬에) 큰 손님을 본 듯
이 하며 백성을 부리매 큰 제(祭)를 받은(＝받든) 듯이 함을 이르시니, 그 기상(氣象)을 봄
에(＝볼 때에) 마음이 넓고 몸이 펴지며 동용(動容)하며 주선(周旋)하며 예(禮)에 맞고 오직
홀로 있는 때를 삼가심은 뜻을 지키는 법(法)이라. 혹(或, 어떤 사람)이 정자(程子)께 묻자온
대(＝여쭈기를), 문(門)에서 나며 백성을 부리는 때에는 이러함이 가(可)하거니와, 문(門)에
서 나지(＝나서지) 아니하고 백성을 부리지 아니하는 때에는 어찌 하겠습니까? (하니,) 공
자(孔子)가 이르시되, 이는 엄연(儼然, 어떤 사실이나 현상이 부인할 수 없을 만큼 뚜렷함)히 생각
하는 듯이 한 때니, 속에 있은 후에 겉에 뵈나니(＝보이는 법이니), 문(門)에서 나며 백성 부
리는 때에 그 공경함이 이렇듯 한 것을 보면 이전(以前)에 공경하던 것을 가히 알 것이니,
문(門)에서 나며 백성을 부린 연후(然後)에야 이 경(敬, 공경함)이 있음이 아니니라.】

〈2 : 9a〉

ᄌ쟝(子張)이 문명(問明)ᄒ대 ᄌ(子)ㅣ 왈(曰) 침윤지춤(浸潤之譖)과 부슈지소(膚受之愬)ㅣ 블힝〔언〕(不行焉)^
이면 가위명야(可謂明也)니라
　　ᄌ쟝(子張)이【공ᄌ(孔子) 뎨ᄌ(弟子)니 셩(姓)은 뎡손(顓孫)이오 명(名)은 ᄉᆡ(師ㅣ)
　　니 단{진}(陳) 사름이라】붉으믈 뭇ᄌᆞ온대 굴오샤^
　　디 졋ᄂᆞᆫ 듯ᄒᆞᆫ 춤소(譖訴)와 디르ᄂᆞᆫ 듯ᄒᆞᆫ 하ᄂᆞᆫ 거시 힝(行)티
　　아니ᄒᆞ면 가히 붉다 니롤 ᄯᆞ름이니라【믈이 졈〃 졋ᄂᆞᆫ 듯ᄒᆞᆫ 춤소(譖訴)ᄂᆞᆫ 드^
　　ᄅᆞ매 깁히 드러 밋기롤 깁게 ᄒᆞᄂᆞᆫ 줄 ᄭᆡᄃᆞᆺ디 못ᄒᆞ고 몸의 디르ᄂᆞᆫ 듯〔하〕ᄂᆞᆫ 거ᄉᆞᆫ 드
　　ᄅᆞ매 미처 ᄉᆞᆯ피디 못ᄒᆞ야 나기롤 급히 ᄒᆞᄂᆞᆫ다라 이 두 가지 일이 ᄉᆞᆯ^
　　피기 어려온 고로 능히 ᄉᆞᆯ핀 즉 그 ᄆᆞ옴이 붉아 ᄀᆞ리이미 업손 줄 가히 볼 거시라 양
　　시(楊氏) 굴오ᄃᆡ ᄲᆞᆯ니 〃르ᄂᆞᆫ 춤소(譖訴)와 몸의 급디〔切〕아닌 하ᄂᆞᆫ 거시 힝(行)티
　　아니믄 비록
　　붉은 사름이 아니라도 능히 홀 거시니 고로 그 졈〃 졋ᄂᆞᆫ 듯ᄒᆞᆫ 춤소(譖訴)와 디르ᄂᆞᆫ 듯
　　ᄒᆞᆫ 하ᄂᆞᆫ 거시 힝(行)티 아니ᄒᆞᆫ 후(後)의야 가히 붉다 니ᄅᆞ리라】
　　위령공(衛靈公)
ᄌ(子)ㅣ 왈(曰) 궁ᄌ후이박칙어인(躬自厚而薄責於人)이면 쥬{즉}원원의(則遠怨矣)니라

▸▸▸ **출 전**

논어(論語) 안연(顏淵) 第六章

子張問明 子曰 浸潤之 膚受之 不行焉 可謂明也已矣 浸潤之 膚受之 不行焉 可謂遠也已矣

〔〕 浸潤 如水之浸灌滋潤 漸漬而不驟也 毀人之行也 膚受 謂肌膚所受利害切身 如易所謂剝床以膚 切近災者也 己之寃也 毀人者漸漬而不驟 則聽者不覺其入而信之深矣 寃者急迫而切身 則聽者不及致詳而發之暴矣 二者 難察而能察之 則可見其心之明而不蔽於近矣 此亦必因子張之失而告之 故 其辭繁而不殺 以致丁寧之意云 ○ 楊氏曰 驟而語之 與利害不切於身者不行焉 有不待明者能之也 故 浸潤之 膚受之不行然後 謂之明 而又謂之遠 遠則明之至也 書曰 視遠惟明

子曰 躬自厚而薄責於人 則遠怨矣

▸▸▸ **현 대 어 역**

〈2 : 9a〉

자장(子張)이 문명(問明)한대, 자(子)가 왈(曰), 침윤지참(浸潤之譖)과 부수지소(膚受之愬)가 불행언(不行焉)이면 가위명야(可謂明也)니라.

  자장(子張)이【공자(孔子) 제자(弟子)이니 성(姓)은 정손(顓孫)이요, 명(名)은 사(師)이니 진(陳) 사람이라.】밝음을 묻자온대(=여쭐자), (공자가) 이르시되, 젖는 듯한 참소(譖訴)와 찌르는 듯한 하는(=헐뜯는) 것이 행(行)치(=행하여지지) 아니하면 가히 밝다 이를 따름이니라.【물이 점점(=차츰) 젖는 듯한 참소(譖訴)는 들음에(=들을 때) 깊이 들어 믿기를 깊게 하는 것을 깨닫지 못하고, 몸에 찌르는 듯이 하는(=헐뜯는) 것은 들음에(=들을 때) 미처 살피지 못하여 나기를(=나가기를) 급히 하는지라. 이 두 가지 일이 살피기 어려운 고로, 능히 살핀즉 그 마음이 밝아 가려짐이 없는 것을 가히 볼 것이라. 양씨(楊氏)가 이르되, 빨리 이르는 참소(譖訴)와 몸에 급하지 않은 하는(=헐뜯는) 것이 행(行)치(=행하여지지) 아니함은 비록 밝은 사람이 아니라도 능히 할 것인 고로, 그 점점(=차츰) 젖는 듯한 참소(譖訴)와 찌르는 듯한 하는(=헐뜯는) 것이 행(行)치(=행하여지지) 아니한 후에야 가히 밝다 이르리라.】

  위령공(衛靈公)

자(子)가 왈(曰), 궁자후이박책어인(躬自厚而薄責於人)이면 즉원원의(則遠怨矣)니라.

▸▸▸ 원문 판독

〈2 : 9b〉

지(子ㅣ) 굴오샤디 내 몸 칙망(責望)은 둣거이 ᄒ고 늠 칙망(責望)은
엷게 ᄒ면 곳 원망(怨望)을 멀게 ᄒᄂ니라 내 몸 칙망(責望)^
은 둣거이 ᄒᄂ 고로 몸이 졈〃 닥고¹ 늠 칙망(責望)은 엷게
ᄒᄂ 고로 늠이 좃기ᄅ 수이 ᄒᄂᆫ디라 그러므로 사ᄅᆷ^
이 시러곰 원망(怨望)을 못ᄒᄂ니 이거시 셩탕(成湯)의 몸을
검틱(檢飭)ᄒ매 밋디〔及〕 못홀 ᄃᆺ ᄒ며 사ᄅᆷ의게 굿기ᄅ
구ᄒ디 아닛ᄂᆫ 뜻이니 몸을 닥그며 사ᄅᆷ 디졉(待接)ᄒ^
ᄂᆫ 당연(當然)이니 원망(怨望) 먼니ᄒᆯ믈² 구(求)ᄒ미 아니라도 ᄌ연^
이 원망(怨望)이 머ᄂ니라
ᄌ(子)ㅣ 왈(曰) 교언(巧言)은 난덕(亂德)이오 쇼블인즉난대모(小不忍則亂大謀)니라

▸▸▸ 주 석

1 닥고 : 닦고. 이곳의 '닥-'은 중세국어의 '닭-'에 소급될 어형이다. 그러나 이곳의 '닥고'를 근거로 자료에서 '닭->닦-'의 어간 재구조화가 완료되었다고 보기는 어렵다. 자료에는 ('닦-'이 아닌) 어간 '닭-'의 활용형 (예 : '닷그면'<1 : 3b>, '닷가'<1 : 55b>)도 존재하기 때문이다. 따라서 이곳의 '닥고'는 아직 재구조화에는 이르지 않고 단순히 /닷고/에서 수의적인 조음위치 동화가 일어난 현실을 반영한 표기로 보아야 할 것이다.

▸▸▸ **출 전**

논어(論語) 위령공(衛靈公) 第十四章
子曰 躬自厚而薄責於人 則遠怨矣
〔〕責己厚故 身益修 責人薄故 人易從 所以人不得而怨之
子曰 巧言 亂德 小不忍則亂大謀

▸▸▸ **현대어역**

〈2 : 9b〉

　　공자(孔子)가 이르시되, 내 몸 책망(責望)은 두껍게(＝엄격히) 하고 남 책망은 엷게 하면
곳 원망(怨望)을 멀게 하느니라. 내 몸 책망(責望)은 두껍게(＝엄격히) 하는 고로 몸이 점
점 닦고(＝닦여지고), 남 책망(責望)은 엷게 하는 고로 남이 좇기를(＝따르기를) 쉽게 하는
지라. 그러므로 사람이(＝남이) 능히 원망(怨望)을 못하나니, 이것이 성탕(成湯)이 몸을(＝
자신을) 검칙(檢飭, 점검하여 바로잡음)하매 미치지 못할 듯이 하며, 사람에게(＝남에게) 곧기
를 구하지 아니하는 뜻이니, 몸을(＝자신을) 닦으며 사람을(＝남을) 대접(待接)하는 당연
(當然)이니(＝당연한 도리이니), 원망(怨望)을 멀리함을 구(求)함이 아니라도 자연히 원망(怨
望)이 멀어지게 되느니라.
자(子)가 왈(曰), 교언(巧言)은 난덕(亂德)이요, 소불인즉난대모(小不忍則亂大謀)니라.

▸▸▸ **주 석**

2 먼니ᄒᆞ믈 : 멀리함을. 이곳의 '먼니ᄒᆞ-'에 포함된 '먼니'는 중세국어에서 '머리'(←멀-+-이〔부사화 접미
사〕)로 등장하다가 근대국어에서 '멀리' 일색으로 등장하여 '머리>멀리'의 변화를 보여 주는 어사이다. 이
곳의 '먼니' 대신 자료의 다른 곳에는 '먼리'로 등장하기도 한다. 비슷한 시기의 다른 문헌에는 '멀리'나 '멀
니'로 등장하는 것이 일반적인데, 이를 감안하면 이곳의 'ㄴㄴ'은 어중 /ㄹㄹ/을 표기한 것으로 해석된다.
자료에서 어중 /ㄹㄹ/은 'ㄹㄴ'으로 표기되는 것이 일반적이나, 이곳과 같이 'ㄴㄴ'으로 표기되는 어사도
일부 존재한다. 예 : 신나(新羅), 천니(千里) 등. 자료에서 '먼니'와 '먼리'가 공존하는 것은 /멀리/에 대하
여 'ㄴㄹ' 연쇄를 상정하고('먼리'), 이 연쇄에 '역행적 유음화 규칙' 대신 경쟁 관계에 있는 '비음화 규칙'
을 잘못 적용시킨 결과('먼니')일 가능성이 있다.

▶▶▶ **원문 판독**

〈2 : 10a〉

진(子ㅣ) 굴오샤디 공교(工巧)흔 말솜은 덕을 어즈러이고 져근
거술 춤디 못ᄒ면 큰 꾀롤 어즈러이ᄂ니라
【공교(工巧)흔 말은 시비(是非)롤 어즈러여 사름으로 ᄒ야곰 딕흰[1] 바롤 일케 ᄒ고
져근 거술 춤디 못ᄒᄂ 거슨 부인(婦人)의 어딘[仁] 것과 필부(匹夫)의 용(勇) ᄀᆺᄒ
야 큰 꾀롤 어즈^
러이ᄂ니라】
ᄌ(子)ㅣ 왈(日) 중오지(衆惡之)라도 필찰언(必察焉)ᄒ며 중호지(衆好之)라도 필찰언(必
察焉)이니라
진(子ㅣ) 굴오샤디 모든 사름이 믜워ᄒ야도 반ᄃ시 술펴^
며 모든 사름이 됴화ᄒ야도 반ᄃ시 술필디니라
양시(楊氏) 굴오디 오직 어딘 사름이야 능히 사름을 됴화^
ᄒ며 믜워ᄒᄂ니 눔이 됴화ᄒ고 믜워ᄒ야도 술피디
아니ᄒ면 혹 ᄉ의(私意)예 ᄂ{ᄀ}리이ᄂ[蔽] 거시 되ᄂ니라

▶▶▶ **주 석**

1 딕흰 : 지킨. 이곳의 '딕희-'는 중세 문헌(≪석보상절≫ 제외)에서 주로 '디킈-'나 '딕킈-'(16세기 이후)로
나타나던 것이다. 근대 문헌에서는 어중 유기음 /ㅋ/을 재음소화한 '딕희-' 혹은 '딕희-'의 표기로 나타나
는 것이 일반적이다.

▸▸▸ **출 전**

논어(論語) 위령공(衛靈公) 第二十六章

〔〕 巧言 變亂是非 聽之 使人喪其所守 小不忍 如婦人之仁, 匹夫之勇 皆是

子曰 衆惡之 必察焉 衆好之 必察焉

〔〕 楊氏曰 惟仁者 能好惡人 衆好惡之而不察 則或蔽於私矣

▸▸▸ **현대어역**

〈2 : 10a〉

　공자(孔子)가 이르시되, 공교(工巧)한 말씀은 덕을 어지럽히고 적은 것을 참지 못하면 큰 꾀를 어지럽히느니라. 【공교(工巧)한 말은 시비(是非)를 어지럽혀 사람으로 하여금 지킨 바를 잃게 하고 적은 것을 참지 못하는 것은 부인(婦人)의 어진 것과 필부(匹夫)의 용(勇)과 같아 큰 꾀를 어지럽히느니라.】

자(子)가 왈(曰), 중오지(衆惡之)라도 필찰언(必察焉)하며, 중호지(衆好之)라도 필찰언(必察焉)이니라.

　공자(孔子)가 이르시되, 모든 사람이 미워하여도 반드시 살피며 모든 사람이 좋아하여도 반드시 살필지니라. 양씨(楊氏)가 이르되, 오직 어진 사람이야(=사람이라야) 능히 사람을 좋아하며 미워하나니, 남이 좋아하고 미워하여도 살피지 아니하면 혹 사의(私意)에 가려지는 것이 되느니라.

〈2 : 10b〉

ᄌ(子) ㅣ 왈(曰) 군ᄌ(君子)ᄂ 모도(謀道)요 블모식(不謀食)ᄒᄂ니 경야(耕也)에 뇌지기듕(餒在其中)이오

혹야(學也)애 녹지기듕(祿在其中)이니 군ᄌ(君子)ᄂ 우도(憂道)요 블우빈(不憂貧)이니라
　ᄌ(子ㅣ) 골오샤디 군ᄌ(君子)ᄂ 도(道)ᄅ 꾀ᄒ고 먹기ᄅ 꾀티 아^
　니ᄒᄂ니 밧 갈매〔耕〕 주리ᄂ 거시 그 가온대 잇고 혹(學)ᄒ매
　녹(祿)이 그 가온대 잇ᄂ니 군ᄌ(君子)ᄂ 도(道)ᄅ 근심ᄒ고 가난ᄒ 거^
　슬 근심ᄒ디 아닛ᄂ니라【밧 가ᄂ 거슨 ᄡᅥ 먹기ᄅ 꾀ᄒᄂ 배로디 반ᄃ시 먹기ᄅ 엇디
　못ᄒ고 혹(學)ᄒᄂ 거슨 ᄡᅥ 도(道)^
　ᄅ 엇디 못ᄒᆯ가 근심ᄒᆯ ᄯᄅ롬이오 가난ᄒᄆ를 근심ᄒᄂ 연고(緣故)ᄅ 위ᄒ야 이 혹(學)
　으로ᄡᅥ 녹(祿)을 엇고져 ᄒ미 아니니라 ○ 윤시(尹氏) 골오디 군ᄌ(君子)ᄂ 그 근본
　(根本)을 다ᄉ^
　리고 그 ᄆᆽ츨 혜디 아니ᄒᄂ니 엇디 밧그로셔 니ᄅᄂ 빈부(貧富)로ᄡᅥ 근심ᄒ며 즐겨
　ᄒ리오】

▶▶▶ 출 전

논어(論語) 위령공(衛靈公) 第三十一章

子曰 君子 謀道 不謀食 耕也 在其中矣 學也 祿在其中矣 君子 憂道 不憂貧

〔〕 耕 所以謀食 而未必得食 學 所以謀道 而祿在其中 <u>然 其學也 憂不得乎道而已 非爲憂貧之</u>
<u>故 而欲爲是以得祿也</u> ○ <u>尹氏曰 君子 治其本而不其末 豈以自外至者 爲憂樂哉</u>

▶▶▶ 현대어역

〈2∶10b〉

자(子)가 왈(曰), 군자(君子)는 모도(謀道)요 불모식(不謀食)하나니, 경야(耕也)에 뇌자기중(餒在
其中)이요, 학야(學也)에 녹자기중(祿在其中)이니, 군자(君子)는 우도(憂道)요 불우빈(不憂貧)이니
라.

　　공자(孔子)가 이르시되, 군자(君子)는 도(道)를 꾀하고 먹기를 꾀하지 아니하나니 밭 갈매
　　(=갈 때) 굶주리는 것이 그 가운데 있고 학(學)하매(=배울 때) 녹(祿)이 그 가운데 있나
　　니, 군자(君子)는 도(道)를 근심하고 가난한 것을 근심하지 아니하느니라.【밭을 가는 것
　　은 (써) 먹기를 꾀하는 바이로되 반드시 먹기를 얻지 못하고, 학(學)하는 것은 (써) 도
　　(道)를 얻지 못할까 근심할 따름이요, 가난함을 근심하는 연고(緣故)를 위하여(=사정 때문
　　에) 이 학(學)으로써 녹(祿)을 얻고자 함이 아니니라. ○ 윤씨(尹氏)가 이르되, 군자(君子)
　　는 그 근본(根本)을 다스리고 그 끝을 헤아리지 아니하나니, 어찌 밖으로부터 이르는 빈
　　부(貧富)로써 근심하며 즐거워하리요?】

▶▶▶ **원문 판독**

〈2 : 11a〉

밍ᄌ(孟子)

　공손츄(公孫丑)

밍ᄌ(孟子)[1] ᅵ 왈(曰) 인기유블인인지심(人皆有不忍人之心)ᄒ니라

　밍지(孟子ᅵ) 굴오샤ᄃᆡ 사ᄅᆷ마다 사ᄅᆷ을 춤아 ᄒ디 못ᄒ^

　ᄂ는 ᄆᆞ음이 잇ᄂ니라【사ᄅᆷ을 춤아 못ᄒ다 말은 사ᄅᆷ을 에엿비 너겨 춤아 해(害)티 못

　ᄒᆞᆯ ᄆᆞ음이 사ᄅᆷ마다 잇다 말이라】

소[이]위인기유블인인지심쟈(所以謂人皆有不忍人之心者)ᄂ는　금인(今人)이　사견유ᄌ(乍見

孺子)ᅵ 당^

입어뎡(將入於井)ᄒ고 기유츌쳑측은지심(皆有怵惕惻隱之心)ᄒᄂ니 비소이납{내}교어^

유ᄌ지부모야(非所以內交於孺子之父母也)며　　비소이요예어향당븡우야(非所以要譽於鄕黨

朋友也)며 비오기^

셩이연야(非惡其聲而然也)니라

　뼈 니론[謂] 밧 사ᄅᆷ이 사ᄅᆷ을 춤아 ᄒ디 못ᄒ는 ᄆᆞ음^

▶▶▶ **주 석**

1 밍ᄌ : 맹자(孟子). 중국 전국시대(戰國時代)의 사상가(B.C. 372~B.C. 289). 이름은 가(軻), 자(字)
　는 자여(子輿), 자거(子車). B.C. 320년부터 약 15년간 각국을 돌며 유세하였지만 자신의 주장이 채택
　되지 않자 고향에 은거하였다. 공자의 인(仁) 사상을 발전시켜 '성선설(性善說)'을 주장하였으며, 인의
　(仁義)의 정치를 권하였다. 유학의 정통으로 숭앙되며, '아성(亞聖)'이라 불린다.

▸▸▸ **출 전**

맹자(孟子) 공손축장구상(公孫丑章句上) 第六章

孟子曰 人皆有不忍人之心

所以謂人皆有不忍人之心者 今人 乍見孺子將入於井 皆有惻隱之心 非所以內(納) 交於孺子之父母也 非所以要譽於鄉黨朋友也 非惡其聲而然也

▸▸▸ **현대어역**

〈2 : 11a〉

맹자(孟子)

　공손추(公孫丑)

맹자(孟子) 왈(曰), 인개유불인인지심(人皆有不忍人之心)하니라.

　　맹자(孟子)가 이르시되, 사람마다 사람을(=남을) 차마 하지 못하는 마음이 있느니라.【사
　　람을(=남을) 차마 못한다는 말은 사람을(=남을) 불쌍히 여겨 차마 해(害)하지 못할 마음
　　이 사람마다 있다는 말이라.】

소이위인개유불인인지심자(所以謂人皆有不忍人之心者)는 금인(今人)이 사견유자(乍見孺子)가 장입
어정(將入於井)하고 개유출척측은지심(皆有怵惕惻隱之心)하나니, 비소이내교어유자지부모야(非所
以內交於孺子之父母也)며 비소이요예어향당붕우야(非所以要譽於鄉黨朋友也)며 비오기성이연야(非惡
其聲而然也)니라.

　　(써) 이른바 사람이 사람을(=남을) 차마 하지 못하는

원문 판독

〈2 : 11b〉

을 두엇다 ᄒᆞᄂᆞᆫ 쟈(者)ᄂᆞᆫ 이제 사ᄅᆞᆷ이 ᄆᆞᆫ득 어린 아희 쟝^
ᄎᆞᆺ 우믈로 드러가믈 보고 다 츌쳑(怵惕)ᄒᆞ며【츌쳑(怵惕)은 놀라 요동(搖動)ᄒᆞᄂᆞᆫ 양(樣)이라】
측은(惻隱)ᄒᆞᄂᆞᆫ【블샹코 참혹(慘酷)이 너기ᄂᆞᆫ 양(樣)이라】ᄆᆞᄋᆞᆷ을 두ᄂᆞ니 ᄲᅧ 어린 아희
부모의게 사괴기ᄅᆞᆯ 구ᄒᆞ려 ᄒᆞᄂᆞᆫ 배 아니며 향당(鄕黨)과
벗들의게 요예(要譽)ᄒᆞ려 ᄒᆞᄂᆞᆫ 배 아니며 그 소릐ᄅᆞᆯ 아쳐^
ᄒᆞ야[惡][1] 그러ᄒᆞ미 아니니라 인ᄉᆞ(人事) 모ᄅᆞᄂᆞᆫ 어린 아희 우믈^
의 ᄲᅡ디게 된 거동을 보고 츌쳑(怵惕) 측은(惻隱)ᄒᆞᄂᆞᆫ ᄆᆞᄋᆞᆷ^
이 ᄲᅧᆨ 나ᄂᆞᆫ 거시 본ᄃᆡ 내게 사ᄅᆞᆷ을 ᄎᆞᆷ아 해(害)티 못ᄒᆞ^
ᄂᆞᆫ ᄆᆞᄋᆞᆷ이 〃셔 그러ᄒᆞ미오 강잉(强仍)ᄒᆞ야 지어내ᄂᆞᆫ ᄆᆞᄋᆞᆷ^
이 아니오 다른 일을 위ᄒᆞ야 그러ᄒᆞ미 아니라 일로

주 석

1 아쳐ᄒᆞ야 : 싫어하여. 원문의 '惡'를 옮긴 것이다. '아쳐ᄒᆞ-'는 16세기 이후 문헌부터 보이는데, 중세 문헌에서는 "惡"를 뜻하는 동사 '아쳗-' 내지 '아쳘-'과 관련하여 이들이 '-어 ᄒᆞ-' 구성에 참여한 '아쳐러ᄒᆞ/아쳐라ᄒᆞ-'가 주로 쓰였다.

▶▶▶ 출 전

맹자(孟子) 공손축장구상(公孫丑章句上) 第六章

▶▶▶ 현대어역

〈2 : 11b〉

마음을 두었다 하는 것은 이제(=요즘) 사람이 문득 어린아이가 장차 우물로 들어감을 보고 다 출척(怵惕)하며【출척(怵惕)은 놀라 요동(搖動, 흔들리어 움직임)하는 모양이라.】측은(惻隱)하는(=측은히 여기는)【불쌍하고 참혹(慘酷)하게 여기는 모양이라.】마음을 두나니(=지니나니), (써) 어린아이의 부모에게 사귀기를 구하려 하는 바가 아니며, 향당(鄕黨)과 벗들에게 요예(要譽, 명예를 구함)하려 하는 바가 아니며, 그 소리를 싫어하여 그러함이 아니니라. 인사(人事)를 모르는 어린아이가 우물에 빠지게 된 거동을 보고 출척(怵惕)하고 측은(惻隱)하는(=측은히 여기는) 마음이 썩 나는 것이 본디 내게 사람을 차마 해(害)하지 못하는 마음이 있어 그러함이요, 강잉(强仍, 억지로 참음)하여 지어내는 마음이 아니요, 다른 일을 위하여 그러함이 아니라. 이로(=이것으로)

▶▶▶ 원문 판독

〈2 : 12a〉

보면 사롬마다 본디 어딘 모음이 잇는 줄을 알 거^

시니라【그 소리는 아히 아니 구호는 엇디 아니혼 소문을 니르미니라】

유시관지(由是觀之)컨대 무측은지심(無惻隱之心)이면 비인야(非人也)며 무슈오지심(無羞惡之心)이면

비인야(非人也)며 무스양지심(無辭讓之心)이면 비인야(非人也)며 무시비지심(無是非之心)이면 비인^

야(非人也)니라

일로 말미아마 보건대 측은지심(惻隱之心)이 업스면 사롬^

이 아니오 슈오(羞惡)혼【슈(羞)는 붓그럽다[1] 말이니 내 그론 일을 호면 즈연이 붓그러온 모음이 잇는 거시오 오(惡)는 믜워호다 말이라】

모음이 업스면 사롬이 아니오 스양(辭讓)호는【스(辭)는 내게 잇는 거술 마다 말이오 양(讓)은 놈의^

게 밀위여〔推〕 주다 말이라】모음이 업스면 사롬이 아니오 시비(是非)호는【시(是)는 올흔 거술 올타

말이오 비(非)는 그론 일을 그르다 호는 말이라】모음이 업스면 사롬이 아니니라【이 네 가지는 측은지심(惻隱之心)을

▶▶▶ 주 석

1 붓그럽다 : 부끄럽다는. '붓그리-+-업-+-다'로 분석될 수 있는 어형으로, 동사 '붓그리-'에 형용사 파생 접미사 '-업-'이 결합되어 만들어졌다. 제1음절의 '붓'은 15세기에는 '붓'이었는데, '붓그러운'<두시언해(1481) 9 : 21b>과 같이 15세기 후반에 'ㅂ' 다음의 'ㅜ'가 'ㅡ'로 바뀐 '붓'형이 나타나기 시작한다. 근대국어 문헌에서는 '붓그리-'보다는 '붓그리-'가 주로 사용된다. 이 문헌에 '붓그리-'는 나타나지 않는다.

▶▶▶ **출 전**

맹자(孟子) 공손축장구상(公孫丑章句上) 第六章

由是觀之 無惻隱之心 非人也 無羞惡之心 非人也 無辭讓之心 非人也 無是非之心 非人也
〔〕 羞 恥己之不善也 惡 憎人之不善也 辭 解使去己也 讓 推以與人也 是 知其善而以爲是也 非
知其惡而以爲非也 人之所以爲心 不外乎是四者 故 因論惻隱而悉數之 言 人若無此 則不得謂之
人 所以明其必有也

▶▶▶ **현대어역**

〈2 : 12a〉

　　보면 사람마다 본디 어진 마음이 있는 것을 알 것이니라. 【그 소리는(='소리'라고 하는 것
은) 아이를 아니 구하는(=구했다고 하는) 좋지 않은 소문을 이름이니라.】

유시관지(由是觀之)컨대 무측은지심(無惻隱之心)이면 비인야(非人也)며, 무수오지심(無羞惡之心)
이면 비인야(非人也)며, 무사양지심(無辭讓之心)이면 비인야(非人也)며, 무시비지심(無是非之心)
이면 비인야(非人也)니라.

　　이로 말미암아 보건대, 측은지심(惻隱之心)이 없으면 사람이 아니요, 수오(羞惡)한【수(羞)
는 부끄럽다는 말이니 내가 그른(=잘못된) 일을 하면 자연이 부끄러운 마음이 있는 것이
요, 오(惡)는 미워한다는 말이라.】 마음이 없으면 사람이 아니요, 사양(辭讓)하는【사(辭)
는 내게 있는 것을 만다는(=포기한다는) 말이오, 양(讓)은 남에게 미루어 준다는 말이
라.】 마음이 없으면 사람이 아니요, 시비(是非)하는【시(是)는 옳은 것을 옳다 (하는) 말
이요, 비(非)는 그른 일을 그르다 하는 말이라.】 마음이 없으면 사람이 아니니라. 【이 네
가지는 측은지심(惻隱之心)을

▶▶▶ **원문 판독**

〈2 : 12b〉

인ᄒᆞ야 펴 닐러 사름이 현우(賢愚) 업시 이 ᄆᆞ옴이 이시믈 붉히시니라】
측은지심(惻隱之心)은 인지단야(仁之端也)오 슈오지심(羞惡之心)은 의지단야(義之端也)
오 ᄉᆞ양
지심(辭讓之心)은 녜지단야(禮之端也)오 시비지심(是非之心)은 지지단야(知之端也)니라
측은(惻隱)ᄒᆞᄂᆞᆫ ᄆᆞ옴은 임{인}(仁)의 ᄯᅳ치오 슈오(羞惡)ᄒᆞᄂᆞᆫ ᄆᆞ옴은 의(義)^
의 ᄯᅳ치오 ᄉᆞ양(辭讓)ᄒᆞᄂᆞᆫ ᄆᆞ옴은 녜(禮)의 ᄯᅳ치오 시비(是非)ᄒᆞᄂᆞᆫ ᄆᆞ^
옴은 지(知)의 ᄯᅳ치니라
사름이 금목슈화토(金木水火土) 오ᄒᆡᆼ(五行) 긔운(氣運)을 타 일신(一身)이 삼기^
니 일신 삼긴 긔운(氣運)의 졍녕(精靈)이 녕통(靈通) 가온대 븬[1] 디
감겨 그 긔운(氣運)이 붉고 녕(靈)ᄒᆞ고 신긔(神奇)로아 온갓 일을 아라
응(應)ᄒᆞ니 이거시 ᄆᆞ옴이라 범텬하(凡天下) 만믈(萬物)이 긔운(氣運)이 이^

▶▶▶ **주 석**

1 븬 : 빈. 이곳의 '븨-'는 15세기 국어의 '뷔[空]-'에 소급할 어형이다. 순자음 아래에서 원순모음인 'ㅜ'가
비원순모음인 'ㅡ'로 바뀌는 비원순모음화가 반영된 것이다.

▸▸▸ 출 전

맹자(孟子) 공손축장구상(公孫丑章句上) 第六章
惻隱之心 仁之端也 羞惡之心 義之端也 辭讓之心 禮之端也 是非之心 知(智)之端也
〔〕惻隱, 羞惡, 辭讓, 是非 情也 仁, 義, 禮, 知(智) 性也 心 統性情者也 端 緒也 因其情之發
而性之本然 可得而見 猶有物在中而緒見於外也

▸▸▸ 현대어역

〈2 : 12b〉

　　인하여 펴 일러 사람이 현우(賢愚, 어진 사람과 어리석은 사람) 없이 이 마음이 있음을 밝히
시니라.〕
측은지심(惻隱之心)은 인지단야(仁之端也)요, 수오지심(羞惡之心)은 의지단야(義之端也)요, 사양
지심(辭讓之心)은 예지단야(禮之端也)요, 시비지심(是非之心)은 지지단야(知之端也)니라.

　　측은(惻隱)하는(＝측은히 여기는) 마음은 인(仁)의 끝이요, 수오(羞惡)하는(＝부끄러워하고 미
워하는) 마음은 의(義)의 끝이요, 사양(辭讓)하는 마음은 예(禮)의 끝이요, 시비(是非)하는
마음은 지(知)의 끝이니라. 사람이 금목수화토(金木水火土) 오행(五行)의 기운(氣運)을 타
(＝타고나) 일신(一身)이 생기니 일신(一身)을 만든 기운(氣運)의 정령(精靈, 만물의 근원을 이
루는 신령스러운 기운)이 영통(靈通) 가운데 빈 곳에 감겨 그 기운(氣運)이 밝고 영(靈)하고
신기(神奇)로와 온갖 일을 알아 응(應)하니 이것이 마음이라. 범천하(凡天下) 만물(萬物)이
기운이

▸▸▸ **원문 판독**

〈2 : 13a〉

시면 니(理)가 잇ᄂ니 그 녕(靈)ᄒ 긔운(氣運)의 잇ᄂ 니(理)ᄅ 니ᄅᄃ 셩(性)^

이라 ᄒ니 녕(靈)ᄒ 긔운(氣運)이 쏘ᄒ 오ᄒᆼ(五行) 긔운(氣運)인 고로 목긔(木氣ㅣ)

녕(靈)ᄒ 디 니(理)ᄂ 일홈을 인(仁)이라 ᄒ고 금긔(金氣ㅣ) 녕(靈)ᄒ 디

니(理)ᄂ 의(義)라 ᄒ고 화긔(火氣ㅣ) 녕(靈)ᄒ 디 니(理)ᄂ 녜(禮)라 ᄒ고 슈긔(水

氣ㅣ) 녕(靈)^

ᄒ 디 니(理)ᄂ 지(知)라 ᄒ고 토긔(土氣ㅣ) 녕(靈)ᄒ 디 니(理)ᄂ 신(信)이라 ᄒ니

ᄆ^

ᄋ음이【ᄆᄋ음은 그 녕(靈)ᄒ 긔운(氣運)이라】발동(發動)ᄒ면 그 셩(性)이 그 긔운(氣

運)을 ᄯ라

나 뵈ᄂ니 그 뵈ᄂ 거슬 일홈 ᄒ야 졍(情)이라【ᄯᄉ이라[1] ᄒ니】이

네 가지ᄂ 졍(情) 듕(中)의 올흔 졍(情)을 밍지(孟子ㅣ) 특별이 니^

ᄅ셔 사ᄅᆷ의 셩(性)은 니(理)라 요슌(堯舜)이나[2] 범(凡)사ᄅᆷ이나 ᄀ^

티 착ᄒ니 그 착ᄒ 줄을 이 네 ᄆᆽ츨 보면 사ᄅᆷ의

▸▸▸ **주 석**

1 ᄯᄉ이라 : 뜻이라. 이곳의 'ᄯᄉ'은 중세국어의 'ᄠᆮ'에 소급할 어형이다. 어두자음군의 경음화를 거쳐 16세기 문헌부터는 'ᄠᆮ'으로 등장하기 시작한다. 예 : 즐기ᄂ 쓰들 보노라〈중간두시언해(1613) 7 : 11a〉. 이곳에서 'ᄠᆮ'이 'ᄯᄉ'으로 적힌 것은 (칠종성법의 확립 이후) 어간 말음 /ᄃ/을 'ᄉ' 분철 표기로 나타내는 자료의 표기 방식에 따른 것이다. 현대국어의 '뜻'은 'ᄠᆮ'에서 어간 말음이 다시 'ᄉ'으로 재구조화된 결과이다.
2 요슌이나 : 요순(堯舜)이나. 고대 중국의 요(堯)임금과 순(舜)임금을 아울러 이르는 말이다.

▸▸▸ 출 전

맹자(孟子) 공손축장구상(公孫丑章句上) 第六章

▸▸▸ 현대어역

〈2 : 13a〉

있으면 이(理)가 있나니, 그 영(靈)한 기운(氣運)에 있는 이(理)를 이르되 성(性)이라 하니, 영(靈)한 기운(氣運)이 또한 오행(五行) 기운(氣運)인 고로, 목기(木氣)가 영(靈)한 곳의 이(理)는 이름을 인(仁)이라 하고, 금기(金氣)가 영(靈)한 곳의 이(理)는 의(義)라 하고, 화기(火氣)가 영(靈)한 곳의 이(理)는 예(禮)라 하고, 수기(水氣)가 영(靈)한 곳의 이(理)는 지(知)라 하고, 토기(土氣)가 영(靈)한 곳의 이(理)는 신(信)이라 하니, 마음이【마음은 그 영(靈)한 기운(氣運)이라.】발동(發動)하면 그 성(性)이 그 기운(氣運)을 따라 나(=나와) 보이나니, 그 보이는 것을 이름하여 정(情)이라【뜻이라 하니】, 이 네 가지는 정(情) 중의 옳은 정(情)을 맹자(孟子)가 특별히 이르시어, 사람의 성(性)은 이(理)라서 요순(堯舜)이나 범사람(=범인)이나 같이(=다같이) 착하니, 그 착한 것을 이 네 끝을 보면 사람의

▸▸▸ **원문 판독**

〈2 : 13b〉

셩(性)이 본디 착혼 줄을 알니라 말슴이라 셩(性)은
니(理)며 도척(盜蹠)이라도 요슌(堯舜)과 フ티 착혼 셩(性)이 잇고 졍(情)^
은 셩(性)이 긔운(氣運)을 찌고 나 뵌 후의 일홈혼 거신
고로 긔운(氣運)이 셩인(聖人)은 쳥명(淸明)혼 긔운(氣運)을 탓고 범사^
롬은 쳥탁(淸濁)이 섯긴 긔운을 타시매 탁긔(濁氣ㅣ) 섯겨
발동(發動)홀 제 셩(性)도 ᄯ라 사오나와 뵈매 범사롬^
의 졍(情)은 션악(善惡)이 섯겨시디 밍ᄌ(孟子) 니ᄅ신 이 네 가^
지는 졍(情) 듕(中)의 착혼 젹만 닐러 겨시니라
범유ᄉ단어아쟈(凡有四端於我者)롤 디기확이튱디(知皆擴而充之)면 약화지시연(若火之始
然)^
ᄒ며 약쳔지시달(若泉之始達)이니 구릉튱디(苟能充之)면 죡이보ᄉ희(足以保四海)오 구
블^

▶▶▶ **출 전**

凡有四端於我者 知皆擴而充之矣 若火之始然 泉之始達 苟能充之 足以保四海

▶▶▶ **현대어역**

〈2 : 13b〉

성(性)이 본디 착한 것을 알리라 (하는) 말씀이라. 성(性)은 이(理)이며, 도척(盜蹠, 몹시 악한 사람)이라도 요순(堯舜)과 같이 착한 성(性)이 있고, 정(情)은 성(性)이 기운(氣運)을 끼고 나(=나타나) 보인 후에 이름한 것인 고로, 기운(氣運)이 성인(聖人)은 청명(淸明)한 기운(氣運)을 탔고(=타고났고), 범사람은(=범인은) 청탁(淸濁)이 섞인 기운(氣運)을 탔으매 (=타고났으므로) 탁기(濁氣)가 섞여 발동(發動)할 제 성(性)도 따라서 사나와(=나쁘게) 보이매, 범사람의(=범인의) 정(情)은 선악(善惡)이 섞였으되 맹자(孟子)가 이르신 이 네 가지는 정(情) 중(中)에 착한 적만(=경우만) 이르신 것이니라.

범유사단어아자(凡有四端於我者)를 지개확이충지(知皆擴而充之)면, 약화지시연(若火之始然)하며 약천지시달(若泉之始達)이니, 구릉충지(苟能充之)면 족이보사해(足以保四海)요,

▸▸▸ **원문 판독**

〈2 : 14a〉

튱디(苟不充之)면 블죡이스부모(不足以事父母)니라

플윗 스단(四端)이【스단(四端)은 네히 긋치라 말이니 측은(惻隱) 슈요{오}(羞惡) 스
양(辭讓) 시비(是非) 네 가지 ᄆᆞ음이 인의녜지(仁義禮知) 셩(性)이 긋치라 말이니
라】내^

게 이시믈 다 밀위여¹ 메여〔充〕² 가면 블이 비로소 붓터나^

며 심이 비로소 스못 차ᄂᆞᆫ 것 ᄀᆞᆺᄒᆞ니 진실로 메워 가디

못ᄒᆞ면 죡히 뻐 부모도 셤기디 못ᄒᆞᄂᆞ니라【스단(四端)이 다 내 ᄆᆞ음의

잇ᄂᆞᆫ 거시니 그 ᄆᆞ음을 밀위여 온갓 디 ᄒᆡᆼᄒᆞ면 텬ᄌᆞ(天子ㅣ)라도 ᄆᆞ음으로 스ᄒᆡ(四
海)를 평안케 ᄒᆞ고 밀위디 못ᄒᆞ면 범사ᄅᆞᆷ이 제 부모도 셤기디 못ᄒᆞ리라 말이라】

쥬지(朱子ㅣ) ᄀᆞᆯ오샤ᄃᆡ 이 쟝(章)은 사ᄅᆞᆷ의 셩(性)과 뎡(情)과 심(心)의 톄(體)^

와 용(用)의 온젼이 ᄀᆞ초아시믈 의논(議論)ᄒᆞ야시니 사ᄅᆞᆷ이 〃런

줄 ᄌᆞ셔히 술펴 이대로 ᄒᆡᆼᄒᆞ야 가면 하ᄂᆞᆯ이 준 바 니(理)^

를 가히 뻐 극진티 아니미 업스리라【톄(體)ᄂᆞᆫ 몸 톄(體) ᄌᆞ(字)오 용(用)은 쓰이다
말이니 셩(性)은 하ᄂᆞᆯ이 사^

▸▸▸ **주 석**

1 밀위여 : 밀고 나아가. 이곳의 '밀위-'는 '밀-'에 사동 접사 '-위-'가 결합한 어형이다. '밀-'의 사동사로는 '밀위-' 외에 사동 접사 '-오/우-'가 결합한 '미로/미루-'가 있지만 이것은 "委(미루다, 넘기다)"의 의미로 쓰여 의미상에 다소 차이가 있다. 예 : 패군ᄒᆞᆫ 죄ᄅᆞᆯ 내게 <u>미루고져</u> ᄒᆞᄂᆞᆫ다<오륜행실도(1797) 1 : 21a>. 이곳의 '밀위-'는 다른 18세기 문헌에 '밀외/미뢰/미뤼-' 등 여러 가지 표기로 등장하는데, 이들 어형은 "委"보다 이곳과 같이 "推(밀고 나아가다)"의 의미로 쓰인 예가 대부분이다. 예 : 父母 셤기ᄂᆞᆫ 道ᄅᆞᆯ 舅姑 에 <u>미뢰면</u> 뻐 다시 더으며<여사서언해(1736) 3 : 53b>, 교홰 쏘흔 ᄒᆞᆫ 어질 인 ᄲᅥ를 <u>미뤼여</u> 널니기에 지나지 아닐 ᄯᆞ름이라<字恤典則(1783) 3a>.

2 메여 : 메워. '메이-+-어'. 이곳의 '메이-'는 "메다, 미어지다"를 뜻하는 자동사 '메-'에 사동 접사 '-이-'가 결합한 어형이다. 이곳에서는 원문의 '充'을 옮기는 데 '메이-'를 썼으나 이곳 바로 다음에는 '메-'에 사동 접사 '-우-'가 결합한 '메우-'를 써서 '메워'로 옮긴 것을 볼 수 있다.

▶▶▶ 출 전

苟不充之면 不足以事父母니라

〔〕擴 推廣之意 充 滿也 <u>四端在我 隨處發見 知皆卽此推廣而充滿其本然之量 則其日新又新 將有不能自已者矣</u> <u>能由此而遂充之 則四海雖遠 亦吾度內 無難保者 不能充之 則雖事之至近 而不能矣</u>

○ <u>此章所論人之性情 心之體用 本然全具而各有條理如此 學者於此 反求默識而擴充之 則天之所以與我者 可以無不盡矣</u>

○ <u>程子曰 人皆有是心 惟君子爲能擴而充之 不能然者 皆自棄也 然 其充與不充 亦在我而已矣</u> <u>又曰 四端 不言信者 旣有誠心爲四端 則信在其中矣 愚按 四端之信 猶五行之土 無定位 無成名無專氣 而水火金木 無不得是以生者 故 土於四行 無不在 於四時則寄王焉 其理亦猶是也</u>

▶▶▶ 현대어역

〈2：14a〉

구불충지(苟不充之)면 불족이사부모(不足以事父母)니라.

　　무릇 사단(四端)이【사단(四端)은 넷의 끝이라 말이니 측은(惻隱), 수오(羞惡), 사양(辭讓), 시비(是非) 네 가지 마음이 인의예지(仁義禮智) 성(性)이 끝이라 말이니라.】내게 있음을 다 미루어 메워(＝확충하여) 가면, 불이 비로소 나붙으며 샘이 비로소 사뭇(＝꽉) 차는 것 같으니, 진실로 메워(＝확충하여) 가지 못하면 족히 (써) 부모도 섬기지 못하느니라.【사단(四端)이 다 내 마음에 있는 것이니 그 마음을 미루어(＝밀고 나아가) 온갖 데(＝곳에) 행하면 천자(天子)라도 마음으로 사해(四海)를 평안케 하고, 미루어 나가지 못하면 범사람이(＝범인이) 제 부모도 섬기지 못하리라 (하는) 말이라.】주자(朱子)가 이르시되, 이 장(章)은 사람의 성(性)과 정(情)과 심(心)의 체(體)와 용(用)이 온전히 갖추어졌음을 의논(議論)하였으니, 사람이 이런 것을 자세히 살펴 이대로 행하여 가면 하늘이 준 바 이(理)를 가히 써 극진하지(＝극진히 하지) 아니함이 없으리라.【체(體)는 몸 체(體) 자(字)요, 용(用)은 쓰인다는 말이니, 성(性)은 하늘이

▸▸▸ **원문 판독**

〈2 : 14b〉

룸 준 니(理)니 톄(體)라 ᄒ고 뎡(情)은 셩(性)이 발용(發用)ᄒ 거시매 심(心)은 그
셩(性)을 담아 뎡(情)이 발용(發用)케 ᄒ 거시매 톄용(體用)을 겸(兼)ᄒ얏ᄂ니라 ○
뎡ᄌ(程子ㅣ) ᄀᆯ^

오샤ᄃ 사룸이 다 이 ᄆᆞ옴이 ″시ᄃ 오직 군ᄌ(君子)야 능히
밀위여[1] 가ᄂ니 그러티 못ᄒ 쟈ᄂ 다 스ᄉ로 제 몸을 ᄇ^

리ᄂ 거시니 그 몌워 가며 몌워 가디 아니미 ᄯ호ᄒ 내게 이^

실 ᄯ롬이니라 ○ ᄯ ᄀᆯ오샤ᄃ ᄉ단(四端)의 신(信)의 단(端)은 니ᄅ^

디 아니시ᄆ 신(信)은 진실ᄒ니 니(理ㅣ) 진실ᄒ ᄆᆞ옴이 ″셔^

야 ᄉ단(四端)이 되ᄂ 고로 신(信)이 ᄉ단(四端) 가온대 잇ᄂ니라 ○ 쥬ᄌ(朱子ㅣ)
ᄀᆯ오샤ᄃ ᄉ단(四端)의 신(信)이 오ᄒᆡᆼ(五行)의 토(土) ᄀᆞᆺᄒ니【토긔(土氣)예 니(理)
가 신(信)이라】슈화^

금목(水火金木) 긔운(氣運)이 다 토(土)ᄅ 인ᄒ야 나ᄂ 고로 ᄉ시(四時)의 토긔(土
氣ㅣ) 각^

″ 왕(王)ᄒ니 ᄉ단(四端)의 신(信)이 각″ 이시미 이 ᄀᆞᆺᄒ니라 ᄉ시(四時)로

▸▸▸ **주 석**

1 밀위여 : 밀고 나아가. 이곳의 '밀위-'는 '밀-'에 사동 접사 '-위-'가 결합한 어형이다. '밀-'의 사동사로는
'밀위-' 외에 사동 접사 '-오/우-'가 결합한 '미로/미루-'가 있지만 이것은 "委(미루다, 넘기다)"의 의미로
쓰여 의미상에 다소 차이가 있다. 예 : 패군ᄒ 죄룰 내게 <u>미루고져</u> ᄒᄂ다<오륜행실도(1797) 1 : 21a>.
이곳의 '밀위-'는 다른 18세기 문헌에 '밀외/미뮈/미뢰-' 등 여러 가지 표기로 등장하는데, 이들 어형은
"委"보다 이곳과 같이 "推(밀고 나아가다)"의 의미로 쓰인 예가 대부분이다. 예 : 父母 셤기ᄂ 道룰 舅姑
에 <u>미뢰면</u> 뼈 다시 더으며<여사서언해(1736) 3 : 53b>, 교해 ᄯ호ᄒ ᄒ 어질 인 ᄣᅳ를 <u>미뤼여</u> 널니기에

▶▶▶ 출 전

▶▶▶ 현대어역

〈2 : 14b〉

사람 준 이(理)니 체(體)라 하고, 정(情)은 성(性)이 발용(發用)한 것이매 심(心)은 그 성
(性)을 담아 정(情)이 발용(發用)케 한 것이매 체용(體用, 사물의 본체와 그 작용)을 겸(兼)하
였느니라. ○ 정자(程子)가 이르시되, 사람이 다 이 마음이 있으되 오직 군자(君子)야 능
히 미루어(=밀고 나아) 가나니, 그렇지 못한 자는 다 스스로 제 몸을 버리는 것이니 그
메워(=확충하여) 가며 메워(=확충하여) 가지 아니함이 또한 내게 있을 따름이니라. ○ 또
이르시되, 사단(四端)에서 신(信)의 단(端)은 이르지 아니하심은, 신(信)은 진실하니 이
(理)가 진실한 마음이 있어야 사단(四端)이 되는 고로 신(信)이 사단(四端) 가운데 있느니
라. ○ 주자(朱子)가 이르시되, 사단(四端)의 신(信)이 오행(五行)의 토(土)와 같으니【토기
(土氣)에 (있는) 이(理)가 신(信)이라.】수화금목(水火金木) 기운(氣運)이 다 토(土)를 인하
여 나는 고로 사시(四時)에서 토기(土氣)가 각각 왕(王, 왕 노릇을 함)하, 사단(四端)에 신
(信)이 각각 있음이 이와 같으니라. 사시(四時)로

▶▶▶ 주 석

지나지 아닐 ᄯᆞ름이라<字恤典則(1783) 3a>.

〈2 : 15a〉

니르면 봄은 목긔(木氣)오 녀롬은 화긔(火氣)오 ᄀᆞ올은 금긔(金氣)^

오 겨올은 슈긔(水氣)니 토긔(土氣)ᄂᆞᆫ ᄉᆞ시(四時)의 업ᄂᆞᆫ 듯ᄒᆞ디 삼월(三月)^

과 뉵월(六月)과 구월(九月)과 섯둘〔十二月〕 ᄉᆞ계(四季) 삭(朔)의 각〃 토긔(土氣

ㅣ) 열여^

ᄃᆞ래식 왕(王)ᄒᆞ니 이 거시 ᄎᆡᆨ녁(冊曆)의 토왕용ᄉᆞ(土旺用事)ᄅᆞᆫ 거시^

니 열여ᄃᆞ래ᄅᆞᆯ 합ᄒᆞ면 닐흔 두 날이니 대개 슈^

화금목(水火金木) 긔운(氣運)이 각〃 토긔(土氣)ᄅᆞᆯ 기다려 힝ᄒᆞ매 사ᄅᆞᆷ^

의 ᄆᆞᆷ 긔운으로 닐러도 힝ᄒᆞ미 이과 ᄀᆞᆺᄒᆞ니라 셩(性)^

은 긔운(氣運)을 ᄯᆞ라 힝ᄒᆞᄂᆞᆫ 고로 인(仁)은 목긔(木氣)예 쇽(屬)ᄒᆞ고 의(義)^

ᄂᆞᆫ 금긔(金氣)예 쇽(屬)ᄒᆞ고 녜(禮)ᄂᆞᆫ 화긔(火氣)예 쇽(屬)ᄒᆞ고 디(知)ᄂᆞᆫ 슈긔(水

氣)예 쇽(屬)^

ᄒᆞ니 각〃 신(信)을 인ᄒᆞ야 그 니(理ㅣ) 힝ᄒᆞᄂᆞ니라

▸▸▸ **출 전**

▸▸▸ **현대어역**

〈2 : 15a〉

이르면 봄은 목기(木氣)요, 여름은 화기(火氣)요, 가을은 금기(金氣)요, 겨울은 수기(水氣)니, 토기(土氣)는 사시(四時)에 없는 듯하되, 삼월(三月)과 유월(六月)과 구월(九月)과 섣달〔十二月〕 사계(四季) 삭(朔)에 각각 토기(土氣)가 열여드레씩 왕(王, 왕 노릇을 함)하니, 이것이 책력(冊曆)의 토왕용사(土旺用事, 토왕지절의 첫째 되는 날에는 흙일을 금함)란 것이니, 열여드레를 합하면 일흔 두 날이니, 대개 수화금목(水火金木) 기운(氣運)이 각각 토기(土氣)를 기다려 행하매(=행하여지매) 사람의 마음 기운(氣運)으로 일러도 행함이 이와 같으니라. 성(性)은 기운(氣運)을 따라 행하는 고로, 인(仁)은 목기(木氣)에 속하고 의(義)는 금기(金氣)에 속하고 예(禮)는 화기(火氣)에 속하고 지(知)는 수기(水氣)에 속하니, 각각 신(信)을 인하여 그 이(理)가 행하느니라(=행하여지느니라).

▶▶▶ **원문 판독**

〈2 : 15b〉

니루(離婁)

공손츄(公孫丑) 왈(曰) 군ᄌᆞ(君子)ㅣ 불교ᄌᆞ(不敎子)ᄂᆞ 하야(何也)잇고

　공손취(公孫丑ㅣ) ᄀᆞᆯ오디 군지(君子ㅣ) ᄌᆞ식을 ᄀᆞᄅᆞ티디 아니미 엇디^

　니잇고【손조 ᄀᆞᄅᆞ치디 아니타 말이라】

밍ᄌᆞ(孟子)ㅣ 왈(曰) 셰블힝야(勢不行也)니라 교쟈(敎者)ᄂᆞ 필이졍(必以正)이니 이졍블

힝(以正不行)^

이어든 계지이노(繼之以怒)ᄒᆞ고 계지이노즉반이의(繼之以怒則反夷矣)니 부ᄌᆞ(夫子)ㅣ 교

아이졍(敎我以正)^

ᄒᆞ샤디 부ᄌᆞ(夫子)도 미츌어뎡야(未出於正也)라 ᄒᆞ면 즉시부ᄌᆞ(則是父子)ㅣ 샹이야(相夷

也)니 부ᄌᆞ(父子)ㅣ

샹이즉악의(相夷則惡矣)니라

　밍지(孟子ㅣ) ᄀᆞᆯ오샤디 형셰(形勢ㅣ) 힝티 못ᄒᆞ미니라 ᄀᆞᄅᆞ티믄[1] 반^

　ᄃᆞ시 졍대(正大)ᄒᆞᆫ 도(道)로ᄡᅥ ᄒᆞᄂᆞ니 졍대(正大)ᄒᆞᆫ 도리(道理)로ᄡᅥ ᄀᆞᄅᆞ티^

▶▶▶ **주 석**

1 ᄀᆞᄅᆞ티믄 : 가르침은. 이곳의 'ᄀᆞᄅᆞ티-'는 15세기 국어에서 'ᄀᆞᄅᆞ치-'로 나타난다. 제3음절의 '티'는 구개음
　화를 의식하여 'ᄎ'을 'ᄐ'으로 과도 교정한 결과로 해석된다. 이러한 과도 교정은 '그저 맛당히 뎌롤 ᄀᆞᄅᆞ
　틸찌니'〈오륜전비언해(1721) 5 : 17b〉처럼 (ᄃ 구개음화가 확산되는) 18세기 문헌부터 주로 나타난다.

▸▸▸ **출 전**

맹자(孟子) 이루장구상(離婁章句上) 第十八章

公孫丑曰 君子之不敎子 何也

孟子曰 勢不行也 敎者 必以正 以正不行 繼之以怒 繼之以怒 則反夷矣 夫子敎我以正 夫子 未
出於正也 則是父子相夷也 父子相夷 則惡矣

〔〕 夷 傷也 敎子者 本爲愛其子也 繼之以怒 則反傷其子矣 父旣傷其子 子之心 又責其父曰 夫
子敎我以正道 而夫子之身 未必自行下道 則是子又傷其父也

▸▸▸ **현 대 어 역**

〈2 : 15b〉

이루(離婁)

공손추(公孫丑) 왈(曰), 군자(君子)의 불교자(不敎子)는 하야(何也)잇고?

공손추(公孫丑)가 이르되, 군자(君子)가 자식을 가르치지 아니함이 어찌하여서입니까?【손
수 가르치지 아니한다는 말이라.】

맹자(孟子)가 왈(曰), 세불행야(勢不行也)니라. 교자(敎者)는 필이정(必以正)이니, 이정불행(以正
不行)이거든 계지이로(繼之以怒)하고 계지이로즉반이의(繼之以怒則反夷矣)니, 부자(夫子)가 교아
이정(敎我以正)하시되 부자(夫子)도 미출어정야(未出於正也)라 하면 즉시부자상이야(則是父子相夷
也)니, 부자(父子)가 상이즉악의(相夷則惡矣)니라.

맹자(孟子)가 이르시되, 형세(形勢)가 행치(＝행하여지지) 못함이니라. 가르침은 반드시 정
대(正大)한 도(道)로써 하나니, 정대(正大)한 도리(道理)로써

▶▶▶ **원문 판독**

〈2 : 16a〉

더 힝티 아니ᄒ거든 니어〔繼〕 노ᄒ와¹ ᄒ면 도로혀² 이(夷)ᄒᄂ^

니【이(夷)는 샹(傷)ᄒ다 말이라】 부ᄌ(夫子ㅣ)【부(夫)는 지아비 부(夫) ᄌ(字)니 부

ᄌ(夫子)는 지아비를 니르미니라】 ᄂᆞᆯ을 ᄀ᚛르티믈 졍^

대(正大)ᄒᆫ 도리(道理)로 ᄒ시ᄃᆡ 부ᄌ(夫子)도 졍대(正大)ᄒᆫ ᄃᆡ 나ᄃᆡ〔出〕 못ᄒ^

다 ᄒ면【나ᄃᆡ 말은 힝(行)ᄒ다 말이라】 아비와 ᄌᆞ식이 서ᄅᆞ 이(夷)ᄒ미니 부ᄌ(父子ㅣ)

서ᄅᆞ 이(夷)ᄒ면 악(惡)ᄒ미니라【ᄌᆞ식을 ᄀ᚛르티믄 반ᄃᆞ시 졍대(正大)ᄒᆫ 도리(道理)

의 극진코져 ᄒ야 ᄌᆞ식이

극진티 못ᄒ면 노ᄒ와 도로혀 그 ᄌᆞ식을 샹(傷)케 ᄒ리니 아비 임의 그 ᄌᆞ식을 샹

(傷)케 ᄒ면 그 ᄌᆞ식이 ᄆᆞ음의 아비를 칙망(責望)ᄒ야 ᄀᆞᆯ오ᄃᆡ 부ᄌ(夫子ㅣ) ᄂᆞᆯ을³

졍도(正道)로ᄢᅥ ᄀ᚛르티ᄃᆡ 부ᄌ(夫子)의 몸도 반ᄃᆞ시 스스로 졍도(正道)로 힝티 못ᄒᆫ

다 ᄒ면 이ᄂᆞ 또 ᄌᆞ식이 아비를 샹(傷)ᄒ오미니 부ᄌ(父子)ᄂᆞ 텬뉸(天倫)의 은졍(恩

情)이 극진ᄒᆫ디라

부ᄌ(父子)의 ᄆᆞ음이 서ᄅᆞ⁴ 샹(傷)ᄒ오ᄂᆞ 거시 해롭다 니르시미니라】

고자(古者)애 역ᄌᆞ이교지(易子而敎之)ᄒ니라

녜 ᄌᆞ식을 밧고아 ᄀ᚛르티니라【쇼혹(小學)의 십셰(十歲ㅣ)어든 밧겻 스싱의게 나아가

라 ᄒ니 녜ᄂᆞ ᄌᆞ식을 보ᄃᆡ

▶▶▶ **주 석**

1 노ᄒ와 : 노여워. '노ᄒᆸ-+아'. 이곳의 '노ᄒᆸ-'은 '노(怒)ᄒ-'에 파생 접미사 '-ㅂ-'이 결합한 어형으로, '노ᄒᆸ-'
아닌 '노ᄒᆸ-'으로 나타난 것은 음절말 /ㅂ/의 순음성에 이끌려 역행 원순모음화가 일어난 결과이다. 중세
국어 이래 접미사 '-ㅂ-'은 ('-ᄫ/브-'의 이형태로서) 'ㄹ'이나 모음으로 끝나는 어기 뒤에 나타나면서 특히
이곳과 같이 'Xᄒ-'를 어기로 한 경우가 많았다.

2 도로혀 : 도리어. '도로혀'는 '도ᄅᆞ혀'로 소급한다. '도ᄅᆞ혀'의 제2음절 모음 'ᆞ'가 제1음절 모음 'ㅗ'에 이끌
려 '도로혀'가 된 것이다. '도ᄅᆞ혀'는 동사 '도ᄅᆞ혀-'의(이에 대하여는 '도로현다'〈1 : 10a〉의 주석 참조)
어간이 그대로 부사로 굳어진 예이다.

3 ᄂᆞᆯ을 : 나를. '나'의 대격형에 해당하는 어형으로 자료에는 '나를'은 나타나지 않고 'ᄂᆞᆯ을'로만 등장한다. 자
료를 비롯하여 근대 문헌에 등장하는 'ᄂᆞᆯ을'은 이른바 음절초 /ㄹ/의 과잉분철(過剩分綴) 표기로 이해되

▸▸▸ **출 전**

古者 易子而敎之
〔〕易子而敎 所以全父子之恩 而亦不失其爲敎

▸▸▸ **현대어역**

〈2 : 16a〉

가르치되 행치(＝행하여지지) 아니하거든 이어(＝계속하여) 노여워하면 도리어 이(夷)하나
니, 【이(夷)는 상(傷)한다는 말이라.】 부자(夫子)가 【부(夫)는 지아비 부(夫) 자(字)이니 부
자(夫子)는 지아비를 이름이니라.】 나를 가르침을 정대(正大)한 도리(道理)로 하시되, 부자
(夫子)도 정대(正大)한 데 나지(＝행하지) 못한다 하면, 【난다는 말은 행한다는 말이라.】
아비와 자식이 서로 이(夷)함이니, 부자(父子)가 서로 이(夷)하면 악(惡)함이니라. 【자식
을 가르침은 반드시 정대(正大)한 도리(道理)에 극진코자 하여, 자식이 극진치 못하면 노
여워 도리어 그 자식을 상(傷)케 하리니, 아비가 이미 그 자식을 상(傷)케 하면 그 자식
이 마음에 아비를 책망(責望)하여 말하되, 부자(夫子)가 나를 정도(正道)로써 가르치되 부
자(夫子)의 몸도(＝자신도) 반드시 스스로 정도(正道)로 행치 못한다 하면 이는 또 자식이
아비를 상(傷)하게 함이니, 부자(父子)는 천륜(天倫)의 은정(恩情)이 극진한지라. 부자(父
子)의 마음이 서로 상(傷)하게 하는 것이 해롭다 이르심이니라.】
고자(古者)에 역자이교지(易子而敎之)하니라.

옛날에는 자식을 바꾸어 가르쳤느니라. 【소학(小學)에 십세(十歲)이거든(＝열 살이 되거든)
바깥 스승에게 나아가라 하니, 옛날에는 자식을 보되

▸▸▸ **주 석**

는 것이 일반적이다. 그러나 자료의 표기 현실을 검토할 때 '날을'이 단순히 표기상의 문제에 지나지 않는
지는 의심의 여지가 있다. 자료에서는 대격 조사의 이형태가 대폭 간소화되어 모음조화에 관계없이 자음
어간 아래에서는 '-을', 모음 어간 아래에서는 '-룰'로 통일되어 나타나기 때문이다. 자료의 표기 현실에
입각한다면 '날을'은 '날+-을'로 분석되고 이때의 '날'은 '날와, 날ᄀ티'에 보이는 '날'과 같은 성격의 존재
로 파악될 수도 있다. '날로, 날란, 날와, 날ᄀ티' 같은 곡용형에서 '나~날'의 교체를 인정한다면 이곳의
'날을'도 단순히 과잉 분철된 표기로만 단정하기는 어렵지 않을까 한다.
4 서ᄅ : 서로. 중세국어의 일반적인 어형은 '서르'이다. '서ᄅ'는 16세기 이후 문헌에 많이 보인다. 이 문헌
에서는 '서로'<3 : 14a>의 한 예만 제외하고는 '서ᄅ'로만 나타난다.

▶▶▶ **원문 판독**

〈2 : 16b〉

스싱의게[1] 비(比)ᄒᄂᆫ 거시 이 ᄯᅳᆺ이니라〕
부ᄌ지간(父子之間)은 블ᄎᆡᆨ션(不責善)이니 ᄎᆡᆨ션즉니(責善則離)ᄒᄂ니 니즉블샹(離則不
祥)이 막^
대언(莫大焉)이니라
　부ᄌ(父子) ᄉᆞ이ᄂᆞᆫ 착ᄒᆞᆫ 도리로 ᄎᆡᆨ망(責望)을 ᄒᄂ니 션(善)ᄒᆞᄆ로
　ᄎᆡᆨ(責)ᄒᆞ면 샹(傷)티 아니ᄒᆞ미 이만 크니 업ᄂ니라 니(夷)ᄂᆞᆫ 부^
　ᄌ ᄉᆞ이의 은졍(恩情)이 샹(傷)ᄒᆞ야 ᄭᅳᆺ다[2] 말이라 〔블샹(不祥)은〕 샹(祥)티 아니타
　말이라 샹(祥)티 아니타 말은 길(吉)티 아니타 말이라
　왕시(王氏) ᄀᆞᆯ오ᄃᆡ 아비 ᄃᆞ토ᄂᆞᆫ ᄌᆞ식을 두다 말은 엇디
　니른 말인고 ᄃᆞ토다 말은 착ᄒᆞᆫ 일로 ᄎᆡᆨ망(責望)ᄒᄂᆫ 거^
　시 아니라 아비 올ᄒᆞᆫ 일을 아니ᄒᆞ면 ᄃᆞ토다 말이^

▶▶▶ **주 석**

1 스싱의게 : 스승에게. 중세국어에서는 '스ᇰ'으로 나타난다. 예 : 太子ㅅ 스스이 ᄃᆞ외려뇨<석보상절 3 :
7a>. 그러나 근대국어에서 '스싱의 ᄀᆞᄅ침이'<오륜전비언해(1721) 1 : 20a>처럼 '스싱'이 나타나기 시
작하는데, 이 문헌 또한 예외가 아니어서, 대부분 '스싱'으로 표기된다. 그러나 '스ᇰ'<3 : 3b, 3 : 48b>
처럼 '스ᇰ'의 경우도 발견된다.

▶▶▶ 출 전

父子之間 不責善 責善則離 離則不祥 莫大焉
〔 責善 朋友之道也 ○ <u>王氏曰 父有爭子 何也 所謂爭者 非責善也 當不義 則爭之而已矣</u> <u>父之</u>
<u>於子也</u> 如何 曰 <u>當不義 則亦戒之而已矣</u>

▶▶▶ 현대어역

〈2 : 16b〉

　　스승에게 비(比)하는 것이 이 뜻이니라.〕
부자지간(父子之間)은 불책선(不責善)이니 책선즉리(責善則離)하나니, 이즉불상(離則不祥)이 막대
언(莫大焉)이니라.
　　부자(父子) 사이는 착한 도리로써 책망(責望)을 하나니, 선(善)함으로써 책(責)하면 상(傷)
　　치 아니함이 이만큼 큰 것이 없느니라. 이(夷)는 부자(父子) 사이의 은정(恩情)이 상(傷)
　　하여 끊어진다는 말이라. 〔불상(不祥)은〕 상(祥)치 아니하다는 말이라. 상(祥)치 아니하다
　　는 말은 길(吉)하지 아니하다는 말이라. 왕씨(王氏)가 이르되, 아비가 다투는 자식을 둔
　　다는 말은 어찌 이른 말인가? 다툰다는 말은 착한 일로 책망(責望)하는 것이 아니라 아
　　비가 옳은 일을 아니하면 다툰다는

▶▶▶ 주 석

2 끗다 : 끊어진다는. 원문의 '斷'에 해당하는 동사 어간으로 다른 18세기 문헌에는 '긏-'과 '긏ᄒ-'이 공존하기
　도 한다. 예 : 엇디 아븨 명을 져ᄇᆞ리고 어미 주이롤 <u>끗츠려</u> ᄒᆞᄂᆈ<오륜행실도(1797) 2 : 75b>. 목을
　남게 둘고 스스로 ᄂᆞ려디니 목이 <u>긏쳐</u> 죽으리라<오륜행실도(1797) 2 : 8a>. 이를 감안하면 이곳의 '끗'
　은 '긏'의 어간 말음 'ㅊ'을 자료에 확립된 칠종성법에 따라 'ㅅ'으로 적은 것으로 이해된다. 위의 '긏'과
　'긏ᄒ'은 모두 중세국어 '긏-'(내지 '그치-')의 후대형으로, 형태상 '긏'은 '긏'에서 어두 경음화가 일어난
　어형, '긏ᄒ'은 어두 경음화와 더불어 모음간 'ㅊ' 앞에 'ㄴ'이 첨가된 어형에 해당된다. 현대국어의 '끊'은
　'긏ᄒ'에서 재구조화된 어형이라 할 수 있으나 음운론적으로는 그 변화를 설명하기 어렵다. 18세기 중후반
　에 '긏히아-'의 예가 등장함을 감안할 때, 이미 '긏ᄒ'의 재구조화가 이루어졌음을 지적할 수 있을 뿐이다.
　예 : 스남의 경시 ᄇᆞ라오미 <u>긏히여시되</u><천의소감언해(1795) 1 : 1a>. 자료에도 이곳과 같은 '긏'의 예
　와 함께 '긏허'<1 : 74b>, '긏혼'<2 : 33a>, '긏흐매'<2 : 51a>, '긏티'<3 : 28a> 등 '긏ᄒ'의 예가 공존하
　는 것을 볼 수 있다.

▶▶▶ **원문 판독**

〈2 : 17a〉

니 아비 또 즈식의게 쏘흔 그른 일을 흐거든 경계(警戒)홀

쏜롬이라 ○ 쥬지(朱子ㅣ) 굴오샤디 착흔 일로뼈 서르 칙망(責望)^

흐는 거슨 붕우(朋友)의 되(道ㅣ)니라 ○ 신안(新安) 진시(陳氏) 굴오디【일홈은 슌이니

송(宋)적 사롬이라】 부즈(父子)는 은졍(恩情)을 쥬(主)흐고 붕우(朋友)는 션(善)을 칙(責)^

흐느니 아비 즈식의게 내 몸을 졍다이 흐얏거눌^

일 쏜롬이오 칙션(責善)흐는 도리는 스싱과 벗의게 보^

라니 진실로 올흐나 그르나 어디〃 아닌 즈식이 〃^

시면 마디 못흐야 스스로 ᄀ루티고 경계(警戒)홀 거시니 만^

일 은졍(恩情)이 샹(傷)홀가 두려〔懼〕 젼혀 경계(警戒)흐야 ᄀ루티^

디 아니흐야 ᄆ춤내[1] 블쵸(不肖)흔 즈식이 되거든 흔^

▶▶▶ **주 석**

1 ᄆ춤내 : 마침내. 'ᄆ춤내'는 《훈민정음언해》(1446)에도 이미 나타난다. 제1음절의 '·'가 'ㅏ'로 바뀐 용례는 '마츰내'〈가례언해(1632) 10 : 41a〉 등에서 나타나기 시작하고, '마츰내' 형태로 쓰이다가 'ㅊ' 다음 위치에서 'ㅡ'가 'ㅣ'로 전설모음화되어 현대국어의 '마침내'가 된 것이다. 중세국어의 'ᄆ춤내'는 '뫃〔了〕-'의 파생 명사 'ᄆ춤'과 파생 부사 '내'가 결합하여 합성부사가 된 어형이다. 이 '내'는 '겨슬내(>겨우내), '내죵내' 등에서도 확인되나 출현례가 극히 드물다. 중세국어나 근대국어에서는 '내' 및 이것의 중가형(重加形) '내내'도 확인되는데 이들 어형과 용법은 현대국어까지 이어진다.

▶▶▶ 출 전

▶▶▶ 현대어역

〈2 : 17a〉

말이니, 아비 또 자식에게 또한 그른 일을 하거든 경계(警戒)할 따름이라. ○ 주자(朱子)
가 이르시되, 착한 일로써 서로 책망하는 것은 붕우(朋友)의 도(道)이니라. ○ 신안(新安)
진씨(陳氏)가 이르되, 【이름은 순이니 송(宋) 적(＝송나라 때) 사람이라.】 부자(父子)는 은정
(恩情)을 주(主, 위주로 함)하고 붕우(朋友)는 선(善)을 책(責, 책망함)하나니, 아비가 자식에
게 내 몸을 정답게 하였거늘 일(＝이것일) 따름이요, 책선(責善)하는 도리는 스승과 벗에
게 보라 하니, 진실로 옳으나 그러나 어질지 않은 자식이 있으면 말지(＝그만두지) 못하
여 스스로 가르치고 경계할 것이니, 만일 은정(恩情)이 상(傷)할까 두려워하여 전혀 경계
하여 가르치지 아니하여 마침내 불초(不肖)한 자식이 되거든 한

▶▶▶ **원문 판독**

〈2 : 17b〉

갓 굴오디 ᄌᆞ식의 어딜며 블쵸(不肖)ᄒᆞ미 다 하ᄂᆞᆯ이라 ᄒᆞ^
면 니론바 ᄉᆞ랑ᄒᆞᄂᆞᆫ 거시 도로혀[1] ᄌᆞ식을 그룻 ᄆᆡᆫᄃᆞ^
ᄂᆞᆫ 거시니 밍ᄌᆞ(孟子) ᄒᆞ시ᄂᆞᆫ 말ᄉᆞᆷ은 덧〃ᄒᆞᆫ[2] 도리ᄅᆞᆯ 니^
ᄅᆞ시미오 이 마디 못ᄒᆞ야 스ᄉᆞ로 ᄀᆞᆮᄐᆞᆫ다 ᄒᆞᆫ 권도(權道)^
니 덧〃ᄒᆞᆫ 도리와 권되(權道ㅣ) 참쟉(參酌)ᄒᆞ야 홀 거시라
밍ᄌᆞ(孟子)ㅣ 왈(曰) 언인지블션(言人之不善)ᄒᆞ다가 당여후환(當如後患)에 하(何)오
　밍지(孟子ㅣ) 굴오샤디 사름의 션(善)티 못ᄒᆞᆷ를 니ᄅᆞ다가 후^
　환(後患)의 엇디 ᄒᆞ료 ᄂᆞᆷ의 허믈 니ᄅᆞ기ᄅᆞᆯ 됴히 너기면
　당〃이 후환(後患)이 〃실 거시매 경계(警戒)ᄒᆞ신 말ᄉᆞᆷ이라
밍ᄌᆞ(孟子)ㅣ 왈(曰) 양ᄉᆡᆼ쟈(養生者)ㅣ 브죡이당대ᄉᆞ(不足以當大事)오 유송ᄉᆞ(惟送死)야
가이당^

▶▶▶ **주 석**

1 도로혀 : 도리어. '도로혀'는 '도ᄅᆞ혀'로 소급한다. '도ᄅᆞ혀'의 제2음절 모음 'ㆍ'가 제1음절 모음 'ㅗ'에 이끌
려 '도로혀'가 된 것이다. '도ᄅᆞ혀'는 동사 '도ᄅᆞ혀-'의(이에 대하여는 '도로현다'<1 : 10a>의 주석 참조)
어간이 그대로 부사로 굳어진 예이다.

▶▶▶ 출 전

맹자(孟子) 이루장구하(離婁章句下) 第九章
孟子曰 言人之不善 當如後患何
孟子曰 養生者 不足以當大事 惟送死 可以當大事
〔〕 事生 固當愛敬 然 亦人道之常耳 至於送死 則人道之大變 孝子之事親 舍是 無以用其力矣
故 尤以爲大事而必誠必信 不使少有後日之悔也

▶▶▶ 현대어역

〈2 : 17b〉

　　한갓(=다만) 말하되, 자식의 어질며 불초(不肖)함이 다 하늘이라 하면 이른바 사랑하는
것이 도리어 자식을 그릇 만드는 것이니, 맹자(孟子) 하시는 말씀은 변함없는 도리(道理)
를 이르심이요, 이 말지(=그만두지) 못하여 스스로 가르친다 함은 권도(權道, 그때그때의
형편에 따라 임기응변으로 일을 처리하는 방도)이니, 변함없는 도리(道理)와 권도(權道)가 참작
(參酌, 이리저리 비추어 보아서 알맞게 고려함)하여(=참작되도록) 할 것이라.
맹자(孟子)가 왈(曰), 언인지불선(言人之不善)하다가 당여후환(當如後患)에 하(何)오?
　　맹자(孟子)가 이르시되, 사람의(=남의) 선(善)하지 못함을 이르다가 후환(後患)에 어찌 하
리요? 남의 허물 이르기를 좋게 여기면 반드시 후환(後患)이 있을 것이매 경계(警戒)하신
말씀이라.
맹자(孟子)가 왈(曰), 양생자(養生者)가 부족이당대사(不足以當大事)요, 유송사(惟送死)야 가이당

▶▶▶ 주 석

2 덧〃ᄒ : 항상 일정한. 한결같은. 이곳의 '덧덧ᄒ-'는 원문의 '恒, 常'에 대응되어 "(변함없이) 항상 일정하
다"의 의미로 쓰인 것이다. 현대국어의 후대형 '떳떳하-'는 "굽힐 것 없이 당당하다"를 뜻하여 의미에 차이
가 있다. 이곳의 '덧덧ᄒ-'는 중세국어에서는 '덛덛ᄒ-'로 나오는데, 근대국어에서 'ㄷ'이 'ㅅ'으로 표기되는
경향에 따라 여기서는 '덧덧ᄒ-'로 나온 것이다. 근대국어에 파생 부사 '쩟쩟이'<첩해몽어(1790) 1 : 3>
가 나타나는 것을 보면 같은 시기에 '쩟쩟ᄒ-'도 존재했음이 분명한데, 이를 통해 '덧덧ᄒ-'가 18세기에
된소리로 변했음을 알 수 있다.

▸▸▸ **원문 판독**

〈2 : 18a〉

대ᄉ(可以當大事)ㅣ니라

밍지(孟子ㅣ) 굴오샤ᄃᆡ 사니ᄅᆞᆯ〔生者〕 봉양(奉養)ᄒᆞ미 죡히 ᄡᅥ 대ᄉ(大事)^

ᄅᆞᆯ 당(當)티 못ᄒᆞ고 오직 죽으니ᄅᆞᆯ 보내미야 가히 대^

ᄉ(大事)ᄅᆞᆯ 당(當)ᄒᆞᄂᆞ니라【어버이 사라신 적 봉양(奉養)ᄒᆞ미 진실로 맛당이 ᄉᆞ랑ᄒᆞ

고 공경홀 거시나 그러나 이ᄂᆞᆫ 사ᄅᆞᆷ의 덧^

〃ᄒᆞᆫ¹ 도리(道理)오 어버이 죽으매 치상(治喪)ᄒᆞᆷ은 인도(人道)의 변(變)이니 이 더

옥 큰 일이라 반ᄃᆞ시 졍셩(精誠)으로 극진이 ᄒᆞ야 일후(日後)의 뉘웃브미 업게 홀

거시니라】

밍ᄌᆞ(孟子)ㅣ 왈(曰) 어(魚)도 아소욕야(我所欲也)며 웅쟝(熊掌)도 역아소욕야(亦我所欲

也)언마ᄂᆞᆫ 이^

쟈(二者)ᄅᆞᆯ 블가득겸(不可得兼)인대 샤어이ᄎᆔ웅쟝쟈야(舍魚而取熊掌者也)리오 ᄉᆡᆼ역아^

소욕야(生亦我所欲也)며 의역아소욕야(義亦我所欲也)언마ᄂᆞᆫ 이쟈(二者)ᄅᆞᆯ 블가득겸(不可

得兼)인대 ᄉᆡᆼ^

이ᄎᆔ의쟈야(生而取義者也)로리라

밍지(孟子ㅣ) 굴오샤ᄃᆡ 어(魚)도【ᄉᆡᆼ션(生鮮)이라】내 먹고져 ᄒᆞᄂᆞᆫ 배며 웅쟝(熊掌)^

▸▸▸ **주 석**

1 덧〃ᄒᆞᆫ : 항상 일정한. 한결같은. 이곳의 '덧덧ᄒᆞ-'는 원문의 '恒, 常'에 대응되어 "(변함없이) 항상 일정하
다"의 의미로 쓰인 것이다. 현대국어의 후대형 '떳떳하-'는 "굽힐 것 없이 당당하다"를 뜻하여 의미에 차이
가 있다. 이곳의 '덧덧ᄒᆞ-'는 중세국어에서는 '덛덛ᄒᆞ-'로 나오는데, 근대국어에서 'ㄷ'이 'ㅅ'으로 표기되는
경향에 따라 여기서는 '덧덧ᄒᆞ-'로 나온 것이다. 근대국어에 파생 부사 '쩟쩟이'<첩해몽어(1790) 1 : 3>
가 나타나는 것을 보면 같은 시기에 '쩟쩟ᄒᆞ-'도 존재했음이 분명한데, 이를 통해 '덧덧ᄒᆞ-'가 18세기에
된소리로 변했음을 알 수 있다.

▸▸▸ **출 전**

孟子曰魚 我所欲也 熊掌 亦我所欲也 二者 不可得兼 舍魚而取熊掌者也 生亦我所欲也 義亦我
所欲也 二者 不可得兼 舍生而取義者也
〔〕 魚與熊掌 皆美味 而熊掌尤美也

▸▸▸ **현대어역**

〈2 : 18a〉

대사(可以當大事)니라.

맹자(孟子)가 이르시되, 산 이를(=사람을) 봉양(奉養)함이 족히 써 대사(大事)를 당(當)치
못하고 오직 죽은 이를 보냄이야(=보내는 것이야말로) 가히 대사(大事)를 당(當)하나니라.
【어버이 살아 계신 적 봉양(奉養)함이 진실로 마땅히 사랑하고 공경할 것이나 그러나
이는 사람의 변함없는 도리(道理)요, 어버이 죽으매 치상(治喪)함은 인도(人道)의 변(變)이
니 이것이 더욱 큰 일이라. 반드시 정성(精誠)으로 극진이 하여 일후(日後)에(=훗날) 뉘
우침이 없게 할 것이니라.】

맹자(孟子)가 왈(曰), 어(魚)도 아소욕야(我所欲也)며 웅장(熊掌)도 역아소욕야(亦我所欲也)언마
는, 이자(二者)를 불가득겸(不可得兼)인대 사어이취웅장자야(舍魚而取熊掌者也)리요. 생역아소욕
야(生亦我所欲也)며 의역아소욕야(義亦我所欲也)언마는, 이자(二者)를 불가득겸(不可得兼)인대 생
이취의자야(生而取義者也)하리라.

맹자(孟子)가 이르시되, 어(魚)도【생선(生鮮)이라.】 내가 먹고자 하는 바이며,

〈2 : 18b〉

도 쏘흔 내 먹고져 ᄒᆞ는 배언마는 둘흘 가히 시러^

곰 겸(兼)티 못홀딘대 어(魚)롤 ᄇᆞ리고 웅쟝(熊掌)을【곰의 발바닥이니 마^

시 팔진미(八珍味)의 들니라】 취(取)ᄒᆞ리라 살기도 쏘흔 내 ᄒᆞ고져 ᄒᆞ는 배며

의(義)도【올흔 일이라】 내 ᄒᆞ고져 ᄒᆞ는 배언마는 둘흘 가히 시^

러곰 겸(兼)티 못홀딘대 사는 거슬 ᄇᆞ리고 의(義)롤 취(取)^

ᄒᆞ리라

성역아소욕(生亦我所欲)이언마는 소욕(所欲)이 유심어성쟈(有甚於生者)라 고(故)로 블위^

구득야(不爲苟得也)ᄒᆞ며 ᄉᆞ역아소욕{오}(死亦我所惡)이언마는 소오(所惡)이 유심어ᄉᆞ쟈

(有甚於死者)라 고(故)로

환유소블피야(患有所不辟也)니라

사는 것도 쏘흔 내의 ᄒᆞ고져 ᄒᆞ는 배언마는 ᄒᆞ고져 ᄒᆞ는

▸▸▸ **출 전**

生亦我所欲 所欲 有甚於生者 故 不爲苟得也 死亦我所惡 所惡 有甚於死者 故 患有所不辟(避)也

〔〕釋所以舍生取義之意 得 得生也 欲生惡死者 雖衆人利害之常情 而欲惡有甚於生死者 乃秉義理之良心 是以 欲生而不爲苟得 惡死而有所不避也

▸▸▸ **현대어역**

〈2 : 18b〉

웅장(熊掌, 곰의 발바닥)도 또한 내가 먹고자 하는 바이건마는, 둘을 가히 능히 겸(兼)하지 못할진대 어(魚)를 버리고 웅장(熊掌)을【곰의 발바닥이니 맛이 팔진미(八珍味, 진귀한 여덟 가지 음식의 아주 좋은 맛)에 들(=드는) 것이라.】취(取)하리라. 살기도 또한 내가 하고자 하는 바이며 의(義)도【옳은 일이라.】내가 하고자 하는 바이건마는, 둘을 가히 능히 겸(兼)하지 못할진대 사는 것을 버리고 의(義)를 취하리라.

생역아소욕(生亦我所欲)이언마는 소욕(所欲)이 유심어생자(有甚於生者)라. 고(故)로 불위구득야(不爲苟得也)하며, 사역아소오(死亦我所惡)이언마는 소오(所惡)가 유심어사자(有甚於死者)라. 고(故)로 환유소불피야(患有所不辟也)니라.

사는 것도 또한 내가 하고자 하는 바이건마는, 하고자 하는

〈2 : 19a〉

배 살기의셔 심(甚)ᄒᆞ미 잇ᄂᆞᆫ디라 고로 살기ᄅᆞᆯ 구챠(苟且)히

어드랴 아니ᄒᆞ며 죽는 것도 ᄯᅩᄒᆞᆫ 내의 슬희여 ᄒᆞᄂᆞᆫ

배언마ᄂᆞᆫ 슬희여 ᄒᆞᄂᆞᆫ 배 죽기의셔 심(甚)ᄒᆞ미 잇ᄂᆞᆫ^

디라 그런 고로 환난(患難)을 피(避)티 아닛ᄂᆞᆫ 배 잇ᄂᆞ니라

시고(是故)로 소욕(所欲)이 유심어ᄉᆡᇰ쟈(有甚於生者)ᄒᆞ며 소오(所惡)이 유심어ᄉᆞ쟈(有甚

於死者)ᄒᆞ니 비^

독현쟈(非獨賢者)ㅣ 유시심(有是心)이라 인기유지(人皆有之)언마ᄂᆞᆫ 유현쟈(唯賢者)ᄂᆞᆫ

〔능〕블{믈}상이(能勿喪耳)니라

이런 고로 ᄒᆞ고져 ᄒᆞᄂᆞᆫ 배 살기의셔 심(甚)ᄒᆞᆫ 거시 이^

시며 슬희여 ᄒᆞᄂᆞᆫ 배 죽기의셔 심ᄒᆞ미 이시니

홀로 현재(賢者ㅣ) 이 ᄆᆞᄋᆞᆷ이 〃실 분 아니라 사ᄅᆞᆷ이 다 잇^

건마ᄂᆞᆫ 현쟈(賢者)ᄂᆞᆫ 능히 일틀〔喪〕 아닛ᄂᆞ니라

▸▸▸ **출 전**

맹자(孟子) 고자장구상(告子章句上) 第十章

是故 所欲 有甚於生者 所惡 有甚於死者 非獨賢者有是心也 人皆有之 賢者 能勿喪耳

▸▸▸ **현 대 어 역**

〈2 : 19a〉

　　바가 살기보다 심(甚)함이 있는지라. 고로 살기를 구차(苟且)히 얻으려 아니하며, 죽는
　　것도 또한 내가 싫어하는 바이건마는 싫어하는 바가 죽기보다 심(甚)함이 있는지라. 그
　　런 고로 환난(患難)을 피(避)하지 아니하는 바가 있느니라.

시고(是故)로 소욕(所欲)이 유심어생자(有甚於生者)하며, 소오(所惡)가 유심어사자(有甚於死者)하
니, 비독현자(非獨賢者)가 유시심(有是心)이라. 인개유지(人皆有之)언마는 현자(賢者)는 능물상
이(能勿喪耳)니라.

　　이런 고로 하고자 하는 바가 살기보다 심한 것이 있으며 싫어하는 바가 죽기보다 심함
　　이 있으니, 홀로 현자(賢者)가(＝현자만이) 이 마음이 있을 뿐 아니라 사람이 다 (지니고)
　　있건마는 현자(賢者)는 능히 잃지를 아니하느니라.

▸▸▸ **원문 판독**

〈2 : 19b〉

일단ᄉ(一簞食)와 일두깅(一豆羹)을 득지즉싱(得之則生)ᄒᆞ고 블득즉ᄉ(弗得則死)라도 호이이^

여지(嘑爾而與之)면 힝도지인(行道之人)도 블슈(弗受)ᄒᆞ며 축이이여지(蹴爾而與之)면 걸인(乞人)도 블^

셜야(不屑也)니라

　　혼 당긂 밥과 혼 그릇 국을 어드면 살고 엇디 못^

　　ᄒᆞ면 죽을디라도 호〃(嘑嘑)ᄒᆞ야【호(嘑)ᄂᆞᆫ 혀 츠다 말이라】 주면 길히 가ᄂᆞᆫ

　　사름도【길 가ᄂᆞᆫ 사름이라】 밧디 아니ᄒᆞ며 축〃(蹴蹴)ᄒᆞ야【발노 젹기 치다 말이라】 주^

　　면 비ᄂᆞᆫ〔乞〕 사름도 셜(屑)히 아니 너기ᄂᆞ니라【블셜(不屑)은 조촐히〔潔〕 너기디 아닛ᄂᆞᆫ 말이니 굴^

　　머 음식을 먹으면 살고 못 먹으면 죽을디라도 업슈이 너겨 주면 오히려 슬히 너겨 출하리 죽을디라도 먹디 아니ᄒᆞ니 이ᄂᆞᆫ 슈오(羞惡)ᄒᆞᄂᆞᆫ 본 ᄆᆞ음

　　이니 사름마다 이 ᄆᆞ음이 잇다 말이니라】

만죵즉블변녜의이슈지(萬鍾則不辨禮義而受之)ᄒᆞᄂᆞ니 만죵(萬鍾)이 어아(於我)의 하가언(何加焉)이리오

▶▶▶ 출 전

맹자(孟子) 고자장구상(告子章句上) 第十章

一簞食 一豆羹 得之則生 弗得則死 爾而與之 行道之人 弗受 蹴爾而與之 乞人 不屑也
〔豆 木器也 嘑 咄啐之貌 行道之人 路中凡人也 蹴 踐踏也 乞人 乞之人也 不屑 不以爲潔也
言 雖欲食之急 而猶惡無禮 有寧死而不食者 是其羞惡之本心 欲惡有甚於生死者 人皆有之也
萬鍾則不辨禮義而受之 萬鍾 於我何加焉

▶▶▶ 현대어역

〈2 : 19b〉

일단사(一簞食)와 일두갱(一豆羹)을 득지즉생(得之則生)하고 불득즉사(弗得則死)라도, 호이이여지(嘑爾而與之)면 행도지인(行道之人)도 불수(弗受)하며, 축이이여지(蹴爾而與之)면 걸인(乞人)도 불설야(不屑也)니라.

　　한 광주리 밥과 한 그릇 국을 얻으면 살고 얻지 못하면 죽을지라도, 호호(嘑嘑)하여【호(嘑)는 혀를 찬다는 말이라.】 주면 길에 가는 사람도【길 가는 사람이라.】 받지 아니하며, 축축(蹴蹴)하여【발로 조금(=툭툭) 친다는 말이라.】 주면 비는(=빌어먹는) 사람도 설(屑)히 아니 여기느니라.【불설(不屑)은 조촐히(=깨끗이) 여기지 아니하는(=아니한다는) 말이니, 굶어(=굶주려서) 음식을 먹으면 살고 못 먹으면 죽을지라도 업신여겨 주면 오히려 싫게 여겨 차라리 죽을지라도 먹지 아니하니, 이는 수오(羞惡, 부끄러워하고 미워함)하는 본 마음이니 사람마다 이 마음이 있다는 말이니라.】

만종즉불변예의이수지(萬鍾則不辨禮義而受之)하나니 만종(萬鍾)이 어아(於我)에 하가언(何加焉)이리요?

〈2 : 20a〉

위궁실지미(爲宮室之美)와 쳐쳡지봉(妻妾之奉)과 소식궁핍쟈(所識窮乏者)ㅣ 즉아^
언{여}(則我與)인뎌

　　만죵(萬鍾)은【만죵(萬鍾)은 곡식 되는 그르시니 일만(一萬) 죵(鍾)이라 ᄒᆞ믄 만타
　　말이라】녜의(禮義)를 분변(分辨)티 아니ᄒᆞ^

　　고 밧ᄂᆞ니 만죵(萬鍾)이 내게 무어시 더으리오 궁실(宮室)의【집이라】

　　아롬다옴과 쳐쳡(妻妾)의 밧듬〔奉〕과 아는 바 군핍(窘乏)ᄒᆞᆫ 쟤(者ㅣ)

　　날을 고마이 너기믈 위ᄒᆞ민뎌【단ᄉᆞ(簞食) 두깅(豆羹)은 져근 거시매 욕되게 주면 죽
　　어도 밧디

　　아니ᄒᆞ다가 만죵(萬鍾)은 만흐매 내게 두는 일이 녜의(禮義)에 마ᄌᆞ나 분변(分辨)티
　　아니코 밧ᄂᆞ니 만죵(萬鍾)인들 내 살기의셔 어이 더ᄒᆞᆯ 거시 이시리오마는 블과 집이^

　　나 됴히 짓고 쳐쳡(妻妾)이나 거ᄂᆞ리고 아는〔識〕 군핍(窘乏)ᄒᆞᆫ 사름이 내게 잇고 감
　　격(感激)ᄒᆞ야 ᄒᆞᆯ 위ᄒᆞ미니라 】

향위신(鄕爲身)앤 ᄉᆞ이블슈(死而不受)라가 금위쳐쳡지봉(今爲妻妾之奉)ᄒᆞ야 위지(爲之)
ᄒᆞ며 향^

위신(鄕爲身)앤 ᄉᆞ이블슈(死而不受)라가 금위소식궁핍쟈(今爲所識窮乏者)ㅣ 득아이위지
(得我而爲之)^

맹자(孟子) 고자장구상(告子章句上) 第十章

爲宮室之美 妻妾之奉 所識窮乏者得我與

〔〕 萬鍾於我何加 言於我身無所增益也 所識窮乏者得我 謂所知識之窮乏者 感我之惠也 上言人皆有羞惡之心 此言衆人所以喪之由此三者 蓋理義之心 雖曰固有 而物欲之蔽亦人所易昏也

(鄕爲身 死而不受 今爲宮室之美 爲之 : 누락) 鄕爲身 死而不受 今爲妻妾之奉 爲之 鄕爲身 死而不受 今爲所識窮乏者得我而爲之

▶▶▶ 현대어역

〈2 : 20a〉

위궁실지미(爲宮室之美)와 처첩지봉(妻妾之奉)과 소식궁핍자(所識窮乏者)가 즉아여(則我與)인저.

　　만종(萬鍾)은【만종(萬鍾)은 곡식을 되는(=계량하는) 그릇이니 일만(一萬) 종(鍾)이라 함은 많다는 말이라.】예의(禮義)를 분변(分辨)치 아니하고 받나니, 만종(萬鍾)이 내게 무엇이 더하리요(=이익되리요)? 궁실(宮室)의【집이라】아름다움과 처첩(妻妾)의 받듦과 아는 바 군핍(窮乏)한 자(者)가 나를(=나에게) 고맙게 여김을 위함인저(=위함일 뿐이로다).【단사(簞食, 한 광주리 밥)와 두갱(豆羹, 한 그릇 국)은 적은 것이매 욕되게 주면 죽어도 받지 아니하다가, 만종(萬鍾)은 많으매 내게 두는(=소유하는) 일이 예의(禮義)에 맞으나 분변(分辨, =분별)하지 아니하고 받나니, 만종(萬鍾)인들(=만종이라 하더라도) 내가 살기보다 어이 더할(=이익될) 것이 있으리요마는, 불과(=그저) 집이나 좋게 짓고 처첩(妻妾)이나 거느리고 아는 군핍(窮乏)한 사람이 내게 있고 감격(感激)하여 함을 위함이니라.】

향위신(鄕爲身)엔 사이불수(死而不受)라가 금위처첩지봉(今爲妻妾之奉)하여 위지(爲之)하며, 향위신(鄕爲身)엔 사이불수(死而不受)라가 금위소식궁핍자(今爲所識窮乏者)가 득아이위지(得我而爲之)

▶▶▶ 원문 판독

〈2 : 20b〉

ᄒᆞᄂᆞ니 시역블가이이호(是亦不可以已乎)아 ᄎᆞ지위실기본심(此之謂失其本心)이니라

　향(鄕)애【뎌즈음긔¹라 말이니 단ᄉᆞ(簞食) 두깅(豆羹)을 줄 때롤 니ᄅᆞ미라】몸을 위ᄒᆞ

　매 죽어도 밧ᄉᆞ

　디 아니ᄒᆞ다가 이제 궁실(宮室)의 아롬다오믈 위ᄒᆞ야

　ᄒᆞ며【ᄒᆞ다 말은 만죵(萬鍾)을 밧다 말이라】향(鄕)애 몸을 위ᄒᆞ야 죽어도 밧ᄉᆞ

　디 아니ᄒᆞ다가 이제 쳐쳡(妻妾)의 봉(奉)을 위ᄒᆞ야 ᄒᆞ며

　향(鄕)애 몸을 위ᄒᆞ야 죽어도 밧디 아니ᄒᆞ다가 이제

　아ᄂᆞᆫ 바 궁핍(窮乏) 쟤(者ㅣ) 내게 득(得)ᄒᆞ믈 위ᄒᆞ야 ᄒᆞᄂᆞ니 이 쏘ᄉᆞ

　ᄒᆞᆫ 가히 써 마디 못홀 것가 이롤 닐온² 근본(根本) ᄆᆞ음을

　일호미니라

　경원(慶源) 보시(輔氏) 골오ᄃᆡ 슈오(羞惡)ᄒᆞᆫ ᄆᆞ옴이 사롬마다 잇ᄂᆞ니

▶▶▶ 주 석

1 뎌즈음긔 : 저즈음께. 저번에. 중세 문헌에 보이는 '뎌즈슴쯰'〈두시언해 8 : 3-4〉와 비교할 때 자료의 'ᄌᆞ음'은 중세국어의 'ᄌᆞᆷ'에 소급할 어형이라 할 수 있다. 중세국어에서 'ᄌᆞᆷ'은 "사이, 틈"을 의미하는 공간 명사와 "ᄌᆞ음, 무렵"을 의미하는 시간 명사로 두루 쓰였으나 자료에는 후자의 의미로 쓰인 예만 발견된다. 예 : 상ᄉᆞ와 급난ᄒᆞᆫ <u>즈음의</u> 형뎨의 졍의롤 오히려 아다가〈1 : 62a〉, 졍셩을 갈진ᄒᆞ미 더욱 존망과 젼패 ᄒᆞᄂᆞᆫ <u>즈음의</u> 뵈니〈3 : 37a〉. 자료의 'ᄌᆞ음'은 다른 문헌에서 '즘'(져즘희예〈어제속자셩편언해 13a〉)으로 어형이 줄어들기도 하는데 현대국어의 '쯤'은 바로 이같은 어형을 계승한 것이다.

▸▸▸ **출 전**

맹자(孟子) 고자장구상(告子章句上) 第十章

是亦不可以已乎 此之謂失其本心

〔〕言 三者 身外之物 其得失 比生死爲甚輕 鄕爲身 死猶不肯受蹴之食 今乃爲此三者而受無禮
義之萬鍾 是豈不可以止乎 本心 謂羞惡之心 ○ 此章 言 羞惡之心 人所固有 或能決死生於危迫
之際 而不免計約於宴安之時 是以 君子不可頃刻而不省察於斯焉

▸▸▸ **현대어역**

〈2 : 20b〉

하나니, 시역불가이이호(是亦不可以已乎)아 차지위실기본심(此之謂失其本心)이니라.

향(鄕)에【저즘께(＝예전에)라는 말이니 단사(簞食, 한 광주리 밥)와 두갱(豆羹, 한 그릇 국)을
줄 때를 이름이라.】몸을(＝자신을) 위하매 죽어도 받지 아니하다가 이제 궁실(宮室)의 아
름다움을 위하여 하며(＝받으며),【한다는 말은 만종(萬鍾)을 받는다는 말이라.】향(鄕)에
(＝예전에) 몸을(＝자신을) 위하여 죽어도 받지 아니하다가 이제 처첩(妻妾)의 봉(奉, 봉양)
을 위하여 하며(＝받으며), 향(鄕)에(＝예전에) 몸을(＝자신을) 위하여 죽어도 받지 아니하다
가 이제 아는 바 궁핍(窮乏)한 자(者)가 내게 득(得)함을 위하여 하나니(＝받나니), 이 또
한 가히 (써) 말지(＝그만두지) 못할 것인가? 이를 이른바 근본(根本) 마음을 잃음이니라.
경원(慶源) 보씨(輔氏)가 이르되, 수오(羞惡, 옳지 못함을 부끄러워하고 착하지 못함을 미워함)한
마음이 사람마다 있나니,

▸▸▸ **주 석**

2 닐온 : 이른바. '닐온'은 기원적으로 '니르/니르-〔曰〕'에 선어말어미 '-오-'가 결합된 '니로-'의 동명사형에
해당한다. 다른 근대 문헌에는 '니론, 니론바'가 주로 나타나나, 이 문헌에서는 "이른바"의 의미로 사용된
경우에는 '닐온'을 사용하고, "이르는"의 의미로는 '니론' 형태를 구분하여 사용하고 있다.

〈2 : 21a〉

단ᄉ(簞食)와 두깅(豆羹)이 ᄉ싱(死生)의 관계ᄒ야도 욕(辱)되이 주면
슈오(羞惡)ᄒᆫ ᄆᆞ옴이 급히 나니 인욕(人欲)을 계교(計較)롤 못ᄒ고
텬니(天理)만 뵈ᄂᆞᆫ디라 죽어도 밧디 아니ᄒᆞ디 만죵(萬鍾)은 평^
안(平安)ᄒᆫ 째예 니욕(利慾)이 분난(紛亂)ᄒ야 만ᄒ며 져근 거슬
혜아리ᄂᆞᆫ디라 ᄉ욕(私欲)이 방ᄌ(放恣)ᄒ야 텬니(天理ㅣ) 업섯ᄂᆞᆫ 고로
녜의(禮義ㅣ) 이시며 업스믈 분변(分辨)티 못ᄒ고 밧ᄂᆞ니라
밍ᄌ(孟子ㅣ) 왈(曰) 금유무명지디굴이블신(今有無名之指屈而不信)이 비질통해^
ᄉ야(非疾痛害事也)언마ᄂᆞᆫ 역{여} 유능신지쟈(如有能信之者)면 즉블원진초지노(則不遠秦
楚之路)ᄒᆞᄂᆞ니 위^
지디블약인야(爲指之不若人也)니라
　밍진(孟子ㅣ) ᄀᆞᆯ오샤디 이제 무명지(無名指ㅣ) 굽어〔屈〕 펴디 못ᄒᆞ미 알^

▸▸▸ **출 전**

孟子曰 今有無名之指屈而不信(伸) 非疾痛害事也 如有能信之者 則不遠秦楚之路 爲指之不若人也

▸▸▸ **현대어역**

〈2 : 21a〉

단사(簞食, 한 광주리 밥)와 두갱(豆羹, 한 그릇 국)이 사생(死生)에 관계하여도 욕(辱)되게 주면 수오(羞惡, 옳지 못함을 부끄러워하고 착하지 못함을 미워함)한 마음이 급히 나니, 인욕(人欲)을 계교(計較)를 못하고 천리(天理)만 보이는지라 죽어도 받지 아니하되, 만종(萬鍾)은 평안(平安)한 때에 이욕(利慾)이 분란(紛亂, 어수선하고 소란스러움)하여 많으며 적은 것을 헤아리는지라. 사욕(私欲)이 방자(放恣)하여 천리(天理)가 없어졌는 고로 예의(禮義)가 있으며 없음을 분변(分辨, 분별)하지 못하고 받느니라.

맹자(孟子)가 왈(曰), 금유무명지지굴이불신(今有無名之指屈而不信)이 비질통해사야(非疾痛害事也)언마는, 여유능신지자(如有能信之者)면 즉불원진초지로(則不遠秦楚之路)하나니, 위지지불약인야(爲指之不若人也)니라.

맹자(孟子)가 이르시되, 이제 무명지(無名指, 약손가락)가 굽어(=구부러져) 펴지 못함이

▶▶▶ **원문 판독**

〈2 : 21b〉

프며 일의 해로온 줄이 아니언마는 만일 능히 펴^
논 재(者ㅣ) 이시면 곳 진(秦)나라 초(楚)나라 길히라도 먼니〔遠〕[1] 아니
너기ᄂᆞ니 손가락이 사ᄅᆞᆷ만 못ᄒᆞᄆᆞᆯ 위ᄒᆞᄆᆞ니라
지블약인즉지오지(指不若人則知惡之)호대 심블약인즉블지오(心不若人則不知惡)ᄒᆞ니 ᄎᆞ^
지위블디뉴야(此之謂不知類也)니라
손가락이 사ᄅᆞᆷ의게 ᄀᆞᆺ디 못ᄒᆞ면 슬히 너길 줄 아^
디 ᄆᆞ음이 사ᄅᆞᆷ만 ᄀᆞᆺ디 못ᄒᆞ면 슬히 너길 줄 아디 못^
ᄒᆞᄂᆞ니 이 닐온 뉴(類)ᄅᆞᆯ 아디 못ᄒᆞᄆᆡ라【뉴(類)ᄂᆞᆫ 경(輕)ᄒᆞ며 듕(重)ᄒᆞᆫ 뉴(類)ᄅᆞᆯ 모
론다 말이니 ᄆᆞ음^
은 듕(重)ᄒᆞ고 무명지(無名指)ᄂᆞᆫ 경(輕)ᄒᆞ다 말이라】
진심(盡心)

▶▶▶ **주 석**

1 먼니 : 멀리. 자료의 다른 곳에는 '먼리'로 등장하기도 한다. 비슷한 시기의 다른 문헌에는 '멀리'나 '멀니'
로 등장하는 것이 일반적이나, 이를 감안하면 이곳의 'ㄴㄴ'은 어중 /ㄹㄹ/을 표기한 것으로 해석된다. 자
료에서 어중 /ㄹㄹ/은 'ㄹㄴ'으로 표기되는 것이 일반적이나, 이곳과 같이 'ㄴㄴ'으로 표기되는 어사도 일
부 존재한다. 예 : 신나(新羅), 쳔니(千里) 등. 자료에서 '먼니'와 '먼리'가 공존하는 것은 /멀리/에 대하여
'ㄴㄹ' 연쇄를 상정하고('먼리'), 이 연쇄에 '역행적 유음화 규칙' 대신 경쟁 관계에 있는 '비음화 규칙'을
잘못 적용시킨 결과('먼니')일 가능성이 있다.

▸▸▸ **출 전**

맹자(孟子) 고자장구상(告子章句上) 第十二章
指不若人 則知惡 心不若人 則不知惡 此之謂不知類也
〔〕 <u>不知類 言其不知輕重之等也</u>

▸▸▸ **현대어역**

〈2 : 21b〉

　　아프며 일에 해로운 것이 아니건마는, 만일 능히 펴는 자(者)가 있으면 곧 진(秦)나라와
　　초(楚)나라 길이라도 멀리(=멀게) 아니 여기나니, 손가락이 사람만 못함을 위함이니라.
지불약인즉지오지(指不若人則知惡之)한대 심불약인즉불지오(心不若人則不知惡)하니 차지위불지류
야(此之謂不知類也)니라.
　　손가락이 사람에게(=남과) 같지 못하면 싫게 여길 줄 알되, 마음이 사람만(=남만) 같지
　　못하면 싫게 여길 줄 알지 못하나니, 이것이 이른바 유(類)를 알지 못함이라.【유(類)는
　　경(輕)하며 중(重)한 유(類)를 모른다는 말이니, 마음은 중(重)하고 무명지(無名指, 약손가
　　락)는 경(輕)하다는 말이라.】
　　진심(盡心)

▸▸▸ **원문 판독**

〈2 : 22a〉

밍ᄌ(孟子)ㅣ 왈(曰) 계명이긔(雞鳴而起)ᄒ야 ᄌᄌ위션쟈(孶孶爲善者)는 슌지도야(舜之徒也)오

　　밍지(孟子ㅣ) ᄀᆞᆯ오샤ᄃᆡ 둙이 울면 니러나 ᄌ〃(孶孶)히 올흔 일^

　　을 ᄒᄂᆞᆫ 쟈(者)는 슌(舜)의 무리오

계명이긔(雞鳴而起)ᄒ야 ᄌᄌ위리쟈(孶孶爲利者)는 쳑지도야(蹠之徒也)니

　　둙이 울면 니러나 ᄌ〃(孶孶)히 니(利)ᄒᆞᆫ 노ᄅᆺ ᄒᄂᆞᆫ 쟈(者)는 쳑(蹠)^

　　의 되(徒ㅣ)니【쳑(蹠)은 도쳑(盜蹠)이라】

욕지슌여쳑지분(欲知舜與蹠之分)인대 무타(無他)라 리여션지간야(利與善之間也)니라

　　슌(舜)과 다ᄆᆞᆺ 쳑(蹠)의 ᄂᆞᆫ호이믈 알고져 홀딘대 다^

　　ᄅᆞ미 업손디라 니(利)와 다ᄆᆞᆺ 션(善)의 ᄉᆞ이니라

▸▸▸ 출 전

맹자(孟子) 진심장구상(盡心章句上) 第二十五章

孟子曰 鷄鳴而起 孳孳爲善者 舜之徒也

〔〕孳孳勤勉之意 言 雖未至於聖人 亦是聖人之徒也

鷄鳴而起 爲利者 蹠之徒也

〔〕蹠 盜蹠也

欲知舜與蹠之分 無他 利與善之間也

〔〕程子曰 言間者 謂相去不遠 所爭 毫末耳 善與利 公私而已矣 才 出於善 便以利言也 ○ 楊氏曰 舜蹠之相去遠矣 而其分 乃在利善之間而已 是豈可以不謹 然 講立不熟 見之不明 未有不以利爲義者 又學者所當深察也 或問 鷄鳴而起 若未接物 如何爲善 程子曰 只主於敬 便是爲善

▸▸▸ 현대어역

〈2 : 22a〉

맹자(孟子)가 왈(曰), 계명이기(鷄鳴而起)하여 자자위선자(孳孳爲善者)는 순지도야(舜之徒也)오,

　　맹자(孟子)가 이르시되, 닭이 울면 일어나 자자(孳孳)히(=부지런히) 옳은 일을 하는 자(者)는 순(舜)의 무리요,

계명이기(鷄鳴而起)하여 자자위리자(孳孳爲利者)는 척지도야(蹠之徒也)니,

　　닭이 울면 일어나 자자(孳孳)히(=부지런히) 이(利)한(=이익이 되는) 노릇을 하는 자는 척(蹠)의 도(徒, 무리)이니, 【척(蹠)은 도척(盜蹠)이라.】

욕지순여척지분(欲知舜與蹠之分)인대 무타(無他)라 이여선지간야(利與善之間也)니라.

　　순(舜)과 척(蹠)의 나뉨을 알고자 할진대, 다름이 없는지라(=아니라), 이(利)와 선(善)의 사이이니라.

▸▸▸ **원문 판독**

〈2 : 23a〉

듕용(中庸)[1] 【듕(中)은 덕듕(適中)흔 도리(道理)오 용(庸)은 흥샹(恒常)흔 도리(道理)
니 ㅈ〻(子思丨) 지으시니라 셰샹(世上) 사람이 듕용(中庸)흔 도리(道理)
의 혹 과(過)ᄒ며 혹 [못] 미처[及] 셩인(聖人)의 도(道)롤 알 리 업^
ᄂ디라 ㅈ〻(子思丨) 붉혀 ᄀ르티시니라】
텬명지위셩(天命之謂性)이오 솔셩지위도(率性之謂道)오 슈도지위교(修道之謂敎)니라
하ᄂᆯ이 명(命)ᄒ신 거슨 닐온 셩(性)이오 셩(性)은 거ᄂ린[率] 거^
슨 닐온 교(敎)니라【하ᄂᆯ이 명(命)ᄒ다 말은 하ᄂᆯ이 음양오ᄒᆡᆼ(陰陽五行)으로뻐 만믈
(萬物)을 화싱(化生)ᄒ야 긔운(氣運)으로뻐 얼골[2]^
을 일우고 니(理)롤 ᄯ오ᄒᆞᆫ 주ᄂ니 명녕(命令)을 ᄂ리옴 ᄀᆺ튼디라 명(命)이라 니르고
사람과 만믈이 날 제 각〃 그 하ᄂᆯ이 준 리(理)롤 바다 뻐 건(健)ᄒ며 슌(順)홈과
인의녜지신(仁義禮智信) 오샹(五常)의 덕(德)이 된 거시니 이 닐온 바 셩(性)이라
셩(性)을 거ᄂ리다 말은 텬셩(天性)의 당연(當然)흔 대로 ᄒᆡᆼᄒ는 말이오 도(道)는
길히니 당당(當當)이 ᄒᆡᆼ홀
길히라 텬셩(天性)의 당연(當然)흔 대로 ᄒᆡᆼᄒ는 거슬 되(道丨)라 니르ᄂ니라 셩(性)
과 되(道丨) 비록 인인(人人)이 ᄀᆺ튼나 긔품(氣稟)이 혹 다른디라 범인(凡人)의 ᄒ
는 일이 혹 듕도(中道)의
과(過)ᄒ며 혹 못 밋는[及] 일이 잇는 고로 셩인(聖人)이 당연(當然)흔 도리로 인
(因)ᄒ야 닥가 뻐 텬하(天下)의 법(法)을 삼으시니 이 닐온 괴(敎丨)라 교(敎)는 ᄀ
ㄹ티는 거시라 대개 사람이
다 내 몸의 셩품(性品)이 잇는 줄은 아나 그 하ᄂᆯ로셔 난[出] 줄 아디 못ᄒ고 셩인
(聖人)의 ᄀ르치미 잇는 줄 아나 내게 본디 잇는 바롤 인ᄒ야 지졔ᄒ는[裁] 줄 아^

▸▸▸ **주 석**

1 듕용 : 중용(中庸). 공자(孔子)의 손자인 자사(子思)의 저술로 알려져 있다. 오늘날 전해지는 것은 ≪예
기(禮記)≫에 있던 중용편(中庸篇)이 송대(宋代)에 하나의 단행본으로 된 것이다. '中'은 어느 한쪽으로
치우치지 않는다는 뜻이고 '庸'은 평상(平常)을 뜻한다. 이 책은 인간의 본성을 한 마디로 성(誠)이라 하
고, 어떻게 하여 이 성(誠)으로 돌아갈 수 있는 지를 규명하였다.
2 얼골 : 형체(形體). 모습. 자료의 다른 곳에는 '얼굴'로도 나타난다. 자료의 '얼골/얼굴'은 현대국어의 '얼
굴'과 같이 "낯, 얼굴"을 뜻하기도 하지만(이에 대하여는 '얼골이오'<3 : 36b>의 주석 참조) 원문의 '形'에
대응되어 "형체, 모습"의 의미로 쓰인 예가 더 많다. 중세국어 이래 '얼골/얼굴'은 본래 "形(형체, 모습)"의
의미로 쓰이다가 근대국어에서 "顔(안면, 얼굴)"의 의미로 점차 변한다. 현대국어의 '얼굴'에는 '形'의 의
미는 사라지고 "顔"의 의미만 남아 있는데, 이러한 변화는 이미 ≪동문유해≫(1748)에 등장하는 「容顔
얼굴」<상 : 18>의 예를 위시하여 18세기 문헌부터 보이기 시작한다.

▶▶▶ **출 전**

天命之謂性 率性之謂道 修道之謂敎

〔〕命 猶令也 性 卽理也 天以陰陽五行 化生萬物 氣以成形而理亦賦焉 猶命令也 於是 人物之生 因各得其所賦之理 以爲健順五常之德 所謂性也 率 循也 道 猶路也 人物 各循其性之自然 則其日用事物之間 莫不各有當行之路 是則所謂道也 修 品節之也 性道雖同 而氣或異 故 不能無過不及之差 聖人 因人物之所當行者而品節之 以爲法於天下 則謂之敎 若禮樂刑政之屬 是也 蓋人 知己之有性而不知其出於天 知事之有道而不知其由於性 知聖人之有敎而不知其因吾之所固有者裁之也 故 子思於此 首發明之 而董子所謂道之大原出於天 亦此意也

▶▶▶ **현대어역**

〈2 : 23a〉

　　중용(中庸)【중(中)은 적중(敵中, 지나치거나 부족함이 없이 꼭 알맞음)한 도리(道理)요, 용(庸)은 항상(恒常, 변함이 없음)한 도리(道理)니 자사(子思)가 지으시니라. 세상(世上) 사람이 중용(中庸)한 도리의 혹 과(過)하며(=지나치거나) 혹 못 미쳐〔及〕 성인(聖人)의 도(道)를 알 리 없는지라. 자사(子思)가 밝혀 가르치시니라.】

천명지위성(天命之謂性)이요 솔성지위도(率性之謂道)요 수도지위교(修道之謂敎)니라.

　　하늘이 명(命)하신 것은 이른바 성(性)이요, 성(性)을 거느린 것은 이른바 교(敎)니라. 【하늘이 명(命)한다는 말은 하늘이 음양오행(陰陽五行)으로써 만물(萬物)을 화생(化生)하여 기운(氣運)으로써 형체를 이루고 이(理)를 또한 주나니, 명령(命令)을 내림과 같은지라 명(命)이라 이르고, 사람과 만물(萬物)이 날 제 각각 그 하늘이 준 이(理)를 받아 써 건(健)하며 순(順)함과 인의예지신(仁義禮智信) 오상(五常)의 덕(德)이 된 것이니, 이것이 이른바 성(性)이라. 성(性)을 거느린다는 말은 천성(天性)의 당연(當然)한 대로 행하는(=행한다는) 말이요, 도(道)는 길이니 마땅히 행할 길이라. 천성(天性)의 당연(當然)한 대로 행하는 것을 도(道)라 이르느니라. 성(性)과 도(道)가 비록 인인(人人)이(=사람마다 모두) 같으나 기품(氣稟, 타고난 기질과 성품)이 혹 다른지라. 범인(凡人)의 하는 일이 혹 중도(中道)에 (비추어) 과(過)하며(=과하거나) 혹 못 미치는 일이 있는 고로, 성인(聖人)이 당연한 도리(道理)로 인(因)하여 닦아 (써) 천하(天下)의 법(法)을 삼으시니 이것이 이른바 교(敎)이라. 교(敎)는 가르치는 것이라. 대개 사람이 다 내(=자기) 몸에 성품(性品)이 있는 것은 아나 그 하늘로부터 난 것을 알지 못하고, 성인(聖人)의 가르침이 있는 것을 아나 내게 본디 있는 바를 인하여 재제하는 것을

〈2 : 23b〉

　　　다 못ᄒᆞᄂᆞᆫ디라 고로 ᄌᆞ신(子思ㅣ) 이에 붉히시니라】
도야쟈(道也者)ᄂᆞᆫ 블가슈유니야(不可須臾離也)니 가니(可離)면 비도야(非道也)라 시고
(是故)로 군^
ᄌᆞ(君子)ᄂᆞᆫ 계신호기소블도(戒愼乎其所不睹)ᄒᆞ며 공구호기소블문(恐懼乎其所不聞)이니라
　　　되(道ㅣ)라 ᄒᆞᄂᆞᆫ 쟈(者)ᄂᆞᆫ 가히 잠시도 ᄯᅥ나디 못홀 거시니 가히
　　　ᄯᅥ눌 거시면 되(道ㅣ) 아니라 이런 고로 군ᄌᆞ(君子)ᄂᆞᆫ 그 보디 못ᄒᆞ^
　　　ᄂᆞᆫ 바의 경계(警戒)ᄒᆞ고 조심ᄒᆞ며 그 듯디 못ᄒᆞᄂᆞᆫ 바의 두^
　　　려ᄒᆞᄂᆞ니라【도(道)ᄂᆞᆫ 일용ᄉᆞ믈(日用事物)의 응당(應當)이 ᄒᆡᆼ홀 니(理)라 내 셩(性)
　　　의 덕이오 내 ᄆᆞ음 쇽의 ᄀᆞ잣ᄂᆞᆫ〔具〕 거시니 그러므로 잠시도 ᄯᅥ날 거시
　　　아니라 혹 ᄯᅥ날 거시면 엇디 텬셩(天性) 거ᄂᆞ린 도리(道理ㅣ) 되리오 이러므로 군지
　　　(君子ㅣ) 미양 조심ᄒᆞ고 두려ᄒᆞ야 비록 보디 못ᄒᆞ며 듯디 못ᄒᆞᄂᆞᆫ 배라도 감히 소^
　　　홀(疏忽)티 못ᄒᆞ야 텬니(天理)의 본연(本然)ᄒᆞ믈 잇게 ᄒᆞ야 잠시도 ᄯᅥ나디 아니케
　　　ᄒᆞᄂᆞ니라】
막현호은(莫見乎隱)이며 막현오미(莫顯乎微)니 고(故)로 군ᄌᆞ(君子)ᄂᆞᆫ 신기독야(愼其獨
也)니라

>>> 출 전

道也者 不可須臾離也 可離 非道也 是故 君子 戒愼乎其所不睹 恐懼乎其所不聞
〔〕道者 日用事物當行之理 皆性之德而具於心 無物不有 無時不然 所以不可須臾離也 若其可離
則豈率性之謂哉 是以 君子之心 常存敬畏 雖不見聞 亦不敢忽 所以存天理之本然 而不使離於須
臾之頃也
莫見乎隱 莫顯乎微 故 君子 愼其獨也
〔〕隱 暗處也 微 細事也 獨者 人所不知而己所獨知之地也 言 幽暗之中, 細微之事 跡雖未形
而幾則已動 人雖不知 而己獨知之 則是天下之事 無有著見明顯而過於此者 是以 君子旣常戒懼
而於此 尤加謹焉 所以人欲於將萌 而不使其潛滋暗長於隱微之中 以至離道之遠也

>>> 현대어역

〈2 : 23b〉

　　알지 못하는지라. 고로 자사(子思)가 이에 밝히시니라.】
도야자(道也者)는 불가수유리야(不可須臾離也)니, 가리(可離)면 비도야(非道也)라. 시고(是故)로
군자(君子)는 계신호기소불도(戒愼乎其所不睹)하며 공구호기소불문(恐懼乎其所不聞)이니라.
　　도(道)라 하는 것은 가히 잠시도 떠나지 못할 것이니 가히 떠날 것이면 도(道)가 아니라.
　　이런 고로 군자(君子)는 그 보지 못하는 바에 경계(警戒)하고 조심하며 그 듣지 못하는
　　바에 두려워하느니라. 【도(道)는 일용사물(日用事物)에 응당히 행할 이(理)라. 내 성(性)의
　　덕이요 내 마음 속에 갖추어져 있는 것이니 그러므로 잠시도 떠날 것이 아니라. 혹 떠날
　　것이면 어찌 천성(天性) 거느린 도리(道理)가 되리요? 이러므로 군자(君子)가 매양 조심하
　　고 두려워하여 비록 보지 못하며 듣지 못하는 바이라도 감히 소홀(疏忽)하지 못하여 천
　　리(天理)의 본연(本然)함을 있게 하여 잠시도 떠나지 아니케 하느니라.】
막현호은(莫見乎隱)이며 막현호미(莫顯乎微)니, 고(故)로 군자(君子)는 신기독야(愼其獨也)니라.

▶▶▶ **원문 판독**

〈2 : 24a〉

숨은 거시 이에셔 뵈는 거시 업스며 미(微)ᄒᆞᆫ 거시 이에^

셔 나타나는 거시 업스니 그런 고로 군ᄌᆞ(君子)ᄂᆞᆫ 반ᄃᆞ시 그

홀로 아는 ᄣᆡᄅᆞᆯ 삼가ᄂᆞ니라【숨다 말은 ᄀᆞ만ᄒᆞᆫ 곳이오 미(微)ᄒᆞ다 말은 져근 일이니 어두온

가온대 셰미(細微)ᄒᆞᆫ 일이라도 자최ᄂᆞᆫ 비록 얼골티[1] 아녀시나 긔미(幾微ㅣ) 임의 밍

동(萌動)ᄒᆞ엿ᄂᆞᆫ디라 ᄂᆞᆷ이 비록 모ᄅᆞ나 나ᄂᆞᆫ 홀로 아ᄂᆞ니 비록 은미(隱微)ᄒᆞᆫ 일이나 뵈고

나타나미 이 ᄀᆞᆺ투니 일로 보면 텬하(天下)의 일이 뵈고 나타나는 거시 이 은(隱)ᄒᆞ고

미(微)ᄒᆞᆫ 일이예셔 더ᄒᆞᆫ 일이 업다 말이라 이러므로 군지(君子ㅣ) 임의 은미(隱微)ᄒᆞᆫ 바ᄅᆞᆯ

샹해〔常〕 경계(警戒)ᄒᆞ고 두려ᄒᆞ며 ᄯᅩ 더옥 삼가기ᄅᆞᆯ 더으니 ᄡᅥ 인욕(人欲)을 쟝ᄎᆞᆺ[2]

밍동(萌動)ᄒᆞᆯ ᄢᅢ예 막아 ᄒᆞ야곰 은미(隱微)ᄒᆞᆫ 가온대 ᄀᆞ만이 ᄌᆞ라 ᄡᅥ 도(道)의 ᄯᅥ나

ᄂᆞᆫ ᄃᆡ 니^

ᄅᆞ디 아니케 ᄒᆞ시미라】

우뎨일댱(右第一章)

ᄌᆞ(子ㅣ) 왈(曰) 도블원인(道不遠人)ᄒᆞ니 인지위도이원인(人之爲道而遠人)이면 블가이위

도(不可以爲道)^

니라

▶▶▶ **주 석**

1 얼골티 : 형체를 이루지. '얼골ᄒᆞ-+-디'. 이곳의 '얼골ᄒᆞ-'는 "형체, 모습"을 뜻하는 '얼골'에(이에 대하여는 '얼골'<2 : 23a>의 주석 참조) 접사 '-ᄒᆞ-'가 결합하여 "형체를 이루다"의 뜻으로 쓰인 것이다.

2 쟝ᄎᆞᆺ : 장차(將次). 부사 '쟝ᄎᆞ'에 부사를 파생시키는 접미사 '-ㅅ'이 통합한 어형이다. 중세국어 이래 '쟝ᄎᆞ'와 '쟝ᄎᆞᆺ'이 공존하였으나 자료에서는 '쟝ᄎᆞᆺ'만 발견된다.

▸▸▸ **출 전**

子曰 道不遠人 人之爲道而遠人 不可以爲道

▸▸▸ **현대어역**

〈2 : 24a〉

숨은 것이 이에서 보이는 것이 없으며 미(微)한 것이 이에서 나타나는 것이 없으니, 그런 고로 군자(君子)는 반드시 그 홀로 아는 때를 삼가느니라. 【숨는다는 말은 은밀한 곳이요 미(微)하다는 말은 적은 일이니, 어두운 가운데 세미(細微)한 일이라도 자취는 비록 형체를 이루지 아니하였으나 기미(幾微)가 이미 맹동(萌動, 일어나기 시작함)하였는지라. 남이 비록 모르나 나는 홀로 아나니, 비록 은미(隱微)한 일이나 보이고 나타남이 이와 같으니, 이로써 보면 천하(天下)의 일이 보이고 나타나는 것이 이 은(隱)하고 미(微)한 일보다 더한 일이 없다는 말이라. 이러므로 군자(君子)가 이미 은미(隱微)한 바를 항상 경계(警戒)하고 두려워하며 또 더욱 삼가기를 더하니, (써) 인욕(人欲)을 장차 맹동(萌動)할 때에 막아 (하여금) 은미(隱微)한 가운데 가만히 자라 (써) 도(道)에서 떠나는 데 이르지 아니하게 하심이라.】

우제일장(右第一章)

자(子)가 왈(曰), 도불원인(道不遠人)하니 인지위도이원인(人之爲道而遠人)이면 불가이위도(不可以爲道)니라.

〈2 : 24b〉

지(子ㅣ) 글오샤디 되(道ㅣ) 사롬의게 머디 아니ᄒ니 사롬이 도(道)^

롤 ᄒ디 사롬의게 머리 ᄒ면 가히 도(道)라 ᄒ디 못ᄒ^

리니라【도(道)논 진실로 듕인(衆人)의 다 알고 힝ᄒ논 배라 고로 사롬의게 머디 아

닌 거시니 만일 ᄒ디 사롬의게셔 놉고 먼 일을 ᄒ려 ᄒᄂᆞᆨ 아니^

라 이논 ᄌᆞ신(子思ㅣ) 공ᄌᆞ(孔子) 말ᄉᆞᆷ을 인ᄒ야 니론 말이라】

듕셰(忠恕ㅣ) 위도블원(違道不遠)ᄒ니 시졔긔이블원(施諸己而不願)을 역믈시어인(亦勿施

於人)^

이니라

듕(忠)과 셰(恕ㅣ) 도(道)의 어긔미 머디 아니ᄒ니【듕(忠)은 내 ᄆᆞ음을 니(理)의 극

진케 ᄒ미오 셔(恕)논 내

ᄆᆞ음을 밀위여〔推〕 ᄂᆞᆷ의게 밋논〔及〕 거시 내 몸의 베프논 ᄆᆞ음ᄀᆞ티 ᄒ논 거시오 어긔

다 말은 예셔 뎨 가다 말이니 듕(忠)은 도리롤 극진이 ᄒ고 셔(恕)논 ᄂᆞᆷ 혜아리기롤

극진이 ᄒ미니 내 몸의 혜아려 ᄂᆞᆷ을 다ᄉ리면 도(道)의 가기 머디 아니ᄒ니라】내 몸

의 베퍼〔施〕 원(願)티 아닛논

일을 ᄯᅩᄒ ᄂᆞᆷ의게 베프디〔施〕 아닐 거시니라【내 슬흔 일을 ᄂᆞᆷ의게 베프디

▶▶▶ **출 전**

忠恕 違道不遠 施諸己而不願 亦勿施於人

〔〕盡己之心爲忠 推己及人爲恕 違 去也 如春秋傳齊師違穀七里之違 言 自此至彼 相去不遠 非背而去之之謂也 道 卽其不遠人者是也 <u>施諸己而不願 亦勿施於人</u> 忠恕之事也 <u>以己之心 度人之心 未嘗不同 則道之不遠於人者 可見 故 己之所不欲 則勿以施於人 亦不遠人以爲道之事</u> 張子所謂以愛己之心愛人則盡仁 是也

▶▶▶ **현대어역**

〈2 : 24b〉

공자(孔子)가 이르시되, 도(道)가 사람에게 멀지 아니하니 사람이 도(道)를 하되 사람에게서(=사람으로부터) 멀리 하면 가히 도(道)라 하지 못할 것이니라.【도(道)는 진실로 중인(衆人, 뭇사람)이 다 알고 행하는 바이라. 고로 사람에게 멀지 아니한 것이니, 만일 하되 사람에게서 높고 먼 일을 하려 한즉 (그것이) 아니라. 이는 자사(子思)가 공자(孔子) 말씀을 인하여 이른 말이라.】

충서(忠恕)가 위도불원(違道不遠)하니 시제기이불원(施諸己而不願)을 역물시어인(亦勿施於人)이니라. 충(忠)과 서(恕)가 도(道)에 어긋남이 멀지 아니하니【충(忠)은 내 마음을 이(理)에 극진케 함이요, 서(恕)는 내 마음을 미루어 남에게 미치는 것이 내 몸에(=자신에게) 베푸는 마음 같이 하는 것이요, 어긴다는 말은 여기서 저기에 간다는 말이니, 충(忠)은 도리를 극진이 하고 서(恕)는 남 헤아리기를 극진이 함이니, 내 몸에(=자신에게) 헤아려 남을 다스리면 도(道)에 가기(=가는 것이) 멀지 아니하니라.】 내 몸에(=자신에게) 베풀어(=베풀기를) 원(願)하지 아니하는 일을 또한 남에게 베풀지 아니할 것이니라.【내가 싫은(=싫어하는) 일을 남에게 베풀지

▸▸▸ 원문 판독

〈2 : 25a〉

아니타 말이라 내 무움으로 눔의 무움을 혜아리매 다른디 아니케 홀 거시니 내 슬흔
일을 눔의게 베프디 아닌즉 또흔 사롬을 머리 아니ㅎ야^
　　뼈 도(道)롤 ㅎ는 일이라】

군ᄌ지도(君子之道)ㅣ 스(四)에 모(丘)ㅣ 미릉〔일〕언(未能一焉)이로소니 소구호ᄌ(所求
乎子)로 이ᄉ부(以事父)롤 미릉^

야(未能也)ㅎ며 소구호신(所求乎臣)으로 이ᄉ군(以事君)을 미릉야(未能也)ㅎ며 소구호뎨
(所求乎弟)로 이ᄉ형(以事兄)^

을 미릉야(未能也)ㅎ며 소구호붕우(所求乎朋友)로 션시지(先施之)롤 미릉야(未能也)로니
용^

덕지힝(庸德之行)ㅎ며 용언지근(庸言之謹)ㅎ야 유소블죡(有所不足)이어든 블감블면(不敢
不勉)ㅎ며

유여(有餘)커든 블감진(不敢盡)ㅎ야 〔言顧行〕 힝고언(行顧言)이니 군ᄌ(君子)ㅣ 호블조
이{조}이(胡不慥慥爾)리오
　　군ᄌ(君子)의 되(道ㅣ) 네 가지의 뫼〔丘ㅣ〕【공ᄌ(孔子) 일홈을¹ 휘(諱)ㅎ야 뫼〔丘
　　ㅣ〕라 ㅎᄂ니라】 훈 가지도 능히 못^

ㅎᄂ니 ᄌ식의게 구(求)ㅎ는 바로뼈 아비 셤기기롤 능히

못ㅎ며【어버이 ᄌ식의게 효도(孝道)롭기롤 구ㅎ디 그 구ㅎ는 바로뼈 내 아비 셤기기
롤 능히 못훈다 말이라】 신하의게

▸▸▸ 주 석

1 일홈을 : 이름을. 이곳의 '일홈'은 동사 '잃〔稱, 名〕-'에 명사형 '-옴'이 결합한 어형이나 이미 중세국어의
　이른 시기부터 어휘화된 존재로 나타난다. 예 : 號ᄂ 일홈 사마 브르는 거시라<월인석보(1459) 1 : 15b
　주>. 현대국어의 '이름'은 '-오/우-'의 쇠퇴에 따라 '일홈>일흠'의 변화를 겪은 뒤 다시 유성음간 /ㅎ/이
　약화, 탈락한 결과이다.

▸▸▸ **출 전**

君子之道四 丘未能一焉 所求乎子 以事父 未能也 所求乎臣 以事君 未能也 所求乎弟 以事兄
未能也 所求乎朋友 先施之 未能也 庸德之行 庸言之謹 有所不足 不敢不勉 有餘 不敢盡 言顧
行 行顧言 君子胡不慥慥爾
〔〕求 猶責也 道不遠人 凡己之所以責人者 皆道之所當然也 故 反之以自責而自修焉 庸 平常也
行者 踐其實 謹者 擇其可 德不足而勉 則行益力 言有餘而 則謹益至 謹之至則言顧行矣 行之力
則行顧言矣 篤實貌 言 君子之言行如此 豈不乎 贊美之也 <u>凡此皆不遠人以爲道之事</u> 張子所謂以
責人之心責己則盡道 是也

▸▸▸ **현대어역**

〈2 : 25a〉

　　아니한다는 말이라. 내 마음으로 남의 마음을 헤아리매 (그 마음이) 다르지 아니하게 할
　　것이니, 내가 싫은(＝싫어하는) 일을 남에게 베풀지 아니한즉 또한 사람을 멀리 아니하여
　　(써) 도(道)를 하는 일이라.】
군자지도(君子之道)가 사(四)에 모(丘)가 미능일언(未能一焉)이로소니, 소구호자(所求乎子)로 이
사부(以事父)를 미릉야(未能也)하며, 소구호신(所求乎臣)으로 이사군(以事君)을 미릉야(未能也)하
며, 소구호제(所求乎弟)로 이사형(以事兄)을 미릉야(未能也)하며, 소구호붕우(所求乎朋友)로 선시
지(先施之)를 미릉야(未能也)로니, 용덕지행(庸德之行)하며 용언지근(庸言之謹)하여 유소불족(有
所不足)이거든 불감불면(不敢不勉)하며, 유여(有餘)커든 불감진(不敢盡)하여 〔言顧行〕 행고언(行顧
言)이니, 군자(君子)가 호불조조이(胡不慥慥爾)리요.
　　군자(君子)의 도(道)가 네 가지에, 모〔丘〕가【공자(孔子) 이름을 휘(諱, 죽은 이나 손윗사람의
　　이름 부르기를 피함)하여 모〔丘〕라 하느니라.】 한 가지도 능히 못하나니, 자식에게 구(求)하
　　는 바로써 아비 섬기기를 능히 못하며【어버이가 자식에게 효도(孝道)롭기를 구하되 그
　　구하는 바로써 내가 아비 섬기기를 능히 못한다는 말이라.】 신하에게

〈2 : 25b〉

구(求)ᄒᆞᄂᆞᆫ 바로ᄡᅥ 님군[1] 셤기기ᄅᆞᆯ 능히 못ᄒᆞ며【님군 되야
신하의게 튱셩(忠誠)을 구ᄒᆞᄃᆡ 그 구ᄒᆞᄂᆞᆫ 바로ᄡᅥ 내 님군 셤기기ᄅᆞᆯ 못ᄒᆞ며】아ᄋᆞ의게
구ᄒᆞᄂᆞᆫ 바로ᄡᅥ
내 형(兄) 셤기기ᄅᆞᆯ 능히 못ᄒᆞ며【형이 되야 아ᄋᆞ의게 공슌(恭順)ᄒᆞ기ᄅᆞᆯ 구ᄒᆞᄃᆡ 그 구ᄒᆞᄂᆞᆫ 바
내 형 셤기〃ᄅᆞᆯ 못ᄒᆞ다 말이라】벗의게 구ᄒᆞᄂᆞᆫ 바로ᄡᅥ 몬져 베프기ᄅᆞᆯ
못ᄒᆞᄂᆞ니【뎌 벗이 내게 신실(信實)ᄒᆞ기ᄅᆞᆯ 구ᄒᆞᄃᆡ 내 구ᄒᆞᄂᆞᆫ 바로ᄡᅥ 내 뎌 벗의게 몬
져 베프기ᄅᆞᆯ 못ᄒᆞ노라 말ᄉᆞᆷ이니 이 네 가지 일이
다 인〃(人人)의 맛당ᄒᆞᆫ 일이로ᄃᆡ 눔의게 칙망(責望)ᄒᆞᆫ 일로ᄡᅥ 내 몸을 칙망(責望)
ᄒᆞ야 ᄒᆡᆼᄒᆞ면 군ᄌᆞ(君子)의 되(道ㅣ)라】샹(常)ᄒᆞᆫ 덕을 ᄒᆡᆼᄒᆞ^
며 ᄒᆡᆼ샹(恒常)ᄒᆞᆫ 말ᄉᆞᆷ을 삼가 ᄒᆞ야【ᄒᆡᆼ샹(恒常)ᄒᆞ다 말은 텬리(天理)의 응(應)ᄒᆞ다
말이라】브^
죡(不足)ᄒᆞᆫ 배 잇거든 감히 힘쓰디 아니티 아니ᄒᆞ며 남^
ᄂᆞᆫ 거시 잇거든 감히 다ᄒᆞ디 아니ᄒᆞ야【브죡(不足)ᄒᆞᆫ 거슨 덕을 니ᄅᆞ미오 남는 거슨
말을 니ᄅᆞ미니 범사롬이 미양 덕(德)을 ᄒᆡᆼᄒᆞ기는 브죡(不足)ᄒᆞ고 말 ᄒᆞ기는 유여(有
餘)ᄒᆞᆫ디라 ᄒᆡᆼᄒᆞ미 브죡(不足)ᄒᆞ거든 덕을 더옥 힘쓰고 말ᄒᆞ미 디나거든 말^

1 님군 : 임금. 이곳의 '님군'은 중세국어의 '님금'에 소급할 어형이다. 15세기에는 '님금' 일색이던 것이 16
세기부터는 역행 원순모음화를 반영한 '님굼'이 쓰이기 시작하고(예 : 님굼믜<번역소학(1517) 9 : 43
b>), 16세기 후반부터는 ≪천자문(석봉)≫(1583)에 '禹 님군 우<26b>가 등장하면서 '님군'도 함께
쓰이게 된다. 이러한 변화 과정을 감안할 때 '님군'은 '님굼'의 '굼'을 음(音)이 비슷하고 훈(訓)이 어형 전
체의 의미와 상통하는 한자 '君'에 부회(附會)시킨 결과로 해석된다. 이같이 한자 부회로 새로운 어형이
형성된 예는 '우뢰[雷], 여호[狐], 지와/기와[瓦]' 등에서도 찾아볼 수 있다.

▸▸▸ 출 전

▸▸▸ 현대어역

〈2 : 25b〉

구(求)하는 바로써 임금 섬기기를 능히 못하며,【임금이 되어 신하에게 충성(忠誠)을 구하되 그 구하는 바로써 내가 임금 섬기기를 못하며】 아우에게 구하는 바로써 내가 형(兄) 섬기기를 능히 못하며,【형이 되어 아우에게 공순(恭順)하기를 구하되 그 구하는 바로써 내가 형 섬기기를 못한다는 말이라.】 벗에게 구하는 바로써 먼저 베풀기를 못하나니,【저 벗이 내게 신실(信實)하기를 구하되 내 구하는 바로써 내가 저 벗에게 먼저 베풀기를 못하노라 (하는) 말씀이니, 이 네 가지 일이 다 인인(人人, 모든 사람)의 마땅한 일이로되 남에게 책망(責望)하는 일로써 내 몸을(=자신을) 책망(責望)하여 행하면 군자(君子)의 도(道)이라.】 한결같은 덕을 행하며 항상(恒常, 변함없이 일정함)한 말씀을 삼가(=조심하여) 하여,【항상(恒常)하다는 말은 천리(天理)에 응(應)한다는 말이라.】 부족(不足)한 바가 있거든 감히 힘쓰지 아니하지 아니하며 남는 것이 있거든 감히 다하지 아니하여【부족(不足)한 것은 덕을 이름이요 남는 것은 말을 이름이니, 범인(凡人)이 매양 덕(德)을 행하기는 부족(不足)하고 말 하기는 유여(有餘, 남음이 있음)한지라. 행함이 부족하거든 덕을 더욱 힘쓰고, 말함이 지나치거든

▸▸▸ 원문 판독

〈2 : 26a〉

을 덜ᄒᆞ라 말이라】 말이 ᄒᆡᆼ실을 도라보며 ᄒᆡᆼ신{실}이 말을
도라보ᄂᆞ니【말이 일의셔 디나고 일이 말의 밋디 못ᄒᆞᄂᆞᆫ가 ᄒᆞ고 조심ᄒᆞ야 말을 ᄒᆞᆯ 제 ᄒᆡᆼᄒᆞᆯ 거ᄉᆞᆯ 도라보아 가며 ᄒᆞ면
말을 남게 ᄒᆞ미 업고 ᄒᆡᆼᄒᆞᆯ 제 말을 도라보와 ᄉᆡᆼ각ᄒᆞ야 ᄒᆞ면 ᄒᆡᆼ실(行實)을 브죡ᄒᆞ게 ᄒᆞ미 업ᄉᆞ리라】 군ᄌᆡ(君子ㅣ) 엇디 조〃(慥慥)^
티 아니ᄒᆞ리오【조〃(慥慥)ᄂᆞᆫ 독실(篤實)ᄒᆞᆫ 거동이니 군ᄌᆞ(君子)의 언ᄒᆡᆼ(言行)이 〃러ᄒᆞ면 엇디 독실(篤實)티 아니ᄒᆞ리오 ᄒᆞ미나 대개 사ᄅᆞᆷ을 먼리 ᄒᆞ야
도(道)ᄅᆞᆯ ᄒᆞ디 아닛ᄂᆞᆫ다 말ᄉᆞᆷ이라 이 댱(章)은 다 공ᄌᆞ(孔子) 말ᄉᆞᆷ이라】
군ᄌᆞ(君子)ᄂᆞᆫ 소기위이ᄒᆡᆼ(素其位而行)이오 블원호기외(不願乎其外)니라
군ᄌᆞ(君子)ᄂᆞᆫ 그 위(位)예 소(素)ᄒᆞ야 ᄒᆡᆼ(行)ᄒᆞ고【그 위(位)ᄂᆞᆫ 잇ᄂᆞᆫ 곳이오 소(素)ᄂᆞᆫ 본ᄃᆡ란 말이니 본ᄃᆡ 곳의셔 도(道)ᄅᆞᆯ ᄒᆡᆼ^
ᄒᆞ다 말이라】 그 밧글 원(願)티 아니ᄒᆞᄂᆞ니라【시방 당(當)ᄒᆞᆫ 곳을 ᄯᆞ라 ᄒᆡᆼᄒᆞ고 그 밧글 구ᄒᆞ야 ᄒᆡᆼ키ᄅᆞᆯ 원티
아닛ᄂᆞᆫ다[1] 말이라 본ᄃᆡ 잇다 말은 내 시방 당(當)ᄒᆞᆫ 곳을 니ᄅᆞ미라】
소부귀(素富貴)ᄒᆞ얀 ᄒᆡᆼ호부귀(行乎富貴)ᄒᆞ며, 소빈쳔(素貧賤)ᄒᆞ얀 ᄒᆡᆼ호빈쳔(行乎貧賤)ᄒᆞ며 소이젹(素夷狄)^

▸▸▸ 주 석

1 아닛ᄂᆞᆫ다 : 아니한다. '아니ᄒᆞ-+-ᄂᆞᆫ다'. 중세국어에서 '아니ᄒᆞ-'는 /ㄴ/을 두음으로 하는 어미와 결합할 때 'ᄒᆞ'의 /ㆍ/가 수의적으로 탈락하여 /아닣/으로 실현되고, 이것이 다시 후행 두음 /ㄴ/과 자음동화를 일으켜 '아닌'으로 실현되는 경우가 많다(예 : 法의 有無是非ᄃᆞᆯᄒᆞᆯ ᄀᆞᆯᄒᆡ디 아닌ᄂᆞ다 ᄒᆞ샤미오<법화경언해(1463) 5 : 21a>, 아닌ᄂᆞ냐, 아닌노라 등). 이에 비추어 보면 이곳의 '아닛ᄂᆞᆫ다'도 자음동화가 반영되지 않았을 뿐 '아니ᄒᆞᄂᆞ다'의 준말에 해당할 가능성이 무엇보다 높다. 그러나 이곳의 '아닛ᄂᆞᆫ다'에서는 선어말어미가 '-ᄂᆞ-' 아닌 '-ᄂᆞᆫ-'으로 등장하는 점이 문제가 된다. 중세국어의 질서에서 '아니ᄒᆞᄂᆞ다'의 준말은 어

▸▸▸ 출 전

君子 素其位而行 不願乎其外
〔〕 <u>素 猶見(現) 在也</u> 言 君子但因見在所居之位 而爲其所當爲 無慕乎其外之心也
素富貴 行乎富貴 素貧賤 行乎貧賤 素夷狄

▸▸▸ 현대어역

⟨2 : 26a⟩

말을 덜하라는 말이라.】말이 행실을 돌아보며 행실이 말을 돌아보나니【말이 일보다 지
나치고 일이 말에 미치지 못하는가 하고 조심하여, 말을 할 때 행할 것을 돌아보아 가며
하면 말을 남게 함이 없고, 행할 때 말을 돌아보아 생각하여 하면 행실(行實)을 부족하
게 함이 없으리라.】군자(君子)가 어찌 조조(慥慥)치 아니하리요?【조조(慥慥)는 독실(篤實)
한 거동(=모습)이니 군자(君子)의 언행(言行)이 이러하면 어찌 독실(篤實)치 아니하리요
함이나, 대개 사람을(=사람으로부터) 멀리 하여(=하면서) 도(道)를 하지 아니한다는 말씀
이라. 이 장(章)은 다 공자(孔子) 말씀이라.】
군자(君子)는 소기위이행(素其位而行)이요 불원호기외(不願乎其外)니라.

　군자(君子)는 그 위(位)에 소(素)하여 행(行)하고,【그 위(位)는 있는 곳이요, 소(素)는 본
　디란 말이니 본디의 곳에서 도(道)를 행한다는 말이라.】그 밖을 원(願)치 아니하느니라.
　【시방(=현재) 당(當)한(=처한) 곳을 따라 행하고 그 밖을 구하여 행하기를 원(願)치 아
　니한다는 말이라. 본디 있다는 말은 내가 시방(=현재) 당(當)한(=처한) 곳을 이름이라.】
소부귀(素富貴)하얀 행호부귀(行乎富貴)하며, 소빈천(素貧賤)하얀 행호빈천(行乎貧賤)하며, 소이
적(素夷狄)^

▸▸▸ 주 석

디까지나 '아닛ᄂ다' 내지 '아닌ᄂ다'로만 등장하기 때문이다. 또한 '아닛ᄂ다'를 단순히 오기의 문제로 돌
리기도 어렵다. 자료와 비슷한 18세기의 다른 문헌에도 '아닛ᄂ다'가 자주 등장하기 때문이다. 예 : 깁 님
ᄌ는 팅원을 마디 <u>아닛ᄂ다</u> ᄒ거늘<종덕신편언해(1758) 下 : 59ㄱ>, 복지 아니면 복지 <u>아닌ᄂ다</u> 니롤
ᄯᅵ니<어제자성편언해(1746?) 內 : 34b>. 그런데 자료에는 개음절 어간 아래 '-ᄂ다> -ㄴ다'의 변화는
물론 (17세기 이후에 보이는) 폐음절 어간 아래 '-ᄂ다>-ㄴ다'의 변화까지 완성된 형태로 나타난다. 이
같은 자료의 사정을 고려하면 이곳의 '아닛ᄂ다'는 '아니ᄒ-'가 줄어든 /아닣/(표기상으로는 '아닛')이 폐음
절 어간에 해당하는 관계로 '-ㄴ다' 아닌 '-ᄂ다'와 결합하였다고 설명할 수 있을 것이다.

〈2 : 26b〉

ᄒᆞ야 ᄒᆡᆼ호이젹(行乎夷狄)ᄒᆞ며 소환난(素患難)ᄒᆞ야 ᄒᆡᆼ호환난(行乎患難)이니 군ᄌᆞ(君子)ᄂᆞᆫ 무입^

이블ᄌᆞ득언(無入而不自得焉)이니라

　　부귀(富貴)예 소(素)ᄒᆞ야ᄂᆞᆫ 부귀예 ᄒᆡᆼᄒᆞ며【부귀(富貴)ᄒᆞᆫ 듸 본듸 이시면 그 부귀(富貴)ᄒᆞᆫ 사ᄅᆞᆷ의 ᄒᆡᆼ홀 도(道)ᄅᆞᆯ

　　ᄒᆞ다 말이라】 빈쳔(貧賤)의 소(素)ᄒᆞ야ᄂᆞᆫ 빈쳔(貧賤)의 ᄒᆡᆼᄒᆞ며【웃 귀(句ㅣ) 뜻과 ᄀᆞᆺ ᄐᆞ니라】 이젹(夷狄)^

　　의 소(素)ᄒᆞ야ᄂᆞᆫ【오랑캐라】 이젹(夷狄)의 ᄒᆡᆼᄒᆞ며 환난(患難)의【근심과 어려온 일이라】

　　소(素)ᄒᆞ야ᄂᆞᆫ 환난(患難)의 ᄒᆡᆼᄒᆞᄂᆞ니 군ᄌᆞ(君子)ᄂᆞᆫ 든 디마다 스스로

　　도(道)의 ᄒᆡᆼ키ᄅᆞᆯ 엇디 못ᄒᆞ미 업ᄂᆞ니라【아모 듸ᄅᆞᆯ 드러도 그 도(道) ᄒᆡᆼ티 못홀 곳이 업^

　　다 말이니 ᄆᆡ양 당(當)ᄒᆞᆫ 일을 극진이 ᄒᆞ다 말이니라】

ᄌᆡ샹위(在上位)ᄒᆞ야 블능하(不陵下)ᄒᆞ며 ᄌᆡ하위(在下位)ᄒᆞ야 블원샹(不援上)이오 졍긔이 블^

구어인(正己而不求於人)이면 즉무원(則無怨)이니 샹블원텬(上不怨天)ᄒᆞ며 하블우인(下不尤人)이니라

▶▶▶ **출 전**

行乎夷狄 素患難 行乎患難 君子 無入而不自得焉
在上位 不陵下 在下位 不援上 正己而不求於人 則無怨 上不怨天 下不尤人

▶▶▶ **현대어역**

〈2 : 26b〉

하얀 행호이적(行乎夷狄)하며, 소환난(素患難)하얀 행호환난(行乎患難)이니, 군자(君子)는 무입이불자득언(無入而不自得焉)이니라.

　　부귀(富貴)에 소(素)하여서는(=처하여서는) 부귀(富貴)에 (맞게) 행하며,【부귀(富貴)한 데에 본디 있으면 그 부귀(富貴)한 사람이 행할 도(道)를 한다는 말이라.】빈천(貧賤)에 소(素)하여서는(=처하여서는) 빈천(貧賤)에 (맞게) 행하며,【윗 구(句)의 뜻과 같으니라.】이적(夷狄)에 소(素)하여는【오랑캐라】이적(夷狄)에 (맞게) 행하며, 환난(患難)에【근심과 어려운 일이라】소(素)하여서는(=처하여서는) 환난(患難)에 (맞게) 행하나니, 군자(君子)는 든 데마다 스스로 도(道)에 (맞게) 행하기를 얻지(=이루지) 못함이 없느니라.【아무 데를(=곳에) 들어도 그 도(道)를 행하지 못할 곳이 없다는 말이니 매양 당(當)한(=처한) 일을 극진이 한다는 말이니라.】

재상위(在上位)하여 불릉하(不陵下)하며, 재하위(在下位)하여 불원상(不援上)이오, 정기이불구어인(正己而不求於人)이면 즉무원(則無怨)이니, 상불원천(上不怨天)하며 하불우인(下不尤人)이니라.

▸▸▸ **원문 판독**

〈2 : 27a〉

웃 위(位)예 이셔 아래롤 업슈이 너기디 아니ᄒ며 아래 위(位)^

예 이셔 웃 사룸을 반원(攀援)티 아니ᄒ고【반원(攀援)은 븟드러 요구ᄒᄂ 의ᄉ(意思)라】내

몸을 바로게 ᄒ고 눔의게 구(求)ᄒ디 아니ᄒ면 곳 내

원망(怨望)이 업ᄂ니라【내 도리(道理)롤 올케 ᄒ고 눔 칙망(責望)을 아니타 말이라】우ᄒ로 하ᄂᆯ을

원망(怨望)티 아니ᄒ며 아래로 사룸을 허믈티 아닛^

ᄂ니라【다 밧글 원(怨)티 아니미라 이샹(以上)은 다 공ᄌ(孔子) 말슴이라】

군ᄌ지도(君子之道)ᄂ 비{벽}여ᄒᆡᆼ원필ᄌ이(辟如行遠必自邇)ᄒ며 비{벽}여등고필ᄌ비(辟如登高必自卑)니라

군ᄌ(君子)의 도(道)ᄂ 비컨대 먼 ᄃᆡ롤 ᄒᆡᆼᄒᆞᆫᄃᆡ 반ᄃ시 갓가^

온 ᄃᆡ로 홈 ᄀᆞᆺᄒ며【군ᄌ(君子)의 되(道ㅣ) 갓가온 ᄃᆡᄇ터 먼 ᄃᆡ 니ᄅ다 말이라】비컨대 놉흔 ᄃᆡ^

롤 오ᄅᄃᆡ 반ᄃ시 ᄂᄌᆫ ᄃᆡ로브터 홈 ᄀᆞᆺᄐ니라【군ᄌ(君子)의 도(道)ᄂ ᄂᄌᆫ ᄃᆡ로브터 놉흔 ᄃᆡ

▶▶▶ **출 전**

君子之道 辟(譬)如行遠必自邇 如登高必自卑

▶▶▶ **현대어역**

〈2 : 27a〉

윗(=윗 사람의) 위(位)에 있어(=있으면서) 아래를 업신여기지 아니하며, 아래 위(位)에 있어(=있으면서) 윗사람을 반원(攀援)치 아니하고,【반원(攀援)은 붙들어 요구하는 의사(意思)라.】내 몸을 바르게 하고 남에게 구(求)하지 아니하면 곧 내 원망(怨望)이 없느니라.【내 도리(道理)를 옳게 하고 남 책망(責望)을 아니한다는 말이라.】위로 하늘을 원망(怨望)치 아니하며 아래로 사람을(=남을) 허물치(=탓하지) 아니하느니라.【다 밖을 원(怨, 원망함)치 아니함이라. 이상(以上)은 다 공자(孔子) 말씀이라.】

군자지도(君子之道)는 벽여행원필자이(辟如行遠必自邇)하며 벽여등고필자비(辟如登高必自卑)니라.

군자(君子)의 도(道)는 비컨대 먼 데를 행하되 반드시 가까운 데로(=데로부터) 함 같으며【군자(君子)의 도(道)가 가까운 데부터 먼 데 이른다는 말이라.】비컨대 높은 데를 오르되 반드시 낮은 데로부터 함 같으니라.【군자(君子)의 도(道)는 낮은 데로부터 높은 데

▸▸▸ 원문 판독

〈2 : 27b〉

니른다 말이라】

시왈(詩曰) 쳐즈호합(妻子好合)이 여고금슬(如鼓琴瑟)ᄒ며 형뎨긔흡(兄弟旣翕)ᄒ야 화락ᴧ

챠담{탐}(和樂且耽)이라 의이실가(宜爾室家)ᄒ며 낙이쳐노(樂爾妻帑)라 ᄒ야ᄂᆞᆯ

시(詩)의 ᄀᆞᆯ오디 쳐즈(妻子)의 됴ᄒ며 합(合)ᄒ미 비파와 거문ᴧ

고 톰 ᄀᆞᆺᄒ며 형뎨(兄弟 1) 임의 화흡(和翕)ᄒ야 화(和)ᄒ며 즐ᴧ

거오며 ᄯᅩ 즐거온디라 네의 실가(室家)를 맛당케 ᄒ며

네의 쳐노(妻帑)를 즐겁게 ᄒ다 ᄒ야ᄂᆞᆯ【시(詩)ᄂᆞᆫ 쇼아(小雅) 샹쳬편(常棣篇)이라 쳐즈(妻子)와 형뎨(兄弟)와

실가(室家)를 각〃 맛당케 ᄒ미 갓갑고 ᄂᆞ즌 일이로디 몬져 극진케 ᄒᄂᆞᆫ즉 놉ᄒ며 먼디 니ᄅᆞᄂᆞ니라】

즈(子 1) 왈(曰) 부모(父母)ᄂᆞᆫ 기슌호의(其順矣乎)신뎌

공지(孔子 1) ᄀᆞᆯ오샤디 부모(父母)ᄂᆞᆫ 그 슌(順)ᄒ실뎐뎌【시(詩)의 이리 닐럿거ᄂᆞᆯ 공지(孔子 1) 보시ᴧ

▸▸▸ **출 전**

중용(中庸) 第十五章
詩曰 妻子好合 如鼓瑟琴 兄弟既翕 和樂且耽 宜爾室家 樂爾妻帑
〔〕詩 小雅常之篇 鼓瑟琴 和也 翕 亦合也 耽 亦樂也 帑 子孫也
子曰 父母 其順矣乎
〔〕夫子誦此詩而贊之曰 人能和於妻子 宜於兄弟如此 則父母其安樂之矣 子思引詩及此語 以明
行遠自邇, 登高自卑之意

▸▸▸ **현대어역**

〈2 : 27b〉

　　이른다는 말이라.】
시왈(詩曰), 처자호합(妻子好合)이 여고금슬(如鼓琴瑟)하며 형제기흡(兄弟既翕)하여 화락차탐(和
樂且耽)이라. 의이실가(宜爾室家)하며 낙이처노(樂爾妻帑)라 하거늘,
　　　시(詩)에 이르되, 처자(妻子)가 좋으며 합(合)함이 비파와 거문고 탐과 같으며, 형제(兄弟)
　　　가 이미 화흡(化洽, 교화가 세상에 두루 미침)하여 화(和)하며 즐거우며 또 즐거운지라. 너의
　　　실가(室家, 가정)를 마땅케(=편안케) 하며 너의 처노(妻帑, 처자)를 즐겁게 한다 하거늘,【시
　　　(詩)는 소아(小雅) 상체편(常棣篇)이라. 처자(妻子)와 형제(兄弟)와 실가(室家, 가정)를 각각
　　　마땅케(=편안케) 함이 가깝고 낮은 일이로되 먼저 극진케 한즉 높으며 먼 데 이르느니
　　　라.】
자(子)가 왈(曰), 부모(父母)는 기순호의(其順矣乎)신저.
　　　공자(孔子)가 이르시되, 부모(父母)는 (그) 순(順)하실진저(=순하게 되시리로다).【시(詩)에
　　　이리 일렀거늘, 공자(孔子)가

▸▸▸ **원문 판독**

〈2 : 28a〉

고 골오샤디 형뎨(兄弟) 쳐즈(妻子)룰 화락(和樂)호게 호고 실가(室家)룰 맛당케 호
면 부모는 평^

안(平安)호고 즐겨호샤 모옴이 슌(順) 호시니라 호시니 실개(室家ㅣ) 맛당호며 형뎨
(兄弟) 쳐지(妻子ㅣ) 화^

락(和樂)호기는 느즌 일이오 부뫼(父母ㅣ) 슌(順)호시기는 놉흔 일이니 느즌 디와
갓가온 디브터 호다 말을 붉히시니라】

즈(子)ㅣ 왈(曰) 슌(舜)은 기대효야(其大孝也)신뎌 덕위셩인(德爲聖人)이시고 존위텬즈
(尊爲天子)시고 부^

유스희지니(富有四海之內)호샤 종묘향지(宗廟饗之)호시며 즈손보지(子孫保之)호시니라

공진(孔子ㅣ) 골오샤디 슌(舜)은 그 큰 효도(孝道)신뎌 덕(德)은 셩인(聖人)^

이 되시고 놉기는 텬지(天子ㅣ) 되시고 マ음열기는 스희(四海) 안^

흘 두샤 종묘(宗廟)룰 졔향(祭饗)호시며 즈손(子孫)을 보젼(保全)

호시니라【이러호시매 효되(孝道ㅣ) 크다 말이라】

고(故)로 대덕(大德)은 필득기위(必得其位)호며 필득기녹(必得其祿)호며 필득기명(必得
其名)호며

필득기슈(必得其壽)ㅣ니라

▸▸▸ **출 전**

子曰 舜 其大孝也與 德爲聖人 尊爲天子 富有四海之內 宗廟饗之 子孫保之
〔〕子孫 謂虞思陳胡公之屬
故 大德 必得其位 必得其祿 必得其名 必得其壽
〔〕舜 年百有十歲

▸▸▸ **현대어역**

〈2 : 28a〉

　　보시고 이르시되, 형제(兄弟)와 처자(妻子)를 화락(和樂)하게 하고 실가(室家, 가정)를 마땅
케(=편안케) 하면 부모는 평안(平安)하고 즐겨하시어 마음이 순(順)하시니라(=순해 지시니
라) 하시니, 실가(室家, 가정)가 마땅하며(=평안하며) 형제(兄弟)와 처자(妻子)가 화락(和樂)
하기는 낮은 일이요, 부모(父母)가 순(順)하시기는 높은 일이니, 낮은 데와 가까운 데부
터 한다는 말을 밝히시니라.】
자(子)가 왈(曰), 순(舜)은 기대효야(其大孝也)신저. 덕위성인(德爲聖人)이시고 존위천자(尊爲天子)
시고 부유사해지내(富有四海之內)하시어 종묘향지(宗廟饗之)하시며 자손보지(子孫保之)하시니라.
　　공자(孔子)가 이르시되, 순(舜)은 그 큰 효도(孝道)이신저(=효도이시도다). 덕(德)은 성인
(聖人)이 되시고, 높기는 천자(天子)가 되시고, 부유하기는 사해(四海) 안을 두시어(=다스
리시어), 종묘(宗廟)를 제향(祭饗)하시며 자손(子孫)을 보전(保全)하시니라.【이러하시매 효
도(孝道)가 크다는 말이라.】
고(故)로 대덕(大德)은 필득기위(必得其位)하며 필득기록(必得其祿)하며 필득기명(必得其名)하며
필득기수(必得其壽)니라.

▶▶▶ 원문 판독

〈2 : 28b〉

그런 고로 큰 덕(德)은 반드시 그 위(位)룰 어드며【텬즈(天子)의 위(位)룰 엇다 말이라】

반드시 그 녹(祿)을 어드며【텬즈의 녹(祿)이라】 반드시 그 일홈을[1] 어^

드며【텬즈(天子)의 일홈이라】 반드시 그 슈(壽)룰 엇느니라【댱슈(長壽)ᄒ기룰 엇다 말이니 슌(舜)이 빅^

십(百十) 셰(歲) 향슈(享壽)룰 ᄒ시니 그 덕이 크시기의 그러ᄒ니라 ᄒᆫ 말슴이니라】

고(故)로 텬싱지싱믈(天之生物)이 필인기지이득{독}언(必因其材而篤焉)ᄒ느니 고(故)로 지쟈(栽者)룰

비지(培之)ᄒ고 경쟈(傾者)룰 복지(覆之)니라

고로 하늘의 만믈(萬物) 내미 반드시 그 지목(材木)을 인(因)ᄒ야

듯겁게 ᄒ느니【지목(材木)은 ᄌ질(資質)이란 말이니 제 ᄌ질(資質)을 ᄯ라가며 될 거슨 되게 ᄒ고 못 될 거슨 못 되게 ᄒᄂᆫ 거시니 듯겁게

ᄒ미라】 고로 심은 거슬 붓도 〃아 주고 기우러딘 거슨 업^

딜러 ᄇ리느니라【하늘의 되(道ㅣ) 만믈(萬物)의 다 이러ᄒ야 사ᄅᆞᆷ의게도 덕이 〃셔 복녹(福祿)을 바들 쟈(者)의게ᄂᆞᆫ 복녹(福祿)을 느리와 슌(舜) ᄀᆞ티

▶▶▶ 주 석

1 일홈을 : 이름을. 이곳의 '일홈'은 동사 '잃〔稱, 名〕-'에 명사형 '-옴'이 결합한 어형이나 이미 중세국어의 이른 시기부터 어휘화된 존재로 나타난다. 예 : 號ᄂᆞᆫ 일홈 사마 브르는 거시라<월인석보(1459) 1 : 15b 주>. 현대국어의 '이름'은 '-오/우-'의 쇠퇴에 따라 '일홈>일흠'의 변화를 겪은 뒤 다시 유성음간 /ㅎ/이 약화, 탈락한 결과이다.

▸▸▸ 출 전

故 天之生物 必因其材而篤焉 故 栽者 培之 傾者 覆之
〔〕材 質也 篤 厚也 栽 植也 氣至而滋息, 爲培 氣反而游散則覆

▸▸▸ 현대어역

〈2 : 28b〉

그런 고로 큰 덕(德)은 반드시 그 위(位)를 얻으며【천자(天子)의 위(位)를 얻는다는 말이
라.】 반드시 그 녹(祿)을 얻으며,【천자(天子)의 녹(祿)이라.】 반드시 그 이름을 얻으며,【천
자(天子)의 이름이라.】 반드시 그 수(壽)를 얻느니라.【장수(長壽)하기를 얻는다는 말이니
순(舜)이 백십(百十) 세(歲) 향수(享壽, 오래 사는 복을 누림)를 하시니 그 덕이 크시기에 그
러하니라 한 말씀이니라.】
고(故)로 천지생물(天之生物)이 필인기재이독언(必因其材而篤焉)하나니, 고(故)로 재자(栽者)를
배지(培之)하고 경자(傾者)를 복지(覆之)니라.
고로 하늘이 만물(萬物)을 냄이 반드시 그 재목(材木)을 인(因)하여 두껍게(=알맞게) 하나
니,【재목(材木)은 자질(資質)이란 말이니, 제 자질(資質)을 따라가며 될 것은 되게 하고
못 될 것은 못 되게 하는 것이니 두껍게(=알맞게) 함이라.】고로 심은 것을 북돋아 주고
기울어진 것은 엎질러(=엎어) 버리느니라.【하늘의 도(道)가 만물(萬物)에 다 이러하여,
사람에게도 덕이 있어 복록(福祿)을 받을 자에게는 복록(福祿)을 내려 순(舜)같이

▶▶▶ **원문 판독**

〈2 : 29a〉

ᄒ시고 화(禍)ᄅᆞᆯ 바들 쟈(者)의게ᄂᆞᆫ 화(禍)ᄅᆞᆯ ᄂᆞ리와 망멸(亡滅)케 ᄒ시ᄂᆞ니 다 제 ᄌ지목(材木) 대로 둇겁게 ᄒ시미라

시왈(詩曰) 가락군ᄌ(嘉樂君子)의 현현녕덕(憲憲令德)이 의민의인(宜民宜人)이라 슈녹우^

텬(受祿于天)이어ᄂᆞᆯ 보우명지(保佑命之)ᄒ시고 ᄌ텬신지(自天申之)라 ᄒ니라

시(詩)의 ᄀᆞᆯ오디 아롬답고 즐거온 군ᄌ(君子)의 나타난 어^

딘 덕(德)이 빅셩을 맛당케 ᄒ며 사ᄅᆞᆷ을 맛당케

ᄒᄂᆞᆫ디라 복녹(福祿)을 하ᄂᆞᆯᄀᆡ 밧거ᄂᆞᆯ 보젼(保全)ᄒ시고 도ᄋᆞ^

샤 명(命)ᄒ시고 하ᄂᆞᆯ로브터 거듭 ᄒ시니라【시(詩)ᄂᆞᆫ 대아(大雅) 가락편(嘉樂篇)이라 이 편(篇) 군^

ᄌ(君子)의 덕이 인민(人民)의게 맛당이 ᄒ시ᄂᆞᆫ디라 복녹(福祿)을 ᄇ야흐로[1] 밧거ᄂᆞᆯ

하ᄂᆞᆯ이 도ᄋᆞ샤 복녹(福祿)을 명(命)하야 주시고 주신대 거듭 주셔 무ᄒᆞᆫ(無限)이 주시다 말이니

웃 댱(章)[2] 덕(德)이 〃시면 복녹(福祿)을 밧ᄂᆞᆫ다 말을 붉히니라】

고(故)로 대덕쟈(大德者)ᄂᆞᆫ 필슈명(必受命)이니라

▶▶▶ **주 석**

1 ᄇ야흐로 : 바야흐로. 15세기 문헌에는 '보야ᄒ로'로 나타나는데, 'ᄇ야흐로'는 '보'가 'ᄇ'로 비원순모음화된 현상이 표기의 층위가 아니라 실제 음성의 층위에서 일어난 현상을 보여주는 증거로 볼 수 있다. '보야ᄒ로'가 비원순모음화된 'ᄇ야흐로'는 제1음절에서의 'ㆍ>ㅏ' 변화를 거쳐 현대국어의 '바야흐로'가 되기 때문이다.

▶▶▶ 출 전

詩曰 嘉樂君子 憲憲(顯顯)令德 宜民宜人 受祿于天 保佑命之 自天申之
〔〕詩 <u>大雅假樂之篇</u> 假 當依此作嘉 憲 當依詩作顯 申 重也
故 大德者 必受命
〔〕受命者 受天命爲天子也

▶▶▶ 현대어역

〈2 : 29a〉

　　하시고 화(禍)를 받을 자에게는 화(禍)를 내려 망멸(亡滅, =滅亡)케 하시나니 다 제 재목
　　(材木)대로 두껍게(=알맞게) 하심이라.
시왈(詩曰), 가락군자(嘉樂君子)의 현현령덕(憲憲令德)이 의민의인(宜民宜人)이라. 수녹우천(受祿
于天)이거늘 보우명지(保佑命之)하시고 자천신지(自天申之)라 하니라.
　　시(詩)에 이르되, 아름답고 즐거운 군자(君子)의 나타난 어진 덕(德)이 백성을 마땅케(=
　　평안케) 하며 사람을 마땅케(=평안케) 하는지라. 복록(福祿)을 하늘로부터 받거늘 보전(保
　　全)하시고 도우시어 명(命)하시고 하늘로부터 거듭 하시니라.【시(詩)는 대아(大雅) 가락
　　편(嘉樂篇)이라. 이 편(篇)은 군자(君子)의 덕이 인민(人民)에게 마땅히(=평안히) 하시는지
　　라. 복록(福祿)을 바야흐로 받거늘, 하늘이 도우시어 복록(福祿)을 명(命)하여 주시고 주
　　신대(=주실 때에) 거듭 주시어 무한(無限)히 주신다는 말이니, 윗 장(章)에서 덕(德)이 있
　　으면 복록(福祿)을 받는다는 말을 밝히니라.】
고(故)로 대덕자(大德者)는 필수명(必受命)이니라.

▶▶▶ 주 석

2 댱 : 장(章). 16세기 문헌에서 '章'의 한자음은 '쟝'으로 표기된다. 예 : 章 글월 쟝<훈몽자회(1527) 上 :
　　18a, 신증유합(1576) 下 : 39a, 석봉천자문(1583) 5b>. 그런데 근대국어에서 'ㄷ, ㅌ, ㄸ'이 'ㅣ' 모음
　　이나 반모음 'ㅣ' 앞에서 'ㅈ, ㅊ, ㅉ'으로 바뀌는 구개음화가 일어나자, 이러한 현상을 의식하여 원래 '쟝'
　　이었던 것을 '댱'으로 과도 교정한 것이다.

▸▸▸ **원문 판독**

〈2 : 29b〉

고로 큰 덕 잇는 쟈(者)는 필연(必然)이 텬명(天命)을 밧ᄂ니라【텬명(天命)을 바ᇫ
다 텬지(天子ㅣ) 되다 말이라】

▶▶▶ **출 전**

▶▶▶ **현대어역**

〈2 : 29b〉

고로 큰 덕 있는 자(者)는 필연(必然)히(=필연적으로) 천명(天命)을 받느니라.【천명(天命)을 받아 천자(天子)가 된다는 말이라.】

▸▸▸ 원문 판독

⟨2 : 30a⟩

통셔(通書)【념계선싱(濂溪先生)의[1] 지으신 글이니 념계(濂溪ㅣ) 셩(姓)은 쥬(周)오 명
(名)은 돈이(敦頤)오 즈(字)눈 무슉(茂叔)이니 명도(明道) 이쳔(伊川)[2]이
처음으로 가 도(道)룰 듯즈오시니라】

티텬하유분{본}(治天下有本)ᄒ니 신지위야(身之謂也)오 티텬하유측(治天下有則)ᄒ니 가
지위야(家之謂也)니라

텬하(天下) 다ᄉ리미 근본이 이시니 몸을 니룬미오 텬하(天下)

다ᄉ리미 법이 이시니 집을 니룬미라

본필단(本必端)이니 단본(端本)은 셩심이이의(誠心而已矣)오 츄{칙}필션(則必善)이니 션
측(善則)은

화친이이의(和親而已矣)니라

근본(根本)을 반ᄃ시 단졍(端整)이 홀 거시니 근본(根本)을 단졍이

ᄒᄃᆫ ᄆᆞᆷ을 셩실이 홀 ᄯᆞ롬이오 법(法)을 반ᄃ시 잘

홀 거시니 법(法)을 잘 ᄒᄀᆡ눈 어버이롤 화(和)케

홀 ᄯᆞ롬이니라

▸▸▸ 주 석

1 념계선싱 : 염계선생(濂溪先生). 중국 북송(北宋)의 유학자인 주돈이(周敦頤, 1017~1073)의 호(號)이
다. 주돈이(周敦頤)는 당대(唐代)의 경전 주석의 경향에서 벗어나 불교와 도교의 이치를 응용한 유교 철
학을 창시하였다. 저서에 ≪태극도설≫, ≪통서≫ 따위가 있다.

▶▶▶ **출 전**

治天下有本 身之謂也 治天下有則 家之謂也 本必端 端本 誠心而已矣 則必善 善則 和親而已矣

▶▶▶ **현대어역**

〈2 : 30a〉

　통서(通書)【염계선생(濂溪先生)이 지으신 글이니 염계(濂溪)의 성(姓)은 주(周)요, 명(名)은
　　　　돈이(敦頤)요, 자(字)는 무숙(茂叔)이니, 명도(明道)와 이천(伊川)이 처음으로 가
　　　　도(道)를(＝도에 대하여) 들은 사람이시니라.】
치천하유본(治天下有本)하니 신지위야(身之謂也)오 치천하유측(治天下有則)하니 가지위야(家之謂
也)니라.
　　천하(天下) 다스림이 근본이 있으니 몸을 이름이요, 천하(天下) 다스림이 법이 있으니 집
　　을 이름이라.
본필단(本必端)이니 단본(端本)은 성심이이의(誠心而已矣)오 칙필선(則必善)이니 선측(善則)은 화
친이이의(和親而已矣)니라.
　　근본(根本)을 반드시 단정(端整)히 할 것이니, 근본(根本)을 단정(端整)히 함은 마음을 성
　　실이 할(＝하는 데 있을) 따름이요, 법(法)을 반드시 잘 할 것이니, 법(法)을 잘 하기는 어
　　버이를 화(和)하게 할(＝하는 데 있을) 따름이니라.

▶▶▶ **주 석**

2 이천 : 이천(伊川). '이천(伊川)'은 중국 북송(北宋)의 유학자인 정이(程頤, 1033~1107)의 호(號)이
　다. 자(字)는 정숙(正叔)이며, 형인 정호(程顥)와 함께 이정자(二程子)로도 불리었다. 최초로 이기(理
　氣)의 철학을 내세우고 유교 도덕에 철학적 기초를 마련하였으며, 저서로 ≪이천선생문집≫, ≪이정전서
　(二程全書)≫(공저) 등이 전한다.

〈2：30b〉

가난이텬하이(家難而天下易)ᄒ니 가친이텬하소야(家親而天下疏也)ㄹ시니라

집은 어렵고 텬하(天下)ᄂᆞᆫ 쉬오니 집은 친(親)ᄒ고 텬하(天下)ᄂᆞᆫ 소(疎)^

홀시니라【집은 부ᄌᆞ(父子) 부부(夫婦) 형뎨(兄弟) 친쳑(親戚)ᄀᆞ디 니ᄅᆞ히[1] 다 졍(情)의 친밀(親密)ᄒ매 긔탄(忌憚)ᄒ야 법 힝ᄒ기 어렵고 텬하(天下) 사롬은 눔이라 소(疎)ᄒ매 지졔ᄒ^

기 쉬오나 그러나 어려온 디롤 몬져 다ᄉᆞ리디 못ᄒ면 쏘ᄒᆞᆫ 그 쉬온 디 능히 다ᄉᆞ리고 잇디 아니하니 집이 비록 어려오나 내 몸을 바로게 ᄒ면 ᄌᆞ연 다ᄉᆞ리ᄂᆞ니라】

가인니필긔여부인(家人離必起與婦人)ᄒᄂ니 고(故)로 규ᄎᆞ가인(睽次家人)ᄒ니 이이녀등거이^

지블동힝야(以二女同居而志不同行也)ㄹ시니라

집 사롬이 니산(離散)ᄒ미 반ᄃᆞ시 부인(婦人)으로셔 니러나ᄂᆞ니

고로 규괘(睽卦ㅣ) 가인괘(家人卦) 버거 ᄒ야시니【규(睽)와 가인(家人)은 쥬역(周易) 괘명(卦名)이니 규괘(睽卦) ᄠᅳᆺ은 어긔여뎌 합(合)디 아니^

타 말이라】두 겨집이 ᄒᆞᆫ 디 거(居)ᄒ매 ᄠᅳᆺ이 ᄒᆞᆫ 가지로 힝티 못ᄒ^

ᄆᆞ로ᄢᅦ니라【쥬역(周易)의 규괘(睽卦)ᄂᆞᆫ 아래ᄂᆞᆫ 태괘(兌卦)오 우흔 니괘(離卦)니 태(兌)ᄂᆞᆫ 쇼녜(少女ㅣ)오 니(離)ᄂᆞᆫ 듕녜(中女ㅣ)니 합(合)ᄒ야 규괘(睽卦ㅣ) 되야시니 음(陰)의 브드러온 셩졍(性情)^

1 니ᄅᆞ히 : 이르도록. '니ᄅᆞ〔到〕-'에 부사 파생 접미사 '-히'가 결합한 어형이다. 중세국어에서는 '니르-'(이곳 '니ᄅᆞ-'의 소급형)와 쌍형 어간으로 존재한 '니를-'에 부사 파생 접미사 '-이'가 결합한 '니르리'도 쓰였으나 자료에서는 보이지 않는다.

▸▸▸ 출 전

家難而天下易 家親而天下疎也 家人離必起與婦人 故 睽次家人 以二女同居而志不同行也

▸▸▸ 현대어역

〈2 : 30b〉

가난이천하이(家難而天下易)하니 가친이천하소야(家親而天下疎也)일새니라.

집은 어렵고 천하(天下)는 쉬우니, 집은 친(親)하고 천하(天下)는 소(疎)하기 때문이니라.【집은 부자(父子)와 부부(夫婦)와 형제(兄弟)와 친척(親戚)까지 이르도록 정(情)에 친밀(親密)하매 기탄(忌憚, 어렵게 여겨 꺼림)하여 법(法)을 행하기 어렵고, 천하(天下) 사람은 남이라 소(疎)하매 재제하기 쉬우나, 그러나 어려운 데를 먼저 다스리지 못하면 또한 그 쉬운 데 능히 다스리고 있지 아니하니, 집이 비록 어려우나 내 몸을 바르게 하면 자연 다스리느니라.(=잘 다스리게 되느니라)】

가인이필기여부인(家人離必起與婦人)하나니 고(故)로 규차가인(睽次家人)하니 이이녀등{동}거이지불동행야(以二女同居而志不同行也)일새니라.

집안 사람이 이산(離散, 헤어져 흩어짐)함이 반드시 부인(婦人)으로부터 일어나나니, 고로 규괘(睽卦)가 가인괘(家人卦) 다음에 실렸으니【규(睽)와 가인(家人)은 주역(周易) 괘명(卦名)이니 규괘(睽卦)의 뜻은 어긋나 합(合)하지 아니한다는 말이라.】두 계집이 한 곳에 거(居)하매 뜻이 함께 행치(=행하여지지) 못하기 때문이니라.【주역(周易)의 규괘(睽卦)는 아래는 태괘(兌卦)요 위는 이괘(離卦)니, 태(兌)는 소녀(少女)요 이(離)는 중녀(中女)이니, 합(合)하여 규괘(睽卦)가 되었으니 음(陰)의 부드러운 성정(性情)

▶▶▶ **원문 판독**

〈2 : 31a〉

이 밧그로 화(和)호 둣호나 안흐로 싀투(猜妬)호야 혼가지로 이시매 뜻이[1] 달라 미양 어긋나기 쉬온 고로 공지(孔子ㅣ) 쥬역(周易) 괘(卦) 추례(次例)호시매 가인괘(家人卦) 아래 규괘(睽卦)룰 너흐시니 집안 사름의 모옴이 니산(離散)호미 겨집으로브터 니러나기 쉽다 호야 이러투시 경계(警戒)호시미니라】

요(堯)ㅣ 소이니강이녀우위예(所以釐降二女于嬀汭)호샤 순가션호(舜可禪乎)아 오(吾)ㅣ 즈시의(玆試矣)리라 호시니라

외(堯ㅣ) 뻐 슬펴 두 똘을 위슈(嬀水) 븍녁히 느리오샤 순(舜)을 가^

히 션위(禪位)룰 홀가 내 이에 시험(試驗)호리라 호신 배니라

【다스리다 말은 혼인(婚姻)을 출히다 말이니 느리오다 말은 님군의 똘을 신하(臣下) 의게 혼인(婚姻)호매 느리오다 호느니라 순(舜)의게 텬즈(天子) 위(位)룰 뎐(傳)호 려 호^

시매 아황(娥皇) 녀영(女英)을 순(舜)의게 느리오샤 두 겨집을 잘 거느려 가되(家道 ㅣ) 극진호면 텬하(天下)룰 잘 다스리〃라 호샤 일로 시험(試驗)호시니라】

시티텬하관우{어}가(是治大卜觀於家)호고 티가관신이이의(治家觀身而已矣)니 신단(身端) 은 셩심^

지위야(誠心지위야)ㅣ오 셩심(誠心)은 복기블션지동이{이이}의(復其不善之動而已矣)니라

이 텬하(天下) 다스리믄 집의 보고 집 다스리믄 몸의 볼

▶▶▶ **주 석**

1 뜻이 : 뜻이. 이곳의 '뜻'은 중세국어의 '뜯'에 소급할 어형이다. 어두자음군의 경음화를 거쳐 16세기 문헌 부터는 '뜯'으로 등장하기 시작한다. 예 : 즐기는 쁘들 보노라〈중간두시언해(1613) 7 : 11a〉. 이곳에서 '뜯'이 '뜻'으로 적힌 것은 (칠종성법의 확립 이후) 어간 말음 /ㄷ/을 'ㅅ' 분철 표기로 나타내는 자료의 표 기 방식에 따른 것이다. 현대국어의 '뜻'은 '뜯'에서 어간 말음이 다시 'ㅅ'으로 재구조화된 결과이다.

▸▸▸ **출 전**

堯所以釐降二女于嬀汭 舜可禪乎 吾玆試矣 是治天下觀於家 治家觀身而已矣 身端 誠心之謂也
誠心 復其不善之動而已矣

▸▸▸ **현대어역**

〈2 : 31a〉

성정(性情)이 밖으로 화(和)한 듯하나 안으로 시투(猜妬, 시기하고 질투함)하여 함께 있음에
(=있을 때) 뜻이 달라 매양 어긋나기 쉬운 고로, 공자(孔子)가 주역(周易) 괘(卦)를 차례
(次例)하심에(=차례를 정할 때) 가인괘(家人卦) 아래 규괘(睽卦)를 넣으시니, 집안 사람의
마음이 이산(離散, 헤어져 흩어짐)함이 계집으로부터 일어나기 쉽다 하여 이렇듯이 경계(警
戒)하심이니라.】
요(堯)가 소이리강이녀우위예(所以釐降二女于嬀汭)하시어 순가선호(舜可禪乎)아. 오(吾) 자시의
(玆試矣)리라 하시니라.

요(堯)가 (써) 살펴 두 딸을 위수(嬀水) 북녘에 내리시어 순(舜)을(=순에게) 가히 선위(禪
位, 임금의 자리를 물려줌)를 할까 내 이에 시험(試驗)하리라 하신 바이니라.【다스린다는 말
은 혼인(婚姻)을 차린다는 말이니, 내린다는 말은 임금의 딸을 신하(臣下)에게 혼인하매
(=혼인시키매) 내린다 하느니라. 순(舜)에게 천자(天子) 위(位)를 전(傳)하려 하시매 아황
(娥皇)과 여영(女英)을 순(舜)에게 내리시어, 두 계집을 잘 거느려 가도(家道)가 극진하면
천하(天下)를 잘 다스리리라 하시어 이로 시험(試驗)하시니라.】
시치천하관우가(是治天下觀於家)하고 치가관신이이의(治家觀身而已矣)니, 신단(身端)은 성심지위
야(誠心之謂也)오, 성심(誠心)은 복기불선지동이이의(復其不善之動而已矣)니라.

이것이 천하(天下) 다스림은 집을 보고, 집 다스림은 몸을(=자신을) 볼

▶▶▶ **원문 판독**

〈2 : 31b〉

ᄯᄅᆞᆷ이니 몸을 단졍(端整)케 ᄒᆞ기ᄂᆞᆫ ᄆᆞᄋᆞᆷ을 셩실(誠實)이
ᄒᆞᆷ을 니ᄅᆞ미오 ᄆᆞᄋᆞᆷ 셩실(誠實)이 ᄒᆞᆷ은 그 올티 아닌 ᄆᆞᄋᆞᆷ^
이 발동(發動)ᄒᆞᆷ을 복(復)홀 ᄯᆞᄅᆞᆷ이니라【복(復)은 굿티다 말이라】

▸▸▸ **출 전**

▸▸▸ **현대어역**

〈2 : 31b〉

따름이니, 몸을 단정(端整)케 하기는 마음을 성실(誠實)히 함을(=하는 데 있음을) 이름이
요, 마음을 성실(誠實)히 함은 그 옳지 않은 마음이 발동(發動)함을 복(復)할(=그치는 데
있을) 따름이니라. 【복(復)은 그친다는 말이라.】

▶▶▶ 원문 판독

〈2 : 32a〉

심경(心經)[1]【셔산(西山) 딘시(眞氏) 본셩(本姓)은 신시(愼氏)니 니종(理宗)의 일홈을
휘(諱)ᄒ야 딘시(眞氏)라 ᄒ니 니종(理宗) 적 사룸이라 휘(諱)ᄂᆞᆫ 덕슈(德
秀)[2]오 호(號)ᄂᆞᆫ 셔산션ᄉᆡᆼ(西山先生)이니 시(諡)ᄂᆞᆫ 문튱공(文忠公)^
이라 송(宋) 니종(理宗) 적 사룸이라 요슌(堯舜)으로브터 경셔(經書)의 말ᄉᆞᆷ과 뎡쥬
(程朱)[3] 말ᄉᆞᆷᄀᆞ디 다 ᄉᆞ긔(史記)예 종요(宗要)로온 말을 모화 심경(心經)이라 일홈
ᄒᆞᄂᆞ라 ○ 황명(皇明) 뎡시(程氏ㅣ)
일홈은 민뎡(敏政)[4]이오 ᄌᆞ{字}ᄂᆞᆫ {극근(克勤)}이니 호(號)ᄂᆞᆫ 왕{황}돈(篁墩)이니
션현(先賢) 말ᄉᆞᆷ이 심경(心經)의 쇽(屬)ᄒᆞᆫ 흔 ᄠᅳᆺ을 모화 각〃 대문(大文)을 ᄯᅡ라 너
허시니 일홈을 심경부주(心經附註)라 ᄒᆞᄂᆞ니라】
뎨(帝) 왈(曰) 인심(人心)은 유위(惟危)ᄒᆞ고 도심(道心)은 유미(惟微)ᄒᆞ니 유졍유일(惟
精惟一)이라ᅀᅡ
윤집궐듕(允執厥中)이니라【셔뎐(書傳) 대우모편(大禹謨篇)】
뎨(帝ㅣ) ᄀᆞᆯ오샤ᄃᆡ【뎨(帝)ᄂᆞᆫ 슌(舜)이라】인심(人心)은 오직 위티롭고 도심(道心)은
오직 미묘(微妙)ᄒᆞ니 졍(精)히 아라 ᄒᆞᆫᄀᆞ티 ᄒᆞ여야 진실^
로 그 듕(中)을 잡ᄂᆞ니라 ○ 쥬ᄌᆞ(朱子ㅣ) ᄀᆞᆯ오샤ᄃᆡ ᄆᆞᄋᆞᆷ이 허^
령(虛靈)ᄒᆞ야 알옴이 잇ᄂᆞᆫ 거시 ᄒᆞ나히로ᄃᆡ 인심(人心)과 도^
심(道心) 일홈이 다ᄅᆞ미 잇ᄂᆞᆫ 거ᄉᆞᆫ 그 ᄆᆞᄋᆞᆷ이 혹 내 몸의

▶▶▶ 주 석

1 심경 : 심경(心經). 중국 송나라 진덕수의 저서. 성현(聖賢)의 마음을 논한 격언(格言)을 모으고, 여러
학자의 논설로써 주(註)를 달았다.
2 진덕수(眞德秀, 1178~1235)는 중국 송대 학자로, 자는 경원(景元)이다. 세상에서는 서산선생(西山先
生)이라 칭한다. 시호는 문충(文忠)이다.
3 뎡쥬 : 정주(程朱). 중국 송나라의 유학자 정호(程顥)·정이(程頤) 형제와 주희(朱憙)를 아울러 이르는
말이다.

›››› **출 전**

帝曰 人心 惟危 道心 惟微 惟精惟一 允執厥中
朱子曰 心之虛靈知覺 一而已矣 而以爲有人心道心之異者

›››› **현대어역**

〈2 : 32a〉

　심경(心經)【서산(西山) 진씨(眞氏) 본성(本姓)은 신씨(愼氏)이니, 이종(理宗)의 이름을 휘(諱)
　　　　하여 진씨(眞氏)라 하니 이종(理宗) 적 사람이라. 휘(諱)는 덕수(德秀)요 호(號)는
　　　　서산선생(西山先生)이니 시(諡)는 문충공(文忠公)이라. 송(宋) 이종(理宗) 적 사람
　　　　이라. 요순(堯舜)으로부터 경서(經書)의 말씀과 정주(程朱, 程子와 朱子) 말씀까지
　　　　다 사기(史記)에 종요(宗要)로운 말을 모아 심경(心經)이라 이름하니라. ○ 황명
　　　　(皇明) 정씨(程氏)가 이름은 민정(敏政)이요, 자(字)는 {극근(克勤)}이니 호(號)
　　　　는 황돈(篁墩)이니, 선현(先賢) 말씀이 심경(心經)에 속한 한 뜻을 모아 각각 대
　　　　문(大文)을 따라 넣었으니, 이름을 심경부주(心經附註)라 하느니라.】
제(帝)가 왈(曰), 인심(人心)은 유위(惟危)하고 도심(道心)은 유미(惟微)하니, 유정유일(惟精惟一)
이라야 윤집궐중(允執厥中)이니라.【서전(書傳) 대우모편(大禹謨篇)】
　　제(帝)가 이르시되,【제(帝)는 순(舜)이라.】인심(人心)은 오직 위태롭고 도심(道心)은 오직
　　미묘(微妙)하니, 정(精)히 알아 한결같이 하여야 진실로 그 중(中)을 잡느니라. ○ 주자
　　(朱子)가 이르시되, 마음이 허령(虛靈)하여 앎이 있는 것이 하나이로되 인심(人心)과 도심
　　(道心)의 일함이 다름이 있는 것은, 그 마음이 혹 내 몸에

›››› **주 석**

4 민정 : 정민정(程敏政, ?~1499?)은 중국 명대 학자로, 자는 극근(克勤)이다. 10세에 신동(神童)으로
　추천되어 벼슬이 예부우시상(禮部右侍郎)에 이르렀다.

〈2 : 32b〉

형긔(形氣)룰 위ᄒ야 나며【형긔(形氣)ᄂ 얼골의 긔운(氣運)이니 눈의 보고져 ᄒᄂ 것과 귀에 듯고져 ᄒᄂ 것과 입의 먹고져 ᄒ^

ᄂ 것과 코의 맛고져 ᄒᄂ 것과 ᄉ시(四時)의 평안(平安)코져 ᄒᄂ ᄆ음을 인심(人心)이라 ᄒᄂ니라】혹 셩명(聖明)의 바론 대로 근^

원(根源)ᄒ나【셩명(聖明)은 텬셩(天性)이니 인의녜지(仁義禮智)로 말미아마 나ᄂ ᄆ음을 도심(道心)이라 ᄒ니 어버이 위ᄒ야 효도(孝道)ᄒ고져 ᄒ며 님군 위ᄒ야 튱셩(忠誠)^

ᄒ고져 ᄒ며 어룬 공경(恭敬)ᄒ고져 ᄒ며 셩현(聖賢) 비ᄒ고져 ᄒᄂ 이런 ᄆ음은 텬셩(天性)으로 말미암ᄂ 거시 도심(道心)이라】이러므로써 혹 위틱(危殆)^

ᄒ야 평안(平安)티 아니ᄒ고 혹 미묘(微妙)ᄒ야 보기 어려오나

그러나 사ᄅᆷ이 형긔(形氣ㅣ) 잇디 아닛ᄂ니 업ᄂ 고로 비록

셩인(聖人)이라도 인심(人心)이 업디 아니ᄒ고 ᄯᅩᄒ 텬셩(天性)이

잇디 아닛ᄂ니 업ᄂ 고로 비록 하위(下愚ㅣ)나 도심(道心)이 업ᄂ^

니 업ᄉ니 두 ᄆ음이 방촌(方寸) ᄉ이의 셞겨 ᄡᅥ 다ᄉ릴 바^

룰 아디 못ᄒ면 위틱(危殆)로온 ᄆ음은 졈〃 위티롭고

▸▸▸ **출 전**

以其或生於形氣之私 或原於性命之正　而所以爲知覺者不同　是以或危殆而不安 或微妙而難見
爾　然人莫不有是形　故雖上智不能無人心 亦莫不有是性　故雖下愚不能無道心　二者雜於方寸
之間 而不知所以治之

▸▸▸ **현대어역**

〈2 : 32b〉

　　형기(形氣)를 위하여 나며【형기(形氣)는 얼굴의 기운(氣運)이니, 눈에 보고자 하는 것과
귀에 듣고자 하는 것과 입에 먹고자 하는 것과 코에 맡고자 하는 것과 사시(四時)에 평
안(平安)코자 하는 마음을 인심(人心)이라 하느니라.】혹 성명(聖明)이 바로잡은 데로부터
근원(根源)하나【성명(聖明)은 천성(天性)이니, 인의예지(仁義禮智)로 말미암아 나는 마음을
도심(道心)이라 하니, 어버이를 위하여 효도(孝道)하고자 하며, 임금을 위하여 충성(忠誠)
하고자 하며, 어른을 공경(恭敬)하고자 하며, 성현(聖賢)을 배우고자 하는 이런 마음은
천성(天性)으로 말미암는 것이 도심(道心)이라.】이러함으로써 혹 위태(危殆)하여 평안(平
安)치 아니하고 혹 미묘(微妙)하여 보기 어려우나, 그러나 사람이 형기(形氣)가 있지 아니
한 것이 없는 고로 비록 성인(聖人)이라도 인심(人心)이 없지 아니하고, 또한 천성(天性)
이 있지 아니한 것이 없는 고로 비록 하우(下愚, 아주 어리석고 못난 사람)나 도심(道心)이
없는 이가 없으니, 두 마음이 방촌(方寸, 한 치 사방의 넓이) 사이에 섞여 (써) 다스릴 바를
알지 못하면, 위태(危殆)로운 마음은 점점 위태롭고(=위태로워지고)

▶▶▶ **원문 판독**

〈2 : 33a〉

미묘(微妙)흔 모음은 졈〃 미묘(微妙)흐느니 졍(精)히 알면 두 모음

수이를 술펴 섯기디 아니케 흐야 흔굴ㄱ티 흐면

본심(本心)이 바론 거술 딕희여[1] 쩌나디 아니흐느니 여긔

일삼아 흐야 잠간도 수이 쓴흔[2] 째 업시흐야 반드시

도심(道心)으로 흐야곰 몸의 쥬인(主人)이 되게 흐고 인심(人心)으로

미양 도심(道心)의게 텽녕(聽令)흐게 흐면 위틴(危殆)로온 모음^

이 주연이 평안(平安)흐고 미묘(微妙)흔 모음이 주연(自然)이 나타나

발동(發動)흐며 안뎡(安定)흐며 흐는 일의 나타나 뵈매 스^

스로 과(過)흐거나 밋디〔及〕 못흐야 어긔여디는 배 업느니라

부주(附註)애【뎡황돈(程篁墩)의 모화 너흔 거시라】○ 면지(勉齋) 황시(黃氏) 골오디

【면지(勉齋) 황시(黃氏)의 일홈은 간(幹)이오 주(字)는

▶▶▶ **주 석**

1 딕희여 : 지켜. 이곳의 '딕희-'는 중세 문헌(≪석보상절≫ 제외)에서 주로 '디킈-'나 '딕킈-'(16세기 이후)
로 나타나던 것이다. 근대 문헌에서는 어중 유기음 /ㅋ/을 재음소화한 '딕희-' 혹은 '딕희-'의 표기로 나타
나는 것이 일반적이다.

▸▸▸ **출　전**

則危者愈危　微者愈微　而天理之公　卒無以勝夫人欲之私矣　精則察夫二者之間而不雜也　一則
守其本心之正而不離也　從事於斯　無少間斷　必使道心常爲一身之主　而人心每聽命焉　則危者
安微者著　而動靜云爲　自無過不及之差矣
○勉齋黃氏曰

▸▸▸ **현 대 어 역**

〈2 : 33a〉

　　미묘(微妙)한 마음은 점점 미묘(微妙)하나니(=미묘해지나니) 정(精)히(=정밀하게) 알면 두
마음 사이를 살펴 섞이지 아니케 하여 한결같이 하면 본심(本心)이 바로잡은 것을 지키
어 떠나지 아니하나니, 여기에 일삼아 하여 잠깐도 사이 끊은(=끊어진) 때 없이 하여,
반드시 도심(道心)으로 하여금 몸의 주인(主人)이 되게 하고 인심(人心)으로 (하여금) 매
양 도심(道心)에게 청령(聽令, 명령을 주의 깊게 들음)하게 하면, 위태(危殆)로운 마음이 자연
이 평안(平安)하고 미묘(微妙)한 마음이 자연(自然)히 나타나 발동(發動)하며 안정(安定, 바
뀌어 달라지지 않고 일정한 상태를 유지함)하며 하는 일에 나타나 보이매, 스스로 과(過)하거
나 미치지 못하여 어기어지는(=어긋나게 되는) 바가 없느니라. 부주(附註)에【정황돈(程篁
墩)이 모아 넣은 것이라.】○ 면재(勉齋) 황씨(黃氏)가 이르되,【면재(勉齋) 황씨(黃氏)의 이
름은 간(幹)이요, 자(字)는

▸▸▸ **주　석**

2　끈흔 : 끊은. 끊어진. '긶-+-은'. 자료와 비슷한 시기의 다른 문헌에는 "斷, 絕"을 뜻하는 동사 어간으로 '긶' 외
　　에 '꽂', '긇'과 같은 어형도 공존한다. 예 : 엇디 아븨 명을 져브리고 어믜 주의롤 꽂츠려 ᄒᆞᄂᆞ뇨<오륜행실
　　도(1797) 2 : 75b>, 목을 남게 돌고 스스로 ᄂᆞ려디니 목이 긆처 죽으니라<오륜행실도(1797) 2 : 8a>.
　　이들은 중세국어 '긏-'(내지 '그치-')의 후대형에 해당하는 것으로, 형태상 '꽂'은 '긏'에서 어두 경음화가 일
　　어난 어형, '긇'은 어두 경음화와 더불어 모음간 /ㅊ/ 앞에 'ㄴ'이 첨가된 어형으로 이해되는데, ('꽂'의 등장
　　시기가 다소 앞서기는 하나) 두 어형 모두 17세기 문헌부터 발견되기 시작한다. 이곳의 '긶'은 '긆ㅊ-'에서
　　재구조화된 어형이라 할 수 있으나 음운론적으로는 그 변화를 설명하기 어렵다. (斷送了 命을 긶타<역어유
　　해(1690) 하 : 52b>의 예를 위시하여) 18세기 중후반에 '긶히어-'의 예가 등장함을 감안할 때, 자료 이전
　　에 이미 '긶'의 재구조화가 이루어졌음을 지적할 수 있을 뿐이다. 예 : ᄉᆞ남의 경시 ᄇᆞ라오미 긶히여시되<천
　　의소감언해(1756) 1 : 1a>, 말홀 길이 긶히이고<전설참선곡(1796) 4b>.

〈2 : 33b〉

직경(直卿)이니 쥬ᄌ(朱子) 사회〔婿〕라 쥬ᄌ(朱子)긔 슈업(受業)ᄒ야 쥬ᄌ(朱子) 도
통(道統)을 뎐(傳)ᄒ니라】 요순(堯舜)의 셩인(聖人)으로뼈 뎨왕(帝王)^
의 존(尊)ᄒᆫ 디 이셔 스스로 그 ᄆᆞᆷ 다스리미 이 ᄀᆞᆺ거ᄂᆞᆯ 셰샹(世上)
ᄉᆞ롬은 이 ᄆᆞᆷ의 듕(重)ᄒᆫ 줄 아디 못ᄒ야 졍(情)의 나^
ᄂᆞᆫ 대로 미더 욕심(欲心)을 방죵(放縱)이 ᄒ야 교일(驕逸)ᄒ고 방ᄌ(放恣)^
ᄒ야 ᄆᆞᆷ이 혹 오ᄅᆞ면 하ᄂᆞᆯ의 오ᄅᆞᄂᆞᆫ 듯ᄒ고 혹
ᄂᆞ리면 모시 ᄲᅡ디ᄂᆞᆫ 듯ᄒ고 혹 더우면 블의 ᄐᆞᄂᆞᆫ
듯ᄒ고 혹 ᄎᆞ면 어름의 엉긘 듯ᄒ야 밋쳐 샹심(傷心)^
ᄒᆫ 사ᄅᆞᆷ ᄀᆞᆺᄐᆞ야 궁실(宮室)의 평안ᄒᆫ 것과 의복(衣服)의 마^
존 것과 음식의 맛당ᄒᆫ 것도 ᄯᅩ혼 망연(茫然)ᄒ야 ᄭᆡ^
ᄃᆞᆺ디 못ᄒᆞᄂᆞ니 엇디 깁히 블샹티 아니리오 셩현(聖賢)^

▸▸▸ **출 전**

以堯舜之聖 處帝王之尊 而所以自治其心者如此 世之學者 不知此心之爲重 任情縱欲 驕逸放肆
念慮之頃 或升而天飛 或降而淵淪 或熱而焦火 或寒而凝冰 如狂惑喪心之人 雖宮室之安 衣服之
適 飮食之宜 亦茫然莫之覺也 豈不深可憫哉

▸▸▸ **현대어역**

〈2 : 33b〉

　　직경(直卿)이니 주자(朱子)의 사위라. 주자(朱子)께 수업(受業)하여 주자(朱子)의 도통(道統)
을 전(傳)하니라.】요순(堯舜)이 성인(聖人)으로서 제왕(帝王)의 존(尊)한 데 있어(=있으
면서도) 스스로 그 마음 다스림이 이와 같거늘, 세상(世上) 사람은 이 마음이 중(重)한 것
을 알지 못하여 정(情)에서 나는 대로 믿어, 욕심(欲心)을 방종(放縱)히 하여 교일(驕逸,
교만하고 방자하여 버릇이 없음)하고 방자(放恣)하여, 마음이 혹 오르면 하늘에 오르는 듯하
고 혹 내리면 못에 빠지는 듯하고 혹 더우면 불에 타는 듯하고 혹 차면 얼음에 엉긴 듯
하여, 미쳐(=미치고) 상심(傷心)한 사람 같아서 궁실(宮室)이 평안한 것과 의복(衣服)이 맞
는 것과 음식이 마땅한(=알맞은) 것도 또한 망연(茫然)하여 깨닫지 못하나니 어찌 깊이
불쌍치 아니하리요?

▶▶▶ **원문 판독**

〈2 : 34a〉

의 그 ㄱ른티신 말숨이 붉아 명빅(明白)ᄒ니 혹재(學者ㅣ) 엇디
닉게 보와 깁히 싱각디 아니ᄒ리오 ○ 셔산(西山) 딘시(眞氏)
굴오디 이 말숨은 요(堯)와 슌(舜)과 위(禹ㅣ) ᄆ음 다스리는 법^
을 서ᄅ 뎐(傳)ᄒ야 주신 거시니 만셰(萬世) 셩혹(聖學)의 근원(根源)이^
라 션현(先賢)의 삭여 니른 말이 비록 만ᄒ나 ㄱ장 젹확(的確)^
ᄒ미 이 ㄱ튼 말숨이 업ᄂ니라【외(堯ㅣ) 슌(舜)에게 텬하(天下)ᄅᆯ 뎐(傳)ᄒ실시 윤
집궐듕(允執厥中) ᄒᆫ 구졀(句節)만
니른시고 슌(舜)이 우(禹)의게 뎐(傳)ᄒ실시 세 구졀(句節)을 더ᄒ야 니른시니 대개
슌(舜)은 윤집궐듕(允執厥中)을 니른셔도 알 거시매 외(堯ㅣ) 이만 니른시고 우(禹)
는 세 구졀(句節)을 더 니른^
셔야 알 거시매 더 닐러 겨시니 외(堯ㅣ) 부러 간냑(簡略)ᄒ야 덜 니른신 거시 아니
오 슌(舜)이 부러 번거로이 더 니른신 거시 아니니라】
시왈(詩曰) 시이우군ᄌ(視爾友君子)ᄒ대 집유이안(輯柔爾顔)ᄒ야 블하유건(不遐有愆)가
ᄒᄂ니 샹^
지이실(相在爾室)ᄒ대 샹블괴우옥누(尙不愧于屋漏)아 무왈블현(無曰不顯)에 막여운구(莫
予云覯)^

▶▶▶ **출 전**

聖賢垂訓 炳然明白 學者亦蓋深思而熟玩之哉
○ 西山眞氏曰 乃堯舜禹傳授心法 萬世聖學之淵源 先儒訓釋雖衆 獨朱子之說 最爲精確 夫
聲色臭味之欲 皆發於氣 所謂人心也 仁義禮智之理 皆根於性 所謂道心也 人心之發 如銛
鋒如悍馬 有未易制馭者
詩曰 視爾友君子 輯柔爾顔 不遐有愆 相在爾室 尙不愧于屋漏 無曰不顯
莫予云覯

▶▶▶ **현대어역**

〈2 : 34a〉

성현(聖賢)이 그 가르치신 말씀이 밝아 명백(明白)하니 학자(學者)가 어찌 익숙하게 보아
깊이 생각하지 아니하리요? ○ 서산(西山) 진씨(眞氏)가 이르되, 이 말씀은 요(堯)와 순
(舜)과 우(禹)가 마음 다스리는 법을 서로 전(傳)하여 주신 것이니 만세(萬世) 성학(聖學)
의 근원(根源)이라. 선현(先賢)이 새겨(=풀어) 이른 말이 비록 많으나 가장 적확(的確)함
이 이 같은 말씀이 없느니라. 【요(堯)가 순(舜)에게 천하(天下)를 전(傳)하실 때 윤집궐중
(允執厥中) 한 구절(句節)만 이르시고, 순(舜)이 우(禹)에게 전(傳)하실 때 세 구절(句節)을
더하여 이르시니, 대개 순(舜)은 윤집궐중(允執厥中)을 이르셔도 알 것이매 요(堯)가 이것
만 이르시고, 우(禹)는 세 구절(句節)을 더 이르셔야 알 것이매 더 이르셨으니, 요(堯)가
일부러 간략(簡略)하여(=간략히 하여) 덜 이르신 것이 아니요, 순(舜)이 일부러 번거로이
더 이르신 것이 아니니라.】
시왈(詩曰) 시이우군자(視爾友君子)한대 집유이안(輯柔爾顔)하여 불하유건(不遐有愆)가하나니, 상
자이실(相在爾室)한대 상불괴우옥루(尙不愧于屋漏)아, 무왈불현(無曰不顯)에 막여운구(莫予云覯)

▶▶▶ **원문 판독**

〈2 : 34b〉

어다 신지격亽(神之格思)롤 블가탁亽(不可度思)온 신가역亽(矧可射思)아【시뎐(詩傳) 억
편(抑篇)이라】
　　시(詩)의 굴오디 네 군亽(君子)롤 벗ᄒᆞᄂᆞᆫ 째롤 본디 얼골을 모^
　화 브드러이 ᄒᆞ야 아니 허믈이 잇ᄂᆞᆫ가 ᄒᆞᄂᆞ니 네 집의
　　잇ᄂᆞᆫ 째롤 보매 오히려 옥누(屋漏)의 붓그럽디 아니ᄒᆞ랴
　　【옥누(屋漏)ᄂᆞᆫ 집 어두온 모퉁이】 내 나타나디 아니ᄒᆞ야 날을 보디 못ᄒᆞᆫ다
　　말라 귀신(鬼神)이 다ᄃᆞᆺᄂᆞᆫ 디 가히 혜아리디 못ᄒᆞ온 ᄒᆞ믈^
　며 가히 ᄆᆞ옴이 게어르랴 ○ 뎡시(鄭氏) 굴오디【뎡시(鄭氏) 일홈은[1] 현(玄)[2]이오 ᄌᆞ
(字)ᄂᆞᆫ 강희{셩}(康成)니
　　동한(東漢) 적 사ᄅᆞᆷ이라 경셔(經書) 주(注)롤 내엿더니 쥬ᄌᆞ(朱子ㅣ) 곳텨 내야 겨
시니라】 귀신(鬼神)이 사ᄅᆞᆷ의 ᄒᆞᄂᆞᆫ 일을
　　보ᄂᆞ니 네 이 그윽ᄒᆞ고 어두어 날을 보ᄂᆞ니 업다 니르디
　　말라 귀신(鬼神)이 너롤 보ᄂᆞ니라 부주(附註)에 ○ 쥬ᄌᆞ(朱子ㅣ) 굴오샤디

▶▶▶ **주 석**

1 일홈은 : 이름은. 이곳의 '일홈'은 동사 '잃〔稱, 名〕-'에 명사형 '-옴'이 결합한 어형이나 이미 중세국어의
　이른 시기부터 어휘화된 존재로 나타난다. 예 : 號ᄂᆞᆫ <u>일홈</u> 사마 브르는 거시라<월인석보(1459) 1 : 15b
　주>. 현대국어의 '이름'은 '-오/우-'의 쇠퇴에 따라 '일홈>일홈'의 변화를 겪은 뒤 다시 유성음간 /ㅎ/이
　약화, 탈락한 결과이다.

▸▸▸ **출 전**

神之格思 不可度思 矧可射思【시년(詩傳) 억편(抑篇)이라】
鄭氏曰 神見人之爲也 汝無謂是幽昧不明 無見我者 神見汝矣

▸▸▸ **현대어역**

⟨2 : 34b⟩

어다. 신지격사(神之格思)를 불가탁사(不可度思)온 신가역사(矧可射思)아.【시전(詩傳) 억편(抑篇)
이라.】

시(詩)에 이르되, 네가 군자(君子)를 벗하는 때를 보니 얼굴을(=모습을) 모아 부드러이 하
여 아니 허물이 있는가(=허물이 있지 않을까) 하나니, 네가 집에 있는 때를 보매(=볼 때)
오히려 옥루(屋漏)에 부끄럽지 아니하랴? 【옥루(屋漏)는 집 어두운 모퉁이】 내가(=자신이)
나타나지 아니하여(=아니하므로) 나를(=자신이) 보지 못한다 말라. 귀신(鬼神)이 다다른
데 가히 헤아리지 못하면서 하물며 가히 마음이 게으르랴? ○ 정씨(鄭氏)가 이르되,【정
씨(鄭氏) 이름은 현(玄)이요, 자(字)는 강희{성}(康成)이니 동한(東漢) 적 사람이라. 경서
(經書)의 주(注)를 내었는데 주자(朱子)가 (주를) 다시 내시니라.】 귀신(鬼神)이 사람의 하
는 일을 보나니, 네가 (이) 그윽하고 어두워 나를 보는 이가 없다 이르지 말라. 귀신(鬼
神)이 너를 보느니라. 부주(附註)에 ○ 주자(朱子)가 이르시되,

▸▸▸ **주 석**

2 현 : 정현(鄭玄, 127~200)은 중국 후한(後漢) 말기의 대표적 유학자로, 자가 강성(康成)이다. 제자들
에게는 물론 일반인들에게서도 훈고학·경학의 시조로 깊은 존경을 받았다. 경학의 금문(今文)과 고문(古
文) 외에 천문(天文)·역수(曆數)에 이르기까지 광범한 지식욕의 소유자였다.

▶▶▶ **원문 판독**

〈2 : 35a〉

위(衛) 무공(武公)이【위(衛) 님군】흑문(學文)ᄒᆞᄂᆞᆫ 공뷔(工夫ㅣ) 심히 구챠(苟且)티
아니ᄒᆞ니

나히 구십오(九十五) 셰(歲)예 오히려 군신(群臣) 명ᄒᆞ야 ᄒᆞ여곰 규^

간(規諫)ᄒᆞᄂᆞᆫ 말을 나오라[1] ᄒᆞ니 이 억시(抑詩)ᄂᆞᆫ 스스로 경계(警戒)ᄒᆞᆫ

시(詩)니 쥬(周)나라 경ᄉᆞ(卿士ㅣ)【경ᄉᆞ(卿士)ᄂᆞᆫ 벼슬ᄒᆞᄂᆞᆫ 사름】셩인(聖人)의 가미

갓가온디^

라 긔샹(氣象)이 다ᄅᆞ도다

복지{괘} 초구(復卦初九)에 왈(曰) 블원복(不遠復)이면 무지회(无祗悔)니 원길(元吉)이라
ᄒᆞ니 ᄌᆞ(子ㅣ) 왈(曰)

안시지지(顔氏之子ㅣ) 기터셔긔호(其殆庶幾乎)ㄴ뎌 유블션(有不善)에 미샹브지(未嘗不
知)오 지디(知之)^

에 미샹부ᄒᆡᆼ야(未嘗復行也)니라

복괘(復卦) 초구(初九)의 ᄀᆞᆯ오디 머리〔遠〕[2] 아냐 회복(回復)ᄒᆞ면 뉘웃ᄂᆞᆫ〔悔〕

디 다ᄃᆞᄅᆞ미 업스리니 크게 길(吉)ᄒᆞ리라 ᄒᆞ니 ᄌᆞ(子ㅣ) ᄀᆞᆯ오^

▶▶▶ **주 석**

1 나오라 : 바치라. 이곳의 '나오-'는 중세국어의 '나ᄉᆞ-'에 소급할 어형이다. '나ᄉᆞ-'는 낫〔進〕-에 사동 접사 '-오-'가 결합한 어형으로 'ㅿ'의 소실 이후 (16세기 이후 문헌부터) '나오-, 나으-' 등으로 등장한다. 중세국어에서 '나ᄉᆞ-'는 단순히 "나아 {오게/가게} 하다"를 뜻하기도 하지만 여기에서 추상화된 "바치다, 올리다"를 뜻하기도 하였다. 예 : 어디닐 <u>나ᄉᆞ고</u> 不肖ᄒᆞ닐 믈리다 듣디 몯ᄒᆞ니(未聞進賢退不肖ᄒᆞ니)<내훈 2상 : 23>, 날회여 잔 자바 <u>나ᄉᆞ마</u>(慢慢的把盞)<번역박통사 상 : 48>. 이곳의 '나오-'는 바로 후자의 의미를 계승한 것이라 하겠는데, 중세국어의 '나ᅀᅡ오-'에 소급하여 "出"의 의미로 쓰이는 현대국어 '나오-'와는 구별되어야 할 어형이다.

2 머리 : 멀리. 중세 문헌에는 '머리'(← 멀〔遠〕-+-이〔부사화 접미사〕)로 나타나다가 '머리>멀리'의 변화에 따라 근대 문헌에는 '멀리'나 '멀니'로 나타나는 것이 일반적이다. 이곳에서는 '머리'로 나타났는데 자료의

▸▸▸ **출 전**

○ <附註> 朱子曰衛武公學問之功 甚不苟 年九十五歲 猶命羣臣 使進規諫 至如抑詩是他
自警之詩 後人不知遂以爲戒厲王 畢竟周之卿士 去聖人近 氣象自是不同
復卦初九 曰不遠復 无祗悔 元吉 子曰 顏氏之子其殆庶幾乎 有不善
未嘗不知 知之 未嘗復行也

▸▸▸ **현대어역**

〈2 : 35a〉

　위(衛) 무공(武公)이【위(衛) 임금】학문(學文)하는 공부(工夫)가 심히 구차(苟且)하지 아니
하니, 나이 구십오(九十五) 세(歲)에 오히려(＝여전히) 군신(群臣)을 명하여 (하여금) 규간
(規諫, 옳은 도리나 이치로써 웃어른이나 왕의 잘못을 고치도록 말함)하는 말을 바치라 하니, 이
억시(抑詩)는 스스로 경계(警戒)한 시(詩)이니, 주(周)나라 경사(卿士)가【경사(卿士)는 벼슬
하는 사람】성인(聖人)에 감이 가까운지라. 기상(氣象)이 다르도다.
복괘초구(復卦初九)에 왈(曰), 불원복(不遠復)이면 무지회(无祗悔)니 원길(元吉)이라 하니, 자(子)
가 왈(曰), 안씨지자(顏氏之子)가 기태서기호(其殆庶幾乎)인저. 유불선(有不善)에 미상부지(未嘗不
知)오, 지지(知之)에 미상부행야(未嘗復行也)니라.
　복괘(復卦) 초구(初九)에 이르되, 멀리 아니하여 회복(回復)하면 뉘우치는 데 다다름이 없
으리니 크게 길(吉)하리라 하니, 공자(孔子)가

▸▸▸ **주 석**

　다른 곳에는 '먼니'로 등장하기도 한다. 이곳의 '먼리'는 /철리/를 '쳔리'로 적는 것과 마찬가지로 어중의
/ㄹㄹ/을 'ㄴㄹ'로 표기한 결과라 할 수 있다. 다만 어중 /ㄹㄹ/에 대한 'ㄴㄹ' 표기는 '千里, 新羅' 등 한
자어에만 특징적으로 적용되던 것인데, '먼리'는 한자어가 아님에도 그러한 표기를 취하여 독특하다고 할
수 있다. 혹 언중들이 '먼리'를 한자어 '萬里'에 부회하여 이해하였을 가능성이 있지 않을까 한다.

〈2 : 35b〉

샤딕 안시(顏氏)의 ㅈ식이 그 거의 갓가온뎌 션(善)티 못ㅎ미

이시매 일즉〔嘗〕 아디 못ㅎ디 아니티 아니코 알매 다시

힝(行)티 아니ㅎㄴ니라【복괘(復卦)는 양(陽)이 업섯다가 다시 회복(回復)ㅎ다 쯧이

니 초구(初九)는 첫 효(爻)니 사롬의 ᄆ음을 닐러도 그론

ᄆ음이 나거든 그 ᄆ음이 일의 나타나 채 그롯되디 아냐 즉시 곳티면 이거시 머디 아

냐 회복(回復)ㅎ는 의(意ㅣ)니 ᄆ음의 비록 그론 념녜(念慮ㅣ) 밍동(萌動)ㅎ야시나

일^

의 나타나 그롯 ㅎ디 아니ㅎ고 곳티면 뉘읏는 딕 다드롤 일이 업스니 그런 고로 크게

씨닷다 말이라 ○ 공지(孔子ㅣ) 쥬역(周易)이 효(爻)의 의리(義理)롤 니ᄅ샤딕 안

지(顏子ㅣ)[1] 거의

갓갑다 ㅎ샤 블션(不善)ᄒ 념녜(念慮ㅣ) 이시면 아디 아니티 아니코 알면 다시 힝티

아닛는다 말슴이라 안ᄌ(顏子)는 공ᄌ(孔子) 뎨ᄌ(弟子)니 휘(諱)는 회(回)오 ᄌ

(字)는 ᄌ연(子淵)이니 나히 삼십이(三十二) 셰(歲)예 졸(卒)^

ㅎ니 그 도흑(道學)이 공문(孔門)의 뎨일(第一)이니라】

이쳔션싱(伊川先生)이[2] 굴오샤딕 그론 ᄆ음이 ″신 후(後)에 회복(回復)^

홀디니 처엄의[3] 그ᄅ미 업스면 다시 복(復)홀 일이 어^

이 ″시리오 그러나 그ᄅ미 이셔도 머디 아냐 복(復)ㅎ면 뉘^

1 안지 : 안자(顏子)가. '안회(顏回)'를 높여 이르는 말. '안회(顏回)'는 중국 춘추시대의 유학자(B.C. 521~
  B.C. 490)로, 자(字)는 자연(子淵)이다. 공자(孔子)가 총애하는 수제자로 학덕이 뛰어났으나 31세로 요
  절하였다.

2 이천선성이 : 이천선생(伊川先生)이. '이천(伊川)'은 중국 북송(北宋)의 유학자인 정이(程頤, 1033~
  1107)의 호(號)이다. 자(字)는 정숙(正叔)이며, 형인 정호(程顥)와 함께 이정자(二程子)로도 불리었다. 최
  초로 이기(理氣)의 철학을 내세우고 유교 도덕에 철학적 기초를 마련하였으며, 저서로 ≪이천선생문집≫,

▶▶▶ **출 전**

伊川先生曰 失而後有復 不失則何復之有 惟失之不遠而復 則不至於悔 大善而吉也

▶▶▶ **현대어역**

〈2 : 35b〉

이르시되, 안씨(顏氏)의 자식이 (그) 거의 가깝도다. 선(善)하지 못함이 있으매(=있을 때) 일찍이 알지 못하지 아니하지 아니하고 (선하지 못함이 있음을) 알매(=알았을 때) 다시 행(行)치 아니하나니라.【복괘(復卦)는 양(陽)이 없었다가 다시 회복(回復)한다는 뜻이니 초구(初九)는 첫 효(爻)이니, 사람의 마음을 일러도 그른 마음이 나거든 그 마음이 일에 나타나 채 그릇되지 아니하여(=않았을 때) 즉시 고치면 이것이 멀지 아니하여 회복하는 뜻이니, 마음에 비록 그른 염려(念慮)가 맹동(萌動, 일어나기 시작함)하였으나 일에 나타나 그릇 하지(=잘못을 하지) 아니하고 고치면 뉘우치는 데 다다를 일이 없으니 그런 고로 크게 깨닫는다는 말이라. ○ 공자(孔子)가 주역(周易) 이 효(爻)의 의리(義理)를 이르시되, 안자(顏子)가 거의 가깝다 하시어, 불선(不善, 착하지 아니함)한 염려(念慮)가 있으면 알지 아니치 아니하고, 알면 다시 행치 아니한다는 말씀이라. 안자(顏子)는 공자(孔子) 제자(弟子)이니, 휘(諱)는 회(回)요, 자(字)는 자연(子淵)이니 나이 삼십이(三十二) 세(歲)에 졸(卒)하니 그 도학(道學)이 공문(孔門)에서 제일(第一)이니라.】이천선생(伊川先生)이 이르시되, 그른 마음이 있은 후에 회복(回復)할지니, 처음에 그름이(=잘못이) 없으면 다시 회복할 일이 어이 있으리요? 그러나 그름이(=잘못이) 있어도 멀지 아니하여 회복하면

▶▶▶ **주 석**

≪이정전서(二程全書)≫(공저) 등이 전한다.

3 처엄의 : 처음에. 애초에. 이곳의 '처음'은 중세국어의 '처섬'에 소급할 어형이다. /ㅿ/의 소실에 따라 '처섬>처엄'의 변화를 거친 뒤, 이곳과 같이 '처음'으로 등장하는 것은 ≪가례언해≫(1632)를 위시하여 17세기 문헌부터이다. 예 : 入棺이 임의 처음 殯소ᄒᆞᄂᆞᆫ 때예 잇고 <5 : 26a>. 17세기 문헌에는 '처음' 외에 '처옴'도 보이는데, 이는 비어두음절에서 'ㆍ>ㅡ' 변화를 의식하여 'ㅡ'를 'ㆍ'로 과도 교정한 결과이다. 예 : 破荒田 처옴 닐온 밧 <역어유해(1690) 하 : 7b>. '처음'은 (중세국어의 '처섬'과 마찬가지로) "첫 번째"와 함께 "애초, 당초"의 의미를 지니기도 하는데 여기서는 후자의 의미로 쓰인 것이다.

〈2 : 36a〉

웃는 디 니ᄅ디 아닛ᄂᆞ니라【처엄 그론 념녜(念慮 l) 업ᄉᆞ믄 요슌(堯舜) 공ᄌᆞ(孔子)
ᄀᆞᄐᆞᆫ 대셩지위(大聖之位)오 그론 념녜(念慮 l) 밍동(萌動)ᄒᆞᆫ
야도 즉시 회복(回復)ᄒᆞᄂᆞ니ᄂᆞᆫ 안ᄌᆞ지위(顏子之位)야 그런 거시니 이런 고로 안지
(顏子 l) 공ᄌᆞ(孔子)긔 ᄒᆞᆫ 층(層)이 쩌러디다 ᄒᆞ얏ᄂᆞ니라】부주(附註)에 ○ 쇼지(邵
子 l) ᄀᆞᆯ오ᄉᆞ
샤디【휘(諱)ᄂᆞᆫ 옹(雍)[1]이오 ᄌᆞ(字)ᄂᆞᆫ 요부(堯夫)니 호(號)ᄂᆞᆫ 강졀션ᄉᆡᆼ(康節先生)이
니 뎡ᄌᆞ(程子) ᄒᆞᆫ 째 사ᄅᆞᆷ】입의 올흔 말을 니ᄅᆞ미
몸의 올흔 일 ᄒᆡᆼ홈만 ᄀᆞᆺ디 못ᄒᆞ고 몸의 ᄒᆡᆼᄒᆞᆫ
미 ᄆᆞ음의 올흔 념녀(念慮)ᄅᆞᆯ 극진이 홈만 ᄀᆞᆺ디 못ᄉᆞ
ᄒᆞ니 입의 니ᄅᆞ면 사ᄅᆞᆷ이 시러곰 듯고 몸의 ᄒᆡᆼᄒᆞᆫ
면 사ᄅᆞᆷ이 시러곰 보고 ᄆᆞ음의 극진히 ᄒᆞ면 귀신(鬼神)ᄉᆞ
이 시러곰 아ᄂᆞ니 사ᄅᆞᆷ의 총명(聰明)도 소기디 못ᄒᆞ려ᄉᆞ
든 ᄒᆞ믈며 귀신의 총명(聰明)가 이러므로 입의 붓그러ᄉᆞ
옴 업ᄂᆞ니만 ᄀᆞᆺ디 못ᄒᆞ니 입의 허믈 업기ᄂᆞᆫ 쉽거ᄉᆞ

1 옹 : 소옹(邵雍, 1011~1077)은 중국 송대 학자이자 시인으로, 호는 안락선생(安樂先生), 자는 요부(堯夫)이다. 시호는 강절(康節)이다. 도가사상의 영향을 받고 유교의 역철학(易哲學)을 발전시켜 특이한 수리철학(數理哲學)을 만들었다. 그는 음(陰)·양(陽)·강(剛)·유(柔)의 4원(四元)을 근본으로 하고, 4의 배수(倍數)로서 모든 것을 설명하였다.

▶▶▶ **출 전**

邵子曰 言之於口 不若行之于身 行之于身 不若盡之于心 言之于口 人得而聞之 行之于身 人得 而見之 盡之于心 神得而知之 人之聰明 猶不可欺 況神之聰明乎   是知無愧于口 不若無愧于身 無愧于身 不若無愧于心 無口過易 無身過難 無身過易 無心過難

▶▶▶ **현대어역**

〈2：36a〉

　　뉘우치는 데 이르지 아니하느니라.【처음 그른 염려(念慮) 없음은 요순(堯舜)과 공자(孔子) 같은 대성지위(大聖之位, 큰 성인의 지위)요, 그른 염려(念慮)가 맹동(萌動, 일어나기 시작함)하 여도 즉시 회복(回復)하는 이는 안자지위(顔子之位)라야 그러한 것이니, 이런 고로 안자 (顔子)가 공자(孔子)께(＝공자보다) 한 층(層)이 떨어진다 하였느니라.】부주(附註)에 ○ 소 자(邵子)가 이르시되,【휘(諱)는 옹(雍)이요 자(字)는 요부(堯夫)이니, 호(號)는 강절선생 (康節先生)이니, 정자(程子)와 한(＝같은) 때의 사람】입에 옳은 말을 이름이 몸에 옳은 일 행함만 같지 못하고, 몸에 행함이 마음에 옳은 염려(念慮)를 극진이 함만 같지 못하니, 입에 이르면 사람이(＝남이) 능히 듣고 몸에 행하면 사람이(＝남이) 능히 보고 마음에 극 진히 하면 귀신(鬼神)이 능히 아나니, 사람의 총명(聰明)도 속이지 못할 것인데 하물며 귀신의 총명(聰明)이야 (말해 무엇하리요)? 이러므로 입에 부끄러움 없는 것만 같지 못 하니, 입에 허물 없기는

▶▶▶ **원문 판독**

〈2 : 36b〉

니와 무음의 허믈 업기는 어려오니라 ○ 쥬지(朱子ㅣ) 굴오^

샤디 병산션싱(屏山先生)이 병환(病患) 째의 동즈(童子)로셔 병환(病患)을

뫼셔 잇더니 션싱(先生)의 평일 도(道) 닥그시는 츠례롤

뭇즈온대 션싱(先生)이 흔연(欣然)이 닐러 굴오샤디 내 쥬역(周易)^

의 덕의 드는 문(門)을 어더시니 닐온 바 블원복(不遠復)이

이 내의 세 즈(字) 부(符)니【부(符)는 병부(兵符)니 밋븐 거시라 말이라】네 반두시

힘쓰라 ᄒ시더라【병산션싱(屏山先生)^

의 셩(姓)은 뉴(劉)오 휘(諱)는 즈휘(子翬)오 즈(字)는 〔彦仲〕이니 쥬즈(朱子) 아바

님 숑(松)의 도의(道義)로 사괴는 벗이니 위지(韋齋ㅣ) 죽을 째예 쥬즈(朱子)드려

병산(屏山)과 뉴빅슌{수}(劉白水) 션싱(先生) 휘(諱) 언즁(彦仲)과 니연평(李延平)

션생(先生)

통(侗)[1]의게 가 비호라 ᄒ여시매 쥬지(朱子ㅣ) 샹해 세 션싱(先生)을 스싱으로 디졉

ᄒ시디 뉴빅슌{수}(劉白水)은 쥬즈(朱子) 댱인(丈人)이오 니연평(李延平) 거는 젼도

(傳導)ᄒᄂ 스싱을 삼으시니라】

손지샹(損之象)애 왈(曰) 산하유퇴(山下有澤)이 〔損이니〕 군즈(君子)ㅣ 이(以)ᄒ야 징분

질욕(懲忿窒慾)이니라

손괘(損卦) 샹(象)애 굴오디 뫼 아래 못시 잇는 거시 손(損)이니 군지(君子ㅣ)

▶▶▶ **주 석**

1 이동(李侗, 1093~1163)은 자가 원중(願中)으로, 세칭 연평선생(延平先生)이다. 제자인 주희(朱熹)가
　평소 강한 어록을 ≪연평답문(延平答問)≫으로 엮었다.

▸▸▸ **출 전**

朱子曰 屛山先生病時 熹以童子侍疾 一日請問平昔入道次第 先生欣然告曰 吾於易 得入德之門
焉 所謂不遠復者 乃吾之三字符也 汝尙勉之
損之象 曰山下有澤〔損이니 : 누락〕君子 以 懲忿窒慾

▸▸▸ **현대어역**

〈2 : 36b〉

　　쉽거니와 마음에 허물 없기는 어려우니라. ○ 주자(朱子)가 이르시되, 병산선생(屛山先生)
이 병환(病患) 때에 동자(童子)로서 병환(病患)을 모시어 있었는데, 선생(先生)의 평일 도
(道) 닦으시는 차례를 묻자온대(=여쭙자), 선생이 흔연(欣然)히 일러 이르시되, 내가 주역(周
易)에서 덕에 드는 문을 얻었으니, 이른바 불원복(不遠復)이 이것이 나의 세 자(字) 부(符)이
니【부(符)는 병부(兵符)이니 미더운 것이라는 말이라.】네 반드시 힘쓰라 하시더라.【병산
선생(屛山先生)의 성(姓)은 유(劉)요, 휘(諱)는 자휘(子翬)요, 자(字)는〔彦仲〕이니, 주자(朱
子) 아버님 송(松)이 도의(道義)로 사귀는 벗이니, 위재(韋齋)가 죽을 때에 주자(朱子)에게
병산(屛山)과 유백수(劉白水) 선생 휘(諱) 언중(彦仲)과 이연평(李延平) 선생(先生) 통(侗)에
게 가 배우라 하였으매, 주자(朱子)가 항상 세 선생을 스승으로 대접하시되, 유백수(劉白
水)는 주자(朱子) 장인(丈人)이요, 이연평(李延平) 거는 전도(傳導, 전하여 인도함)하는 스승
을 삼으시니라.】
손지상(損之象)에 왈(曰), 산하유택(山下有澤)이〔損이니〕군자(君子)가 이(以)하여 징분질욕(懲
忿窒慾)이니라.
　　손괘(損卦) 상(象)에 이르되, 뫼(=산) 아래 못이 있는 것이 손(損)이니, 군자(君子)가

▸▸▸ **원문 판독**

〈2 : 37a〉

뻐 분(忿)훈 □움을 딩계(懲戒)ᄒ고 욕심(慾心)을 막ᄂᆞ니라【손괘(損卦)ᄂᆞᆫ 우^
흔 근(艮)이니 근(艮)은 뫼히오 아래ᄂᆞᆫ 태(兌)니 태(兌)ᄂᆞᆫ 모시니 뫼 밋히 모시 이시
면 뫼히 흘러 ᄂᆞ려 모시 몌ᄂᆞ니 군직(君子ㅣ) 이 샹(象)을 보와 분(忿)과 욕(慾)을
던다 ᄯᅳᆺ이라】 ○ 이쳔^
션싱(伊川先生)이 ᄀᆞᆯ오샤ᄃᆡ 몸 닥ᄂᆞᆫ 되(道ㅣ) 당〃이 손(損)홀 거시니
【손(損)은 더다 말이라】 오직 분(忿)과 담은 욕(慾)이 그런 고로 분노(忿怒)훈 □움^
을 딩계(懲戒)ᄒ고 그 니욕(利慾)을 막을 거시니라 ○ 명도션^
싱(明道先生)이 횡거션싱(橫渠先生)ᄃᆞ려 닐러 ᄀᆞᆯ오샤ᄃᆡ 사ᄅᆞᆷ의 졍(情)이
나기 쉽고 졔어(制御)ᄒ기 어려온 거시 노호오미 더 심ᄒ니
노호온 □움이 날 ᄣᅢ의 그 노호온 □움을 아직 춤고
그 노호와[1] ᄒᄂᆞᆫ 일의 올ᄒ며 그른 줄을 보면 이 도(道)에
ᄡᅩ흔 반이 넘ᄂᆞ니라 ○ 쥬지(朱子ㅣ) ᄀᆞᆯ오샤ᄃᆡ 더즈음긔[2] 녀^

▸▸▸ **주 석**

1 노호와 : 노여워. '노홉-+-아'. 이곳의 '노홉-'은 '노(怒)ᄒ-'에 파생 접미사 '-ㅂ-'이 결합한 어형으로, '노
홉-' 아닌 '노홉-'으로 나타난 것은 음절말 /ㅂ/의 순음성에 이끌려 역행 원순모음화가 일어난 결과이다.
중세국어 이래 접미사 '-ㅂ-'은 ('-ᄇ/ᄫ-'의 이형태로서) 'ㄹ'이나 모음으로 끝나는 어기 뒤에 나타나면서
특히 이곳과 같이 'Xᄒ-'를 어기로 한 경우가 많았다.

▶▶▶ 출 전

伊川先生曰 脩己之道 所當損者 惟忿與慾 故懲戒其忿怒 窒塞其意欲也 〈附註〉 明道先生謂張子曰 人之情易發而難制者 惟怒爲甚 第能於怒時 遽忘其怒而觀理之是非 亦可見外誘之不足惡 而於道亦思過半矣

▶▶▶ 현대어역

〈2 : 37a〉

써 분(忿)한 마음을 징계(懲戒)하고 욕심(慾心)을 막느니라.【손괘(損卦)는 위는 간(艮)이니 간(艮)은 뫼요(＝산이요), 아래는 태(兌)니 태(兌)는 못이니, 뫼(＝산) 밑에 못이 있으면 뫼가 흘러내려 못에 메이나니(＝메워지나니) 군자(君子)가 이 상(象)을 보아 분(忿)과 욕(慾)을 던다는 뜻이라.】○ 이천선생(伊川先生)이 이르시되, 몸 닦는 도(道)가 반드시 손(損)할 것이니【손(損)은 던다는 말이라.】 오직 분(忿)과 담은 욕(慾)이 그러한 고로 분노(忿怒)한 마음을 징계(懲戒)하고 그 이욕(利慾)을 막을 것이니라. ○ 명도선생(明道先生)이 횡거선생(橫渠先生)에게 일러 이르시되, 사람의 정(情)이 나기(＝벗어나기) 쉽고, 제어(制御)하기 어려운 것이 노여워함이 더 심하니, 노여운 마음이 날 때에 그 노여운 마음을 아직(＝잠깐) 참고 그 노여워하는 일이 옳으며 그른 것을(＝옳은지 그른지를) 보면 이것이 도(道)에서 또한 반이 넘느니라. ○ 주자(朱子)가 이르시되, 저번에

▶▶▶ 주 석

2 뎌즈음긔 : 저즈음께. 저번에. 중세 문헌에 보이는 '뎌즈슴쁴'〈두시언해 8 : 3-4〉와 비교할 때 자료의 '즈음'은 중세국어의 '즈슴'에 소급할 어형이라 할 수 있다. 중세국어에서 '즈슴'은 "사이, 틈"을 의미하는 공간 명사와 "즈음, 무렵"을 의미하는 시간 명사로 두루 쓰였으나 자료에는 후자의 의미로 쓰인 예만 발견된다. 예 : 상스와 급난혼 <u>즈음의</u> 형뎨의 졍의롤 오히려 아다가〈1 : 62a〉, 졍셩을 갈진흐미 더옥 존망과 젼패흐는 <u>즈음의</u> 뵈니〈3 : 37a〉. 자료의 '즈음'은 다른 문헌에서 '즘'(져즘히예〈어제속자셩편언해 13a〉)으로 어형이 줄어들기도 하는데 현대국어의 '쯤'은 바로 이 같은 어형을 계승한 것이다.

〈2 : 37b〉

빅공(呂伯恭)[1]을 보니 닐오디 져머신 째 셩긔(聲氣ㅣ) 조려(躁厲)ᄒ고 폭발(暴發)^

ᄒ야 음식의 뜻의[2] 맛갓디 아니ᄒ면 믄득 가ᄉ(家士)ᄅᆞᆯ

티더니 훗날 병드러 죵용(從容)히 논어(論語)ᄅᆞᆯ 보더니 몸 칙^

망(責望)은 듯거이 ᄒ고 사ᄅᆞᆷ 칙망(責望)은 박(薄)히 ᄒᆞ라 말ᄉᆞᆷ^

의 다ᄃᆞ라 홀연(忽然)이 ᄭᆡ텨 의ᄉᆞ(意思ㅣ) 일시의 관평(寬平)ᄒ야 ᄃᆞ^

디여 죵신(終身)토록 폭발(暴發)ᄒᄂᆞᆫ 노호오미 업세라 ᄒᆞ니

이 가히 긔질(氣質)을 변화ᄒᄂᆞᆫ 법(法)이 되리로다 ○ 명도션^

ᄉᆡᆼ(明道先生)[3]이 글오샤디 내 나히 열여닐곱 째예 산영ᄒ기^

ᄅᆞᆯ[4] 묘히 너기더니 그 후 스스로 닐오디 이제ᄂᆞᆫ 이런 것

묘히 너기ᄂᆞᆫ ᄆᆞᄋᆞᆷ이 업세라 ᄒᆞ니 쥬무슉(周茂叔)[5]이 글오샤^

1 여조겸(呂祖謙, 1137~1181)은 자가 백공(伯恭)으로, 호는 동래(東萊)이다. 중국 남송(南宋)의 학자. 주자(朱子)·장남헌(張南軒)·육상산(陸象山) 등과 더불어 강학(講學)에 힘써 대성하였다. 주자와 함께 북송(北宋) 도학자의 어록(語錄)을 편집하여 ≪근사록(近思錄)≫을 편찬하였다.

2 뜻의 : 뜻에. 이곳의 '뜻'은 중세국어의 '뜯'에 소급할 어형이다. 어두자음군의 경음화를 거쳐 16세기 문헌부터는 '쁟'으로 등장하기 시작한다. 예 : 즐기ᄂᆞᆫ 쁟들 보노라<중간두시언해(1613) 7 : 11a>. 이곳에서 '쁟'이 '뜻'으로 적힌 것은 (칠종성법의 확립 이후) 어간 말음 /ㄷ/을 'ㅅ' 분철 표기로 나타내는 자료의 표기 방식에 따른 것이다. 현대국어의 '뜻'은 '쁟'에서 어간 말음이 다시 'ㅅ'으로 재구조화된 결과이다.

3 정호(程顥, 1032~1085)이다. 자 백순(伯淳). 호 명도(明道). 시호 순(純). 하남성(河南省) 낙양(洛陽) 출생. 존칭으로 명도선생이라 불리고, 동생 정이(程頤, 伊川)와 함께 이정자(二程子)로 알려졌다. 이기일원론(理氣一元論)', '성즉이설(性則理說)'을 주창하였다. 그의 사상은 동생 정이를 거쳐 주자(朱

▸▸▸ **출 전**

朱子曰 向見呂伯恭 說少時性氣粗暴 嫌飮食不如意 便打破家事 後日久病 只將一冊論語 早晚閑
看 至躬自厚而薄責於人 忽然覺得 意思一時平了 遂終身無暴怒 此可爲變化氣質法
<附註> 明道先生曰 予年十六七時 好田獵 旣而自謂已無此好

▸▸▸ **현대어역**

〈2 : 37b〉

　　여백공(呂伯恭)을 보니, (여백공이) 이르되, 젊었을 때 성기(聲氣, 목소리와 기운)가 조려(躁
厲, 급하고 매서움)하고 폭발(暴發, 일시에 세찬 기세로 나옴)하여 음식이 뜻에 맞지 아니하면
문득 가사(家士, 높은 벼슬아치의 집에 딸려 있으면서 그 벼슬아치를 받드는 사람, ＝家臣)를 쳤는
데, 훗날 병들어 종용(從容)히 논어(論語)를 보더니(＝보다가) 몸(＝자신) 책망(責望)은 두껍
게(＝심하게) 하고 사람(＝남) 책망(責望)은 박(薄)하게 하라는 말씀에 다다라 홀연(忽然)이
깨쳐, 의사(意思)가 일시에 관평(寬平)하여 드디어 종신(終身)토록 폭발하는 노여움이 없
어라(＝없도다) 하니, 이것이 가히 기질(氣質)을 변화하는 법(法)이 되리로다. ○ 명도선생
(明道先生)이 이르시되, 내가 나이 열예닐곱 때에 사냥하기를 좋게 여겼는데, 그 후 스스로
이르되, 이제는 이런 것을 좋게 여기는 마음이 없어라(＝없도다) 하니, 주무숙(周茂叔)이

▸▸▸ **주 석**

　　子)에게 큰 영향을 주어 송나라 새 유학의 기초가 되었고, 정주학(程朱學)의 중핵을 이루었다. 저서에
《정성서(定性書)》, 《식인편(識仁篇)》이 있다.
4 산영ᄒ기의 : 사냥하기를. 이곳의 '산영'은이 한자어 '산ᄒ힝(山行)'에서 기원한 것으로, '산ᄒ힝＞산영'의 변화
는 '산ᄒ힝'이 더 이상 한자어가 아니라 고유어로 인식되면서 (고유어에서 흔히 일어나는) 유성음간 'ㅎ' 탈
락이 적용된 결과라 할 수 있다. 이 같은 변화는 '귀ᄒ향＞귀양'의 변화에서도 볼 수 있는 것이나 'ㅎ' 탈락
형 '귀양'이 19세기 말에나 등장하는 데 비해 이곳의 '산영'은 《동국신속삼강행실도》를 위시하여 이미
17세기 문헌부터 등장하는 점이 다르다. '산영'은 문헌에 따라 '사녕'으로도 등장하다가(예 : 安東將軍 周
浚이 일즉 <u>사녕ᄒ다가</u> 비롤 만나<여사서언해(1736) 4 : 54a>) 현대국어와 같이 '사냥'의 어형으로 쓰
이게 된 것은 19세기에 들어서의 일이다.
5 주돈이(周敦頤, 1017~1073)는 자가 무숙(茂叔), 호가 염계(濂溪)이다. 중국 송나라의 유학자. 도가사
상의 영향을 받고 새로운 유교이론을 창시하였다. 저서에는 《태극도설(太極圖說)》, 《통서(通書)》가
있으며, 수필 《애련설(愛蓮說)》에는 그의 고아한 인품이 표현되었다. 남송의 주자(朱子)는 염계가 정
호(程顥)·정이(程頤) 형제를 가르쳤기 때문에 도학(道學 : 宋代의 新儒敎)의 개조라고 칭하였다.

〈2 : 38a〉

디 엇디 말을 수이 ᄒᄂ뇨 이런 ᄆᆞᆷ이 숨어 발(發)티 아니^

ᄒ다가도 졸연(猝然) 밍동(萌動)ᄒ면 다시 처엄과 ᄀᆞᆺᄐ니라 ᄒ^

시더니 그 후 열두 ᄒᆡ만의 겨믈게야 들로 디나오더^

니 매 밧티고 산영ᄒᄂ 사ᄅᆞᆷ을 보니 브지블각(不知不覺)의 됴^

흔 ᄆᆞᆷ이 나니 ᄇᆞ야흐로 그 ᄆᆞᆷ이 과연 업디 못홀

줄 알과라【건안(建安) 셥시(葉氏) 치(采) 굴오더 념계(濂溪ㅣ) 공부를 깁히 ᄒᄂ 고

로 가히 쉽사리 니ᄅ디 못홀 줄 아ᄅ시고 명되(明道ㅣ) ᄆᆞᆷ 다ᄉ리ᄂ 공뷔(工夫ㅣ)

집밀(集密)^

ᄒ시ᄂ 곳으로 다둣ᄂ 디를 ᄦᅡ라 술피기를 이ᄀᆞ티 ᄒ시니 혹재(學者ㅣ) 더욱 힘ᄡ디

아니티 못홀 거시로다 셥시(葉氏)ᄂ 쥬ᄌ(朱子) 데지(弟子ㅣ)라】○ 샹쵀(上蔡) 샤

시(謝氏)

【일홈은[1] 량좌(良佐)[2]오 ᄌ(字)ᄂ 현도(顯道)오 샹쵀(上蔡) ᄯᅡ히 이시니 샹쵀(上蔡)

샤시(謝氏)라 ᄒ고 이쳔(伊川) 데지(弟子ㅣ)니라】이쳔션싱(伊川先生)긔 흔 ᄒᆡ를 ᄯᅥ^

낫다가 뵈오니 션싱(先生)이 굴오샤더 요ᄉ이 믓고 공부를

ᄒ얏ᄂ다 현되(顯道ㅣ) 굴오더 다만 흔낫 쟈랑 긍(肯) ᄌ(字)를 ᄇᆞ^

1 일홈은 : 이름은. 이곳의 '일홈'은 동사 '잃〔稱, 名〕-'에 명사형 '-옴'이 결합한 어형이나 이미 중세국어의
이른 시기부터 어휘화된 존재로 나타난다. 예 : 號ᄂ 일홈 사마 브르는 거시라<월인석보(1459) 1 : 15b
주>. 현대국어의 '이름'은 '-오/우-'의 쇠퇴에 따라 '일홈>일흠'의 변화를 겪은 뒤 다시 유성음간 /ㅎ/이
약화, 탈락한 결과이다.

▶▶▶ 출 전

周茂叔曰 何言之易也 但此心潛隱未發 一日萌動 復如初矣 後十二年暮歸 在田野間 見田獵者 不覺有喜心 方知果未也

建安葉氏曰 周子用功之深 故知不可易言 程子治心之密 故能隨寓加察 在學者警省克治之力 尤 不可以不勉也

上蔡謝氏與伊川先生別一年 往見之 先生曰 做得甚工夫 謝曰 只去得箇矜字 曰 何故

▶▶▶ 현대어역

〈2 : 38a〉

　　이르시되, 어찌 말을 쉬이 하느뇨? 이런 마음이 숨어 발(發)하지 아니하다가도 졸연(猝然, 갑자기) 맹동(萌動, 일어나기 시작함)하면 다시 처음과 같으니라 하시더니, 그 후 열두 해만에 저물어서야 들로 지나왔는데, 매 바치고 사냥하는 사람을 보니 부지불각(不知不覺)에(=자신도 모르는 사이에) (사냥이) 좋은 마음이 나니 바야흐로 그 마음이 과연 없지 못할 것을 알았도다. 【건안(建安) 섭씨(葉氏) 채(采)가 이르되, 염계(濂溪)가 공부를 깊이 하는 고로 가히 쉽사리 이르지 못할 것을 아시고, 명도(明道)가 마음 다스리는 공부가 집밀(緝密)하시는 곳으로 다다르는 데를 따라 살피기를 이같이 하시니 학자(學者)가 더욱 힘쓰지 아니치 못할 것이로다. 섭씨(葉氏)는 주자(朱子) 제자(弟子)이라.】 ○ 상최(上蔡) 사씨(謝氏)【이름은 량좌(良佐)요, 자(字)는 현도(顯道)요, 상최(上蔡) 땅에 있으니 상최(上蔡) 사씨(謝氏)라 하고 이천(伊川) 제자(弟子)이니라.】 이천선생(伊川先生)께 한 해를 떠났다가 뵈오니 선생이 이르시되, 요사이 묻고 공부를 하였느냐? 현도(顯道)가 이르되, 다만 한낱 자랑 긍(肯) 자(字)를

▶▶▶ 주 석

2 사량좌(謝良佐, 1050~1130)는 자가 현도(顯道)로 상채선생(上蔡先生)이라고도 한다. 중국 북송(北宋)의 유학자로, 정호(程顥) 문하의 수제자 네 사람 중의 한 사람이다. 우주의 근원적 이법(理法)을 직관적으로 파악하여 따른다는 정호학설을 이어받아 발전시켰다. 남송(南宋)의 육상산(陸象山) 심학(心學)의 선구가 되었다.

▸▸▸ **원문 판독**

〈2 : 38b〉

렷ᄂ이다 션싱(先生)이 ᄀᆞᆯ오샤ᄃᆡ 엇디 니ᄅᆞᆫ 말고 현되(顯道ㅣ) ᄀᆞᆯ^

오ᄃᆡ ᄌᆞ셔히 뎜검(點檢)ᄒᆞ야 보면 모든 병통(病痛)이 다 긍(肯)ᄒᆞ^

ᄂᆞᆫ 디로셔 나ᄂᆞ니 만일 뎌 긍(肯) ᄌᆞ(字)ᄅᆞᆯ 업시 ᄒᆞ면 ᄇᆞ야^

ᄒᆞ로 ᄆᆞ옴 공뷔(工夫ㅣ) 나아가뎌이다 션싱(先生)이 머리ᄅᆞᆯ 조으^

시고 좌(座)의 안존 사ᄅᆞᆷᄃᆞ려 닐러 ᄀᆞᆯ오샤ᄃᆡ 이 사ᄅᆞᆷ 혹^

문(學文) 공뷔(工夫ㅣ) 졀당(切當)ᄒᆞᆫ 곳을 싱각ᄒᆞ야 ᄒᆞᄂᆞᆫ 쟤(者ㅣ)로다

시운(詩云) 줌슈복의(潛雖伏矣)나 역공지쇼(亦孔之昭)라 ᄒᆞ고 고(故)로 군ᄌᆞ(君子ㅣ) 니

경{셩}블^

구(內省不疚)면 무오어지(無惡於志)니 군ᄌᆞ지소블가급쟈(君子之所不可及者)ᄂᆞᆫ 기유인지

소블^

견호(其唯人之所不見乎)ㅣ뎌

시(詩)의 ᄀᆞᆯ오ᄃᆡ 줌겨 비록 업더여시나 ᄯᅩ혼 심히 붉^

▸▸▸ **출 전**

曰 子細點檢來 病痛盡在這裏 若按伏得這箇罪過 方有向進處 先生點頭 語在坐曰 此人爲學 切
問近思者也
詩云 潛雖伏矣 亦孔之昭 故君子內省不疚 無惡於志 君子之所不可及者 其唯人之所不見乎

▸▸▸ **현대어역**

〈2 : 38b〉

　　버렸나이다. 선생(先生)이 이르시되, 어찌 이른 말인가? 현도(顯道)가 이르되, 자세히 점
검(點檢)하여 보면 모든 병통(病痛)이 다 긍(肯)하는 데로서(=곳으로부터) 나나니, 만일 저
긍(肯) 자(字)를 없애면 바야흐로 마음 공부(工夫)가 나아가더이다. 선생(先生)이 머리를
조아리시고 좌(座)에 앉은 사람에게 일러 이르시되, 이 사람 학문(學文) 공부가 절당(切
當, 사리에 꼭 들어맞음)한 곳을 생각하여 하는 자(者)이로다.
시운(詩云), 잠수복의(潛雖伏矣)나 역공지소(亦孔之昭)라 하고, 고(故)로 군자(君子)가 내성불구
(內省不疚)면 무오어지(無惡於志)니, 군자지소블가급자(君子之所不可及者)는 기유인지소불견호(其
唯人之所不見乎)인저.
　　시(詩)에 이르되, 잠기어 비록 엎드려 있으나 또한 심히

▸▸▸ 원문 판독

〈2 : 39a〉

다 ᄒ니 고로 군ᄌ(君子ㅣ) 술펴 병 되디 아니ᄒ면 ᄠ든의 아쳐^

로오미 업ᄂ니 군ᄌ(君子)의 가히 밋디 못홀 바ᄂ 오직 사^

롬의 보디 못ᄒ민뎌【시뎐(詩傳) 말이 고기 비록 믈 밋ᄒ 줌겨 업디여시나 믈이 ᄆᆰ아

붉게 뷘다 말이니 말을 츄(取)ᄒ야 닐오디 사롬의 ᄆᆞᆷ 속의 가지ᄂ 념녜(念慮ㅣ)

비록 은밀(隱密)ᄒ 듯ᄒ나 나타나미 심ᄒ니 고로 군ᄌ(君子)ᄂ 안흐로 ᄆᆞᆷ 속을 술

펴 보와 병 되미 업스면

ᄠ든의 아쳐로오미 업ᄂ니 이거시 가히 군ᄌ(君子)의 가히 밋디 못홀 재(者ㅣ) 그 사롬

의 보디 못ᄒᄂ 디 능히 삼간다 말이라】○ 뎡ᄌ(程子ㅣ) 굴^

오샤디 혹(學)을 어두온 집의 내 ᄆᆞᆷ을 소기디 아닛^

ᄂ 디로셔 비롯ᄂ니라 ○ 부주(附註)에 ᄉ마온공(司馬溫公)이【휘(諱)ᄂ 광(光)[1]이오

ᄌ(字)^

ᄂ 군실(君實)이오 호(號)ᄂ 속슈션싱(涑水先生)이니 송(宋) 텰종(哲宗) 초년(初年)

션인(宣仁) 고태후(高太后) 쳥졍(聽政) ᄠᅢ 졍승(政丞)】샹해 닐오디 내 사롬의 디^

난 일이 업스디 다만 평싱 ᄒᄂ 바 일이 일즉 가히 사^

롬을 디ᄒ야 니ᄅ디 못홀 일이 업세라 ᄒ더라

▸▸▸ 주 석

1 사마광(司馬光, 1019~1086)은 자가 군실(君實)로, 호는 우부(迂夫)·우수(迂叟)이다. 시호 문정(文正)이며, 산서성(山西省) 속수향(涑水鄕)에서 태어나 속수선생(涑水先生)이라고도 한다. 죽은 뒤 온국공(溫國公)에 봉해졌으므로 사마온공(司馬溫公)이라고도 한다.

▸▸▸ **출 전**

程子曰 學始於不欺暗室
<附註> 司馬溫公 嘗言吾無過人者 但平生所爲 未嘗有不可對人言者耳

▸▸▸ **현대어역**

〈2：39a〉

밝다 하니, 고로 군자(君子)가 살펴 병 되지 아니하면 뜻에 싫어함이 없나니, 군자(君子)
의 가히 미치지 못할 바는 오직 사람이 보지 못함인저(＝못함이로다).【시전(詩傳) 말이 고
기가 비록 물 밑에 잠겨 엎드려 있으나 물이 맑아 밝게 보인다는 말이니, 말을 취하여
이르되, 사람의 마음속에 가지는 염려(念慮)가 비록 은밀(隱密)한 듯하나 나타남이 심하
니, 고로 군자(君子)는 안으로 마음속을 살펴 보아 병 됨이 없으면 뜻에 싫어함이 없나
니, 이것이 가히 군자가 가히 미치지 못할 것이 (그) 사람이 보지 못하는 데에서 능히
삼간다는 말이라.】○ 정자(程子)가 이르시되, 학(學)을, 어두운 집에서 내 마음을 속이지
아니하는 데로부터 비롯하느니라(＝시작하느니라). ○ 부주(附註)에 사마온공(司馬溫公)이
【휘(諱)는 광(光)이요, 자(字)는 군실(君實)이요, 호(號)는 속수선생(涑水先生)이니, 송(宋)
철종(哲宗) 초년(初年) 선인(宣仁) 고태후(高太后) 청정(聽政, 정사에 관하여 신하가 아뢰는 말을
임금이 듣고 처리함) 때의 정승(政丞)】항상 이르되, 내가 사람에서(＝남보가) 지난(＝나은)
일이 없으되, 다만 평생 하는 바 일이 일찍 가히 사람을 대하여 이르지 못할 일이 없어
라(＝없도다) 하더라.

▸▸▸ **원문 판독**

〈2 : 39b〉

횡거선싱(橫渠先生)[1]이 굴오샤디 ᄆᆞ음 바르게 ᄒᆞᄂᆞᆫ 공뷔(工夫ㅣ) 처^

엄의 당〃이 내 ᄆᆞ음으로 엄ᄒᆞᆫ 스싱을 삼아 믈읫

ᄒᆞᄂᆞᆫ 일이 〃시매 ᄆᆞ음과 다르면 두려워홀 줄 아라

ᄒᆞᆫ 잇히 공부를 ᄒᆞ면 ᄌᆞ연이 발라 디ᄂᆞ니라【일을 ᄒᆞ매

그르면 ᄆᆞ음의 그른 줄을 알며 짐ᄌᆞ ᄒᆞ면 내 ᄆᆞ음을 소기ᄂᆞᆫ 일이니 내 ᄆᆞ음의 나ᄂᆞᆫ

거슬 존디(尊待)ᄒᆞ야 두려워ᄒᆞ기를 엄ᄒᆞᆫ 스싱 알ᄑᆡ 그른 노릇 ᄒᆞ^

ᄂᆞᆫ 것ᄀᆞ티 너기라 말이라】

ᄌᆞ(子)ㅣ 왈(曰) 조즉존(操則存)ᄒᆞ고 샤즉망(舍則亡)어니 츌입무시(出入無時)ᄒᆞ야 막지^

기향(莫知其鄉)은 유심지위야{여}(惟心之謂與)ㅣ녀

공ᄌᆞ(孔子ㅣ) 굴오샤디 잡으면 잇고 노ᄒᆞ면 망ᄒᆞᄂᆞ니라 나^

며 들미 째 업서 그 향(鄉)ᄒᆞᄂᆞᆫ 줄 아디 못ᄒᆞ믄 오직 ᄆᆞ음^

▸▸▸ **주 석**

1 횡거선싱 : 횡거선생(橫渠先生). 북송(北宋) 중기의 학자인 장자(張子, 1020~1077)를 일컫는다.

▸▸▸ 출 전

公子 曰操則存 舍則亡 出入無時 莫知其鄕 惟心之謂與
〔〕孔子言 心 操之則在此 舍之則失去 其出入 無定時 亦無定處如此 孟子引之 以明心之神明不測 得失之易而保守之難 不可頃刻失其養 學者當無時而不用其力 使神淸氣定 常如平旦之時 則此心常存 無適而非仁義矣 程子曰 心豈有出入 亦以操舍而言耳 操之之道 敬以直內而已 ○ 愚聞之師 曰 人理義之心 未嘗無 惟持守之 卽在爾 若於旦晝之間 不至梏亡 則夜氣愈淸 夜氣淸則平旦未與物接之時 湛然虛明氣象 自可見矣 孟子發此夜氣之說 於學者 極有力 宜熟玩而深省之也

▸▸▸ 현대어역

〈2：39b〉

　　횡거선생(橫渠先生)이 이르시되, 마음 바르게 하는 공부가 처음에 반드시 내 마음으로 엄한 스승을 삼아, 무릇 하는 일이 있으매(=있을 때) 마음과 다르면 두려워할 줄 알아, 한 이태(=두 해) 공부를 하면 자연이 발라지느니라(=바르게 되느니라).【일을 하매(=할 때) 그르면, 마음에 그른(=잘못된) 줄을 알며(=알면서) 짐짓(=일부러) 하면 내 마음을 속이는 일이니, 내가 마음에 나는 것을 존대(尊待)하여 두려워하기를 엄한 스승 앞에서 그른(=잘못된) 노릇(=행위를) 하는 것같이 여기라는 말이라.】
자(子)가 왈(曰), 조즉존(操則存)하고 사즉망(舍則亡)이거니, 출입무시(出入無時)하여 막지기향(莫知其鄕)은 유심지위여(惟心之謂與)인저.
　　공자(孔子)가 이르시되, 잡으면 있고 놓으면 망(亡)하느니라. 나며 듦이 때가 없어 그 향(鄕)하는 것을 알지 못함은 오직

〈2 : 40a〉

을 니르민뎌【공즈(孔子) 말슴을 밍지(孟子ㅣ) 인ㅎ야 닐러 겨시니라】○ 쥬지(朱子
ㅣ) 굴오샤디 ᄆᆞ음^

을 잡으면 예 잇고 노ㅎ면 일허 ᄇᆞ리ᄂᆞ니 그 나며 들^

미 뎡(定)훈 째 업고 ᄯᅩ훈 곳이 업순디라 밍지(孟子ㅣ) 공즈(孔子) 말^

슴을 인증(引證)ㅎ야 ᄡᅥ ᄆᆞ음의 신명(神明)ㅎ야 측냥(測量)티

못홀 거시니 위티(危殆)로이 동(動)ㅎ야 평안키 어렵기

이ᄀᆞᄐᆞᆫ 줄 붉혀 니르시니 가히 경긱(頃刻)도 노티 못홀

거시니라 ○ 부주(附註)에 범슌부(范淳夫)의【일홈은 조우(祖禹)니 뎡즈(程子)롤 ᄉᆞ
우(師友)로 셤기더니라】ᄹ^

이 밍즈(孟子) 이 쟝(章)을 닑다가 굴오디 밍지(孟子ㅣ) ᄆᆞ음을 모르^

시ᄂᆞᆫ도다 ᄆᆞ음이 엇디 나며 드는 거시 어이 이시리오 ᄒᆞ^

니 이쳔션싱(伊川先生)이 굴오샤디 이 녀지(女子ㅣ) 비록 밍즈(孟子) 니르^

▶▶▶ **출 전**

朱子曰 孔子言心操之則在此 捨之則失去 其出入無定時 亦無定處 孟子引之 以明心之神明不測
危動難安如此 不可頃刻失其養也 ○<附註> 范純夫之女 讀孟子操存章曰 孟子不識心 心豈不
出入 伊川先生聞之曰 此女雖不識孟子 覺能識心

▶▶▶ **현대어역**

〈2：40a〉

마음을 이름인저(=이름이로다).【공자(孔子) 말씀을 맹자(孟子)가 인하여 이르셨느니라.】○
주자(朱子)가 이르시되, 마음을 잡으면 여기에 있고 놓으면 잃어버리나니, 그 나며 듦이
정(定)한(=정해진) 때가 없고 또한 곳이 없는지라. 맹자(孟子)가 공자(孔子) 말씀을 인증
(引證, 인용하여 증거로 삼음)하여 써 마음에 신명(神明, 신령스럽고 이치에 밝음)하여 측량(測
量)치 못할 것이니, 위태(危殆)로이 동(動)하여 평안키 어렵기가(=어려움이) 이와 같은 것
을 밝혀 이르시니 가히 경각(頃刻, 눈 깜빡할 사이의 아주 짧은 시간)도 놓지 못할 것이니라.
○ 부주(附註)에, 범순부(范淳夫)의【이름은 조우(祖禹)이니 정자(程子)를 사우(師友, 스승으
로 삼을 만한 벗)로 섬겼느니라.】딸이 맹자(孟子) 이 장(章)을 읽다가 말하되, 맹자(孟子)가
마음을 모르시는도다. 마음이 어찌 나며, 드는 것이 어이 있으리요 하니 이천선생(伊川先
生)이 이르시되, 이 여자(女子)가 비록 맹자(孟子)

〈2 : 40b〉

신 말솜을 모르나 믄득 능히 므음을 아랏도다
쥬지(朱子ㅣ) 굴오샤ᄃ 순부(淳夫)의 ᄯ올이 므음은 아ᄃ¹ 밍ᄌ(孟子) ᄒ^
신 말솜은 아ᄃ 못ᄒᄆ 이 녀지(女子ㅣ) 샹시(常時)의 실(實)로ᄡ
제 므음이 노양(勞攘)ᄒᄂ 일이 업ᄂ 고로 츌입(出入)이 업다
니ᄅ나 사롬의 모양이 본ᄃ 츌입(出入)이 잇ᄂ 줄을
모르니 병 업슨 사롬이 눔의 알픈 ᄃ 잇ᄂ 줄 아ᄃ
못ᄒ ᄀᆺ트니라 ○ 뎡지(程子ㅣ) 굴오샤ᄃ 사롬이 몽미(夢寐) ᄉ^
이의도 ᄯ오ᄒ 가히 제 므음의 공부롤 알 거시니 몽^
미(夢寐ㅣ) 어ᄌ러오면 곳 이 므음이 뎡(定)티 못ᄒ야 잡은 거시
굿디 못ᄒ 연고(緣故)니라 ○ 쥬지(朱子ㅣ) 굴오샤ᄃ 져머신 째 동^

1 아ᄃ : 알되. 자료에서 15세기의 '-오ᄃ'의 후대형은 '-오/우-'의 쇠퇴에 따라 (출현 빈도가 높은 일부 어
휘를 제외하면) '-오/우-'의 원순성이 약화된 '-ᄋᄃ'나 '-으ᄃ'로 나타난다. 그런데 이 '아ᄃ'는 '-ᄋᄃ'나
'-으ᄃ'가 결합된 것이 아니라 (매개모음이 개재하지 않은) '-ᄃ'가 결합된 것으로 보아야 한다. '알-'의 어
간 말음 'ㄹ'이 탈락하는 것은 치조(齒槽)에서 조음되는 자음 앞에서 가능한 현상이기 때문이다. 현대국
어에서 '-되'는 용언의 어간에 직접 결합할 때에 매개모음이 개재하지 않는데, 이곳의 '아ᄃ'는 현대국어
'-되'의 단초를 보여주는 예라 할 수 있다.

▶▶▶ **출 전**

朱子曰 純夫女知心而不知孟子 此女當是實不勞攘 故云無出入 而不知有出入 猶無病者 不知人之疾痛也

程子曰 人於夢寐間 亦可以卜自家所學之淺深 如夢寐顚倒 卽是心志不定操存不固

▶▶▶ **현대어역**

〈2 : 40b〉

이르신 말씀을 모르나 문득 능히 마음을 알았도다. 주자(朱子)가 이르시되, 순부(淳夫)의 딸이 마음은 알되 맹자(孟子) 하신 말씀은 알지 못함은, 이 여자(女子)가 상시(常時)에 실(實)로써 제 마음이 노양(勞攘)하는 일이 없는 고로 출입(出入)이 없다 이르나, 사람의 모양이 본디 출입이 있는 것을 모르니, 병 없는 사람이 남의(=남이) 아픈 데 있는 것을 알지 못함과 같으니라. ○ 정자(程子)가 이르시되, 사람이 몽매(夢寐, 잠을 자면서 꾸는 꿈) 사이에도 또한 가히 제 마음의 공부를 알 것이니, 몽매(夢寐, 잠을 자면서 꾸는 꿈)가 어지러우면 곧 이 마음이 정(定)치(=정해지지) 못하여 잡은 것이 굳지 못한 연고(緣故, 까닭)이니라. ○ 주자(朱子)가 이르시되, 젊었을 때

▸▸▸ **원문 판독**

〈2 : 41a〉

안현(同安縣)의 잇더니【쥬지(朱子ㅣ) 십팔(十八)의 과거(科擧)ᄒ시고 즉시 동안현
(同安縣) 쥬부(主簿)롤 ᄒ시니라】 밤의 븍 소리롤
듯고【쇠븍이니 요ᄉᆞ이 인뎡(人定) ᄀᆞᄐᆞᆫ 거시라】 ᄆᆞ음을 혜아려 보니 븍 ᄒᆞᆫ 소리 ᄭᅳᆺ디[1]
못ᄒᆞ여셔 ᄆᆞ음 잡은 거시 스ᄉᆞ로 ᄃᆞ라나 인ᄒᆞ야 술펴
경칙(警飭)ᄒᆞ니 이에 알과라 혹(學)이 모롬죽이 〃 ᄆᆞ음을
극진이 홀 거시로다
쥬ᄌᆞ(周子)ㅣ【념계션ᄉᆡᆼ(濂溪先生)이라】 양심셜(養心說)애 왈(曰) 양심(養心)이 막션어과
욕(莫善於寡欲)이라 ᄒᆞ니
여위양심(予謂養心)이 블지어과(不止於寡)ㅣ라 개과언이지어무(蓋寡焉以至於無)니 ᄎᆞ돈^
호기인이이(此存乎其人而已)니라
쥬지(周子ㅣ) ᄆᆞ음 기ᄅᆞᄂᆞᆫ 셜(說)의【셜(說)은 글 일홈이라[2]】 굴오ᄃᆡ 밍지(孟子ㅣ) 굴
오샤^
ᄃᆡ ᄆᆞ음 기ᄅᆞ미 욕심(慾心) 젹게 ᄒᆞᄂᆞᆫ 것만 됴ᄒᆞ미 업^

▸▸▸ **주 석**

1 ᄭᅳᆺ디 : 끊어지지. 원문의 '斷'에 해당하는 동사 어간으로 다른 18세기 문헌에는 '긏-'과 '긿-'이 공존하기도
한다. 예 : 엇디 아븨 명을 져ᄇᆞ리고 어믜 ᄌᆞ이롤 ᄭᅳᆺ츠려 ᄒᆞᄂᆞ뇨〈오륜행실도(1797) 2 : 75b〉. 목을 남
게 돌고 스스로 ᄂᆞ려더니 목이 긋처 죽으리라〈오륜행실도(1797) 2 : 8a〉. 이를 감안하면 이곳의 'ᄭᅳᆺ-'은
'ᄭᅳᆾ-'의 어간 말음 'ㅊ'을 자료에 확립된 칠종성법에 따라 'ㅅ'으로 적은 것으로 이해된다. 위의 'ᄭᅳᆾ-'과 'ᄭᅳᇙ-'
은 모두 중세국어 '긏-'(내지 '그치-')의 후대형으로, 형태상 'ᄭᅳᆾ-'은 '긏-'에서 어두 경음화가 일어난 어형,
'ᄭᅳᇙ-'은 어두 경음화와 더불어 모음간 'ㅊ' 앞에 'ㄴ'이 첨가된 어형에 해당된다. 현대국어의 '끊-'은 'ᄭᅳᇙ-'에

▶▶▶ **출 전**

朱子曰 嘗記少年時在同安 夜聞鐘聲 聽其一聲未絶 此心已自走作 因是警省 乃知爲學須是致志
<u>周子養心說曰 孟子曰 養心莫善於寡欲</u> 其爲人也寡欲 雖有不存焉者 寡矣 其爲人也多欲 雖有
存焉者 寡矣 <u>予謂養心不止於寡而存耳 蓋寡焉 以至於無</u> 無則誠立明通 誠立 賢也 明通 聖也
是聖賢非性生 必養心而至之 養心之善有大焉如此 <u>存乎其人而已</u>

▶▶▶ **현대어역**

〈2 : 41a〉

　　동안현(同安縣)에 있었는데,【주자(朱子)가 십팔(十八)에 과거(科擧)하시고 즉시 동안현(同
　　安縣) 주부(主簿)를 하시니라.】 밤에 북 소리를 듣고【쇠북이니 요사이 인정(人定. 밤에 통행
　　을 금지하기 위하여 치던 종) 같은 것이라.】 마음을 헤아려 보니 북 한 소리가 그치지 못하
　　여서 마음 잡은 것이 스스로 달아나 인하여 살펴 경칙(警飭)하니 이에 알았도다. 학(學)
　　이 모름지기 이 마음을 극진이 할 것이로다.

주자(周子)가【염계선생(濂溪先生)이라.】 양심설(養心說)애 왈(曰), 양심(養心)이 막선어과욕(莫善
於寡欲)이라 ᄒᆞ니, 여위양심(予謂養心)이 불지어과이(不止於寡)라. 개과언이지어무(蓋寡焉以至於
無)니 차돈호기인이이(此存乎其人而已)니라.

　　주자(周子)가 마음 기르는 설(說)에【설(說)은 글 이름이라.】 이르되, 맹자(孟子) 이르시되,
　　마음을 기름이(＝기르는 데) 욕심(慾心)을 적게 하는 것만큼 좋음이(＝좋은 것이)

▶▶▶ **주 석**

서 재구조화된 어형이라 할 수 있으나 음운론적으로는 그 변화를 설명하기 어렵다. 18세기 중후반에 '끈
히아-'의 예가 등장함을 감안할 때, 이미 '긶-'의 재구조화가 이루어졌음을 지적할 수 있을 뿐이다. 예 :
수남의 경시 ᄇᆞ라오미 끈히여시되<천의소감언해(1795) 1 : 1a>. 자료에도 이곳과 같은 '긏-'의 예와 함
께 '끈허'<1 : 74b>, '끈흔'<2 : 33a>, '끈흐매'<2 : 51a>, '끈타'<3 : 28a> 등 '긶-'의 예가 공존하는 것
을 볼 수 있다.
2 일홈이라 : 이름이라. 이곳의 '일홈'은 동사 '잃[稱, 名]-'에 명사형 '-옴'이 결합한 어형이나 이미 중세국어
의 이른 시기부터 어휘화된 존재로 나타난다. 예 : 號ᄂᆞᆫ <u>일홈</u> 사마 브르는 거시라<월인석보(1459) 1 :
15b주>. 현대국어의 '이름'은 '-오/우-'의 쇠퇴에 따라 '일홈>일흠'의 변화를 겪은 뒤 다시 유성음간 /ㅎ/
이 약화, 탈락한 결과이다.

▶▶▶ **원문 판독**

〈2 : 41b〉

다 ᄒᆞ시니 내 닐오디 ᄆᆞᄋᆞᆷ을 기ᄅᆞ미 욕심(慾心)을 젹게
ᄒᆞ기의 긋칠 거시 아니라 대개 젹게 ᄒᆞ야 ᄡᅥ 업ᄂᆞᆫ 디
니롤 거시니 이거시 그 사ᄅᆞᆷ의게 잇ᄂᆞ니라 ○ 부주(附註)에
쥬지(朱子ㅣ) 굴오샤디 념계(濂溪ㅣ) 닐오시디 욕심을 젹게 ᄒᆞ^
야 ᄡᅥ 업ᄂᆞᆫ 디 니ᄅᆞ게 ᄒᆞ라 ᄒᆞ시니 대개 사ᄅᆞᆷ이 욕심
젹은 거스로ᄡᅥ 믄득 엇과라 홀가 념녀(念慮)ᄒᆞ야 니ᄅᆞ^
시디 져근 디 긋치디 말고 반ᄃᆞ시 업ᄂᆞᆫ 디 니ᄅᆞᆫ 연후(然後)^
의 가(可)타 ᄒᆞ시나 그러나 업게 ᄒᆞᄂᆞᆫ 공뷔(工夫ㅣ) 능히 젹게 ᄒᆞ^
ᄂᆞᆫ 디로셔 말미아ᄆᆞ니 욕심(慾心) 업ᄉᆞᆷ은 셩인(聖人)이 아니면
능히 못ᄒᆞᄂᆞ니라 ○ 뎡지(程子ㅣ) 굴오샤디 사ᄅᆞᆷ이 의리(義理)의

▸▸▸ **출 전**

<附註> 朱子曰 周子言寡欲 以至於無 蓋恐人以寡欲爲便得了 故言不止於寡而已 必至於無
然後可 然無底工夫 則由於能寡欲 到無欲 非聖人不能也

▸▸▸ **현대어역**

〈2 : 41b〉

없다 하시니, 내 이르되, 마음을 기름이 욕심을 적게 하기에 그칠 것이 아니라 대개 적
게 하여 (써) 없는 데 이를 것이니 이것이 그 사람에게 있느니라. ○ 부주(附註)에, 주자
(朱子)가 이르시되, 염계 (濂溪)가 이르시되, 욕심을 적게 하야 (써) 없는 데 이르게 하라
하시니, 대개 사람이 욕심 적은 것으로써 문득 '얻었도다' 할까 염려(念慮)하여 이르시되,
적은 데 그치지 말고 반드시 없는 데 이른 연후(然後)에 가(可)하다 하시나, 그러나 없게
하는 공부(工夫)가 능히 적게 하는 데로부터 말미암으니, 욕심 없음은 성인(聖人)이 아니
면 능히 못하느니라. ○ 정자(程子)가 이르시되, 사람이 의리(義理)에

〈2 : 42a〉

어두온 거슨 ᄆᆞ음의 욕심이 어ᄌᆞ러워 그러ᄒᆞ니 쟝^

지(쟝자ㅣ)【쟝쥬(莊周)니 한(漢)[1] 사ᄅᆞᆷ이라】 닐오ᄃᆡ 그 욕심이 깁흔 쟤(者ㅣ) 텬니
{기}(天機) 엿다

ᄒᆞ니 이 말이 ᄀᆞ장 올ᄒᆞ니라 ○ 뎡지(程子ㅣ) ᄯᅩ ᄀᆞᆯ오샤ᄃᆡ

동듕셔(董仲舒)[2]【한(漢) 무뎨(武帝) 적 사ᄅᆞᆷ이니 한(漢) 유쟈(儒者) 듕(中) 뎨일
(第一)이라】 닐오ᄃᆡ 의리(義理)ᄅᆞᆯ 바로게 ᄒᆞ^

고 니(利)ᄒᆞᆫ 일을 ᄭᅬᄒᆞ디 말며 도(道)ᄅᆞᆯ ᄇᆞᆰ히고 공효(功效)ᄅᆞᆯ

혜디 말라 ᄒᆞ니 도(道)ᄅᆞᆯ ᄇᆞᆰ히고 공효(功效)ᄅᆞᆯ 혜디 말라

말은 사ᄅᆞᆷ이 ᄆᆡ양 일을 ᄒᆞ매 도리(道理)의 올ᄒᆞ며 그^

ᄅᆞᆷ믈 보디 아니ᄒᆞ고 효험(效驗)을 몬져[3] 혜아리매 듕셔(仲舒ㅣ) 이^

ᄅᆞᆯ 경계(警戒)ᄒᆞᆫ 말이라 이 듕셔(仲舒)의 모든 혹쟈(學者)의 ᄭᅱ오처

디나는 배라 ○ 남헌(南軒) 댱시(張氏)【션ᄉᆡᆼ(先生)의 휘(諱)ᄂᆞᆫ 식(栻)[4]이오 ᄌᆞ(字)
ᄂᆞᆫ 경보(敬夫)오 호(號)ᄂᆞᆫ 남헌(南軒)이라 ᄒᆞ니 댱위공(張魏公) 쥰(浚)의 아ᄃᆞᆯ이니

1 장자(莊子, 기원전 369~기원전 286)는 전국시대(戰國時代) 송(宋)나라 사람으로, 한(漢)이라 한 것은
오기인 듯 하다. 이 글은 ≪장자(莊子)≫에 나온다.

2 동듕셔 : 동중서(董仲舒). 중국 전한(前漢)의 유학자(?B.C. 176~B.C. 104). 춘추공양학(春秋公羊學)
을 수학하여 하늘과 사람의 밀접한 관계를 강조하였다. 한(漢) 무제(武帝)에게 제자백가(諸子百家)를 폐
지하고 유가 사상만을 존중하여 국교로 삼도록 설득하였다. 저서에 ≪춘추번로(春秋繁露)≫가 있다.

▸▸▸ **출 전**

○<附註> 程子曰 人於天理昏者 只爲嗜欲亂著他 莊子言其嗜慾深者 其天機淺 此言却最是
○<附註> 程子曰 董仲舒有言 正其義不謀其利 明其道不計其功 此仲舒所以度越諸子

▸▸▸ **현대어역**

〈2 : 42a〉

　어두운 것은 마음에 욕심이 어지러워 그러하니, 장자가【장주(莊周)이니 한(漢) 사람이
라.】이르되, 그 욕심이 깊은 자가 천리{기}(天機)가 옅다 하니 이 말이 가장 옳으니라.
○ 정자(程子)가 또 이르시되, 동중서(董仲舒)가【한(漢) 무제(武帝) 적 사람이니 한(漢) 유
자(儒者) 중(中) 제일(第一)이라.】이르되, 의리(義理)를 바르게 하고 이(利)한 일을 꾀하지
말며 도(道)를 밝히고 공효(功效)를 헤아리지 말라 하니, 도(道)를 밝히고 공효(功效)를
헤아리지 말라는 말은 사람이 매양 일을 하매(=알 때) 도리(道理)에 옳으며 그름을 보지
아니하고 효험(效驗)을 먼저 헤아리매 중서(仲舒)가 이를 경계(警戒)한 말이라. 이것이 중
서(仲舒)가 모든 학자(學者)보다 뚜렷이 뛰어난 바이라. ○ 남헌(南軒) 장씨(張氏)가【선생
(先生)의 휘(諱)는 식(栻)이요, 자(字)는 경보(敬夫)요, 호(號)는 남헌(南軒)이라 하니, 장위
공(張魏公) 준(浚)의 아들이니,

▸▸▸ **주 석**

3 몬져 : 먼저. 현대국어의 '먼저'는 15세기에 '몬져'로 나온다. 이 '몬져'는 중세국어에서 명사적 용법과 부사
적 용법을 가지고 있었다. '흔 法이 몬졔니 업고'<원각경언해(1465) 상1-2 : 41a>의 '몬져'는 명사이고,
'못 몬져 니르시니'<월인천강지곡(1447) 상 : 其94>의 '몬져'는 부사이다. 그런데 지금은 부사적 용법만
남아 있다. 15세기의 '몬져'는 근대국어 시기를 거쳐 20세기 초 문헌에도 보인다. 그런데 '몬져'는 18세
기 문헌에 '먼져'로 나오기도 한다. 이는 '몬져'의 제1음절의 모음 'ㅗ'가 'ㅓ'로 변한 어형이다. 'ㅗ>ㅓ'는
'몬지>먼지, 보션>버선' 등에서도 확인된다.
4 장식(張栻, 1133~1180)은 자가 경부(敬夫)로 호 남헌(南軒)이다. 중국 송나라 때의 철학자. 호오봉
(胡五峯)의 학문을 이어받아 성리학에 관한 지식이 깊었다. 경(敬) 문제에 관해서는 주자와 자주 논쟁을
벌여 그 학문에 영향을 많이 주었다.

▶▶▶ **원문 판독**

〈2 : 42b〉

쥬즈(朱子) 벗님이라】굴오디 셩현(聖賢)은 히오미 업시 ᄒᆞᄂᆞ니 히오미
업시 ᄒᆞᄂᆞ 거슨 의리(義理)의 바론 바오 히오미 이셔 ᄒᆞᄂᆞ 쟈(者)^
ᄂᆞ 인욕(人慾)의 ᄉᆞ〃(私私) ᄆᆞ옴이니 이 의리(義理)와 니욕(利慾)의 ᄂᆞ호인
배니라【히오미 업다 말은 범일을 ᄒᆞ매 ᄆᆞ옴의 ᄒᆞ디 이 일의 도리(道理)의 올ᄒᆞ니 ᄒᆞᆯ
거시라 ᄒᆞ고 이(利)만 아라 히오미 업시 ᄒᆞᄂᆞ 일이오 히^
오미 이셔 ᄒᆞᆫ다 말은 비록 됴흔 말을 니ᄅᆞ나 됴흔 일을 힝ᄒᆞ나 몬져 내 이 됴흔 일과
됴흔 말을 힝ᄒᆞ면 니(利)로온 일이 〃시리라 ᄒᆞ고 ᄒᆞ면 이거시
ᄉᆞ욕(私欲)이니 사름이 그론 일 그론 말은 니ᄅᆞᆯ 거시 업거니와 올흔 일 올흔 말 ᄒᆞᆯ
쌔의도 그 ᄆᆞ옴의 넘녜(念慮ㅣ) ᄉᆞ신(私私ㅣ)가 공(公)인가 술펴 볼 거시니 쥬즈(朱
子) 말ᄉᆞᆷ의 날^
을 착(着)다 기리〃라 ᄒᆞ고 위ᄒᆞ여 ᄒᆞ면 어버이롤 위ᄒᆞ야 단지(斷指)ᄒᆞ고 녀묘(廬墓)
ᄒᆞᄂᆞ 효셩(孝誠)이 잇고 여윈 ᄆᆞᆯ 트고 헌 옷 닙ᄂᆞ 검박(儉朴)ᄒᆞᆫ 힝실이라도 ᄉᆞ의(私
意)로 난 ᄆᆞ옴^
이니 그르고 도리(道理)의 아람죽다[1] ᄒᆞ고 ᄒᆞ면 갑옷 병잠기든 곡식븟치 일을 살펴
아라도 ᄯᅩ흔 공심(公心)이라 ᄒᆞ시니 ᄆᆞ옴의 나는 넘녀(念慮)롤 삼가디 아니티 못^
ᄒᆞᆯ 거시 이러ᄒᆞ니라】○ 뎡ᄌᆞ(程子ㅣ) 굴오샤디 안연(顔淵)이 극긔복녜(克己復禮)【극
긔(克己)ᄂᆞ 내 ᄆᆞ옴의 욕심을
이긔다 말이오 복녜(復禮)ᄂᆞ 텬니(天理) 회복(回復)다 말이니 ᄆᆞ옴이 본디 텬니(天
理)만 이시디 인욕(人慾)이 〃시면 텬니(天理ㅣ) 업ᄂᆞ 고로 텬니(天理) 회복(回復)
다 ᄒᆞᄂᆞ니라】

▶▶▶ **주 석**

1 아람죽다 : 앎직하다. 알 만하다. '아람죽-'은 '아룸죽ᄒᆞ-'가 'ㄱ, ㄷ' 등 평자음으로 시작하는 어미 앞에서
'ᄒᆞ'가 생략된 어형이다. '아룸죽ᄒᆞ-'는 '알-'에 '可望'(=가히 ~할 만하다/~할 수 있다)을 뜻하는 '-암죽ᄒᆞ
-'가 결합한 어형이다. '-암죽ᄒᆞ-'에는 기원적으로 "강세"의 뜻을 더하는 선어말어미 '-아/어-'가 포함된 것
으로 추정되는데, '-암/엄죽ᄒᆞ-'는 18세기 말부터 (선어말어미 '-아/어-'의 쇠퇴에 따른) '-암/엄->-음-'의
변화로 '-음죽ᄒᆞ-'의 꼴로 쓰이다가 현대국어에는 (치음 아래) 전설모음화까지 겪어 '-음직하-'로 남았다.

▶▶▶ **출 전**

南軒張氏曰 蓋聖賢無所爲而然也 無所爲而然者 命之所以不已 性之所以不偏 而敎之所以無窮
也 凡有所爲而然者 皆人欲之私而非天理之所存 此義利之分也

▶▶▶ **현대어역**

〈2 : 42b〉

　　주자(朱子)의 벗이라.】 이르되, 성현(聖賢)은 '위하여 함'이 없이 하나니 '위하여 함'이 없
이 하는 것은 의리(義理)가 바르게 한 바요, '위하여 함'이 있어서 하는 것은 인욕(人慾)의
(＝인욕에서 비롯된) 사사(私私)(＝사사로운) 마음이니, 이것이 의리(義理)와 이욕(利慾)이 나
누어진 바이니라. 【'위하여 함'이 없다는 말은 범일을(＝모든 일을) 하매(＝할 때) 마음에
하되(＝생각하되) 이 일이 도리(道理)에 옳으니 할 것이라 하고, 이(利)만 알아 '위하여 함'
이 없이 하는 일이요, '위하여 함'이 있어 한다는 말은 비록 좋은 말을 이르나(＝이르고)
좋은 일을 행하나, 먼저 내가 이 좋은 일과 좋은 말을 행하면 이(利)로운 일이 있으리라
하고 하면 이것이 사욕(私欲)이니, 사람이 그른 일과 그른 말은 이를 것이 없거니와 옳은
일과 옳은 말을 할 때에도, 그 마음의 염려(念慮)가 사사(私私)인가 공(公)인가 살펴볼 것이
니, 주자(朱子) 말씀에, 나를 착하다 기리리라(＝칭찬하리라) 하고 위하여 하면, 어버이를 위
하여 단지(斷指, 손가락을 자름. 가족의 병이 위중할 때 그 병을 낫게 하기 위하여 피를 내어 먹이려고
자기 손가락을 자르거나 깨물던 일)하고 여묘(廬墓, 상제가 무덤 근처에서 여막(廬幕)을 짓고 살면서 무
덤을 지킴)하는 효성(孝誠)이 있고 여윈 말을 타고 헌 옷을 입는 검박(儉朴)한 행실이라도
사의(私意)로 난 마음이니 그르고(＝잘못이고), 도리(道理)에 알아야 마땅하다 하고 하면 갑
옷과 병장기든 곡식붙이 일을 살펴 알아도 또한 공심(公心)이라 하시니, 마음에서 나는 염
려(念慮)를 삼가지 아니하지 못할 것이 이러하니라.】○ 정자(程子)가 이르시되, 안연(顔淵)
이 극기복례(克己復禮)【극기(克己)는 내 마음의 욕심을 이긴다는 말이요, 복례(復禮)는 천
리(天理)를 회복(回復)한다는 말이니, 마음이 본디 천리(天理)만 있으되 인욕(人慾)이 있으
면 천리(天理)가 없는(＝없어지는) 고로 천리(天理)를 회복(回復)한다 하나니라.】

〈2 : 43a〉

홀 됴목(條目)을 뭇ㅈ온대 공지(孔子ㅣ) 골오샤디〔非禮勿視 非禮勿聽〕 녜(禮) 아닌 거슬

니르디 말며 녜(禮) 아닌 거슬 동작(動作)ㅎ디 말라 ㅎ시니

이 네 가지는 몸의 쓰이는 거시라 가온대로【ᄆ옴이라】 말ᄆᆡ^

암아 밧긔 응(應)ㅎᄂᆞ다라 밧겻흐로[1] 졔어(制御)ㅎᄂᆞ 거슨 그

가온대룰 보양(保養)ㅎᄂᆞ 배니 혹재(學者ㅣ) 맛당이 네 가지

일을 ᄆ옴의 먹어 일티 아닐 거시라 인ㅎ야 줌(箴)^

을 지어 스스로 경계(警戒)ㅎ노라【밧겻치라 ㅎᄂᆞ 말은 보고 듯고 말과 동작(動作)ㅎ

미오 가온대ᄂᆞ ᄆ옴을 니르미라】

　시줌(視箴)【보ᄂᆞ 거슬 경계(警戒)ㅎᆫ 줌(箴)이니 비례믈시(非禮勿視)를 연 거시라】

심혜본허(心兮本虛) ㅎ니　　　　　ᄆ옴이 본디 허(虛)ㅎ야

응믈무젹(應物無迹) 어라　　　　　믈(物)을 응(應)ㅎ매 자최 업ᄂᆞ라【믈(物)은 일

이라】

1 밧겻흐로 : 바같으로. '밧곁+-으로'. 이곳의 '밧곁'은 '밖'의 속격형 '밧'에 명사 '곁'이 결합한 것으로 분석
될 어형이다. 이곳에서는 '밧곁'의 어간 말음 'ㅊ'이 'ㅅ-ㅎ'으로 표기되었으나 이곳 바로 다음에는 'ㅅ-ㅊ'
의 중철 표기로 나타난 예('밧겻치오')도 발견된다.

▸▸▸ **출 전**

程子曰 顏淵問克己復禮之目 子曰 非禮勿視 非禮勿聽 非禮勿言 非禮勿動 四者 身之用也 由
乎中而應乎外 制於外 所以養其中也 顏淵事斯語 所以進於聖人 學者宜服膺而勿失也 因箴以自
警
其視箴曰 心兮本虛 應物無迹

▸▸▸ **현대어역**

〈2 : 43a〉

할 조목(條目)을 묻자온대(=여쭙자), 공자(孔子)가 이르시되, 〔非禮勿視 非禮勿聽〕예(禮) 아
닌 것을 이르지 말며, 예(禮) 아닌 것을 동작(動作, 손발 따위를 움직임)하지 말라 하시니,
이 네 가지는 몸의 쓰이는 것이라. 가운데로【마음이라】말미암아 밖에 응(應)하는지라.
바깥으로 제어(制御)하는 것은 그 가운데를 보양(保養, 잘 보호하여 기름)하는 바이니, 학자
(學者)가 마땅히 네 가지 일을 마음에 먹어 잃지 아니할 것이라. 인하여 잠(箴)을 지어
스스로 경계(警戒)하노라.【바깥이라 하는 말은 보고 듣고 말과(=말하고) 동작(動作, 움직
임)함이요, 가운데는 마음을 이름이라.】

시잠(視箴)【보는 것을 경계(警戒)한 잠(箴)이니 비례물시(非禮勿視)를 연(=설명한) 것이라.】

심혜본허(心兮本虛)하니　　　　　　　마음이 본디 허(虛)하여
응물무적(應物無迹)이라.　　　　　　　물(物)을 응(應)하매 자취가 없느니라.【물(物)은 일이
　　　　　　　　　　　　　　　　　　라.】

〈2 : 43b〉

조지유요(操之有要) ᄒ니	잡으미 종요(宗要)로오미 이시니【ᄆᆞᆷ을 잡다 말이라】
시위지측(視爲之則) 이라	보는 거시 법(法)이 되ᄂᆞ니라
폐교어젼(蔽交於前) 이면	ᄀᆞ리이는 거시 알퓌 와 서긔이면【ᄀᆞ리다 말이라 눈의 뵈는 스믈(事物)이라 말이 서긔오다 말은 눈의 뵈다 말이라】
기듕즉쳔(其中則遷) ᄒᆞ니	그 가온더 곳 옴ᄂᆞ니라【가온대도 ᄆᆞᆷ이오 옴다 말은 스믈(事物)을 보면 ᄆᆞᆷ이 게 간다 말이라】
졔지어외(制之於外) ᄒᆞ야	밧겻히 졔어(制御)ᄒᆞ야【녜(禮) 아닌 거시 눈의 뵈거든 보려 ᄒᆞ디 아니미 녜(禮)아{이}니라】
이안기ᄂᆡ(以安其內) 면	뻐 안흐로 평안(平安)케 ᄒᆞ면【안흔 ᄆᆞᆷ이라】
극긔복녜(克己復禮) ᄒᆞ야	긔(己)ᄅᆞᆯ 이긔고 녜(禮)ᄅᆞᆯ 복(復)ᄒᆞ야
구이셩의(久而誠矣) 리라	오라면〔久〕 셩실(誠實)ᄒᆞ리라
텽줌(聽箴)【듯는 일을 경계(警戒)ᄒᆞᆫ 잠(箴)이니 비례믈텽(非禮勿聽)을 삭이니라】	
인유병이(人有秉彛) ᄒᆞ니	사ᄅᆞᆷ이 덧〃시〔彛〕[1] 잡으미 이시니

1 덧〃시 : 항상. 늘. 자료의 다른 곳에 등장하는 '덧덧ᄒᆞ-'를 감안할 때 이것의 파생 부사에 해당되는 형태로 해석된다. 중세국어에서는 '덛더디'로 등장하던 것이나 이곳의 'ㅅ' 중철 표기를 통해 어근 '덛덛'의 말음 'ㄷ'이 이미 'ㅅ'으로 바뀐 사실을 알 수 있다. 자료의 '덧덧ᄒᆞ-'는 원문의 '恒, 常'에 대응되어 "(변함없이) 항상 일정하다. 한결같다"의 의미로 쓰이는데, 현대국어의 후대형 '떳떳하-'는 "굽힐 것 없이 당당하다"를 뜻하여 의미에 차이가 있다.

▸▸▸ **출 전**

시잠(視箴)
操之有要 視爲之則 蔽交於前
其中則遷 制之於外 以安其內 克己復禮 久而誠矣
청잠(聽箴)
人有秉彝

▸▸▸ **현대어역**

〈2 : 43b〉

조지유요(操之有要)하니	잡음이 종요(宗要)로움이 있으니【마음을 잡는다는 말이라.】
시위지측(視爲之則)이라.	보는 것이 법(法)이 되느니라.
폐교어전(蔽交於前)이면	가리는 것이 앞에 와 사귀면【가린다는 말이라. 눈에 보이는 사물(事物)이라. 말이 사귄다는 말은 눈에 보인다는 말이라.】
기중즉천(其中則遷)하나니,	그 가운데에 곧 옮느니라(=옮아가느니라).【가운데도 마음이요, 옮는다는 말은 사물(事物)을 보면 마음이 거기에 간다는 말이라.】
제지어외(制之於外)하여	바깥에 제어(制御)하여【예(禮) 아닌 것이 눈에 보이거든 보려 하지 아니함이 예(禮)이니라.】
이안기내(以安其內)면	(써) 안으로 평안(平安)케 하면【안은 마음이라.】
극기복례(克己復禮)하여	기(己)를 이기고 예(禮)를 복(復, 회복)하여
구이성의(久而誠矣)리라.	오래되면 성실(誠實)하리라.
청잠(聽箴)【듣는 일을 경계(警戒)한 잠(箴)이니 비례물청(非禮勿聽)을 새기니라(=설명한 것이라).】	
인유병이(人有秉彝)하니	사람이 항상 잡음이 있으니

〈2 : 44a〉

본호텬셩(本乎天性) 이라	텬셩(天性)의 근본ᄒᆞ얏ᄂᆞ니라
지유블화(知誘物化) ᄒᆞ야	알오미 믈욕(物慾)의 다래이여〔誘〕[1] 화(化)ᄒᆞ야
슈망기뎡(遂亡其正) ᄒᆞᄂᆞ니	드듸여 바론 거슬 업시 ᄒᆞᄂᆞ니
탁피션각(卓彼先覺) 은	놉흔 뎌 션각(先覺)은【션각(先覺)은 몬져 씨ᄃᆞ론 사ᄅᆞᆷ이니 셩현(聖賢)을 니ᄅᆞ미라】
지디유뎡(知止有定) ᄒᆞ야	그칠 ᄃᆡ롤 아라 뎡(定)ᄒᆞ미 이셔【그칠 ᄃᆡᄂᆞᆫ 스리(事理)의 합당ᄒᆞᆫ 일이오 뎡(定)타 말은 ᄆᆞ음 뎡(定)타 말이라】
한샤존셩(閑邪存誠) ᄒᆞ야	샤심(邪心)을 막고 셩실(誠實)ᄒᆞᆫ ᄆᆞ음을 두어
비례믈텽(非禮勿聽) ᄒᆞᄂᆞ니라	녜(禮) 아닌 거슬 듯디 아니ᄒᆞᄂᆞ니라
언잠(言箴)【말ᄒᆞᄂᆞᆫ 거슬 경계(警戒)ᄒᆞᆫ 잠(箴)이니 비례믈언(非禮勿言)을 삭이니라】	
인심지동(人心之動) 이	사ᄅᆞᆷ의 ᄆᆞ음 움죽이미
인언이션(因言以宣) 이라	말을 인(因)ᄒᆞ야 뻐 베프ᄂᆞ니라

1 다래이여 : 꾀이어. 이끌려. 이곳의 '다래이-'는 "誘(꾀다)"를 뜻하는 '다래-'에 피동 접미사 '-이-'가 결합한 것으로 분석될 어형이다. '다래-'는 중세국어의 '달애-'에 소급할 어형인데, 자료에는 '달애-'에서 'ㄹㅇ>ㄹㄹ'의 변화를 겪은 '달래-'가 발견되기도 한다(이에 대하여는 '달래여'<3 : 48a>의 주석 참조).

▶▶▶ 출 전

청잠(聽箴)
本乎天性 知誘物化 遂亡其正
卓彼先覺 知止有定 閑邪存誠 非禮勿聽
언잠(言箴)
人心之動 因言以宣

▶▶▶ 현대어역

〈2 : 44a〉

본호청성(本乎天性)이라.	천성(天性)에 근본하였느니라.
지유불화(知誘物化)하여	앎이 물욕(物慾)에 꾀여 화(化)하여
수망기정(遂亡其正)하나니,	드디어 바른 것을 없이 하나니,
탁피선각(卓彼先覺)은	높은 저 선각(先覺)은【선각(先覺)은 먼저 깨달은 사람이니 성현(聖賢)을 이름이라.】
지지유정(知止有定)하여	그칠 데를 알아 정(定)함이 있어【그칠 데는 사리(事理)에 합당한 일이요, 정(定)한다는 말은 마음을 정(定)한다는 말이라.】
한사존성(閑邪存誠)하여	사심(邪心)을 막고 성실(誠實)한 마음을 두어
비례물청(非禮勿聽)하느니라.	예(禮) 아닌 것을 듣지 아니하느니라.
언잠(言箴)【말하는 것을 경계(警戒)한 잠(箴)이니 비례물언(非禮勿言)을 새기니라(=설명한 것이니라).】	
인심지동(人心之動)이	사람의 마음 움직임이
인언이선(因言以宣)이라.	말을 인(因)하여 (써) 베푸느니라(=베풀어지느니라).

▶▶▶ 원문 판독

⟨2 : 44b⟩

발금조망(發禁躁妄) 이라야	발(發)ᄒ매 조(躁)ᄒ고 망녕된 거슬 금(禁)ᄒ야【바론 말을 발(發)ᄒ다 말이라】
너스졍젼(內斯靜專) 이니라	안히 이에 고요ᄒ고 젼일(專一)ᄒᄂ니라【안흔 ᄆ음이라】
신시츄긔(矧是樞機) 라	ᄒ믈며 지도리〔樞〕ᄀᆺ고 틀〔機〕ᄀᆺᄐ니라【지도리는 문이 닷치며 열니는 거시 니(理ㅣ) 지도리의 잇고 틀은 오ᄅ며 ᄂ리는 거시니 말이 츄긔(樞機) ᄀᆺᄐ야 길흉(吉凶)이 둘녓다 말이라】
흥융츌호(興戎出好) ᄒᄂ니	흉흔 것도 니ᄅ혀고[1] 됴흔 것도 나ᄂ니라
길흉영욕(吉凶榮辱) 이	길(吉)ᄒ고 흉(凶)ᄒ고 영화(榮華)롭고 욕(辱)된 일이
유기소쇼(惟其所召) 라	그 브르는 배니라
샹이쥬탄(傷易則誕) ᄒ고	쉽살흔 ᄃ 과(過)흔즉 허탄(虛誕)ᄒ고
샹번즉지(傷煩則支) 니라	번거흔 ᄃ 과(過)흔즉 디리(支離)ᄒ니라
긔ᄉ믈오(己肆物忤) ᄒ고	내 방ᄉ(放肆)ᄒ면 눔이 거스리고〔忤〕
츌패ᄂ위(出悖來違) 라	내는 말이 패려(悖戾)ᄒ면 오는 말이 니(理)의 어긋나ᄂ니라

▶▶▶ 주 석

1 니ᄅ혀고 : 일으키고. 이곳의 '니ᄅ혀-'는 중세국어의 '니ᄅ혀-'에 소급하는데, '니ᄅ혀-'는 '닐〔起〕-'의 사동사 '니ᄅ-'에 강세 접사 '-혀'가 결합한 어형이다. 제2음절의 'ㆍ>ㅡ' 변화로 15세기 문헌에는 '니르혀-'로도 등장하다가, '-혀->-혀-'의 변화가 일어난 뒤 16세기 후반 문헌부터는 '니르혀-'로 등장하기 시작한다. '니르혀-'는 근대국어 들어 '-혀->-켜-'의 변화에 따라 '니르켜-'로 등장하는데 '니르켜-+-어'에 해당하는 '니르켜'가 '니르키-+-어'로 오분석된 결과 현대국어에서는 '일으키-'로 어간이 재구조화되었다. 예 : 블을 부러 니르켜<박통사언해(1677) 중 : 35b>, 張昭ㅣ 孫權의 군ᄉ 니르켜믈 듯고<삼역총해(1774) 3 : 22b>.

▸▸▸ **출 전**

언잠(言箴)
發禁躁妄 內斯靜專 矧是樞機 興戎出好 吉凶榮辱
惟其所召 傷易則誕 傷煩則支 己肆物忤 出悖來違

▸▸▸ **현대어역**

〈2 : 44b〉

발금조망(發禁躁妄)이라야	발(發)하매(=발할 때) 조(躁, 조급함)하고 망령된 것을 금(禁)하여【바른 말을 발(發)한다는 말이라.】
내사정전(內斯靜專)이니라.	안이 이에 고요하고 전일(專一, 마음과 힘을 모아 오직 한 곳에 씀)하느니라.【안은 마음이라.】
신시추기(矧是樞機)라	하물며 지도리〔樞〕 같고 틀〔機〕 같으니라.【지도리는 문이 닫히며 열리는 것이 이(理)가 지도리에 있고, 틀은 오르며 내리는 것이니, 말이 추기(樞機, 사물의 중요한 부분)와 같아서 길흉(吉凶)이 (말에) 달렸다는 말이라.】
흥융출호(興戎出好)하나니,	흉한 것도 일으키고 좋은 것도 나느니라.
길흉영욕(吉凶榮辱)이	길(吉)하고 흉(凶)하고 영화(榮華)롭고 욕(辱)된 일이
유기소소(惟其所召)라.	그(=말이) 부르는(=초래하는) 바이니라.
상이주탄(傷易則誕)하고	쉽살한(=쉬운) 데에 과(過)한즉 허탄(虛誕, 거짓되고 미덥지 아니함)하고
상번즉지(傷煩則支)니라.	번거한 데에 과(過)한즉 지리(支離, 지루함)하니라.
기사물오(己肆物忤)하고	내가 방사(放肆, 제멋대로 행동하며 거리끼고 어려워하는 데가 없음)하면 남이 거스르고
출패래위(出悖來違)라.	내는 말이 패려(悖戾, 도리에 어그러지고 사나움)하면 오는 말이 이(理)에 어긋나느니라.

▶▶▶ 원문 판독

〈2:45a〉

비법블도(非法不道) ᄒ야   녜법(禮法)이 아니어든 니ᄅ디 말라
흠ᄌ지훈ᄉ(欽哉訓辭) ᄒ라   ᄀᆞᄅ티ᄂᆞᆫ 말ᄉᆞᆷ을 공경(恭敬) ᄒ라
　동줌(動箴)【움ᄌ기ᄂᆞᆫ 거ᄉᆞᆯ 경계(警戒)ᄒᄂᆞᆫ 줌(箴)이니 비례블동(非禮勿動)을 사기니
　라】
쳘인지긔(哲人知機) ᄒ야   ᄉᆞ못가온 긔미(機微)ᄅᆞᆯ 아라
셩지어ᄉ(誠之於思) ᄒ고   ᄉᆡᆼ각홀 적 셩실(誠實)히 ᄒ고
지ᄉ녀힝(志士勵行) ᄒ야   ᄯᅳᆺ 잇ᄂᆞᆫ 션비ᄂᆞᆫ 힝실을 ᄀᆞ다듬아
슈지어위(守之於爲) 라   ᄒᄂᆞᆫ 일의 딕희ᄂᆞ니라【올흔 일을 딕희여¹ ᄒ다 말
　　　　　　　　　　　　　　이니 일의 동(動)ᄒᄂᆞᆫ 거시라】

순니즉유(順理則裕) ᄒ고   니(理)ᄅᆞᆯ 순히 ᄒ면 넉〃ᄒ고
죵욕유위(從欲惟危) 라   욕심을 조차 ᄒ면 오직 위틱(危殆)롭ᄂᆞ니라
조ᄎ극념(造次克念) ᄒ야   〔戰兢自持 習與性成〕 ᄇᆞᄅ시〔習〕 텬셩(天性)으로
　　　　　　　　　　　　　　더브러 일워²

▶▶▶ 주 석

1 딕희여 : 지켜. 이곳의 '딕희-'는 중세 문헌(≪석보상절≫ 제외)에서 주로 '디킈-'나 '딕킈-'(16세기 이후)
　로 나타나던 것이다. 근대 문헌에서는 어중 유기음 /ㅋ/을 재음소화한 '딕희-' 혹은 '딕킈-'의 표기로 나타
　나는 것이 일반적이다.
2 일워 : 이루어. '일우-+-어'. 이곳의 '일우-'는 자동사 '일〔成〕-'에 사동 접미사 '-우-'가 결합한 것으로 현
　대어 '이루-'의 소급형에 해당한다.

▸▸▸ **출 전**

非法不道 欽哉訓辭
동잠(動箴)
哲人知機 誠之於思 志士勵行 守之於爲 順理則裕 從欲惟危
造次克念

▸▸▸ **현대어역**

〈2：45a〉

비법불도(非法不道)하여	예법(禮法)이 아니거든 이르지 말라.
흠자훈사(欽哉訓辭)하라.	가르치는 말씀을 공경하라.
동잠(動箴)【움직이는 것을 경계(警戒)하는 잠(箴)이니 비례물동(非禮勿動)을 새기니라(＝설명한 것이라).】	
철인지기(哲人知機)하여	꿰뚫는 기미(機微)를 알아
성지어사(誠之於思)하고,	생각할 적 성실(誠實)히 하고,
지사려행(志士勵行)하여	뜻있는 선비는 행실을 가다듬어
수지어위(守之於爲)라.	하는 일에 지키느니라.【옳은 일을 지키어 한다는 말이니 일에 동(動)하는 것이라.】
순리즉유(順理則裕)하고	이(理)를 순히 하면 넉넉하고
종욕유위(從欲惟危)라.	욕심을 좇아 하면 오직 위태(危殆)롭느니라.
조차극념(造次克念)하여	〔전긍자지(戰兢自持) 습여성성(習與性成)〕버릇이 천성(天性)과 더불어 이루어

▶▶▶ 원문 판독

〈2 : 45b〉

성현동귀(聖賢同歸) ᄒ리라　성현(聖賢)으로 ᄒᆞᆫ가지로 도라가리라
쥬지(朱子ㅣ) ᄀᆞᆯ오샤ᄃᆡ 눈의 뵌다 말과 보랴 ᄒ야 뵌다 말이 각^
　〃 다ᄅᆞ니 비례믈시(非禮勿視)라 말이 녜(禮) 아닌 거시 눈의 뵈면 믄^
득 ᄃᆡ내쳐 부러 보랴 ᄒᄂᆞᆫ ᄆᆞᄋᆞᆷ을 두디 아니면 이거시
비례믈시(非禮勿視)니 비례믈텽(非禮勿聽)도 이와 ᄀᆞᆺᄐᆞ니라
　심줌(心箴)[1]【범시(范氏) 일홈은 쥰(浚)이니 송(宋)적 션비니 호(號)ᄂᆞᆫ 난계(蘭溪)라】
망망감여(茫茫堪輿)ㅣ　　　　멀고 먼 감예(堪輿ㅣ)【감예(堪輿)ᄂᆞᆫ 텬디(天地)
　라】
부앙모{무}은(俯仰無垠)　　　이라 업디여 우럴매 ᄀᆞ이 업도다
인어기간(人於其間)에　　　사ᄅᆞᆷ이 그 ᄉᆞ이의
묘연유신(渺然有身)이라　　죠고마치 몸이 잇도다

▶▶▶ 주 석

1 심줌 : 심잠(心箴). 송나라 때의 유학자인 범준(范浚)이 지은 글. 짧은 글이지만 '우주 안에서의 인간의
　존재, 인간에 있어서의 마음의 중요성, 타락하는 원인과 수양하는 방법' 등을 포괄적으로 다루었다.

▶▶▶ 출 전

戰兢自持 習與性成 聖賢同歸
심잠(心箴)
茫茫堪輿 俯仰無垠 人於其間 渺然有身

▶▶▶ 현 대 어 역

〈2 : 45b〉

성현동귀(聖賢同歸)하리라.   성현(聖賢)과 함께 돌아가리라.

주자(朱子)가 이르시되, 눈에 보인다는 말과 보려 하여 보인다는 말이 각각 다르니, 비례물시 (非禮勿視)라는 말이, 예(禮) 아닌 것이 눈에 보이면 문득 지나쳐, 일부러 보려 하는 마음을 두지 아니하면 이것이 비례물시(非禮勿視)니, 비례물청(非禮勿聽)도 이와 같으니라.

　심잠(心箴) 【범씨(范氏) 이름은 준(浚)이니 송(宋) 적 선비이니 호(號)는 난계(蘭溪)라.】

망망감여(茫茫堪輿)ㅣ	멀고 먼 감여(堪輿)가【감여(堪輿)는 천지(天地)라.】
부앙무은(俯仰無垠)이라.	엎드려 우러러보매 가이(=한이) 없도다.
인어기간(人於其間)에	사람이 그 사이에
묘연유신(渺然有身)이라.	조그마하게 몸이 있도다.

⟨2 : 46a⟩

시신지미(是身之微)	이 몸의 미(微)혼 거시
태창졔미(太倉稊米) 로다	태창(太倉)의 졔미(稊米) ᄀᆞᆺ도다
참위삼지(參爲三才) ᄒᆞ니	참예(參預)ᄒᆞ야 삼지(三才ㅣ) 되믄【삼지(三才)ᄂᆞᆫ 하ᄂᆞᆯ ᄯᅡ 사ᄅᆞᆷ을 삼지(三才ㅣ)라】
왈유심이(曰惟心爾) 로다	오직 내 ᄆᆞ음이로다
왕고ᄂᆡ금(往古來今) 에	디난 적과 오ᄂᆞᆫ 이제
슈{숙}무ᄎᆞ심(孰無此心)이리오	뉘 이 ᄆᆞ음 업스리오마ᄂᆞᆫ
심위형역(心爲形役) ᄒᆞ야	ᄆᆞ음이 얼굴의[1] 브리며【얼골을 브리다 말은 눈으로 보고 귀로 드ᄅᆞ면 욕심이 나ᄂᆞ니 ᄆᆞ음이 욕심대로 향ᄒᆞᄂᆞ 거슬 얼골의 브리다 말이라】
내슈내금(乃獸乃禽) 이라	이에 슈(獸)오 이에 금(禽)이로다【슈(獸)ᄂᆞᆫ 길 즘싱이오[2] 금(禽)은 ᄂᆞᆯ 즘싱이라 본 ᄆᆞ음이 〃시나 욕심대로 ᄒᆞ면 금슈(禽獸) ᄀᆞᆺ다 말이라】
유구이목(惟口耳目) 과	오직 입과 귀와
슈족동졍(手足動靜) 이	손과 발의 동(動)ᄒᆞ며 졍(靜)ᄒᆞ미

1 얼굴의 : 형체에. 이곳의 '얼굴'은 바로 다음에 '얼골'로 나타나기도 한다. 자료의 '얼골/얼굴'은 현대국어의 '얼굴'과 같이 "낯, 얼굴"을 뜻하기도 하지만(이에 대하여는 '얼골이오'⟨3 : 36b⟩의 주석 참조) 이곳과 같이 원문의 '形'에 대응되어 "형체, 모습"의 의미로 쓰인 예가 더 많이 나타난다.

2 길즘싱이오 : 길짐승이요. 기어다니는 짐승이요. 이곳의 '즘싱'은 15세기 국어의 '즁ᄉᆡᆼ'에 소급할 어형이다. '즁ᄉᆡᆼ'은 불교 용어인 '중생(衆生)'에서 나온 말로서 "살아 있는 생물체" 전반을 가리키는 불교 용어였으나 오늘날에는 '獸'를 가리키는 말로 의미가 축소되었다. '즁ᄉᆡᆼ'은 '즘싱'과 '즘승'으로 바뀌다가 '즘승'의

▸▸▸ **출 전**

是身之微 太倉稊米
參爲三才 曰惟心爾 往古來今 孰無此心 心爲形役 乃獸乃禽
惟口耳目 手足動靜

▸▸▸ **현대어역**

〈2 : 46a〉

시신지미(是身之微)이	몸이 미(微)한 것이
태창제미(太倉稊米)로다.	태창(太倉, 큰 창고)의 제미(稊米, 돌피. 볏과의 한해살이풀) 같도다.
참위삼자(參爲三才)하니	참예(參預)하여 삼재(三才)가 됨은【삼재(三才)는 하늘, 땅, 사람을 삼재(三才)라.】
왈유심이(曰惟心爾)로다.	오직 내 마음이로다.
왕고래금(往古來今)에	지난 적과 오는 이제
수무츠심(孰無此心)이리오.	뉘 이 마음 없으리요마는,
심위형역(心爲形役)하여	마음이 얼굴에(=형체에) 부리며(=부림을 당하며)【얼굴을(=형체에) 부린다는 말은 눈으로 보고 귀로 들으면 욕심이 나나니, 마음이 욕심대로 향하는 것을 얼굴에(=형체에) 부린다는 말이라.】
내수내금(乃獸乃禽)이라.	이에 수(獸)요, 이에 금(禽)이로다.【수(獸)는 길짐승이요, 금(禽)은 날짐승이라. 본 마음이 있으나 욕심대로 하면 금수(禽獸)와 같다는 말이라.】
유구이목(惟口耳目)과	오직 입과 귀와
수족동정(手足動靜)이	손과 발의 동(動)하며 정(靜)함이

▸▸▸ **주 석**

제1음절에서 (치음 아래) 전설모음화가 적용되어 오늘날의 '짐승'이 되었다. '짐승'이란 형태는 19세기 후기 문헌에 보인다. 예 : 시와 <u>짐승도</u> 디쳬 다 셩품과 명이니<관성제군명성경언해(1883) 21b>.

▶▶▶ **원문 판독**

〈2 : 46b〉

투간뎌극(投間抵隙) ᄒ야　　　　스이의 더디고 틈의 다ᄃ라

위궐심병(爲厥心病) 이라　　　　그 ᄆᆞ옴의 병이 되ᄂᆞ니라【이ᄂᆞᆫ 이목(耳目) 슈죡
　　　　　　　　　　　　　　　　(手足)으로 인연(因緣)ᄒ야 나ᄂᆞᆫ 욕심이 ᄆᆞ옴 잡ᄂᆞᆫ
　　　　　　　　　　　　　　　　거시 틈 트면 그 ᄶᆡ롤 타 병이 된다 말이라】

일심지미(一心之微)　　　　　　ᄒᆞᆫ ᄆᆞ옴의 미(微)ᄒᆞᆫ 거슬

즁욕공지(衆欲攻之) 라　　　　　모든 욕심이 치ᄂᆞᆫ도다

기여존쟈(其餘存者) ㅣ　　　　　그 잇ᄂᆞᆫ 거시【ᄆᆞ옴이 잇다 말이라】

오호긔희(嗚呼幾希) 로다　　　　오회(嗚呼ㅣ)라 거의 드므도다【모든 욕심이 ᄆᆞ옴
　　　　　　　　　　　　　　　　을 치기의 본 ᄆᆞ옴이 잇ᄂᆞᆫ 거시 드므다 말이라】

군ᄌᆞ존셩(君子存誠) ᄒ야　　　　군ᄌᆞ(君子)ᄂᆞᆫ 셩실(誠實)ᄒᆞᆫ ᄆᆞ옴을 두어

극념극경(克念克敬) ᄒᄂᆞ니　　　능히 념녀(念慮)ᄒ고 능히 공경(恭敬)ᄒᄂᆞ니

뎐군태연(天君泰然) ᄒ면　　　　뎐군(天君)이 태연(泰然)ᄒ면【뎐군(天君)은 ᄆᆞ옴
　　　　　　　　　　　　　　　　이오 태연(泰然)은 평안타 말이라】

빅톄죵녕(百體從令) ᄒᄂᆞ니라　　빅톄(百體ㅣ) 녕(令)을 좃ᄂᆞ니라【빅톄(百體)ᄂᆞᆫ 이
　　　　　　　　　　　　　　　　목구비(耳目口鼻) 슈죡(手足) 빅ᄒᆡ(百骸)니 ᄆᆞ옴
　　　　　　　　　　　　　　　　의 욕심이 업서 평안ᄒ면 빅톄(百體ㅣ) 그 ᄆᆞ옴의
　　　　　　　　　　　　　　　　녕(令)을 좃ᄂᆞᆫ다 말이라】

▶▶▶ **출 전**

投間抵隙 爲厥心病 一心之微 衆欲攻之
其餘存者 嗚呼幾希 君子存誠 克念克敬 天君泰然 百體從令

▶▶▶ **현대어역**

〈2 : 46b〉

투간저극(投間抵隙)하여 　　　　　　사이에 던지고 틈에 다달아

위궐심병(爲厥心病)이라. 　　　　　그 마음에 병이 되느니라.【이는 이목(耳目)과 수족(手足)으로 인연(因緣)하여 나는 욕심이 마음을 잡는 것이 틈을 타면, 그 때를 타 병이 된다 말이라.】

일심지미(一心之微) 　　　　　　한 마음의 미(微)한 것을

중욕공지(衆欲攻之)라. 　　　　모든 욕심이 치는도다.

기여존자(其餘存者)가 　　　　그 있는 것이【마음이 있다는 말이라】

오호기희(嗚呼幾希)로다. 　　오호(嗚呼)라, 거의 드물도다.【모든 욕심이 마음을 치기에 본 마음이 있는 것이 드물다는 말이라.】

군자존성(君子存誠)하여 　　군자(君子)는 성실(誠實)한 마음을 두어

극념극경(克念克敬)하나니, 　능히 염려(念慮)하고 능히 공경(恭敬)하나니,

천군태연(天君泰然)하면 　　천군(天君)이 태연(泰然)하면【천군(天君)은 마음이요, 태연(泰然)은 평안하다는 말이라.】

백체종령(百體從令)하느니라. 　백체(百體)가 영(令)을 좇느니라.【백체(百體)는 이목구비(耳目口鼻)와 수족(手足)과 백해(百骸, 온몸을 이루고 있는 모든 뼈)이니, 마음에 욕심이 없어 평안하면 백체(百體)가 그 마음의 영(令)을 좇는다는 말이라.】

▶▶▶ **원문 판독**

〈2 : 47a〉

근소록(近思錄)[1] 【쥬지(朱子ㅣ) 녀동너(呂東萊)[2]와 한쳔졍샤(寒泉精舍)의셔 흔 가지로 념
계(濂溪)와 두 뎡즈(程子)와 횡거(橫渠) 말솜을 모화 근소록(近思錄)을
민드르시다 쥬즈(朱子) 휘(諱)눈 희(熹)시고 즈(字)눈 원희{회}(元晦)
시고 동너(東萊) 휘(諱)눈 조겸(祖謙)이오 즈(字)눈 빅공(伯恭)이라】

　가도(家道)

뎡지(程子ㅣ) 골오샤더 귀미구이(歸妹九二)의 그 유한ᄒ고〔幽〕 고든〔貞〕 거슬 딕희^
미 부부(夫婦)의 덧〃ᄒ고[3] 바론 도룰 일티 아니ᄒᄂ니 셰샹
사롬이 셜압(媒狎)ᄒ믈 녜ᄉ(例事)로 아눈 고로 유한ᄒ고〔幽〕 고든〔貞〕 거^
슬 변샹(變常)흔 일을 삼아 이거시 덧〃ᄒ고 댱슈(長壽)흔 된(道ㅣ) 줄 아디 못ᄒᄂ도다【귀
미(歸妹)눈 쥬역(周易)[4] 괘명(卦名)이오 구이(九二)눈 둘재 효ᄉ(爻辭)라】○ 또 골오샤
디 셰^
샹 사롬이 사회 골히ᄂ니 삼가ᄂ니 만코 며ᄂ리 골히^
기눈 홀(忽)ᄒᄂ니 기실(其實)은 사회눈 보기 쉽고 며ᄂ리 알기

▶▶▶ **주 석**

1 근소록 : 근사록(近思錄). 중국 송나라 때에, 주자(朱子)와 그 제자인 여조겸이 함께 편찬한 책으로, 주
무숙(周茂叔), 정명도(程明道), 정이천(程伊川), 장재(張載) 등의 저서나 어록에서 일상 수양에 긴요한
장구(章句) 622 조목을 추려서 14부로 분류한 것이다.
2 녀동니 : 여동래(呂東萊). 중국 남송(南宋) 때의 유학자(1137~1181)인 여조겸을 가리킨다. 자(字)는
백공(伯恭)이며 동래(東萊)는 호(號)이다. 장식(張栻), 주희(朱熹)와 함께 동남의 삼현(三賢)으로 꼽힌
다. 저서에 ≪여씨가숙독시기(呂氏家塾讀詩記)≫, ≪동래문집(東萊文集)≫ 따위가 있다.

▶▶▶ **출 전**

주자(朱子) 근사록(近思錄) 가도(家道)

程子曰 歸妹九二 守其幽貞 未失夫婦常正之道 世人以媟狎爲常 故以貞靜爲變常 不知乃常久之
道也 世人多愼於擇壻而忽於擇婦 其實壻易見

▶▶▶ **현대어역**

〈2：47a〉

　　근사록(近思錄)【주자(朱子)가 여동래(呂東萊)와 한천정사(寒泉精舍)에서 함께 염계(濂溪)와 두
　　　　　　정자(程子)와 횡거(橫渠) 말씀을 모아 근사록(近思錄)을 만드시다. 주자(朱子)
　　　　　　휘(諱)는 희(熹)이시고 자(字)는 원희{회}(元晦)이시고, 동래(東萊) 휘(諱)는
　　　　　　조겸(祖謙)이요 자(字)는 백공(伯恭)이라.】

　　　가도(家道)

정자(程子)가 이르시되, 귀매구이(歸妹九二)의 그 유한하고(幽閑, 조용하고 그윽함) 곧은 것을 지
킴이 부부(夫婦)의 변함없고 바른 도를 잃지 아니하는 것이니, 세상 사람이 설압(媟狎, 깔보고
업신여김)함을 예사(例事)로 아는 고로 유한하고(幽閑, 조용하고 그윽함) 곧은 것을 변상(變常)한
일을 삼아 이것이 변함없고 장수(長壽)한 도(道)인 줄 아지 못하는도다.【귀매(歸妹)는 주역(周
易) 괘명(卦名)이요, 구이(九二)는 둘째 효사(爻辭)라.】○ 또 이르시되, 세상 사람이 사위 가리
는 것이(＝데) 삼가는 이 많고 며느리 가리기는 홀(忽, 소홀함)하나니, 기실(其實)은 사위는 보
기 쉽고 며느리가 알기

▶▶▶ **주 석**

3 덧덧ᄒ고 : 항상 일정하고. 한결같고. 이곳의 '덧덧ᄒ-'는 원문의 '恒'에 대응되어 "(변함없이) 항상 일정하
　다"의 의미로 쓰인 것이다. 현대국어의 후대형 '떳떳하-'는 "굽힐 것 없이 당당하다"를 뜻하여 의미에 차이
　가 있다. 이곳의 '덧덧ᄒ-'는 중세국어에서는 '덛덛ᄒ-'로 나오는데, 근대국어에서 'ㄷ'이 'ㅅ'으로 표기되는
　경향에 따라 여기서는 '덧덧ᄒ-'로 나온 것이다. 근대국어에 파생 부사 '쩟쩟이'<첩해몽어(1790) 1 : 3>
　가 나타나는 것을 보면 같은 시기에 '쩟쩟ᄒ-'도 존재했음이 분명하다. '덧덧ᄒ-'가 18세기에 된소리로 변
　했음을 알 수 있다.
4 쥬역 : 주역(周易). 고대 중국의 철학서로 육경(六經)의 하나. 만상(萬象)을 '음'과 '양'이라는 이원적 요
　소로 이해하고 이에 맞추어 철학・윤리・정치를 해석하고자 하였다.

⟨2 : 47b⟩

어려올 쑨 아니라 관계(關係)ᄒ미 심히 듕ᄒ니 엇디 가히
홀(忽)ᄒ리오 사름이 부뫼(父母ㅣ) 업스면 내 싱일(生日)이 더 셜올^
디니 엇디 므슴¹ ᄆᆞ음으로 술을 두고 풍뉴ᄅᆞᆯ 베퍼 즐^
기리오 만일 부모 ᄀᆞ존 사름은 가(可)ᄒ니라 ○ ᄯᅩ ᄀᆞᆯ오샤디
ᄌᆞ식의 졋 먹이ᄂᆞᆫ 죵을 어드미 마디 못ᄒ면 ᄒᆞ리니
혹 능히 스스로 졋이 업서 먹이디 못ᄒ면 비록 사름^
으로 ᄒᆞ여곰 져술 먹이나 그러나 내 ᄌᆞ식 먹기ᄅᆞᆯ 위ᄒ^
야 ᄂᆞᆷ의 ᄌᆞ식을 죽게 ᄒᆞᄂᆞᆫ 거시 심히 되(道ㅣ)아니니 만일 마^
디 못ᄒᆞᆯ딘대 유모(乳母) 둘을 세 아히ᄅᆞᆯ 먹이면 죡히 주려
죽디 아니홀 거시오 ᄯᅩ 내 ᄌᆞ식을 위ᄒᆞ야 ᄂᆞᆷ의 ᄌᆞ식을

1 므슴 : 무슨. 중세국어의 '므슴'에 소급할 어형으로, 이곳의 '므슴'은 'ㆍ > ㅡ'의 변화를 의식하여 원래의 'ㅡ'
마저 'ㆍ'로 표기한 일종의 과도 교정형이라 할 수 있다. 중세국어에서 '므슴'은 '므슴 NP'의 구성에 참여
하여 관형사적 용법을 보이는 경우가 대부분이지만, ('므슴 # ᄒᆞ-'를 비롯) '므슴 # VP'의 구성에 참여하
여 명사 내지 부사적 용법을 보이기도 하였다. 예 : 셰간 드틀을 므슴만 너기시리<월인천강지곡 125>,
네 뎌를 츳자 므슴 ᄒᆞ다<번역노걸대 하 : 1>, 信을 因ᄒᆞ야 이룰 쟓간 ᄒᆞ노니 나ᄆᆞᆯ닐 므슴 퍼리오 (因信
ᄒᆞ야 略此ᄒᆞ노니 餘更何申이리오)<선종영가집언해 하 : 128>. 그러나 자료에서 '므슴'은 '므슴 NP'의

▸▸▸ **출 전**

婦難知 所繫甚重 豈可忽哉 人無父母 生日 當倍悲痛 更安忍置酒張樂 以爲樂 若具慶者可矣
買乳婢 多不得已. 或不能自乳 必使人 然食己子而殺人之子 非道 必不得已 用二子乳 食三子
足備他虞.

▸▸▸ **현대어역**

〈2 : 47b〉

어려울 뿐 아니라 관계함이(＝관계됨이) 심히 중하니 어찌 가히 홀(忽, 소홀함)하리요? 사람이
부모가 없으면 내 생일(生日)이 더 서러울지니 어찌 무슨 마음으로 술을 두고 풍류를 베풀어
즐기리요? 만일 부모가 갖추어진(＝살아 계신) 사람은 가(可)하니라. ○ 또 이르시되, 자식의
젖 먹이는 종을 얻음이 마지못하면(＝부득이할 때만) 할 것이니, 혹 능히 스스로 젖이 없어 먹
이지 못하면 비록 사람으로(＝남으로) 하여금 젖을 먹이나, 그러나 내 자식 먹기를 위하여 남
의 자식을 죽게 하는 것이 심히 도(道)가 아니니, 만일 마지못할진대(＝부득이할진대) 유모(乳
母) 둘을(＝둘에게) 세 아이를 먹이면 족히 굶주려 죽지 아니할 것이요, 또 내 자식을 위하여
남의 자식을

▸▸▸ **주 석**

구성으로만 등장하고 명사적 용법으로는 '므엇'이 쓰여 '므슴'이 이미 관형사로 굳어진 양상을 보인다. 자
료에는 이곳의 '므슴' 외에 '므슨' '무슨'도 공존하는데, 현대국어에는 후자의 어형을 계승한 '무슨'이 정착
한 셈이나 이를 '무슴>무슨'의 직접적 변화로 보기는 어렵다. 어말 'ㅁ>ㄴ'의 변화 동기가 제대로 설명되
지 않기 때문이다. '무슨' 이전에 '므슨'의 형태가 17세기 문헌부터 등장하는 것을 감안하면(예 : 므슨 조
스런 일오<권념요록(1637) 1b>), 현대국어의 '무슨'은 '므스'의 속격형 '므슷'으로부터 '므슷>므슨>무
슨'의 변화를 거친 어형일 가능성이 높다고 할 것이다.

▶▶▶ **원문 판독**

〈2 : 48a〉

죽게 ᄒᆞᄂᆞᆫ 거시 되(道ㅣ) 아니니라 만일 블ᄒᆡᆼ(不幸)ᄒᆞ야 그 ᄌᆞ식이 그^
ᄅᆞᆺ되ᄂᆞᆫ 디 니ᄅᆞ면 해롭기 이의셔 큰 거시 이시리오

ᅟᅟᅟ쇽근ᄉᆞ록(續近思錄)【셩계(星溪) 왕시(汪氏)의 일홈은 욱{우}(佑)[1]이니 쳥(淸) 강희
ᅟᅟᅟᅟᅟᅟᅟ(康熙)[2] 사ᄅᆞᆷ이라 쥬ᄌᆞ(朱子) 글을 교뎡(矯正)ᄒᆞᆯ시 쥬ᄌᆞ(朱子)
ᅟᅟᅟᅟᅟᅟᅟ말ᄉᆞᆷ이 사션싱(四先生) 말ᄉᆞᆷ에 합(合)ᄒᆞᆫ 교건^
ᅟᅟ을 ᄲᅢ 근ᄉᆞ록(近思錄) 각 됴목(條目) 아래 편ᄎᆞ(編次)ᄒᆞ고 오직 인ᄒᆞ야 오ᄌᆞ근ᄉᆞ록
ᅟ(五字近思錄)이라 ᄒᆞ니 이거ᄉᆞᆯ 쇽근ᄉᆞ록(續近思錄)이라 ᄒᆞ니라】
회암션싱(晦庵先生)이 ᄀᆞᆯ오샤ᄃᆡ 오륜(五倫)의[3] 부ᄌᆞ(父子)와 형뎨(兄弟)ᄂᆞᆫ 하늘^
의 내신 친쇽(親屬)이오 ᄂᆞᆷ으로 합(合)ᄒᆞ야 된 거시 세히니 부^
부(夫婦)ᄂᆞᆫ 텬쇽(天屬)의 말미암아[4] ᄡᅥ 닛ᄂᆞᆫ 배오 군신(君臣)은 텬쇽(天屬)의 힘
넘어 ᄡᅥ 온젼ᄒᆞᆫ 배오 붕우(朋友)ᄂᆞᆫ 텬쇽(天屬)의 힘 넘어 ᄡᅥ 바^
로게 ᄒᆞᄂᆞᆫ 배니 이 ᄡᅥ 사ᄅᆞᆷ의 도(道)ᄅᆞᆯ 강긔(綱紀)ᄒᆞᄂᆞᆫ 배니【강긔(綱紀)ᄂᆞᆫ 그믈의 벼리
여러 고ᄒᆞᆯ 거ᄂᆞ린 것 ᄀᆞᆺᄐᆞ니 사ᄅᆞᆷ의 ᄒᆞᄂᆞᆫ 일이 다 오륜(五倫)의 거ᄂᆞ린 거시니라】가히
ᄒᆞᄅᆞ도 ᄒᆞᆫ 가지도 업디

▶▶▶ **주 석**

1 왕우(汪佑)는 자가 계아(啓我)로 백악(白嶽)의 성계(星溪)에 은거하며 후학을 길러 성계선생(星溪先生)
이라 불린다. ≪오자근사록(五子近思錄)≫을 편집하였다.

2 강희 : 강희(康熙). 중국 청(淸)나라 성조(聖祖) 때의 연호(1662~1722). 이를 따 성조(聖祖)를 강희
제(康熙帝)라고도 한다.

3 오륜 : 오륜(五倫). 사람이 지켜야 할 다섯 가지 도리인 부자유친(父子有親), 군신유의(君臣有義), 부부
유별(夫婦有別), 장유유서(長幼有序), 붕우유신(朋友有信)을 이른다.

▸▸▸ **출 전**

▸▸▸ **현대어역**

〈2 : 48a〉

죽게 하는 것이 도(道)가 아니니라. 만일 불행하여 그 자식이 그릇되는 데 이르면 해롭기가 이에서(=이보다) 큰 것이 있으리요?

속근사록(續近思錄) 【성계(星溪) 왕씨(汪氏)의 이름은 욱{우}佑昱)이니 청(淸) 강희(康熙) 사람이라. 주자(朱子) 글을 교정(矯正)할 때에 주자(朱子) 말씀이 사선생(四先生) 말씀에 합한 교건을 뽑아 근사록(近思錄) 각 조목(條目) 아래 편차(編次, 순서에 따라 편집함)하고, 오직 인하여 오자근사록(五字近思錄)이라 하니 이것을 속근사록(續近思錄)이라 하니라.】

회암선생(晦庵先生)이 이르시되, 오륜(五倫)의 부자(父子)와 형제(兄弟)는 하늘이 내신 친속(親屬, 친족)이요, 남으로(=남과) 합하여 된 것이 셋이니, 부부(夫婦)는 천속(天屬, 타고난 친족)에 말미암아 (써) 있는 바이요, 군신(君臣)은 천속(天屬)에 힘입어 (써) 온전한 바이요, 붕우(朋友)는 천속(天屬)에 힘입어 (써) 바르게 하는 바이니, 이것이 (써) 사람의 도(道)를 강기(綱紀)하는 바이니【강기(綱紀)는 그물의 벼리가 여러 코를 거느린 것 같으니, 사람의 하는 일이 다 오륜(五倫)이 거느린 것이니라.】 가히 하루도 한 가지도 없지

▸▸▸ **주 석**

4 말미암아 : 말미암아. 이곳의 '말미암-'은 중세국어의 '말미삼-'에 소급할 형태로, '말미삼-'은 '말미〔緣由〕# 삼-'의 구성에서 어휘화한 것이다. 예 : 이룰 말미사마 비호면<번역소학(1517) 8 : 31a>. '말미암-'은 16세기 후반 문헌에서부터 나타나는데, 이는 삼-'의 'ㅅ'이 'ㅿ'으로 바뀐 뒤(예 : 他日에 鄒로 말미삼아 任애 가샤<맹자언해(1590) 12 : 14a>) 'ㅿ'의 음가 소실을 겪은 결과이다. 현대국어에는 제2음절의 단모음화를 거쳐 '말미암-'으로 남았다.

▶▶▶ **원문 판독**

〈2 : 48b〉

못홀 거시니라 ○ 혹(或)이 뭇즈오디 부즈(父子)는 그 친(親)ᄒ과쟈[1]
ᄒ고【부즈유친(父子有親)이라】 군신(君臣)은 그 의(義)ᄒ과쟈 ᄒ니【군신유의(君臣有義)】
엇던 일이니^
잇고 션싱(先生)이 골오샤디 이 친(親)과 의(義)룰 강잉(强仍)ᄒ야 ᄒ과^
져 ᄒ는 거시 아니라 대개 부지(父子ㅣ) 이시면 믄득 즈연(自然)이 친(親)^
ᄒ는 니(理ㅣ) 잇고 군신(君臣)이 〃시면 믄득 즈연(自然)이 의(義)ᄒ는 니(理ㅣ) 잇^
ᄂ니라 ○ 또 골오샤디 부뫼(父母ㅣ) 그 즈식을 스랑ᄒ는 ᄆᆞ음^
이 〃시매 당〃이 붉은 스승과 어딘 벗을 구ᄒ야 ᄒ야^
곰 의리(義理)룰 강구(講究)ᄒ야 효뎨(孝悌)의 힝실을 닉여 그 몸을
셩실(誠實)케 홀 ᄯᆞ름이니 쟉녹(爵祿)의 니르디 못ᄒ며 명예(名譽)^
예 들리디 못ᄒᆞ믈 근심홀 배 아니니라 ○ 또 골오샤디

▶▶▶ **주 석**

1 친ᄒ과쟈 : 친(親)하였으면. 친하게 되었으면. '친ᄒ-+-과쟈'. 이곳의 '-과쟈'는 자료의 다른 곳에 '-과져'
로 나타나기도 한다. 중세국어 이래 쓰인 '-과져/과쟈'는 주로 희망이나 사유의 의미를 보이는 '원ᄒ-', 'ᄇᆞ
라-'류의 용언이 후행하는 것이 특징이다. '-과져/과쟈'는 중세국어 이래 "희망"의 의미 기능을 나타내는
데, 그것은 크게 두 가지로 나누어볼 수 있다. 희망을 품은 이가 자신이 아닌 제삼자를 통해 그 일을 이
루기를 바라는 것과, 어떤 무정물이나 추상물의 상태 변화 내지 예정을 바라는 의미 기능이 그것이다. 여
기서는 전자의 의미 기능으로 쓰였다고 할 수 있다.

▸▸▸ **출 전**

▸▸▸ **현대어역**

〈2 : 48b〉

못할 것이니라. ○ 혹(或, 어떤 사람)이 묻자오되(=여쭙되), 부자(父子)는 그 친(親)하게 하고자
하고【부자유친(父子有親)이라.】군신(君臣)은 그 의(義, 의로움)하게 하고자 하니【군신유의(君臣
有義)】어찌된 일입니까? 선생이 이르시되, 이 친(親)과 의(義)를 강잉(强仍, 억지로 참음)하여
하고자 하는 것이 아니라, 대개 부자(父子)가 있으면 문득 자연히 친(親)하는 이(理)가 있고,
군신(君臣) 있으면 문득 자연히 의(義)하는 이(理)가 있느니라. ○ 또 이르시되, 부모(父母)가
그 자식을 사랑하는 마음이 있으매(=있을 때), 반드시 밝은 스승과 어진 벗을 구하여 하여금
의리(義理)를 강구(講究)하여 효제(孝悌)의 행실을 익혀 그 몸을 성실(誠實)케 할 따름이니, 작
록(爵祿, 관작과 봉록)에 이르지 못하며 명예(名譽)에 들리지 못함을 근심할 바가 아니니라. ○
또 이르시되,

▶▶▶ 원문 판독

〈2 : 49a〉

형뎨(兄弟)는 형톄(形體ㅣ) 다르나 긔운(氣運)이 ᄀᆺ튼니 죽으^
며 살며 괴로오며 즐거우매 아모 ᄃᆡ 가도 서르 간셥(干涉)디
아니미 업ᄂᆞ니라 ○ 혹(或)이 뭇ᄌᆞ오ᄃᆡ 블ᄒᆡᆼ(不幸)ᄒᆞ야 계모(繼母)와
이모(姨母) 형뎨(兄弟ㅣ) 서르 용납(容納)디 못ᄒᆞ면 엇디ᄒᆞ리잇고 션ᄉᆡᆼ(先生)이
ᄀᆞᆯ오샤ᄃᆡ 녜로브터 오매 이 ᄀᆺ튼 일이 〃시니 그ᄃᆡ 슌이 〃
〃런 일의 쳐치(處置)ᄅᆞᆯ 엇디 ᄒᆞ신고 ᄌᆞ시 보라 다만 이 사ᄅᆞᆷ^
의 ᄌᆞ식이 되야ᄂᆞᆫ 셩효(誠孝)ᄅᆞᆯ 극진이 ᄒᆞᆯ ᄯᆞ름이니라 호^
빅봉(胡伯逢)【쥬ᄌᆞ(朱子) 문인(門人)이라】의 편지ᄅᆞᆯ ᄃᆡ답ᄒᆞ야 ᄀᆞᆯ오샤ᄃᆡ 부뷔(夫婦ㅣ)
집^
의 이시미 인ᄉᆞ(人事)의 지극히 친근(親近)ᄒᆞᆫ 일이나 군ᄌᆞ(君子)의 되(道ㅣ) 쏘ᄒᆞᆫ
그 ᄉᆞ이의 ᄒᆡᆼᄒᆞᄂᆞᆫ 거시니 비록 그윽ᄒᆞᆫ 가온내와 임셕(衽席)

▸▸▸ **출 전**

▸▸▸ **현대어역**

〈2 : 49a〉

형제(兄弟)는 형체(形體)가 다르나 기운(氣運)이 같으니 죽으며 살며 괴로우며 즐거우매 아무 데 가도 서로 간섭(干涉)하지 아니함이 없느니라. ○ 혹(或, 어떤 사람)이 묻자오되(=여쭙되), 불행(不幸)하여 계모(繼母)와 이모(姨母) 형제(兄弟)가 서로 용납(容納)하지 못하면 어찌하겠습니까? 선생이 이르시되, 예로부터 (오매) 이 같은 일이 있으니 그대가 순이히 이런 일의 처치(處置, 처리)를 어찌 하셨는가 자세히 보라. 다만 (이) 사람의 자식이 되어서는 성효(誠孝, 효성)를 극진이 할 따름이니라. 호백봉(胡伯逢)【주자(朱子) 문인(門人)이라.】의 편지에 대답하여 이르시되, 부부(夫婦)가 집에 있음이 인사(人事)에 지극히 친근(親近)한 일이나 군자(君子)의 도(道)가 또한 그 사이에 행하는(=행해지는) 것이니, 비록 그윽한(=비밀스런) 가운데와 임석(衽席, 부부가 동침하는 잠자리)

▸▸▸ **원문 판독**

〈2 : 49b〉

ᄉ이나 사름이 혹 녜(禮ㅣ) 업서 셜만(褻慢)ᄒ면 되(道ㅣ) 힝티 못ᄒᄂ
배 이시니 이 닐온 바 군ᄌ(君子)의 되(道ㅣ) 뻐 부부(夫婦)의 미(微)ᄒ 도(道)로 비로^
소 시작ᄒ다 ᄒᄂ 배니 그 극진ᄒ 거술 니ᄅ면 텬디(天地)의
놉ᄒ며 깁흐믈 술피ᄂ니 그러나 내 ᄆ음은 미(微)ᄒ 곳^
브터 삼가ᄂ 군ᄌ(君子ㅣ) 아니면 뉘 능히 이런 줄 아라 힝ᄒ리^
오 ○ ᄯ 닐오샤ᄃ 부부(夫婦)의 졍(情)의 친밀(親密)ᄒ면 함닉(陷溺)ᄒ기
쉬오니 여긔 삼가기를 극진히 아닌즉 ᄉ욕(私慾)이 힝ᄒ^
야 스스로 소기ᄂ 곳의 가ᄂ 줄 아디 못ᄒ리니 공뷔(工夫ㅣ) 이곳^
을 조차 몬져 극진이 ᄒ면 뻐 부형(父兄)을 셤기고 붕우(朋友)를
사괴미 다 힘뻐 공부ᄒ기 쉬오니라 ○ ᄯ 닐오샤ᄃ 음양(陰陽)^

▶▶▶ **출 전**

▶▶▶ **현대어역**

〈2 : 49b〉

사이나 사람이 혹 예(禮)가 없어 설만(褻慢, 무례하고 거만함)하면 도(道)가 행치(=행해지지) 못하는 바가 있으니, 이것이 이른바 군자(君子)의 도(道)가 (써) 부부(夫婦)의 미(微)한 도(道)로부터 비로소 시작한다 하는 바이니, 그 극진한 것을(=것에) 이르면 천지(天地)가 높으며 깊음을 살피나니, 그러나 내 마음은 미(微)한 곳부터 삼가는 군자(君子)가 아니면 뉘 능히 이런 것을 알아 행하리요? ○ 또 이르시되, 부부(夫婦)의 정(情)이 친밀(親密)하면 함닉(陷溺, 빠져들어감)하기 쉬우니, 여기에 삼가기를 극진히 아니한즉 사욕(私慾)이 행하야 스스로 속이는 곳에 가는 것을 알지 못하리니, 공부(工夫)가 이곳을 좇아(=따라) 먼저 극진이 하면 (써) 부형(父兄)을 섬기고 붕우(朋友)를 사귐이 다 힘써 공부하기 쉬우니라. ○ 또 이르시되,

▶▶▶ **원문 판독**

〈2 : 50a〉

이 화(和)흔 후의 우퇵(雨澤)이 느리느니 부뷔(夫婦ㅣ) 화(和)흔 후의 가되(家道ㅣ) 이^
느니 그런 고로 부부(夫婦) 되는 사름이 각〃 맛당이 힘뼈 ᄆ음을
흔가지로 흐야 서르 노호오미 잇는 디 니ᄅ게 아닐디라
쏘 귈오샤디 그른미 잇다 홈도 부인(婦人)의 되(道ㅣ) 아니오 착흐^
미 잇다 흐미 부인(婦人)의 되(道ㅣ) 아니〃 대개 녀ᄌ(女子)는 슌흐고 브드러^
온 거스로뼈 졍도(正道)롤 삼는디라 그론 일이 업스미 죡흐^
니 착흔 거시 잇다 흐는 것도 쏘 그 길(吉)흔 샹셔(祥瑞)의 일이 아^
니니 오직 쥬식(酒食)을 맛다 ᄀ음알고 부모의 근심을 기^
티미 업는 거시 가(可)흐니라 ○ 밍ᄌ(孟子) 어마님이 귈오디 부인(婦人)^
의 녜(禮)는 밥을 졍히 흐고 술과 장을 잘 둠으고 구고(舅姑)롤 봉^

▸▸▸ **출 전**

▸▸▸ **현대어역**

〈2 : 50a〉

음양(陰陽)이 화(和)한 후에 우택(雨澤, 비의 은택)이 내리나니, 부부(夫婦)가 화(和)한 후에 가도(家道)가 이루어지나니, 그런 고로 부부(夫婦) 되는 사람이 각각 마땅히 힘써 마음을 함께 하여 서로 노여움이 있는데 이르게 아니할지라. 또 이르시되, 그름이(=잘못됨이) 있다 함도 부인(婦人)의 도(道)가 아니요, 착함이 있다 함이 부인(婦人)의 도(道)가 아니니, 대개 여자(女子)는 순하고 부드러운 것으로써 정도(正道)를 삼는지라 그른 일이 없음이 족하니, 착한 것이 있다 하는 것도 또 그 길(吉)한 상서(祥瑞)의 일이 아니니, 오직 주식(酒食, 술과 밥)을 맡아 주관하고 부모에게 근심을 끼침이 없는 것이 가(可)하니라. ○ 맹자(孟子) 어머님이 이르되, 부인의 예(禮)는 밥을 정히 하고 술과 장을 잘 담그고 구고(舅姑, 시부모)를

▸▸▸ **원문 판독**

〈2 : 50b〉

양(奉養)ᄒ고 의샹(衣裳)을 지을 ᄯ롬이라 ᄒ니 그런 고로 부인(婦人)은
규문(閨門) 안히 닥그미 잇고 집 밧근 ᄯᆺᄒᄂ 일이 업ᄂ니라
　　셩니대젼(性理大全)【황명(皇命) 태죵(太宗) 황뎨(皇帝ㅣ) 유신(儒臣)들로 ᄒ야곰 송
　　　　　(宋)젹 유현(儒賢)이하 됴흔 말ᄉᆷ을 모화 칙을 민돌고 일홈을 셩
　　　　　니대젼(性理大全)이라 ᄒ니라】
　　인륜(人倫)【됴목(條目)을 안티고[1] 션유(先儒)의 말ᄉᆷ을 모하시니 이거슨 인륜됴(人
　　　　　倫條)라】
혹(或)이 뭇ᄌ오디 형을 셤겨 녜(禮)롤 극진이 ᄒ디 형이 됴^
화ᄒᄂ ᄆᆞᆷ을 엇디 못ᄒ면 엇디리잇고 ○ 뎡ᄌ(程子ㅣ) ᄀᆞᆯ오^
샤디 다만 졍셩(精誠)과 공경(恭敬)을 극진이 ᄒ고 내 ᄆᆞᆷ 펴기롤
구ᄒ디 말미 가(可)ᄒ니라 아ᄋ〔弟〕 디졉ᄒᄂ 도리ᄂ 엇더ᄒ^
니잇고 ᄀᆞᆯ오샤디 우익(友愛)ᄒᄂ 도리ᄂ 엇더ᄒ니잇고 ᄀᆞᆯ오^

▸▸▸ **주 석**

1 안티고 : 앉히고. '앉히-+-고'로 분석될 어형이나 '앉히-'가 표기상 '안티-'로 나타났다. 이는 '앉히고'의 실
　현형 /안치고/를 구개음화된 어형으로 잘못 인식하여 표기상 과도 교정한 결과이다.

▸▸▸ **출 전**

問事兄盡禮, 不得兄之歡心, 奈何? 曰, 但當起敬起孝, 盡至誠, 不求伸已可也. 曰, 接弟之道, 如何?

▸▸▸ **현대어역**

〈2 : 50b〉

봉양(奉養)하고 의상(衣裳)을 지을 따름이라 하니, 그런 고로 부인은 규문(閨門. =閨中. 부녀가 거처하는 곳) 안에서 닦음이 있고 집 밖은 뜻하는 일이 없느니라.

　　성리대전(性理大全)【황명(皇命) 태종(太宗) 황제(皇帝)가 유신(儒臣)들로 하여금 송(宋) 적 유
　　　　　　현(儒賢, 유학에 정통하고 언행이 바른 사람) 이하 좋은 말씀을 모아 책을
　　　　　　만들고 이름을 성리대전(性理大全)이라 하니라.】

　　인륜(人倫)【조목(條目)을 앉히고(=정하고) 선유(先儒)의 말씀을 모았으니 이것은 인륜조
　　　　　　(人倫條)라.】

혹(或, 어떤 사람)이 묻자오되(=여쭙되), 형을 섬겨 예(禮)를 극진이 하되 형이 좋아하는 마음을 얻지 못하면 어찌하겠습니까? ○ 정자(程子)가 이르시되, 다만 정성(精誠)과 공경(恭敬)을 극진이 하고 내 마음 펴기를 구하지 않이(=않는 것이) 가(可)하니라. 아우 대접하는 도리는 어떠합니까? 이르시되, 우애(友愛)하는 도리는 어떠한 것입니까?

▶▶▶ 원문 판독

〈2 : 51a〉

샤디 우이(友愛)ᄒᄂᆞᆫ 도리ᄅᆞᆯ 극진이 홀 ᄯᄅᆞᆷ이니 쥬공(周公)이[1]
형의게【관슉(管叔)이라[2]】ᄒᆞ시ᄂᆞᆫ 일과 슌(舜)이 아의게【샹(象)이라】ᄒᆞ시ᄂᆞᆫ 일^
을 보아 홀 거시니라 뭇ᄌᆞ오ᄃᆡ 안해ᄅᆞᆯ 내티리잇가
안해 어디 〃 못ᄒᆞ면 내티ᄂᆞᆫ 거시 무어시 해(害)로오리오 ᄌᆞ^
싀(子思ㅣ) 일즉 안해ᄅᆞᆯ 내텨 겨시니라 요ᄉᆞ이 셰쇽(世俗)은 안해 내^
티ᄂᆞᆫ 일노ᄡᅥ 더러온 힝실을 삼아 비록 슘은 사오나^
온 힝실이 〃시나 ᄎᆞᆷ아 감히 내티디 못ᄒᆞ야 ᄀᆞ만이 거^
ᄂᆞ려 ᄡᅥ 방ᄌᆞ(放恣)ᄒᆞ야 무상(無狀)ᄒᆞᆫ ᄃᆡ 니ᄅᆞ게 ᄒᆞᄂᆞ니 엇디 일^
의 해롭디 아니ᄒᆞ리오 녯 사ᄅᆞᆷ은 그른 일이 〃시면 믄^
득 내티ᄂᆞ니라 ᄯᅩ 뭇ᄌᆞ오ᄃᆡ 안해 싀어미ᄅᆞᆯ ᄃᆡ(對)ᄒᆞ야 개^

▶▶▶ 주 석

1 쥬공 : 주공(周公)이. '주공(周公)'은 중국 주나라 문왕(文王)의 아들로, 성은 희(姬)이며 이름은 단(旦)
  이다. 형인 무왕(武王)을 도와 은나라를 멸하고 주나라의 기초를 튼튼히 하였다. 예악제도(禮樂制度)를
  정비하고, ≪주례(周禮)≫를 지은 것으로 전한다.
2 관슉이라 : 관숙(管叔)이라. '관숙(管叔)'은 중국 주(周)나라 문왕(文王)의 셋째 아들로, 이름은 숙선(叔
  鮮)이다. 주왕(紂王)의 아들 무경(武庚)을 보좌하여 은(殷)나라의 유민(遺民)을 다스렸다. 무왕(武王)
  이 죽은 뒤 무경과 함께 난을 일으키나 아우인 주공(周公)에게 살해되었다.

▸▸▸ 출 전

曰, 盡友愛之道而已, 周公之於兄, 舜之於弟, 皆一類, 觀其用心, 爲何如哉!

問妻可出乎? 曰, 妻不賢出之, 何害? 如子思亦嘗出妻. 今世俗乃以出妻爲醜行, 遂不敢爲. 古人不如此, 妻有不善, 便當出也. 只爲今人將此作一件大事, 隱忍不敢發, 或有隱惡爲, 其陰持之, 以至縱恣養成不善, 豈不害事?

又問, 古人出妻, 有以對姑,

▸▸▸ 현대어역

⟨2 : 51a⟩

이르시되, 우애하는 도리를 극진히 할 따름이니, 주공(周公)이 형에게【관숙(管叔)이라】하시는 일과 순(舜)이 아우에게【상(象)이라】하시는 일을 보아 할 것이니라. 묻자오되(=여쭙되), 아내를 내칠 것입니까? 아내가 어질지 못하면 내치는 것이 무엇이 해(害)로우리요? 자사(子思)가 일찍 아내를 내치셨느니라. 요사이 세속(世俗)은 아내 내치는 일로써 더러운 행실을 삼아, 비록 숨은 나쁜 행실이 있으나 차마 감히 내치지 못하여 몰래 거느려 (써) 방자(放恣)하여 무상(無狀, 함부로 행동하여 버릇이 없음)한 데 이르게 하나니, 어찌 일에 해롭지 아니하리요? 옛 사람은 그른 일이 있으면 문득 내치느니라. 또 묻자오되(=여쭙되), 아내가 시어미를 대(對)하여

▶▶▶ **원문 판독**

〈2 : 51b〉

룰 쑤짓고 아옥국을 닉게 못 쓸힌 거시 심히 사오나^

온 거시 아니어눌 믄득 내티기는 엇디니잇고 굴오샤디

이는 녯 사롬의 튱후(忠厚)호 도리(道理)니 녯 사롬이 벗을 쓴^

흐매[1] 사오나온 말을 아니흐고 안해룰 내티매 미(微)호

죄로 내티믄 그 튱후(忠厚)흐미 지극흐미니 어버의 알^

퍼 개 쑤지즈미 므슨 큰 일이리오마는 다만 평일(平日)의 내^

틸 연괴(緣故ㅣ) 이시매 이 일을 인(因)흐야 내티미니라 다시 못^

즈오디 안해 이런 져근 연고(緣故)로써 내틴다 흐고 원망(怨望)흐며

다른 사롬이 본 일을 모르고 과(過)히 너기면 엇디리잇^

가 굴오샤디 그 안해[2] 반드시 그 죄룰 알 거시오 다만 내 쳐^

▶▶▶ **주 석**

1 쓴흐매 : 끊으매. '긇-+-으매'. 자료와 비슷한 시기의 다른 문헌에는 "斷, 絶"을 뜻하는 동사 어간으로 '긇-' 외에 '긏-', '긿-'과 같은 어형도 공존한다. 예: 엇디 아븨 명을 져보리고 어믜 즈익룰 긏츠려 흐느뇨<오륜행실도 (1797) 2 : 75b>, 목을 남게 돌고 스스로 느려디니 목이 긋처 죽으니라<오륜행실도(1797) 2 : 8a>. 이 들은 중세국어 '긏-'(내지 '그치-')의 후대형에 해당하는 것으로, 형태상 '긏-'은 '긏-'에서 어두 경음화가 일어 난 어형, '긿-'은 어두 경음화와 더불어 모음간 /ㅊ/ 앞에 'ㄴ'이 첨가된 어형으로 이해되는데, ('긏-'의 등장 시기가 다소 앞서기는 하나) 두 어형 모두 17세기 문헌부터 발견되기 시작한다. 이곳의 '긇-'은 '긋츠-'에서

▶▶▶ 출 전

叱狗藜烝不熟者, 亦無甚惡而遽出之何也? 曰, 此古人忠厚之道也, 古之人交絕, 不出惡聲, 君子
不忍以大惡, 出其妻, 而以微罪去之, 以此見其忠厚之至也. 且如叱狗於親前者, 亦有甚大, 故不
是處, 只爲他平日有故, 因此一事出之爾. 或曰, 彼以此細故見逐, 安能無辭, 兼他人不知是與不
是, 則如之何? 曰, 彼必自知其罪.

▶▶▶ 현대어역

〈2 : 51b〉

개를 꾸짖고 아욱국을 익숙하게 못 끓인 것이 심히 나쁜 것이 아니거늘 문득(=갑자기) 내치
기는 어찌된 것입니까? 이르시되, 이는 옛 사람의 충후(忠厚)한 도리(道理)이니, 옛 사람이
벗을 끊으매(=끊을 때) 나쁜 말을 아니하고 아내를 내치매(=내칠 때) 미(微)한 죄로 내침은
그 충후(忠厚)함이 지극함이니, 어버이의 앞에서 개를 꾸짖음이 무슨 큰 일이리요마는 다만
평일(平日)에 내칠 연고(緣故)가 있으매 이 일을 인(因)하여 내침이니라. 다시 묻자오되(=여쭙
되), 아내가 이런 적은 연고(緣故)로써 내친다 하고 원망(怨望)하며 다른 사람이 본(=본래의)
일을 모르고 과(過)히(=과하다고) 여기면 어찌하겠습니까? 이르시되, 그 아내가 반드시 그 죄
를 알 것이요, 다만 내

▶▶▶ 주 석

재구조화된 어형이라 할 수 있으나 음운론적으로는 그 변화를 설명하기 어렵다. (斷送了 命을 쯘타<역어유
해(1690) 하 : 52b>의 예를 위시하여) 18세기 중후반에 '쯘히어-'의 예가 등장함을 감안할 때, 자료 이전
에 이미 '끊'의 재구조화가 이루어졌음을 지적할 수 있을 뿐이다.예 : ᄉᆞ남의 경시 ᄇᆞ라오미 쯘히여시되<천
의소감언해(1756) 1 : 1a>, 말홀 길이 쯘히이고<전설참선곡(1796) 4b>.

2 안해 : 아내. 이곳의 '안해'는 "아내[妻]"의 의미로 쓰인 것이다. 15세기 국어에서 '안해'는 "아내[妻]"의 의미
로 사용되지 않고, ㅎ종성 체언인 '안[內]ㅎ'에 처격 '-애'가 결합된 의미 그대로 사용되었다. 예 : 城 안해<석
보상절(1447) 6 : 14a>, 셤 안해<용비어천가(1447) 53>, 門 안해<월인석보(1459) 23 : 87b>, '書冊
안해'<두시언해(1481) 10 : 7b>. '안해'가 "아내[妻]"의 의미로 쓰인 용례는 '呂榮公의 안해 張夫人눈'<번
역소학(1517) 9 : 6a>, '從祖叔母 ᄉᆞ촌 한아븨 안해라<소학언해(1587) 4 : 35a>와 같이 16세기 문헌부
터 나타나기 시작하나 '門 안해 미처 와<소학언해 2 : 47a>처럼 "안에"라는 의미로 사용되기도 한다. 자료
에서도 '안해'는 "아내[妻]"의 의미로, '안히'는 "안에"라는 의미로 각각 구분되어 나타난다.

▶▶▶ **원문 판독**

〈2 : 52a〉

시(處事ㅣ) 올흐면 엇디 다룬 사룸 알며 모룬기룰 위흐야 흐리^

오 만일 반두시 그 안해 그룬 일을 포양(襃揚)흐야 사룸마다

알게 흐는 거슨 이 쏘흔 여튼 댱부(丈夫ㅣ)니라 ○ 스마온공(司馬溫公)이

굴오디 내 어버이 셤기미 다룬 사룸의게셔 나으미 업^

스디 능히 소기미 업술 씁룸이로다 또 굴오디 눔의 은^

혜룰 닙어도 춤아 져브리디[1] 못흐거든 흐믈며 어버^

이 은혜룰 니즈랴 사룸의 즈식 되야는 반두시 효도(孝道)홀

거시니라 ○ 남뎐(藍田) 녀시(呂氏) 굴오디【일홈은 대림(大臨)[2]이오 즈(字)는 여슉(與

叔)이니 이쳔(伊川) 뎨즈(弟子ㅣ)라】사룸의

되(道ㅣ) 효(孝)만 큰 거시 업스니 효(孝)의 근본은 어버이 무옴을 슌(順)히

흐느니만 크니 업스니 어버이 무옴을 슌(順)케 흐고져 홀딘^

▶▶▶ **주 석**

1 져브리디 : 저버리지. 원문의 '負'를 옮긴 것으로, 이곳의 '져브리-'는 중세 문헌에서 '지여 브리-'의 통사
구성으로 등장하기도 하는데(예 : 그의 양림하룰 지여 브리디 아니커니 나라홀 지여 브릴다＜이륜행실도
(1518) 39b~40a＞), 이것은 '져브리-'가 '負'를 뜻하는 '지-'에 "(회복할 수 없는)동작의 완료"를 뜻하
는 '-어 브리-'가 결합한 구성에서 어휘화하였음을 말해 준다. '브리-＞버리-'의 변화와 궤를 같이하여 '져
브리-'는 현대국어에 '저버리-'로 남았다.

▶▶▶ 출 전

但自己理直可矣, 何必教他人知? 然有識者, 當自知之也. 如必待彰暴其妻之不善, 使他人知之, 是亦淺丈夫而已.

涑水司馬氏曰, 某事親, 無以踰於人, 能不欺而已矣. 其事君亦然. 受人恩而不忍負者, 其爲子必孝爲臣必忠.

藍田呂氏曰, 君子之道, 莫大乎孝, 孝之本, 莫大乎順親, 故仁人孝子, 欲順乎親,

▶▶▶ 현대어역

〈2 : 52a〉

처사(處事)가 옳으면 어찌 다른 사람이 알며 모르기를 위하여 하리요? 만일 반드시 그 아내가 그른 일을 포양(襃揚, 칭찬하여 장려함)하여 사람마다 알게 하는 것은 이 또한 옅은 장부(丈夫)이니라. ○ 사마온공(司馬溫公)이 이르되, 내 어버이 섬김이 다른 사람보다 나음이 없으되 능히 속임이 없을 따름이로다. 또 이르되, 남의 은혜를 입어도 차마 저버리지 못하거든 하물며 어버이 은혜를 잊으랴? 사람의 자식이 되어서는 반드시 효도할 것이니라. ○ 남전(藍田) 여씨(呂氏)가 이르되,【이름은 대림(大臨)이요 자(字)는 여숙(與叔)이니 이천(伊川) 제자(弟子)라.】사람의 도(道)가 효(孝)만큼 큰 것이 없으니, 효(孝)의 근본은 어버이의 마음을 순(順)히 하느니만큼 큰 것이 없으니, 어버이의 마음을 순(順)하게 하고자

▶▶▶ 주 석

2 여대림(呂大臨, 1046~1092)은 자가 여숙(與叔)으로, 중국 북송의 학자이다. 사양좌(謝良佐), 유초(游酢), 양시(楊時)와 더불어 정문(程門)의 4선생이라 했으며, 박학하고 문장에도 뛰어났다. 형과 함께 질서유지와 상호부조를 위해 향리에서 여씨향약을 조직하기도 했다.

〈2 : 52b〉

대 몬져 쳐ᄌ(妻子)의 됴ᄒᆞ믈 일티 말고 형뎨(兄弟) 그 화(和)ᄒᆞ믈 일^

티 마라야 쳐ᄌ(妻子) 형뎨(兄弟) 서ᄅᆞ 즐겨 가되(家道ㅣ) 인 후(後)의야 가히 뻐

부모롤 봉양(奉養)ᄒᆞ야 ᄣᅳᆺ의¹ 어긔오미 업술디니 그런 고^

로 몸의 되(道ㅣ) 힝티 못ᄒᆞ면 형뎨(兄弟) 쳐ᄌ(妻子)의게 힝티 못ᄒᆞ^

고 화락(和樂)디 못ᄒᆞ면 어버이롤 셤기디 못ᄒᆞᄂᆞ니라 ○ 셔^

산(西山) 딘시(眞氏) 줄오더 남편의 도(道)ᄂᆞᆫ 몸을 공경(恭敬)ᄒᆞ야 뻐 그 안^

해롤 거ᄂᆞ리고 안해의 도(道)ᄂᆞᆫ 몸을 공경(恭敬)ᄒᆞ야 그 남편을

승순(承順)ᄒᆞᄂᆞᆫ 더 잇ᄂᆞ니 그런 고로 아비 ᄌᆞ식을 쵸례(醮禮)ᄒᆞ매

반ᄃᆞ시 줄오더 힘뻐 공경(恭敬)ᄒᆞᄂᆞᆫ 도리(道理)로뻐 거ᄂᆞ리라 ᄒᆞ고

어버이 ᄯᆞᆯ을 보낼 제 반ᄃᆞ시 공경(恭敬)ᄒᆞ고 경계(警戒)ᄒᆞ라 ᄒᆞ니 부^

1 ᄣᅳᆺ의 : 뜻에. 이곳의 'ᄣᅳᆺ'은 중세국어의 'ᄠᅳᆮ'에 소급할 어형이다. 어두자음군의 경음화를 거처 16세기 문헌부터는 'ᄯᅳᆮ'으로 등장하기 시작한다. 예 : 즐기ᄂᆞᆫ ᄯᅳ들 보노라<중간두시언해(1613) 7 : 11a>. 이곳에서 'ᄯᅳᆮ'이 'ᄣᅳᆺ'으로 적힌 것은 (칠종성법의 확립 이후) 어간 말음 /ㄷ/을 'ㅅ' 분철 표기로 나타내는 자료의 표기 방식에 따른 것이다. 현대국어의 '뜻'은 'ᄯᅳᆮ'에서 어간 말음이 다시 'ㅅ'으로 재구조화된 결과이다.

▶▶▶ **출 전**

必先乎妻子不失其好, 兄弟不失其和, 室家宜之妻孥樂之致, 家道成然後, 可以養父母之志而無違
也, 故身不行道, 不行於妻子, 文王刑於寡妻, 至于兄弟, 則治家之道, 必自妻子始.
西山眞氏曰, 夫之道, 在敬身以帥其婦, 婦之道, 在敬身以承其夫, 故父之醮子, 必曰勉帥以敬,
親之送女, 必曰敬之戒之,

▶▶▶ **현대어역**

〈2 : 52b〉

할진대, 먼저 처자(妻子)의 좋음을 잃지 말고 형제(兄弟)가 그 화(和)함을 잃지 말아야, 처자
(妻子)와 형제(兄弟)가 서로 즐겨 가도(家道)가 이루어진 후(後)에야 가히 (써) 부모를 봉양(奉
養)하여 뜻에 어김이 없을지니, 그런 고로 몸에(＝자신에게) 도(道)가 행치(＝행해지지) 못하면
형제(兄弟)와 처자(妻子)에게 행치(＝행해지지) 못하고, 화락(和樂)하지 못하면 어버이를 섬기지
못하느니라. ○ 서산(西山) 진씨(眞氏)가 이르되, 남편의 도(道)는 몸을 공경(恭敬)하여 (써)
그 아내를 거느리고, 아내의 도(道)는 몸을(＝자신을) 공경(恭敬)하여 그 남편을 승순(承順, 윗
사람의 명령을 순순히 좇음)하는 데 있나니, 그런 고로 아비가 자식을 초례(醮禮, 혼례식)하매(＝
혼인시킬 때에) 반드시 이르되, 힘써 공경(恭敬)하는 도리(道理)로써 거느리라 하고, 어버이가
딸을 보낼 제 반드시 공경(恭敬)하고 경계(警戒)하라 하니

〈2 : 53a〉

모(父母)의 되(道ㅣ) 여긔 극진(極盡)ㅎ얏ᄂᆞ니라 ○ 노지(魯齋) 허시(許氏) 글오디 형^
뎨(兄弟ㅣ) ᄒᆞᆫ가지로 부모의 ᄒᆞᆫ 긔운(氣運)을 바다 나시니 골육(骨肉)의
지극히 친(親)ㅎ거ᄂᆞᆯ 이제 사ᄅᆞᆷ이 〃 의리(義理)의 붉디 못ㅎ고
텬셩(天性)이 패역(悖逆)ㅎ야 비록 ᄒᆞᆫ 비예 나시나 졍(情)은 초월(楚越) ᄀᆞᆺ^
고 비록 ᄒᆞᆫ 집의 사나 자최ᄂᆞᆫ 길 가ᄂᆞᆫ 사ᄅᆞᆷ ᄀᆞᆺᄐᆞ여 터^
럭 ᄀᆞᆺ만ᄒᆞᆫ 허믈을 혜여 지극ᄒᆞᆫ 은의(恩意)ᄅᆞᆯ ᄭᅳᆺ고[1] 쳐ᄌᆞ(妻子)^
의 말을 미더 원슈(怨讐)ᄅᆞᆯ 믿ᄃᆞᄂᆞ니 엇디 형뎨(兄弟)의 의(義)ᄅᆞᆯ 안^
다 ㅎ리오【노지(魯齋) 허시(許氏) 일홈은 형(衡)[2]이니 듕원(中原) 사ᄅᆞᆷ으로 원(元)의 벼
슬을 ㅎ야 졍승(政丞)ᄀᆞ디 ㅎ니 그 ᄣᆡ예 큰 션비로 일ᄏᆞ라 공ᄌᆞ(孔子) 문묘
(文廟)의 비향(配享)ㅎ야시^
매 오랑캐 신해(臣下ㅣ) 되엿다 ㅎ야 우암션ᄉᆡᆼ(尤庵先生)이 관의 츌향(黜享)
홀 의논을 ㅎ시니라】

1 ᄭᅳᆺ고 : 끊고. 원문의 '斷'에 해당하는 동사 어간으로 다른 18세기 문헌에는 'ᄭᅳᆺ-'과 'ᄭᅳᆫᆽ-'이 공존하기도 한
다. 예 : 엇디 아븨 명을 져ᄇᆞ리고 어믜 ᄌᆞ익롤 ᄭᅳᆫᆽᄎᆞ려 ㅎᄂᆞ뇨<오륜행실도(1797) 2 : 75b>. 목을 남게
둘고 스스로 ᄂᆞ려디니 목이 ᄭᅳᆫᆾ쳐 죽으리라<오륜행실도(1797) 2 : 8a>. 이를 감안하면 이곳의 'ᄭᅳᆺ-'은
'ᄭᅳᆾ-'의 어간 말음 'ㅊ'을 자료에 확립된 칠종성법에 따라 'ㅅ'으로 적은 것으로 이해된다. 위의 'ᄭᅳᆾ-'과 'ᄭᅳᆫᆾ-'
은 모두 중세국어 '긏-'(내지 '그치-')의 후대형으로, 형태상 'ᄭᅳᆾ-'은 '긏-'에서 어두 경음화가 일어난 어형,
'ᄭᅳᆫᆾ-'은 어두 경음화와 더불어 모음간 'ㅊ' 앞에 'ㄴ'이 첨가된 어형에 해당된다. 현대국어의 '끊-'은 'ᄭᅳᆫᆾ-'에

▶▶▶ 출 전

夫婦之道, 盡於此矣.
魯齋許氏曰, 兄弟同受父母一氣所生, 骨肉之至親者也, 今人不明理義, 悖逆天性, 生雖同胞, 情同吳越, 居雖同室, 迹如路人, 以至計分毫之利, 而棄絶至恩, 信妻子之言, 而結爲死怨, 豈知兄弟之義哉?

▶▶▶ 현대어역

〈2 : 53a〉

모의 도(道)가 여기 극진(極盡)하였느니라. ○ 노재(魯齋) 허씨(許氏)가 이르되, 형제(兄弟)가 함께 부모의 한 기운(氣運)을 받아 났으니 골육(骨肉)에 지극히 친(親)하거늘, 이제(=요즘) 사람이 이 의리(義理)에 밝지 못하고 천성(天性)이 패역(悖逆, 도리에 어긋나고 순리를 거스름)하여, 비록 한 배에서 났으나 정(情)은 초월(楚越, 초나라와 월나라의 사이라는 뜻으로, 서로 원수처럼 여기는 사이) 같고, 비록 한 집에 사나 자취는 길 가는 사람 같아서 터럭 끝만한 허물을 헤아리어 지극한 은의(恩意)를 끊고 처자(妻子)의 말을 믿어 원수(怨讐)를 만드나니, 어찌 형제(兄弟)의 의(義)를 안다 하리요? 【노재(魯齋) 허씨(許氏) 이름은 형(衡)이니 중원(中原) 사람으로 원(元)의 벼슬을 하여 정승(政丞)까지 하니, 그 때에 큰 선비로 일컬어 공자(孔子) 문묘(文廟)에 배향(配享, 신주를 모심)하였으매, 오랑캐 신하(臣下)가 되었다 하여 우암선생(尤庵先生)이 관에서 출향(黜享, 배향한 위패를 거두어 치움)할 의논(議論)을 하시니라.】

▶▶▶ 주 석

서 재구조화된 어형이라 할 수 있으나 음운론적으로는 그 변화를 설명하기 어렵다. 18세기 중후반에 '끈히아-'의 예가 등장함을 감안할 때, 이미 '긏-'의 재구조화가 이루어졌음을 지적할 수 있을 뿐이다. 예 : ᄉ남의 경시 ᄇ라오미 끈히여시되<천의소감언해(1795) 1 : 1a>. 자료에도 이곳과 같은 '긏-'의 예와 함께 '끈허'<1 : 74b>, '끈흔'<2 : 33a>, '끈흐매'<2 : 51a>, '끈티'<3 : 28a> 등 '긏-'의 예가 공존하는 것을 볼 수 있다.

2 허형(許衡, 1209~1281)은 중국 원(元)의 학자로, 자는 중평(仲平)이며, 시호는 문정(文正)이다. 정주서(程朱書)를 배웠으나 원(元) 세조(世祖)의 아래에서 벼슬이 현달하였다.

〈2 : 53b〉

후부인힝장(侯夫人行狀)【뎡ᄌᆞ(程子ㅣ) 지으신 거시니 근ᄉᆞ록(近思錄)의 오론 거시라
힝장(行裝)을 ᄲᅡ 올녓ᄂᆞ니라】
부인(夫人)이 겸손(謙遜)ᄒᆞ고 유슌(柔順)ᄒᆞ샤 스스로 몸을 ᄂᆞ죽이 ᄒᆞ샤
비록 져근 일이라도 일죽 쳔ᄌᆞ(擅恣)ᄒᆞ야 ᄒᆞ디 아니ᄒᆞ시^
고 반ᄃᆞ시 밧긔 품(稟)ᄒᆞᆫ 후의 힝ᄒᆞ시고 어딜며 용셔(容恕)ᄒᆞ^
며 너르며 튱후(忠厚)ᄒᆞ샤 모든 셔ᄌᆞ(庶子)ᄅᆞᆯ 무휼(撫恤)ᄒᆞ고 ᄉᆞ랑^
ᄒᆞ시미 긔츌(己出)의 다르디 아니시고 뉵촌(六寸) 어린 ᄉᆡ누의ᄅᆞᆯ
부인(夫人)이 거두어 기르시ᄃᆡ 샹해 ᄌᆞ식과 ᄀᆞ티 ᄒᆞ시더라 티^
가(治家)ᄒᆞ시미 법되(法度ㅣ) 이셔 엄(嚴)티 아니ᄒᆞᄃᆡ 졍졔(整齊)ᄒᆞ고 노(怒) 비치^
기ᄅᆞᆯ 됴히 아니 너기시고 어린 죵 보기ᄅᆞᆯ ᄌᆞ식ᄀᆞ티 ᄒᆞ샤
모든 ᄌᆞ뎨(子弟ㅣ) 혹 ᄭᅮ지ᄌᆞ면 반ᄃᆞ시 경계(警戒)ᄒᆞ야 ᄀᆞᆯ오샤ᄃᆡ 귀^

▸▸▸ **출 전**

夫人謙順自牧, 雖小事未嘗專必稟而後行, 仁恕寬厚, 撫愛諸庶不異己出, 從叔幼孤, 夫人存視, 常均己子, 治家有法, 不嚴而整. 不喜笞扑奴婢, 視小臧獲如兒女, 諸子或加呵責, 必戒之曰,

▸▸▸ **현 대 어 역**

〈2 : 53b〉

　후부인행장(侯夫人行狀)【정자(程子)가 지으신 것이니 근사록(近思錄)에 오른 것이라 행장(行狀)을 뽑아 올렸느니라.】

부인(夫人)이 겸손(謙遜)하고 유순(柔順)하시어 스스로 몸을 나직이 하시어, 비록 적은 일이라도 일찍이 천자(擅恣, 제 마음대로 하여 조금도 꺼림이 없음)하여 하지 아니하시고 반드시 밖에 품(稟)한 후에 행하시고, 어질며 용서(容恕)하며 넓으며 충후(忠厚)하시어 모든 서자(庶子)를 무휼(撫恤, 어려운 처지에 있는 사람을 불쌍히 여겨 위로하고 물질로 도움)하고 사랑하심이 기출(己出, 자기가 낳은 자식)과 다르지 아니하시고, 육촌(六寸) 어린 시누이를 부인(夫人)이 거두어 기르시되 항상 자식과 같이 하시더라. 치가(治家)하심이 법도(法度)가 있어 엄(嚴)하지 아니하되 정제(整齊, 정돈하여 가지런히 함)하고, 노(怒) 비치기를 좋게 아니 여기시고, 어린 종 보기를 자식같이 하시어 모든 자제(子弟)가 혹 꾸짖으면 반드시 경계(警戒)하여 이르시되,

▸▸▸ **원문 판독**

〈2 : 54a〉

쳔(貴賤)이 비록 다ᄅ나 사ᄅᆷ은 ᄒᆞᆫ가지니 네 이만티 큰 째의

능히 이 일을 ᄒᆞ던다 ᄒᆞ시고 션싱(先生)이【뎡ᄌᆞ(程子) 아바님이니 휘(諱)ᄂᆞᆫ 향(珦)이오 벼술은 태즁태^

우(太中大夫)ㅣ니라】믈읫 노(怒)ᄒᆞ야 ᄒᆞᄂᆞᆫ 배 이시면 반ᄃᆞ시 위ᄒᆞ야 널려 프^

ᄅᆞ시디 오직 모든 ᄌᆞ식이 허믈이 이시면 덥디 아니ᄒᆞ야

샹히 굴오샤디 ᄌᆞ식의 뼈 블쵸(不肖)ᄒᆞᄂᆞᆫ 바는 어미 그 허믈을

ᄀᆞ리와 아비 아디 못ᄒᆞᆷ을 말미암ᄂᆞᆫ 배라 ᄒᆞ시더라 부^

인(夫人)이 아ᄃᆞᆯ이 여ᄉᆞ시 잇ᄂᆞ니 오직 둘히라 그 ᄌᆞ이(慈愛) ᄒᆞ시미

지극(至極)다 니ᄅᆞᆯ디라 그러나 ᄀᆞᄅᆞ티시는 더 니ᄅᆞ러ᄂᆞᆫ 죠곰도

가챠(假借)ᄒᆞ디 아니샤 계유[1] 두어 설 먹어실 제 ᄒᆡᆼ(行)ᄒᆞ다가 혹

너머디면 집 사ᄅᆷ이 ᄃᆞ라가 붓드러 그 놀라 울가 두려^

▸▸▸ **주 석**

1 계유 : 겨우. 중세 문헌에는 '계오'나 '계우'로 나타나던 것이나, 이곳과 같이 (선행 음절에 포함된 하향 이중모음의 영향으로) 후행 음절에 y가 첨가된 '계유'는 '계요'와 더불어 17세기 문헌부터 등장하기 시작한다. 예 : 궁듕을 조려 <u>계요</u> 용납게 ᄆᆞ둘고<계튝일기(1600?) 하 : 38b>, 나히 <u>계유</u> 열세힌 제<동국신속 삼강행실도(1617) 孝7 : 2b>. '계유'(내지 '계요')가 등장하는 문헌에는 '겨요'(내지 '겨유')가 함께 등장하는 경우가 많은데, 이로 볼 때 '계요'와 '겨요'는 같은 음상(音相)을 반영하되 y의 표기가 음절 경계에서 유동적으로 표기된 것으로 판단된다. 현대어 '겨우'에 근접한 표기로는 '겨오'가 18세기 후반 문헌부터 보

▸▸▸ **출 전**

貴賤雖殊, 人則一也. 汝如此大時, 能爲此事否? 先公凡有所怒, 必爲之寬解, 唯諸兒有過, 則不掩也.

常曰, 子之所以不肖者, 由母蔽其過而父不知也. 夫人男子六人, 所存惟二. 其愛慈可謂至矣. 然於敎之之道, 不少假也. 纔數歲, 行而或蹜, 家人走前扶抱, 恐其驚啼,

▸▸▸ **현대어역**

〈2 : 54a〉

귀천(貴賤)이 비록 다르나 사람은 한 가지니 네 이만큼 큰 때에 능히 이 일을 하였느냐 하시고, 선생(先生)이【정자(程子) 아버님이니 휘(諱)는 향(珦)이요, 벼슬은 태중대부(太中大夫)이니라.】 무릇 노(怒)하여 하는 바가 있으면 반드시 위하여 가라앉혀 푸시되, 오직(=다만) 모든 자식이 허물이 있으면 덮지 아니하여 항상 이르시되, 자식이 (써) 불초(不肖)하는 바는 어미가 그 허물을 가려 아비가 알지 못함을(=못함에) 말미암는 바라 하시더라. 부인이 아들이 여섯에, (살아) 있는 이가 오직 둘이라. 그 자애(慈愛)하심이 지극(至極)하다 이를지라. 그러나 가르치시는 데 이르러는 조금도 가차(假借, 사정을 보아 줌)하지 아니하시어, (아들이) 겨우 두어 살 먹었을 제 행(行)하다가 혹 넘어지면 집(=집안) 사람이 뛰어가 붙들어 그 놀라 울까

▸▸▸ **주 석**

이지만, '겨우'는 이보다 늦어 19세기 후반 문헌에서나 등장하기 시작한다. 예 : 겨오 약관【이십】의<경신록언석(1796) 55b>, 곤해 발끠에 일으러 겨우 까인 후도<조군영적지(1881) 11b>. 이들 '겨오'나 '겨우'의 등장과 관련하여 '겨-'의 존재가 확인되는 것도 18세기 문헌에 와서의 일이다. 예 : 夕陽의 醉興을 겨워<고금가곡(1764) 144>, 대되 편안이 쉬면 너일 ㄱ장 조오롬 겹지 아니흐리라<중간노걸대언해(1795) 上 : 52a>.

〈2 : 54b〉

워ᄒᆞ디 부인(夫人)이 ᄭᅮ지저 ᄀᆞᄅ오샤디 네 만일 죵용(從容)히 거^

ᄅ면 엇디 업더디리오 ᄒᆞ시며 음식을 ᄢᅢ예 덛〃시[1] 겻^

티 두샤디 일쪽 더운 국을 맛잇게 됴화ᄒᆞ야 먹으면

ᄯᅩ흔 ᄭᅮ지저 ᄀᆞᄅ텨 니ᄅᆞ샤 어려셔 욕심이 맛ᄭᅥ기ᄅᆞᆯ

구ᄒᆞ면 ᄌᆞ라셔 당〃이 엇디 ᄒᆞ리오 비록 브리ᄂᆞᆫ 아ᄒᆞᆯ 비^

복(婢僕)이라도 시러곰 사오나온 말로 ᄭᅮ짓게 못ᄒᆞ시니 이(頤)^

의【이(頤)ᄂᆞᆫ 이쳔(伊川) 일홈이라】 형뎨(兄弟ㅣ) 평ᄉᆡᆼ(平生)의 의복(衣服) 음식(飲食)의

ᄀᆞᆯᄒᆡ오미 업고

사오나온 말로 사ᄅᆞᆷ을 ᄭᅮ짓디 아니ᄒᆞᆷᄃᆞᆫ 텬셩(天性)이 그런

거시 아니라 ᄀᆞᄅᆞ티신 배 이러ᄒᆞ더라 사ᄅᆞᆷ으로 더브러 분(忿)^

ᄒᆞ야 ᄃᆞ토면 비록 올흐나 녁드디 아니ᄒᆞ샤 ᄀᆞᆯ오디 늠^

1 덛〃시 : 항상. 늘. 자료의 다른 곳에는 '덛더시', '덛덛시'로 등장하기도 한다. 중세국어에서는 '덛더디'로
  등장한 사실과 비교할 때 어근 '덛덛'의 말음 'ㄷ'이 자료에서 이미 'ㅅ'으로 바뀐 사실을 알 수 있다. 자료
  에는 '덛덛이'가 파생되었을 것으로 추정되는 '덛덛ᄒᆞ-'도 보이는데, 이 '덛덛ᄒᆞ-'는 원문의 '恒, 常'에 대응
  되어 "(변함없이) 항상 일정하다, 한결같다"의 의미로 쓰인다. 현대국어의 후대형 '떳떳하-'는 "굽힐 것 없
  이 당당하다"를 뜻하여 의미에 차이가 있다.

▶▶▶ 출 전

夫人未嘗不呵責曰, 汝若安徐寧至踣乎? 飮食常置之坐側, 嘗食絮羹, 卽叱止之曰, 幼求稱欲, 長
當何如? 雖使令輩, 不得以惡言罵之故, 頤兄弟平生於飮食衣服無所擇, 不能惡言罵人, 非性然
也, 敎之使然也. 與人爭忿, 雖直不右,

▶▶▶ 현대어역

〈2 : 54b〉

위하되, 부인(夫人)이 꾸짖어 이르시되, 네 만일 종용(從容)히(=조용히) 걸으면 어찌 엎어지리
요 하시며, 음식을 때에(=때마다) 항상 곁에 두시되 일찍이 더운 국을 맛있게 좋아하여 먹으
면 또한 꾸짖어 가르쳐 이르시어(=이르시기를), 어려서 욕심이 맛있기를 구하면 자라서 반드
시 어찌하리요? 비록 부리는 아이가 비복(婢僕)이라도 능히 사나운(=나쁜) 말로 꾸짖게 못하
시니(=꾸짖지 못하게 하시니) 이(頤)의【이(頤)는 이천(伊川) 이름이라.】형제(兄弟)가 평생(平生)
에 의복(衣服)과 음식(飮食)을 가림이 없고 사나운(=나쁜) 말로 사람을 꾸짖지 아니함은, 천
성(天性)이 그런 것이 아니라 가르치신 바가 이러하더라. 사람으로(=남과) 더불어 분(忿)하여
다투면 비록 옳으나 편들지 아니하시어 이르되,

▸▸▸ 원문 판독

〈2 : 55a〉

히 사름의게 굴(屈)티 아니홀가 두릴디언뎡 능히 사름^
의게 펴디 못홀가 근심홀 거시 아니라 ᄒᆞ시더라 밋[1] 죠^
곰 ᄌᆞ라매 덧덧시 ᄒᆞ야곰 착흔 스승과 벗을 조차 ᄃᆞᆫ^
니게 ᄒᆞ시고 비록 집이 가난ᄒᆞ나 혹 손을 마ᄌᆞ면 깃^
거워 ᄒᆞ야 음식을 ᄀᆞ초아 디졉ᄒᆞ시더라 부인(夫人)이 칠^
팔 셰(歲)의 고시(古詩)를 읇허 ᄀᆞᆯ오샤디
녀ᄌᆞ블야츌(女子不夜出) ᄒᆞ니   이 ᄯᅳᆺ은 녀ᄌᆞ(女子ㅣ) 밤의 나디 아니홀 거시니
야츌병명쵹(夜出秉明燭) 이라   밤의 나면 붉은 쵹(燭)을 잡으라 ᄒᆞ고
일로브터 날이 어두오면 방 밧글 나디 아니시더라 임의
ᄌᆞ라시더 글을 됴히 너기시더 짓기ᄂᆞᆫ 아니시고 셰샹 부^

▸▸▸ 주 석

1 밋 : 및. 중세국어 이래 '및〔及〕-'에서 파생된 어간형 부사 '및'(표기상으로는 '밋' 또는 '밋')은 대등한 관계
의 두 구나 절 사이에 위치하여 "그리고, 그 밖에"를 뜻하는 접속 부사로 쓰였다(현대국어에서 'NP 및
NP'의 구성에 참여하는 '및'은 바로 이 접속 부사의 용법을 계승한 것이다). 예 : 도적이 그 지아비과 밋
그 아들을 주기고<동국신속삼강행실도(1617) 烈6 : 73b>, 믈읫 弔ᄒᆞ며 밋 喪을 보내ᄂᆞᆫ 者ㅣ<가례언
해(1632) 7 : 8a>. 그러나 이곳에 쓰인 '밋'은 (부사로 쓰였다고 할 수밖에는 없지만) 선행절과 후행절
이 전혀 대등한 관계에 있지 않다는 점에서 위의 (접속 부사) '및'과는 성격을 달리 한다. 이곳의 '밋'은

▸▸▸ **출 전**

曰, 患其不能屈 不患其不能伸. 及稍長, 常使從善師友游, 雖居貧, 或欲延客, 則喜而爲之具. 夫人七八歲時, 誦古詩曰, 女子不夜出, 夜出秉明燭. 自是, 日暮則不復出房閤. 旣長好文, 而不爲辭章,

▸▸▸ **현대어역**

〈2 : 55a〉

능히 사람에게(=남에게) 굴(屈)하지 아니할까 두려워할지언정 능히 사람에게(=남에게) 펴지 못할까 근심할 것이 아니라 하시더라. 조금 자라매 (미쳐) 항상 (하여금) 착한 스승과 벗을 좇아 다니게 하시고 비록 집이 가난하나 혹 손을 맞으면(=맞이하면) 기뻐하여 음식을 갖추어 대접하시더라. 부인이 칠팔 세(歲)에 고시(古詩)를 읊어 이르시되,

여자불야출(女子不夜出) ᄒ니   이 뜻은 여자가 밤에 (집밖으로) 나서지 아니할 것이니
야출병명촉(夜出秉明燭) 이라   밤에 나서면 밝은 촛불을 잡으라 하고

이로브터 날이 어두우면(=어두워지면) 방 밖을 나서지 아니하시더라. 이미 자랐으되(=성인이 되었으되), 글을 좋게 여기시되 짓기는 아니하시고 세상

▸▸▸ **주 석**

'죠곰 ᄌ라매 미처'의 '미처'("이르러"의 의미)와 같은 의미로 쓰였다고 할 수 있는데 '미처'와는 달리 구절의 첫 머리에 위치하고 있는 것이다. 이는 당시의 언어 질서를 반영한 것이라기보다 원문의 어순(語順)에 이끌린 결과(곧 '及'의 자리에 '밋'을 단순히 대응시켜 언해한 결과)로서, 지나친 축자역(逐字譯)에 따라 출전의 간섭 현상이 일어난 것으로 보아야 할 것이다.

〈2 : 55b〉

녜(婦女ㅣ) 문댱(文章)과 필찰(筆札)이 사룸의게 뎐(傳)ᄒᆞᄂᆞᆫ 거술 보시면 심^

히 글니 너기시더라 횡거션ᄉᆡᆼ(橫渠先生)이【셩(姓)은 댱(張)이오 휘(諱)ᄂᆞᆫ 직(載)[1]오 ᄌᆞ(字)ᄂᆞᆫ ᄌᆞ회{후}(子厚)니 송(宋) 적 사룸이라】 샹^

해 ᄀᆞᆯ오샤ᄃᆡ 어버이ᄅᆞᆯ 셤기고 졔ᄉᆞ(祭祀)ᄅᆞᆯ 밧들매 엇디 가^

히 사룸을 ᄒᆞ야곰 디신ᄒᆞ야 ᄒᆞ리오 ᄯᅩ ᄀᆞᆯ오샤ᄃᆡ ᄉᆞ^

간(斯干) 시(詩)의【시뎐(詩傳) 쇼아(小雅) ᄉᆞ간(斯干)이라】 ᄀᆞᆯ오ᄃᆡ 형(兄) 급(及) 뎨(弟)의【형과 및 아이】 식샹호의(式相好矣)오 무^

상유의(無相猶矣)라 ᄒᆞ니【서ᄅᆞ 됴ᄒᆞ랴 ᄒᆞ고 서ᄅᆞ ᄃᆞ토다 말이라】 이 닐온[2] 형과 아이 아이 맛당이 서^

ᄅᆞ 됴ᄒᆞ랴만 홀 ᄯᆞ룸이오 서ᄅᆞ ᄀᆞ티 ᄒᆞ기ᄅᆞᆯ 구홀 거^

시 아니라 말이니 인졍(人情)이 내 뎌 사룸의게 됴흔 의ᄉᆞᄅᆞᆯ

베프더[3] 뎌 사룸이 날과 ᄀᆞ티 ᄒᆞᄂᆞᆫ 양을 보디 못ᄒᆞ면 내

처음 됴턴 의ᄉᆞ(意思ㅣ) 긋처뎌 은ᄋᆡ(恩愛ㅣ) 능히 ᄆᆞ도록 보젼(保全)티 못ᄒᆞ^

1 장재(張載, 1020~1077)는 자가 자후(子厚)로, 남산(南山) 아래로 은퇴하여 후학을 가르쳤다. 횡거선생(橫渠先生)이라 불린다.
2 닐온 : 이른바. '닐온'은 기원적으로 '니르/니르-〔曰〕'에 선어말어미 '-오-'가 결합된 '니로-'의 동명사형에 해당한다. 다른 근대 문헌에는 '니론, 니론바'가 주로 나타나나, 이 문헌에서는 "이른바"의 의미로 사용된 경우에는 '닐온'을 사용하고, "이르는"의 의미로는 '니론' 형태를 구분하여 사용하고 있다.

▶▶▶ **출 전**

見世之婦女, 以文章筆札 傳於人者, 則深以爲非. 橫渠先生嘗曰, 事親奉祭, 豈可使人爲之? 斯干詩言, 兄及弟矣, 式相好矣, 無相猶矣. 言兄弟宜相好不要相學猶似也, 人情大抵患在施之, 不見報則輟, 故恩不能終不要相學己施之而已.

▶▶▶ **현대어역**

⟨2 : 55b⟩

녀(婦女)의 문장(文章)과 필찰(筆札)이 사람에게(=남에게) 전하는(=전해지는) 것을 보시면 심히 그르게(=잘못되게) 여기시더라. 횡거선생(橫渠先生)이【성(姓)은 장(張)이요, 휘(諱)는 재(載)요, 자(字)는 자회{후}(子厚)이니, 송(宋)나라 때 사람이라】항상 이르시되, 어버이를 섬기고 제사(祭祀)를 받듦에 어찌 가히 사람을(=남으로) 하여금 대신하여 하리요? 또 이르시되, 사간(斯干) 시(詩)에【시전(詩傳) 소아(小雅) 사간(斯干)이라.】이르되, 형(兄) 급(及) 제(弟)의【형과 아우가】식상호의(式相好矣)요 무상유의(無相猶矣)라 하니,【서로 좋으려(=좋아지려) 하고 서로 다툰다는 말이라】이것이 이른바 형과 아우가 마땅히 서로 좋으려(=좋아지려고)만 할 따름이요 서로 같이 하기를 구할(=구하는) 것이 아니라는 말이니, 인정(人情)이 내 저 사람에게 좋은 의사(意思)를 베풀되 저 사람이 나와 같이 하는 양을(=모습을) 보지 못하면 내 처음 좋던 의사(意思)가 끊어져 저 은애(恩愛)가 능히 마치도록 보전(保全)하지

▶▶▶ **주 석**

3 베프디 : 베풀되. 자료의 다른 곳에 등장하는 '베프고, 베프기, 베프논, 베프다, 베프디, 베프미' 등의 활용형을 감안할 때 이곳의 '베프디'는 '베프-+-디'로 분석될 어형이다. 이 '베프-'는 중세국어 이래의 형태를 계승한 것이라 할 수 있는데 '베프->베플-'의 변화가 이미 18세기 문헌에 등장함에도 불구하고 자료에는 '베프-'의 형태로만 일관하여 보수적인 특징을 보인다. 예 : 믄득 俚句롤 베플어 뻐 歡聲을 돕닉이다<오륜전비언해(1721) 4 : 17a>. '베프->베플-'의 변화는 '빗[斜]->빗글-', '잇[牽]->잇글-', '잊[虧]->이즐-'의 변화에서 보듯이 기존의 어간에 의미나 품사 범주를 바꾸지 않는 접미사 '-을'이 결합하여 새로운 어간을 형성한 결과로 해석된다. 중세국어에서 '베프-'는 "設(베풀다), 陳(펴다), 敷(부연하다)"를 뜻하는 타동사로서뿐 아니라 "發(발생하다), 揚(일어나다)"을 뜻하는 자동사로도 쓰였다. 예 : 겨지비 軍中에 이시면 兵馬ㅅ 氣運이 베프디 몯홀가 전노라(婦人在軍中 兵馬恐不揚)<두시언해 8 : 68>. 그러나 자료의 '베프-'를 비롯하여 근대국어의 '베플-'이나 현대국어의 '베풀-'에서는 더 이상 자동사적 용법이 확인되지 않는다.

〈2 : 56a〉

ㄴ니 맛당이 뎌 사름이 날과 ᄀ티 못ᄒᆞᄂ 일을 비호랴

말고 다만 됴흔 은익(恩愛)롤 ᄆᆞᄎᆞᆷ내[1] 베플 ᄯᆞ롬이니라

쏘 굴오샤ᄃᆡ 비복(婢僕)이 처음으로 니ᄅᆞ매 경심(敬心)을 힘쓰기^

롤 싱각ᄒᆞᄂ니 만일 줄 경칙(警責)ᄒᆞ야 다시 삼가게 ᄒᆞ^

면 삼가기롤 더ᄒᆞ고 만일 프ᄅᆞ텨 그 본심을 일케 ᄒᆞ^

면 믈읫 버릇 되야 사오나와디ᄂᆞ니 비컨대 벼슬ᄒᆞ^

ᄂ 사름이 다ᄉᆞᄂ[2] 됴뎡(朝廷)의 드러가면 덕이 날로 나아^

가고 어즈러온 됴뎡(朝廷)의 드러가면 덕이 믈러가ᄂ 것 ᄀᆞᆺ^

ᄐ니라 우희 잇ᄂ 사름이 가히 비황죡ᄒᆞ미[3] 이시며

업스믈 보아 ᄒᆞᄂ니라

1 ᄆᆞᄎᆞᆷ내 : 마침내. 끝까지. 이곳의 'ᄆᆞᄎᆞᆷ내'는 여기서는 "끝까지"에 가까운 의미로 쓰였다. 자료에서 'ᄆᆞᄎᆞᆷ내'는 대부분 (현대국어의 후대형 '마침내'와 마찬가지로) "결국"의 의미로 쓰이지만, 이곳과 같이 "끝까지"를 뜻하는 용례도 간혹 발견된다. 'ᄆᆞᄎᆞᆷ내'는 '몿[了]-'의 파생 명사 'ᄆᆞᄎᆞᆷ'과 파생 부사 '내'가 결합하여 합성 부사가 된 어형이다. 이 '내'는 '겨슬내(>겨우내), '내죵내' 등에서도 확인되나 출현례가 극히 드물다. 중세국어나 근대국어에서는 '내' 및 이것의 중가형(重加形) '내내'도 확인되는데 이들 어형과 용법은 현대국어까지 이어진다.

▸▸▸ 출 전

婢僕始至, 本懷勉勉敬心, 若到所提掇, 更謹則加謹, 慢則棄其本心, 便習以成性, 故仕者, 入治朝則德日進, 入亂朝則德日退. 只觀在上者, 有可學無可學耳.

▸▸▸ 현대어역

〈2 : 56a〉

못하나니, 마땅히 저 사람이 나와 같이 못하는 일을 배우려 (하지) 말고 다만 좋은 은애(恩愛)를 끝까지 베풀 따름이라. 또 이르시되, 비복(婢僕)이 처음으로 이름에 경심(敬心)을 힘쓰기를 생각하나니, 만일 잘 경책(警責)하여 다시 삼가게 (=조심하게) 하면 삼가기를 더하고, 만일 풀어지게 하여 그 본심을 잃게 하면 무릇 버릇이 되어 사나와지나니(=나빠지나니), 비하건대 벼슬하는 사람이 잘 다스려지는 조정(朝廷)에 들어가면 덕이 날로 나아가고, 어지러운 조정(朝廷)에 들어가면 덕이 물러나는(=퇴보하는) 것과 같으니라. 위에 있는 사람이 가히 배움직함이(=배울 만함이) 있으며 없음을(=있는지 없는지를) 보아 하느니라.

▸▸▸ 주 석

2 다스는 : (잘) 다스려지는. '다슬-+-는'의 결합에서 /ㄹ/이 탈락한 어형이다. 이곳의 '다슬-'은 중세국어와 마찬가지로 "다스려지다"를 뜻하는 자동사로 쓰였으나(예 : 내 이 世界는 本來 제 묽고 平ㅎ야 다슬며 어즈러우미 다 업거니 (… 理亂이 俱亡ㅎ거니) <금강경삼가해언해(1482) 2 : 6a>), 현대국어에는 사어화하여 더 이상 쓰이지 않는다. 현대국어에 남은 '다스리-'는 자료에 '다스리-'로 나타나는데, 중세국어 이래 '다스리-'가 항상 대격어를 지배하여 타동사로 쓰인 점을 감안하면 '다스리-'는 '다슬-'에 ('기울이-, 드리-, 버리-' 등에 포함된 '-이-'와 마찬가지로) 사동 접사 '-이-'가 결합한 어형일 가능성이 높다.

3 배홈죽ㅎ미 : 배움직함이. 배울 만함이. 이곳의 '배홈죽ㅎ-'는 '배호-'에 "可望"(=가히 ~할 만하다/~할 수 있다)을 뜻하는 '-암죽ㅎ-'가 결합한 어형이다. '-암죽ㅎ-'에는 기원적으로 "강세"의 뜻을 더하는 선어말어미 '-아/어-'가 포함된 것으로 추정되는데, '-암/엄죽ㅎ-'는 18세기 말부터 (선어말어미 '-아/어-'의 쇠퇴에 따른) '-암/엄->-음'의 변화로 '-음죽ㅎ-'의 꼴로 쓰이다가 현대국어에는 (치음 아래) 전설모음화까지 겪어 '-음직하-'로 남았다.

권지삼(卷之三)

▶▶▶ **원문 판독**

〈3 : 1a〉

곤범(壼範) 권지솜(卷之三)
　샹곡후부인뎐(上谷侯夫人傳)【이쳔션싱(伊川先生)이[1] 손조 지으시니라】
부인(夫人)의 셩(姓)은 후시(侯氏)니 태원(太原) 밍현(孟縣) 사롬이라 디디(代代) 하^
동(河東) 대셩(大姓)이니 부(父) 도졔(道濟) 유흑(儒學)으로뻐 윤쥐(潤州) 단도현녕(丹
徒縣令)이
되엿더니 샹셔비보원외랑(尙書比部員外郞)을 ᄒ고 모(母)ᄂᆞᆫ 복챵현(福昌縣)
태군(太君) 조시(刁氏)니 부인(夫人)이 어려셔 총명(聰明)ᄒ고 영오(穎悟)ᄒ기 사^
롬의게 디나고 녀공(女工)의 일이 못홀 일이 업스며 셔ᄉᆞ(書史)
넑기롤 됴히 너기며 고금(古今)을 너비 아니 단도군(丹徒郡)이 스랑ᄒ^
기롤 아들의게 디나게 ᄒᆞ야 미양 뎡ᄉᆞ(政事)로 무ᄅᆞ니 즈로
그 ᄠᅳᆺ을 합(合)ᄒᆞ더라 그 남지(男子ㅣ) 아니믈 탄식(歎息)ᄒᆞ더라 팔 셰(歲)^

▶▶▶ **주 석**

1 이쳔션싱이 : 이천선생(伊川先生)이. '이천(伊川)'은 중국 북송(北宋)의 유학자인 정이(程頤, 1033~
1107)의 호(號)이다. 자(字)는 정숙(正叔)이며, 형인 정호(程顥)와 함께 이정자(二程子)로도 불리었다.
최초로 이기(理氣)의 철학을 내세우고 유교 도덕에 철학적 기초를 마련하였으며, 저서로 《이천선생문집》,
《이정전서(二程全書)》(공저) 등이 전한다.

▶▶▶ **출 전**

〈上谷郡君家傳〉
先妣夫人姓侯氏, 太原孟縣人. 行第一(一作二)世爲河東大姓, 〔曾祖元祖暨當五代之亂以武勇聞劉氏偏據日錫土於烏河川以控寇盜亡其爵位〕 父道濟始以儒學中科第, 爲潤州丹徒縣令, 贈尚書比部員外郎, 母福昌縣太君刁氏, 夫人幼而聰悟過人, 女功之事無所不能, 好讀書史, 博知古今, 丹徒君愛之過於子, 每以政事問之, 所言雅合其意, 常歎曰 : '恨汝非男子.' 七八歲時,

▶▶▶ **현대어역**

〈3 : 1a〉

곤범(壼範) 권지삼(卷之三)
　　상국후부인전(相國侯夫人傳) 【이천선생(伊川先生)이 손수 지으시니라.】
부인(夫人)의 성은 후씨(侯氏)이니 태원(太原) 맹현(孟縣) 사람이라. 대대(代代)로 하동(河東)의 대성(大姓)이니, 부(父)는 도제(道濟) 유학(幼學)으로서 윤주(潤州)의 단도현령(丹徒縣令)이 되었는데 상서비부원외랑(尚書比部員外郎)을 하고, 모(母)는 복창현(福昌縣) 태군(太君) 조씨(刁氏)이니, 부인(夫人)이 어려서 총명하고 영오(穎悟, 남보다 뛰어나게 영리하고 슬기로움)하기가 사람보다(=남보다) 뛰어나고 여공(女工, 부녀자의 길쌈질)의 일이 못할 일이 없으며 서사(書史, 經書와 史記) 읽기를 좋게 여기며 고금(古今)을 넓게 아니, 단도군(丹徒郡)이 사랑하기를 아들보다 더하여 매양(=늘) 정사(政事)로 물으니 자주 그 뜻에 합당한지라. 그 (딸이) 남자가 아님을 탄식(歎息)하더라. 팔(八)

〈3 : 1b〉

예 고시(古詩)를 ㄱ르쳐 굴오디 겨집이 밤의 나기를 아니ᄒ며
밤의 나면 붉은 촉(燭)을 잡으라 ᄒ니 일로브터 날이
져믄즉 방(房) 밧글 나디 아니ᄒ더라 조부인(ㄱ夫人)이 본디 풍질(風疾)^
이 이셔 ᄌ로 밤의 알하 사름이 아디 못ᄒᄂ디라 부인(夫人)이
붓드러 톄읍(涕泣)ᄒ고 덧〃시[1] 져녁의 줌자기를 아니ᄒ더^
라 나히 열아홉의 우리 션공(先公)의게 도라오샤 구고(舅姑) 셤기^
미 효도(孝道)롭고 삼가기로써 일ᄏ고 션공(先公)으로 더브러 서르[2]
디ᄒ매 빈긱(賓客) ᄀᆺᄒ시더라 덕된 얼골의 셩(盛)ᄒ믈 니^
외(內外) 친척(親戚)이 공경(恭敬)ᄒ고 ᄉ랑ᄒ디 아니리 업서 모든 사름^
이 유관(遊觀)홀 제 왕〃(往往)이 보ᄂ 거슬 ᄇ리고 부인(夫人)을 보더라

1 덧〃시 : 항상. 늘. 자료의 다른 곳에 등장하는 '덧덧ᄒ-'를 감안할 때 이것의 파생 부사에 해당되는 형태로 해석된다. 중세국어에서는 '덛더디'로 등장하던 것이나 이곳의 'ㅅ' 중철 표기를 통해 어근 '덛덛'의 말음 'ㄷ'이 이미 'ㅅ'으로 바뀐 사실을 알 수 있다. 자료의 '덧덧ᄒ-'는 원문의 '恒, 常'에 대응되어 "(변함없이) 항상 일정하다, 한결같다"의 의미로 쓰이는데, 현대국어의 후대형 '떳떳하-'는 "굽힐 것 없이 당당하다"를 뜻하여 의미에 차이가 있다.

常敎以古詩曰：‘女人不夜出, 夜出秉明燭.’ 自是日暮則不復出房閤. 习夫人素有風厥之疾, 多夜作, 不知人者久之. 夫人涕泣扶侍, 常連夕不寐. 年十九, 歸於我, 事舅姑以孝謹稱, 與先公相待如賓客, 德容之盛, 內外親戚無不敬愛, 衆人遊觀之所, 往往捨所觀而觀夫人.

〈3 : 1b〉

세(歲)에 고시(古詩)를 가르쳐 이르되, ‘여자가 밤에 나가기를 아니하며 밤에 나가면 밝은 촉(燭, 등불)을 잡으라.’ 하니, 이로부터 날이 저문즉 방(房) 밖을 나가지 아니하더라. 조부인(习夫人)이 본디 풍질(風疾, 현기증, 졸도, 경련 따위의 병증을 통틀어 이르는 말)이 있어 자주 밤에 앓아 사람이(=남이) 알지 못하는지라. 부인(夫人)이 붙들어 체읍(涕泣, 눈물을 흘리며 슬피 욺)하고 항상 저녁에 잠자기를(=잠자지를) 아니하더라. 나이 열아홉에 우리 선공(先公)에게 돌아오셔서(=시집오셔서), 구고(舅姑, 시부모)를 섬김이 효도롭고 삼가기(=조심하여 행동하는 것)로써 칭송받고, 선공(先公)과 더불어 서로 대하매 빈객(賓客, 귀한 손님)과 같으시더라. 덕된(=덕스러운) 얼굴이 성(盛)함을 내외(內外) 친척(親戚)이 공경(恭敬)하고 사랑하지 아니하는 이가 없어, 모든 사람이 유관(遊觀, 두루 돌아다니며 구경함)할 적에 왕왕(往往, 이따끔) 보는(=구경하는) 것을 버리고 부인(夫人)을 보더라.

2 서ᄅᆞ : 서로. 중세국어의 일반적인 어형은 ‘서르’이다. ‘서ᄅᆞ’는 16세기 이후 문헌에 많이 보인다. 이 문헌에서는 ‘서로’〈3 : 14a〉의 한 예만 제외하고는 ‘서ᄅᆞ’로만 나타난다.

▸▸▸ **원문 판독**

〈3 : 2a〉

션공(先公)이 그 너조(內助)를 힘닙어 녜셩{경}(禮敬)이 더옥 지극ᄒ니 부^

인(夫人)이 겸손(謙遜)ᄒ므로 스스로 쳐(處)ᄒ야 비록 져근 일이라도

반ᄃ시 품(稟)ᄒᆫ 후 ᄒᆡᆼ(行)ᄒ고 어딜고 용셔(容恕)ᄒ고 너그럽고

후(厚)ᄒ며 모든 셔얼(庶孽)을 어ᄅᄆ져 ᄉᆞ랑ᄒ미[1] 간격(間隔)이

업고 종슉(從叔)이 어려셔 고독(孤獨)ᄒ니 부인(夫人)이 거두기를 ᄌ^

식(子息)ᄀ티 ᄒ고 티가(治家)ᄒ매 법(法)이 〃셔 엄(嚴)티 아니ᄒᄃᆡ 졍졔(整齊)^

ᄒ고 져근 장확{획}(臧獲) 보기를 어린 ᄯᆞᆯᄀ티 ᄒ며 모든 ᄌᆞ식(子息)이

혹 가칰(呵責)ᄒ기를 더은즉 반ᄃ시 경계(警戒)ᄒ야 굴오ᄃᆡ

귀쳔(貴賤)이 비록 다ᄅᄂ나 사ᄅᆷ인즉 ᄒᆞ가지니 네 뎌만 ᄶᆡ^

예 능(能)히 뎌 일을 홀가 시브냐 ᄒ더라 길희 어린아희

▸▸▸ **주 석**

1 ᄉᆞ랑ᄒ미 : 사랑함이. 'ᄉᆞ랑ᄒ-'는 본래 "思"와 "愛"의 두 가지 의미를 지녔으나 16세기 말 이후에는 "愛"만 으로 의미가 축소된다. 자료에 나타나는 'ᄉᆞ랑ᄒ-' 역시 "愛"의 의미만 보이는 것이 특징이다.

先公賴其內助, 禮敬尤至, 而夫人謙順自牧, 雖小事未嘗專必禀而後行, 仁恕寬厚, 撫愛諸庶不異己出, 從叔幼孤, 夫人存視, 常均己子, 治家有法, 不嚴而整. 不喜笞扑奴婢, 視小臧獲如兒女, 諸子或加呵責, 必戒之曰, 貴賤雖殊, 人則一也. 汝如此大時, 能爲此事否? 道路遺棄小兒, 屢收養之.

〈3 : 2a〉

선공(先公)이 그 내조(內助)에 힘입어 예경(禮敬)이 더욱 지극하니, 부인(夫人)이 겸손(謙遜)하므로(＝겸손한 데) 스스로 처(處)하여 비록 적은 일이라도 반드시 품(禀, 웃어른이나 상사에게 어떤 일의 가부나 의견 따위를 글이나 말로 물음)한 후 행(行)하고, 어질고 용서(容恕)하고 너그럽고 후(厚)하며 모든 서얼(庶孼, 서자와 그 자손)을 어루만져 사랑함이 간격(間隔)이 없고, 종숙(從叔, 아버지의 사촌 형제로 오촌이 되는 관계)이 어려서 고독(孤獨)하니 부인(夫人)이 거두기를 자식(子息)같이 하고, 치가(治家, 집안일을 보살펴 처리함)하는 데에 법(法)이 서서 엄(嚴)하지 아니하되 정제(整齊, 정돈하여 가지런히 함)하고 어린 장획(臧獲, 종) 보기를 어린 딸같이 하며, 모든 자식(子息)이 혹 가책(呵責, 남의 잘못에 대하여 꾸짖어 책망함)하기를 더하면 반드시 경계(警戒)하여 이르되, '귀천(貴賤)이 비록 다르나 사람인즉 한가지니 네가 저만한 때에 능(能)히 저 일을 할까 싶으냐?' 하더라. 길에 어린아이가

▶▶▶ **원문 판독**

〈3 : 2b〉

ᄇᆞ리여시매 거두어 기ᄅᆞ고 ᄒᆞᆫ 샹괴(商賈ㅣ) 나가 도라오디 못ᄒᆞ^
야 그 겨집이 죽으니 모든 ᄌᆞ식(子息)이 훗터뎌 사ᄅᆞᆷ을 ᄯᆞ^
라가고 오직 세 설[1] 먹은 아ᄒᆡ 사ᄅᆞᆷ의게 거둔 배 되디 아^
냐 부인(夫人)이 반ᄃᆞ시 죽을가 ᄒᆞ여 ᄒᆞ야곰 안아 도라오니
ᄣᅢ예 모든 일가(一家) 심(甚)히 만혼더라 사ᄅᆞᆷ이 다 슬희여ᄒᆞ^
는 빗치 이시니 이에 ᄯᆞ로 먹여 살왓더니[2] 그 아비 도라^
와 샤례(謝禮)ᄒᆞ야 골오디 다ᄒᆡᆼ(多幸)이 거두어 기ᄅᆞ시믈 힘닙^
어 그 살기ᄅᆞᆯ 어더시니 원(願)컨대 ᄯᅥ 드려디라 ᄒᆞ니 부인(夫人)^
이 골오디 내 본디 너 도라오기ᄅᆞᆯ 기ᄃᆞ리니 그 가지고져
ᄒᆞ미 아니라 ᄒᆞ더라 약믈(藥物)을 민ᄃᆞ라 병든 사ᄅᆞᆷ 건디^

▶▶▶ **주 석**

1 설 : 살. 이곳의 '설'은 원문의 '歲'에 대응되는 것이다. 중세국어 이래의 '설'을 대신하여 '살'이 쓰이기 시
작하는 것은 ≪계축일기≫(1600?)를 위시하여 17세기 문헌에 와서의 일이다. 예 : 아들 열 두 술 먹은
거슬<상 : 23a>. 중세국어에서 '설'은 "臘"과 "歲" 양자의 의미로 쓰였으나, 전자의 의미는 현대국어에
'설'로 남은 반면 후자의 의미는 '설>살'의 변화를 거쳐 현대국어에 '살'로 남아 어휘 분화를 보이고 있다.

▶▶▶ **출 전**

有小商出未還, 而其妻死, 兒女散逐人去, 惟幼者始三歲人所不取, 夫人懼其必死, 使抱以歸, 時聚族甚衆, 人皆有不欲之色, 乃別糴以食之, 其父歸謝曰, 幸蒙收養, 得全其生, 願以爲獻. 夫人曰, 我本以待, 汝歸非欲之也. 好爲藥餌以濟病者,

▶▶▶ **현 대 어 역**

〈3 : 2b〉

버려져 있으매 거두어 기르고, 한 상고(商賈, 상인)가 나가 돌아오지 못하여 그 처가 죽으니 모든 자식(子息)이 흩어져 사람을(=남을) 따라가고, 오직 세 살 먹은 아이가 사람에게(=남에게) 거둔 바 되지 아니하여, 부인(夫人)이 반드시 (그 아이가) 죽을까(=죽지 않을까) 하여 (하여금) 안고 돌아오니, (그) 때에 일가(一家)가 심(甚)히 많은지라 사람이 다 싫어하는 빛이 있으니 이에 따로 먹여 살렸는데, 그 아비가 돌아와 사례(謝禮)하여 말하되, '다행(多幸)이 거두어 기르심을 힘입어 그 (아이가) 살기를 얻었으니 원컨대 (써) 드렸으면 한다.' 하니, 부인(夫人)이 이르되, '내 본디 너 돌아오기를 기다리니(=기다린 것이니) 그 (아이를) 가지고자 함이 아니라.' 하더라. 약물(藥物)을 만들어 병든 사람

▶▶▶ **주 석**

2 살왓더니 : 살렸더니. 살렸는데. 이곳의 '살왓-'은 '살오-+-앗-'으로 분석될 어형으로, '살오-'는 '살〔生〕-'에 사동 접미사 '-오-'가 결합한 '살-'의 사동사에 해당한다. 중세국어에는 '살-'의 사동사로 '사ᄅᆞ-(← 살-+-ᄋᆞ-)도 자주 쓰였으나 현대국어에는 '사로잡-' 정도에 흔적을 남겼을 뿐(이는 18세기에 '사ᄅᆞ잡->사로잡-'의 변화를 겪은 결과이다) 이곳의 '살오-'와 마찬가지로 사어화하였다. 현대국어에서는 중세 문헌에 간헐적으로 쓰이던 '살이-'(예 : 城 밧긔 닐굽 뎔 일어 즁 <u>살이시고</u><월인석보(1459) 2 : 77a>)를 계승하여 ('ㄹㅇ>ㄹㄹ'의 변화를 겪은) '살리-'가 '살-'의 사동사로 쓰인다.

▸▸▸ **원문 판독**

〈3 : 3a〉

시기롤 됴히 너기시고 션공(先公)이 믈읫 노(怒)ᄒᄂᆞᆫ 배 이시면
반ᄃᆞ시 위ᄒᆞ야 플고 오직 모든 ᄌᆞ식(子息)이 허믈이 이시면
덥디 아냐 덧〃시 ᄀᆞᆯ오ᄃᆡ ᄌᆞ식(子息)의 블쵸(不肖)ᄒᆞ미 그 어미 허^
믈을 덥허 아비롤 모르게 ᄒᆞ므로 말미아ᄆᆞ미라 ᄒᆞ더
라 부인(夫人)의 아ᄃᆞᆯ이 여ᄉᆞ시 잇ᄂᆞᆫ 배 오직 둘이라 ᄌᆞᄋᆡ(慈愛)ᄒᆞ^
미 지극(至極)다 홀 배로ᄃᆡ 그러나 ᄀᆞᄅᄎᆡᄂᆞᆫ 도리(道理) 됴곰도 가챠(假借)^
ᄒᆞᄂᆞᆫ 도리(道理ㅣ) 업서 겨유[1] 더 두어 설의 ᄃᆞ닐 제 혹 업더^
디면 가인(家人)이 압희 나아가 븟드러 놀라 울가 두려ᄒᆞ^
면 부인(夫人)이 일즉 ᄭᅮ죵ᄒᆞ야 ᄀᆞᆯ오ᄃᆡ ᄃᆞ니매 안셔(安徐)히 ᄒᆞ면
엇디 업더디기의 니르리오 ᄒᆞ더라. 음식(飮食) 먹을 제 덧〃^

▸▸▸ **주 석**

1 겨유 : 겨우. 중세 문헌에는 '계오'나 '계우'로 나타나던 것이다. (선행 음절에 포함된 하향 이중모음의 영
향으로) 후행 음절에 y가 첨가된 '계유'는 '계요'와 더불어 17세기 문헌부터 등장하기 시작한다. 예 : 궁듕
을 조려 <u>계요</u> 용납게 ᄆᆞ돌고<계축일기(1600?) 하 : 38b>, 나히 <u>계유</u> 열세힌 제<동국신속삼강행실도
(1617) 孝7 : 2b>. '계유'(내지 '계요')가 등장하는 문헌에는 이곳과 같은 '겨유'(내지 '겨요')가 함께 등장
하는 경우가 많은데, 이로 볼 때 '계유'와 '겨유'는 같은 음상(音相)을 반영하되 y의 표기가 음절 경계에서
유동적으로 표기된 것으로 판단된다. 현대국어 '겨우'에 근접한 표기로는 '겨오'가 18세기 후반 문헌부터

▶▶▶ 출 전

〔大寒有負炭而繫者過門, 家人欲呼之, 夫人勸止曰, 愼勿爲此, 勝則貧者困矣.〕 先公凡有所怒,
必爲之寬解. 惟諸兒有過, 則不掩也. 常曰, 子之所以不肖者, 由母蔽其過, 而父不知也. 夫人男
子六人, 所存惟二, 其愛慈可謂至矣. 然於敎之之道不少假也. 纔數歲行而或踣, 家人走前扶抱,
恐其驚啼, 夫人未嘗不呵責曰, 汝若安徐寧至踣乎.

▶▶▶ 현대어역

⟨3 : 3a⟩

건지시기를(=구제하시기를) 좋게 여기시고, 선공(先公)이 무릇 노(怒)하는 바가 있으면 반드시
(선공을) 위하여 풀고, 오직 모든 자식(子息)이 허물이 있으면 덮지 않고 항상 이르되, '자식
(子息)의 불초(不肖)함이 그 어미가 (자식의) 허물을 덮어 아비를 모르게 함으로써 말미암음
이라.' 하더라. 부인(夫人)의 아들이 여섯에, (살아) 있는 바가 오직 둘이라. 자애(慈愛)함이
지극(至極)하다 할 바이로되, 그러나 가르치는 도리(道理)는 조금도 가차(假借, 사정을 보아 줌)
하는 도리(道理)가 없어, 겨우 (더) 두어 살에 다닐 때 혹 엎어지면 가인(家人, 집안사람)이 앞
에 나아가 붙들어 놀라서 울까 두려워하면, 부인(夫人)이 일찍이 꾸중하여 이르되, '다니매(=
다닐 때) 안서(安徐, 편안하고 천천히 함)히 하면(=했다면) 어찌 엎어지기에 이르리요?' 하더라.
음식(飮食) 먹을 때

▶▶▶ 주 석

보이지만, '겨우'는 이보다 늦어 19세기 후반 문헌에서나 등장하기 시작한다. 예 : 겨오 약관【이십】의<경
신록언석(1796) 55b>, 곤해 발끠에 일으러 <u>겨우</u> 까인 후도<조군영적지(1881) 11b>. 이들 '겨오'나
'겨우'의 등장과 관련하여 '겹-'의 존재가 확인되는 것도 18세기 문헌에 와서의 일이다. 예 : 夕陽의 醉興
을 겨워<고금가곡(1764) 144>, 대되 편안이 쉬면 너일 ᄀ장 조오롬 <u>겹지</u> 아니ᄒ리라<중간노걸대언해
(1795) 上 : 52a>.

〈3 : 3b〉

시 안존 겻히셔 먹이시더니 국을 맛잇게 됴화ᄒ면

ᄭ죵ᄒ야 굿텨 니ᄅ더 어려셔 욕심 치오기롤 구ᄒ^

면 ᄌ라 당〃이 엇더ᄒ리오 비록 ᄉ령(使令)ᄒᄂ 무리라도

사오나온 말로 ᄭᆞ짓게 아니ᄒ니 그러므로 이(頤)의 형뎨(兄弟ㅣ)

평ᄉᆼ(平生)의 의복(衣服) 음식(飮食)의 굴히ᄂ 배 업고 능(能)히 사오나온

말로 사ᄅᆞᆷ을 ᄭᆞ짓디 못ᄒᄂ 셩품(性品)이 그러ᄒᆞ미 아^

니라 실로 ᄀᆞᄅ텨 그러ᄒᆞ니라 사ᄅᆞᆷ으로 더브러 ᄃ토매

비록 올흘디라도 올타 아니ᄒ야 굴오더 능(能)히 굴(屈)^

티 못홀가 근심홀디언뎡 능(能)히 펴디 못홀가 근심^

을 말라 ᄒ시더라 밋[1] 죠곰 ᄌ라매 ᄒᆞ여곰 착ᄒᆞ 스승^

1 밋 : 및. 중세국어 이래 '및[及]-'에서 파생된 어간형 부사 '및'(표기상으로는 '믿' 또는 '밋')은 대등한 관계의 두 구나 절 사이에 위치하여 "그리고, 그 밖에"를 뜻하는 접속 부사로 쓰였다(현대국어에서 'NP 및 NP'의 구성에 참여하는 '및'은 바로 이 접속 부사의 용법을 계승한 것이다). 예 : 도적이 그 지아비과 밋 그 아ᄃᆞᆯ을 주기고<동국신속삼강행실도(1617) 烈6 : 73b>, ᄆᆞᆺ 祭ᄒᆞ며 밋 喪을 보내ᄂ 者ㅣ<가례언해(1632) 7 : 8a>. 그러나 이곳에 쓰인 '밋'은 (부사로 쓰였다고 할 수밖에는 없지만) 선행절과 후행절이 전혀 대등한 관계에 있지 않다는 점에서 위의 (접속 부사) '및'과는 성격을 달리 한다. 이곳의 '밋'은

▶▶▶ 출 전

飮食常置之坐側, 嘗食絮羹皆叱止之曰, 幼求稱, 欲長當如何. 雖使令輩不得以惡言罵之, 故頤兄弟平生於飮食、衣服無所擇, 不能惡言罵人, 非性然也, 敎之使然也. 與人爭忿, 雖直不右曰, 患其不能屈, 不患其不能伸. 及稍長, 常使從善師友遊,

▶▶▶ 현대어역

〈3 : 3b〉

항상 앉은 곁에서 먹이셨는데, 국을 맛있게 좋아하면 꾸중하여 그쳐(=그치게 하여) 이르되, '어려서 욕심 채우기를 구하면 자라서 마땅히 어떠하리요?' 비록 사령(使令, 명령하여 일을 시킴)하는 무리라도 사나운(=나쁜) 말로 꾸짖게 아니하니, 그러므로 이(頤)의 형제(兄弟)가 평생(平生)에 의복(衣服)과 음식(飮食)을 가리는 바가 없고 능(能)히 사나운(=나쁜) 말로 사람을 꾸짖지 못함은, 성품(性品)이 그러함이 아니라 실로 가르쳐 그러한 것이라. 사람과(=남과) 더불어 다투매(=다툴 때에는) 비록 옳을지라도 '옳다' 아니하여 이르되, '능(能)히 굴(屈)하지 못할까 근심할지언정 능(能)히 펴지 못할까 근심을 (하지) 말라.' 하시더라. 조금 자라매(=자랐을 때) '착한

▶▶▶ 주 석

'죠곰 ᄌ라매 미처'의 '미처'("이르러"의 의미)와 같은 의미로 쓰였다고 할 수 있는데 '미처'와는 달리 구절의 첫 머리에 위치하고 있는 것이다. 이는 당시의 언어 질서를 반영한 것이라기보다 원문의 어순(語順)에 이끌린 결과(곧 '及'의 자리에 '밋'을 단순히 대응시켜 언해한 결과)로서, 지나친 축자역(逐字譯)에 따라 출전의 간섭 현상이 일어난 것으로 보아야 할 것이다.

〈3 : 4a〉

과 벗을 조차 놀라 ᄒᆞ야 비록 가난ᄒᆞ야도 혹 손을 쳥^

ᄒᆞ려 ᄒᆞ면 깃거워 ᄒᆞ야 음식(飮食)을 ᄀᆞ초고 쑬을 ᄀᆞ른티^

매¹ 당〃이 조대가(曹大家)의 녀계(女誡)로ᄡᅥ ᄒᆞ고 믹양 집사롬을 ᄀᆞ^

른텨 ᄀᆞᆯ오디 사롬의 착ᄒᆞᆫ 일을 보고 당〃이 내 것ᄀᆞ^

티 ᄒᆞ며 반ᄃᆞ시 ᄉᆞ랑ᄒᆞ기를 더으라 ᄒᆞ더라 션공(先公)이

녀릉(廬陵)의 위(位)를 파(破)ᄒᆞ야 녜양(懸陽)의 우거(寓居)홀ᄉᆡ ᄆᆞ춤 슉뷔(叔父ㅣ)

쪼 벼슬을 ᄀᆞ라 모든 식귀(食口ㅣ) 심히 만하 용되(用度ㅣ) 브죡(不足)ᄒᆞ더

부인(夫人)이 경영(經營)ᄒᆞ야 궁핍(窮乏)ᄒᆞ미 업더라 션공(先公)이 도라와 그 ᄒᆞ^

믈 듯고 탄식(歎息)ᄒᆞ야 ᄀᆞᆯ오디 진실로 뎐운(轉運)의 직조라 ᄒᆞ더^

라 잇는 고디 겻겨집 사롬이 다 ᄡᅳ이기를 원(願)ᄒᆞ고 비록

1 ᄀᆞ른티매 : 가르치매. 가르칠 때에. 이곳의 'ᄀᆞ른티-'는 15세기 국어에서 'ᄀᆞ른치-'로 나타난다. 제3음절의 '티'는 구개음화를 의식하여 'ᄎ'을 'ᄐ'으로 과도 교정한 결과로 해석된다. 이러한 과도 교정은 '그저 맛당히 뎌롤 ᄀᆞ른틸씨니'〈오륜전비언해(1721) 5 : 17b〉처럼 (ᄃ 구개음화가 확산되는) 18세기 문헌부터 주로 나타난다.

雖居貧, 或欲延客, 則喜而爲之具, 其敎女常以曹大家女誡, 居常敎告家人曰, 見人善則當如己
善, 必共成之, 視他物當如己物, 必加愛之. 先公罷尉廬陵, 赴調寓居澧陽, 會叔父亦解掾毗陵,
聚口甚衆, 儲備不足, 夫人經營轉易得不困乏. 先公歸問其所爲, 歎曰, 良轉運使才也. 所居之處
鄰婦里姥皆願爲之用, 雖勞不怨.

〈3 : 4a〉

스승과 벗을 좇아(=따라) 놀라.' 하여, 비록 가난하여도 혹 손님을 청하려 하면 기꺼워하여
음식(飮食)을 갖추고, 딸을 가르치매(=가르칠 때) 반드시 조대가(曹大家)의 여계(女誡, 여자가 생
활하거나 처신하는 데에 관한 계율)로써 하고, 항상 집안사람을 가르쳐 이르되, '사람의(=남의)
착한 일을 보고 반드시 내 것같이 하며 반드시 사랑하기를 더하라.' 하더라. 선공(先公)이 여
릉(廬陵)의 지위(位)를 파(破)하여(=그만두고) 예양(澧陽)에 우거(寓居, 남의 집이나 타향에서 임시
로 몸을 붙여 삶)할 때, 마침 숙부(叔父)가 또 벼슬을 갈아(=바꾸어) 모든 식구(食口)가 심히 많
아 용도(用度, 쏨쏨이)가 부족(不足)하되, 부인(夫人)이 경영(經營, 애써 관리하고 운영함)하여 궁핍
(窮乏)함이 없더라. 선공(先公)이 돌아와 그 함을(=행위를) 듣고 탄식(歎息)하여 말하되, '진실
로 전운(轉運)의 재주라.' 하더라. (살고) 있는 곳에서 이웃집 여자가 다 쓰이기를 원(願)하고
비록

▸▸▸ **원문 판독**

〈3 : 4b〉

슈골오나[1] 원망(怨望)을 아니ᄒᆞ더라 처엄[2] 단양(丹陽)의 우거(寓居)ᄒᆞ^

야실 제 갈시(葛氏)의 집의 비러 이시니 집 딕흰 늙은 한미

교약(怪惡)ᄒᆞ야 젼후(前後)에 그 집에 드ᄂᆞ니 괴로이 너기디 아니리

업더니 부인(夫人)이 뎌졉ᄒᆞ미 도리(道理)로 ᄒᆞ시니 도로혀 브^

드럽고 어딘디라 밋 올마가매 그 노괴(老姑ㅣ) 톄읍(涕泣)ᄒᆞ야 싱각^

ᄒᆞᆯ 마디 아니ᄒᆞ더라 부인(夫人)이 빈약(貧弱)ᄒᆞ기예 평안(平安)ᄒᆞ^

야 의복(衣服)이 검소(儉素)ᄒᆞ고 친쳑(親戚)이 서ᄅᆞ 샤치(奢侈)로 슝샹(崇尙)ᄒᆞᆯ 보^

시나 유의(留意)ᄒᆞ시ᄂᆞᆫ 배 업ᄉᆞ시더라 녀릉(廬陵)의 겨신 재 관가(官家)

집의 귀미(鬼魅ㅣ) 만흔디라 시비(侍婢ㅣ) 고(告)ᄒᆞ야 ᄀᆞᆯ오디 고이ᄒᆞᆫ 거시

부쳬로 붓ᄂᆞ이다[3] 부인(夫人)이 ᄀᆞᆯ오샤디 덥도다 ᄒᆞ시고 ᄯᅩ 고(告)^

▸▸▸ **주 석**

1 슈골오나 : 수고로우나. 이곳의 '슈골오-'는 자료의 다른 곳에 나타나는 '슈고로오몰'<3 : 37a>을 참고할 때 '슈고로오-'가 축약되면서 어중 /ㄹ/을 과잉 분철한 표기에 해당한다.

2 처엄 : 처음. 이곳의 '처엄'은 중세국어의 '처엄'에 소급할 어형으로, /△/의 소실에 따라 '처엄>처엄'의 변화를 거친 것이다. 자료의 다른 곳에는 '처음의'<1 : 4a>처럼 '처음'으로도 나타나 '처엄>처음'의 변화에 놓인 두 어형이 함께 나타나고 있다. '처엄'은 ≪원각경언해≫(1465)에서 보이기 시작하며, '처음'은 근대국어 문헌인 ≪가례언해≫(1632)를 위시하여 17세기 문헌부터 나타난다.

始寓丹陽, 蹴葛氏舍以居, 守舍王氏翁姥庸狡, 前後居者無不苦之. 夫人待之有道, 邃反柔良. 及遷去, 王姥涕戀不已. 夫人安於貧約, 服用儉素, 觀親族間紛華相尚, 如無所見.〔少女方數歲忽失所在乳母輩悲泣叫號夫人罵止之曰在當求得苟亡失矣汝如是將何爲〕 在廬陵時公宇多怪, 家人告曰, 物弄扇. 夫人曰, 熱爾.

〈3 : 4b〉

수고로우나 원망(怨望)을 아니 하더라. 처음 단양(丹陽)에 우거(寓居, 남의 집이나 타향에서 임시로 몸을 붙여 삶)하실 적에 갈씨(葛氏)의 집에 빌어 있으니, 집 지키는 늙은 할미가 괴악(怪惡, 말이나 행동이 이상야릇하고 흉악함)하여 (그 할미) 전후(前後)에 그 집에 드는 이가 괴로이 여기지 아니하는 사람이 없었는데, 부인(夫人)이 대접함이 도리(道理)로 하시니 돌이켜 부드럽고 어진지라(=어질게 된지라). (및) 옮겨갈(=이사할) 때 미쳐 그 노고(老姑, 노파)가 체읍(涕泣, 눈물을 흘리며 슬피 욺)하여 생각함을 말지(=그치지) 아니하더라. 부인(夫人)이 빈약(貧弱)하기에 평안(平安)하여(=빈약함을 평안히 여겨) 의복(衣服)이 검소(儉素)하고, 친척(親戚)이 서로 사치(奢侈)로(=사치를) 숭상(崇尙)함을 보시나 유의(留意, 마음에 새겨 두어 조심하며 관심을 가짐)하시는 바가 없으시더라. 여릉(廬陵)에 계실 때 관가(官家) 집에 귀매(鬼魅, 도깨비와 두억시니 따위를 이르는 말)가 많은지라. 시비(侍婢)가 고(告)하여 말하되, '고이한 것이 부채로 부칩니다.' (하니) 부인(夫人)이 이르시되, '덥도다' 하시고 또

3 붓ᄂᆞ이다 : 부칩니다. 이곳의 '붓-'은 "扇"을 뜻하는 동사 '붗-'을 표기하되 자료에 확립된 칠종성법에 따라 어간 말음 'ㅊ'을 'ㅅ'으로 적은 결과이다. '붗'은 후대에 어미와 문법범주를 바꾸지 않는 접미사 '-이-'와 결합하여 현대국어에는 '부치-'로 남았다.

▶▶▶ 원문 판독

〈3 : 5a〉

ᄒ야 ᄀᆞᆯ오ᄃᆡ 귀미(鬼魅ㅣ) 븍[1] 티ᄂᆞ이다 븍채 잇ᄂᆞ냐 그 주라 ᄒ^

시니 집안 사ᄅᆞᆷ이 귀미(鬼魅ㅣ) 잇다 말을 못ᄒ고 귀미(鬼魅) ᄯᅩᄒᆞ 다^

시 현영(現影)ᄒᆞᄂᆞᆫ 일이 업더라 부인(夫人)이 사ᄅᆞᆷ 아ᄂᆞᆫ 감식(鑑識)이 잇^

더니 강응명(姜應明)이 신동과(神童科)ᄅᆞᆯ ᄒᆞ니【송(宋) 적의 아ᄒᆡ(兒孩) 일된 사ᄅᆞᆷ을 모

화 과거(科擧)ᄅᆞᆯ ᄒᆞ고 일홈을 신동졔(神童第)라

ᄒᆞ니라】사ᄅᆞᆷ이 ᄃᆞ토아 귀경ᄒᆞ더니 부인(夫人)이 ᄀᆞᆯ오샤ᄃᆡ 원도(遠到)^

홀 그ᄅᆞᆺ시 아니라 ᄒ시더니 과연 죄(罪)로 폐(廢)ᄒᆞ니라 이(頤)의

형뎨(兄弟ㅣ) 어려신 째의 부인(夫人)이 글 닑기ᄅᆞᆯ 힘쓰라 ᄒ시고 인

ᄒ야 됴희예 뻐 ᄀᆞᆯ오샤ᄃᆡ 뎐〃급뎨뎡연슈(殿前及第程延壽)오【연슈(延壽)ᄂᆞᆫ 명도(明道)[2]

ᄋᆡ명(兒名)이라】

버거ᄂᆞᆫ 쳐ᄉᆞ(處士)라 ᄒ야 겨시더니 밋 션형(先兄)은 급뎨(及第)ᄒ고 이(頤)ᄂᆞᆫ

직죄 밋디 못ᄒᆞ기로 과거(科擧)ᄅᆞᆯ 긋치니 ᄇᆞ야흐로[3] 부인(夫人)이

▶▶▶ 주 석

1 븍 : 북. "鼓"를 뜻하는 중세국어 어형은 '붚'으로 나오다가 ≪동국신속삼강행실도≫(1617)를 위시하여 17세기 초반 문헌부터는 '붑'이 쓰이기 시작한다. 예 : 그 날 다ᄃᆞ라 金 부플 티니<석보상절(1447) 6 : 27b> ; 붑을 지고 지븨 도라와 붑을 보희 돌고 티니<1 : 1b>. '붑>북'의 변화에 따라 '북'이 쓰이기 시작하는 것은 ≪역어유해≫(1690)의 '打鼓 북 티다'<上 : 20a>를 위시하여 17세기 후반에 들어서의 일이다. '붑>북'에서 확인되는 체언 어간말 'ㅂ>ㄱ'의 변화는 (시기에는 차이가 있지만) '솝>속', '브섭>브섥', '무졉>무적', '거붑>거북' 등에서도 볼 수 있다. 이곳에서는 '북'으로 나타날 어형이 비원순모음화를

▸▸▸ **출 전**

又曰, 物擊鼓. 夫人曰, 有椎乎? 可與之. 後家人不敢復言怪, 怪亦不復有. 遂獲安居. 夫人有知
人之鑒. 姜應明者中神童第人競觀之夫人曰, 非遠器也. 後果以罪廢. 頤兄弟幼時, 夫人勉之讀
書, 因書線貼上曰, 我惜勤讀書兒, 又幷書二行曰, 殿前及第程延壽,〔先兄幼時名也.〕次曰處士.
及先兄登第, 頤以不才罷應科擧, 方知夫人知之於童稚中矣.

▸▸▸ **현대어역**

〈3 : 5a〉

고(告)하여 말하되, '귀매(鬼魅)가 북을 칩니다.' (하니) '북채 있느냐? 그것을 주라(=달라).'
하시니, 집안사람이 귀매(鬼魅)가 있다는 말을 못하고 귀매(鬼魅) 또한 다시 현영(現影, 나타남)
하는 일이 없더라. 부인(夫人)이 사람을 아는 감식(鑑識, 어떤 사물의 가치나 진위 따위를 알아내는
식견)이 있었는데, 강응명(姜應明)이 신동과(神童科)를 하니,【송(宋)나라 적에 아이(兒孩)가 일
된(=나이에 비하여 발육이 빠르거나 철이 일찍 듦) 사람을 모아 과거(科擧)를 하고 이름을 신동제
(神童第)라 하니라.】사람이 다투어 구경하였는데 부인(夫人)이 이르시되, '원도(遠到, 높은 벼슬
에 오름. 학문이나 재주가 높은 경지에 오름)할 그릇이 아니라.' 하셨는데, 과연 죄(罪)로 폐(廢)하
니라. 이(頤)의 형제(兄弟)가 어렸을 때에 부인(夫人)이 '글 읽기를 힘쓰라.' 하시고, 인하여(=
이어서) 종이에 써 이르시되, '전전급제연수(殿前及第程延壽)요,【연수(延壽)는 명도(明道)의 아명
(兒名)이라.】둘째는 처사(處士)라.' 하셨는데, (및) 선형(先兄)은 급제(及第)하고 이(頤)는 재주
가 미치지 못하기로 과거(科擧)를 그치니, 바야흐로 부인(夫人)이

▸▸▸ **주 석**

겪어 '븍'으로 나타났다.

2 정호(程顥, 1032~1085)이다. 자 백순(伯淳). 호 명도(明道). 시호 순(純). 하남성(河南省) 낙양(洛
陽) 출생. 존칭으로 명도선생이라 불리고, 동생 정이(程頤, 伊川)와 함께 이정자(二程子)로 알려졌다.
이기일원론(理氣一元論)', '성즉이설(性則理說)'을 주창하였다. 그의 사상은 동생 정이를 거쳐 주자(朱
子)에게 큰 영향을 주어 송나라 새 유학의 기초가 되었고, 정주학(程朱學)의 중핵을 이루었다. 저서에
≪정성서(定性書)≫, ≪식인편(識仁篇)≫이 있다.

3 보야흐로 : 바야흐로. 15세기 문헌에는 '보야흐로'로 나타나는데, 'ᄇᆞ야흐로'는 '보'가 'ᄇᆞ'로 비원순모음화
된 현상이 표기의 층위가 아니라 실제 음성의 층위에서 일어난 현상을 보여주는 증거로 볼 수 있다. '보
야흐로'가 비원순모음화된 'ᄇᆞ야흐로'는 제1음절에서의 'ᆞ > ㅏ' 변화를 거쳐 현대국어의 '바야흐로'가 되기
때문이다.

▶▶▶ **원문 판독**

〈3 : 5b〉

동치(童稚) 째의 아르시던 줄 씨듯느니 그 슈필(手筆)을 굼초아[1]
후셰(後世) 즈손(子孫)으로 ᄒ야곰 감식(鑑識)이 졍(精)ᄒ시믈 알게 ᄒ노라
부인(夫人)이 글을 됴히 아니 너기더 스쟝(詞章)을 아니시고 셰샹(世上)
부녜(婦女ㅣ) 문스(文辭)와 필찰(筆札)로 사롬의게 뎐(傳)ᄒ느니 이시면 보ᄉ
시고 깁히 글니 너기샤 평싱(平生)의 지으신 시(詩ㅣ) 블과(不過) 수삼 편
이로디 긔록(記錄)ᄒ야 두디 아니시고 홀로 녜양(歷陽)의 겨신 째ᄉ
의 션군(先君)이 하샹(河翔)의 근친(覲親)ᄒ야 겨시더니 일즉 시(詩)를 지ᄉ
어 굴오샤디

하쳐경긔비(何處驚起飛)오   어느 고디셔 놀라 니러난고
옹옹과초당(嗡嗡過草堂)을   옹〃(嗡嗡)이 초당(草堂)을 디나는도다

▶▶▶ **주 석**

1 굼초아 : 갈무리하여. '굼초-'는 중세국어의 'ᄀᆞ초-'에 소급할 어형으로, 'ᄀᆞ초-'는 'ᄀᆞᆽ-'에 사동 접사 '-호-'
가 결합한 어형이다. 중세국어에서 'ᄀᆞ초-'는 "具, 備와 함께 "藏, 隱"의 뜻으로 두루 쓰였으나, 이미 15
세기부터 후자의 뜻으로는 종래의 어형에 /ㄴ/이 첨가된 'ᄀᆞᆫ초'가 쓰이기 시작하고, 16세기에는 'ᄀᆞᆫ초-〉
굼초-'의 변화까지 일어나 현대국어에는 '감추-'로 이어지게 되었다. 예 : 한 모딘 이롤 숨겨 <u>ᄀᆞᆫ촐씬</u> 일후
미 覆ㅣ오〈법화경언해(1463) 6 : 175a〉 ; ᄀᆞ술히 다 結實 히와 겨스레 다 <u>굼초와</u>〈칠대만법(1569)
17b〉. 그러나 전자의 뜻으로 쓰인 'ᄀᆞ초-'에는 이러한 어형 변화가 일어나지 않아 현대국어의 '갖추-'로

▶▶▶ 출 전

寶藏手澤, 使後世子孫知夫人之精鑒. 夫人好文而不爲辭章, 見世之婦女以文章筆札, 傳於人者,
深以爲非, 平生所爲詩不過三二篇, 皆不存獨記. 在惡陽時, 先公觀親河翔,〔夜聞鳴雁,〕嘗爲詩
曰:何處驚飛起, 雖雖過草堂.

▶▶▶ 현대어역

〈3 : 5b〉

동치(童稚, 어린아이) 때에 아시던 것을 깨달으니, 그 수필(手筆, 직접 쓴 글씨)을 갈무리하여 후
세(後世) 자손(子孫)으로 하여금 (부인의) 감식(鑑識)이 정(精)하심을(=정밀하셨던 것을) 알게
하노라. 부인(夫人)이 글을 좋게 아니 여기시되, 사장(辭章, 詩歌와 文章)을 아니하시고, 세상
(世上) 부녀(婦女)가 문사(文辭, 문장에 나타난 말)와 필찰(筆札, 글씨의 모양이나 솜씨라는 뜻으로, 서
법을 이르는 말)로 사람에게(=남에게) 전(傳)하는 것이 있으면 보시고 깊이 그르게(=잘못되게)
여기시어, 평생(平生)에 지으신 시(詩)가 불과(不過) 수삼 편이로되 기록(記錄)하여 두지 아니
하시고, 홀로 예양(惡陽)에 계신 때에, 선군(先君, =선친)이 하상(河翔)에 근친(覲親, 부모를 뵘)
하고 계셨는데, 일찍이 시(詩)를 지어 이르시되,

하처경기비(何處驚起飛)오	어느 곳에서 놀라 일어났는가?
옹옹과초당(嗡嗡過草堂)을	옹옹(嗡嗡, 벌레가 날아다니는 소리)히 초당(草堂)을 지나 는도다.

▶▶▶ 주 석

이어졌는데 결과적으로 보자면 현대국어에서는 어휘 의미에 따라 어휘 분화가 이루어진 셈이다. 다만 현
대국어의 '감추-'는 (근대국어의 '곰초-'와 달리) "藏"의 뜻은 잃고 "隱"의 뜻으로만 쓰여 더욱 의미가 축소
되었다고 할 수 있다.

▶▶▶ 원문 판독

〈3 : 6a〉

조시수무미(早時愁無寐)라   일죽이 근심ᄒ야 ᄌᆞᆷ이 업ᄂᆞᆫ디라
홀문의뎐상(忽聞意轉傷)을   홀연이 드르니 졈〃 슬프도다
냥인사시외(良人沙塞外)오   스나희ᄂᆞᆫ 사시(沙塞) 밧겻치오[1]
긔쳡슈공방(羈妾守空房)이라   나그니 된 쳡은 븬 방을 딕희엿도다
욕긔회문신(欲寄廻文信)ᄒ니   회문(廻文)으로[2] 신(信)을 븟티고져 ᄒ나
슈릉부여댱(誰能附汝將)고   뉘 능(能)히 네게 븟텨 가져가게 ᄒ고
ᄉᆞ긔(史記)ᄅᆞᆯ 닑으시매 간사(姦邪)ᄒ고 난역(亂逆)의 일을 보시면 덧^
〃시[3] 칙을 덥고 분탄(奮歎)ᄒ시며 튱효(忠孝)ᄒ고 졀의(節義)예 일^
을 보시면 흠모(欽慕)ᄒ시기ᄅᆞᆯ 마디 아니시고 일죽 일ᄏᆞᆯ^
시더 당(唐) 태종(太宗)의[4] 융적(戎狄) 어거ᄒᆞᆫ〔禦〕 도(道)ᄅᆞᆯ 어덧다 ᄒ니 그 지^

▶▶▶ 주 석

1 밧겻치오 : 바깥이요. '밧곁+-이오'. 이곳의 '밧곁'은 '밖'의 속격형 '밧'에 명사 '곁'이 결합한 것으로 분석될 어형이다. 이곳에서 '밧겻치오'로 나타난 것은 '밧곁'의 어간 말음 'ㅊ'이 'ㅅ-ㅊ'으로 중철 표기된 결과이다.

2 회문으로 : 회문(廻文)으로. '회문(廻文/回文)'은 한시체의 하나로서, 머리에서부터 내리읽으나 아래에서부터 올려 읽으나 뜻이 통하는 것이 특징이다.

▶▶▶ 출 전

早是愁無寐, 忽聞意轉傷, 良人沙塞外, 羈妾守空房, 欲寄廻文信, 誰能付汝將. 讀史見姦邪逆亂
之事, 常掩卷憤歎, 見忠孝節之士則欽慕不已. 嘗稱唐太宗得禦戎之道,

▶▶▶ 현대어역

〈3 : 6a〉

조시수무매(早時愁無寐)라   일찍이 근심하여 잠이 없는지라
홀문의전상(忽聞意轉傷)을   홀연히 들으니 점점 슬프도다.
양인사새외(良人沙塞外)오   사나이는 사새(沙塞)의 밖이요
기첩수공방(羈妾守空房)이라   나그네의 첩은 빈 방을 지키었도다.
욕기회문신(欲寄廻文信)호니   회문(廻文)으로 신(信, 편지)을 부치고자 하나
수능부여장(誰能付汝將)고   누가 능(能)히 네게 부쳐서 가져가게 할꼬?

사기(史記)를 읽으시매 간사(姦邪)하고 난역(亂逆, 나라와 겨레를 배반함)의 일을 보시면 항상 책
을 덮고 분탄(憤歎, 분개)하시며, 충효(忠孝)하고 절의(節義)의 일을 보시면 흠모(欽慕)하시기를
그치지 아니하시고, 일찍이 일컬으시되, '당태종(唐太宗)이 융적(戎狄, 중국에서 서쪽 오랑캐와 북
쪽 오랑캐를 아울러 이르던 말) 어거한 도(道)를 얻었다.' 하니 그

▶▶▶ 주 석

3 덧〃시 : 항상. 늘. 자료의 다른 곳에 등장하는 '덧덧ᄒ-'를 감안할 때 이것의 파생 부사에 해당되는 형태
   로 해석된다. 중세국어에서는 '덛더디'로 등장하던 것이나 이곳의 'ㅅ' 중철 표기를 통해 어근 '덛덛'의 말
   음 'ㄷ'이 이미 'ㅅ'으로 바뀐 사실을 알 수 있다. 자료의 '덧덧ᄒ-'는 원문의 '恒, 常'에 대응되어 "(변함없
   이) 항상 일정하다, 한결같다"의 의미로 쓰이는데, 현대국어의 후대형 '떳떳하-'는 "굽힐 것 없이 당당하
   다"를 뜻하여 의미에 차이가 있다.
4 태종의 : 태종(太宗)의. 태종(太宗)이. '태종(太宗)'은 중국 당(唐)나라의 제2대 황제(598~649)로, 성
   은 이씨(李氏)이며, 이름은 세민(世民)이다. 재위 기간은 629~649년이며, 삼성육부(三省六部)와 조용
   조(租庸調) 따위의 제도를 정비하였고, 외정(外征)을 행하여 나라의 기초를 쌓았다.

▶▶▶ **원문 판독**

〈3 : 6b〉

식(知識)과 념녀(念慮ㅣ) 놉고 머러 영웅(英雄)의 긔운(氣運)이 잇ᄂᆞ니라 부인(夫人)의 아^

ᄋᆞ 가(可)【가(可)ᄂᆞᆫ 일홈】세샹(世上) 명유(名儒)로 일ᄏᆞᄅᆞ니 지조와 지혜(智慧ㅣ) 심히 놉^

ᄒᆞ디 샹해 스스로 닐러 부인(夫人)만 ᄀᆞᆺ디 못홀와[1] ᄒᆞ더라 부^

인(夫人)이 져머실 ᄯᅢ예 질병(疾病)이 만하 슈양(修養)ᄒᆞᄂᆞᆫ 법을 됴히

녀겨 ᄌᆞᄆᆞᆺ 그 효험(效驗)을 보시더라 션공(先公)을 조차 녕외(嶺外)에

겨시더니 우연(偶然)이 댱녀(長女)의 병드러 북녁ᄒᆞ로 도라올

시 도듕(道中)의 병이 듕(重)ᄒᆞ시매 의원(醫員)을 블러 믹(脈)을 뵈^

니 가(可)히 긋티리라 ᄒᆞ니 드ᄅᆞ시고 이ᄌᆞ(二子)ᄃᆞ려 닐러 ᄀᆞᆯ오샤^

더 너희롤 소긴다 ᄒᆞ시더라 님명(臨命)ᄒᆞ시던 젼(前) 일ᄝ(一日)의

이(頤)ᄃᆞ려 닐러 ᄀᆞᆯ오샤ᄃᆡ 오늘이 빅오(百五)니【빅오(百五)ᄂᆞᆫ 한식(寒食)이라】날을 위 ᄒᆞ^

▶▶▶ **주 석**

1 못홀와 : 못하도다. '못ᄒᆞ-+-으롸'로 분석될 어형이나, '-으롸'의 'ㄹ'을 과잉 분철하여 '-을와'로 표기한 것 이다. 이곳의 '-으롸'는 중세국어의 종결형 '-오라'(←-오-[화자표시]+-라[←-다])에 소급할 어형이다. 자료에는 '-오라'도 등장하지만 구결문의 '호라'에 한하여 나타날 뿐이고, '-오라'보다는 이곳과 같이 (선어 말어미 '-오-'의 쇠퇴와 더불어) '-오라>-오롸>-으롸'의 변화를 겪은 '-으롸/을와'로 나타나는데 이들 형태 는 18세기 간본이나 필사본(영조 대<1746~1776> 어제류)에 집중 등장하는 것이 특징이다. 예 : 내 알 롸 홈을 기ᄃᆞ림이 무던ᄒᆞ다<오륜전비언해(1721) 1 : 54>, 보내여 四十里 ᄱᅡ히 가 ᄒᆞᄅᆞᆺ밤 머므러 곳

▸▸▸ 출 전

其識慮高遠, 有英雄之氣. 夫人之弟可世稱名儒, 才智甚高, 嘗自謂不如夫人. 夫人自少多病, 好方餌修養之術, 甚得其效, 從先公官嶺外, 偶迎涼露寢逐中瘴癘, 及北歸, 道中病革, 召醫視脉, 曰 : '可治.' 謂二子曰 : '給爾也.' 未終前一日, 命頤曰 : '今日百五,

▸▸▸ 현대어역

〈3 : 6b〉

지식(知識)과 염려(念慮)가 높고 멀어 영웅(英雄)의 기운(氣運)이 있는지라. 부인(夫人)의 아우가(可)가【가(可)는 이름】 세상(世上) 명유(名儒, 이름난 선비)로 일컬어지니, 재주와 지혜(智慧)가 심히 높으되 항상 스스로 일러 '부인(夫人)만 같지 못하도다.' 하더라. 부인(夫人)이 젊었을 때에 질병(疾病)이 많아서 수양(修養)하는 법을 좋게 여겨 자못 그 효험(效驗)을 보시더라. 선공(先公)을 따라 영외(嶺外)에 계셨는데, 우연(偶然)히 장녀(長女)가 병들어 북녘으로부터 돌아올 때에 도중(道中)에 병이 중(重)하시어 의원(醫員)을 불러 맥(脈)을 보이니, '가(可)히 그치리라.' 하니, 들으시고 이자(二子. 두 아들)에게 일러 말씀하시되, '(의원이) 너희를 속인다.' 하시더라. 임명(臨命, =臨終. 죽음을 맞이함)하시기 전(前) 어느 날에 이(頤)에게 일러 말씀하시되, '오늘이 백오(百五)이니【백오(百五)는 한식(寒食)이라】 나를

▸▸▸ 주 석

하직ᄒ고 도라오롸<박통사신석언해(1765) 3 : 40b> ; 나도 그날 가 拜壽ᄒ고 여러 잔 술 먹고 兩道場을 지내고 곳 믈을 틱고 나올와<박통사신석언해(1765) 2 : 4a>.

〈3 : 7a〉

야 부모(父母)긔 졔ᄉ(祭祀)ᄒ라 닉년(來年)의 내 다시 졔ᄉ(祭祀)룰 밋디 못ᄒ^
리라 ᄒ시더라 부인(夫人)이 경덕(景德) 원년(元年) 갑진(甲辰) 십월(十月) 십^
삼일(十三日)의 태원(太原) ᄯᅡ희 나샤 황오{우}(皇祐) ᄉ년(四年) 임진(壬辰) 이월(二
月) 십팔(十八)^
의 강녕(康寧) ᄯᅡ희셔 죽으시니 향년(享年)이 ᄉ십구(四十九)니 비로소 슈^
안현(綏安縣) 군(君)을 봉(封)ᄒ야 겨시더니 밋 후의 샹국{곡}군(上谷君)을 튜^
봉(追封)ᄒ시니라
　효녀뎡시묘(孝女鄭氏墓)【이쳔션ᄉᆼ(伊川先生)이¹ 손조 지으시니라】
효녀(孝女) 뎡시(程氏)ᄂᆞᆫ ᄎᆞ례 스믈 아홉재니 유송(遺宋) 명신(名臣) 휘(諱) 우(羽)의
휘(後ㅣ)오 죵뎡시(宗正寺) 승호(丞顥)의 녜(女ㅣ)니 어려셔 장엄(莊嚴)ᄒ고 고요ᄒᆫ 말^
ᄉᆞᆷ과 우음을² 망녕(妄靈)도이 아니ᄒ고 품격(品格)이 소쇄(瀟灑)ᄒ고

1 이쳔션ᄉᆼ이 : 이천선생(伊川先生)이. '이천(伊川)'은 중국 북송(北宋)의 유학자인 정이(程頤, 1033~
　1107)의 호(號)이다. 자(字)는 정숙(正叔)이며, 형인 정호(程顥)와 함께 이정자(二程子)로도 불리었다.
　최초로 이기(理氣)의 철학을 내세우고 유교 도덕에 철학적 기초를 마련하였으며, 저서로 ≪이천선생문집≫,
　≪이정전서(二程全書)≫(공저) 등이 전한다.

▸▸▸ **출 전**

爲我祀父母. 明年不復祀矣.' 夫人以景德元年甲辰十月十三(一作二十二)日, 生於太原, 皇祐四年壬辰二月二十八日, 終於江寧, 享年四十九. 始封壽安縣君, 追封上谷郡君.
<孝女程氏墓誌>
孝女程氏, 其第二十九, 有宋名臣諱羽之後, 故宗正寺丞顥之女, 幼而莊靜, 不妄言笑, 風格瀟灑,

▸▸▸ **현대어역**

〈3 : 7a〉

나를 위하여 부모(父母)께 제사(祭祀)하라. 내년(來年)에 내가 다시 제사(祭祀)를 미치지(=참예하지) 못하리라.' 하시더라. 부인(夫人)이 경덕(景德) 원년(元年) 갑진(甲辰) 시월(十月) 십삼일(十三日)에 태원(太原) 땅에 나시어 황우(皇祐) 사년(四年) 임진(壬辰) 이월(二月) 십팔일(十八日)에 강녕(康寧) 땅에서 죽으시니, 향년(享年, 한평생 살아 누린 나이)이 사십구(四十九)이니 비로소 수안현(壽安縣) 군(君)을 봉(封)하셨는데 (및) 후(後)에 이르러 상곡군(上谷郡)을 추봉(追封, 죽은 뒤에 관위〔官位〕 따위를 내림)하시니라.

효녀정시묘(孝女鄭氏墓) 【이천선생(伊川先生)이 손수 지으시니라.】

효녀(孝女) 정씨(鄭氏)는 차례가 스물아홉째이니, 유송(有宋) 명신(名臣) 휘(諱) 우(羽)의 후(後, 후손)이요, 종정시(宗正寺) 승호(丞顥)의 여(女, 딸)이니, 어려서 장엄(莊嚴)하고 고요한 말씀과 웃음을 망령(妄靈, 늙거나 정신이 흐려서 말이나 행동이 정상을 벗어남)되게 아니하고 품격(品格)이 소쇄(瀟灑, 기운이 맑고 깨끗함)하고

▸▸▸ **주 석**

2 우음을 : 웃음을. '우움'은 15세기에 '우숨'으로 나온다. '우숨'은 '웃-〔笑〕'의 동명사가 명사로 굳어진 예이다. '우숨'의 제2음절 두음 'ㅿ'이 소실되어 '우움'으로 변한 뒤 이어서 제2음절의 모음이 변하여 '우음'이 된 것이다. '우움>우음'은 'ㅜ'가 두 번 나타나는 것을 피하기 위한 변화가 아닌가 추정된다.

>>> **원문 판독**

〈3 : 7b〉

취향(趣向)이 고결(高潔)ᄒ야 말ᄉᆞᆷ을 발(發)ᄒ고 일을 혜아리매
먼리[1] 사ᄅᆞᆷ의 의ᄉᆞ(意思)의 ᄲᅱ여나고 죵일(終日)토록 평안(平安)이 안ᄉᆞ
자 엄연(儼然)이 지계(齋戒)ᄒᆷ ᄀᆞᆺ더라 일죽 글 닑기ᄅᆞᆯ ᄀᆞᄅᆞ티디
아니ᄒᆞ디 스스로 그 ᄯᅳᆺ을 통(通)ᄒ니 거족(擧族)이 ᄉᆞ랑ᄒ고
듕(重)히 너기더라 ᄲᅡᆨ을[2] ᄀᆞᆯᄒᆡ매 그 칭(稱)ᄒᆞᆫ 쟈ᄅᆞᆯ 엇고져
ᄒᆞ니 그 아비 일홈이 쌔의 듕(重)ᄒ야 아는 것과 듣니는
거시 텬하(天下)의 편만(遍滿)ᄒ니 유식(有識)ᄒᆞᆫ 쟤(者ㅣ) 다 그 문(門)의 나기ᄅᆞᆯ
원ᄒᆞᆫᄂᆞᆫ다라 방구(訪求)ᄒᆞ연 디 칠팔(七八) 년(年)의 가(可)ᄒᆞᆫ 쟤(者ㅣ) 업ᄂᆞᆫ디ᄉᆞ
라 임의 ᄌᆞ라매 친족(親族)이 다 ᄲᅥ 근심ᄒᆞ고 교귀(交舊ㅣ) 다 그ᄅᆞ다
ᄒᆞ야 니ᄅᆞ디 ᄌᆞ고(自古)로 어딜므로ᄡᅥ 셔방 맛디 아니ᄅᆞᆯ 듯디

>>> **주 석**

1 먼리 : 멀리. 중세 문헌에는 '머리'(←멀〔遠〕-+-이〔부사화 접미사〕)로 나타나다가 '머리>멀리'의 변화에 따라 근대 문헌에는 '멀리'나 '멀니'로 나타나는 것이 일반적이다. 이곳에서는 '먼리'로 나타났는데 자료의 다른 곳에는 '먼니'로 등장하기도 한다. 이곳의 '먼리'는 /쳘리/를 '천리'로 적는 것과 마찬가지로 어중의 /ㄹㄹ/을 'ㄴㄹ'로 표기한 결과라 할 수 있다. 다만 어중 /ㄹㄹ/에 대한 'ㄴㄹ' 표기는 '千里, 新羅' 등 한자어에만 특징적으로 적용되던 것인데, '먼리'는 한자어가 아님에도 그러한 표기를 취하여 독특하다고 할 수 있다. 혹 언중들이 '먼리'를 한자어 '萬里'에 부회하여 이해하였을 가능성이 있지 않을까 한다.

▸▸▸ 출 전

趣向高潔, 發言慮事, 遠出人意, 終日安坐, 儼然如齋. 未嘗教之讀書而自通文義, 擧族愛重之. 擇配欲得稱者, 其父名重於時, 知聞遍天下, 有識者皆願出其門, 訪求七八年, 未有可者. 旣長矣, 親族皆以爲憂, 交遊咸以爲非, 謂自古未聞以賢而不嫁者,

▸▸▸ 현대어역

〈3 : 7b〉

취향(趣向)이 고결(高潔, 성품이 고상하고 순결함)하여, 말씀을 발(發)하고 일을 헤아림에 멀리 사람의(=남의) 의사(意思)보다 뛰어나고, 종일(終日)토록 평안(平安)이 앉아 엄연(儼然, 사람의 겉 모양이나 언행이 의젓하고 점잖음)히 재계(齋戒, 종교적 의식 따위를 치르기 위하여 몸과 마음을 깨끗이 하고 부정한 일을 멀리함)함 같더라. 일찍이 글 읽기를 가르치지 아니하되 스스로 그 뜻을 통(通)하니, 거족(擧族, 온 친족)이 사랑하고 중(重)히 여기더라. 짝을 가리매(=고르매) 그 칭(稱, 이름이 남)한 자를 얻고자 하니, 그 아비 이름이 그 때에 중(重)하여(=유명하여) 아는 것과 들리는(=소문나는) 것이 천하(天下)에 편만(遍滿, 널리 그득 참)하니, 유식(有識)한 자(者)가 다 그 문(門)에 나기를(=나아가기를) 원하는지라. 방구(訪求, 사람을 널리 찾아 구함)한 지 칠팔(七八) 년(年)에 마땅한 자(者)가 없는지라. 이미 자라매(=성인이 되매) 친족(親族)이 다 (써) 근심하고 교구(交舊, 사귀는 친구)가 다 그르다 하여 이르되, '자고(自古)로 어짊으로써(=어질고도) 서방 맞지 아니함을 듣지

▸▸▸ 주 석

2 딱을 : 짝을. 중세 문헌에서도 '딱'으로 나타난다. 예 : 딱爲雙<훈민정음언해(1446) 48>. 'ㅅ'계 합용병서로 사용된 경우는 '一隻 흔 짝<동문유해(1748) 하 : 21b>'처럼 18세기 문헌부터 확인된다. 18세기 이후에는 'ㅂ'계 합용병서인 '딱'보다는 'ㅅ'계 합용병서인 '짝'으로 나타나는데, 이 문헌에는 'ㅂ'계 합용병서로만 나타나는 특징을 보인다.

▶▶▶ **원문 판독**

〈3 : 8a〉

못ᄒ엿노라 ᄒ니 마디 못ᄒ야 ᄂ리와 구(求)홀시 일쪽 의^

논(議論)ᄒᄂ 배 이시면 ᄎᆷ아 ᄒ야곰 드러 알게 ᄒ니 대개(大槪)

그 블셜(不屑)ᄒᄆᆯ 혜아리미러라 어믜 상ᄉ(喪事)애 거상(居喪)ᄒ매

슬프믈 극진(極盡)이 ᄒ야 비록 녜 득{독}효(篤孝)ᄒᄂ 션비라도

디나디 못홀러라 드듸여 이훼(哀毁)ᄒᄆ로ᄡᅥ 병드러 임^

의 혁(革)ᄒ매 이(頤ㅣ) 그 ᄠᅳᆺ을 평안(平安)케 ᄒ미 업ᄉᄆᆯ 블샹ᄒ^

야 닐러 ᄀᆯ오ᄃᆡ 네 도의(道義)롤 듯기롤 깃거ᄒᄂᆫ디라 내 너^

롤 위ᄒ야 니ᄅ리라 ᄀᆯ오ᄃᆡ 엇디 일쪽이¹ ᄀᆞᄅ티디

아니ᄒᄂ뇨 내 이지(二子ㅣ) 혼〃(昏昏)ᄒᆫ디라 내 죽으매 감(減)ᄒ미 업ᄉ^

ᄃᆡ 홀로 거상(居喪)을 이긔디 못ᄒᆷᄆᆯ 혼(恨)ᄒ노라 ᄒ고 형뎨(兄弟)

▶▶▶ **주 석**

1 일쪽이 : 일찍이. 이곳의 '일쪽이'는 중세국어의 '일즉이'에 소급할 형태로, 'ㆍ>ㅡ' 변화에 따른 일종의 과
도 교정이 적용된 결과 이곳에서는 '일쪽이'로 나타난 것이다. 자료에는 '일쪽이'와 함께 부사 '일쪽'도 등
장하지만, '일쪽'이 원문의 '曾, 嘗' 및 '早'에 대응되어 두루 쓰인 반면(예 : 내 일쪽 외람이 글을 지어 일
엇ᄂ니(余嘗猥爲文以序其事矣)<3 : 41ab>, 늣게야 자고 일쪽 니러(晚寢早作)<3 : 31b>) '일쪽이'는
'早'에 대응된 예를 보여 주지 않아 차이를 보인다. 이러한 양상은 현대국어에도 이어져 현대국어에서 종
래의 '일즉/일쪽'을 계승한 '일찍'은 "早"의 의미를, '일즉이/일쪽이'를 계승한 '일찍이'는 "曾, 嘗"의 의미를

▸▸▸ **출 전**

不得已而下求, 嘗有所議不忍使之聞知, 蓋度其不屑也. 母亡持喪盡哀, 雖古篤孝之士無以過也. 遂以毀死病旣革, 頤念無以適其意謂之曰 : '爾喜聞道義, 吾爲爾言之.' 曰 : '何不素敎我? 今且惛矣. 我死無憾, 獨以不勝喪爲恨耳. 盡召兄弟舅甥姪,

▸▸▸ **현대어역**

〈3 : 8a〉

못하였노라.' 하니, 마지못하여 낮추어 구(求)하는데 일찍이 의논(議論)하는 바가 있으면 차마 (하여금) 들어 알게 하니 대개(大槪) 그 불설(不屑, 우습게 여겨 마음에 두지 아니함)함을 헤아림 이더라. 어미의 상사(喪事)에 거상(居喪)하매 슬픔을 극진(極盡)히 하여 비록 옛날에 독효(篤孝, 지극히 정성을 다하여 효도함)하는 선비라도 (어미보다) 더하지 못하리러라. 드디어 애훼(哀毀, 부모의 죽음을 슬퍼하여 몸이 몹시 여윔)함으로써 병이 들어 이미 혁(革)하매, 이(頤)가 그 뜻을 평한(平安)하게 함이 없음을 불쌍하게 여겨 일러 이르되, '네가 도의(道義)를 듣기를 기뻐하는지라. 내 너를 위하여 말하리라.' 이르되, '어찌 일찍이 가르치지 아니하였느냐? 내 이자(二子, 두 아들)가 혼혼(惛惛, 정신이 가물가물하고 희미한 모양)한지라. 내가 죽음에 감(減, 아쉬움) 함이 없으되 홀로 거상(居喪)을 이기지 못함을 한(恨)하노라.' 하고, 형제와

▸▸▸ **주 석**

각각 담당하여 어휘 분화를 보이고 있다.

〈3 : 8b〉

구싱(舅甥)을 블러 사룸마다 경계(警戒)ᄒ고 어린 쟈도 어ᄅ몬^

져 보더니 아이오 명(命)이 진(盡)ᄒ니 오회(嗚呼ㅣ)라 이 비록 녀지(女子ㅣ)나 쏘

텬디(天地) 가온대 ᄒ 이인(異人)이라 그 놉흔 식견(識見)과 탁〃(卓卓)ᄒ 힝^

실(行實)로 ᄒ야곰 향년(享年)을 ᄒ면 죡히 뼈 일홈이 들^

리고 풍쇽(風俗)을 ᄀ다듬아 젼고(前古)의 어딘 부녀(婦女)로 더브러

빗츨 간쵝(簡冊)의 드리올 거시어늘 블힝(不幸)이 명(命)이 쟈ᄅ^

니 통호(痛恨)ᄒ매 엇디ᄒ리오 모든 사룸이 도라갈 바를

엇디 못ᄒᄆᆯ 근심ᄒ디 이(頤)ᄂ 홀로 그러티 아니타 ᄒ^

ᄂ니 이(頤ㅣ) 그 아비로 더브러 셩현(聖賢)을 스싱[1] 삼아시디 ᄒᄂ 배

일쥭 ᄯᆺ의[2] 맛당티 못홀가 두려ᄒ니 진실(眞實)로 어딘 쟈^

1 스싱 : 스승. 중세국어에서는 '스스'으로 나타난다. 예 : 太子ㅅ 스스이 ᄃ외려뇨<석보상절 3 : 7a>. 그러
   나 근대국어에서 '스싱의 ᄀᄅ침이'<오륜전비언해(1721) 1 : 20a>처럼 '스싱'이 나타나기 시작하는데,
   이 문헌 또한 예외가 아니어서, 대부분 '스싱'으로 표기된다. 그러나 '스승'<3 : 3b, 3 : 48b>처럼 '스승'
   의 경우도 발견된다.

人人敎誡, 幼者撫視, 頃之而絶. 嗚乎, 是雖女子亦天地中一異人也. 如其高識卓行, 使之享年, 足以名世勵俗, 并前古賢婦垂光簡冊, 不幸短命, 何痛如之. 衆人皆以未得所歸爲恨, 頤謂不然, 頤與其父以聖賢爲師, 所爲尙(一作常)恐不當其意. 苟未遇賢者,

〈3 : 8b〉

구생(舅甥, 외삼촌과 생질)을 불러 사람마다 경계(警誡)하고 어린 자도 어루만져 보더니, 아이오 명(命)이 다하니, 오호(嗚呼)라, 이 사람이 비록 여자(女子)이나 또한 천지(天地) 가운데 한 이 인(異人, 재주가 신통하고 비범한 사람)이라. 그 높은 식견(識見)과 탁탁(卓卓, 여럿 가운데서 뛰어나게 우뚝함)한 행실(行實)로 하여금 향년(享年, 한평생 살아 누린 나이)을 하면 족히 (써) (세상에) 이름이 들리고(=나고) 풍속(風俗)을 가다듬어 전고(前古, 지나간 옛날)의 어진 부녀(婦女)와 더불어 빛을 간책(簡冊, 종이 대신 글씨를 쓰던 대쪽으로 엮어 맨 책)에 드리울 것인데, 불행(不幸)히 명이 짧으니 통한(痛恨, 몹시 원통함)하매(=통한한들) 어찌하리요? 모든 사람이 돌아갈 바를 얻지 못함을 근심하되, 이(頤)는 홀로 그러하지 아니하다 하나니, 이(頤)가 그 아버지와 더불어 성현(聖賢)을 스승으로 삼았으되, 하는 바가 일찍이 뜻에 마땅하지 못할까 두려워하니, 진실로 어진

2 뜻의 : 뜻에. 이곳의 '뜻'은 중세국어의 '뜯'에 소급할 어형이다. 어두자음군의 경음화를 거쳐 16세기 문헌 부터는 '뜯'으로 등장하기 시작한다. 예 : 즐기논 뜨들 보노라<중간두시언해(1613) 7 : 11a>. 이곳에서 '뜯'이 '뜻'으로 적힌 것은 (칠종성법의 확립 이후) 어간 말음 /ㄷ/을 'ㅅ' 분철 표기로 나타내는 자료의 표기 방식에 따른 것이다. 현대국어의 '뜻'은 '뜯'에서 어간 말음이 다시 'ㅅ'으로 재구조화된 결과이다.

▶▶▶ **원문 판독**

〈3 : 9a〉

룰 만나디 못호야 셰쇽(世俗)의 용샹(庸常)호 사룸을 싹호면

이논 호야곰 붓그러옴과 욕(辱)을 먹음어 뻐 몰셰(沒世)룰 홀^

디라 이(頤ㅣ) 그 죽으믈 호(恨)호고 그 셔방 맛디 아니호믈 호(恨)티

아니호노라 그 나기논 가우(嘉祐) 신튝(辛丑) 구월(九月) 경슐(庚戌)이오 죽기논 완^

풍(元豊) 을튝(乙丑) 이월(二月) 병인(丙寅)이니 이쳔(伊川) 션영(先塋) 동녁희 쟝(葬)호^

니라 슉부(叔父) 이(頤)논 긔록(記錄)호노라

샹강쳔표(瀧岡阡表)

외편(外篇)【권지(卷之) 일이(一二) 두 권(卷)은 경셔(經書)와 송(宋) 적 현인(賢人)
말솜을 모화[1] 올니고 이 권(卷)은

외편(外篇)이라 일홈호고 고금(古今) 현부인(賢夫人)의 힝젹(行蹟)을 그
티호노라】

오회(嗚呼ㅣ)라 우리 황고(皇考) 슝공(崇公)이 길디(吉地)룰 샹강(瀧岡)의 뎡(定)호 뉵
십

년(六十年)의 그 아둘 쉬(脩ㅣ)[2] 비로소 그 언덕의 표(表)호니【표(表)논 묘표(墓表)】감
히 완^

▶▶▶ **주 석**

1 모화 : 모아. '모호-+-아'. 이곳의 '모호-'는 중세국어의 '뫼호-'에 소급할 어형으로, '뫼호-'는 ("集, 會'를
뜻하는) '몯-'의 사동사 '모도-'와 거의 의미차 없이 공존하였다. 자료의 '모호-'는 바로 '뫼호-'의 후대형에
해당하는데, (순음성 중복을 피하기 위한) '모호->모호-'의 변화를 거쳐(예 : 두 선비 잇셔 그 글을 <u>모호</u>
더니<태상감응편(1852) 2 : 24a>, 궤의 구술을 <u>모호</u>드시 ㅎ며<경석자지문(1882) 3a>) 현대국어에
는 '모으-'로 이어졌다.

▶▶▶ **출 전**

而以配世俗常人, 是使之抱羞辱以沒世. 頤恨其死, 不恨其未嫁也. 其生以嘉祐辛丑九月庚戌, 其
卒以元豐乙丑二月丙寅, 葬於伊川先塋之東, 是年十月乙酉也. 叔父頤誌
<瀧岡阡墓表>(≪名臣碑傳琬琰之集≫) 歐陽修
嗚呼, 惟我皇考崇公卜吉于瀧岡之六十年, 其子脩始克表于其阡, 非敢緩也.

▶▶▶ **현대어역**

〈3 : 9a〉

자를 만나지 못하여 세속(世俗)의 용상(庸常, 중요하게 여길 만하지 않고 예사로움)한 사람과 짝하
면 이것은 (하여금) 부끄러움과 욕(辱)을 머금어 (써) 몰세(沒世, 한평생을 다하고 세상을 떠남)
를 할 것이라. 이(頤)가 그 죽음을 한(恨)하고 그 서방을 맞지 아니함을 한(恨)하지 아니하노
라. 그 나기는(=태어남은) 가우(嘉祐) 신축(辛丑) 구월(九月) 경술(庚戌)이요, 죽기는 원풍(元豐)
을축(乙丑) 이월(二月) 병인(丙寅)이니, 이천(伊川) 선영(先塋, 조상의 무덤) 동녘에 장(葬, 장사지
냄)하니라. 숙부(叔父) 이(頤)는 기록(記錄)하노라.

　상강천표(瀧岡阡表)

　　외편(外篇)【권지(卷之) 일이(一二) 두 권은 경서(經書)와 송(宋)나라 때 현인(賢人)의 말씀
　　　　을 모아 올리고, 이 권(卷)은 외편(外篇)이라 이름하고, 고금(古今) 현부인(賢
　　　　婦人)의 행적(行蹟)을 같이하노라.(=함께 싣노라)】

오호(嗚呼)라, 우리 황고(皇考, 선친) 숭공(崇公)이 길지(吉地, 명당)를 상강(瀧岡)에 정(定)한 육
십(六十) 년(年)에(=정한 지 육십 년 만에) 그 아들 수(脩)가 비로소 그 언덕에 표(表)하니【표
(表)는 묘표(墓表, 무덤 앞에 세우는 푯돌. 죽은 사람의 이름, 생년월일, 행적, 묘주 따위를 새김)】감히

▶▶▶ **주 석**

2　구양수(歐陽脩, 1007~1072)로, 자는 영숙(永叔), 호는 취옹(醉翁), 시호는 문충(文忠)이다. 중국 송
　나라의 정치가 겸 문인으로, 한림원학사(翰林院學士) 등의 관직을 거쳐 태자소사(太子少師)가 되었다.
　송나라 초기의 서곤체(西崑體)를 개혁하고, 당나라의 한유를 모범으로 하는 시문을 지었다. 당송8대가
　(唐宋八大家)의 한 사람이었으며, 후배들에게 많은 영향을 주었다.

▶▶▶ **원문 판독**

〈3 : 9b〉

홀(頑忽)ᄒᆞ미 아니라 대개(大槩) 기ᄃᆞ리미 이시미라 쉬(脩丨) 블힝(不幸)ᄒᆞ야

난리(亂離) 네 ᄒᆡ예 고ᄋᆞ(孤兒丨) 되니 태부인(太夫人)이 졀(節)을 딕희여 스스로[1] 밍^

셰(盟誓)ᄒᆞ야 가난을 이긔여 의식(衣食)을 힘쓰며 쉬(脩)ᄅᆞᆯ 기ᄅᆞ며

ᄀᆞᄅᆞ쳐 셩인(成人)ᄒᆞ기예 니ᄅᆞ게 ᄒᆞ시더라 태부인(夫人)이 쉬(脩)ᄃᆞ려

닐러 ᄀᆞᆯ오샤ᄃᆡ 네 부친(父親)이 관원(官員)이 되매 쳥념(淸廉)ᄒᆞ고 놈 주^

기ᄅᆞᆯ 됴히 너겨 그 녹봉(祿俸)이 비록 박(薄)ᄒᆞ나 덛〃시[2] ᄒᆞ야곰

남ᄂᆞᆫ 거시 업게 ᄒᆞ야 ᄀᆞᆯ오ᄃᆡ 일로써 내게 뉘(累丨) 되게 말라

【누(累)ᄂᆞᆫ 지믈(財物)로 몸의 더러온 거시 되다 말이니라】ᄒᆞᄂᆞᆫ 고(故)로 그 죽으매 혼

지아븨 덥혼 것과

혼 언덕의 심은 거시 뻐 싱니(生理)ᄅᆞᆯ 홀 거시 업스니 내 무^

어슬 미더 능(能)히 스스로 딕희리오 내 너의 부친(父親)의 혼두 일^

▶▶▶ **주 석**

1 스스로 : 스스로. 중세국어에서는 '스ᄉᆞ로'나 '스싀로'가 일반적이지만, 근대국어에서는 '스스로'와 함께 이곳처럼 (비어두음절의) 'ᆞ>ᅳ'의 변화와 반대되는 '스스로'가 많이 쓰이는 것이 특징이다.

▶▶▶ **출 전**

蓋有待也. 脩不幸生四歲而孤, 太夫人守節, 自誓居貧, 自力于衣食, 以長以教俾至于成人. 太夫人告之曰 : '汝父爲吏, 廉而好施與喜賓客, 其俸祿雖薄, 常不使有餘曰, 無以是爲我累.' 故其亡也, 無一瓦之覆一壟之植, 以庇而爲生, 吾何恃而能自守耶. 吾于汝父知其一二,

▶▶▶ **현대어역**

⟨3 : 9b⟩

완홀(頑忽)함이 아니라 대개(大槪) 기다림이 있음이라. 수(脩)가 불행(不幸)하여 난리(亂離) 네(=넷째) 해에 고아(孤兒)가 되니 태부인(太夫人)이 절(節, 절개)을 지키어 스스로 맹세(盟誓)하여 가난을 이겨 의식(衣食)에 힘쓰며, 수(脩)를 기르고 가르치어 성인(成人)하기에(=어른이 되기에) 이르게 하시더라. 태부인(太夫人)이 수(脩)에게 일러 말씀하시되, 너의 부친(父親)이 관원(官員)이 되매 청렴(淸廉)하고 남에게 주기를 좋게 여겨, 그 녹봉(祿俸)이 비록 박(薄)하나 항상 (하여금) 남는 것이 없게 하여 말하되, '이것으로써 내게 누(累)가 되게 (하지) 말라.' 【누(累)는 재물(財物)로 몸에 더러운 것이 된다는 말이다】하는 고(故)로, (그) 죽으매 한 지아비 덮은 것과 한 언덕에 심은 것이 (써) 생리(生理, 살아갈 방도)를 할 것이 없으니, 내가 무엇을 믿어 능히 스스로 지키리요? 내가 너의 부친(父親)의 한두

▶▶▶ **주 석**

2 덧〃시 : 항상. 늘. 자료의 다른 곳에 등장하는 '덧덧ᄒᆞ-'를 감안할 때 이것의 파생 부사에 해당되는 형태로 해석된다. 중세국어에서는 '덛더디'로 등장하던 것이나 이곳의 'ㅅ' 중철 표기를 통해 어근 '덛덛'의 말음 'ㄷ'이 이미 'ㅅ'으로 바뀐 사실을 알 수 있다. 자료의 '덧덧ᄒᆞ-'는 원문의 '恒, 常'에 대응되어 "(변함없이) 항상 일정하다, 한결같다"의 의미로 쓰이는데, 현대국어의 후대형 '떳떳하-'는 "굽힐 것 없이 당당하다"를 뜻하여 의미에 차이가 있다.

▶▶▶ **원문 판독**

〈3 : 10a〉

을 아ᄂ니 너의 ᄌ라믈 기ᄃ리미 잇노라 내 네 집의 며ᄂ리
되므로브터 미처 존고(尊姑)ᄅ 셤기디 못ᄒ나 내 너의 부친(父親)^
의 그러나 능(能)히 효양(孝養)ᄒ던 줄 아ᄂ니 네 고독(孤獨)ᄒ고 어려^
시니 내 능(能)히 너의 반ᄃ시 셩닙(成立)ᄒᆯ 줄을 아디 못ᄒ^
나 그러나 너의 부친(父親)이 반ᄃ시 후(後)가 이실 줄 아노라 내
비로소 우귀(于歸)ᄒ매 너의 부친(父親)이 모상(母喪)을 디내연 디¹ 겨유
히 디난디라 셰시(歲時) 졔ᄉ(祭祀)면 반ᄃ시 톄읍(涕泣)ᄒ야 ᄀᆯ오ᄃ 졔^
ᄉ를 풍비(豊備)히 ᄒ미 봉양(奉養)을 ᄀ티 홈만 ᄀᆺ디 못ᄒ니라
ᄒ고 혹 쥬식(酒食)을 바ᄃ면 톄읍(涕泣)ᄒ야 ᄀᆯ오ᄃ 녜ᄂ 샹해
브죡(不足)ᄒ더니 이제 유여(有餘)ᄒᆫᆯ 그 엇디 밋ᄎ리오 ᄒ니 내

▶▶▶ **주 석**

1 디내연 디 : 지낸 지. "시간 경과"를 표현하는 'V-언 # 디' 구성에 '디내-'가 참여한 것이다. 중세국어에서 'V-언 디' 구성에 포함된 '어'는 (일반적으로) 선행 어간의 타동성 여부에 따라 '어~거'의 교체를 보였으나, 자료에서는 그러한 교체 없이 '어'로 통일되어 나타난다. 여기서는 '디내-' 뒤에 '어'의 교체형 '여'가 선택되어 '디내연 디'로 나타난 것이다. 현대국어에서는 'V-언 디' 구성에 필수적으로 참여하던 '어'가 빠져 현대국어에는 'V-(으)ㄴ 지' 구성으로 나타난다.

▸▸▸ **출 전**

以有待于汝也. 自吾爲汝家婦不及事吾姑, 然知汝父之能養也. 汝孤而幼, 吾不能知汝之必有立, 然知汝父之必將有後也. 吾之始歸也, 汝父免于母喪方逾年, 歲時祭祀則必涕泣曰, 祭而豐不如養之薄也. 間御酒食則又涕泣曰, 昔吾不足而今有餘其何及也.

▸▸▸ **현대어역**

〈3 : 10a〉

일을 아나니 네가 사람을(=성인이 됨을) 기다림이 있노라. 내가 너의 집의 며느리 됨으로부터 미처(=지금까지) 존고(尊姑, 시어머니)를 섬기지 못하나, 그러나 내가 너의 부친(父親)이 능히 효양(孝養, 어버이를 효성으로 보양함)하던 것을 아나니, 네 고독(孤獨)하고 어렸으니 내가 능(能)히 네가 반드시 성립(成立, 성인이 되어 가정을 꾸림)할 것을 알지 못하나, 그러나 너의 부친(父親)이 반드시 후(後)가 있을 줄을 아노라. 내가 비로소 우귀(于歸, 혼례를 마치고 3일 후 신부가 처음으로 시집에 들어감)하매(=우귀하였을 때에) 너의 부친(父親)이 모상(母喪)을 지낸 지 겨우 (한) 해가 지난지라. 세시(歲時, 설날) 제사(祭祀)면 반드시 체읍(涕泣, 눈물을 흘리며 슬피 욺)하여 말하되, '제사를 풍비(豐備, 풍부하게 갖춤)히 함이 봉양(奉養)을 함께 함만 같지 못하니라.' 하고, 혹 주식(酒食, 술과 밥)을 받으면 체읍(涕泣)하여 이르되, '옛날에는 항상 부족(不足)하더니 이제는 유여(有餘, 여유가 있음)한들 그 어디에 미치리요?' 하니, 내

▶▶▶ **원문 판독**

〈3 : 10b〉

비로소 흔두 번 보매 뻐ᄒᆞ디[1] 새로 상ᄉᆞ(喪事)ᄅᆞᆯ 디내매 ᄆᆞᄎᆞᆷ

그러ᄒᆞᆫ가 ᄒᆞ엿더니 그 후 미양 그러ᄒᆞ야 죵신(終身)토록 니^

ᄅᆞ매 일죽 그러티 아닐 적이 업스니 내 비록 미처 존고(尊姑)^

ᄅᆞᆯ 셤기디 못ᄒᆞ나 일로브터 네 부친(父親)의 효양(孝養)ᄒᆞᆷ믈

아노라 ᄒᆞ시더라 네 부친(父親)이 관원(官員)이 되매 밤의 쵹하(燭下)의셔

문셔(文書)ᄅᆞᆯ 보다가 탄식(歎息)ᄒᆞ고 여러 번 덥거ᄂᆞᆯ 내 무론대 ᄀᆞᆯ오디

이ᄂᆞᆫ 죽을 옥ᄉᆡ(獄事ㅣ)라 내 그 살올 도리(道理)ᄅᆞᆯ 구ᄒᆞ디

엇디 못ᄒᆞ노라 ᄒᆞ거ᄂᆞᆯ 내 ᄀᆞᆯ오디 살기ᄅᆞᆯ 구(求)홀 것가

ᄒᆞᆫ대 ᄀᆞᆯ오디 그 살기ᄅᆞᆯ 구ᄒᆞ야 ᄆᆞᄎᆞᆷ내 엇디 못ᄒᆞ면 죽^

ᄂᆞᆫ 쟈(者)와 다ᄆᆞᆺ 내 다 흔(恨)이 업거니와 혹 구ᄒᆞ야 살올[2] 도리(道理ㅣ)

▶▶▶ **주 석**

1 뻐ᄒᆞ디 : 생각하되. 이곳의 '뻐ᄒᆞ-'는 원문의 '以爲'를 축자역(逐字譯)한 것으로, 의역(意譯)을 위주로 한
다른 언해 자료에서는 잘 볼 수 없는 표현이다.

吾始一二見之以爲新免于喪, 適然耳旣而其後常然, 至其終身, 未嘗不然, 吾雖不及事姑, 而以此 知汝父之能養也. 汝父爲吏, 嘗夜燭治官書, 屢廢而歎, 吾問之則曰, 此死獄也, 我求其生不得爾. 吾曰, 生可求乎? 曰, 求其生而不得, 則死者與我皆無恨,

〈3 : 10b〉

비로소 한두 번 보매 생각하되 새로 상사(喪事)를 지내매(=지냈으므로) 마침 그러한가 하였더 니, 그 후 항상 그러하여 종신(終身)토록 이르매(=이를 때까지) 일찍이 그러하지 않은 적이 없 으니 내 비록 미처 존고(尊姑, 시어머니)를 섬기지 못하나 이로부터 네 부친(父親)의 효양(孝養) 함을 아노라.' 하시더라. 네 부친(父親)이 관원(官員)이 되매(=되었을 때), 밤에 촉하(燭下, 촛불 의 아래)에서 문서(文書)를 보다가 탄식(歎息)하고 여러 번 (문서를) 덮거늘, 내가 물어보니 말 하되, '이는 죽을 옥사(獄事)라. 내가 그 살릴 도리(道理)를 구하되 얻지(=이루지) 못하노라.' 하거늘, 내가 말하되, '살기를 구하는 것인가?' 하니, 말하되, '(그) 살기를 구하여 마침내(= 끝내) 얻지(=이루지) 못하면 죽는 자와 내가 다 한(恨)이 없거니와, 혹 구하여 살릴 도리(道 理)가

2 살올 : 살릴. 이곳의 '살오-'는 '살[生]-'에 사동 접미사 '-오-'가 결합한 어형이다. 중세국어에는 '살-'의 사동 사로 '사ᄅᆞ-'(← 살-+-ᄋᆞ-)도 자주 쓰였으나 현대국어에는 '사로잡-' 정도에 흔적을 남겼을 뿐(이는 18세 기에 '사ᄅᆞ잡->사로잡-'의 변화를 겪은 결과이다) 이곳의 '살오-'와 마찬가지로 사어화하였다. 현대국어 에서는 중세 문헌에 간헐적으로 쓰이던 '살이-'(예 : 城 밧긔 닐굽 뎔 일어 즁 <u>살이시고</u><월인석보(1459) 2 : 77a>)를 계승하여 ('ㄹㅇ>ㄹㄹ'의 변화를 겪은) '살리-'가 '살-'의 사동사로 쓰인다.

〈3 : 11a〉

이셔 구(求)티 아냐 ᄆᆞ춤내 죽으면 ᄉᆞ재(死者ㅣ) 엇디 ᄒᆞᆫ(恨)이 잇디 아니ᄒᆞ^
리오 대강(大綱) 살기ᄅᆞᆯ 구ᄒᆞ야도 오히려 죽는 디 니르기 쉽^
거든 셰샹 사롬은 덧〃시¹ 그 죽을 도리(道理)ᄅᆞᆯ 구ᄒᆞ는 것 과(過)^
ᄒᆞ더라 유뫼(乳母ㅣ) 너ᄅᆞᆯ 안고 셧는 양(樣)을 보시고 인(因)ᄒᆞ야 ᄀᆞᄅᆞ텨
탄식(歎息)ᄒᆞ야 ᄀᆞᆯ오샤디 슐재(術者ㅣ) 닐오디 내 아ᄒᆡ 슐(戌)의 다ᄃᆞ^
ᄅᆞ면 쟝ᄎᆞᆺ 죽으리라 ᄒᆞ니 그 말이 올흘딘대 너의
셩닙(成立)ᄒᆞᆷᄋᆞᆯ 미처 보디 못ᄒᆞ리라 ᄒᆞ고 인(因)ᄒᆞ야 니르디 후(後)^
의 맛당이 내의 이 말로 아ᄒᆡ(兒孩)ᄃᆞ려 니르라 ᄒᆞ더라 그 밧² 베^
프는 일을 내 능(能)히 아디 못ᄒᆞ나 집의 거(居)ᄒᆞ매 쟈랑ᄒᆞ^
야 ᄭᅮ미는 배 업고 그 ᄒᆞ는 일이 이 ᄀᆞᆺᄒᆞ니 진실로 속으로

1 밧 : 밖의. 바깥의. 이곳의 '밧'은 '밖[外]'의 속격형에 해당하나 (음절말의) 자음군 단순화에 따라 '밧'으로
나타난 것이다.

▶▶▶ **출 전**

知求而有得耶, 以其有得, 則知不求而死者恨也. 夫常求其生, 猶失之死, 而世常求其死也, 回顧
乳者抱汝而立, 予旁因指而歎曰, 術者謂我歲行在戌將死, 使其言然, 吾不及見兒之立也, 後當以
我語告之.〔其平居教他子弟, 常用此語, 吾耳熟焉, 故能詳也.〕其施於外事, 吾不能知, 其居於
家, 無所矜飾, 而所爲如此, 是眞發於中者耶.

▶▶▶ **현대어역**

〈3 : 11a〉

있어(=있음에도) 구(求)하지 않아 마침내(=끝내) 죽으면 사자(死者)가 어찌 한(恨)이 있지 아
니하리요? 대강(大綱, 대개) 살기를 구하여도 오히려 죽는 데 이르기 쉬운데, 세상 사람들은
항상 그 죽을 도리를 구하는 것에 과(過)하더라(=지나치더라).' 유모(乳母)가 너를 안고 서 있
는 모습을 보시고 인(因)하여 가리키며 탄식(歎息)하여 말하되, 술자(術者, 술책이나 수를 잘 꾸
미는 사람)가 이르되, 내 아이가 술(戌, 십이지의 열한째. 열한 살)에 다다르면 장차 죽으리라 하
니, 그 말이 옳을진대 네가 성립(成立, 성인이 되어 가정을 꾸림)함을 미처 보지 못하리라 하고,
인하여 이르되, '후(後)에 마땅히 나의 이 말로 아이에게 이르라.' 하더라. 그 밖에 베푸는 일
을(=바깥일을) 내가 능(能)히 알지 못하나, 집에 거(居)함에 자랑하여 꾸미는 바가 없고 그 하
는 일이 이와 같으니, 진실로 속으로

▶▶▶ **주 석**

2 덧〃시 : 항상. 늘. 자료의 다른 곳에 등장하는 '덧덧ᄒ-'를 감안할 때 이것의 파생 부사에 해당되는 형태
로 해석된다. 중세국어에서는 '덛더디'로 등장하던 것이나 이곳의 'ㅅ' 중철 표기를 통해 어근 '덛덛'의 말
음 'ㄷ'이 이미 'ㅅ'으로 바뀐 사실을 알 수 있다. 자료의 '덧덧ᄒ-'는 원문의 '恒, 常'에 대응되어 "(변함없
이) 항상 일정하다, 한결같다"의 의미로 쓰이는데, 현대국어의 후대형 '떳떳하-'는 "굽힐 것 없이 당당하
다"를 뜻하여 의미에 차이가 있다.

▸▸▸ 원문 판독

〈3 : 11b〉

발(發)ᄒᆞᄂᆞᆫ 재(者ㅣ) 아니냐 오회(嗚呼ㅣ)라 그 ᄆᆞᆷ이 인(仁)의 후(厚)ᄒᆞ민뎌 이 내

네 부친(父親)의 후(後) 이실 줄 알오미니 네 그 힘쓰라 대강(大綱) 양^

친(兩親)을 반ᄃᆞ시 풍셩(豊盛)ᄒᆞᆯ 거시 아니라 효(孝)ᄅᆞᆯ 구ᄒᆞ고 니(利)ᄒᆞ^

미 비록 사름의게 너비 못ᄒᆞ나 그 ᄆᆞᆷ이 언{인}(仁)에 둣겁게

ᄒᆞ믈 요구(要求)ᄒᆞᆯ 거시니 내 능(能)히 너를 ᄀᆞᄅᆞ티디 못ᄒᆞ나

이거시 다 너의 부친(父親)의 ᄯᅳᆺ이니라 ᄒᆞ셔늘 쉬(脩ㅣ) 울고 긔록(記錄)

ᄒᆞ야 감(敢)히 닛디 못ᄒᆞᆯ와[1] 션공(先公)이 힘ᄡᅥ 혹(學)ᄒᆞ야 함평(咸平)

삼년(三年)[2]의 진ᄉᆞ(進士) 급뎨(及第)ᄒᆞ야 태쥐판관(泰州判官)으로 죽으시니 나^

히 오십구(五十九)니 샹강(隴岡)의 영장(營葬)ᄒᆞ니라 태부인(太夫人) 셩(姓)은 뎡^

시(鄭氏)니 강남(江南) 명족(名族)이라 공검(恭儉)ᄒᆞ고 인이(仁愛)ᄒᆞ야 녜되(禮道ㅣ) 잇

ᄂᆞ디^

▸▸▸ 주 석

1 못ᄒᆞᆯ와 : 못하도다. '못ᄒᆞ-+-으롸'로 분석될 어형이나, '-으롸'의 'ㄹ'을 과잉 분철하여 '-을와'로 표기한 것
이다. 이곳의 '-으롸'는 중세국어의 종결형 '-오라'(←-오-〔화자표시〕+-라〔←-다〕)에 소급할 어형이다.
자료에는 '-오롸'도 등장하지만 구결문의 'ᄒᆞ롸'에 한하여 나타날 뿐이고, '-오롸'보다는 이곳과 같이 (선어
말어미 '-오-'의 쇠퇴와 더불어) '-오라〉-오롸〉-으롸'의 변화를 겪은 '-으롸/을롸'로 나타나는데 이들 형태
는 18세기 간본이나 필사본(영조 대〈1746~1776〉 어제류)에 집중 등장하는 것이 특징이다. 예 : 내 알
롸 홈을 기드림이 무던ᄒᆞ다〈오륜전비언해(1721) 1 : 54〉, 보내여 四十里 ᄯᅡ희 가 ᄒᆞᄅᆞᆺ밤 머므러 곳 ᄒᆞ

▶▶▶ **출 전**

嗚呼, 其心厚於仁者邪. 此吾知汝父必將有後也, 汝其勉之. 夫養不必豐, 要於孝利, 雖不得博于物, 要其心之厚於仁, 吾不能敎汝, 此汝父之志也. 脩泣而志之, 不敢忘. 先公少孤力學, 咸平三年進士及第, 爲道州判官, 泗綿二州推官, 又爲泰州判官, 享年五十有九, 葬沙溪之瀧岡. 太夫人姓鄭氏, 考諱德儀, 世爲江南名族. 太夫人恭儉仁愛而有禮.

▶▶▶ **현대어역**

〈3 : 11b〉

발(發)하는 자(者)가 아니냐? 오호(嗚呼)라, 그 마음이 인(仁)에 후(厚)함이여. 이것이 내가 네 부친(父親)의 후(後)가 있을 것을 앎이니, 네 (그) 힘쓰라. 대강(大綱, 대개) 양친(兩親)을 반드시 풍성(豐盛)하게 할 것이 아니라 효(孝)를 구하고 이(利)롭게 함이 비록 사람보다(＝남보다) 넓게 못하나 그 마음이 인(仁)에 두터이 함을 요구(要求)할 것이니, 내 능히 너를 가르치지 못하나 이것이 다 너의 부친(父親)의 뜻이니라 하시거늘, 수(脩)가 울고 기록하여 감(敢)히 잊지 못하였도다. 선공(先公)이 힘써 학(學)하여 함평(咸平) 삼년에 진사(進士)에 급제(及第)하여 태주판관(泰州判官)으로 (있다가) 죽으시니, (그때) 나이 오십구(五十九)이니 상강(瀧岡)에 영장(永葬, 편안하게 장사 지냄)하니라. 태부인(太夫人)의 성(姓)은 정씨(鄭氏)이니 강남(江南)의 명족(名族)이라. 공검(恭儉, 공손하고 검소함)하고 인애(仁愛, 어진 마음으로 사랑함)하여 예도(禮道)가

▶▶▶ **주 석**

직ᄒ고 도라오롸〈박통사신석언해(1765) 3 : 40b〉 ; 나도 그날 가 拜壽ᄒ고 여러 잔 술 먹고 兩道場을 지내고 곳 믈을 트고 나올와〈박통사신석언해(1765) 2 : 4a〉.
2 함평(咸平)은 송(宋) 진종(眞宗)의 연호(年號)로, 함평(咸平) 3년은 1000년이다.

▶▶▶ **원문 판독**

〈3 : 12a〉

라 처엄의 복챵현(福昌縣) 태군(太郡)을 봉(封)ᄒ엿더니 후(後)에 핑^
셩태군(彭城太君)을 봉(封)ᄒ니라 그 집의셔 져므신 째로 집 다스^
리믈 검약(儉約)히 ᄒ고 그 후도 덧〃시 ᄒ야곰¹ 디나디 아니^
케 ᄒ여 굴오디 내 아히(兒孩ㅣ) 능(能)히 셰샹(世上)의 합(合)ᄒ려 아닐 거^
시니 검박(儉朴)ᄒ므로뻐 환난(患難)의 이실 배라 ᄒ더라 그 후(後) 쉬(脩ㅣ)
이릉(夷陵)의 귀향(歸鄕)² 갈식 태부인(夫人)이 언쇼(言笑ㅣ) ᄌ약(自若)ᄒ야 굴오디
집이 녜브터 빈쳔(貧賤)ᄒ다라 나는 이러매 쳐(處)ᄒ미 닉으니
네 능(能)히 평안(平安)이 너기면 내 쏘 평안(平安)이 너기리라 ᄒ시더라
션공(先公)이 죽으시므로브터 이십년(二十年)의 쉬(脩ㅣ) 비로소 녹(祿)을 어더
봉양(奉養)ᄒ고 쏘 열두 히예 벼술이 됴뎡(朝廷)의 참예(參詣)ᄒ야 낭^

▶▶▶ **주 석**

1 ᄒ야곰 : 하여금. 중세국어의 'ᄒ여곰'에 소급할 형식으로, 중세국어의 'ᄒ여곰'은 'ᄒ여'('ᄒ-'의 사동사 'ᄒ이-'의 활용형)에 "강세"의 뜻을 더하는 보조사 '-곰'이 결합한 것으로 분석될 형식이다. 자료에서 'ᄒ여곰'은 'NP-로 ᄒ여곰'의 구성으로 사동문의 피사동주를 표시하는 경우가 대부분이지만 이곳과 같이 'NP-로'를 동반하지 않고 마치 부사처럼 쓰인 경우도 간혹 보인다. 중세국어에서 'ᄒ여곰'은 피사동주를 표시할 경우 'NP-로 ᄒ여곰' 외에도 대격어를 지배한 'NP-룰 ᄒ여곰', 보조사 '-곰'을 결여한 'NP-로 ᄒ여' 등 여러 구성으로 등장하여 ('ᄒ-'의 사동사에 해당하는) 'ᄒ이-'의 활용형으로서의 성격을 어느 정도 유지하고 있

▸▸▸ **출 전**

初封福昌縣太君, 進封樂安安康彭城三郡太君. 自某家少賤時, 治其家以儉約, 其後常不使過之, 曰, 吾兒不能苟合於世, 儉薄所以居患難也. 其後脩貶夷陵太夫人言笑自若曰, 汝家故貧賤也. 吾處之有素矣, 汝能安之, 吾亦安矣. 自先公之亡二十年, 脩始得祿而養, 又十有二年, 列官于朝, 始得贈封其親.

▸▸▸ **현대어역**

〈3 : 12a〉

있는지라. 처음에 (나라에서) 복창현(福昌縣) 태군(太郡)을 봉(封)하였는데 후(後)에 팽성태군(彭城太君)을 봉(封)하니라. 그 집에서 젊으신 때로(=때부터) 집안 다스림을 검약(儉約)히 하고 그 후(後)도 항상 (하여금) 지나치지 않게 하여 말하되, '내 아이가 능히 세상에 합(合)하려 (하지) 않을 것이니 검박(儉薄)함으로써 환난(患難, 근심과 재난을 통틀어 이르는 말)이 있을 바이라.' 하더라. 그 후에 수(脩)가 이릉(夷陵)에 귀양 갈 때, 태부인(夫人)이 언소(言笑, 웃고 즐기면서 이야기함)가 자약(自若, 큰일을 당해서도 놀라지 아니하고 보통 때처럼 침착함)하여 말하되, '집이 옛날부터 빈천(貧賤)한지라. 나는 이러함에 처(處)함이 익숙하니, 네가 능히 (빈천함을) 평안(平安)이 여기면 내 또한 평안(平安)이 여기리라.' 하시더라. 선공이(先公이) 돌아가심으로부터 이십년(二十年)에 (=이십년이 지나) 수(脩)가 비로소 녹(祿)을 얻어(=받아) 봉양(奉養)하고, 또 열두 해에(=해가 지나) 벼슬이 조정(朝廷)에 참예(參詣)하여

▸▸▸ **주 석**

있다. 그러나 자료에서는 피사동주를 표시할 때 'NP-로 ᄒᆞ여곰'의 구성으로만 등장하여 ('-로 ᄒᆞ여곰'에 포함된) 'ᄒᆞ여곰'은 이미 활용형의 성격을 잃고 부사로 어휘화한 양상을 보인다.

2 귀향 : 귀향(歸鄕). 귀양. 이곳에 보이는 '귀향'은 현대국어 '귀양'의 소급형에 해당하는 것으로, 이전의 다른 근대 문헌에는 '구향'으로 등장하기도 한다. 예 : 내 항거시 멀리 <u>구향</u> 가니<동국신속삼강행실도(1617) 忠 : 2b>. 현대국어와 같은 '귀양'은 ≪국한회어≫(1895)의 '귀양 定配<42>'을 위시하여 19세기 말의 문헌에나 등장하는데, 현대국어에서 '귀양'은 '가-, 오-, 보내-, 살-' 정도와 결합하여 합성 동사로 쓰일 뿐이지만, 이전의 다른 문헌(특히 ≪천의소감언해≫)에서 '귀향'은 (합성 동사의 일부가 아니라) 독립된 명사로 쓰인 예도 발견된다. 예 : 듕훈 죄안을 일워 바로 <u>귀향과</u> 국문을 쳥ᄒᆞ야<천의소감언해(1756) 1 : 43a>, 내 오래 <u>귀향의</u> 이셔 플니디 못ᄒᆞ니<천의소감언해(1756) 4 : 4b>.

▶▶▶ **원문 판독**

〈3 : 12b〉

친(兩親)을 증직(贈職)ᄒ고 열두 ᄒᆡ예 쉬(脩ㅣ) 농두{도}각(龍圖閣) 딕ᄒᆞᆨ亽(直學士) 샹
셔(尚書) 니^

부낭듕(吏部郎中)으로 남경(南京)의 뉴슈(留守)ᄒᆞ매 태부인(太夫人)이 병(病)으로 관^
샤(官舍)의셔 졸(卒)ᄒᆞ시니 향년(享年)이 칠십이셰(七十二歲)라 ᄯᅩ 팔년(八年)의 쉬(脩
ㅣ)

츄부(樞府)의 드러 참지졍亽(參知政事)롤 ᄒᆞ야 황고(皇考) 슝공(崇公)을 금ᄌ

광녹태우(金紫光祿大夫) 태亽도(太史道) 듕셔령겸샹셔령(中書令兼尚書令) 슝국공(崇國
公)을 튜^

증(追贈)ᄒ고 황비(皇妣)ᄂᆞ 위국태부인(魏國太夫人)을 ᄒᆞ니 이에 쇼ᄌ(小子) 쉬(脩ㅣ)
울^

고 닐러 골오디 오회(嗚呼ㅣ)라 션(善)을 ᄒᆞ매 보(報)티 아니미 업스디

더디며 ᄲᆞᄅᆞ미 째가 이시믄 니(理)예 덧〃ᄒᆞ미라[1] 내의 황고(皇考)

슝공(崇公)의 유훈(遺訓)과 태부인(太夫人)의 ᄀᆞᄅᆞ티시미 슈(脩)의 기ᄃᆞ리미 잇^

ᄂᆞ 밧 쟈(者)롤 아올라 묘표(墓表)의 뼈 ᄒᆞ야곰 쇼ᄌ(小子) 쉬(脩ㅣ) 덕(德)이 박(薄)
ᄒ^

▶▶▶ **주 석**

1 덧〃ᄒᆞ미라 : 항상 있는 것이라. 이곳의 '덧덧ᄒᆞ-'는 원문의 '常'에 대응되어 "(변함없이) 항상 일정하다"의
의미로 쓰인 것이다. 현대국어의 후대형 '떳떳하-'는 "굽힐 것 없이 당당하다"를 뜻하여 의미에 차이가 있
다. 이곳의 '덧덧ᄒᆞ-'는 중세국어에서는 '덛덛ᄒᆞ-'로 나오는데, 근대국어에서 'ㄷ'이 'ㅅ'으로 표기되는 경향
에 따라 여기서는 '덧덧ᄒᆞ-'로 나온 것이다. 근대국어에 파생 부사 '쩟쩟이'<첩해몽어(1790) 1 : 3>가
나타나는 것을 보면 같은 시기에 '쩟쩟ᄒᆞ-'도 존재했음이 분명한데, 이를 통해 '덧덧ᄒᆞ-'가 18세기에 된소
리로 변했음을 알 수 있다.

▶▶▶ **출 전**

又十年脩爲龍圖閣直學士、吏部郞中, 留守南京, 太夫人以疾卒于官舍, 享年七十有二. 又八年脩以非才入副樞密, 遂參政事, 又七年而罷,〔自登二府, 天子推恩, 襃其三世. 蓋自嘉祐以來, 逢國大慶必加寵錫, 皇曾祖府君累贈金紫光祿大夫太師中書令, 曾祖妣累贈封楚國太夫人, 皇祖府君累贈金紫光祿大夫太師中書令兼尙書令, 祖妣累封吳國太夫人〕皇考崇公累贈金紫光祿大夫太師中書令兼尙書令, 皇妣累封越國太夫人.〔今上初郊皇考賜爵爲崇國公, 太夫人進號韓國.〕於是小子脩泣而言曰, 嗚呼爲善無不報, 而遲速有時, 此理之常也.〔惟我祖考積善成德宜享其隆, 雖不克有于其躬而賜爵受封顯榮襃大實有三朝之錫命是足以表見于後世而庇賴其子孫矣. 乃列其世譜具刻於碑旣又載.〕我皇考崇公之遺訓, 太夫人之所以敎而有待於脩者, 並揭于阡, 俾知夫小子脩之德薄能鮮,

▶▶▶ **현대어역**

〈3 : 12b〉

양친(兩親)을 증직(贈職, 죽은 뒤에 품계와 벼슬을 추증함)하고, 열두 해에(=해 뒤에) 수(脩)가 용도각(龍圖閣) 직학사(直學士) 상서(尙書) 이부랑중(吏部郞中)으로 남경(南京)에 유수(留守)하매(=유수할 때) 태부인(太夫人)이 병(病)으로 관사(官舍)에서 돌아가시니 향년(享年)이 칠십이세(七十二歲)라. 또 팔년(八年)에(=팔년 뒤에) 수(脩)가 추부(樞府)에 들어가 참지정사(參知政事)를 하여 황고(皇考, 선친) 숭공(崇公)을 금자광록태우(金紫光祿大夫) 태사도(太師道) 중서령(中書令) 겸(兼) 상서령(尙書令) 숭국공(崇國公)으로 추증(追贈, 종이품 이상 벼슬아치의 죽은 아버지, 할아버지, 증조할아버지에게 벼슬을 주던 일)하고 황비(皇妣, 선친의 아내)는 위국태부인(魏國太夫人)으로 하니(=추증하니), 이에 소자(小子) 수(脩)가 울며 일러 말하되, 오호(嗚呼)라, 선(善)을 하매(=할 때) 보(報, 보답)하지 않음이 없으되, 더디며 빠름이 때가 있음은 이(理, 이치)에 항상 있는 것이라. 내가, 황고(皇考, 선친) 숭공(崇公)의 유훈(遺訓, 죽은 사람이 남긴 훈계)과 태부인(太夫人)의 가르치심이 수(脩)를 기다림이 있는 바의 것을 아울러 묘표(墓表, 무덤 앞에 세우는 푯돌)에 써, (하여금) 소자(小子) 수(脩)가 덕(德)이 박(薄)하고

▸▸▸ **원문 판독**

〈3 : 13a〉

고 능(能)ㅎ미 젹으디 째룰 만나 위(位)예 텸(忝)ㅎ야 다힝(多幸)이 대^

졀(大節)을 온젼(穩全)이 ㅎ고 조션(祖先)을 욕(辱)되게 아니ㅎ미 그브터

ᄂ려오미 잇ᄂ 줄 알게 ㅎ노라 희령(熙寧) 삼년(三年) 경슐(庚戌) ᄉ^

월(四月) 신유(辛酉) 삭(朔) 십오일(十五日) 을희(乙亥)예 남츄셕{셩}(男推誠) 보덕슝인

(輔德崇仁)^

익디공신(翊戴功臣) 관문뎐흑ᄉ(館門殿學士) 특딘힝병부샹셔(特進行兵部尚書) 지쳥^

쥬군쥬ᄉ(知青州郡州事) 겸(兼) 너졀{권}농ᄉ(內勸農使) 튱셩{경}증{동}〃노안무(充京東

東路安撫) 샹쥬국(上柱國)

낙안군(樂安郡) 기국공(開國公) 식읍(食邑) ᄉ쳔(四千) 삼빅(三百) 호(戶) 식실(食室)

봉(封) 일쳔(一千)

이빅(二百) 호(戶) 슈(脩)ᄂ 표(表)ㅎ노라

녹문 모곤(茅坤)[1]이【셩(姓)은 모(茅)오 일홈은 곤(坤)이니 명(明) 적 문댱(文章)ㅎᄂ

사름이라】ᄀ로오디 어려셔 고(孤)ㅎ^

매 그 아뷔[2] 덕힝(德行)을 긔록ㅎ매 어믜 말로 쓰니 득톄(得體)^

▸▸▸ **주 석**

1 모곤(茅坤, 1512~1601)은 자 순보(順甫). 호 녹문(鹿門)이다. 중국 명(明)의 문학자로, 광평통판(廣平通判), 광서근비첨사(廣西近備僉事) 등을 역임했다. 의고파(擬古派) 풍조가 성할 때, ≪당송팔대가문초≫ 144권을 편집, 유포시켰다. 저서에는 ≪옥지산방고(玉芝山房稿)≫, ≪해구후편(海寇後編)≫, ≪서해본말(徐海本末)≫ 등이 있다.

▶▶▶ 출 전

遭時竊位, 而幸全大節, 不辱其先者其來有自, 熙寧二年歲次庚戌四月辛酉十五日乙亥男推誠保
德崇仁翊戴功臣觀文殿學士特進行兵部尙書知靑州軍州事兼管 內勸農使充京東東路安撫使上柱國
樂安郡開國公食邑四千三百戶食實封一千二百戶脩表
※ 이 글은 <唐宋八家文抄>에도 수록

▶▶▶ 현대어역

〈3 : 13a〉

능(能)함이 적되, 때를 만나 위(位)에 첨(忝)하여, 다행히 대절(大節, 크게 빛나는 절조)을 온전
(穩全)히 하고 조선(祖先, 조상)을 욕(辱)되게 아니함이 그로부터 내려옴이 있는 것을 알게 하
노라. 희령(熙寧) 삼년(三年) 경술(庚戌) 사월(四月) 신유(辛酉) 삭(朔) 십오일(十五日) 을해(乙亥)
에 남추성(男推誠) 보덕숭인(保德崇仁) 익대공신(翊戴功臣) 관문전학사(觀文殿學士) 특진행병부상
서(特進行兵部尙書) 지청주군주사(知靑州郡州事) 겸(兼) 내권농사(內勸農使) 충경동동로안무(充京東
東路安撫) 상주국(上柱國) 낙안군(樂安郡) 개국공(開國公) 식읍(食邑) 사천(四千) 삼백(三百) 호(戶)
식실(食室) 봉(封) 일천(一千) 이백(二百) 호(戶) 수(脩)는 표(表)하노라.

　　녹문 모곤(茅坤)이【성은 모(茅)요 이름은 곤(坤)이니 명(明)나라 때 문장(文章)하는 사람이
라.】말하되, 어려서 고(孤)하매, 그 아비의 덕행(德行)을 기록하매(=기록할 때) 어미의 말
로 쓰니

▶▶▶ 주 석

2 아븨 : 아비의. '아비+-의'와 같이, '아비〔父〕'에 속격 조사 '-의'가 결합되면 '아비'의 마지막 모음 'ㅣ'가
탈락되어 '아븨'로 나타나는 것이 일반적인 형태였다. 예 : 제 몸으로 <u>아븨</u> 주구믈 디신ᄒᆞ야지라 비더라
<번역소학(1517) 9 : 31b>. 이곳의 '아븨'는 '아비'의 두 번째 음절에서 순자음 'ㅂ'의 영향으로 원순모음
화 현상이 일어나 'ㅡ'가 'ㅜ'로 바뀐 형태이다.

▶▶▶ **원문 판독**

〈3 : 13b〉

ᄒ라 ᄒ니라

득톄(得體)타 니롤 분 아니라 그 어믜 언ᄒᆡᆼ(言行)이 뎡신(貞信)ᄒᆞ미 그

듕의 ᄌᆞ연(自然)이 드럿도다

광산부부인노시묘디(光山府夫人盧氏墓誌)【우암(尤庵) 송션싱(宋先生)[1]이 지으신 찬

(撰)이니라】

광산(光山) 노시(盧氏) 비로소 대호군(大護軍) 셔(恕)로【셔(恕)는 일홈[2]】브터 두 디(代)

롤 디나 우^

의정(右議政) 고(嵩)의 니르러 더옥 크게 나타나 ᄯᅩ 다시 다ᄉᆞᆺ 디(代)롤

디나 한문(漢文)이 목ᄉᆞ(牧使)롤 ᄒᆞ니 이 휘(諱) 게(垍)롤 나ᄒᆞ니 이는 부^

인(夫人)의 고(考) 되ᄂᆞᆫ디라【고(考)는 죽은 아비라】 쳥쥐(淸州ㅣ) 한시(韓氏)롤 ᄎᆔ(娶)

ᄒᆞ니 부인(夫人)이 가^

뎡(嘉靖) 뎡ᄉᆞ(丁巳)[3] 팔월(八月)노ᄡᅥ 나히 십구(十九)의 연안(延安) 김시(金氏)의 드러

와

의민공(懿愍公)[4] 비필(配匹)이 되여 〔隔〕인목대비(仁穆大妃) ᄎᆔ은(推恩)으로ᄡᅥ 의민공

(懿愍公)을

▶▶▶ **주 석**

1 송시열(宋時烈, 1607~1689)은 본관 은진(恩津)으로, 자는 영보(英甫)고, 호는 우암(尤庵)·화양동주 (華陽洞主)이다. 시호 문정(文正)이며, 아명 성뢰(聖賚)이다. 조선 후기 문신 겸 학자로, 노론의 영수였 다. 주자학의 대가로서 이이(李珥)의 학통을 계승하여 기호학파(畿湖學派)의 주류를 이루었으며 이황의 이원론적인 이기호발설을 배격하고 이이의 기발이승일도설을 지지, 사단칠정이 모두 이라 하여 일원론적 사상을 발전시켰으며 예론에도 밝았다. 주요 저서에는 ≪송자대전≫ 등이 있다.

2 일홈 : 이름. 이곳의 '일홈'은 동사 '잃〔稱, 名〕-'에 명사형 '-옴'이 결합한 어형이나 이미 중세국어의 이른

▶▶▶ **출 전**

<光山府夫人盧氏墓誌銘 幷序> 宋時烈, ≪宋子大全≫ 권187. 114_257a

光山盧氏始自大護軍恕. 歷二世右議政嵩益大顯. 又五世而漢文爲牧使. 是生諱〔土＋自〕. 是爲夫
人考. 階將仕郞. 娶淸州韓氏. 其考鏞不仕. 夫人以嘉靖丁巳八月卄八日生. 年十九. 入延安金氏
門. 爲懿愍公配. 以仁穆大妃恩. 懿愍公封府院君.

▶▶▶ **현대어역**

〈3 : 13b〉

　　득체(得體, ＝體得)하라 하니라. 득체(得體)하다 이를 뿐 아니라 그 어미의 언행(言行)이 정
신(貞信)함이 그 중에 자연(自然)히 들어 있도다.

　　광산부부인노씨묘지(光山府夫人盧氏墓誌)【우암(尤庵) 송선생(宋先生)이 지으신 찬(撰)이라.】
광산(光山) 노씨(盧氏)가 비로소(＝처음) 대호군(大護軍, 조선 시대에 오위(五衛)에 속한 종삼품의 무
관 벼슬) 서(恕)로부터【서(恕)는 이름】두 대(代)를 지나 우의정(右議政) 고(嵩)에 이르러 더욱
크게 나타나 또 다시 다섯 대(代)를 지나 한문(漢文)이 목사(牧使)를 하니, 이 사람이 휘(諱)
게(坦)를 낳으니, 이는 부인(夫人)의 고(考)가 되는지라.【고(考)는 죽은 아버지라.】청주(淸州)
한씨(韓氏)를 취(娶, 장가를 들어 아내를 맞아들임)하니, 부인(夫人)이 가정(嘉靖) 정사(丁巳) 팔월
(八月)로써(＝팔월부터) 나이가 십구(十九)에 연안(延安) 김씨(金氏)에 들어와(＝시집와) 의민공
(懿愍公)의 배필(配匹)이 되어, 인목대비(仁穆大妃)의 추은(推恩, 조선 시대에 시종・병사・수사 등의
아버지로서 70세가 넘는 사람에게 품계를 주던 일)으로써 의민공(懿愍公)을

▶▶▶ **주 석**

　시기부터 어휘화된 존재로 나타난다. 예 : 號는 일홈 사마 브르는 거시라<월인석보(1459) 1 : 15b주>.
　현대국어의 '이름'은 '-오/우-'의 쇠퇴에 따라 '일홈>일훔'의 변화를 겪은 뒤 다시 유성음간 /ㅎ/이 약화,
　탈락한 결과이다.
3 가정(嘉靖)은 명(明) 세종(世宗)의 연호(年號)로, 가정(嘉靖) 정사(丁巳)는 1557년이다.
4 김제남(金悌男, 1562~1613)이다. 김제남은 본관이 연안이며, 자는 공언(恭彦), 시호는 의민(懿愍)이
　다. 1602년 딸이 선조의 계비(繼妃 : 仁穆王后)가 되자, 돈령부영사를 제수받고 연흥부원군(延興府院
　君)으로 봉해졌다. 1613년 인목왕후의 소생 영창대군(永昌大君)을 추대하려 한다는, 이이첨(李爾瞻)
　등의 무고를 받고 사사(賜死)되었다. 1616년(광해군 8) 폐모론이 일자 부관참시(剖棺斬屍)되었다. 세
　아들도 죽음을 당하고, 부인과 어린 아들 천석(天錫)만이 화를 면하였다. 1623년 인조반정 뒤 관직이
　복구되고 왕명으로 사당이 세워지고, 영의정이 추증되었다.

▶▶▶ **원문 판독**

〈3 : 14a〉

부원군(府院君)을 봉ᄒ니 부인(夫人)을 ᄯᅩ 광산부〃인(光山府夫人)을 봉(封)ᄒ^
시니라 만녁(萬曆) 계튝(癸丑)의 무고옥(誣告獄)을[1] 만나 김시(金氏) 일족(一族)이
이멸(夷滅)ᄒ니 드디여 부인(夫人)을 명녜방(明禮坊)의 가도앗더니 병진(丙辰)^
의 탐나도(耽羅島)의【계쥬(濟州)라】 옴기고 쳔극(栫棘)ᄒ니【귀향(歸鄕)[2] 가 잇ᄂᆞᆫ 집의
가시로 우리 ᄒᄂᆞᆫ 거시라】 ᄣᆡ의
대비(大妃ㅣ) 셔궁(西宮)의 폐쳐(廢處)ᄒ샤 혹 망극(岡極)혼 말로 뎐(傳)ᄒᄂᆞᆫ디라
부인(夫人)이 미양 한디 나 원억(冤抑)ᄒᆞᆯ믈 하더라 죵이 술 ᄑᆞ라
봉양(奉養)ᄒ더니 졔쥬(濟州) 빅셩(百姓)이 ᄃᆞ토아 갑ᄉᆞ로ᄡᅥ 사 먹어
ᄀᆞᆯ오더 대비(大妃) 어마님 술이 마시 됴타 ᄒ니 듯ᄂᆞᆫ 사름이
눈믈 내디 아니리 업더라 부인(夫人)이 바다히 건너 귀향 간 디
여ᄃᆞᆲ ᄒᆡ만의 텬계(天啓) 계ᄒᆡ(癸亥)[3]ᄂᆞᆫ 곳 우리 인조대왕(仁祖大王) 원년(元年)이라

▶▶▶ **주 석**

1 무고옥을 : 무고옥(誣告獄)을. 무고(誣告)에 의한 옥사(獄事)를. 조선 광해군 5년(1613)에, 대북파(大
北派)가 영창대군(永昌大君) 및 반대파 세력을 제거하기 위하여 일으킨 계축옥사(癸丑獄事)를 가리킨
다. 1608년 광해군이 즉위하자 대북파의 정인홍(鄭仁弘), 이이첨(李爾瞻) 등이, 선조(宣祖)의 적자(嫡
子)인 영창대군을 왕으로 옹립하고 역모하였다는 구실로 소북파(大北派)를 축출하였다.

▸▸▸ **출 전**

故夫人亦爲光山府夫人. 萬曆癸丑. 遭誣告獄. 金氏族夷. 事俱在懿愍公碑誌. 遂錮夫人於京城內
明禮坊. 丙辰, 又徙耽羅島栫棘之時, 大妃幽辱西宮, 或傳已不諱. 夫人每夜露香訴冤于天, 侍婢
賣酒以奉養, 島民爭以財來沽, 諉曰, 大妃母酒美. 聞者莫不飮泣. 夫人過海之八年, 天啓癸亥,
卽我仁祖大王之元年也.

▸▸▸ **현대어역**

〈3 : 14a〉

부원군(府院君)으로 봉(封)하니 부인(夫人)을 또 광산부부인(光山府夫人)으로 봉(封)하시니라.
만력(萬曆) 계축(癸丑)에 무고옥(誣告獄, 무고에 의한 옥사)을 만나 김씨(金氏) 일족(一族)이 이멸
(夷滅, 멸하여 없앰)을 당하니 드디어 부인(夫人)을 명례방(明禮坊)에 가두었는데, 병진(丙辰)년
에 탐라도(耽羅島)로【제주(濟州)라】옮기고 천극(栫棘)하니【귀양 가 있는 집에 가시로 울타리
를 하는 것이라.】(그) 때에 대비(大妃)께서 서궁(西宮)에 폐처(廢處)하시어 혹 망극(罔極, 한이
없는 슬픔)한 말로 전(傳)하는지라. 부인(夫人)이 항상 한데(=집 밖에) 나가 원억(冤抑, 원통한 누
명을 써서 억울함)함을 하소연하더라. 종이 술을 팔아 봉양(奉養)했는데 제주(濟州) 백성(百姓)이
다투어 값으로(=돈으로) 사 먹어(=먹으며) 말하되, 대비(大妃) 어머님의 술이 맛이 좋다 하니,
듣는 사람이 눈물을 내지(=흘리지) 아니하는 사람이 없더라. 부인(夫人)이 바다에서(=바다를)
건너 귀양을 간 지 여덟 해만의 천계(天啓) 계해(癸亥)는 곧 우리 인조대왕(仁祖大王) 원년(元
年)이라.

▸▸▸ **주 석**

2 귀향 : 귀향(歸鄕). 귀양. 이곳에 보이는 '귀향'은 현대국어 '귀양'의 소급형에 해당하는 것으로, 이전의 다
  른 근대 문헌에는 '구향'으로 등장하기도 한다. 예 : 내 항거시 멀리 <u>구향</u> 가니<동국신속삼강행실도
  (1617) 忠 : 2b>. 현대국어와 같은 '귀양'은 ≪국한회어≫(1895)의 '귀양 定配<42>'을 위시하여
  19세기 말의 문헌에나 등장하는데, 현대국어에서 '귀양'은 '가-, 오-, 보내-, 살-' 정도와 결합하여 합성
  동사로 쓰일 뿐이지만, 이전의 다른 문헌(특히 ≪천의소감언해≫)에서 '귀향'은 (합성 동사의 일부가 아
  니라) 독립된 명사로 쓰인 예도 발견된다. 예 : 듕흔 죄안을 일워 바로 <u>귀향</u>과 국문을 쳥흐야<천의소감
  언해(1756) 1 : 43a>, 내 오래 <u>귀향</u>의 이셔 플니디 못하니<천의소감언해(1756) 4 : 4b>.
3 천계(天啓)은 명(明) 희종(熹宗)의 연호(年號)로, 천계(天啓) 계해(癸亥)는 1623년이다.

▶▶▶ **원문 판독**

〈3 : 14b〉

대비(大妃) 동됴(東朝)의 복위(復位)ᄒ시니 비로소 부인(夫人)이 오히려 셥의^
셔 무양(無恙)ᄒᆫ 줄 아ᄅ시고【셔궁(西宮)의 폐(廢)ᄒ야 겨신 째 쇼식(消息)을 몰라 본가
(本家) 화파의 보젼(保全)티 못ᄒ엿ᄂ가 ᄒ시다가 비로소 겨신 줄을
아ᄅ시니라】급히 녜조(禮曹) 당샹(堂上)과 승지(承旨)ᄅᆯ 보내샤 편ᄒᆫ 수리로[1] 뫼^
셔 도라오니라 부인(夫人)이 의민공(懿愍公) 녹(祿)을 먹어 슝뎡(崇禎) 십년(十年)
뎡튝(丁丑) 구월(九月) 십ᄉ일(十四日) 댱손(長孫)의 임소(任所) 홍산현(鴻山縣) 아샤
(衙舍)의셔
졸(卒)ᄒ니 동십월(同十月) 이십이일(二十二日)의 민공(閔公) 묘(墓)의 부장(副葬)ᄒ니라
ᄌ손(子孫)은 의민공비(懿愍公碑)의 뻐시매[2] 긔록(記錄)디 아니ᄒ디 댱손(長孫)【의민공
비(懿愍公碑)
아니 든 것만 긔록(記錄)ᄒᆫ 거시니라】쳔셕(天錫)은 챵슈(倉守)오 ᄎᆞ(次) 군셕(君錫)은
쳠졍(僉正)이오 홍^
셕(弘錫)은 군슈(郡守)오 챵슈(倉守)의 남(男) 디(溜)오 계(溪)오 쳠졍(僉正)의 남(男)
은 뎜(淰)이^
오 환{렴}(濂)이오 찬(澯)이오 은(澱)이오 슈(洙)오 군슈(郡守)의 남(男)은 경(㵑)이오【후
(後)의 참판(參判)ᄒ니라】

▶▶▶ **주 석**

1 수리로 : 수레로. 중세국어에서는 '술위'로 나타나나, '술의, 수뤼' 따위로 표기된 형태도 나타난다. 예 : 술
의를<번역소학(1517) 9 : 59b>, 수뤼롤<소학언해(1588) 6 : 98b>. 18세기 문헌에서는 '수레'<종덕신
편언해(1758) 上 : 25b>와 '수리박회'<윤음(1783) 1a>의 표기형도 나타나는데, 이 문헌에서는 '술위
니'<1 : 40a>를 포함하여 대부분 '술위'로 나타나고, '수리'는 이곳에 나타난 용례가 유일하다.

▶▶▶ **출 전**

大妃復位東朝, 始知夫人在海島尙無恙, 亟遣禮官承旨, 以安輿迎而歸.〔史氏詳著于策書.〕夫人食懿愍公祿, 崇禎十年丁丑九月十四日, 卒于長孫任所鴻山縣之衙舍, 其十二月二十日, 祔葬懿愍公墓. 子孫具于大刻, 天錫官止倉守, 君錫僉正, 弘錫終郡守,〔沈楷翊贊, 白弘一翊衛, 金光燦同知, 崔克良縣監,〕倉守男溜、湀. 五女壻徐文海、黃璉、羅良佐、崔寔、李世雲. 僉正男淦、濂、澯、潋、洙. 三女壻李宣岳、李載岳、李定坤. 郡守男澔、濴、潚.

▶▶▶ **현대어역**

〈3 : 14b〉

대비(大妃)께서 동조(東朝, 태후)에 복위(復位)하시니, 비로소 부인(夫人)이 오히려(=여전히) 섬에서 무양(無恙, 몸에 병이나 탈이 없음)한 것을 아시고【서궁(西宮)에 폐(廢)하여 계신 때 소식(消息)을 몰라 본가(本家) 화파에 보전(保全)하지 못하였는가 하시다가 비로소 계신 줄을 아시니라.】급히 예조(禮曹) 당상(堂上)과 승지(承旨)를 보내시어 편한 수레로 모셔 돌아오니라. 부인(夫人)이 의민공(懿愍公)의 녹(祿)을 먹어 숭정(崇禎) 십년(十年) 정축(丁丑) 구월(九月) 십사일(十四日) 장손(長孫)의 임소(任所, 지방 관원이 근무하는 곳)인 홍산현(鴻山縣) 아사(衙舍, 관아의 건물)에서 돌아가시니라. 동시월(同十月) 이십이일(二十二日) 의민공(懿愍公) 묘(墓)에 부장(祔葬, 합장)하니라. 자손(子孫)은 의민공비(懿愍公碑)에 썼으매(=씌어 있으매) 기록(記錄)하지 아니하되, 장손(長孫)【의민공비(懿愍公碑)에 아니 든 것만 기록(記錄)한 것이니라.】천석(天錫)은 창수(倉守)요, 차(次, 둘째) 군석(君錫)은 첨정(僉正)이요, 홍석(弘錫)은 군수(郡守)요, 창수(倉守)의 남(男, 아들)은 지(溜)요 계(湀)요, 첨정(僉正)의 남(男)은 덤(淦)이요 환{렴}(濂)이요 찬(澯)이요 은(潋)이요 수(洙)요, 군수(郡守)의 남(男, 아들)은 경(濴)이요【후(後)에 참판(參判)을 하니라.】】

▶▶▶ **주 석**

2 **뻐시매** : 썼으매. 이곳의 '뻐시-'는 "書"를 뜻하는 '쓰-'에 "과거"를 표시하는 '-어시-'가 결합한 것으로 분석될 어형이다. 중세국어에서는 "書"를 뜻하는 어사는 '쓰-'로, "用, 以"를 뜻하는 어사는 '쓰-'로 나타나 표기상 엄격히 구별되었으나 자료에는 두 어사가 모두 '쓰-'로 통일되어 표기상 구별되지 않는다.

〈3 : 15a〉

뎡(淵)이오 손셔(孫婿)는 김광찬(金光燦)이니 동돈녕(同敦寧)이라 돈녕(敦寧)의 남(男)
슈

증(壽增)은 부ᄉ(府使)오 슈흥(壽興) 슈ᄒ(壽恒)은 다 의뎡(議政)이니 뎡명공쥬(貞明公
主) 남^

(男)은 만용(萬容)이니 대ᄉ간(大司諫)이오 만형(萬衡)은 교리(校理)오 만희(萬熙)오 만
회(萬恢)니^

라 다 음시(蔭仕ㅣ)니 니외(內外) 증현손(曾玄孫)이 빅여인(百餘人)이러라 부인(夫人)이
지^

극(至極)ᄒ 졍셩(精誠)과 슌실(純實)ᄒ 졍셩(精誠)이 이셔 의민공(懿愍公)의 집이

본디 쳥빈(淸貧)ᄒ니 부인(夫人)이 경긔(經紀)ᄒ야 다ᄉ리미 ᄉ리(事理)의 맛당^

ᄒ고 부뫼(父母ㅣ) ᄌ식(子息)이 업ᄉ므로 그 신쥬(神主)를 밧드러 졔ᄉ(祭祀)를 셩^

경(誠敬)ᄒ니 비록 녜(禮)예 업손 일이나 군ᄌ(君子ㅣ) 뻐ᄒ디[1] 뎡ᄌ(程子) 어^

마님 후시(侯氏)의 녜 일을 취(取)ᄒ미라 ᄒ더라 부인 형(兄)이 이^

▸▸▸ **주 석**

1 뻐ᄒ디 : 생각하되. 이곳의 '뻐ᄒ-'는 원문의 '以爲'를 축자역(逐字譯)한 것으로, 의역(意譯)을 위주로 한
다른 언해 자료에서는 잘 볼 수 없는 표현이다.

▶▶▶ **출 전**

三女壻朴守儉、安〔糸＋集〕、吳翰周. 沈翊贊男若洙、若泗. 金同知男壽增府使. 壽興、壽恒皆
議政. 崔縣監男縣監應夢、應昌. 李後淵繼子挺岳府使. 白翊衛男以正、以明. 永安尉男萬容大司
諫. 萬衡校理. 萬熙、萬恢皆蔭仕. 內外曾玄今二百餘人. 夫人有至性純行, 懿愍公家素淸貧, 夫
人經理得宜, 〔志物喪祭, 無有不盡. 〕以父母無子, 奉其神主于家, 祭祀以誠, 〔其祖以上主者.
或不能備. 則亦代行焉. 〕雖曰無於禮, 君子於程子母侯氏有取焉. 夫人有姊早寡,

▶▶▶ **현대어역**

〈3 : 15a〉

정(淵)이요, 손서(孫壻, 손녀사위)는 김광찬(金光燦)이니 동돈녕(同敦寧)이라. 돈녕(敦寧)의 남(男)
수증(壽增)은 부사(府使)요, 수흥(壽興)과 수항(壽恒)은 다 의정(議政, 의정부의 영의정, 좌의정, 우
의정을 통틀어 이르는 말)이니, 정명공주(貞明公主)의 남(男)은 만용(萬容)이니 대사간(大司諫)이
요, 만형(萬衡)은 교리(校理)요, 만희(萬熙)요, 만회(萬恢)이니라. 다 음사(蔭仕, 과거를 거치지 아
니하고 조상의 공덕에 의하여 맡은 벼슬)이니, 내외(內外) 증현손(曾玄孫, 증손자의 아들, 또는 손자의
손자)이 백여인(百餘人)이러라. 부인(夫人)이 지극(至極)한 정성(精誠)과 순실(純實, 순직하고 참
됨)한 정성(精誠)이 있어, 의민공(懿愍公)의 집이 본디 청빈(淸貧)하니 부인(夫人)이 경기(經紀,
일정한 포부를 가지고 어떤 일을 조직적으로 계획하여 처리함)하여 다스림이 사리(事理)에 마땅하고,
부모(父母)가 자식(子息)이 없으므로 그 신주(神主, 죽은 사람의 위패)를 받들어 제사(祭祀)를 성
경(誠敬, 정성을 다하여 공경함)하니, 비록 예(禮)에 없는 일이나 군자(君子)가 생각하되, '정자(程
子) 어머님 후씨(侯氏)의 옛 일을 취(取)함이라.' 하더라. 부인(夫人)이 형(兄)이

▸▸▸ **원문 판독**

〈3 : 15b〉

셔 일즉 과거(寡居)ᄒ여시니 집의 봉양(奉養)ᄒ야 셤기〃롤 어미^

ᄀ티 ᄒ고 범사룸의 급ᄒ며 어려온 일을 구휼(救恤)ᄒ디

일가(一家)와 소(疎)ᄒ니롤 ᄉ이 두디 아니ᄒ고 밋 문회(門戶ㅣ) 존(尊)ᄒ고 귀(貴)^

ᄒ매 더옥 겸손(謙遜)ᄒ고 두려ᄒ야 덕(德)을 ᄣᆞ흐며 어딜믈

ᅙᆡᆼ(行)ᄒ야 이젼(以前)의셔 더ᄒ니 듕간(中間) 화패(禍敗ㅣ) 실로 국가(國家) 운긔(運氣)예

미여시나 그러나 임인(壬寅)으로브터 계튝(癸丑)의 니ᄅ며 계히(癸亥)로브터

뎡튝(丁丑)의 니ᄅ히[1] 젼후(前後) 이십칠 년 ᄉ이의 큰 텬녹(天祿)^

을 누려 극히 늉후(隆厚)ᄒ고 ᄌ손(子孫)이 번연(繁衍)ᄒ야 다 현덕(賢德)ᄒ니

비록 화복(禍福)이 슌환(循環)ᄒ미 ᄌ연(自然)ᄒᆫ 니(理)나 ᄯᅩ흔 엇디 부인(夫人)^

의 덕션(德善)의 딩험(徵驗)이 아니리오 셰샹(世上) 사롬이 스스로 닥기롤

▸▸▸ **주 석**

1 니ᄅ히 : 이르도록. '니ᄅ〔到-〕'에 부사 파생 접미사 '-히'가 결합한 어형이다. 중세국어에서는 '니르-'(이곳 '니ᄅ-'의 소급형)와 쌍형 어간으로 존재한 '니를-'에 부사 파생 접미사 '-이'가 결합한 '니르리'도 쓰였으나 자료에서는 보이지 않는다.

▸▸▸ **출 전**

奉養於家, 事之如母,〔嫁娶其子女, 盡心經紀.〕凡周恤急難, 無間戚疏. 及門戶尊貴, 益自謙畏, 積德行仁, 有加於前. 其中間禍敗, 實繫國家運氣, 然自壬寅以至癸丑, 自癸亥以至丁丑前後二十七年之間, 享有天祿, 極其隆厚, 而子孫蕃衍, 材器賢德,〔十望四五.〕雖其倚伏洄洑, 自然之理, 而亦豈夫人德善之徵歟. 世之怠於自修,

▸▸▸ **현대어역**

〈3 : 15b〉

있어 일찍 과거(寡居, 과부로 지냄)하였는데, 집에서 봉양(奉養)하여 섬기기를 어미같이 하고, 범사람(＝범인. 평범한 사람)의 급하고 어려운 일을 구휼(救恤, 구제함)하되 일가(一家)와 먼 사람을 사이(＝차별) 두지 아니하고, (및) 문호(門戶, ＝문벌)가 존(尊)하고 귀(貴)하매(＝귀함에 이르러도) 더욱 겸손(謙遜)하고 두려워하여 덕(德)을 쌓으며 어짊을 행하여 이전(以前)보다 더하니, 중간(中間)의 화패(禍敗, 재화[災禍]로 인한 실패)가 실로 국가(國家)의 운기(運氣, 이미 정하여져 있어 인간의 힘으로는 어쩔 수 없는 천운[天運]과 기수[氣數])에 매였으나, 그러나 임인(壬寅)으로부터 계축(癸丑)에 이르며 계해(癸亥)로부터 정축(丁丑)에 이르기까지 전후(前後) 이십칠 년 사이에 큰 천록(天祿, 하늘이 주는 복록)을 누려 극히 융후(隆厚)하고 자손(子孫)이 번연(蕃衍, ＝번성)하여 다 현덕(賢德, 어질고 덕스러움)하니, 비록 화복(禍福)이 순환(循環)함이 자연(自然)스러운 이치(理致)이나 또한 어찌 부인(夫人)의 덕선(德善, 덕행과 선행)의 징험(徵驗, ＝효험)이 아니리요? 세상(世上) 사람이 스스로 닦기를(＝수행하기를)

〈3 : 16a〉

게얼니 ᄒᆞ야 하늘을 밋기 어렵다 니ᄅᆞᄂᆞᆫ 재(者ㅣ) 가(可)히 여긔 볼
거시로다 계ᄒᆡ(癸亥) 삼월(三月) 십삼일(十三日)의 고이ᄒᆞᆫ 새 쳔극(栫棘)ᄒᆞᆫ
집의 모닷더니【십삼일(十三日) 인조반졍(仁祖反正) ᄒᆞ시던 날이라】그 후 약간(若干) ᄂᆞ
라와 모드니¹ 경^
ᄉᆞ(慶事) 쇼식(消息)이 니ᄅᆞ니 슬프다 그 신(神)이 고(告)ᄒᆞ민뎌 이 하늘로브^
터 펴 보미 아니면 엇디 능(能)히 니ᄅᆞ리오 명(銘)의 골오뎌

시죵복션(始終福善)이	비로ᄉᆞ며 ᄆᆞᆺᄎᆞ매 복션(福善)이
텬도미특(天道靡忒)이라	하늘 되(道ㅣ) 그ᄅᆞ미 업도다
듕치평치(中值平陂)ᄒᆞ니	듕간(中間)의 기우러디믈 만나니
비얼ᄌᆞ작(匪孼自作)이라	그릇ᄒᆞ미 스스로 지으미 아니로다
목능외외(穆陵巍巍)ᄒᆞ니	목능(穆陵)이 놉고 놉ᄒᆞ시니²【목능(穆陵)은 션묘 능(宣廟陵)이라】

1 모드니 : 모이니. 자동사 '몯〔會〕-'에 '-으니'가 결합한 것으로 분석될 어형이다. 현대국어에서 '몯-'은 사어
화하고 그 자리를 '모이-'가 대체하였으나 '몯-'에 사동 접사 '-오-'가 결합한 '모도-'는 일부 방언에 '모두-'
로 남아 있다.

謂天難恃者, 可以鑑矣. 其家傳云, 癸亥三月十三日, 有異鳥集于栫棘之屋. 其後若干日又來止, 而慶聞是日適至. 噫, 其神告之矣. 是非自天申之而能有是耶. 余於金氏有通家好, 今僉正故使溜來有請, 銘曰,

始終福善. 天道靡忒. 中値平陂. 匪孼自作. 穆陵巍巍.

〈3 : 16a〉

게을리 하여 하늘을 믿기 어렵다.' 이르는 자(者)가 가(可)히 여겨 볼 것이로다. 계해(癸亥) 삼월(三月) 십삼일(十三日)에 괴이한 새가 천극(栫棘, 가시 울타리를 침)한 집에 모이더니,【십삼일(十三日)은 인조반정(仁祖反正) 하시던 날이라.】그 후 약간(若干) 날아와 모이니 경사(慶事) 소식(消息)이 이르니, 슬프다, 그 신(神)이 고(告)함인저(=고한 것이로다). 이것이 하늘로부터 펴 봄이 아니면 어찌 능(能)히 이르리요? 명(銘)에 이르되,

시종복선(始終福善)이	시작하며 마침에 복선(福善)이
천도미특(天道靡忒)이라.	하늘 도(道)가 그름이 없도다.
중치평피(中値平陂)하니	중간(中間)에 기울어짐을 만나니
비얼자작(匪孼自作)이라.	그릇함이 스스로 지음이 아니로다.
목릉외외(穆陵巍巍)하니	목릉(穆陵)이 높고 높으시니【목릉(穆陵)은 선묘릉(宣廟陵, 선조[宣祖]의 무덤)이라】

2 놉흐시니 : 높으시니. 15세기 국어에서는 단어의 마지막 'ㅍ'은 모음으로 시작하는 어미나 조사와의 결합되면 그 다음 음절로 이동하여 초성 위치에 표기되었다. 그런데 16세기에 오면, '닢'의 'ㅍ'을 '닙피'나 '닙히'와 같이 표기하여 'ㅍ'을 'ㅂ+ㅍ'이나 'ㅂ+ㅎ'으로 하는 표기가 나타난다. '놉흐시니'의 'ㅂㅎ' 분할 표기는 'ㅂ+ㅎ=ㅍ'이 되는 음운현상이 반영된 것이라고 할 수 있다.

▶▶▶ 원문 판독

〈3 : 16b〉

오쳔만억(五千萬億)이로다   쳔만억히(千萬億亥ㅣ)로다
공급부인(公及夫人)이여   공(公)과 밋 부인(夫人)이여
  여무극(事與無極)이로다   이 더브러 극(極)ᄒᆞ미 업ᄉᆞ리로다
슉인송시뎐(淑人宋氏傳) 【우암션ᄉᆡᆼ(尤庵先生) 지으신 찬(撰)이라】
고모(姑母) 송시(宋氏)ᄂᆞᆫ 슉인(淑人)이니 우리 조고(祖考) 도ᄉᆞ공(都事公) 휘(諱) 응긔
(應期) 둘재ᄯᅩᆯ^
이니 송시(宋氏ㅣ) 디〃(代代)로 녜법(禮法)으로 ᄌᆞ녀(子女)를 ᄀᆞᄅᆞ티고 조비(祖妣) 슉
인(淑人)
니시(李氏)ᄂᆞᆫ 정헌공(正獻公) 병조판셔(兵曹判書) 휘(諱) 윤경(潤慶)[1]의 ᄯᅩᆯ이시니 가법^
(家法)이 심(甚)히 엄슉(嚴肅)ᄒᆞᆫ다라 슉인(淑人)이 임의 어딘 부인(夫人)의 ᄀᆞᄅᆞ티^
시믈 엇고 텬셩(天性)이 통연(洞然)ᄒᆞ야 믄득 형뎨(兄弟) 바독 두매 겻^
ᄒᆞ로 드러 믄득 긔록(記錄)ᄒᆞ고 ᄯᅩ ᄆᆞ음의 그 ᄯᅳᆺ을[2] 아ᄂᆞᆫ디라 칠^

▶▶▶ 주 석

1 이윤경(李潤慶, 1498~1562)은 본관이 광주(廣州)로, 자는 중길(重吉), 호는 숭덕재(崇德齋)이다. 시
  호는 정헌(正憲)이다. 조선 중기 중종, 명종 때의 문신. 아들 중열이 대윤 윤임의 일파로 몰려 사사되자
  관작이 삭탈되었었다. 명종 을묘왜변 때 완산부윤으로 왜구 섬멸, 완산성 고수의 공으로 전라도관찰사로
  특진했다. 도승지·병조판서 등을 지냈다.

▶▶▶ 출 전

於千萬億. 公及夫人. 事與無極.
<姑母淑人宋氏傳> 宋時烈, ≪宋子大全≫ 권215. 115_187d
姑母淑人宋氏, 我祖考都事公諱應期之第二女也. 宋氏世以禮法訓子女. 而祖妣淑人李氏. 正獻公
兵曹判書諱潤慶之女也. 家法甚嚴肅, 蔚爲搢紳家楷範, 淑人旣承賢父母敎, 性又聰敏, 諸兄弟課
業時, 旁聽而輒記之, 仍又心解其義.

▶▶▶ 현대어역

〈3 : 16b〉

오천만억(五千萬億)이로다.　　　　천만억해(千萬億亥)로다.
공급부인(公及夫人)이여　　　　　공(公)과 (및) 부인(夫人)이여,
사여무극(事與無極)이로다.　　　　이와 더브러 극(極)함이 없으리로다.
숙인송씨전(淑人宋氏傳) 【우암선생(尤庵先生)이 지으신 찬(撰)이라】

고모(姑母) 송씨(宋氏)는 숙인(淑人, 조선 시대에 정삼품 당하관의 아내에게 내리던 외명부의 품계)이
니, 우리 조고(祖考, 돌아가신 할아버지) 도사공(都事公) 휘(諱) 응기(應期)의 둘째딸이라. 송씨(宋
氏)가 대대(代代)로 예법(禮法)으로 자녀(子女)를 가르치고, 조비(祖妣, 돌아가신 할머니) 숙인(淑
人) 이씨(李氏)는 정헌공(正獻公) 병조판서(兵曹判書) 휘(諱) 윤경(潤慶)의 딸이시니 가법(家法)이
심(甚)히 엄숙(嚴肅)한지라. 숙인(淑人)이 이미 어진 부인(夫人)의 가르침을 얻고 천성(天性)이
통연(洞然, 막힘이 없이 트여 밝고 환함)하여, 문득 형제(兄弟)가 바둑을 두매(=둘 때) 곁으로 들
어 문득 기록(記錄, =기억)하고 또 마음에 그 뜻을 아는지라.

▶▶▶ 주 석

2 쓷을 : 뜻을. 이곳의 '쓷'은 중세국어의 '뜯'에 소급할 어형이다. 어두자음군의 경음화를 거쳐 16세기 문헌
부터는 '쁟'으로 등장하기 시작한다. 예 : 즐기는 쁟들 보노라<중간두시언해(1613) 7 : 11a>. 이곳에서
'쁟'이 '쓷'으로 적힌 것은 (칠종성법의 확립 이후) 어간 말음 /ㄷ/을 'ㅅ' 분철 표기로 나타내는 자료의 표
기 방식에 따른 것이다. 현대국어의 '뜻'은 '쁟'에서 어간 말음이 다시 'ㅅ'으로 재구조화된 결과이다.

▶▶▶ **원문 판독**

〈3 : 17a〉

세(七歲)예 샹(上)이 모화관(慕華館)의 가 열무(閱武) ㅎ실시 슉인(淑人)이 도스공(都事
公)긔

청(請) ㅎ야 궐오디 닉일 집 뒤히 댱막(帳幕)을 텨 날로 ㅎ야

곰 구슬 보게 ㅎ쇼셔 도스공(都事公)이 희롱(戲弄) ㅎ야 궐오디 네

능(能)히 이 글을 외오면 쟝츳¹ 허(許) ㅎ리라 ㅎ고 인(因) ㅎ야 이쳔(二千)

즈(字) 되는 글을 ᄀᆞᄅᆞ틴대 슉인(淑人)이 등하(燈下)의 두 번 닑고 이^

튼날 외오기롤 심히 닉게 ㅎᄂᆞᆫ디라 도스공(都事公)이 놀라고

깃거 궐오디 네 남지(男子 ㅣ) 못된 줄이 애둛도다 ㅎ더라 일^

로브터 문댱(文章)이 졈〃 나아가 너비 경셔(經書)와 스긔(史記)롤 통(通) ㅎ^

야 모든 형뎨(兄弟)로 더브러 ᄒᆞᆫ가지로 댱진(長進) ㅎ고 쏘ᄒᆞᆫ 글 짓는

법(法)을 아나 그러나 스스로 쎠ᄒᆞ디² 부녀(婦女)의 홀 배 아니라 ㅎ^

▶▶▶ **주 석**

1 쟝츳 : 장차(將次). 부사 '쟝츠'에 부사를 파생시키는 접미사 '-ㅅ'이 통합한 어형이다. 중세국어 이래 '쟝
ᄎᆞ'와 '쟝츳'이 공존하였으나 자료에서는 '쟝츳'만 발견된다.

2 쎠ᄒᆞ디 : 생각하되. 이곳의 '쎠ᄒᆞ-'는 원문의 '以爲'를 축자역(逐字譯)한 것으로, 의역(意譯)을 위주로 한
다른 언해 자료에서는 잘 볼 수 없는 표현이다.

▸▸▸ **출 전**

七歲上閱武于慕華館, 淑人請于都事公曰, 明日設帟于屋後, 使我觀光也. 都事公戲曰 : "汝能誦
此書, 則吾將許之矣." 仍授二千字大篇. 淑人於燈下閱數徧, 明朝課誦甚熟. 都事公驚喜曰 : "恨
汝非男也." 自是文理驟進, 因博通經史, 與諸兄弟齊頭騈進. 亦解綴文之法, 然自以非其任,

▸▸▸ **현대어역**

〈3 : 17a〉

칠세(七歲)에 상(上)이 모화관(慕華館, 조선 시대에 중국 사신을 영접하던 곳)에 가 열무(閱武, 임금이
몸소 군대를 사열함)하실 때 숙인(淑人)이 도사공(都事公)께 청(請)하여 말하되, '내일 집 뒤에 장
막(帳幕)을 쳐서 나로 하여금 굿을 보게 하소서.' (하니,) 도사공(都事公)이 희롱(戲弄, 말이나
행동으로 실없이 놀림)하여 이르되, '네 능(能)히 이 글을 외우면 장차 허(許, 허락)하리라.' 하고
인(因)하여 이천(二千) 자(字) 되는 글을 가르친대(=가르치자), 숙인(淑人)이 등하(燈下, 등불 아
래)에서 두 번 읽고 이튿날 외우기를 심히 익숙하게 하는지라. 도사공(都事公)이 놀라고 기뻐
하며 이르되, '네가 남자(男子)가 못된 것이 애달프도다.' 하더라. 이로부터 문장(文章)이 점점
나아가 두루 경서(經書)와 사기(史記)를 통(通)하여 모든 형제(兄弟)와 더불어 함께 장진(長進,
매우 빨리 진보함)하고, 또한 글 짓는 법(法)을 아나 그러나 스스로 (생각하되) '부녀(婦女)가
할 바가 아니라.' 하여

⟨3 : 17b⟩

야 너허 내디 아닌 고(故)로 사룸의 알 니(理ㅣ) 업더라 만녁(萬曆) 임^

진(壬辰)의 부호군(副護軍) 김공(金公) 호덕(好德)의게 도라가니 호군공(護軍公)은 영산^

부원군(永山府院君) 문평공(文平公) 슈온(守溫)¹의 칠디손(七代孫)이라【별호(別號)는 고애(乖崖)라】 보은(報恩) 짜^

히 사더니 슉인(淑人)이 미처 우귀(于歸)티 못ㅎ여셔 졸연(猝然)이 왜변(倭變)^

을 만나 경셩(京城)으로브터 제 형뎨(兄弟)롤 조차 녕셔(嶺西) 녕월(寧越)

짜히 피란(避亂)가니 그 길히 피란(避亂)이 〃실 쌔의 반드시 위티(危殆)^

ㅎ 디롤 님(臨)ㅎ며 믈ㄱ을 쳐(處)ㅎ니 대개(大槪) 창졸(倉卒)의 변(變)을

만나 즈쳐(自處)ㅎ기 편(便)ㅎ믈 위ㅎ미러라 녕월(寧越)이 풍쇽(風俗)이

질실(質實)ㅎ더라 음식(飲食)으로써 와 먹이디 슉인(淑人)이 모든 비복(婢僕)

ㅎ디 셧겨시니 처음은 모르다가 슉인(淑人)이 오히려 옷ㅅ^

1 김수온(金守溫, 1410~1481)은 본관이 영동(永同)으로, 자는 문량(文良), 호는 괴애(乖崖)·식우(拭疣)이며, 시호 문평(文平)이다. 조선 전기의 학자이자 문신이다. 세종의 특명으로 집현전에서 ≪치평요람(治平要覽)≫을 편찬하였으며 학문과 문장에 뛰어나 ≪명황계감≫을 국역하는 등 국어 발전에 힘썼다. 불경의 국역과 간행에도 공이 컸다. 문집에 ≪식우집≫이 있다.

▸▸▸ 출 전

含晦而不出, 故人鮮有知之者. 淑人生于嘉靖辛未五月初七日. 萬曆壬辰. 適副護軍金公好德. 護軍公. 故永山府院君文平公守溫之七代孫也. 居在報恩縣. 淑人未及歸, 而猝値倭變. 自京城從諸兄弟避兵于嶺西之寧越郡. 其在道途, 必臨危傍水而處, 蓋欲倉卒遭變而爲自處計也. 當夜有警, 則必手執寸刀. 故諸兄弟防之不少懈. 寧越俗質, 見淑人混厠於諸婢中, 以食來饋.

▸▸▸ 현대어역

〈3 : 17b〉

넣어 (밖으로) 내지 않은 고(故)로 (다른) 사람이 알 리(理)가 없더라. 만력(萬曆) 임진(壬辰)에 부호군(副護軍) 김공(金公) 호덕(好德)에게 돌아가니(＝시집가니), 호군공(護軍公)은 영산부원군(永山府院君) 문평공(文平公) 수온(守溫)의 칠대손(七代孫)이라.【별호(別號)는 고애(乖崖)라.】보은(報恩) 땅에 살았는데, 숙인(淑人)이 미처 우귀(于歸, 전통 혼례에서 대례[大禮]를 마치고 3일 후 신부가 처음으로 시집에 들어감)하지 못하여서 졸연(猝然)히 왜변(倭變, ＝임진왜란)을 만나 경성(京城)으로부터 제 형제(兄弟)를 좇아 영서(嶺西) 영월(寧越) 땅에 피란(避亂)가니, 그 길에 피란(避亂)이 있을 때에 반드시 위태(危殆)한 데를 임(臨)하며 물가에 처(處, 처소를 정함)하니, 대개(大槪) 창졸(倉卒, 미처 어찌할 사이 없이 매우 급작스러움)의 변(變)을 만나 자처(自處, 스스로 목숨을 끊음)하기 편(便)함을 위함이더라. 영월(寧越)이 풍속(風俗)이 질실(質實, 꾸밈이 없고 진실함)한지라. 음식(飮食)으로써(＝음식을 가지고) 와 먹이되, 숙인(淑人)이 모여 있던 비복(婢僕)과 한데 섞여 있으니 처음은 모르다가, 숙인(淑人)이 오히려(＝여전히)

〈3 : 18a〉

매로 ᄀ리와 촘아 밧디 못ᄒᄆᆯ 본 후 그 비복(婢僕)이 아닌 줄
아더라 녕월(寧越)노브터 보은(報恩)의 니ᄅᆞ러 비로소 구고(舅姑)롤 보니
그 고(姑)ᄂᆞᆫ 긔묘(己卯) 명현(名賢) 강슈(江叟) 박션싱(朴先生) 훈(薰)의 손녜(孫女ㅣ)
라 슉인(淑人)을
보고 크게 탄복(歎服)ᄒᆞ야 디졉을 엄(嚴)ᄒᆞᆫ 스싱과 ᄀ티 ᄒ고 일^
이 〃시매 크게 쟉ᄋᆞᆷ이 업시 반ᄃᆞ시 못더라 젼부인(前夫人) 아ᄃᆞᆯ
ᄒ나히 이시니 어려셔 병(病)이 ᄌ〃니 슉인(淑人)이 ᄉ랑ᄒ고 두^
호(斗護)ᄒ기롤 긔츌(己出)ᄀ티 ᄒ더라 호군공(護軍公)의 집이 심히 부호(富豪)^
ᄒ디 슉인(淑人)이 능(能)히 딕희여[1] 튜락(墜落)ᄒ미 업술 ᄯ롬이오
일즉 쳑촌(尺寸)도 ᄂᆞ르ᄂ 도리(道理) 업더라 족당(族黨)이 심(甚)히 만코 비
복(婢僕)이 ᄯ호 만흔더라 용코 용ᄒ며 간사(奸邪)ᄒ며 험(險)ᄒ며

1 딕희여 : 지켜. 이곳의 '딕희-'는 중세 문헌(《석보상절》 제외)에서 주로 '디킈-'나 '딕킈-'(16세기 이후)
로 나타나던 것이다. 근대 문헌에서는 어중 유기음 /ㅋ/을 재음소화한 '딕희-' 혹은 '딕희-'의 표기로 나타
나는 것이 일반적이다.

▶▶▶ 출 전

淑人猶以衣袖自蔽, 不肯輒受, 然後人始知其非婢也. 自寧越轉至報恩, 得拜舅姑. 其姑, 己卯名賢朴江叟薰之孫女也. 見淑人, 大加歎服, 待之如嚴師, 事無大小必咨焉.〔淑人事舅姑接親黨御婢僕, 咸得其宜.〕前夫人有一子, 幼而善病, 淑人愛護如己出. 前夫人兄弟至, 則款遇如親兄弟焉. 護軍公家甚溫, 淑人能守而不墜而已, 未嘗有尺寸滋殖焉. 親表甚多, 婢僕蝟沸,

▶▶▶ 현대어역

〈3 : 18a〉

옷소매로 가려서 차마 받지 못함을 본 후에 (그) 비복(婢僕, 계집종과 사내종)이 아닌 것을 알더라. 영월(寧越)로부터 보은(報恩)에 이르러 비로소 구고(舅姑, 시부모)를 보니, 그 고(姑, 시어머니)는 기묘(己卯) 명현(名賢) 강수(江叟) 박선생(朴先生) 훈(薰)의 손녀(孫女)라. 숙인(淑人)을 보고 크게 탄복(歎服)하여 대접을 엄(嚴)한 스승과 같이 하고, 일이 있으매(=있을 때) 크고 작음이 없이 반드시 묻더라. 전부인(前夫人)의 아들이 하나가 있으니(=있는데) 어려서 병(病)이 잦으니 숙인(淑人)이 사랑하고 두호(斗護, 남을 두둔하여 보호함)하기를 기출(己出, 자기가 낳은 자식)과 같이 하더라. 호군공(護軍公)의 집이 심히 부호(富豪, 재산이 넉넉하고 세력이 있음)하되 숙인(淑人)이 능(能)히 지켜 (재산이) 추락(墜落)함이 없을 따름이요, 일찍이 척촌(尺寸, 얼마 안 되는 조그마한 것을 이르는 말)도 늘리는 도리(道理)가 없더라. 족당(族黨, =족속, 같은 문중이나 계통에 속하는 겨레붙이)이 심(甚)히 많고 비복(婢僕)이 또한 많은지라. 용하고 용하며 간사(奸邪)하며 험(險)하며

〈3 : 18b〉

쉽살ᄒ미 ᄒᆡ굴ᄌᆞ디 아니ᄒᆞ야 구셜(口舌)이 분〃(紛紛)ᄒᆞ디라 슉^
인(淑人)이 몸의 남으라는 말을 드르나 다만 유연(悠然)히 ᄒᆞᆫ 번 우슬
ᄯᆞ롬이오 혹 일가지친(一家之親)이면 구{그} 일이 긋치기롤 기드려
반ᄃᆞ시 죠용이 ᄀᆞ로텨 니르디 말솜이 ᄯᅩ흔 호연(浩然)ᄒᆞ야
규각(圭角)이 업슨 고로 혹 긔조ᄒᆞᆫ 뉴(類ㅣ) 비록 곳티디 못ᄒᆞ나
ᄯᅩ흔 노(怒)ᄒᆞ야 ᄒᆞᄂᆞᆫ 배 업더라 호군공(護軍公)이 거상(居喪)ᄒᆞ야 밧^
긔 이시매 플읫 뭇ᄂᆞᆫ 바롤 젹으면 비복(婢僕)으로 통(通)ᄒᆞ고
크면 글로뻐 일즉 놋출 보ᄂᆞᆫ 일 업더라 댱ᄌᆞ(長子) 김윤(金胤)이
어딜고 문ᄉᆡ(文辭ㅣ)이셔 ᄉᆞ마(司馬)로 의금부도ᄉᆞ(義禁府都事)롤 ᄒᆞ니 슉인(淑人)이
깃거ᄒᆞᄂᆞᆫ 빗치 업고 다만 굴오디 내 집이 오래 닝족(冷族)이오

▸▸▸ **출 전**

其愿姦險易不一, 而口語交騰. 淑人聞毁己語, 但迫然一笑而已. 至於一家之親, 則俟其事已, 必從容敎誨之, 而言辭亦渾然無圭角. 故暴悍雖或未化, 而亦無恚怒也. 護軍公居喪在外, 凡有所稟, 小則以婢, 大則以書, 而未嘗見面焉. 長子涊, 賢而有文. 仁祖朝, 中生員, 除義禁府都事. 蓋自文平以後之所無也. 然淑人不色喜, 但曰, 吾家久爲冷譜,

▸▸▸ **현대어역**

〈3 : 18b〉

쉬움이 한결같지 아니하여 구설(口舌, 시비하거나 헐뜯는 말)이 분분(紛紛)한지라. 숙인(淑人)이 몸에(＝자신을) 나무라는 말을 들으나 다만 유연(悠然)히 한 번 웃을 따름이요, 혹 일가지친(一家之親)이면 그 일이 그치기를 기다려 반드시 조용히 가르쳐 이르되, 말씀이 또한 호연(浩然, 넓고 큼)하여 규각(圭角, 말이나 뜻, 행동이 서로 맞지 아니함)이 없는 고로, 혹 기조한 유(類)가 비록 고치지 못하나 또한 노(怒)하여 하는 바가 없더라. 호군공(護軍公)이 거상(居喪, 상중〔喪中〕에 있음)하여 밖에 있으매(＝있을 때), 무릇 묻는 바가 작으면 비복(婢僕)을 통(通)하고, 크면 글로써 (하여) 일찍이 (부부가 서로) 낯을 보는 일이 없더라. 장자(長子) 김윤(金涊)이 어질고 문사(文辭)가 있어 사마(司馬, 조선 초기에 둔 무관직 벼슬)로 의금부도사(義禁府都事, 조선 시대에 의금부에 속하여 벼슬아치의 감찰 및 규탄을 맡아보던 종오품 벼슬)를 하니 숙인(淑人)이 기뻐하는 빛이 없고 다만 말하되, '내 집이 오랫동안 냉족(冷族)이요,

▶▶▶ **원문 판독**

〈3 : 19a〉

네 쏘 지조와 덕(德)이 업스니 사룸이 만일 구ᄒᆞ야 ᄒᆞᆫ가(閑暇)ᄒᆞ^
면 도로혀[1] ᄒᆞ디 못ᄒᆞ니만 ᄀᆞᆺ디 못ᄒᆞ니라 ᄒᆞ더라 밋[2] 도^
시(都事ㅣ) 죽으매 닌니(隣里) 친당(親黨)이 통셕(慟惜)디 아니리 업스디 슉인(淑人)^
이 비쳑(悲慽)ᄒᆞ기를 심(甚)히 아냐 ᄀᆞᆯ오디 명(命)이라 ᄒᆞ고 댱녜(長女ㅣ)
쏘ᄒᆞᆫ 현텰(賢哲)ᄒᆞ기 사룸의 ᄲᅱ여나디 임의 츌가(出嫁)ᄒᆞ매
남편(男便)이 반목(反目)【부〃(夫婦) ᄉᆞ이 됴티 못ᄒᆞ다 말이니라】ᄒᆞ야 곤욕(困辱)될 일
이 만하 춤^
아 보디 못홀 일이 만흐디 슉인(淑人)이 쏘ᄒᆞᆫ 차돌(嗟咄)티 아냐
ᄀᆞᆯ오디 이 쏘ᄒᆞᆫ 명(命)이니라 ᄒᆞ더라 쇼녜(少女ㅣ) 니연{영}션(李榮先)의 도라^
가니【후의 문관(文官)으로 ᄒᆡ쥐목ᄉᆞ(海州牧使) ᄒᆞ니라】쟝ᄎᆞᆺ 힝(行)홀시 울고 하딕(下
直)ᄒᆞ니 슉인(淑人)이
우어 ᄀᆞᆯ오디 녀ᄌᆞ(女子) 유힝(有行)의 부모(父母)를 먼리 ᄒᆞ미 녜ᄉᆞ(例事)라 ᄒᆞ^

▶▶▶ **주 석**

1 도로혀 : 도리어. '도로혀'는 '도ᄅᆞ혀'로 소급한다. '도ᄅᆞ혀'의 제2음절 모음 'ㆍ'가 제1음절 모음 'ㅗ'에 이끌
려 '도로혀'가 된 것이다. '도ᄅᆞ혀'는 동사 '도ᄅᆞ혀-'의(이에 대하여는 '도로혀다'<1 : 10a>의 주석 참조)
어간이 그대로 부사로 굳어진 예이다.

2 밋 : 및. 중세국어 이래 '및[及]-'에서 파생된 어간형 부사 '및'(표기상으로는 '밋' 또는 '및')은 대등한 관계
의 두 구나 절 사이에 위치하여 "그리고, 그 밖에"를 뜻하는 접속 부사로 쓰였다(현대국어에서 'NP 및
NP'의 구성에 참여하는 '및'은 바로 이 접속 부사의 용법을 계승한 것이다). 예 : 도적이 그 지아비과 밋

▸▸▸ **출 전**

而且無才德人, 若以爲求而得之, 則不如不得之爲愈也. 及都事沒, 隣里親黨, 莫不慟惜, 而淑人不甚悲感曰, 命也. 長女亦賢哲絶人, 旣行而其夫反目, 其困辱糾有不忍見者, 而淑人亦不爲之嗟咄焉. 少女適都事李榮先, 將行泣辭, 淑人笑曰, 女子有行, 遠父母例也, 何泣爲.

▸▸▸ **현대어역**

〈3 : 19a〉

네가 또 재주와 덕(德)이 없으니, 사람이 만일 구하여 한가(閑暇)하면 도리어 하지 못한 것만 같지 못하니라.' 하더라. 도사(都事)가 죽으매 (이르러) 인리(隣里, 이웃마을)와 친당(親黨, 친부모)이 통석(痛惜, 애석하고 안타까움)하지 아니하는 이가 없으되, 숙인(淑人)이 비척(悲感, 슬프고 근심스러움)하기를 심(甚)히 아니하여(=하지 않으며) 말하되, '명(命)이라.' 하고, 장녀(長女)가 또한 현철(賢哲, 어질고 사리에 밝음)하기가 사람보다(=남보다) 뛰어나되, 이미 출가(出嫁)하매 남편(男便)이 반목(反目)【부부(夫婦) 사이가 좋지 못하다는 말이라.】하여 곤욕(困辱, 참기 힘든 일)될 일이 많아 차마 보지 못할 일이 많되, 숙인(淑人)이 또한 차돌(嗟咄, 탄식하고 꾸짖음)하지 않고 이르되, '이 또한 명(命)이니라.' 하더라. 소녀(少女)가 이영선(李榮先)에게 돌아가니(=시집가니), 【후(後)에 문관(文官)으로 해주목사(海州牧使)를 하니라.】 장차 (시집으로) 행(行)할 때에 울고 하직(下直)하니 숙인(淑人)이 웃으며 말하되, '여자(女子)가 유행(有行, 행실)에 부모(父母)를 멀리 함이 예사(例事)라.'

▸▸▸ **주 석**

그 아들을 주기고<동국신속삼강행실도(1617) 烈6 : 73b>, 믈읫 弔ᄒᆞ며 밋 喪을 보내ᄂᆞᆫ 者ㅣ<가례언해(1632) 7 : 8a>. 그러나 이곳에 쓰인 '밋'은 (부사로 쓰였다고 할 수밖에는 없지만) 선행절과 후행절이 전혀 대등한 관계에 있지 않다는 점에서 위의 (접속 부사) '및'과는 성격을 달리 한다. 이곳의 '밋'은 '도시 죽으매 미처'의 '미처'("이르러"의 의미)와 같은 의미로 쓰였다고 할 수 있는데 '미처'와는 달리 구절의 첫 머리에 위치하고 있는 것이다. 이는 당시의 언어 질서를 반영한 것이라기보다 원문의 어순(語順)에 이끌린 결과(곧 及의 자리에 '밋'을 단순히 대응시켜 언해한 결과)로서, 지나친 축자역(逐字譯)에 따라 출전의 간섭 현상이 일어난 것으로 보아야 할 것이다.

〈3 : 19b〉

고 우러 무엇ᄒ리오 ᄒ더라 밋 호군공(護軍公)의 상ᄉ(喪事)롤 만나^

매 나히 팔십(八十)이로디 녜(禮) 잡으믈 게얼니 아니ᄒ더라

홀연(忽然)이 흰 져비 렴하(簷下)의 깃드리니 슉인(淑人)이 우러 왈(曰)

이는 우리 집 녯 져비라 그 날을 위ᄒ야 왓ᄂ냐 대개(大槪)

조(祖) 셔부공(西阜公)【별호(別號)】휘(諱) 구슈(龜壽ㅣ) 텬셩(天性)이 지효(至孝)ᄒ야 거상(居喪)의 셜^

우믈 극진(極盡)이 ᄒ니 흰 져비 녀막(廬幕)의 깃드려[1] 삿기 다 희던

고로 니론 말이러라 슉인(淑人)이 구십(九十)의도 총명(聰明)이 쇠(衰)티 아니^

ᄒ고 쏘ᄒ 능(能)히 녜(禮)로뻐 눌신(律身)ᄒ야 미일(每日)의 새배 니러 머리

셰슈(洗手)ᄒ고 무롭흘[2] 쓸고 위좌(危坐)ᄒ야 경ᄉ(經史) 보기룰 긋치디

아니ᄒ고 녀홍(女紅)을 쏘ᄒ 폐(廢)티 아니ᄒ고【홍(紅)은 녀ᄌ(女子)의 일이라】도ᄉ공
(都事公)의

1 깃드려: 깃들여. 집을 지어. '깃들이- + -어'로 분석된다. '깃들이-'는 "巢"를 뜻하는 '깃'과 '들[入]-'의 사동사 '들이-'가 결합한 복합 동사에 해당하나, 중세 문헌에서는 발견되지 않고 근대 문헌(보다 구체적으로는 18세기 문헌)에 와서야 비로소 발견된다. 중세 문헌에서는 ('깃들이-'와 같은) "栖, 巢"의 의미로 '깃깃/깃깃-'이 주로 쓰였는데, 이 '깃깃/깃깃-'은 '깃[巢]'과 (이와 영파생 관계에 있는 동사) '깃/깃-'이 결합한 합성 동사이다. 현대국어에서는 '깃들이-'와 함께 전에 보이지 않던 '깃들-'과 같은 어형도 쓰이나, '깃들이-'와 달리 "(기운이나 감정 따위가) 어리다, 스며들다"를 뜻하는 다소 추상적 문맥에만 쓰여 차이가 있다.

及喪護軍公, 年已八十而執禮不怠. 忽有白燕巢於屋簷, 淑人泣曰, 此吾家舊時燕也. 其爲我來耶. 蓋淑人之祖西皐公諱龜壽, 天性至孝, 居喪致哀, 有白燕巢於廬幕, 生子皆白故云矣. 末年家益冷落, 末子灝, 奉養盡誠, 嘗躬自漁獵, 晝夜不懈. 淑人曰, 是誠善事, 只恐子孫效嚬, 以廢學業也. 淑人大耋之年, 聰明不衰, 亦能以禮律身, 常夙興盥櫛, 斂膝危坐, 看閱三綱行實等書, 亦不廢女紅,

〈3 : 19b〉

하고, '울어 무엇하리요?' 하더라. 호군공(護軍公)의 상사(喪事)를 만나매 (이르러), 나이 팔십(八十)이로되 예(禮) 지킴을 게을리 아니하더라. 홀연(忽然)히 흰 제비가 첨하(簷下, 처마)에 깃드니 숙인(淑人)이 울어(=울며) 왈(曰), '이는 우리 집 옛 제비라. (그) 나를 위하여 왔느냐?' 대개(大槪) 조(祖) 서부공(西皐公)【별호(別號)】휘(諱) 구수(龜壽)가 천성(天性)이 지효(至孝, 효성이 지극함)하여 거상(居喪, 상중에 있음)에 서러움을 극진(極盡)히 하니 흰 제비가 여막(廬幕, 무덤 가까이에 지어 놓고 상제가 거처하는 초막)에 깃들어 새끼가 다 희던 고로 이른 말이러라. 숙인(淑人)이 구십(九十)에도 총명(聰明)이 쇠(衰)하지 아니하고 또한 능(能)히 예(禮)로써 율신(律身, 자기 자신을 단속함)하여, 매일(每日) 새벽에 일어나 머리를 세수(洗手)하고 무릎을 모으고 위좌(危坐, 몸을 바르게 하고 앉음)하여 경사(經史, 경서와 사서) 보기를 그치지 아니하고, 여홍(女紅, 부녀자들이 하던 길쌈질)을 또한 폐(廢)하지 아니하고,【홍(紅)은 여자(女子)의 일이라】도사공(都事公)의

2 무룹흘 : 무릎을. '무릎'은 15세기에서는 '무뤂' 또는 '무롶'으로 나온다. '무룹ㅎ'은 '무뤂'의 제2음절 말음 'ㅍ'을 'ㅂ'과 'ㅎ'으로 분석한 뒤 나누어 표기한 것이다.

▸▸▸ **원문 판독**

〈3 : 20a〉

조비(祖妣) 뉴시(柳氏ㅣ) 고려말(高麗末)을 당ᄒ야 일죽이[1] 과거(寡居)ᄒ니 그 친부^
뫼(親父母ㅣ) 블샹이 너겨 ᄯᅳ슬 앗고져 ᄒᄂᆞᆫ디라 뉴시(柳氏ㅣ) 등의 어린
ᄌᆞ식(子息)을 업고 숑도(松都)로브터 ᄲᅴ여나 것고 회덕(懷德)의 니르^
러 구고(舅姑)의게 의지ᄒ니 그 ᄉᆞ이 ᄉᆞ덕(事跡)이 긔이(奇異)ᄒ미 만흔디라
슉인(淑人)이 아ᄒᆡ 적의 도ᄉᆞ공(都事公)의 일긔(日記) 적의 ᄒᆞᆫ 번 보앗더^
니 효종묘(孝宗朝)의 니르러 우리 종족(宗族) 노쇼(老少ㅣ) 뉴시(柳氏)의 ᄉᆞ적(事跡)을
드러 졍표(旌表)ᄒᆞ믈 쳥(請)ᄒᆞᆯ시 그 묘갈(墓碣)의 올년 말이 이시미
쵸략(草略)ᄒᆞ디라 슉인(淑人)이 능(能)히 일긔(日記) 듕의 긔록(記錄)ᄒᆞᆫ 말을
외와 ᄲᅧ 낸 고로 종족(宗族)이 일로ᄡᅥ 졍문(旌門)ᄒᆞᄂᆞᆫ 은혜(恩惠)를 닙^
ᄋᆞ니 듯ᄂᆞᆫ 사름이 슉인(淑人)을 위ᄒᆞ야 가관(可觀)티 아니리 업^

▸▸▸ **주 석**

1 일죽이 : 일찍이. 이곳의 '일죽이'는 중세국어의 '일즉이'에 소급할 형태로, 'ㆍ>ㅡ' 변화에 따른 일종의 과
도 교정이 적용된 결과 이곳에서는 '일죽이'로 나타난 것이다. 자료에는 '일죽이'와 함께 부사 '일죽'도 등
장하지만, '일죽'이 원문의 '曾, 嘗' 및 '早'에 대응되어 두루 쓰인 반면(예 : 내 일죽 외람이 글을 지어 일
엇느니(余嘗猥爲文以序其事矣)<3 : 41ab>, 늦게야 자고 일죽 니러(晩寢早作)<3 : 31b>) '일죽이'는
'早'에 대응된 예를 보여 주지 않아 차이를 보인다. 이러한 양상은 현대국어에도 이어져 현대국어에서 종
래의 '일즉/일죽'을 계승한 '일찍'은 "早"의 의미를, '일즉이/일죽이'를 계승한 '일찍이'는 "曾, 嘗"의 의미를

▶▶▶ **출 전**

〔爲子孫誦, 先考都事公交友如李山甫、尹斗壽諸名公字行別號及相與酬唱之作, 無所漏焉.〕都事公七代祖妣柳氏, 當麗氏末, 早寡, 其父母欲奪志. 柳氏負幼子, 自松京跳出, 徒步至懷德以依舅姑, 其間事跡有絶異者. 淑人兒時, 一見於都事公日記中, 我孝宗朝, 吾宗老少擧柳氏狀, 請加旌表, 而其載墓碣者甚略. 淑人能誦日記中所錄甚悉, 故吾宗得以詳細採錄, 以備睿覽,

▶▶▶ **현대어역**

〈3 : 20a〉

조비(祖妣, 돌아가신 할머니) 유씨(柳氏)가 고려말(高麗末)을 당하여 일찍이 과거(寡居, 과부로 지냄)하니, 그 친부모(親父母)가 (그를) 불쌍히 여겨 뜻을 앗고자(=개가시키고자) 하는지라. 유씨(柳氏)가 등에 어린 자식(子息)을 업고 송도(松都, 개성의 옛 이름)로부터 뛰어나가 걷고(=걸어서), 회덕(懷德)에 이르러 구고(舅姑, 시부모)에게 의지하니 그 사이 사적(事跡, 자취)이 기이(奇異)함이 많은지라. 숙인(淑人)이 아이 적에 도사공의 일기(日記)를 한 번 보았는데, 효종조(孝宗朝)에 이르러 우리 종족(宗族, 성과 본이 같은 겨레붙이) 노소(老少)가 유씨(柳氏)의 사적(事跡)을 들어 정표(旌表, 착한 행실을 세상에 드러내어 널리 알림)함을 청(請)할 때에, 그 묘갈(墓碣, 무덤 앞에 세우는 둥그스름한 작은 돌비석)에 올린 말이 있음이 초략(草略, 몹시 거칠고 간략함)한지라. 숙인(淑人)이 능(能)히 일기(日記) 중의 기록(記錄)한 말을 외워 써 낸 고로 종족(宗族, 성과 본이 같은 겨레붙이)이 이것으로써 정문(旌門, 충신, 효자, 열녀 들을 표창하기 위하여 그 집 앞에 세우던 붉은 문)하는 은혜(恩惠)를 입으니, 듣는 사람이 숙인(淑人)을 위하여 가관(可觀, 볼 만하다고 여김)하지 않는 사람이

▶▶▶ **주 석**

각각 담당하여 어휘 분화를 보이고 있다.

〈3 : 20b〉

더라 손ᄌ(孫子) 득쉬(得壽ㅣ) 샹해 샹셔(尙書)롤 외오매 슉인(淑人)이 ᄭ우지저
왈(曰) 네 엇디 닑기롤 닉게 못ᄒ야 일단(一段)을 ᄲᅡ디오ᄂᆞᇇ뇨
ᄒ고 슉인(淑人)이 인ᄒ야 외오디 ᄒᆫ ᄌᆡ(字ㅣ) 그르디 아니ᄒ니 이ᄂᆞᆫ
구십셰(九十歲) 일이러라 ᄒᆞᄅᆞᆫ 밤의 비오매 혼자 안잣더니
머리 협슈룩ᄒᆫ 귓거시 문(門)을 여러 보거놀 슉인(淑人)이
우어 왈(曰) 심(甚)ᄒ다 나의 쇠(衰)ᄒ미여 귀믈(鬼物)이 감히 와 엿보^
ᄂᆞ냐 ᄒ니 귀믈(鬼物)이 다ᄅᆞᆫ디라 이 ᄀᆞᆺ튼 일이 녜는 심히 드믈^
니 오직 뎡ᄌ(程子) 어마님 후부인(侯夫人)의 일이 〃시니 빅셰(百歲)롤
다나 다시 우리 집의 보리로다 ᄯᅩ 범이 와 밤의 우니 집^
안 사롬이 다 놀라 무셔워 망조(罔措)ᄒ더니 슉인(淑人)이 유연(悠然)^

>>> **출 전**

〔遂蒙棹楔之典, 聞者莫不爲淑人嘉歎焉. 每値私親忌日. 必齊居悲慕. 以仲兄女諺書. 酷似李淑人筆跡. 必謹藏之. 其孝誠之至. 可推而知也.〕灝之子得洙, 嘗誦尙書二典於傍, 淑人責曰, 汝何不熟而闕一段耶. 得洙請其所闕則淑人背念, 不錯一字, 此九十後事也. 平生不近巫覡, 不信神怪. 一日夜雨獨坐, 有蓬頭鬼物開戶而入, 淑人笑語曰 : "甚矣吾衰也, 鬼敢來瞰也." 鬼物旋卽走出. 此實尙類之事也. 崔東皐岦, 記李淑人行實曰, 嘗有鬼火自遠而近, 淑人凝然不動, 以俟自滅云. 等事於古亦罕, 而唯程子母侯夫人有之矣. 夫人從太中公在廬陵, 公宇多怪, 家人曰, 有物弄扇, 夫人曰, 熱爾, 又曰, 有物擊鼓, 夫人曰有椎乎. 自是怪亦不復有焉. 此事曠百世而復得於吾家矣. 又有虎乘夜而至. 家人驚怖, 淑人悠然不動,

>>> **현대어역**

〈3 : 20b〉

없더라. 손자(孫子) 득수(得壽)가 항상 상서(尙書)를 외우매(=외울 때) 숙인(淑人)이 꾸짖어 왈(曰), '네 어찌 읽기를 익숙하게 (하지) 못하여 일단(一段)을 빠뜨리느냐?' 하고, 숙인(淑人)이 인하여 외우되 한 자(字)가 그르지(=잘못되지) 아니하니 이는 구십세(九十歲) 일이러라. 하루는 밤에 비오매(=비올 때) 혼자 앉아 있는데, 머리 덥수룩한 귀신이 문(門)을 열어 보거늘, 숙인(淑人)이 웃어(=웃으며) 왈(曰), '심(甚)하다, 나의 쇠(衰)함이여! 귀물(鬼物)이 감히 와서 엿보느냐?' 하니 귀물(鬼物)이 달아났는지라. 이 같은 일이 옛날에는 심히 드무니, 오직 정자(程子) 어머님 후부인(侯夫人)의 일이 있으니, 백세(百歲)를 지나 다시 우리 집에서 보리로다. 또 범이 와 밤에 우니 집안 사람이 다 놀라 무서워 망조(罔措, 너무 당황하거나 급하여 어찌할 줄을 모르고 갈팡질팡함)하였는데, 숙인(淑人)이

〈3 : 21a〉

히 움죽이디 아니ᄒ고 쳔〃이 말로 ᄊᆞ지져 왈(曰) 사ᄅᆞᆷ과

즘ᄉᆡᆼ이 서ᄅᆞ 혼잡(混雜)디 못홀 거시니 네 그 갈디어다 범^

이 듯고 즉시 가니 이 ᄯᅩ 범인(凡人)의 능(能)히 못홀 배러라 슉인(淑人)^

이 지식(知識)과 도량(度量)이 ᄆᆞᆰ고 멀며 그릇과 냥(量)이 넙고 큰디라

일즉 ᄆᆞ음을 외믈(外物)의 브리기ᄅᆞᆯ 아니ᄒᄂᆞᆫ 고(故)로 먼리¹ 아ᄂᆞᆫ

일이 만ᄒ 먼 ᄃᆡ 친쳑(親戚)이 죽으매 집사ᄅᆞᆷᄃᆞ려 닐러 ᄀᆞᆯ^

오ᄃᆡ 아뫼〔某ㅣ〕 아니 죽은가 ᄒ면 과연 그 날 죽은 부음(訃音)이 오더^

라 말년(末年)의 병(病)이 팀면(沉湎)ᄒ야 젼측(轉側)을 슈인(須人)ᄒ더니 홀^

론 홀연(忽然) 소셰(梳洗)ᄒ고 오ᄉᆞᆯ ᄀᆞ라닙고 안ᄌᆞ니 집사ᄅᆞᆷ이 병(病)^

이 나은 줄 깃거ᄒ디니 홀언(忽然) 득슈(得壽)ᄃᆞ려 닐러 ᄀᆞᆯ오ᄃᆡ

1 먼리 : 멀리. 중세 문헌에는 '머리'(←멀〔遠〕-+-이〔부사화 접미사〕)로 나타나다가 '머리>멀리'의 변화에
따라 근대 문헌에는 '멀리'나 '멀니'로 나타나는 것이 일반적이다. 이곳에서는 '먼리'로 나타났는데 자료의
다른 곳에는 '먼니'로 등장하기도 한다. 이곳의 '먼리'는 /쳘리/를 '쳔리'로 적는 것과 마찬가지로 어중의
/ㄹㄹ/을 'ㄴㄹ'로 표기한 결과라 할 수 있다. 다만 어중 /ㄹㄹ/에 대한 'ㄴㄹ' 표기는 '千里, 新羅' 등 한
자어에만 특징적으로 적용되던 것인데, '먼리'는 한자어가 아님에도 그러한 표기를 취하여 독특하다고 할
수 있다. 혹 언중들이 '먼리'를 한자어 '萬里'에 부회하여 이해하였을 가능성이 있지 않을까 한다.

▶▶▶ 출 전

徐以語責之曰: "人與物不可相混, 汝其去矣." 虎聞而卽逃, 亦非凡人之所能也. 淑人識度淸遠, 器量深宏. 嘗不役心於外, 故事多前知, 遠外親戚之死, 謂家人曰: "某得無死乎." 其後訃至, 則果皆其日也. 末年沈痼六載, 轉側須人. 一日忽自澡洗更衣而坐, 家人喜以爲病已也.

▶▶▶ 현대어역

⟨3 : 21a⟩

유연(悠然, 침착하고 여유가 있음)히 움직이지 아니하고 천천히 말로 꾸짖어 왈(曰), '사람과 짐승이 서로 혼잡(混雜, 여럿이 한데 뒤섞이어 어수선함)하지 못할 것이니 네 (그) 갈지어다.' 범이 듣고 즉시 가니 이 또한 범인이 능(能)히 못할 바이러라. 숙인(淑人)이 지식(知識)과 도량(度量)이 맑고 멀며 그릇과 양(量)이 넓고 큰지라. 일찍이 마음을 외물(外物)에 부리기를(=부려지기를) 아니하는 고(故)로 멀리 아는 일이 많아, 먼 데 친척(親戚)이 죽으매(=죽었을 때) 집안사람에게 일러 말하되, '아무개가 아니 죽었는가?' 하면 과연 그 날 죽은 부음(訃音)이 오더라. 말년(末年)에 병이 침면(沈湎, 증세가 심하여 헤어나지 못함)하여 전측(轉側, 자다가 돌아누움)을(=전측하는 데) 수인(須人, 반드시 사람을 시킴)하였는데, 하루는 홀연(忽然)히 소세(梳洗, 머리를 빗고 낯을 씻음)하고 옷을 갈아입고 앉으니 집안사람이 병(病)이 나은 것을 기뻐하였는데, 홀연(忽然) 득수(得壽)에게 일러 말하되,

〈3 : 21b〉

네 아비 내 시병(侍病)으로 ᄒᆞ야 졸역(卒役)ᄒᆞ여 진(盡)ᄒᆞ엿ᄂᆞᆫ디라 이^
제 이 날을 만나니 쟝ᄎᆞᆺ[1] 지팅(支撐)치 못ᄒᆞ리로다 ᄒᆞ더니 그 익^
일(翌日)의 기셰(棄世)ᄒᆞ고 득슈(得洙)의 부(父) 희(灝) 쏘혼 거상(居喪)을 이긔디 못
ᄒᆞ^
야 니어 죽으니 평일(平日)의 니ᄅᆞᄂᆞᆫ 배 차샹(嗟傷)티 아니미 만터^
라 동츈(同春) 송공(宋公) 쥰길(浚吉)이 미양 보면 반ᄃᆞ시 ᄆᆞᄋᆞᆷ의 ᄀᆞ족^
ᄒᆞ야 골오ᄃᆞ 엇디 그 혼ᄀᆞᆯᄀᆞ티 존슉부(尊叔父) ᄀᆞᆺ트뇨 대개(大槪) 내
셩(性)을 ᄀᆞᄅᆞ티미러라 내 츌입(出入)ᄒᆞ야 뫼션 디[2] ᄉᆞ십여(四十餘) 년(年)^
이로ᄃᆞ 일즉 희롱(戲弄)ᄒᆞᄂᆞᆫ 얼골을 보디 못ᄒᆞ니 비복(婢僕)이
죄(罪) 이시매 냑〃(略略)히 경계(警戒)ᄒᆞ고 매질ᄒᆞᄂᆞᆫ 일이 업ᄉᆞ며 사^
롬의 션악(善惡)을 니ᄅᆞᄂᆞᆫ 일이 업고 일의 시비(是非)를 의논(議論)ᄒᆞᄂᆞᆫ

1 쟝ᄎᆞᆺ : 장차(將次). 부사 '쟝ᄎᆞ'에 부사를 파생시키는 접미사 '-ㅅ'이 통합한 어형이다. 중세국어 이래 '쟝ᄎᆞ'와 '쟝ᄎᆞᆺ'이 공존하였으나 자료에서는 '쟝ᄎᆞᆺ'만 발견된다.
2 뫼션 디 : 모신 지. "시간 경과"를 표현하는 'V-언 # 디' 구성에 '뫼시-'가 참여한 것이다. 중세국어에서 'V-언 디' 구성에 포함된 '어'는 (일반적으로) 선행 어간의 타동성 여부에 따라 '어~거'의 교체를 보였으나, 자료에서는 그러한 교체 없이 '어'로 통일되어 나타난다. 현대국어에서는 'V-언 디' 구성에 필수적으로 참여하던 '어'가 빠져 현대국어에는 'V-(으)ㄴ 지' 구성으로 나타난다.

▶▶▶ **출 전**

忽謂得洙曰 : "汝父侍我病此久, 筋力已盡. 今乃有此日, 將不可支吾也. 其翌日棄世, 而灝亦不
勝喪而繼逝, 平日所言之不爽, 多類此.〔平生所遭逆境甚多, 每有勃谿, 油油然如不知有此事也.
既家業零瘁, 蔬糲不繼, 而不以爲意, 人病其闊於治産, 而亦悠然也.〕同春宋公浚吉每歷拜, 必
薦然而出曰 : "何其一似尊叔父也. 蓋指吾先人也." 余自解事以來, 出入侍奉四十餘年矣, 未嘗見
喜怒之容, 常樂易多恕, 婢使有過, 略略誡之而不施笞扑, 言人善惡, 論事是非, 語簡而意則獨至.

▶▶▶ **현대어역**

〈3 : 21b〉

'네 아비가 내 시병(侍病, =간병)으로 졸역(卒役)하여 진(盡)하였는지라. 이제 이 날을 만나니
장차 지탱(支撐)하지 못하리로다.' 하더니, 그 익일(翌日, 다음날)의 기세(棄世, 웃어른이 돌아가
심)하고 득수(得洙)의 부(父) 희(灝) 또한 거상(居喪)을 이기지 못하고 연이어 죽으니, 평일(平
日)에 말하는 바가 차상(嗟傷, 한탄하며 슬퍼함)하지 않음이 많더라. 동춘(同春) 송공(宋公) 준길
(浚吉)이 항상 보면 반드시 마음에 안 되어 말하되, '어찌 그 한결같이 존숙부(尊叔父) 같은
가?' 대개(大槪) 내 성품을 가르킴이러라. 내가 출입(出入)하여 모신 지 사십여(四十餘) 년(年)
이로되, 일찍이 희롱(戲弄)하는 얼굴을 보지 못하니, 비복(婢僕)이 죄(罪)가 있으매(=있을 때)
약략(略略, 매우 간결함)히 경계(警戒)하고 매질하는 일이 없으며, 사람의 선악(善惡)을 말하는
일이 없고, 일의 시비(是非)를 의논(議論)하는

〈3 : 22a〉

일이 간략(簡略)ᄒᆞ고 ᄠᅳᆮ이[1] 극진(極盡)ᄒᆞ며 쳐연(凄然)이 슈렴(收斂)ᄒᆞ야 안자^

시매 사ᄅᆞᆷ으로 ᄒᆞ야곰 친(親)ᄒᆞᆯ 둣ᄒᆞ디 젓두려ᄒᆞ미[2] 이^

시니 도(道) 잇ᄂᆞᆫ 사ᄅᆞᆷ의 긔샹(氣像) 규모(規模)러라 나의 셩품(性品)이 급박(急迫)^

ᄒᆞ고 경조(輕躁)ᄒᆞ매 미양 그 만분지일(萬分之一)이나 ᄉᆞ법(師法)ᄒᆞ고져 ᄒᆞ디

ᄆᆞᆾᄎᆞᆷ내 방블(彷佛)티 못ᄒᆞᆫ 고(故)로 샹해 스스로 셜워ᄒᆞᆯ ᄯᆞᄅᆞᆷ^

이로다 슝뎡(崇禎) 뎡유(丁酉)의 내가 슉인(淑人)ᄭᅴ 뵈오니 슉인(淑人)이 평^

ᄉᆡᆼ(平生) ᄉᆞ힝(事行)을 펴 니ᄅᆞ기ᄅᆞᆯ 심히 ᄌᆞ셔히 ᄒᆞ시니 ᄠᅳᆮ의 ᄒᆞ^

디 믈유(無聊)히 이셔 한가(閑暇)히 말ᄉᆞᆷ인가 ᄒᆞ엿더니 이제 득

슈(得洙)의 말로ᄡᅥ 이에 부슬[3] 잡아 ᄒᆡᆼ젹(行蹟)을 긔록(記錄)ᄒᆞ니 녜

구양비(歐陽棐ㅣ)[4] 쇼션ᄉᆡᆼ(邵先生)을 가 본대 쇼션ᄉᆡᆼ(邵先生)이 ᄌᆞ가(自家)의 평ᄉᆡᆼ(平生) 대쇼^

1 ᄠᅳᆮ이 : 뜻이. 이곳의 'ᄠᅳᆮ'은 중세국어의 'ᄠᅳᆮ'에 소급할 어형이다. 어두자음군의 경음화를 거쳐 16세기 문헌 부터는 'ᄹᅳᆮ'으로 등장하기 시작한다. 예 : 즐기ᄂᆞᆫ ᄹᅳ들 보노라<중간두시언해(1613) 7 : 11a>. 이곳에서 'ᄹᅳᆮ'이 'ᄠᅳᆮ'으로 적힌 것은 (칠종성법의 확립 이후) 어간 말음 /ㄷ/을 'ㅅ' 분철 표기로 나타내는 자료의 표기 방식에 따른 것이다. 현대국어의 '뜻'은 'ᄹᅳᆮ'에서 어간 말음이 다시 'ㅅ'으로 재구조화된 결과이다.

▸▸▸ **출 전**

旣已則寂然斂藏, 可親而畏, 眞有道者氣象規模也. 余性卞急輕躁, 每欲師法其萬一, 而終不能彷彿, 則常切自悼而已. 記昔崇禎丁酉, 余往拜淑人, 淑人歷敍平生事甚悉, 此前此所未有者也. 意其寡居無聊, 說此閒說話也, 今以得洙等言, 乃敢操筆而第錄, 蓋昔歐陽棐, 往謁邵先生. 先生細說自家大小事,

▸▸▸ **현대어역**

〈3 : 22a〉

일이 간략(簡略)하고 뜻이 극진(極盡)하며, 처연(凄然, 기운이 차고 쓸쓸함)히 수렴(收斂, 방탕한 사람이 몸과 마음을 단속함)하여 앉았으매(=앉아 있을 때) 사람으로 하여금 친(親)할 듯하되 두려워하게 함이 있으니, 도(道) 있는 사람의 기상(氣像)과 규모(規模, 모습)이러라. 나의 성품(性品)이 급박(急迫)하고 경조(輕躁, 말이나 행동이 진중하지 못하고 가벼움)하여서 항상 그 만분지일(萬分之一)이나 사법(師法, 스승으로 삼아 그를 본떠서 배움)하고자 하되 마침내(=끝내) 방불(彷彿, 거의 비슷함)치 못한 고(故)로 항상 스스로 서러워할 따름이로다. 숭정(崇禎) 정유(丁酉)에 내가 숙인(淑人)께 뵈오니 숙인(淑人)이 평생(平生) 사행(事行)을 펴서 이르기를 심히 자세히 하시니, 뜻에 하되(=생각하되), 무료(無聊)히 계셔서 한가(閑暇)하게 말씀하신가 하였더니, 이제 득수(得洙)의 말로써 이에 붓을 잡아 행적(行蹟)을 기록(記錄)하니, 옛날 구양비(歐陽棐)가 소선생(邵先生)을 가 보았을 때, 소선생(邵先生)이 자가(自家, 자신)의 평생(平生)

▸▸▸ **주 석**

2 졋두려ᄒᆞ미 : 두려워함이. 두려워하게 함이. 이곳의 '졋두려ᄒᆞ-'는 원문의 '畏'를 옮긴 것으로, '졀-'과 '두려ᄒᆞ-'가 결합한 것으로 분석될 어형이다. 자료의 다른 곳에는 '졀-'과 '두리-'가 결합한 '저투리-'도 비슷한 의미로 쓰인 예가 발견된다.

3 부술 : 붓을. 중세 문헌에는 '부들'이나 '붇들'로 등장하여 '붇>붓'의 변화가 일어났음을 보여 준다. 중세국어의 /ㄷ/ 말음 명사가 근대국어에 와서 /ㅅ/ 말음 명사로 변한 예는 '뜯〔意〕, 곧〔處〕, 빋〔債〕, 벋〔友〕' 등에서도 볼 수 있지만, 이들은 어간 말음에서 한결같이 'ㄷ>ㅈ>ㅅ'의 변화를 거친 것이다. 곧 어간말 /ㄷ/이 ('쓰지, 고지, 비지, 버지'와 같은) 구개음화 어형을 매개로 어간말 /ㅈ/으로 변화한 뒤 이것이 다시 마찰음화를 겪어 어간말 /ㅅ/으로 정착한 것이다. 이들 예를 고려하면, 문헌상에는 입증되지는 않지만 '붇' 역시 '붇>*붖>붓'의 변화를 거쳤을 가능성이 있다고 하겠다.

4 구양비(歐陽棐, 1047~1113)는 송(宋) 길주(吉州) 여릉(廬陵) 사람. 자는 숙필(叔弼)이고, 구양수(歐陽脩)의 아들이며 구양발(歐陽發)의 동생이다.

▶▶▶ **원문 판독**

〈3 : 22b〉

ᄉ(大小事)를 ᄌᆞ셔히 니ᄅᆞ더니 밋¹ 션싱(先生)이 죽으매 됴뎡(朝廷)이 시호(諡號)를
의논(議論)ᄒᆞᆯ시 그 시장(諡章)이 뭇ᄎᆞᆷ내² 비(棐)의게 도라가니 비로소 젼ˇ
연(全然)이 놀라 ᄭᆡ텨 굴오디 션싱(先生)의 당일(當日)의 니ᄅᆞ던 말이
졍(正)히 오ᄂᆞᆯ날을 위ᄒᆞ미라 ᄒᆞ고 그 날 말을 ᄲᅢ디오디 아
니코 쓰니 희(噫)라 슉인(淑人)이 곳 쇼션싱(邵先生) 일이로디 내 블쵸(不肖)ᄒᆞˇ
야 감히 구양비(歐陽棐)의 어딜믈 ᄇᆞ라디 못ᄒᆞ고 ᄒᆞᆫ갓 당일(當日)ˇ
의 깁흔 ᄠᅳᆺ을 져ᄇᆞ리니 황공(惶恐)ᄒᆞᄆᆞᆯ 이긔디 못ᄒᆞ노ˇ
라 아모커나 일로ᄡᅥ 닙언(立言)ᄒᆞᄂᆞᆫ 군ᄌᆞ(君子)의게 쳥(請)ᄒᆞ야 그
ᄡᅥ 무틴 덕(德)과 아ᄅᆞᆷ다온 곤범(壼範)을 발(發)ᄒᆞ기를 쳥(請)ˇ
ᄒᆞ노라

▶▶▶ **주 석**

1 밋 : 및. 중세국어 이래 '및〔及〕-'에서 파생된 어간형 부사 '및'(표기상으로는 '믿' 또는 '밋')은 대등한 관계
의 두 구나 절 사이에 위치하여 "그리고, 그 밖에"를 뜻하는 접속 부사로 쓰였다(현대국어에서 'NP 및
NP'의 구성에 참여하는 '및'은 바로 이 접속 부사의 용법을 계승한 것이다). 예 : 도적이 그 지아비과 <u>및</u>
그 아들을 주기고<동국신속삼강행실도(1617) 烈6 : 73b>, 믈윗 吊ᄒᆞ며 <u>밋</u> 喪을 보내ᄂᆞᆫ 者ㅣ <가례언
해(1632) 7 : 8a>. 그러나 이곳에 쓰인 '밋'은 (부사로 쓰였다고 할 수밖에는 없지만) 선행절과 후행절
이 전혀 대등한 관계에 있지 않다는 점에서 위의 (접속 부사) '및'과는 성격을 달리 한다. 이곳의 '밋'은

棐歸語其父文忠公脩. 文忠喜曰. 邵先生以汝爲可語而如是也. 及先生沒而朝廷議諡, 其諡狀竟屬
於棐, 棐始蹶然驚悟曰 : "先生當日語, 正爲今日." 遂敍述其日語無遺. 噫, 淑人卽邵先生舊事,
而余之無狀, 不敢望歐陽之賢, 則徒負當日之微意矣, 不勝皇恐之至. 第以請於立言之君子, 以發
其潛德懿範云.

〈3 : 22b〉

대소사(大小事)를 자세히 일렀는데, 선생(先生)이 죽으매 (이르러) 조정(朝廷)이 시호(諡號)를
의논(議論)할 때 시장(諡狀, 재상이나 유교에 밝은 사람들에게 시호를 내리도록 임금에게 건의할 때에,
그가 살았을 때의 일들을 적어 올리던 글)이 마침내 비(棐)에게 돌아가니 비로소 전연(全然)히 놀라
깨우쳐 말하되, '선생(先生)이 당일(當日)에 이르던 말이 정(正)히 오늘날을 위함이라.' 하고
그 날 말을 빠뜨리지 아니하고 쓰니, 희(噫)라, 숙인(淑人)이 곧 소선생(邵先生) 일이로되, 내
불초(不肖)하여 감히 구양비(歐陽棐)의 어짊을 바라지 못하고 한갓 당일(當日)의 깊은 뜻을 저
버리니 황공(惶恐)함을 이기지 못하노라. 아무렇거나(=아무튼) 이것으로써 입언(立言, 후세에
남겨 교훈이 될 만한 말을 함)하는 군자(君子)에게 청(請)하여 그 (써) 묻힌 덕(德)과 아름다운 곤
범(壼範)을 발(發)하기를 청(請)하노라.

'션싱이 죽으매 미처'의 '미처'("이르러"의 의미)와 같은 의미로 쓰였다고 할 수 있는데 '미처'와는 달리 구
절의 첫 머리에 위치하고 있는 것이다. 이는 당시의 언어 질서를 반영한 것이라기보다 원문의 어순(語
順)에 이끌린 결과(곧 '及'의 자리에 '밋'을 단순히 대응시켜 언해한 결과)로서, 지나친 축자역(逐字譯)에
따라 출전의 간섭 현상이 일어난 것으로 보아야 할 것이다.
2 뭇춤내 : 마침내. 중세국어의 '무춤내'에 소급할 어형으로, 이곳에서 '뭇춤내'로 나타난 것은 어중 유기음
/ㅊ/을 'ㅅ-ㅊ'으로 중철 표기한 결과이다. 중세국어의 '무춤내'는 '뭋[了]-'의 파생 명사 '무춤'과 파생 부
사 '내'가 결합하여 합성부사가 된 어형이다. 이 '내'는 '겨슬내(>겨우내), '내죵내' 등에서도 확인되나 출
현례가 극히 드물다. 중세국어나 근대국어에서는 '내' 및 이것의 중가형(重加形) '내내'도 확인되는데 이
들 어형과 용법은 현대국어까지 이어진다.

▸▸▸ 원문 판독

〈3：23a〉

뎡경부인니시묘지(貞敬夫人李氏墓誌)【우암션싱(尤庵先生) 찬(撰)이라】
뎡경부인(貞敬夫人) 니시(李氏)는 부원군(府院君) 광뎡(光庭)[1]과 뎡경부인(貞敬夫人) 허
시(許氏)ˆ
의 똘이니 증의뎡경쥬부윤(贈議政慶州府尹) 녀흥(驪興) 민공(閔公) 긔(機)와 뎡ˆ
경부인(貞敬夫人) 홍시(洪氏)의 통부(冢婦)오 관찰ᄉ(觀察使) 광훈(光勳)[2]의 안해오
ᄉ마장원(司馬壯元) 시듕(蓍重) 공셔(公瑞)와【후(後)의 대ᄉ헌(大司憲)ᄀ디 ᄒ고 아ᄃᆞᆯ
진쥬(鎭周)는 니조판셔(吏曹判書) ᄒ고 손(孫) 응슈(應洙)도 니조판셔(吏曹判書) ᄒ니
라】
대ᄉ간(大司諫) 뎡듕(鼎重) 태슈(大受)와【후의 좌의졍(左議政) ᄒ고 ᄌᆞ(子) 진댱(鎭長)
이 우의졍(右議政)ᄀ디 ᄒ니라】홍문교리(弘文校理) 유듕(維重)
지슉(持叔)의【녀양부원군(驪陽府院君)이니 인현왕후(仁顯王后) 아바님이니 ᄌᆞ(子) 진후
(鎭厚) 판셔(判書) ᄒ고 ᄌᆞ(子) 진원(鎭源)이 좌샹(左相)이오 손(孫) 형슈(亨洙)는 즉금
참의(參義)오 통슈(通洙)는 교리(校理)니라】
어마님이 그 봉고(封誥)는【부인뎝(夫人帖)을 봉고(封誥)라 ᄒᆞᄂᆞ니라】관찰ᄉ(觀察使)의
벼슬로 봉(封)ˆ
ᄒ미러라 부인(夫人) 니시(李氏)의 똘이 되매 그 어딜며 효도(孝道)로오믈
ᄉ랑ᄒᆞ야[3] 굴오디 똘이 션비 힝실(行實)이 〃시니 반ᄃᆞ시 그 맛ˆ

▸▸▸ 주 석

1 이광정(李光庭, 1552~1627)은 조선 중기의 문신으로 본관은 연안(延安), 자는 덕휘(德輝), 호는 해고 (海皐)·눌옹(訥翁)이다. 임진왜란 때 선조를 호종하고 심유경을 도와 일본과 협상하였으며, 선조 때 청 백리에 녹선되었다. 호성공신(扈聖功臣) 2등으로 연원군(延原君)에 봉해졌고, 이어 부원군(府院君)에 진봉(進封)되었다. 정묘호란 때 강화(江華)에 들어가 병사했다.
2 민광훈(閔光勳, 1595~1659)은 본관이 여흥(驪興)으로, 자는 중집(仲集)이다. 아들인 시중(蓍重)·정 중(鼎重)·유중(維重)이 모두 현달하였다.

▶▶▶ 출 전

<貞夫人延安李氏墓誌銘 幷序> 宋時烈, ≪宋子大全≫ 권187. 114_260a
貞夫人李氏, 府院君光庭、貞敬夫人許氏之女. 贈議政驪興閔公機、貞敬夫人洪氏之冢婦, 觀察使
光勳之妻, 而司馬壯元著重公瑞、大司諫鼎重大受、弘文校理維重持叔之母也. 其封以夫爵, 夫人
爲李氏女, 父母愛其賢且孝, 夙夜之度, 翼翼乎無違, 曰女也有士行, 必擇其所宜歸.

▶▶▶ 현대어역

〈3 : 23a〉

정경부인이씨묘지(貞敬夫人李氏墓誌) 【우암선생(尤庵先生)의 찬(撰)이라.】
정경부인(貞敬夫人) 이씨(李氏)는 부원군(府院君) 광정(光庭)과 정경부인(貞敬夫人) 허씨(許氏)의
딸이라. 증의정경주부윤(贈議政慶州府尹) 여흥(驪興) 민공(閔公) 긔(機)와 정경부인(貞敬夫人) 홍
씨(洪氏)의 총부(冢婦, =宗婦. 종가의 맏며느리)요, 관찰사(觀察使) 광훈(光勳)의 아내요, 사마장원
(司馬壯元) 시중(著重) 공서(公瑞)와【후(後)에 대사헌(大司憲)까지 하고, 자(子) 진주(鎭周)는 이
조판서(吏曹判書)를 하고, 손(孫) 응수(應洙)도 이조판서(吏曹判書)를 하니라.】 대사간(大司諫) 정
중(鼎重) 태수(大受)와【후에 좌의정(左議政)을 하고, 자(子) 진장(鎭長)이 우의정(右議政)까지 하
니라.】 홍문교리(弘文校理) 유중(維重) 지숙(持叔)의【여양부원군(驪陽府院君)이니, 인현왕후(仁顯
王后)의 아버님이니, 자(子) 진후(鎭厚)는 판서(判書)를 하고, 자(子) 진원(鎭源)이 좌상(左相)이
요, 손(孫) 형수(亨洙)는 지금 참의(參議)요, 통수(通洙)는 교리(校理)이니라.】 어머님이 그 봉
고(封誥)는【부인첩(夫人帖)을 봉고(封誥)라 하느니라.】 관찰사(觀察使)의 벼슬로 봉(封)함이러라.
부인(夫人) 이씨(李氏)가 딸이 되매 그 어질며 효도(孝道)로움을 사랑하여 말하되, '딸이 선비
의 행실(行實)이 있으니 반드시 (그)

▶▶▶ 주 석

3 ᄉᆞ랑ᄒᆞ야 : 사랑하여. 'ᄉᆞ랑ᄒᆞ-'는 본래 "思"와 "愛"의 두 가지 의미를 지녔으나 16세기 말 이후에는 "愛"만
으로 의미가 축소된다. 자료에 나타나는 'ᄉᆞ랑ᄒᆞ-' 역시 "愛"의 의미만 보이는 것이 특징이다.

〈3 : 23b〉

당이 도라갈 바롤 굴희리라 ᄒ더니 나히 이십(二十)의 민^
시(閔氏)의게 도라오니 구괴(舅姑ㅣ) 굴오디 우리 아돌이 어딜게 너^
겨 오래 가히 더브러 비필(配匹) 되리롤 구ᄒ더니 아롬답^
다 이 며ᄂ리여 능(能)히 졍셩(精誠)으로뼈 봉양(奉養)ᄒ고 검셩(儉省)ᄒ^
므로뼈 졔ᄉ(祭祀)롤 밧들고 빈긱(賓客)을 디졉ᄒ미 맛당티
아니미 업더라 병ᄌ(丙子) 화(禍)의 국개(國家ㅣ) 경복(傾覆)ᄒ니 구괴(舅姑ㅣ) 굴오^
디 어디다 능(能)히 유치(幼稚)롤 거ᄂ려 쳔니(千里)롤 긔구(崎嶇)ᄒ야 날^
을 녕히(嶺海) ᄀ의 ᄎ자 내의 골육(骨肉)을 보젼(保全)ᄒ도다 ᄒ더라
ᄣ의 의졍공(議政公)이 벼슬노 계림(鷄林)의 잇ᄂ디라【계림(鷄林)은 경쥬(慶州) 별호(別
號)니 민공(閔公)이 그ᄣ 경쥬부윤(慶州府尹)】
관찰공(觀察公)이 강도(江都)로브터 왕손(王孫)을 호위(護衛)ᄒ야 젹봉(賊鋒)을

▸▸▸ 출 전

年二十, 歸閔氏. 舅姑曰 : "吾賢吾子, 久相其可與齊者, 佳哉婦也." 能誠以爲養, 嚴以承祭, 而
賓客之奉, 無不宜也. 丙子之禍, 國家傾覆, 舅姑又曰 : "賢哉! 能挈其幼, 崎嶇千里, 以尋我於嶺
海之陬, 以保我骨肉也." 時議政公守官鷄林, 觀察公自江都護王孫, 冒賊鋒走免,

▸▸▸ 현대어역

〈3 : 23b〉

마땅히 돌아갈 바를 선택하리라.' 하였는데, 나이 이십(二十)에 민씨(閔氏)에게 돌아오니(=시
집오니) 구고(舅姑, 시부모)가 말하되, '우리 아들이 어질게 여겨 오랫동안 가히 더불어 배필(配
匹) 될 사람을 구하더니, 아름답다, 이 며느리여.' 능(能)히 정성(精誠)으로써 봉양(奉養)하고
검성(儉省)함으로써 제사를 받들고 빈객(賓客)을 대접함이 마땅하지 않음이 없더라. 병자(丙
子) 화(禍)에(=병자호란에) 국가(國家)가 경복(傾覆, 뒤집어엎어져서 망함)하니 구고(舅姑, 시부모)가
말하되, '어질다, 능히 유치(幼稚, 나이 어린 사람)를 거느려 천리(千里)를 기구(崎嶇, 순탄치 못하
게 지냄)하여 나를 영해(嶺海) 가에서 찾아 나의 골육(骨肉)을 보전(保全)하도다.' 하더라. (그)
때에 의정공(議政公)이 벼슬로(=벼슬을 하여) 계림(鷄林)에 있는지라. 【계림(鷄林)은 경주(慶州)
의 별호(別號)이니, 민공(閔公)이 그때 경주부윤(慶州府尹)】 관찰공(觀察公)이 강도(江都, =江華)
로부터 왕손(王孫)을 호위(護衛)하여 적봉(賊鋒, 도둑의 칼끝)을

▶▶▶ 원문 판독

〈3 : 24a〉

무릅뻐[1] 드라나 피ᄒ니 쩨의 ᄉ태우(士大夫)지이 어육(魚肉)이 아니
되면 다 잡힌 배 되디 오직 민시(閔氏ㅣ) 능(能)히 의(義)예 그ᄅ미 업고
집을 온전히 ᄒ니라 졔ᄌᆡ(諸子ㅣ) 임의 셩닙(成立)ᄒ매 시듕(蓍重)이
굴오디 ᄉ랑ᄒ므로뻐 우리롤 게얼니 아니ᄒ야 우^
리 형뎨(兄弟)로 ᄒ야곰 셩취(成娶)ᄒ미 잇게 ᄒᄆᆫ 우리 모친(母親)이^
라 우리 부ᄌ형뎨(父子兄弟)와 우리 ᄌᆞ미(姊妹)의 남편이 과갑(科甲)이 년(連)^
ᄒ야 벼슬이 현달(顯達)ᄒ니 영홰(榮華ㅣ) 안해게만 ᄀᆞᆺ디 못ᄒ며
존귀(尊貴)ᄒ미 어믜게만 ᄀᆞᆺ디 못ᄒ디 모친(母親)이 ᄂᆞᆺ빗출 깃^
거ᄒ미 업고 두 아돌이 영현(榮顯)ᄒ믈 ᄉ양(辭讓)ᄒ야 ᄯᅳᆺ을 구(求)^
ᄒ고져 ᄒ매【ᄯᅳᆺ을 구(求)ᄒ다 말은 고인(古人)의 혹문(學問) ᄒ고져 ᄒ다 말이라】
일죽 녹(祿)을 밧디 아니ᄒ^

▶▶▶ 주 석

1 무릅뻐 : 무릅써. 이곳의 '무릅쓰-'는 중세국어의 '무루쓰-'에 소급할 어형으로, '무루쓰-'는 ("蒙", "冒"를 뜻
하는) '*무룹-'(중세 문헌에서는 '무룹-'만이 문증된다)과 ("載"를 뜻하는) '스-'가 결합한 비통사적 복합
동사에 해당한다. 자료 이전(의 중세국어나 근대국어)에는 '*무룹/무릅-' 자체만으로도 '무루쓰-'가 표현
하는 "蒙(덮어쓰다)"과 "冒(무릅쓰다)"의 두 가지 의미를 모두 표현할 수 있었다. 예 : 니블 무룹고 누어셔
(蒙被而臥)<소학언해 6 : 57> ; 바믈 무룹고 ᄎ자 가니(冒夜尋之)<동국신속삼강행실도 烈3 : 21>.
(이곳의 '무릅쓰-'를 이은) 현대국어의 '무릅쓰-'는 후자("冒")의 의미로만 쓰일 뿐 전자("蒙")의 의미로는

是時簪纓之族, 非魚肉卽俘辱, 惟閔氏能無失義而爲全家也. 諸子旣成立, 著重曰不以愛怠我, 俾我兄弟至於有就者吾母也. 吾父子兄弟泊吾姊妹之壻科第聯翩, 取仕通顯, 莫榮於妻, 莫尊於母, 而吾母不色喜, 吾二弟欲辭榮求志, 嘗不受常祿,

〈3 : 24a〉

무릅쓰고 달아나 피하니, 이때에 사대부(士大夫)까지 어육(魚肉)이 되지 않으면 다 잡힌 바가 되되, 오직 민씨(閔氏)가 능히 의(義)에 그름이 없고 집을 온전히 하니라. 제자(諸子, 여러 아들)가 이미 성립(成立, 어른이 되어 가정을 이룸)하매, 시중(著重)이 말하되, '사랑함으로써 우리를 게을리 (하지) 아니하여 우리 형제로 하여금 성취(成娶, 장가를 들어 아내를 얻음)함이 있게 함은 우리 모친(母親)이라. 우리 부자형제(父子兄弟)와 우리 자매(姊妹)의 남편이 과갑(科甲, 과거에 급제함)이 연(連)하여 벼슬이 현달(顯達, 벼슬, 명성, 덕망이 높아서 이름이 세상에 드러남)하니, 영화(榮華)가 아내에게만 같지 못하며 존귀(尊貴)함이 어미에게만 같지 못하되, 모친(母親)의 낯빛이 기뻐함이 없고, 두 아들의 영현(榮顯, 몸이 귀하게 되고 이름을 떨침)함을 사양(辭讓)하여 뜻을 구하고자 하매,【뜻을 구(求)한다는 말은 고인(古人)의 학문(學問)을 하고자 한다는 말이라.】일찍이 녹(祿)을 받지

더 이상 사용되지 않는다.

〈3 : 24b〉

죽 굴오디 벼술의 지취(志趣ㅣ) 당〃이 의합(義合)홀 거시니 긔아(飢餓)ᄒᆞᆷ
믈 엇디 념녀(念慮)ᄒᆞ리오 ᄒᆞ는 고(故)로 두 아이 한가(閑暇)히 이셔 ᄉᆞ우(師友)ᄅᆞ
롤 ᄡᅡ라 경흑(經學)을 ᄒᆞ야 진취(進取)예 급〃(汲汲)ᄒᆞ야 아니ᄒᆞ고
우리 조괴(祖考ㅣ) 죽으매 모친(母親)이 몬져[1] 일월(日月)의 지은 거시 잇는
고(故)로【원힝 결속을 일월지졔(日月之制)라 ᄒᆞᄂᆞ니라】 부친(父親)이 긱니(客裏) 곤궁
(困窮)ᄒᆞᆫ 듕(中) 사ᄅᆞᆷ의게 번ᄀᆞ
거로이 아니ᄒᆞ야 뉘우ᄎᆞ미 업게 ᄒᆞ고 우리 집이 디〃(代代) 쳥ᄒᆞ
한(淸寒)ᄒᆞ더라 모친(母親)이 일쯕 방젹(紡績)ᄒᆞ야 가난ᄒᆞ믈 면(免)ᄒᆞ
고 난후(亂後) 싱니(生理ㅣ) 더옥 한박(寒薄)ᄒᆞ디 모친(母親)이 능(能)히 평안(平安)이
너겨 ᄒᆞ는 고(故)로 우리 부친(父親)이 득실(得失)의 ᄆᆞ음을 두디 아니ᄒᆞ
ᄒᆞ게 ᄒᆞ더라 시듕(著重)이 ᄯᅩ 굴오디 모친(母親)이 친상(親喪)을 만나

1 몬져 : 먼저. 현대국어의 '먼저'는 15세기에 '몬져'로 나온다. 이 '몬져'는 중세국어에서 명사적 용법과 부사
적 용법을 가지고 있었다. 'ᄒᆞᆫ 法이 몬졔니 업고'<원각경언해(1465) 상1-2 : 41a>의 '몬져'는 명사이고,
'뭇 몬져 니ᄅᆞ시니'<월인천강지곡(1447) 상 : 其94>의 '몬져'는 부사이다. 그런데 지금은 부사적 용법만
남아 있다. 15세기의 '몬져'는 근대국어 시기를 거쳐 20세기 초 문헌에도 보인다. 그런데 '몬져'는 18세
기 문헌에 '먼져'로 나오기도 한다. 이는 '몬져'의 제1음절의 모음 'ㅗ'가 'ㅓ'로 변한 어형이다. 'ㅗ>ㅓ'는
'몬지>먼지, 보션>버선' 등에서도 확인된다.

▶▶▶ 출 전

則曰 : "取舍當義, 飢餓何傷也." 故吾二弟能閒燕于外, 師友經書, 不汲汲於進取, 先是吾祖考歿, 吾母囊篋, 先有月日之制, 故吾父羈困之中, 不煩於人而無憾也, 吾家世故淸寒, 吾母嘗親績以濟貧, 亂後生理益薄, 而吾母能安而處, 故吾父能無得失心, 出而愛其剌, 入則見吾母, 怡怡而樂也. 吾諸舅亦嘗言之曰 : "不以出納細故憂我父母也, 外成而誠不衰者, 亦惟爾母也." 著重又曰 : "吾母之喪其親也,

▶▶▶ 현대어역

〈3 : 24b〉

아니한즉, 말하되, '벼슬의 지취(志趣, 의지와 취향)가 마땅히 의합(義合, 의에 부합함)할 것이니 기아(飢餓, 굶주림)함을 어찌 염려(念慮)하리요?' 하는 고로, 두 아우가 한가(閑暇)히 있어 사우 (師友, 스승과 벗을 아울러 이르는 말)를 따라 경학(經學)을 하여 진취(進取, 적극적으로 나아가서 일을 이룩함)에 급급(汲汲, 한 가지 일에만 정신을 쏟아 다른 일을 할 마음의 여유가 없음)하여 하지 않고, 우리 조고(祖考, 돌아가신 할아버지)가 죽으매 모친(母親)이 먼저 일월(日月)에 지은 것이 있는 고로, 【원행 결속을 일월지제(日月之制)라 하느니라.】 부친(父親)이 객리(客裏, 객지에 있는 동안)에 곤궁(困窮)한 중(=곤궁하면서도) 사람에게(=남에게) 번거롭게 아니하여 뉘우침이 없게 하고, 우리 집이 대대(代代)로 청한(淸寒, 청렴)한지라. 모친(母親)이 일찍이 방적(紡績, 길쌈)하여 가난함을 면(免)하고, 난후(亂後) 생리(生理, 살아가는 방도)가 더욱 한박(寒迫, 궁박함)하되, 모친 (母親)이 능히 평안(平安)하게 여기는 고로 우리 부친(父親)이 득실(得失)에 마음을 두지 아니 하게 하더라. 시중(著重)이 또 말하되, 모친(母親)이 친상(親喪, 부모상)을

▶▶▶ **원문 판독**

〈3 : 25a〉

매 곡읍(哭泣)의 반ᄃᆞ시 피 ᄉᆞ매 젓고 새 음식(飮食)을 본즉 비록
가묘(家墓)의 쳔신(薦新)ᄒᆞ여시나 입의 너티 아닌즉 인〃(人人)이 무ᄅᆞ^
매 내 조션(祖先)의 혹 쳔향(薦饗)을 못ᄒᆞ엿ᄂᆞᆫ가 ᄒᆞ노라 부뫼(父母ㅣ) 이시^
면 맛본 후 드리고 죽은 후ᄂᆞᆫ 쳔신(薦新)ᄒᆞ고 먹ᄂᆞᆫ 거시 녜(禮)라
아ᄒᆡ(兒孩)들은 이러므로 긔록(記錄)ᄒᆞ노라 ᄒᆞ더라 그 ᄯᆞᆯ이 츌가(出嫁)^
ᄒᆞ니 ᄀᆞᆯ오ᄃᆡ 우리 구괴(舅姑ㅣ) ᄉᆞ랑ᄒᆞ시게 ᄒᆞ며 ᄌᆞ싀(娣姒ㅣ)【녀편늬 동셔(同壻) ᄌᆞ
(娣)라 ᄒᆞ얏ᄂᆞ니라】
즐기게 ᄒᆞᆫ 우리 모친(母親)의 ᄀᆞᄅᆞ티시미라 ᄒᆞ고 그 비복(婢僕)이 쏘
ᄀᆞᆯ오ᄃᆡ 우리 무리 비록 쳔(賤)ᄒᆞ나 부뫼(父母ㅣ) 죽으면 반ᄃᆞ시
ᄒᆞ야곰[1] 닙기ᄅᆞᆯ 삼으로 ᄒᆞ고 먹기ᄅᆞᆯ ᄂᆞ믈로 ᄒᆞ야 스스^
로 곡진(曲盡)케 ᄒᆞ신다 ᄒᆞ고 밋 뉵친(六親)이 의심(疑心)되여 ᄒᆞᄂᆞᆫ 일이

▶▶▶ **주 석**

1 ᄒᆞ야곰 : 하여금. 중세국어의 'ᄒᆡ여곰'에 소급할 형식으로, 중세국어의 'ᄒᆡ여곰'은 'ᄒᆡ여'('ᄒᆞ-'의 사동사 'ᄒᆡ-'
의 활용형)에 "강세"의 뜻을 더하는 보조사 '-곰'이 결합한 것으로 분석될 형식이다. 자료에서 'ᄒᆞ여곰'은
'NP-로 ᄒᆞ여곰'의 구성으로 사동문의 피사동주를 표시하는 경우가 대부분이지만 이곳과 같이 'NP-로'를
동반하지 않고 마치 부사처럼 쓰인 경우도 간혹 보인다. 중세국어에서 'ᄒᆡ여곰'은 피사동주를 표시할 경우
'NP-로 ᄒᆡ여곰' 외에도 대격어를 지배한 'NP-ᄅᆞᆯ ᄒᆡ여곰', 보조사 '-곰'을 결여한 'NP-로 ᄒᆡ여' 등 여러
구성으로 등장하여 ('ᄒᆞ-'의 사동사에 해당하는) 'ᄒᆡ-'의 활용형으로서의 성격을 어느 정도 유지하고 있

▶▶▶ 출 전

哭泣必血, 衣袖爛泿, 居常時物已薦于吾廟, 而未遽入口, 問之則曰, 吾先或未之享也. 父母存, 嘗而後進, 旣歿則薦而後食禮也. 孺子志之. 吾母之篤於孝又如此, 則吾母之行, 皆可書而傳也. 其女之嫁者曰, 吾之媚于舅姑, 而娣姒以懽者, 吾母之敎然也. 其婢御亦曰, 吾主夫人仁而禮. 故 吾屬雖賤也, 父母死, 必使麻其衣蠋其食以自盡也. 及六親之疑者咨焉曰,

▶▶▶ 현대어역

〈3 : 25a〉

만나매 곡읍(哭泣, 소리를 내어 슬피 욺)에 반드시 피가 소매에 젖고, 새 음식(飮食)을 본즉 비록 가묘(家廟, 한 집안의 사당)에 천신(薦新, 철따라 새로 난 과실이나 농산물을 먼저 신위에 올림)하였으나 입에 넣지 아니한즉, 인인(人人)이(=사람마다) 물으매(=물을 때), '내가 조선(祖先, 조상)에게 혹시 천향(薦享)을 못하였는가 하노라. 부모가 있으면 맛본 후에 드리고, 죽은 후에는 천신(薦新)하고 먹는 것이 예(禮)이라. 아이들은 이러므로 기록(記錄, 기억)하노라.' 하더라. 그 딸이 출가(出嫁)하니 말하되, '우리 구고(舅姑, 시부모)가 사랑하시게 하며, 자사(娣姒)가【여편네의 동서(同壻)를 자(娣)라 하였느니라.】 즐기게 함은 우리 모친(母親)의 가르치심이라.' 하고, 그 비복(婢僕)이 또 말하되, '우리 무리가 비록 천(賤)하나, 부모가 죽으면 반드시 (하여금) 입기를 삼[麻]으로 하고 먹기를 나물로 하여 스스로 곡진(曲盡, 매우 정성스러움)하게 하신다.' 하고, 육친(六親, 부모, 형제, 처자를 통틀어 이르는 말)이 의심(疑心)되게 하는 일이

▶▶▶ 주 석

었다. 그러나 자료에서는 피사동주를 표시할 때 'NP-로 ᄒᆞ여곰'의 구성으로만 등장하여 ('-로 ᄒᆞ여곰'에 포함된) 'ᄒᆞ여곰'은 이미 활용형의 성격을 잃고 부사로 어휘화한 양상을 보인다.

▸▸▸ **원문 판독**

〈3 : 25b〉

이셔 뭇는 사롬이 〃셔 굴오디 부인(夫人)은 내 스싱이라 ᄒ^

며 긔한(飢寒)의 의식(衣食)을 ᄌ뢰(資賴)ᄒ는 사롬이 굴오디 부인(夫人)은

내 어미라 ᄒ야 부인(夫人)이 임의 죽으매 우는 재(者ㅣ) 반ᄃ시 슬허^

ᄒ고 싱각ᄒ는 재(者ㅣ) 눈믈 내디 아니리 업더라 그 ᄉ힝(事行)을

일ᄏ는 재(者ㅣ) 일크라 굴오디 부인(夫人)의 총명(聰明)이 졀인(絶人)ᄒ고

온댱(穩當)ᄒ고 어딜고 ᄌ샹(仔詳)ᄒ고 셩품(性品)이 강단(剛斷)ᄒ야 일을 당(當)^

ᄒ매 과결(果決)ᄒ여 부녀(婦女)의 구〃(區區)히 거리씬 배 업스니 슬프다

이 그 우리 공셔(公瑞) 등(等)의 모친(母親)이 되느뎌 니론바 복(福)이란 빅

가지 슌(順)ᄒ 일홈이니[1] 부인(夫人)이 임의 다 두엇느디라 셰샹(世上)^

의 ᄯ을 출혀 구가(舅家)의 보내며 잔(盞)을 드러 어믜게 비는 재(者ㅣ) 부^

▸▸▸ **주 석**

1 일홈이니: 이름이니. 이곳의 '일홈'은 동사 '잃[稱, 名]-'에 명사형 '-옴'이 결합한 어형이나 이미 중세국어
의 이른 시기부터 어휘화된 존재로 나타난다. 예 : 號ᄂᆞᆫ <u>일홈</u> 사마 브르는 거시라<월인석보(1459) 1 :
15b주>. 현대국어의 '이름'은 '-오/우-'의 쇠퇴에 따라 '일홈>일흠'의 변화를 겪은 뒤 다시 유성음간 /ㅎ/
이 약화, 탈락한 결과이다.

▸▸▸ 출 전

夫人師也. 飢者食焉曰, 夫人母也. 夫人旣歿, 哭者必哀, 思者必涕, 而狀其事者稱之曰, 夫人聰明絕人, 溫惠子諒, 性又剛斷, 果於終善, 絕無閨梱拘攣之習. 嗚呼, 此其所以爲吾公瑞等之母也歟. 福者百順之名也, 夫人旣全有之. 世之結縭以送女, 擧觴而祝其母者, 咸願得如夫人之世,

▸▸▸ 현대어역

〈3 : 25b〉

있어 묻는 사람이 있어 말하되, '부인(夫人)은 내 스승이라.' 하며, 기한(飢寒, 굶주리고 헐벗어 배고프고 추움)에 의식(衣食)을 자뢰(資賴, 밑천으로 삼음)하는 사람이 말하되, '부인(夫人)은 내 어미라.' 하여, 부인(夫人)이 이미 죽으매(=죽었을 때), 우는 자(者)가 반드시 슬퍼하고 생각하는 자가 눈물을 내지(=흘리지) 않는 자가 없더라. 그 사행(事行)을 일컫는 자가 일컬어 말하되, '부인(夫人)의 총명(聰明)이 절인(絕人, 남보다 아주 뛰어남)하고 온당(穩當, 판단이나 행동 따위가 사리에 어긋나지 아니하고 알맞음)하고 어질고 자상(仔詳)하고 성품(性品)이 강단(剛斷, 굳세고 꿋꿋하게 견디는 힘이 있음)하여, 일을 당하매 과결(果決, 일을 딱 잘라서 결정함)하여 부녀(婦女)의 구구(區區, 떳떳하지 못하고 졸렬함)히 거리낀 바가 없으니, 슬프다, 이 (분이) 우리 공서(公瑞) 등(等)의 모친(母親)이 되는도다.' 이른바 복(福)이란 백 가지 순(順)한 이름이니 부인(夫人)이 이미 다 두었는지라(=지녔는지라). 세상에 딸을 차려 구가(舅家, 시집)에 보내며 잔(盞)을 들어 어미에게 비는 자(者)가

〈3 : 26a〉

인(夫人)의 복(福) 곷기롤 원(願)ᄒ니 군지(君子) 굴오디 그러티 아니타 근원(根源)^

이 깁ᄂ 거손 그 흐르미 반ᄃ시 셩(盛)ᄒᄂ니 부인(夫人)의 덕(德)이 크믄

민시(閔氏)의 챵셩(昌盛)ᄒᄂ 복(福)이 오히려 멀미라 ᄒ더라 부인(夫人)이

만녁(萬曆) 갑오(甲午)[1] 구월(九月) 오일(五日)의 나 슝명(崇禎) 계ᄉ(癸巳)[2] 팔월(八

月) 십삼^

일(十三日)의 죽으니 후의 공(公)으로 더브러 튱쥐(忠州ㅣ) 텬등산(天登山)의 부^

쟝(祔葬)ᄒ니라 ᄯᅩᆯ 세히니 승지(承旨) 연년(延年)과 뎡ᄌ(正字) 홍만형(洪萬衡)과【후

(後)의 교리(校理)ᄀ디 ᄒ니라】

ᄉ인(舍人) 뎡보연(鄭普衍)이 그 사회니라 힝쟝(行狀)의 ᄯᅩ 닐오디

모든 ᄌ녜(子女ㅣ) 허믈이 〃시매 부인(夫人)이 반ᄃ시 ᄶ지저 왈(曰) ᄌ식(子息)^

이 곷디 못ᄒᄆ 그 어미 허믈을 덥허 이비 이디 못ᄒ미^

라 ᄒ고 ᄌ녜(子女ㅣ) 긔부(肌膚)롤 다텨 샹(傷)ᄒ면 굴오디 내 평싱(平生)의 망^

1 만력(萬曆)은 명(明) 신종(神宗)의 연호(年號)로, 갑오(甲午)는 1594년이다.
2 숭정(崇禎)은 명(明) 의종(毅宗)의 연호(年號)로, 계사(癸巳)는 1643년이다.

▸▸▸ **출 전**

而君子曰, 未也. 源之羨者, 其川必豐, 以夫人之德, 則閔氏之昌, 猶未艾也. 〔夫人籍延安, 有二李. 或曰, 俱祖唐中郞將從平百濟留仕新羅者茂, 曾祖諱慶宗郡守, 祖諱澍正言, 以府院公貴, 贈大官.〕 夫人以萬曆甲午九月五日生, 崇禎癸巳八月二十三日卒. 諸子始葬扶安縣. 後公歿而窆于忠州天登山大陽之東, 再遷夫人墓自木川喜樂里. 己亥十二月二十三日, 從衛人禮, 同槨以祔焉. 男五人, 其二十歲三歲而夭. 女四人, 承旨李延年、正字洪萬衡、士人鄭普衍其壻, 而其最長者十四許嫁而夭. 狀又言諸子女有過, 夫人必呵責曰, 子之不類, 以母掩其過而父不知也. 觸傷支體則曰, 吾平生未嘗有所妄傷.

▸▸▸ **현대어역**

〈3 : 26a〉

부인(夫人)의 복(福)과 같기를 원(願)하니, 군자(君子)가 말하되, '그렇지 아니하다. 근원(根源)이 깊은 것은 그 흐름이 반드시 성(盛)하니, 부인(夫人)의 덕(德)이 큼은 민씨(閔氏)의 창성(昌盛)하는 복(福)이 오히려 멂이라(=멀리까지 이어짐이라).' 하더라. 부인(夫人)이 만력(萬曆) 갑오(甲午) 구월(九月) 오일(五日)에 나(=태어나) 숭정(崇禎) 계사(癸巳) 팔월(八月) 십삼일(十三日)에 죽으니, 후에 공(公)과 함께 충주(忠州) 천등산(天登山)에 부장(副葬, 합장)하니라. 딸이 셋이니 승지(承旨) 연년(延年)과 정자(正字) 홍만형(洪萬衡)과【후(後)에 교리(校理)까지 하니라.】 사인(舍人) 정보연(鄭普衍)이 그 사위니라. 행장(行狀)에 또 이르되, 모든 자녀(子女)가 허물이 있으매 부인(夫人)이 반드시 꾸짖어 왈(曰), '자식(子息)이 (아비와) 같지 못함은 그 어미가 허물을 덮어 아비가 알지 못함이라.' 하고, 자녀(子女)가 기부(肌膚, 살이나 살가죽)를 다쳐 상(傷)하면 말하되, '내가 평생(平生)에

〈3 : 26b〉

녕(妄靈)도이 샹(傷)히온 배 업스니 네 만일(萬一) 조심(操心)ᄒ면 엇디 이에 니^

ᄅ리오 ᄒ니 부인(夫人)의 말이 심(甚)히 뎡모(程母)와 ᄀᆺ도다 그 ᄌᆞ식(子息)이

되여 ᄀᆞᄅ티미 밧ᄂᆞᆫ 배 그 도(道)ᄅᆞᆯ 알니로다 명(銘)의 ᄀᆞᆯ오ᄃᆞ

차〃(嗟嗟) 부인(夫人)이여 부뫼(父母ㅣ) 귀(貴)히 너기며 존뎡(尊嫜)이【존뎡(尊嫜)이

구고(舅姑)라】깃거ᄒ^

ᄂᆞᆫ 덕(德)의 녁〃ᄒ미오 ᄉᆞ나히 영화(榮華)ᄅᆞᆯ 밧고 ᄌᆞ식(子息)의 도(道)로 녹(祿)^

을 먹으믄 갑ᄒᆞ미 후(厚)ᄒ미오【덕(德)이 녁〃ᄒᆞᆫ 고(故)로 하ᄂᆞᆯ의 보응(報應)이 둣겁

다 말이니라】복(福)이 온^

젼(穩全)ᄒᆞᆫᄃᆡ 슈ᄒᆞᆫ(壽限)이 만티 못ᄒᆞᆫ 쟈(者)ᄂᆞᆫ 긔운(氣運)이 몱고 수(數)의 국(局)^

ᄒ미오 그 묘(墓)의 명(銘)ᄒᆞᄃᆡ 문ᄉᆞ(文辭)ᄅᆞᆯ 초략(草略)히 ᄒᄂᆞᆫ 쟈(者)ᄂᆞᆫ ᄒᆡᆼ의(行

義)^

ᄅᆞᆯ 찬숑(讚頌)ᄒᆡ매 만히 ᄒ니 능(能)히 석디 아닐디라

뎡경부인김시묘지(貞敬夫人金氏墓誌)【우암션ᄉᆡᆼ(尤庵先生) 찬(撰)이라】

▶▶▶ **출 전**

汝若愼愆, 寧有是乎. 甚矣. 夫人之言似程母也. 爲其子受其敎者, 於道宜知其所向也. 銘曰,
嗟嗟夫人, 父母順而尊章喜者, 德之裕也 ; 膺夫之榮而食子之祿者, 報之厚也. 嚮用全而壽差少多
者, 清於氣而局於數也. 銘其墓而略於辭者, 誦義者多而能自不朽也.

▶▶▶ **현대어역**

〈3 : 26b〉

망령(妄靈)되게 상(傷)하게 한 바가 없으니 네가 만일(萬一) 조심(操心)하면(=조심했다면) 어찌
이에 이르리요?' 하니, 부인(夫人)의 말이 심(甚)히 정모(程母, 정자[程子]의 모친)와 같도다. 그
자식(子息)이 되어 가르침을 받는 바가 그 도(道)를 알리로다. 명(銘, 남의 공적을 찬양하는 내용
이나 사물의 내력을 새긴 글)에 이르되,

차차(嗟嗟), 부인(夫人)이여. 부모(父母)가 귀(貴)하게 여기며 존장(尊嫜, 시부모)이【존장(尊嫜)
은 구고(舅姑, 시부모)라.】기뻐함은 덕(德)의 넉넉함이요, 사나이가 영화(榮華)를 받고 자식
(子息)이 도(道)로 녹(祿)을 먹음은 갚음이 후(厚)함이요,【덕(德)이 넉넉한 고(故)로 하늘의
보응(報應)이 두껍다(=두텁다)는 말이라.】복(福)이 온전(穩全)한데 수한(壽限, 타고난 수명)이
많지 못한 것은 기운(氣運)이 맑고 수(數)가 국(局)함이요, 그 묘(墓)에 명(銘, 남의 공적을 찬
양하는 내용이나 사물의 내력을 새김)하되, 문사(文辭)를 초략(草略, 몹시 거칠고 간략함)히 하는 자
(者)는 행의(行義, 의로운 행동을 함)를 찬송(讚頌)함에 많이 하니 능(能)히 썩지 않으리라.

정경부인김씨묘지(貞敬夫人金氏墓誌)【우암선생(尤庵先生)의 찬(撰)이라.】

>>> 원문 판독

〈3：27a〉

우의정(右議政) 완남부원군(完南府院君) 시(諡) 튱졍공(忠正公) 오{우}지(迂齋)니 공
(公) 휘(諱) 후원(厚源)^
의 부인(夫人) 김시(金氏)는 니조참판(吏曹參判) 증녕의졍(贈領議政) 휘(諱) 반(槃)의
쫄이오
문원공(文元公) 사계션싱(沙溪先生) 휘(諱) 댱싱(長生)[1]의 손녀(孫女)오 대스헌(大司憲)
휘(諱) 계휘(繼輝)
증손(曾孫)이니 부인(夫人)이 나히 십칠(十七)의 튱졍공(忠正公)의게 가 증녕^
의졍(贈領議政) 완산부원군(完山府院君) 휘(諱) 욱(彧)의 계뷔(季婦ㅣ) 되니【계부(季婦)
는 둘재 며느리라】그 시조(始祖)는
〔頭〕태조(太祖) 강헌대왕(康憲大王) 별ᄌ(別子)【님군의 둘재 아둘브터는 별ᄌ(別子)라
ᄒᄂ니라】무안군(撫安君)이니 무안군(撫安君)은
〔頭〕신덕왕후(神德王后) 뎨일ᄌ(第一子)라 무안(撫安)이 졀ᄉ(絕嗣)ᄒ매 셰조대왕(世祖
大王)이
그 아둘 광평대군(廣平大君)으로 후(後)를 삼으시니 녜 시인(詩人)이【시뎐(詩傳) 지은
사룸이라】
녀덕(女德)을 칭미(稱美)ᄒ매 반ᄃ시 몬져 죡뉴(族類)의 귀(貴)ᄒ믈 니르ᄂ^
니 죡뉴(族類ㅣ) 귀(貴)ᄒ면 녜의(禮義ㅣ) ᄀᆺ고 녜의(禮義ㅣ) ᄀᆽ면 힝실(行實)이 온젼
(穩全)ᄒ^

>>> 주 석

1 김장생(金長生, 1548~1631)은 본관이 광산으로, 자는 희원(希元), 호는 사계(沙溪)이며, 시호 문원
(文元)이다. 조선 중기의 정치가·예학(禮學) 사상가이다. 임진왜란 이후 주로 지방관을 역임하였으며,
인목대비 폐모논의가 일어나고 북인이 득세하자 낙향하여 예학연구와 후진양성에 몰두하였다. 그의 제자
는 송시열 외에 서인과 노론계의 대표적 인물들이 많다.

▶▶▶ **출 전**

<貞敬夫人金氏墓誌銘 幷序> 宋時烈, 宋子大全 권187. 114_261c

故完南府院君諡忠貞公迂齋, 李相國諱厚源, 夫人金氏, 吏曹參判贈議政諱槃之女, 文元公沙溪先生諱長生之孫, 大司憲諱繼輝之曾孫. 其先寔出新羅金姓王. 夫人年十七, 歸忠貞公. 爲贈議政完山府院君諱郁之季婦. 其系出於太祖康獻大王別子撫安君芳蕃. 撫安卽神德王后之第一子. 撫安祀絶, 世宗大王以子廣平大君後焉. 昔詩人稱美女德, 必先言其族貴, 蓋族貴則禮備, 禮備則行全.

▶▶▶ **현대어역**

〈3 : 27a〉

우의정(右議政) 완남부원군(完南府院君) 시(諡) 충정공(忠貞公) 우재(迂齋) 이공(李公) 휘(諱) 후원(厚源)의 부인(夫人) 김씨(金氏)는 이조참판(吏曹參判) 증영의정(贈領議政) 휘(諱) 반(槃)의 딸이요, 문원공(文元公) 사계선생(沙溪先生) 휘(諱) 장생(長生)의 손녀(孫女)요, 대사헌(大司憲) 휘(諱) 계휘(繼輝)의 증손(曾孫)이니, 부인(夫人)이 나이 십칠(十七) 세(歲)에 충정공(忠貞公)에게 가(=시집가서) 증영의정(贈領議政) 완산부원군(完山府院君) 휘(諱) 욱(郁)의 계부(季婦)가 되니【계부(季婦)는 둘째 며느리라】 그 시조(始祖)는 태조(太祖) 강헌대왕(康獻大王)의 별자(別子)【임금의 둘째 아들부터는 별자(別子)라 하느니라.】 무안군(撫安君)이니, 무안군(撫安君)은 신덕왕후(神德王后)의 제일자(第一子, 첫째아들)이라. 무안(撫安)이 절사(絶嗣, 자손이 없어 대가 끊어짐)하매 세조대왕(世祖大王)이 그 아들 광평대군(廣平大君)으로 후(後)를 삼으시니, 옛날 시인(詩人)이【시전(詩傳)을 지은 사람이다】 여덕(女德, 여자로서 마땅히 해야 할 도리)을 칭미(稱美)하매(=칭찬할 때) 반드시 먼저 족류(族類, 일가붙이)의 귀(貴)함을 이르나니, 족류(族類)가 귀(貴)하면 예의(禮義)가 갖추어지고, 예의(禮義)가 갖추어지면 행실(行實)이

▶▶▶ **원문 판독**

〈3 : 27b〉

미니 이제 고금(古今)을 혜아려 보건대 족뉴(族類)의 뼈 귀ᄒᆞ미 뉘
부인(夫人)으로 샹날(相埒)ᄒᆞ리오 부인(夫人)이 녜법대가(禮法大家)의 싱댱(生長)ᄒᆞ^
야 귀예 드르며 눈의 보미 덕션(德善)의 일이 아니미 업고 텬셩(天性)^
이 ᄯᅩ 영혜(英慧)ᄒᆞ므로 그 ᄀᆞᄅᆞ티믈 바드매 민텹(敏捷)ᄒᆞ고 득{독}실(篤實)ᄒᆞ^
미 범부인(凡夫人)의 각별(各別)ᄒᆞ더라 임의 우귀(于歸)ᄒᆞ매 그 고(姑)ᄂᆞᆫ 댱계^
부원군(長溪府院君) 황공(黃公) 뎡욱(廷彧)의 ᄯᆞᆯ이오 완산공(完山公) 슉부(叔父) 동은
션^
싱(峒隱先生) 의건(義健)이 오히려 무양(無恙)ᄒᆞ더라【무양(無恙)은 사랏다 말이라】부인
(夫人)이 모든 존슉{쇽}(尊屬)^
의 셤기디 녜경(禮敬)이 극진(極盡)ᄒᆞ니 동은공(峒隱公)이 ᄆᆡ양 일ᄏᆞᄅᆞ디[1]
현부(賢婦)라 ᄒᆞ더라 텬계(天啓) 계ᄒᆡ(癸亥)의 〔隔〕인조대왕(仁祖大王)이 반졍(反正)ᄒᆞ
시^
니 튱뎡공(忠貞公)이 칙훈(策勳)ᄒᆞ야 ᄉᆞ로(仕路)의 오르니 부인(夫人)이 ᄇᆞ야ᄒᆞ^

▶▶▶ **주 석**

1 일ᄏᆞᄅᆞ디: 일컫되. '일쿨[名, 稱]-'에 '-오디>-ᄋᆞ디'의 변화를 겪은 '-ᄋᆞ디'가 결합한 어형이다. '일쿨-'은
제2음절 'ㆍ>ㅓ'의 변화를 거쳐 현대국어에는 '일컫-'으로 이어졌다.

▶▶▶ **출 전**

竊稽今古族氏, 孰與夫人爲埒也. 夫人生長禮法之家, 耳孺目染, 無非德善, 性又英慧, 其承敎也, 敏而篤焉. 大憲公有弟公輝任仁川府, 參判夫人安東金氏實生夫人于仁川府衙, 仁川公與其配禹氏鍾愛之甚, 仍養育之. 禹氏亦名門而有內範焉. 夫人旣行, 其姑卽長溪府院君黃公廷彧之女, 而完山公之叔父峒隱先生諱義健尙無恙. 夫人承事諸尊屬, 禮敬備至. 峒隱公每曰賢婦. 歲天啓癸亥, 仁祖大王反正, 忠貞公策勳登朝, 夫人年方卄四.

▶▶▶ **현대어역**

〈3 : 27b〉

온전(穩全)함이니, 이제 고금(古今)을 헤아려 보건대 족류(族類, 일가붙이)의 (써) 귀함이 어느 부인(夫人)과 상날(相埒, 나란히 함)하리요? 부인(夫人)이 예법대가(禮法大家)에서 생장(生長, 나서 자람)하여 귀에 들으며 눈에 봄이 덕선(德善, 덕행과 선행)의 일이 아님이 없고, 천성(天性)이 또 영혜(英慧, 영민하고 지혜로움)하므로 그 가르침을 받으매 민첩(敏捷)하고 독실(篤實, 믿음이 두텁고 성실함)함이 범부인(凡夫人)보다 각별(各別)한지라. 이미 우귀(于歸, 혼례를 마치고 3일 후 신부가 처음으로 시집에 들어감)하매, 그 고(姑, 시어미)는 장계부원군(長溪府院君) 황공(黃公) 정욱(廷彧)의 딸이요, 완산공(完山公) 숙부(叔父) 동은선생(峒隱先生) 의건(義健)이 오히려(=여전히) 무양(無恙)한지라【무양(無恙)은 살았다는(=살아 있다는) 말이라.】부인(夫人)이 모든 존속(尊屬, 부모 또는 그와 같은 항렬 이상에 속하는 친족)을 섬기되 예경(禮敬)이 극진(極盡)하니 동은공(峒隱公)이 항상 일컫되 현부(賢婦)라 하더라. 천계(天啓) 계해(癸亥)에 인조대왕(仁祖大王)이 반정(反正)하시니, 충정공(忠貞公)이 책훈(策勳, 국가나 군주 등을 위하여 공훈을 세운 사람의 이름과 공훈을 문서에 기록함)하여 사로(仕路, 벼슬길)에 오르니, 부인(夫人)이

▶▶▶ **원문 판독**

〈3 : 28a〉

로 스믈 네히라 더옥 모슬 님(臨)ᄒ고 어름을 볿는 듯ᄒᆫ 뜻^

이 〃셔【조심(操心)ᄒ다 말이라】 밋 공(公)이 니외(內外)예 벼슬을 디내여 아경(亞卿)의 니ᄅ^

매 작위(爵位) 졈〃 늉현(隆顯)ᄒ니 희{화}뢰(貨賂) 문뎡(門庭)의 갓가이 아니ᄒ며

ᄌ녜(子女ㅣ) 만코 쟉으믈 니ᄅ디 못ᄒ야 시죵(始終) 그릇ᄒ미 업서 뭇^

춤내¹ 일홈난 신해(臣下ㅣ) 되믄 부인(夫人)이 조심(操心)ᄒ고 틱녀(飭勵)ᄒ야

도으미 만터라 모부인(母夫人)이 조셰(早世)ᄒ니 부인(夫人)이 계모(繼母) 셔시(徐氏)를

셤기딕 심히 효셩(孝誠)ᄒ야 그 가난타 ᄒ야 봉효(奉孝)ᄒ미 다^

쇼(多少)를 보디 아니ᄒ고 슫티 아니ᄒ더라 우부인(禹夫人)은 공(公)의 대^

인 뎨수(弟嫂)라 부인(夫人)이 아히(兒孩) 적 길니여 죵이(鍾愛)ᄒ더니 우부인(禹夫人)이

양ᄌ(養子)ᄒ 연후(然後)도 부인(夫人)을 싱각기를 마디 아니ᄒ야 노비(奴婢)^

▶▶▶ **주 석**

1 뭇춤내 : 마침내. 중세국어의 'ᄆᆞ춤내'에 소급할 어형으로, 이곳에서 '뭇춤내'로 나타난 것은 어중 유기음 /ㅊ/을 'ㅅ-ㅊ'으로 중철 표기한 결과이다. 중세국어의 'ᄆᆞ춤내'는 '몿〔了〕-'의 파생 명사 'ᄆᆞ춤'과 파생 부사 '내'가 결합하여 합성부사가 된 어형이다. 이 '내'는 '겨슬내(>겨우내), '내죵내' 등에서도 확인되나 출현례가 극히 드물다. 중세국어나 근대국어에서는 '내' 및 이것의 중가형(重加形) '내내'도 확인되는데 이들 어형과 용법은 현대국어까지 이어진다.

▸▸▸ **출 전**

益有臨谷意, 及公歷官中外, 秩至亞卿, 疏封啓號, 爵位彌顯, 貨賂不近於門墻, 子女不言其多寡, 善始令終, 卒爲名宗臣者, 夫人祗飭之助與有多焉. 母夫人早世, 夫人事繼妣徐氏甚孝, 爲其貧也, 奉獻絡繹. 禹夫人有所後子, 而念夫人不已,

▸▸▸ **현대어역**

〈3 : 28a〉

바야흐로 (나이가) 스물넷이라. 더욱 연못에 임(臨)하고 얼음을 밟는 듯한 뜻이 있어【조심(操心)한다는 말이라.】 공(公)이 내외(內外)에 벼슬을 지내어 아경(亞卿, 종이품 벼슬을 높여 이르던 말)에 이르매 작위(爵位)가 점점 융현(隆顯, 높이 올라감)하니, 화뢰(貨賂)를 문정(門庭, 대문이나 중문 안에 있는 뜰)에 가까이 아니 하며 자녀(子女)가 많고 적음을 말하지 않아 시종(始終) 그릇함이 없어 마침내 이름난 신하(臣下)가 됨은 부인(夫人)이 조심(操心)하고 칙려(飭勵)하여 도움이 많더라. 모부인(母夫人)이 조세(早世, 젊은 나이에 죽음)하니 부인(夫人)이 계모(繼母) 서씨(徐氏)를 섬기되 지극히 효성(孝誠)하여(=효성스러워), (그) 가난하다고 하여 봉효(奉孝, 효성으로 받듦)함이 다소(多少, 많고 적음)를 보지 아니하고 끊지 아니하더라. 우부인(禹夫人)은 공(公)의 대인 제수(弟嫂)라. 부인(夫人)이 아이 적에 길러서 종애(鍾愛, 따뜻한 사랑을 한쪽으로 기울임)하였는데, 우부인(禹夫人)이 양자(養子)한 연후(然後)에도 부인(夫人)을 생각하기를 그치지 아니하여

▸▸▸ 원문 판독

〈3 : 28b〉

와 뎐퇵(田宅)을 부인(夫人)을 주디 말이 업디 아닌디라 부인(夫人)이 ᄉ^
양(辭讓)ᄒ야 밧디 아니ᄒ니 문원공(文元公)이 깃거 기리기롤 마디 아니^
ᄒ니 그 조촐ᄒ 지죄(志操ㅣ) 그 빈(貧)ᄒ 째로브터 그러ᄒ더라 티^
가(治家)ᄒ미 극히 됴리(條理ㅣ) 이셔 튱졍공(忠貞公)이 벼슬ᄒᄆ로브터 가^
ᄉ(家事)의 유무(有無)롤 뭇디 아니ᄒ디 그 셤의 곡식(穀食)과 샹ᄌ(箱子)의 포^
빅(布帛)과 소곰과 쟝(醬) ᄀᆺ튼 안흐로 셜〃(屑屑)ᄒ 것과 원댱(垣墻)이며 가^
샤(家舍)며 마구(馬具)며 몰 ᄀᆺ튼 밧그로 간ᄉ(幹事)ᄒᄂ 디 니ᄅ히[1] 경긔(經紀)티 아^
니미 업스니 튱졍공(忠貞公)이 모든 ᄌ뎨(子弟)ᄃ려 닐러 골오디 내
시러곰 졸(拙)ᄒ 부인(夫人)을 보젼(保全)ᄒ야 ᄆ음의 거릿ᄭᅵ미 업ᄂ
밧 쟈(者)ᄂ 너의 모친(母親)을 힘닙으미라 ᄒ더라 공(公)이 듕년(中年)의

▸▸▸ 주 석

1 니ᄅ히 : 이르도록. '니ᄅ[到]-'에 부사 파생 접미사 '-히'가 결합한 어형이다. 중세국어에서는 '니르-'(이곳
'니ᄅ-'의 소급형)와 쌍형 어간으로 존재한 '니를-'에 부사 파생 접미사 '-이'가 결합한 '니르리'도 쓰였으나
자료에서는 보이지 않는다.

特與以臧獲, 則不能無口語. 夫人卽辭謝無所取, 文元公喜而稱賞之, 幷及於承化之地, 蓋其潔淨之操, 自其處約時而然也. 然理家極有條理, 忠貞公自仕後, 益不問有無, 家事宜益旁落, 而自其穀斛縑箱鹽䜴醯醬之內屑, 墻垣廄槽之外幹, 無不經紀, 以至咄嗟之辦, 坐人皆歎以賞, 忠貞公嘗語諸子曰, 吾之得保拙約, 無累於心者, 汝母是賴焉.

〈3 : 28b〉

노비(奴婢)와 전택(田宅, 논밭과 집)을 부인(夫人)에게 주되 말이 없지 않은지라. 부인(夫人)이 사양(辭讓)하여 받지 아니하니, 문원공(文元公)이 기뻐하여 기리기를(=칭송하기를) 그치지 아니하니, 그 깨끗한 지조(志操)가 그 빈(貧)한(=가난한) 때로부터 그러하더라. 치가(治家, 집안일을 보살펴 처리함)함이 극히 조리(條理)가 있어 충정공(忠貞公)이 벼슬함으로부터 가사(家事, 살림살이에 관한 일)의 유무(有無)를 묻지 아니하되, (그) 섬의 곡식(穀食)과 상자(箱子)의 포백(布帛, 베와 비단)과 소금과 장(醬) 같은 안으로 설설(屑屑, 자잘함)한 것과, 원장(垣墻, 담)이며 가사(家舍, 집)며 마구(馬具, 말을 타거나 부리는 데 쓰는 기구)며 말 같은 밖으로 간사(幹事, 일을 맡아 주선하고 처리함)하는 데(=것에) 이르도록 경기(經紀, =經營. 어떤 일을 조직적으로 계획하여 처리함)하지 않음이 없으니, 충정공(忠貞公)이 모든 자제(子弟)에게 일러 말하되, '내가 능히 졸(拙, 재주나 재능이 없음)한 부인(夫人)을 보전(保全)하여 마음에 거리낌이 없는 (바의) 것은 너의 모친(母親)에 힘입음이라.' 하더라. 공(公)이 중년(中年)에

▶▶▶ **원문 판독**

〈3 : 29a〉

임의 휴퇴(休退)홀 뜻이 〃셔 샹해 탄식(歎息)ᄒ야 굴오ᄃ 엇디 시^
러곰 각건(角巾)으로【각건(角巾)은 한가(閑暇)ᄒᆫ 사롬 쓰는 거시라】한가(閑暇)ᄒᆫ ᄃ 나
아가 좌우(左右)의 도셔(圖書)로
뻐 남은 ᄒᆡ롤 보낼고 부인(夫人)이 듯고 믄득 흔연(欣然)이 웃고 권(勸)^
ᄒ야 굴오ᄃ 졍(正)히 내 뜻이라 쳥냥셰계(清凉世界)예 나모와 믈의 ᄌᆞ^
뢰(資賴)홀 거슨 내 능(能)히 판득(辦得)ᄒ야 공(公)의 근심ᄒ미 되디 아니ᄒ^
리라 ᄒᆞ니 그 아ᄋ 판셔공(判書公) 익희(益熙ㅣ) 총명영발(聰明英發)ᄒ야 눈의 져투^
리ᄂᆞᆫ¹ 사롬이 업ᄉᆞᄃ 미양 의심(疑心)ᄒᄂ 일이 〃시매 만히 부^
인(夫人)긔 무러 결단(決斷)ᄒ더라 본친(本親)과 족당(族黨) 구개(舅家ㅣ) 심히 만ᄒᆞᄃ
부인(夫人)이 ᄉ(姒)롤 셤기ᄃ【ᄉ(姒)ᄂ 맛동셔라】싀어마님 셤김ᄀᆞ티 ᄒ며 그 남^
ᄋᆞ니ᄂ ᄯᅩᄒ 디졉을 녜(禮)로 ᄒ야 극(極)히 화(和)ᄒ여시ᄃ ᄯᅩ 졔^

▶▶▶ **주 석**

1 저투리ᄂ : 두려워하는. 이곳의 '저투리-'는 원문의 '畏'를 옮긴 것으로, '졎-'과 '두리-'가 어간끼리 결합하
여 비통사적 복합어를 이룬 것이다. 자료의 다른 곳에는 '졎-'과 '두려ᄒ-'가 결합한 '졋두려ᄒ-'도 비슷한
의미로 쓰인 예가 발견된다. 예 : 쳐연이 슈렴ᄒ야 안자시매 사롬으로 ᄒ야곰 친홀 ᄃᆺᄒᄃ 졋두려ᄒ미 이
시니 도 잇는 사롬의 긔샹 규모러라(旣已則寂然斂藏 可親而畏 眞有道者氣象規模也)〈3 : 22a〉

▸▸▸ 출 전

公中身已有休退志, 嘗嘆曰, 安得角巾就閒, 左右圖書, 以送餘年乎. 夫人聞輒欣然勉之曰, 正吾意也, 淸凉界中, 樵水之資, 吾其辦也, 無以溷公爲也. 其識量如是. 故其弟判書公益熙聰明英發, 眼無勝人, 而每有所疑, 多就夫人咨決焉. 父夫二黨極夥, 夫人事姒如事姑, 其餘則亦接之以禮, 飮之以和,

▸▸▸ 현대어역

〈3 : 29a〉

이미 휴퇴(休退, 벼슬을 내놓고 물러나 쉼)할 뜻이 있어 항상 탄식(歎息)하여 말하되, '어찌 능히 각건(角巾)으로【각건(角巾)은 한가(閑暇)한 사람이 쓰는 것이라.】한가(閑暇)한 데 나아가 좌우(左右)의 도서(圖書)로써 남은 해를 보낼까?' (하니,) 부인(夫人)이 듣고 문득 흔연(欣然, 기쁘거나 반가워 기분이 좋음)이 웃고 권(勸)하여 말하되, '정(正)히 내 뜻이라. 청량세계(淸凉世界)에 나무와 물을 자뢰(資賴, 밑천으로 삼음)할 것은 내 능(能)히 판득(辦得, 이리저리 변통하여 얻음)하여 공(公)의 근심함이 되지 아니하리라.' 하니, 그 아우 판서공(判書公) 익희(益熙)가 총명영발(聰明英發, 총명하고 재기가 두드러짐)하여 눈에 저어하고 두려워하는 사람이 없으되, 항상 의심(疑心)하는 일이 있으매(=있을 때마다) 많이 부인(夫人)께 물어 결단(決斷)하더라. 본친(本親, 본디의 어버이)과 족당(族黨)과 구가(舅家, 시집)가 심히 많은데 부인(夫人)이 사(姒)를 섬기되【사(姒)는 맏동서이라.】시어머님 섬김과 같이 하며, 그 나머지 사람은 또한 대접을 예(禮)로 하여 극히(極) 화(和)하였으되, 또

▸▸▸ **원문 판독**

〈3 : 29b〉

ᄌᆞ(諸子)의 허믈을 덥디 아니ᄒᆞ야 경계(警戒)ᄒᆞᄂᆞᆫ 말이 후부인(侯夫人)의
문합(脗合)ᄒᆞ더라 그 사ᄅᆞᆷ의 곤(困)ᄒᆞᆷ믈 구ᄒᆞ매 앗기ᄂᆞᆫ 배 업스며
무튝(巫祝)의 일을 일절(一切)이 ᄠᅳ리티고 비복(婢僕)을 브리디 극(極)히
공경(恭敬)ᄒᆞ야 엄(嚴)ᄒᆞ게 ᄒᆞ디 은혜(恩惠)ᄅᆞᆯ 극진(極盡)이 ᄒᆞ디 비록
죄(罪)ᄅᆞᆯ 죄대로 주나 사오나온 말로 ᄭᅮ짓디 아니ᄒᆞ더라 부^
인(夫人)이 일즉 문ᄌᆞ(文字)ᄅᆞᆯ 비호ᄂᆞᆫ 일이 업스나 능(能)히 스스로 의^
리(義理)ᄅᆞᆯ 통ᄒᆞ디 ᄯᅩᄒᆞᆫ 두어 내디 아니ᄒᆞᄂᆞᆫ디라 졔ᄌᆞ(諸子ㅣ) 스셩의^
게 강논(講論)ᄒᆞ매 혹 일ᄏᆞᄅᆞ디[1] 내 모친(母親)의 말이 〃 ᄀᆞᆺ더라 ᄒᆞᆫ 후(後)
사ᄅᆞᆷ의 지식(知識)이 붉던 줄 아더라 부인(夫人)이 덕(德)이 ᄀᆞᆺᄐᆞᆫ 고(故)로
공(公)이 심히 공경(恭敬)ᄒᆞ고 듕(重)히 너기디 부인(夫人)이 더옥 스스로 삼^

▸▸▸ **주 석**

1 일ᄏᆞᄅᆞ디 : 일컫되. '일콛〔名, 稱〕-'에 '-오디>-ᄋᆞ디'의 변화를 겪은 '-ᄋᆞ디'가 결합한 어형이다. '일콛-'은
　제2음절 'ㆍ>ㅓ'의 변화를 거쳐 현대국어에는 '일컫-'으로 이어졌다.

▶▶▶ 출 전

又不掩諸子過, 其語脗合於程母侯夫人也. 其急人之困, 無所愛惜, 而於巫祝左道之事, 則一切屏
去之, 苻育婢使, 克莊以惠, 雖不覆其罪, 而亦不惡言罵詈焉. 夫人未嘗學爲文字, 而自能通曉,
然亦內而不出, 至諸子學書於師, 或稱吾母之言如是, 然後人始知其有學也, 蓋夫人之德如是, 故
公甚敬重之, 夫人益自謹愼,

▶▶▶ 현대어역

〈3 : 29b〉

제자(諸子, 여러 아들)의 허물을 덮지 아니하여 경계(警戒)하는 말이 후부인(侯夫人)에 문합(脗
合, 꼭 맞음)하더라. (그) 사람의(=남의) 곤(困)함을 구함에 아끼는 바가 없으며, 무축(巫祝, 신
령과 통한다고 하는 박수무당)의 일을 일절(一切) 물리치고, 비복(婢僕)을 부리되 극(極)히 공경(恭
敬)하여 엄(嚴)하게 하되 은혜(恩惠)를 극진(極盡)히 하되, 비록 죄(罪)를 죄(罪)대로 주나 사나
운(=나쁜) 말로 꾸짖지 아니하더라. 부인(夫人)이 일찍이 문자(文字)를 배운 일이 없으나 능
(能)히 스스로 의리(義理, 사람으로서 마땅히 지켜야 할 도리)를 통하되 또한 (안에) 두어(=지니고)
(밖으로) 내지(=나타내지) 아니한지라. 제자(諸子, 여러 아들)가 스승에게 강론(講論)하매(=강론
할 때), 혹 일컫되, '내 모친(母親)의 말이 이 같더라.' 한 후(後)에 사람이(=남이) (부인의) 지
식(知識)이 밝은 것을 알더라. 부인(夫人)의 덕(德)이 이와 같은 고(故)로 공(公)이 심히 공경
(恭敬)하고 중(重)히 여기되, 부인(夫人)이 더욱 스스로

▶▶▶ **원문 판독**

〈3 : 30a〉

가므로 지구(知舊)의 셔찰(書札)이 오매 공(公)이 잇디 아니ᄒ면 감(敢)히 몬^

져 써히디 아니ᄒ고 공(公)이 나가 도라오디 못ᄒ면 비록 밤이

깁흐나 반ᄃ시 블을 붉히고 단졍(端正)히 안자 몬져 침^

셕(寢席)의 나아가디 아니ᄒ더라 부인(夫人)이 슝뎡(崇禎) 경인(庚寅)의 죽^

어 비로소 니시(李氏) 션산(先山)의 영장(營葬)ᄒ엿더니 후의 공(公)으로 더^

브러 검쳔(黔川) 삼셕산(三石山)의 합장(合葬)ᄒ니라 댱남(長男) 쥬(週)ᄂ 현^

녕(縣令)이오 ᄎ(次)ᄂ 션(選)이니 니조참의(吏曹參議)오 셔(婿)ᄂ 김셕쥬(金錫胄)니 병조판^

셔(兵曹判書)라【션(選)은 니조판셔(吏曹判書) ᄒ고 김셕쥬(金錫胄)ᄂ 후의 졍승(政丞)ᄒ고 쳥셩부(靑城府) 원(員) 되니라】 션(選)이 일죽 묘지(墓誌)로써 문경공(文敬公)

신독지(愼獨齋) 집과 밋 동츈(同春) 송공(宋公) 쥰길(浚吉)[1]의게 쳥(請)ᄒ니 신지(愼齋)^

ᄂ 참판공(參判公) 형이오 동츈(同春)은 그 듕표뎨(中表弟)라【이셩(異姓) 뉵촌(六寸)이라】 그 부인(夫人)이

▶▶▶ **주 석**

1 송준길(宋浚吉, 1606~1672)은 본관이 은진(恩津)으로, 자는 명보(明甫), 호는 동춘당(同春堂)이다. 시호는 문정(文正)으로, 이이(李珥)·김장생(金長生)의 문인이다. 송시열 등과 함께 북벌 계획에 참여했으며 서인에 속해 분열된 서인 세력을 규합하는 데 힘썼다. 학문적으로는 송시열과 같은 경향의 성리학자로서 특히 예학에 밝고 이이의 학설을 지지하였으며, 문장과 글씨에도 뛰어났다.

▸▸▸ **출 전**

每有知舊書札, 公不在則不敢先拆, 公出而不歸, 則雖深夜必明燭正坐, 未嘗先就寢席焉. 噫, 使
夫人壽命克多, 以及公爲卿爲相, 則其德行必益可象, 其事爲必益可法, 而天乃嗇焉, 可勝痛哉.
噫, 古之稱婦人者, 必先其族氏之貴, 如汾躒路行, 則夫人固有之矣, 如夫人世德之賢, 汾躒路行,
未必有之矣, 夫人沒于崇禎庚寅三月初三日, 始葬李氏先兆, 後與公合祔于衿川治西一直三石山
負乾之原, 夫人追有馳贈, 故墓表題以貞敬, 長男週縣令, 次運甚有俊才, 冠有期, 夫人製巾服以
俟而徑夭焉, 次選登第, 嘗顯仕於朝, 今爲三陟府使, 女壻金錫冑爲兵曹判書, 縣令生山輝, 府使
生三子, 幼未名, 金介臣, 尹道明縣令壻, 洪禹寧府使壻也, 府使嘗以墓誌請於愼齋金文敬公集及
同春宋公浚吉, 愼齋於參判公兄也, 同春其中表弟也.

▸▸▸ **현대어역**

〈3 : 30a〉

삼가므로, 지구(知舊, 사귄 지 오래된 친구)의 서찰(書札)이 오매(=왔을 때) 공(公)이 있지 아니하
면 감(敢)히 먼저 뜯지 아니하고, 공(公)이 나가서 돌아오지 못하면 비록 밤이 깊어도 반드시
불을 밝히고 단정(端正)히 앉아 먼저 침석(寢席, 잠자리)에 나아가지 아니하더라. 부인(夫人)이
숭정(崇禎) 경인(庚寅)에 죽어 비로소 이씨(李氏) 선산(先山)에 영장(永葬, 편하게 장사를 지냄)하
였는데, 후에 공(公)과 함께 금천(衿川) 삼석산(三石山)에 합장(合葬)하니라. 장남(長男) 주(週)
는 현령(縣令)이요, 차(次, 차남)는 선(選)이니 이조참의(吏曹參議)요, 서(婿, 사위)는 김석주(金錫
冑)니 병조판서(兵曹判書)라. 【선(選)은 이조판서(吏曹判書)를 하고, 김석주(金錫冑)는 후에 정승
(政丞)을 하고 청성부(靑城府)의 원(員)이 되니라.】 선(選)이 일찍이 묘지(墓誌)를 문경공(文敬
公) 신독재(愼獨齋) 집과 동춘(同春) 송공(宋公) 준길(浚吉)에게 청(請)하니, 신재(愼齋)는 참판
공(參判公) 형이요, 동춘(同春)은 그 중표제(中表弟)라. 【이성(異姓) 육촌(六寸)이라】 그 부인(夫
人)이

〈3 : 30b〉

알기롤 맛당이 즈셔홀 고(故)로 그 일쿳기롤 당〃이 더옥
셩(盛)히 홀 배로디 다 미처 못홀디라 이제 참의(參議ㅣ) 날로
뻐 외람(猥濫)이 일즉 튱졍공(忠貞公) 붕우(朋友) 항녈(行列)의 잇다 ᄒ나
드듸여 뻐 내게 맛디니¹ 튱졍공(忠貞公)이 샹해 날로 ᄒ가지^
로 문원공(文元公) 션싱(先生)을 셤기다 ᄒ야 샹해 날을² 아ᄋ로
아ᄂᆞᆫ 고(故)로 내 부인(夫人) 보믈 실로 형수(兄嫂)ᄀ티 ᄒ족 부인(夫人)의 ᄉ^
젹(事跡)이 비룩 내 글의 뵈나 사롬이 혹 뻐 맛당티 아니타
아니리라 명(銘)의 ᄀᆞᆯ오디

　　여독고ᄉ(余讀故事)애　　　　　내 고ᄉ(故事)의
　　녀ᄉ다의(女士多矣)라　　　　　녀ᄉ(女士)롤 닑기롤 만히 ᄒ엿도다

1 맛디니 : 맡기니. 이곳의 '맛디-'는 '맜〔任〕-'에 사동 접미사 '-이-'가 결합한 어형으로, '맛디->맛지->맛
기-'의 변화를 거쳐 현대국어의 '맡기-'에 이르렀다. '맛지->맛기-'의 변화는 구개음화 어형을 피하기 위
하여 과도 교정이 일어난 결과로 보기도 하고, '맜->맏-'의 어간 재구조화에 따라 사동 접사 '-이-' 대신
(어간말 /ㄷ/ 뒤의 사동 접사) '-기'가 새로이 선택된 것으로 보기도 한다.

▸▸▸ **출 전**

其於夫人知之當益詳, 稱之當益盛, 而皆未及撰次焉. 今府使以余猥嘗獲叨先友之列, 遂以屬之余, 忠貞公謂余同事文元公先生, 嘗弟畜之, 故余視夫人眞若兄嫂, 則夫人事蹟, 雖見於余文, 人或不甚以爲不宜也. 其繁而不殺者, 一一皆可書, 而又知府使之狀無溢也. 銘曰,
余讀古史, 女士多矣,

▸▸▸ **현대어역**

〈3 : 30b〉

알기를 마땅히 자세할 고(故)로, 그 일컫기를 반드시 더욱 성(盛)하게 할 바이로되 미처 못할지라. 이제 참의(參議)가 나로 (하여금) 외람(猥濫)되게 일찍이 충정공(忠貞公) 붕우(朋友) 항렬(行列)에 있다 하나 드디어 (써) 내게 맡기니, 충정공(忠貞公)이 항상 나와 함께 문원공(文元公) 선생(先生)을 섬겼다 하여 항상 나를 아우로 아는 고(故)로, 내가 부인(夫人) 봄을 실로 형수(兄嫂)와 같이 한즉, 부인(夫人)의 사적(事跡, 자취)이 비록 내 글에 보이나 사람이(=남이) 혹 (써) 마땅하지 않다 아니하리라. 명(銘)에 이르되,

여득고사(余讀古史)에	내가 고사(古史)에서
여사다의(女士多矣)라.	여사(女士, 여자 선비)를(=여사에 대하여) 읽기를 많이 하였도다.

▸▸▸ **주 석**

2 날을 : 나를. '나'의 대격형에 해당하는 어형으로 자료에는 '나롤'은 나타나지 않고 '날을'로만 등장한다. 자료를 비롯하여 근대 문헌에 등장하는 '날을'은 이른바 음절초 /ㄹ/의 과잉분철(過剩分綴) 표기로 이해되는 것이 일반적이다. 그러나 자료의 표기 현실을 검토할 때 '날을'이 단순히 표기상의 문제에 지나지 않는지는 의심의 여지가 있다. 자료에서는 대격 조사의 이형태가 대폭 간소화되어 모음조화에 관계없이 자음 어간 아래에서는 '-을', 모음 어간 아래에서는 '-롤'로 통일되어 나타나기 때문이다. 자료의 표기 현실에 입각한다면 '날을'은 '날+-을'로 분석되고 이때의 '날'은 '날와, 날ㄱ티'에 보이는 '날'과 같은 성격의 존재로 파악될 수도 있다. '날로, 날란, 날와, 날ㄱ티' 같은 곡용형에서 '나~날'의 교체를 인정한다면 이곳의 '날을'도 단순히 과잉 분철된 표기로만 단정하기는 어렵지 않을까 한다.

〈3 : 31a〉

미약부인(未若夫人)의	부인(夫人)의
식명힝의(識明行懿)라	식견(識見)이 붉고 아롬다오니 궃디 못ᄒ도다
의복시응(宜福是膺)ᄒ야	맛당이 복(福)이 응(膺)ᄒ야
극디이유{수}(克持以綏)로다	능(能)히 가져 ᄡᅥ 평안(平安)홀 배로디
유블만덕(猶不滿德)ᄒ니	오히려 덕(德)의 ᄎ디 못ᄒ니
식쟈소의(識者所疑)로다	식쟈(識者)의 의심(疑心)ᄒᄂᆫ 배로다
금양지셔(衿陽之西)ᄂᆫ	금양(衿陽) 셧녁은
대인조튁(大人兆宅)이라	대인(大人)의 뭇친 고디로다
종여노부(從如魯祔)ᄒ니	좃기롤 노(魯)나라 부댱(祔葬)ᄒᄂᆫ 녜(禮)와 ᄀᆞ티 ᄒ니
유세천억(維歲千億)이로다	오직 힉〔歲ㅣ〕 쳔(千)오 억(億)이로다

▸▸▸ **출 전**

未若夫人, 識明行懿, 宜福是膺, 克持以綏, 猶不滿德, 識者所疑, 衿陽之西, 大人兆宅, 從如魯祔, 維世千億.

▸▸▸ **현대어역**

〈3 : 31a〉

미약부인(未若夫人)의	부인(夫人)의
식명행의(識明行懿)라.	식견(識見)이 밝고 아름다운 것만 같지 못하도다.
의복시응(宜福是膺)하여	마땅히 복(福)이 응(膺)하여
극지이수(克持以綏)로다.	능(能)히 가서 (써) 평안(平安)할 바이로되,
유불만덕(猶不滿德)하니	오히려(=여전히) 덕(德)에 차지 못하니
식자소의(識者所疑)로다.	식자(識者)가 의심(疑心)하는 바이로다.
금양지서(衿陽之西)는	금양(衿陽) 서녘은
대인조택(大人兆宅)이라.	대인(大人)이 묻힌 곳이로다.
종여노부(從如魯祔)하니	따르기를 노(魯)나라 부장(祔葬, 합장)하는 예(禮)와 같이 하니
유세천억(維世千億)이로다.	오직 해〔歲〕가 천(千)이요 억(億)이로다.

〈3 : 31b〉

숙인조시묘지(淑人曹氏墓誌)【우암선싱(尤庵先生) 찬(撰)이라】
셰샹(世上)의 셜교슈챵집(雪窖酬唱集)이【셜교(雪窖)ᄂᆞᆫ 소위(所謂) 오랑캐게 잡혀가
북ᄒᆡ샹(北海上)의 잇던 문지(文字ㅣ)니 인묘(仁廟)
뎡튝(丁丑) 후의 쳥음(淸陰) 김샹헌(金尙憲)과 회곡(晦谷) 조참판(曹參判) 한영(漢英)이
ᄒᆞᆫ가지로 오랑캐게 잡^
혀 심양(瀋陽) 이실 제 ᄒᆞᆫ가지로 슈챵(酬唱)ᄒᆞᆫ 글을 ᄎᆞ례 ᄡᅥ 일홈ᄒᆞ야 셜교슈챵집(雪窖
酬唱集)이라 ᄒᆞ니라】
실(實)로 쳔고(千古)의 긔이(奇異)ᄒᆞᆫ 일이라 내 일죽 외람(猥濫)이 글을 지어
글을 일엇ᄂᆞ니 그 회곡(晦谷) ᄯᅩᆯ은 션싱(先生)의 댱손(長孫)【쳥음션싱(淸陰先生)이라】
곡은{운}
옹(谷雲翁)의【곡은{운}(谷雲) 김슈증(金壽增)[1] 별호(別號)】 숙인(淑人)이라 숙인(淑人)
이 죽으매 옹(翁)이 손조 ᄒᆡᆼ장(行狀)
짓고 죵ᄌᆞ(從子) 챵협(昌協)이【농암(農巖) 일홈이라[2]】 졔문(祭文)이 〃시니 그 ᄒᆡᆼ(行)의
놉히 동^
ᄉᆞ(彤史)의【동ᄉᆞ(彤史)ᄂᆞᆫ 녀편니 말ᄒᆞᆫ ᄉᆞ긔(史記)라】 닐온 바의 날 ᄲᅮᆫ 아니라 시인(詩人)
의 일온 바 계^
명(鷄鳴)과 ᄆᆡ됴(昧朝)의【시뎐(詩傳) 편명(篇名)이라】 ᄒᆞᆫ가지로 도라갈디라 녯사ᄅᆞᆷ이
닐오디 부귀(富貴)ᄅᆞᆯ 흠모(欽慕)ᄒᆞ미 부인(婦人)이 더 심(甚)ᄒᆞ다 ᄒᆞ니 숙^

1 김수증(金壽增, 1624~1701)은 본관이 안동으로, 자는 연지(延之), 호는 곡운(谷雲)이다. 김상헌(金
尙憲)의 손자이다. 1670년(현종 11) 강원 화천군 사내면 영당동에 복거(卜居)할 땅을 마련하고 농수정
사(籠水精舍)를 지었다. 1675년(숙종 1) 성천부사로 있을 때 동생 수항(壽恒)이 송시열(宋時烈)과 함
께 유배되자 벼슬을 버리고 농수정사로 돌아갔다. 그 때 주자(朱子)의 행적을 모방하여 그곳을 곡운(谷
雲)이라 하고, 곡운구곡(谷雲九曲)을 경영하였다.

▸▸▸ **출 전**

<淑人曹氏墓誌銘 幷序> 宋時烈, 宋子大全 권187. 114_268c

世有雪窖酬唱集者, 實千古奇絶也. 余甞猥爲文以序其事矣. 其晦谷女爲先生長孫谷雲翁淑人, 淑
人卒, 翁手爲狀, 翁從子昌協學士有奠文, 其高出彤史所載, 而駸淫乎詩人所歌縞衣綦巾鷄鳴昧朝
者矣. 古稱慕富貴, 婦性尤甚,

▸▸▸ **현대어역**

〈3 : 31b〉

　숙인조씨묘지(淑人曹氏墓誌)【우암선생(尤庵先生)의 찬(撰)이라】
세상(世上)에 설교수창집(雪窖酬唱集)이【설교(雪窖)는 소위(所謂) 오랑캐에게 잡혀가 북해상(北
海上)에 있던 문자(文字)이니, 인묘(仁廟) 정축(丁丑) 후에 청음(淸陰) 김상헌(金尙憲)과 회곡(晦
谷) 조참판(曹參判) 한영(漢英)이 함께 오랑캐에게 잡혀 심양(瀋陽)에 있을 때 함께 수창(酬唱,
시가를 서로 주고받으며 부름)한 글을 차례로 (써) 이름하여 설교수창집(雪窖酬唱集)이라 하니
라.】 실(實)로 천고(千古)에 기이한 일이라. 내 일찍이 외람(猥濫)되게 글을 지어 글을 이루었
나니, (그) 회곡(晦谷) 딸은 선생(先生)의 장손(長孫)【청음선생(淸陰先生)이라】 곡운옹(谷雲翁)
의【곡운(谷雲)은 김수증(金壽增)의 별호(別號)】 숙인(淑人, 정삼품 당하관의 아내에게 내리던 외명부의
품계)이라. 숙인(淑人)이 죽으매 옹(翁)이 손수 행장(行狀)을 짓고, 종자(從子, 조카) 창협(昌協)
이【농암(農巖)의 이름이라】 (지은) 제문(祭文)이 있으니, 그 행(行)이 높이 동사(彤史)에【동사
(彤史)는 여편네가 말하는 사기(史記)라】 이른 바에 날(=나와 있을) 뿐 아니라, 시인(詩人)이 이
룬(=지은) 바 계명(鷄鳴)과 매조(昧朝)에【시전(詩傳)의 편명(篇名)이라】 함께 돌아갈지라. 옛사
람이 말하되, 부귀(富貴)를 흠모(欽慕)함이 부인(婦人)이 더 심(甚)하다 하니,

▸▸▸ **주 석**

2 일홈이라 : 이름이라. 이곳의 '일홈'은 동사 '잃〔稱, 名〕-'에 명사형 '-옴'이 결합한 어형이나 이미 중세국어
　의 이른 시기부터 어휘화된 존재로 나타난다. 예 : 號논 <u>일홈</u> 사마 브르논 거시라<월인석보(1459) 1 :
　15b주>. 현대국어의 '이름'은 '-오/우-'의 쇠퇴에 따라 '일홈>일흠'의 변화를 겪은 뒤 다시 유성음간 /ㅎ/
　이 약화, 탈락한 결과이다.

〈3 : 32a〉

인(淑人)은 본디 이런 디 셩품(性品)이 담박(澹泊)훈디라 앗갑다 셰샹(世上)^

의 혹재(學者ㅣ) 되야실 째예 공부(工夫)ᄒᆞᄂᆞᆫ 사ᄅᆞᆷ 되디 못홀 제 그

몸의 인욕(人慾)을 이긔디 못ᄒᆞ야 당〃이 븕은 화로(火爐) 우희

눈 녹듯 ᄒᆞ리로다【쥬지(朱子ㅣ) 니ᄅᆞ시디 안지(顔子ㅣ)[1] ᄌᆞ품(資稟)이 셩인(聖人) ᄀᆞᆺᄒᆞ

샤 인욕(人慾) 분수(分數ㅣ) 젹으매 혹(或) 욕심(慾心)이 잇다가도 즉시 업기ᄅᆞᆯ 화로(火

爐) 우희

눈덤 녹듯 ᄒᆞ다 ᄒᆞ시니라】비록 그러ᄒᆞ나 능(能)히 옹(翁)으로 ᄒᆞ야곰 졍벽(靜僻)훈

디 이셔 플오ᄉᆞᆯ 닙고 목실(木實)을 먹음어 흔〃(欣欣)이 그 근심^

을 닛게 ᄒᆞᄂᆞᆫ 거ᄉᆞᆫ 이 슉인(淑人)의 도으미니 셰샹(世上)의 니록(利祿) 탐(貪)^

ᄒᆞᄂᆞᆫ 재(者ㅣ) 엇디 다 제 ᄆᆞ음이리오 부인(夫人)이 그릇 밍그는 배 만^

흔 고(故)로 쥬ᄌᆞ시(朱子詩)에 ᄀᆞᆯ오디 산님ᄋᆞ네(山林兒女ㅣ) 경슈존(竟誰尊)고 ᄒᆞ니

【산님(山林)과 ᄋᆞ네(兒女ㅣ) 놉ᄒᆞ뇨 ᄒᆞ니 대개(大槪) 셰샹(世上) 사ᄅᆞᆷ이 안해ᄅᆞᆯ 위ᄒᆞ야

산님(山林)의 도라가고져 ᄒᆞ디 못ᄒᆞ야 니록(利祿)을 탐(貪)ᄒᆞᄂᆞᆫ 디 면(免)티 못ᄒᆞᄂᆞ니라

말이니라】가(可)히 ᄒᆞᆫ

1 안지 : 안자(顔子)가. '안자(顔子)'는 '안회(顔回)'를 높여 이르는 말이다. '안회(顔回, B.C. 521~B.C. 490)'는 중국 춘추시대의 유학자로 자(字)는 자연(子淵)이다. 공자(孔子)가 총애하는 수제자로 학덕이 뛰어났으나 31세에 요절하였다.

▸▸▸ **출 전**

淑人於此泊然而止. 惜乎, 不爲世之學者而用力於實地也, 其克己也, 當如紅爐上點雪也. 雖然, 能使翁處僻靜, 草衣木食, 浩浩然忘其憂者, 是淑人之助也, 世之貪冒利祿者, 豈皆其心也. 多爲 婦人所誤, 故晦翁詩曰, 山林兒女竟誰尊.

▸▸▸ **현대어역**

〈3 : 32a〉

숙인(淑人)은 본디 이런 데 성품(性品)이 담박(澹泊, 담백함)한지라. 아깝다, 세상(世上)에 학자 (學者)가 되었을 때에, 공부(工夫)하는 사람 되지 못할 제 그 몸의 인욕(人慾, 사람의 욕심)을 이기지 못하여 반드시 붉은 화로(火爐) 위에 눈 녹듯 하리로다.【주자(朱子)가 이르시되, 안자 (顔子)가 자품(資稟, 사람의 타고난 바탕과 성품)이 성인(聖人) 같으시어, 인욕(人慾)의 분수(分數) 가 적으매 혹(或) 욕심(慾心)이 있다가도 즉시 없기를(=없어지기를) 화로(火爐) 위에 눈점 녹듯 한다 하시니라.】비록 그러하나 능(能)히 옹(翁)으로 하여금 정벽(靜僻, 고요하고 궁벽짐)한 데 있어 풀옷을 입고 목실(木實, 나무의 열매)를 머금어 흔흔(欣欣, 매우 기쁘고 만족스러움)히 그 근 심을 잊게 하는 것은 이 숙인(淑人)의 도움이니, 세상(世上)에 이록(利祿)을 탐(貪)하는 자가 어찌 다 제 마음이리요? 부인이 그릇(=잘못) 만드는 바가 많은 고(故)로, 주자시(朱子詩)에 이르되, '산림아녀(山林兒女)가 경수존(竟誰尊)고' 하니,【산림(山林)과 아녀(兒女)가 높은가?' 하니, 대개(大槪) 세상(世上) 사람이 아내를 위하여 산림(山林)에 돌아가고자 하되 못하여, 이 록(利祿)을 탐(貪)하는 데에서 면(免)하지(=벗어나지) 못하느니라.' 하는 말이라.】가(可)히 한

〈3 : 32b〉

번 늙으매 세 번 탄식(歎息)혼다 흐리로다 슉인(淑人)이 나매 영오(穎悟)^
흐고 어려셔 녀훈(女訓)을 비화 임의 도라오매 귀(舅ㅣ) 잇고 괴(姑ㅣ) 업^
스매 일로 셜워흐야 어룬의게 공경(恭敬)흐며 효도(孝道)흐야
미뤼여[1] 노션싱(老先生)フ디【노션싱(老先生)은 쳥음(淸陰)이라】 밋츠니 노션싱(老先生)
이 심(甚)히 평안(平安)^
이 너기시더라 졔소(祭祀)의 극(極)히 졍셩(精誠)으로 흐야 감통(感通)흐는
긔이(奇異)흐미 잇고 흉년(凶年)을 만나 농장(農莊)의 곡식(穀食)을 다 거^
홀러 사룸을 구졔(救濟)흐디 진실(眞實)로 믹쥬(麥舟)의 고소(故事)와【범문뎡공(范文正
公)
듕엄(仲淹)의 아돌 튱션공(忠善公) 순인(順仁)이 셕만경(石曼卿)을 만나니 여러 상소(喪
事)룰 만나 장소(葬事)룰 못 디내여 졍시(情事ㅣ) 블샹혼 줄 보고 보리 오빅 셕(石)을 온
비재 주고 오니 문뎡공(文正公)이 깃거
잘흐다 흐니라】 ᄀᆞ트니 옹(翁)이 더옥 깃거흐더라 옹(翁)을 ᄯᅡ라 여슷 고을^
의 가디 문한(門限)을 엄히 흐야 니외(內外) 젼{졀}연(截然)이 흐더라 을묘(乙卯) 이후
(以後)

1 미뤼여 : 밀고 나아가. 이곳의 '미뤼-'는 '밀-'에 사동 접사 '-위-'가 결합한 어형으로, 자료의 다른 곳에는
'밀위-'나 '밀외-'로 나타나기도 한다. '밀-'의 사동사로는 이곳의 '미뤼-' 외에 사동 접사 '-오/우-'가 결합
한 '미로/미루-'가 있지만 이것은 "委(미루다, 넘기다)"의 의미로 쓰여 의미상에 다소 차이가 있다. 예 :
패군혼 죄룰 내게 <u>미루고져</u> 흐ᄂᆞᆫ다<오륜행실도(1797) 1 : 21a>.

▸▸▸ **출 전**

可謂一唱而三嘆也. 淑人生而穎悟, 幼受女訓書, 旣歸, 有尊而無嫜, 以爲大戚, 並攝君盡孝於尊, 推之於老先生, 老先生甚安之. 祭祀精誠, 有感通之異, 歲饑, 罄莊粟濟人, 略如麥舟故事, 翁尤善之. 隨之六官, 輒嚴其扃鐍, 內外截然.

▸▸▸ **현대어역**

〈3 : 32b〉

번 읽음에 세 번 탄식(歎息)한다 하리로다. 숙인(淑人)이 나매(=나면서부터) 영오(穎悟, 남보다 뛰어나게 영리하고 슬기로움)하고, 어려서 여훈(女訓)을 배워 이미 돌아오매(=시집 왔을 때) 구(舅, 시아버지)가 있고 고(姑, 시어머니)가 없으매, 이것으로 서러워하여 어른에게 공경(恭敬)하며 효도(孝道)하여 (이를) 미루어(=밀고 나아가) 노선생(老先生)까지【노선생(老先生)은 청음(淸陰)이라】미치니, 노선생(老先生)이 심(甚)히 평안(平安)하게 여기시더라. 제사(祭祀)에 극(極)히 정성(精誠)으로 하여 감통(感通, 느낌이나 생각이 통함)하는 기이(奇異)함이 있고, 흉년(凶年)을 만나 농장(農莊)의 곡식(穀食)을 다 거울러(=기울여) 사람을 구제(救濟)하되, 진실(眞實)로 맥주(麥舟)의 고사(故事)와【범문정공(范文正公) 충엄(仲淹)의 아들 충선공(忠善公) 순인(順仁)이 석만경(石曼卿)을 만나니, 여러 상사(喪事)를 만나 장사(葬事)를 못 지내어 정사(情事, =사정)가 불쌍한 것을 보고 보리 오백 석(石)을 온 배째로(=배를 통째로) 주고 오니, 문정공(文正公)이 기뻐하여(=기뻐하며) 잘하였다 하니라.】같으니 옹(翁)이 더욱 기뻐하더라. 옹(翁)을 따라 여섯 고을에 가되, 문한(門限, 밤에 궁문이나 성문을 닫는 시한)을 엄하게 하여 내외(內外)를 절연(截然, 맺고 끊음이 칼로 자르듯이 분명함)히 하더라. 을묘(乙卯) 이후(以後)에

〈3 : 33a〉

옹이 셰샹(世上)의 의식(意思ㅣ) 업서 츈쳔(春川) 실운[1]의 드러가【고운(谷雲)이라】 치^
근탈속(茶根脫粟)으로【치근(茶根)은 ᄂᆞᄆᆞᆯ 블희오 탈속(脫粟)은 쓸티 아닌 좁ᄡᆞᆯ이라】 흔
연(欣然)이 서ᄅᆞ 디(對)ᄒᆞ야 ᄀᆞᆯ오^
디 이에 내 곳을 어들와[2] ᄒᆞ니 슉인(淑人)이 ᄯᅩ ᄀᆞᆯ오디 낙(諾)다
ᄒᆞ더라 셩샹(聖上)이 뎌ᄉᆞ(儲嗣)ᄅᆞᆯ 위ᄒᆞ샤 유덕(有德)ᄒᆞᆫ 부녀(婦女)ᄅᆞᆯ ᄲᅢ^
시니 옹(翁)의 손녜(孫女ㅣ) 이에 드니 슉인(淑人)이 더옥 긍〃(兢兢)ᄒᆞ더라【긍〃(兢兢)
은 조심(操心)타 말이라】
손녀(孫女ㅣ) 궐ᄂᆡ(闕內)예 들시 궁인(宮人)이 와 슉인(淑人)ᄃᆞ려 ᄀᆞᆯ오디 오늘^
의 엇디 누복(陋服)을 ᄒᆞ시리잇가【누복(陋服)은 ᄢᅢ 무든 오시니라】 슉인(淑人)이 ᄆᆞᆺ춤내[3] 곳^
티디 아니ᄒᆞ고 경계(警戒)ᄒᆞ야 ᄀᆞᆯ오디 공경(恭敬)ᄒᆞ야 삼가 삼뎐(三殿)^
을 셤기라 ᄒᆞ고 인(因)ᄒᆞ야 반희(班姬)의 고ᄉᆞ(故事)ᄅᆞᆯ 드러 니ᄅᆞ고 차완(嗟惋)^
ᄒᆞ기ᄅᆞᆯ 마디 아니ᄒᆞ니 엇디 ᄯᅩᄒᆞᆫ 의ᄉᆞ(意思ㅣ) 잇디 아니ᄒᆞ냐 이

1 실은 골〔谷〕의 우리말 표기로, 김수증은 춘천 실운동에 들어가 이곳 지명을 '谷雲'으로 바꾸고 자신의 호
로 삼았다.
2 어들와 : 얻도다. 얻었도다. '얻-+-으롸'로 분석될 어형이나, '-으롸'의 'ㄹ'을 과잉 분철하여 '-을와'로 표
기한 것이다. 이곳의 '-으롸'는 중세국어의 종결형 '-오라'(←-오-〔화자표시〕+-라〔←-다〕)에 소급할 어
형이다. 자료에는 '-오라'도 등장하지만 구결문의 '호라'에 한하여 나타날 뿐이고, '-오라'보다는 이곳과 같
이 (선어말어미 '-오-'의 쇠퇴와 더불어) '-오라〉-오롸〉-으롸'의 변화를 겪은 '-으롸/을와'로 나타나는데
이들 형태는 18세기 간본이나 필사본(영조 대<1746~1776> 어제류)에 집중 등장하는 것이 특징이다.

▶▶▶ **출 전**

翁不樂於世. 入春川之深處. 采樣脫粟. 忻然相對曰. 爰得我所. 淑人曰諾哉. 逮繼, 積伏誅. 世道昌明. 翁携歸京裏. 諸子蠖伸. 聖上爲儲嗣選德. 翁孫女膺焉. 淑人益兢兢焉. 當納女日. 宮人來曰. 送此何可以陋服. 淑人終不變而戒之曰. 敬事三宮. 因擧班姬事而繼之以嗟惋. 豈亦有此意思耶. 此

▶▶▶ **현대어역**

〈3 : 33a〉

옹(翁)이 세상(世上)에 의사(意思, 즐거움)가 없어 춘천(春川) 실운에 들어가【고운(谷雲)이라】채근탈속(菜根脫粟)으로【채근(菜根)은 나물 뿌리요, 탈속(脫粟)은 舂지(＝곡식을 찧어 속꺼풀을 벗기고 깨끗하게 하지) 않은 좁쌀이라.】흔연(忻然, 기쁘거나 반가워 기분이 좋음)히 서로 대(對)하여 말하되, '이에 내 (있을) 곳을 얻었도다.' 하니, 숙인(淑人)이 또 말하되, '낙(諾)다(＝그렇다).' 하더라. 성상(聖上, 살아 있는 자기 나라의 임금을 높여 이르는 말)이 저사(儲嗣, 왕세자)를 위하여 유덕(有德)한 부녀(婦女)를 뽑으시니, 옹(翁)의 손녀(孫女)가 이에 드니 숙인(淑人)이 더욱 긍긍(兢兢)하더라.【긍긍(兢兢)은 조심(操心)한다는 말이라】손녀(孫女)가 궐내(闕內)에 드니 궁인(宮人)이 와서 숙인(淑人)에게 말하되, '오늘 어찌 누복(陋服)을 하시겠습니까?'【누복(陋服)은 때 묻은 옷이라.】숙인(淑人)이 마침내(＝끝내) 고치지(＝갈아입지) 아니하고 경계(警戒)하여 말하되, '공경(恭敬)하여 삼가 삼전(三殿)을 섬기라.' 하고, 인(因)하여 반희(班姬)의 고사(故事)를 들어 이르고 차완(嗟惋, 탄식하고 한탄함)하기를 말지(＝그치지) 아니하니, 어찌 또한 의사(意思, 즐거움)가 있지 아니하랴(＝않겠는가)? 이것이

▶▶▶ **주 석**

예 : 내 알롸 홈을 기두림이 무던ᄒᆞ다<오륜전비언해(1721) 1 : 54>, 보내여 四十里 싸히 가 ᄒᆞᄅᆺ밤 머므러 곳 하직ᄒᆞ고 도라오롸<박통사신석언해(1765) 3 : 40b> ; 나도 그날 가 拜壽ᄒᆞ고 여러 잔 술 먹고 兩道場을 지내고 곳 물을 ᄐᆞ고 나올와<박통사신석언해(1765) 2 : 4a>.

3 **뭇ᄎᆞᆷ내** : 마침내. 중세국어의 'ᄆᆞᄎᆞᆷ내'에 소급할 어형으로, 이곳에서 '뭇ᄎᆞᆷ내'로 나타난 것은 어중 유기음 /ㅊ/을 'ㅅ-ㅊ'으로 중철 표기한 결과이다. 중세국어의 'ᄆᆞᄎᆞᆷ내'는 '뭋[了]-'의 파생 명사 'ᄆᆞᄎᆞᆷ'과 파생 부사 '내'가 결합하여 합성부사가 된 어형이다. 이 '내'는 '겨슬내(>겨우내)', '내죵내' 등에서도 확인되나 출현례가 극히 드물다. 중세국어나 근대국어에서는 '내' 및 이것의 중가형(重加形) '내내'도 확인되는데 이들 어형과 용법은 현대국어까지 이어진다.

▸▸▸ 원문 판독

〈3 : 33b〉

범식견(凡識見)의 밋출 배 아니로다 옹(翁)이 일즉 벼슬의 부임(赴任)^
훌시 슉인(淑人)이 빙 가온대셔 졍졀(貞節)의 풍표〃(風飄飄) 일구(一句)룰
외와 옹(翁)을 풍유(諷喩)ᄒᆞ야 니ᄅᆞ니 대개 옹(翁)으로 ᄒᆞ야곰 일^
죡이 도라오과져[1] ᄒᆞᄂᆞᆫ 뜻이라 샹해 실운(谷雲)의 녜 잇던
째룰 오미(寤寐)예 싱각ᄒᆞ야 옹(翁)으로 더브러 녹거(鹿車)룰 미러
동교(東郊)로 나가 뻐 본 뜻을 뭇기룰[畢] 비기더니 슉인(淑人)이 임^
의 병든디라 이쳔션싱(伊川先生)이[2] 샹해 일즉 명도(明道)의 효녀(孝女)^
룰 일ᄏᆞᆯ시더 풍격(風格)이 소쇄(瀟灑)ᄒᆞ고 추향(趣向)이 고결(高潔)타 ᄒᆞ^
시니 슉인(淑人)이 거의 이 ᄀᆞᆺ튼뎌 그러나 장엄(莊嚴)ᄒᆞ여 진듕(鎭重)ᄒᆞ^
고 팀회{회}(沈晦)ᄒᆞ야 놉흔 소견(所見)과 통달(通達)ᄒᆞᆫ 지식(知識)이 〃시매 사^

▸▸▸ 주 석

1 돌아오과져 : 돌아오게 하고자. 이곳의 '-과져'는 자료의 다른 곳에 '-과쟈'로 나타나는 경우가 더 많다. 중세국어 이래 쓰인 '-과져/과쟈'는 주로 희망이나 사유의 의미를 보이는 '원ᄒᆞ-', 'ᄇᆞ라'류의 용언이 후행하는 것이 특징이다. '-과져/과쟈'는 중세국어 이래 "희망"의 의미 기능을 나타내는데, 그것은 크게 두 가지로 나누어볼 수 있다. 희망을 품은 이가 자신이 아닌 제삼자를 통해 그 일을 이루기를 바라는 것과, 어떤 무정물이나 추상물의 상태 변화 내지 예정을 바라는 의미 기능이 그것이다. 여기서는 전자의 의미 기능으로 쓰였다고 할 수 있다.

▸▸▸ 출 전

此非凡識所能窺也, 翁嘗赴官, 淑人於舟中, 擧陶靖節風飄飄一句, 豈欲翁早歸耶. 嘗寤寐春峽舊棲, 擬與翁挽鹿車出東郊, 以畢素志, 而淑人病矣, 伊川嘗稱明道孝女, 風格蕭灑, 趣向高潔, 淑人殆庶幾焉. 然莊重沈晦, 其所有高見達識,

▸▸▸ 현 대 어 역

〈3 : 33b〉

범식견(凡識見, 일반적인 식견)이 미칠 바가 아니라. 옹(翁)이 일찍이 벼슬에 부임(赴任)할 때, 숙인(淑人)이 배 가운데서 정절(靖節)의 풍표표(風飄飄) 일구(一句)를 외워 옹(翁)을 풍유(諷喩, 슬며시 나무라며 가르쳐 타이름)하여 이르니, (이는) 대개 옹(翁)으로 하여금 일찍 돌아오게 하고자 하는 뜻이라. 항상 실운(谷雲)에 옛날에 있던 때를 오매(寤寐)에(=자나깨나 언제나) 생각하여, 옹(翁)과 더불어 녹거(鹿車)를 밀어 동교(東郊)로 나가 (써) 본 뜻을 마치기를 비겼는데, 숙인(淑人)이 이미 병이 든지라. 이천선생(伊川先生)이 항상 일찍이 명도(明道)의 효녀(孝女)를 일컬으시되(=칭송하시되), '풍격(風格)이 소쇄(蕭灑, 기운이 맑고 깨끗함)하고 추향(趣向, 하고 싶은 마음이 생기는 방향)이 고결(高潔)하다.' 하시니, 숙인(淑人)이 거의 이와 같도다. 그러나 장엄(莊嚴)하여 진중(鎭重)하고 침회(沈晦)하여 높은 소견(所見)과 통달(通達)한 지식(知識)이 있으매

▸▸▸ 주 석

2 이천션싱이 : 이천선생(伊川先生)이. '이천(伊川)'은 중국 북송(北宋)의 유학자인 정이(程頤, 1033~ 1107)의 호(號)이다. 자(字)는 정숙(正叔)이며, 형인 정호(程顥)와 함께 이정자(二程子)로도 불리었다. 최초로 이기(理氣)의 철학을 내세우고 유교 도덕에 철학적 기초를 마련하였으며, 저서로 ≪이천선생문집≫, ≪이정전서(二程全書)≫(공저) 등이 전한다.

▸▸▸ **원문 판독**

〈3 : 34a〉

룸으로 ᄒᆞ여곰 알게 아니ᄒᆞ니 오회(嗚呼ㅣ)라 이 뻐 옹(翁)의게 비^

필(配匹)ᄒᆞ야 노션싱(老先生) 뎍뷔(嫡婦ㅣ) 되민뎌 그 죽으미 뎡묘(丁卯) 이월(二月)

　십^

삼일(十三日)이니 그 난 디[1] 쥬갑(周甲)이러라 남(男)은 챵국(昌國)이니 쥬부(主簿)^

오 챵딕(倉直)이니 뎡ᄌ(正字)오【후(後)의 슈찬(修撰)ᄒᆞ니라】챵슉(昌肅)이니 쥰지(俊子

ㅣ) 잇더니

일 죽으니라 옹(翁)의 일홈은[2] 슈증(壽增)이오 ᄌ(字)는 연지(延之)라 명(銘)^

의 ᄀᆞᆯ오디

　　싱어대가(生於大家)ᄒᆞ니　　　대가(大家)의 나

　　비법문(嬪法門)이로다　　　　법문(法門)의 빡ᄒᆞ엿도다

　　피ᄎᆞ보계(彼此譜系)ᄂᆞᆫ　　　　피ᄎᆞ(彼此) 셰계(世系)ᄂᆞᆫ

　　블슈운(不須云)이로다　　　　모롬죽이 니ᄅᆞᆯ 거시 아니로다

▸▸▸ **주 석**

1 난 디 : 난 지. "시간 경과"를 표현하는 'V-언 # 디' 구성에 '나'가 참여한 것이다. 중세국어에서 'V-언 디' 구성에 포함된 '어'는 (일반적으로) 선행 어간의 타동성 여부에 따라 '어~거'의 교체를 보였으나, 자료에서는 그러한 교체 없이 '어'로 통일되어 나타난다. 여기서는 '나' 뒤에 '어'의 교체형 '아'가 선택되고 동모음 축약이 일어나 '난 디'로 나타난 것이다. 현대국어에서는 'V-언 디' 구성에 필수적으로 참여하던 '어'가 빠져 현대국어에는 'V-(으)ㄴ 지' 구성으로 나타난다.

▸▸▸ 출 전

不使人知也, 嗚呼, 此所以配翁而爲老先生嫡婦也歟. 其卒在丁卯二月十三日, 其降生之周甲也,
男昌國主簿, 昌直權知, 仲男昌肅有儁才早世, 女壻洪文度·李秉天·申鎭華·兪命禹, 皆名族
也. 主簿長女適進士李賀朝, 次卽貴人也. 翁名壽增, 字延之也, 銘曰,
生於大家媲法門, 彼此譜系不須云,

▸▸▸ 현대어역

〈3：34a〉

사람으로(=남으로) 하여금 알게 아니하니, 오호(嗚呼)라, 이것이 (써) 옹(翁)에게 배필(配匹)
하여 노선생(老先生)의 적부(嫡婦, 적자의 아내)가 됨이로다. 그 죽음이 정묘(丁卯) 이월(二月) 십
삼일(十三日)이니, 그 태어난 지 주갑(周甲, 환갑)이라(=환갑이 된 때라). 남(男, 아들)은 창극(昌
國)이니 주부(主簿)요, 창직(昌直)이니 정자(正字, 조선 시대에 홍문관·승문원·교서관에 속한 정구품
벼슬)요, 【후(後)에 수찬(修撰)을 하니라.】 창숙(昌肅)이니 준재(儁才, 재주가 뛰어난 사람)가 있었
는데 일찍 죽으니라. 옹(翁)의 이름은 수증(壽增)이요, 자(字)는 연지(延之)라. 명(銘)에 이르
되,

생어대가(生於大家)하니	대가(大家)에 나서
비법문(媲法門)이로다.	법문(法門)에 짝하였도다.
피차보계(彼此譜系)는	피차(彼此) 세계(世系, 조상으로부터 대대로 내려오는 계통)는
불수운(不須云)이로다.	모름지기 이를 것이 아니로다.

▸▸▸ 주 석

2 일훔은 : 이름은. 이곳의 '일훔'은 동사 '잃[稱, 名]-'에 명사형 '-옴'이 결합한 어형이나 이미 중세국어의
이른 시기부터 어휘화된 존재로 나타난다. 예 : 號는 일훔 사마 브르는 거시라<월인석보(1459) 1 : 15b
주>. 현대국어의 '이름'은 '-오/우-'의 쇠퇴에 따라 '일훔>일흠'의 변화를 겪은 뒤 다시 유성음간 /ㅎ/이
약화, 탈락한 결과이다.

▸▸▸ 원문 판독

〈3 : 34b〉

긔질긔미(其質旣美)ᄒ니	그 ᄌ질(資質)이 임의 아룸다오니
고도문(古道聞)이로다	녯 도(道)롤 드럿도다
블의부귀(不義富貴)ᄂ	의(義) 아닌 부귀(富貴)ᄂ
시부운(視浮雲)이로다	쓴 구룸과 ᄀ티 보ᄂ도다
국애패부(國也佩符)ᄒ고	국(國)은 쥬부(主簿)롤 ᄎ고
직애졔(直也第)로다	직(直)은 급뎨(及第)롤 ᄒ얏도다
유블졀희(猶不絶喜)ᄒ니	오히려 ᄀ장 깃거ᄒᄂ 일이 업고
졍녕계(丁寧戒)로다	졍녕(丁寧)이 경계(警戒)ᄒᄂ도다
녀승규목(女承樛木)ᄒ니	규목(樛木)을 니으니
익억의{외}(益抑畏)로다	더욱 익손(益損)ᄒ야 저투리ᄂ도다[1]

▸▸▸ 주 석

1 저투리ᄂ도다 : 두려워하는도다. 이곳의 '저투리-'는 원문의 '畏'를 옮긴 것으로, '젓-'과 '두리-'가 어간끼리 결합하여 비통사적 복합어를 이룬 것이다. 자료의 다른 곳에는 '젓-'과 '두려ᄒ-'가 결합한 '젓두려ᄒ-'도 비슷한 의미로 쓰인 예가 발견된다. 예 : 쳐연이 슈렴ᄒ야 안자시매 사룸으로 ᄒ야곰 친홀 ᄃᆺᄒᄃ 젓두려 ᄒ미 이시니 도 잇ᄂ 사룸의 긔샹 규모러라(旣已則寂然斂藏 可親而畏 眞有道者氣象規模也)〈3 : 22a〉

▶▶▶ **출 전**

其質旣美古道聞, 不義富貴視浮雲, 國也佩符直也第, 猶不絶喜丁寧戒, 女承樛木益抑畏.

▶▶▶ **현대어역**

⟨3 : 34b⟩

기질기미(其質旣美)하니	그 자질(資質)이 이미 아름다우니
고도문(古道聞)이로다.	옛 도(道)를 들었도다.
불의부귀(不義富貴)는	의(義)가 아닌 부귀(富貴)는
시부운(視浮雲)이로다.	뜬 구름과 같이 보도다.
국야패부(國也佩符)하고	국(國)은 주부(主簿)를 맡고
직야제(直也第)로다.	직(直)은 급제(及第)를 하였도다.
유불절희(猶不絶喜)하니	오히려(=여전히) 심히 기뻐하는 일이 없고
정녕계(丁寧戒)로다.	정녕(丁寧, 틀림없이)히 경계(警戒)하는도다.
녀승규목(女承樛木)하니	규목(樛木)을 이으니
익억외(益抑畏)로다.	더욱 익손(益損)하여 두려워하는도다.

〈3 : 35a〉

쇼경{셩}이츅(小星以餝)ㅎ니	쇼경{셩}(小星)으로뻐 츅{칙}(餝)ㅎ니
죵스원(螽斯願)이로다	죵시(螽斯ㅣ) 원(願)이로다
호블뵉년(好不百年)을	엇디 뵉년(百年)을 ㅎ야
이영문(以永聞)ㅎ야	뻐 기리 들녀
명셰녜{녀}쇽(名世勵俗)ㅎ야	셰샹(世上)의 일홈나 풍쇽(風俗)을 ㄱ다듬게 ㅎ야
슈간칙(垂簡冊)고	간칙(簡冊)의 드리오디 아니ㅎ고
식이쳔의(寔伊川意)라	진실(眞實)로 이쳔(伊川)【이쳔선싱(伊川先生)이라[1]】
슈임칙(誰任責)고	뉘 이 소임(所任)을 맛들고

명경부인박시묘지(貞敬夫人朴氏墓誌)【삼연(三淵)[2] 지은 찬(撰)이라】
우리 빅시(伯氏) 의정공(議政公) 비명경부인(配貞敬夫人) 박시(朴氏) 셰계(世系) 반남
(潘南)의 나ᇹ

1 이쳔선싱이라 : 이천선생(伊川先生)이라. '이천(伊川)'은 중국 북송(北宋)의 유학자인 정이(程頤, 1033~
1107)의 호(號)이다. 자(字)는 정숙(正叔)이며, 형인 정호(程顥)와 함께 이정자(二程子)로도 불리었다. 최
초로 이기(理氣)의 철학을 내세우고 유교 도덕에 철학적 기초를 마련하였으며, 저서로 ≪이천선생문집≫,
≪이정전서(二程全書)≫(공저) 등이 전한다.

▸▸▸ **출 전**

小星以餝螽斯願, 胡不百年以永慶聞, 名世勵俗垂簡冊, 寔伊川意誰任責,
<伯嫂貞敬夫人朴氏墓誌銘 幷序> 金昌翕, 三淵集 권28. 166_035b
我伯氏議政公之配貞敬夫人朴氏, 系出潘南,

▸▸▸ **현대어역**

〈3 : 35a〉

소성이책(小星以餝)하니	소성(小星)으로써 칙(餝)하니
종사원(螽斯願)이로다.	종사(螽斯, 메뚜기, 베짱이, 여치를 통틀어 이르는 말, 부부가 화합하여 자손이 번창함을 비유적으로 이르는 말)가 원(願)이로다.
호불백년(胡不百年)을	어찌 백년(百年)을 하여
이영문(以永聞)하여	(써) 길이 들리게 하여
명세여속(名世勵俗)하여	세상(世上)에 이름이 나 풍속(風俗)을 가다듬게 하여
수간책(垂簡冊)고,	간책(簡冊, 종이 대신 글씨를 쓰던 대쪽을 엮어 맨 책)에 드리우지(=실리지) 아니하고
식이천의(寔伊川意)라	진실(眞實)로 이천(伊川)【이천선생(伊川先生)이라】이라
수임책(誰任責)고.	누가 이 소임(所任)을 맡을까?

정경부인박씨묘지(貞敬夫人朴氏墓誌)【삼연(三淵)이 지은 찬(撰)이라】
우리 백씨(伯氏) 의정공(議政公) 배정경부인(配貞敬夫人) 박씨(朴氏)가 세계(世係) 반남(潘南)에서

▸▸▸ **주 석**

2 김창흡(金昌翕, 1653~1722)은 본관이 안동으로, 자는 자익(子益), 호는 삼연(三淵)이다. 시호 문강(文康)으로, 영의정 김수항(金壽恒)의 셋째아들이다. 기사환국(己巳換局) 때 아버지가 사사되자 형 창집(昌集)·창협(昌協)과 함께 은거하였다. 후에 관직이 내려졌으나 모두 사양하였다. 성리학에 뛰어나 형 창협과 함께 이이(李珥) 이후의 대학자로 이름을 떨쳤으며, 낙론(洛論)을 지지하였다.

〈3 : 35b〉

시니【반남(潘南)은 나쥬(羅州) 별호(別號)라】 셰샹(世上)의 일ᄏᆞᆫ는 바 반남션싱(潘南先生) 휘(諱) 샹튱(尙衷)이

그 션죄(先祖ㅣ)라 그 증조(曾祖) 휘(諱) 동언(東彦)은 ᄉᆞ복판시(司僕判事ㅣ)니 증니조참판(贈吏曺參判)^

이오 증조(曾祖) 휘(諱)ᄂᆞᆫ 황(潢)이니 ᄉᆞ헌부(司憲府) 대ᄉᆞ헌(大司憲)이오 고(考) 휘(諱) 셰람(世楠)이^

니 증니조참판(贈吏曺參判)이라 비(妣)ᄂᆞᆫ 젼쥬(全州) 니시(李氏)니 지암공(止菴公) 휘(諱) 힝진(行進)^

의 ᄯᆞᆯ이오 북병ᄉᆞ(北兵使) 증녕의졍(贈領議政) 쳥강공(淸江公) 휘(諱) 졔신(濟臣)의 현^

손(玄孫)이니 부인(夫人)이 슝뎡(崇禎) 병오(丙午) 구월(九月)의 난디라 오셰(五歲)예 부친(父親)^

이 죽은디라 외가(外家)의 길니이니 지암공(止菴公)이 샹해 무릅희

두고 사ᄅᆞᆷᄃᆞ려 닐러 ᄀᆞᆯ오디 이 아히(兒孩) 긔이혼 샹(相)이 〃시니 ᄒᆞ^

여곰 ᄉᆞ나히면 반ᄃᆞ시 녕의졍(領議政) 도원쉬(都元帥ㅣ) 되리라 ᄒᆞ더라

십뉵(十六)의 우리 김시(金氏)의 도라오니 ᄉᆞ덕(四德)이 임의 ᄀᆞ존디라

▶▶▶ 출 전

世所稱潘南先生諱尙夔, 寔其先祖也. 曾祖諱東彦, 司僕寺正, 贈吏曹參判, 祖諱潢, 司憲府大司憲. 考諱世楠, 贈吏曹參判. 妣全義李氏, 吏曹參判止菴公諱行進之女, 北兵使贈領議政淸江公諱濟臣之四世孫也, 夫人以崇禎丙戌五月九日生. 生五歲而孤, 長于外氏, 止菴公常置膝語人曰: "此兒有異相, 使其男也, 豈不爲上相元帥哉. 十六, 歸于我金氏, 四德旣該.

▶▶▶ 현대어역

〈3 : 35b〉

나시니,【반남(潘南)은 나주(羅州)의 별호(別號)라.】세상에서 일컫는 바 반남선생(潘南先生) 휘(諱) 상충(尙衷)이 그 선조(先祖)라. (그) 증조(曾祖) 휘(諱) 동언(東彦)은 사복판사(司僕判事)이니 증이조참판(贈吏曹參判)이요, 증조(曾祖) 휘(諱)는 황(潢)이니 사헌부(司憲府) 대사헌(大司憲)이요, 고(考, 돌아가신 아버지) 휘(諱)는 세남(世楠)이니 증이조참판(贈吏曹參判)이라. 비(妣, 돌아가신 어머니)는 전주(全州) 이씨(李氏)이니 지암공(止菴公) 휘(諱) 행진(行進)의 딸이요, 북병사(北兵使, 조선 시대 삼병영 가운데 경성에 있던 북병영의 병마절도사) 증영의정(贈領議政) 청강공(淸江公) 휘(諱) 제신(濟臣)의 현손(玄孫, 고손자)이라. 부인(夫人)이 숭정(崇禎) 병오(丙午) 구월(九月)에 난지라(=태어난지라). 오세(五歲)에 부친(父親)이 죽은지라 외가(外家)에서 길러지니, 지암공(止菴公)이 항상 무릎에 두고 사람에게(=남에게) 일러 말하되, '이 아이가 기이한 상(相)이 있으니 (하여금) 사나이면 반드시 영의정(領議政) 도원수(都元帥)가 되리라.' 하더라. 십육(十六)에(=열여섯 살 때) 우리 김씨(金氏)에 돌아오니(=시집오니) 사덕(四德, 여자로서 갖추어야 할 네 가지 덕. 마음씨〔婦德〕, 말씨〔婦言〕, 맵시〔婦容〕, 솜씨〔婦功〕를 이름)이 이미 갖추어졌는지라.

▶▶▶ 원문 판독

〈3 : 36a〉

뉵친(六親)이 하례(賀禮)ᄒᆞ고 션고(先考ㅣ)【문곡샹공(文谷相公)이라】간엄(簡莊)ᄒᆞ샤 장듕(莊重)ᄒᆞ야 사^

롬 허가(許可)ᄒᆞ미 업고 션비(先妣ㅣ) 엄(嚴)ᄒᆞ고 찰〃(察察)ᄒᆞ야 고이기 어려^

오디 ᄆᆞ촘내 부인(夫人)을 맛당타 ᄒᆞ더라 션비(先妣ㅣ) 젹년(積年) 상^

셕(喪席)의 겨샤 문(門) 여러 보ᄂᆞᆫ 날이 젹은디라 뻐 더ᄒᆞ야 듕궤(中饋)^

ᄅᆞᆯ 다ᄉᆞ려 툥부(冢婦)의 직칙(職責)이 더옥 듕(重)ᄒᆞ고 밋 대화(大禍)ᄅᆞᆯ

【긔ᄉᆞ년(己巳年)의 문곡(文谷) 화(禍) 닙은 말이라】 만나ᄆᆞ로브터 오매 어려온 일을 이긔여 니ᄅᆞ디

못홀 배로디 견디나 부인(夫人)의 심녁(心力)이 〃에 갈진(竭盡)ᄒᆞ니 대^

개(大槪) 건〃(蹇蹇)ᄒᆞ야【건〃(蹇蹇)은 극진(極盡)이 ᄒᆞ다 말이라】몸을 혜디 못ᄒᆞ야 김시(金氏)의 거취(去就)ᄅᆞᆯ

다ᄒᆞᄂᆞᆫ 며느리 되연 디[1] 오십년(五十年)의 병(病)이 임의 위티(危殆)ᄒᆞ디라

반함(飯含)이며 넘습(殮襲) 졔구(諸具)ᄅᆞᆯ 출혀 언연(偃然)이 쇼어(笑語)ᄒᆞ야 ᄒᆡᆼ장(行裝)^

▶▶▶ 주 석

1 되연 디 : 된 지. "시간 경과"를 표현하는 'V-언 # 디' 구성에 '되-'가 참여한 것이다. 중세국어에서 'V-언 디' 구성에 포함된 '어'는 (일반적으로) 선행 어간의 타동성 여부에 따라 '어~거'의 교체를 보였으나, 자료에서는 그러한 교체 없이 '어'로 통일되어 나타난다. 여기서는 '되-' 뒤에 '어'의 교체형 '여'가 선택되어 '되연 디'로 나타난 것이다. 현대국어에서는 'V-언 디' 구성에 필수적으로 참여하던 '어'가 빠져 현대국어에는 'V-(으)ㄴ 지' 구성으로 나타난다.

▸▸▸ 출 전

六親交賀. 先考簡莊少可. 先妣嚴察難媚. 而終始以夫人爲甚宜. 先妣積淹牀茲. 開戶日少. 凡所
以代盡視饋. 冢婦之職責尤重. 及遭大禍以來. 未堪多難. 則夫人心力. 於是殫盡. 蓋蹇蹇匪躬.
爲金氏盡瘁之婦者. 幾五十年. 疾旣殆. 使具含斂. 怡然笑語. 若治任卽路者然.

▸▸▸ 현대어역

〈3 : 36a〉

육친(六親, 부모, 형제, 처자를 통틀어 이르는 말)이 하례(賀禮)하고 선고(先考, 돌아가신 아버지)가【문
곡상공(文谷相公)이라】간엄(簡嚴)하시어 장중(莊重)하여 사람 허가(許可)함이 없고 선비(先妣,
돌아가신 어머니)가 엄(嚴)하고 찰찰(察察, 지나치게 꼼꼼하고 자세함)하여 사랑하기 어렵되 마침내
(=끝내는) 부인(夫人)을 '마땅하다' 하더라. 선비(先妣)가 적년(積年, 여러 해) 상석(喪席)에 계시
어 문(門)을 열어 보는 날이 적은지라. (써) 대하여 중궤(中饋, 집안의 살림을 주관하는 일)를 다
스려 총부(冢婦, =宗婦. 종가의 맏며느리)의 직책(職責)이 더욱 중(重)하고 (및) 대화(大禍)를【기
사년(己巳年)에 문곡(文谷)이 화(禍)를 입은 말이라.】만남으로부터 오매(=그 이래로) 어려운
일을 이기어(=능히) 이르지 못할 바이로되, 견디나 부인(夫人)의 심력(心力, 마음과 힘을 아울러
이르는 말)이 이에 갈진(竭盡, 바닥이 드러날 정도로 다하여 없어짐)하니, 대개(大槪) 건건(蹇蹇)하여
【건건(蹇蹇)은 극진(極盡)히 한다는 말이라.】몸을 헤아리지(=돌보지) 못하여, 김씨(金氏)의
거취(去就)를 다하는 며느리가 된 지 오십년(五十年)에 병(病)이 이미 위태(危殆)한지라. 반함
(飯含, 염습할 때에 죽은 사람의 입에 구슬이나 쌀을 물림)이며 염습(殮襲) 제구(諸具)를 차려(=준비하
여) 언연(偃然)히 소어(笑語, 웃으며 말을 함)하여

⟨3 : 36b⟩

을 출혀 길 가는 사룸 굿더라 이에 병신(丙申) 이월(二月) 뉵일(六日)의

뎡당(正堂)의셔 졸(卒)ᄒ니 쉬(壽ㅣ) 칠십일(七十一)이라 부인(夫人)이 헌거훈

몸이오 큰 얼골이오[1] 두 눈이 거울 굿고 것과 속이 통연(洞然)^

이 넑러 ᄆᆞ음이 그 얼골 굿고 큰 도량(度量)이며 사룸을 너비 ᄉᆞ^

랑ᄒ디 ᄉᆞ이 두디 아니ᄒ고 샹해 구계(救濟)ᄒᆞ믈 너비 ᄒᆞ디

ᄠᅳ의[2] 향(向)훈 배 이시면 비록 빠흔 거슬 다ᄒᆞ야도 앗기^

는 배 업서 일호(一毫)롤 위(爲)ᄒᆞ야 호말(毫末)도 앗기는 배 업고 거^

리ᄭᅵ는 배 업더라 사룸의 혼인(婚姻)과 샹ᄉᆞ(喪事)의 급(急)ᄒ니롤

구(求)ᄒ디 긔갈(飢渴) 구(求)홈ᄀᆞ티 ᄒᆞ고 젼후(前後)의 힘닙어 뼈 일을

일은 재(者ㅣ) 비록 심(甚)히 만흐나 그러나 ᄒᆞ니롤 쟈랑티

1 얼골이오 : 얼굴이요. 이곳의 '얼골'은 원문의 '顏'을 옮긴 것으로, 현대국어의 '얼굴'과 같은 의미로 쓰인
  것이다. 그러나 자료에는 '얼골'(혹은 '얼굴')이 원문의 '形'에 대응되어 "형체, 모습"의 의미로 쓰인 예가
  더 많이 나타난다(이에 대하여는 '얼골'<2 : 23a>의 주석 참조). 중세국어 이래 '얼골'은 본래 '形(형체,
  모습)"의 의미로 쓰이다가 근대국어에서 "顏(안면, 얼굴)"의 의미로 점차 변한다. 현대국어의 '얼굴'에는
  "形'의 의미는 사라지고 "顏'의 의미만 남아 있는데, 이러한 변화는 이미 ≪동문유해≫(1748)에 등장하는
  「容顏 얼굴」<상 : 18>의 예를 위시하여 18세기 문헌부터 보이기 시작한다.

▶▶▶ 출 전

若治任卽路者然. 乃以丙申十二月六日終堂, 享年七十一. 夫人頎身嵬顔, 雙眼鏡懸, 表裏洞豁, 貌如其心, 有大度泛愛, 無畛域, 常以普濟爲意, 意有所向, 雖傾囷倒廩, 無所愛惜, 不爲後日毫髮計留也. 急人婚喪, 副(?)求若飢渴, 前後所賴以辦事者甚多, 然勞而不伐,

▶▶▶ 현대어역

〈3 : 36b〉

행장(行裝)을 차려 길 가는 사람 같더라. 이에 병신(丙申) 이월(二月) 육일(六日)에 정당(正堂)에서 졸(卒)하니 수(壽, 나이)가 칠십일(七十一) 세(歲)라. 부인(夫人)이 헌거(軒擧, 풍채가 좋고 의기가 당당함)한 몸이요, 큰 얼굴이요, 두 눈이 거울 같고 겉과 속이 통연(洞然, 막힘이 없어 트여 밝고 환함)히 넓어 마음이 그 얼굴 같고, 큰 도량(度量)이며, 사람을 널리 사랑하되 사이를(=차별을) 두지 아니하고, 항상 구제(救濟)함을 널리 하되 뜻이 향(向)한 바가 있으면 비록 쌓은 것을 다하여도 아끼는 바가 없어 일호(一毫, 극히 작은 정도)를 위하여 호말(毫末, 털끝)도 아끼는 바가 없고 거리끼는 바가 없더라. 사람의 혼인(婚姻)과 상사(喪事)에 급(急)한 이를 구하되(=구제하되), 기갈(飢渴, 배고픔과 목마름)을 구(求)함같이(=구제하는 것과 같이) 하고, 전후(前後)에 힘입어 (써) 일을 이룬 것이 비록 심(甚)히 많으나, 그러나 한 일을 자랑하지

▶▶▶ 주 석

2 뜻의 : 뜻의. 뜻이. 이곳의 '뜻'은 중세국어의 '뜯'에 소급할 어형이다. 어두자음군의 경음화를 거쳐 16세기 문헌부터는 '뜯'으로 등장하기 시작한다. 예 : 즐기는 쁘들 보노라<중간두시언해(1613) 7 : 11a>. 이곳에서 '뜯'이 '뜻'으로 적힌 것은 (칠종성법의 확립 이후) 어간 말음 /ㄷ/을 'ㅅ' 분철 표기로 나타내는 자료의 표기 방식에 따른 것이다. 현대국어의 '뜻'은 '뜯'에서 어간 말음이 다시 'ㅅ'으로 재구조화된 결과이다.

▶▶▶ 원문 판독

〈3 : 37a〉

아니ᄒᆞ야 ᄒᆞ니ᄅᆞᆯ 즉시 니ᄌᆞ니 그 덕냥(德量)이 〃 ᄀᆞᆺ더라 구고(舅姑)ᄅᆞᆯ
셤겨 슈고(受苦)ᄅᆞ오믈 ᄭᅥ리디 아니ᄒᆞ고 정셩(精誠)을 갈진(竭盡)ᄒᆞ미
더옥 존망(存亡)과 젼패(顚沛)ᄒᆞᄂᆞᆫ 즈음의 뵈니 그 영협(永峽)의 이시매
【영협(永峽)은 긔ᄉᆞ년(己巳年) 문곡(文谷) 화패(禍敗) 후(後)의 영협(永峽) 빅운산(白
雲山)의 갓더니라】황낙(荒落)ᄒᆞ고 쳥한(淸寒)ᄒᆞ고 궁박(窮迫)ᄒᆞ미 심(甚)^
ᄒᆞ야 다시 ᄉᆡᆼ니(生理)ᄅᆞᆯ 니ᄅᆞᆯ 거시 업ᄉᆞ더 션고(先考)의 궤뎐(饋奠)의 셔
울 시믈(市物)을 니우고 션비(先妣ㅣ) 범일(凡日)의 구간(苟簡)이 아니ᄒᆞ고 더옥 졔^
믈(祭物)의 삼가기ᄅᆞᆯ 극진(極盡)이 ᄒᆞ야 어육(魚肉)이 죠곰 셩(盛)티 아니ᄒᆞ^
여도 ᄡᅳ디 아니ᄒᆞ고 부인(夫人)이 ᄯᅳ즐[1] 몬져 ᄒᆞ고 비록 녀롬 댱^
마의 막히나 시믈(市物)이 뉴통(流通)ᄒᆞ게 ᄒᆞ야 후시(後時)티 아니케
ᄒᆞ고 몸이 밤이 새도록 츤 마루의 디내여 밥을 술노 ᄡᅳ^

▶▶▶ 주 석

1 ᄯᅳ즐 : 뜻을. 이곳의 'ᄯᅳᆺ'은 중세국어의 'ᄠᅳ'에 소급할 어형이다. 어두자음군의 경음화를 거쳐 16세기 문헌
부터는 'ᄯᅳᆮ'으로 등장하기 시작한다. 예 : 즐기ᄂᆞᆫ ᄯᅳ들 보노라<중간두시언해(1613) 7 : 11a>. 이곳에서
'ᄯᅳᆮ'이 'ᄯᅳᆺ'으로 적힌 것은 (칠종성법의 확립 이후) 어간 말음 /ㄷ/을 'ㅅ' 분철 표기로 나타내는 자료의 표
기 방식에 따른 것이다. 현대국어의 '뜻'은 'ᄯᅳᆮ'에서 어간 말음이 다시 'ㅅ'으로 재구조화된 결과이다.

▶▶▶ 출 전

施而能忘, 其爲德量如此. 事舅姑, 服勞盡誠, 尤見於存亡顚沛之際, 在永峽, 荒寒窮酷, 無復生理, 先考下室之饋, 至賣京第以繼絶, 先妣於事不苟, 尤致謹苾芬, 魚肉少不鮮, 卽不用, 又不欲房闥間執爨, 夫人能先意周旋, 雖夏潦多阻, 而市物流通, 得不後時, 身則徹夜寒廳, 飯不擧匙者數,

▶▶▶ 현대어역

〈3 : 37a〉

아니하여 한 일을 즉시 잊으니 그 덕량(德量)이 이와 같더라. 구고(舅姑)를 섬겨 수고(受苦)로움을 꺼리지 아니하고 정성(精誠)을 갈진(竭盡, 바닥이 드러날 정도로 다함)함이 더욱 존망(存亡)과 전패(顚沛, 엎어지고 자빠짐)하는 즈음에 보이니, (그) 영협(永峽)에 있으매(=있을 때)【영협(永峽)은 기사년(己巳年) 문곡(文谷) 화패(禍敗, 재화로 인한 실패) 후에 영협(永峽) 백운산(白雲山)에 갔더니라.】황락(荒落, 거칠고 아주 쓸쓸함)하고 청한(淸寒)하고 궁박(窮迫, 몹시 가난하여 구차함)함이 심(甚)하여 다시 생리(生理, 살아갈 방도, 장사)를 말할 것이 없으되, 선고(先考, 돌아가신 아버지)의 궤전(饋奠)에 서울 시물(市物)을 잇고, 선비(先妣)가 범일(凡日, 평일)에 구간(苟簡, 몹시 구차하고 가난함)히 아니하고 더욱 제물(祭物)에 삼가기를 극진(極盡)히 하여 어육(魚肉)이 조금만 성(盛)하지 아니하여도 쓰지 아니하고, 부인(夫人)이 뜻을 먼저 하고 비록 여름 장마에 막히나 시물(市物)을 유통(流通)하게 하여 후시(後時, 때에 늦음)하지 아니하게 하고, 몸이 밤이 새도록 찬 마루에 지내어 밥을 순가락으로

〈3 : 37b〉

디 아니ᄒᆞ는 ᄲᅢ ᄌᆞ〃나 혹 명녕(命令)이 엄급(嚴急)ᄒᆞ야 독촉(督促)을

더으디 ᄯᅩ훈 빅 가지로ᄡᅥ 훈 일을 순(順)히 ᄒᆞ야 ᄉᆞ식(辭色)의 뵈^

디 아니ᄒᆞ더라 미양 션고(先考)의 친ᄋᆡ(親愛)ᄒᆞ시믈 감녀(感慮)ᄒᆞ야 죵^

신(終身)토록 이뫼(哀慕ㅣ) 마디 아니ᄒᆞ고 샹해 닐오디 션구(先舅)긔 뫼셔

밥 먹으매 션귀(先舅ㅣ) 즐기는 바롤 아ᄅᆞ샤 국을 주시더라

ᄒᆞ고 오열(嗚咽)ᄒᆞ야 톄읍(涕泣) 아닐 적이 업더라 션괴(先考ㅣ) 힉도(海島)의

이실 적 영결(永訣)ᄒᆞ는 편지(便紙)롤 붓티니 삼가 협ᄉᆞ(篋笥)의 곰^

초앗더니 밋[1] 님졀(臨絶)ᄒᆞ매 명(命)ᄒᆞ야 몸의 너ᄒᆞ라 ᄒᆞ니^

라 슬프다 부인(夫人)의 덕(德)이 아롬다오미 이러툿 ᄒᆞ고 지예(才藝)^

의 녁〃ᄒᆞ미 침션(針線)과 쥬댱(酒漿)의 능(能)ᄒᆞ므로브터 다못 녜 일

1 밋 : 및. 중세국어 이래 '및〔及〕-'에서 파생된 어간형 부사 '및'(표기상으로는 '믿' 또는 '밋')은 대등한 관계의 두 구나 절 사이에 위치하여 "그리고, 그 밖에"를 뜻하는 접속 부사로 쓰였다(현대국어에서 'NP 및 NP'의 구성에 참여하는 '및'은 바로 이 접속 부사의 용법을 계승한 것이다). 예 : 도적이 그 지아비과 밋 그 아들을 주기고<동국신속삼강행실도(1617) 烈6 : 73b>, 믈읫 弔ᄒᆞ며 밋 喪을 보내는 者ㅣ<가례언해(1632) 7 : 8a>. 그러나 이곳에 쓰인 '밋'은 (부사로 쓰였다고 할 수밖에는 없지만) 선행절과 후행절이 전혀 대등한 관계에 있지 않다는 점에서 위의 (접속 부사) '및'과는 성격을 달리 한다. 이곳의 '밋'은

▶▶▶ 출 전

然或命令嚴急. 加以督責. 亦應以百順. 一不見於色. 每感先考眷愛. 終身哀慕. 常道侍食於先舅.
先舅知所嗜也. 必舍羹與之. 未嘗不嗚咽流涕. 先考在海島. 寄告訣書. 謹藏諸篋. 及喪. 以治命
殉身也. 噫. 夫人德懿之備. 斯爲其最. 若其才藝優長. 自縫紉酒漿之能. 與夫强記證事.

▶▶▶ 현대어역

〈3 : 37b〉

 뜨지 아니하는 때가 잦으나, 혹 명령(命令)이 엄급(嚴急)하여 독촉(督促)을 더하되 또한 백
가지로써 한 일을 순(順)히 하여 사색(辭色, 말과 얼굴빛)에 보이지 아니하더라. 항상 선고(先
考)가 친애(親愛)하심을 감려(感慮)하여 종신토록 애모(愛慕, 사랑하여 그리워함)를 그치지 아니
하고 항상 이르되, '선구(先舅, 돌아가신 시아버지)를 모시고 밥을 먹으매 선구(先舅)가 (내가)
즐기는 바를 아시어 국을 주시더라.' 하고 오열(嗚咽)하여 체읍(涕泣, 눈물을 흘리며 슬피 욺)하지
아니할 적이 없더라. 선고(先考)가 해도(海島)에 있을 적에 영결(永訣, 죽은 사람과 산 사람이 서로
영원히 헤어짐)하는 편지를 부치니 삼가 협사(篋笥, 버들가지, 대나무 따위를 걸어 상자처럼 만든 직사
각형의 작은 손그릇)에 간직하여 두었는데, 임절(臨絶, =임종)하매 (이르러) 명(命)하여 '(그 편
지를) 몸에(=자신에게) 넣으라.' 하니라. 슬프다, 부인(夫人)의 덕(德)이 아름다움이 이렇듯 하
고, 재예(才藝, 재능과 기예)의 넉넉함이 침선(針線, 바늘과 실)과 주장(酒漿, 술과 장을 담금)에 능
(能)함과 더불어

▶▶▶ 주 석

 '닙졀ᄒᆞ매 미처'의 '미처'("이르러"의 의미)와 같은 의미로 쓰였다고 할 수 있는데 '미처'와는 달리 구절의
첫 머리에 위치하고 있는 것이다. 이는 당시의 언어 질서를 반영한 것이라기보다 원문의 어순(語順)에
이끌린 결과(곧 '及'의 자리에 '밋'을 단순히 대응시켜 언해한 결과)로서, 지나친 축자역(逐字譯)에 따라
출전의 간섭 현상이 일어난 것으로 보아야 할 것이다.

〈3 : 38a〉

을 긔록(記錄)ᄒ며 ᄉ리(事理)의 ᄇᆰ으며 찰〃(察察)ᄒ니 여신(如神)ᄒ야 가지

〃〃 사름의게 ᄲᅱ여나고 혹 일의 얽킈여 사름이 대되

머믓거려 변명(辨明)티 못ᄒ니 부인(夫人)이 드ᄅ면 믄득 순식(瞬息) ᄉ^

이의 ᄉ리(事理)롤 분셕(分析)ᄒ야 됴리(條理)의 분명(分明)ᄒ미 대롤 ᄯᆞ리^

며 믈을 터 노흠ᄀ티 ᄒ고 존댱(尊嬙)이 ᄒ고져 ᄒᄂᆞᆫ 바의 말^

이 난즉 즉시 시ᄒᆼ(施行)ᄒ야 ᄣᅢ롤 못디[1] 아냐 시ᄒᆼ(施行)ᄒ올 줄^

로 고(告)ᄒ니 션비(先妣ㅣ) 샹해 이러므로 크게 과(過)히 너기시니 만일

이 ᄀᆞᆺ튼 지조ᄂᆞᆫ 빅 사름이 ᄂᆞᆫ화도 죡히 ᄡᅥ 부녀듕(婦女中) 웅^

걸(雄傑)이 될디라 그러나 일즉 나의 댱쳐(長處)로ᄡᅥ ᄂᆞᆷ을 막디ᄅᆞ^

디 아니ᄒ고 ᄌᆞᄉ(娣姒)로 더브러 통능{늉}(通融)ᄒ와 일을 ᄒ여 밋디

1 못디 : 마치지. 이곳의 '못-'은 칠종성법에 따라 '몿〔終〕-'을 적은 표기이다. '몿-'에 의미나 문법범주를 바꾸지 않는 접사 '-이-'가 결합하여 현대국어에는 '마치-'로 이어졌는데, 이러한 어간 재구조화는 '그릋->그르치-', '궂->그치-', '뉘읓->뉘우치-', 'ᄉ몿->사무치-' 등 어간 말음을 /ㅊ/으로 하는 어간에서 자주 볼 수 있다.

▸▸▸ **출 전**

與夫强記證事, 札翰如神, 件件絶人, 至於事在糾窒, 衆所遲回者, 造次揮霍, 如竹破河決, 而尊章所欲爲, 言出卽行, 不終時而告功, 先妣嘗以爲大快若然者, 百人分之, 足爲簪珥之傑, 而獨未嘗以己長格物, 與娣姒通融做事,

▸▸▸ **현대어역**

〈3 : 38a〉

옛일을 기록(記錄)하며 사리(事理)에 밝으며 찰찰(察察, 지나치게 꼼꼼하고 자세함)하니 여신(如神, 신과 같음)하여 가지가지 사람보다(=남보다) 뛰어나고, 혹 일이 얽히어 사람이(=남이) 모두 머뭇거려 변명(辯明)하지 못하니(=못하더라도) 부인(夫人)이 들으면 문득 순식(瞬息) 사이에(=순식간에) 사리(事理)를 분석(分析)하여, 조리(條理)가 분명(分明)함이 대를 쪼개며 물을 터서 놓음같이 하고, 존당(尊嫜, 시부모)이 하고자 하는 바의 말이 난즉 즉시 시행(施行)하여 때를 마치기 전에 시행(施行)할(=시행하는) 것으로 고(告)하니, 선비(先妣, 돌아가신 어머니)가 항상 이러므로 크게 과(過)히 여기시니, 만일 이 같은 재주는 백 사람이 나누어도 족히 (써) 부녀중(婦女中)에 웅걸(雄傑, 영웅다운 호걸)이 될지라. 그러나 일찍이 나의 장처(長處, =장점)로써 남을 막지 아니하고, 자사(娣姒, 누이와 동서)와 더불어 통융(通融, =융통)하여 일을 하여 믿지

〈3 : 38b〉

못ᄒ미 이시믈 보면 덧〃시[1] 그릇ᄒᄂᆫ 일을 덥고 못ᄒᄂᆫ

일을 도아 뉵셩(六姓)이【몽와상공(夢窩相公)이 뉵형뎨(六兄弟)의 뉵경{셩}(六姓)은 여슷

동셔를 니르미니라】모다[2] 뷘 적이

업ᄉ디 그 씌고 뜨고 완(緩)ᄒ고 급(急)ᄒ야 긔미(氣味ㅣ) ᄀᄌ록디 아니호디

ᄒᄂᆯᄀ티 다 포용(包容)ᄒ야 민연(泯然)이 밋땈과 두에의 서어(齟齬)ᄒ^

미 업서 ᄂᆡ외(內外) 친당(親黨)의 미처 ᄆᆞ음을 다ᄒ고 즐기믈 갈진(竭盡)^

이 아닛ᄂᆫ 디 업서 뎌와 나와 다시 ᄀ리인 배 업게 ᄒ고 샹^

해 졍녕(丁寧)이 니르디 간냑(簡略)ᄒ야 싀극(猜克)ᄒ야 막히고 가긱(苛刻)ᄒ

일을 ᄒ디 아니ᄒ고 비복(婢僕)으로 ᄒ여곰 사롬마다 제 ᄆᆞ음^

의 ᄌᆞ득(自得)ᄒ니 그윽이 뵈오니 규꾀(規模ㅣ) 너르고 크셔 탄탕(坦蕩)ᄒ야

쇠셰(衰世)의 이실 배 아니라 그 인후(仁厚)ᄒᆫ 덕이 긔운(氣運)의 훈증(燻蒸)ᄒᆷ

1 덧〃시 : 항상. 늘. 자료의 다른 곳에 등장하는 '덧덧ᄒ-'를 감안할 때 이것의 파생 부사에 해당되는 형태로 해석된다. 중세국어에서는 '덛더디'로 등장하던 것이나 이곳의 'ㅅ' 중철 표기를 통해 어근 '덛덛'의 말음 'ㄷ'이 이미 'ㅅ'으로 바뀐 사실을 알 수 있다. 자료의 '덧덧ᄒ-'는 원문의 '恒, 常'에 대응되어 "(변함없이) 항상 일정하다, 한결같다"의 의미로 쓰이는데, 현대국어의 후대형 '떳떳하-'는 "굽힐 것 없이 당당하다"를 뜻하여 의미에 차이가 있다.

▶▶▶ **출 전**

見有未逮, 常爲之掩失護拙, 六姓之聚, 室無空虛, 其酸鹹緩急, 氣味不齊, 而一皆包納, 泯然無底蓋齟齬, 以及內外親黨, 莫不輸心竭懽, 無復物我間隔, 闔政寬簡, 不用猜防苛覈, 使婢僕人人自在, 竊嘗覸氣象範圍, 宏大坦蕩, 非衰世所可有, 而其仁厚薰蒸,

▶▶▶ **현대어역**

〈3 : 38b〉

못함이 있음을 보면 항상 그릇하는 일을 덮고 못하는 일을 도와 육성(六姓)이【몽와상공(夢窩相公)이 육형제(六兄弟)의 육성(六姓)은 여섯 동서를 이름이라.】모여 빈 적이 없되, 그 시고 짜고 완(緩)하고 급(急)하여 기미(氣味)가 가지런하지 아니하되, 한결같이 다 포용(包容)하여 민연(泯然, 자취가 없음)히 밑짝과 뚜껑에 서어(齟齬, 틀어져서 어긋남)함이 없어 내외(內外) 친당(親黨)에 미쳐(=이르기까지) 마음을 다하고 즐김을 갈진(竭盡, 바닥이 드러날 정도로 다하여 없어짐)히 아니하는 데 없어 저와 내가 다시 가려진 바가 없게 하고, 항상 정녕(丁寧)히 이르되, 간략(簡略)하고 시극(猜克, 시기심이 많고 엉큼함)하여 막히고 가각(苛刻, =가혹)한 일을 하지 아니하고 비복(婢僕)으로 하여금 사람마다 제 마음에 자득(自得, 스스로 깨달아 얻음)하게 하니, 그 윽히 뵈오니 규모(規模)가 넓고 크셔서 탄탕(坦蕩)하여 쇠세(衰世, 도덕이 쇠퇴하여 쇠망한 세상)에 있을 바가 아니라. 그 인후(仁厚)한 덕이 기운(氣運)에 훈증(燻蒸, 더운 연기에 쐬어서 찜)함과

▶▶▶ **주 석**

2 모다 : 모여. 자동사 '몯[會]-'에 '-아'가 결합한 것으로 분석될 어형이다. 현대국어에서 '몯-'은 사어화하고 그 자리를 '모이-'가 대체하였으나 '몯-'에 사동 접사 '-오-'가 결합한 '모도-'는 일부 방언에 '모두-'로 남아 있다.

〈3 : 39a〉

ᄀᆞᆺ투여 집 샹하(上下)의 메이여 족히 샹셔(祥瑞)를 인도(引導)ᄒᆞ고 복(福)을
붓들 ᄃᆞᆺᄒᆞ니 거륵ᄒᆞ며 셩(盛)ᄒᆞ뎌 우리 김시(金氏ㅣ) 안동(安東) 대^
셩(大姓)이니 고려(高麗) 태ᄉᆞ(太師) 휘(諱) 현평(宣平)으로 시조(始祖)를 삼으니 션고
(先考) 휘(諱)
슈흥(壽恒)이니 벼슬이 녕의졍(領議政)이오 션비(先妣)ᄂᆞᆫ 안뎡(安定) 나시(羅氏)오 빅^
시(伯氏)ᄂᆞᆫ 일홈은 챵집(昌集)이니 벼슬이 좌의졍(左議政)이니 몽와(夢窩)^
ᄂᆞᆫ 그 별호(別號)라 나흔 남녜(男女ㅣ) 만히 기르디 못ᄒᆞ고 두 아둘과 두
ᄯᅩᆯ이 댱셩(長成)ᄒᆞ니 남(男)은 졔겸(濟謙)이니 진ᄉᆞ(進士)ᄒᆞ야 벼슬이 쳠^
졍(僉正)이오【후(後)의 급뎨(及第)ᄒᆞ야 참의(參議)ᄀᆞ디 ᄒᆞ니라】ᄎᆞ(次)ᄂᆞᆫ 희겸(好謙)이
니 죵슉(從叔) 챵슉(昌淑)의 휘(後ㅣ) 되^
고 현감(縣監) 민계슈(閔啓洙)와 참봉(參奉) 민챵슈(閔昌洙)ᄂᆞᆫ 사회오 졔겸(濟謙)의 아^
둘이 다ᄉᆞ시러라 뎡유(丁酉) 이월(二月) 십칠일(十七日)의 쟝ᄎᆞᆺ[1] 영장(營葬)ᄒᆞᆯ^

1 쟝ᄎᆞᆺ : 쟝차(將次). 부사 '쟝ᄎᆞ'에 부사를 파생시키는 접미사 '-ㅅ'이 통합한 어형이다. 중세국어 이래 '쟝
ᄎᆞ'와 '쟝ᄎᆞᆺ'이 공존하였으나 자료에서는 '쟝ᄎᆞᆺ'만 발견된다.

▸▸▸ 출 전

充諸堂奧者, 又足導祥培祉, 以垂衍裕于後嗣, 有未艾也, 猗歟盛哉. 我金望於安東, 以高麗太師
諱宣平爲始祖, 先考諱壽恒, 官領議政, 先妣安定羅氏, 伯氏名昌集, 時爲左議政, 夢窩其號也.
夫人産男女凡十餘, 多不育, 惟二男二女長成, 男濟謙進士僉正, 好謙出爲從叔昌肅之後, 早歿,
女閔啓洙縣監, 閔昌洙生員參奉, 濟謙五男三女, 男省行, 峻行爲好謙後, 元行亦出後從叔崇謙,
餘幼, 閔啓洙一男二女, 男幼, 女趙謙彬進士, 鄭志翼, 閔昌洙一男二女俱幼, 伯氏以先山兆盡,
使濟謙往卜長湍亭子浦官寺洞卯向之原, 遂以丁酉二月十七日, 葬夫人, 將窆,

▸▸▸ 현대어역

〈3 : 39a〉

같아서 집 상하(上下)에 메워져 족히 상서(祥瑞, 복되고 길한 일이 일어날 조짐)를 인도(引導)하고
복(福)을 붙들 듯하니, 거룩하며 성(盛)하도다. 우리 김씨(金氏)가 안동(安東) 대성(大姓)이니,
고려(高麗) 태사(太師) 휘(諱) 현평(宣平)으로 시조(始祖)를 삼으니, 선고(先考) 휘(諱)가 수항(壽
恒)이니 벼슬이 영의정(領議政)이요, 선비(先妣)는 안정(安定) 나씨(羅氏)요, 백씨(伯氏)는 이름
은 창집(昌集)이니 벼슬이 좌의정(左議政)이니 몽와(夢窩)는 그 별호(別號)라. 낳은 남녀(男
女)가(=남녀를) 많이 기르지 못하고 두 아들과 두 딸이 장성(長成)하니, 남(男)은 제겸(濟謙)이
니 진사(進士)를 하여 벼슬이 첨정(僉正)이요,【후(後)에 급제(及第)하여 참의(參議)까지 하니
라.】 차(次)는 희겸(好謙)이니 종숙(從叔) 창숙(昌淑)의 후(後)가 되고, 현감(縣監) 민계수(閔啓
洙)와 참봉(參奉) 민창수(閔昌洙)는 사위요, 제겸(濟謙)의 아들이 다섯이러라. 정유(丁酉) 이월
(二月) 십칠일(十七日)에 장차

▶▶▶ 원문 판독

〈3 : 39b〉

시 빅시(伯氏) 챵흡(昌翕)을 명ᄒ야 지으라 ᄒ매 명의 ᄀᆞᆯ오ᄃᆡ

반남지박(潘南之朴)이	반남(潘南)의 박시(朴氏)
유츠셕인(有此碩人)이로다	이 큰 사ᄅᆞᆷ이 잇도다
귀우아김(歸于我金)ᄒ니	우리 김(金)의게 도라와
이덕지문(以德持門)이라	덕(德)으로뼈 문호(門戶)ᄅᆞᆯ 잡앗도다
우락여인(憂樂與人)ᄒ야	근심ᄒ며 즐거우믈 사ᄅᆞᆷ과 ᄒᆞᆫ가지로 ᄒ야
블우기신(不于其身)이라	그 몸의분 아니 ᄒᄂᆞᆫ도다
남명휘야(納銘厚夜)ᄒ니	명(銘)을 지어 깁흔 디 너ᄒ니
오호기인(嗚呼其仁)이로다	슬프다 그 어딜미로다

뎡경부인진산강시묘지(貞敬夫人珍山姜氏墓誌)

▸▸▸ **출 전**

命昌翁爲誌, 銘曰,
潘南之朴, 有此碩人. 歸于我金, 以德持門. 憂樂與人, 不于其身. 〔旣勤而愒, 于澠之濱,〕納銘
厚夜, 嗚呼其仁.

▸▸▸ **현대어역**

〈3 : 39b〉

영장(營葬, 장사를 지냄)할 때에 백씨(伯氏)가 창흡(昌翁)에게 명(命)하여 지으라 하매, 명(銘)에
이르되,

반남지박(潘南之朴)이	반남(潘南)의 박씨(朴氏)
유차석인(有此碩人)이로다.	이러한 큰 사람이 있도다.
귀우아김(歸于我金)하니	우리 김(金)에게 돌아와(＝시집와)
이덕지문(以德持門)이라.	덕(德)으로써 문호(門戶)를 잡았도다.
우락여인(憂樂與人)하여	근심하며 즐거움을 사람과(＝남과) 함께 하여
불우기신(不于其身)이라.	그 몸에뿐(＝자신에게만) (두지) 아니하도다.
남명휘야(納銘厚夜)하니	명(銘, 남의 공적을 찬양하는 내용이나 사물의 내력을 새긴 문구)을 지어 깊은 데 넣으니
오호기인(嗚呼其仁)이로다.	슬프다, 그 어짊이로다.

　　정경부인진산강씨묘지(貞敬夫人珍山姜氏墓誌)

▶▶▶ 원문 판독

〈3 : 40a〉

부인(夫人)의 셩은 강시(姜氏)오 셰계(世系) 진산(晉山)의셔 나시니 국초(國初) 진현^
관(進賢官) 대뎨흑(大提學) 휘(諱) 회빅(淮伯)과 셩종됴(成宗朝) 좌리공신(佐理功臣) 진
산군(晉山君)

휘(諱) 희밍(希孟)이 실로 그 먼 조샹(祖上)이오 고조(高祖) 휘(諱)는 션경(先慶)이니
문^

과도스(文科都事) 증도승지(贈都承旨)오 증조(贈祖) 휘(諱)는 진챵(晉昌)이니 증호조참
판(贈戶曹參判)^

이오 조(祖) 휘(諱)는 대후(大後)니 동듕츄쳥양군(同中樞菁陽君)이오 고(考) 휘(諱)는
셕하(碩夏)니 동몽교관(童蒙敎官)이오 비(妣)는 전의(全義) 니시(李氏)니 도스(都事) 셩
젼(晟傳)의

녜(女ㅣ)라 부인(夫人)이 슝뎡(崇禎) 경술(庚戌) 오월(五月) 뉵일(六日)의 나 뎡묘(丁
卯)의

증참판(贈參判) 김공(金公) 휘(諱) 모(某)[1]의게 도라와 후지션싱(厚齋先生)[2] 휘(諱) 모
(某)의

툥부(冢婦) 되니 션싱(先生)이 그 셩힝(性行)을 아룸다이 너겨 의듕(倚重)^

ᄒᆞ더니 참판공(參判公)이 상시(喪事ㅣ) 나니 부인(夫人)이 스즈(死者)룰 고련(顧戀)ᄒᆞ야

▶▶▶ 주 석

1 김태로(金泰魯)이다.
2 김간(金幹, 1646~1732)은 본관이 청풍(淸風)으로, 자는 직경(直卿), 호는 후재(厚齋)이다. 시호 문경
(文敬)으로, 박세채(朴世采)·송시열(宋時烈)의 문인이다. 조선 후기 문신. 문인. 예학에 조예가 깊었으
며, 학행으로 천거되어 벼슬이 대사헌을 거쳐 우참찬에 이르렀다.

▶▶▶ **출 전**

<貞夫人姜氏墓誌> 申暻, 直菴集 권14. 216_389d

夫人姓姜氏, 系出晉山, 國初進賢舘大提學諱淮伯, 成宗朝佐理功臣晉山君諱希孟, 寔其遠祖, 高祖諱先慶, 文都事, 贈都承旨, 曾祖諱晉昌, 贈戶曹參判, 祖諱大後, 同中樞菁陽君, 考諱錫夏, 童蒙敎官, 妣全義李氏, 都事晟傳之女, 夫人以崇禎庚戌五月六日生, 丁卯, 歸于贈參判淸風金公諱泰魯, 爲厚齋先生諱㮰冢婦, 先生嘉其性行而倚重之, 壬申, 參判公喪逝, 夫人顧念嗣子,

▶▶▶ **현대어역**

〈3 : 40a〉

부인(夫人)의 성은 강씨(姜氏)요, 세계(世系) 진산(晉山)에서 나시니, 국초(國初) 진현관(進賢官) 대제학(大提學) 휘(諱) 회백(淮伯)과 성종조(成宗朝) 좌리공신(佐理功臣) 진산군(晉山君) 휘(諱) 희맹(希孟)이 실로 그 먼 조상(祖上)이요, 고조(高祖)의 휘(諱)는 선경(先慶)이니 문과도사(文科都事) 증도승지(贈都承旨)요, 증조(贈祖)의 휘(諱)는 진창(晉昌)인 증호조참판(贈戶曹參判)이요, 조(祖)의 휘(諱)는 대후(大後)이니 동중추청양군(同中樞菁陽君)이요, 고(考)의 휘(諱)는 석하(碩夏)인 동몽교관(童蒙敎官)이요, 비(妣, 돌아가신 어머니)는 전의(全義) 이씨(李氏)이니 도사(都事) 성전(晟傳)의 여(女, 딸)이라. 부인(夫人)이 숭정(崇禎) 경술(庚戌) 오월(五月) 육일(六日)에 태어나 정묘(丁卯)에 증참판(贈參判) 김공(金公) 휘(諱) 모(某)에게 돌아와(=시집와) 후재선생(厚齋先生) 휘(諱) 모(某)의 총부(冢婦, =宗婦. 종가의 맏며느리)가 되니, 선생이 그 성행(性行, 성품과 행실)을 아름답게 여겨 의중(倚重, 중히 여겨 의지함)하였는데, 참판공(參判公)이 상사(喪事)가 나니 부인(夫人)이 사자(死者)를 고련(顧戀, 마음에 걸리어 애틋하게 잊지 못함)하여

▸▸▸ 원문 판독

〈3 : 40b〉

춤아 인결(引決)티 못ᄒᆞ더 ᄋᆡ훼(哀毁)ᄒᆞ기ᄅᆞᆯ ᄂᆞᆷ이여셔[1] 더ᄒᆞ야
한셔(寒暑)의 거쳐(居處)ᄅᆞᆯ 밧고디 아니ᄒᆞ고 상졔(喪祭)ᄅᆞᆯ ᄆᆞᆾᄎᆞ디 오히^
려 ᄡᅥ 무든 오ᄉᆡ ᄋᆡ쳑(哀戚)ᄒᆞᆫ 얼골로[2] 우ᄉᆞ매 니ᄅᆞᆯ 뵈디 아^
니ᄒᆞ기ᄅᆞᆯ 몸이 ᄆᆞᆾ도록 ᄒᆞᆫᄀᆞᆯᄀᆞᆺ더라 션ᄉᆡᆼ 셤기〃ᄅᆞᆯ
지극 효도(孝道)로 ᄒᆞ야 온공(溫恭)ᄒᆞ며 외근(畏謹)ᄒᆞ고 힘을 다ᄒᆞ야
밧드러 셤겨 감지(甘旨)ᄅᆞᆯ 일죽 이즈러디미 업고 ᄉᆞ방(四方) 션^
ᄇᆡ들이 날로 션ᄉᆡᆼ(先生)의 문하(門下)의 모히매 미리 양식(糧食)과 음^
식(飮食)을 ᄀᆞ초아 명(命)을 밧드러 공궤(供饋)ᄒᆞ기ᄅᆞᆯ 각〃 그 졍분(情分)의
맛ᄀᆞᆺ게 ᄒᆞ고 권당(眷黨)과 이우시 혼인(婚姻) 장ᄉᆞ(葬事)의 션ᄉᆡᆼ(先生)이 주고져
ᄒᆞᄂᆞᆫ 배 이신즉 흔연(欣然)이 응부(應副)ᄒᆞ야 업ᄉᆞ므로ᄡᅥ 탈ᄒᆞᄂᆞᆫ

▸▸▸ 주 석

1 ᄂᆞᆷ이여셔 : 남보다. 'ᄂᆞᆷ'에 "비교 기준"을 표시하는 '-이여셔'가 결합한 어형이다. 자료의 다른 곳에 처격 조사가 비교 구문의 구성 요소로 참여한 예를 볼 때 이곳의 '-이여셔'는 처격 조사 '-의셔'의 한 이형태로 추정된다. 예 : 덕을 빠흐며 어딜믈 힝ᄒᆞ야 이젼의셔 더ᄒᆞ니<3 : 15b>. 처격 조사가 비교 구문에 참여한 예는 중세나 근대 국어에서는 비교적 일반화된 것이나 현대국어에서는 선행 체언이 대명사일 경우에 국한되어 차이가 있다.

▸▸▸ **출 전**

未忍引決, 而哀毀踰倫, 寒暑不易處, 喪除, 猶垢衣戚容, 笑不至矧, 汔于沒世. 事先生至孝, 溫恭畏謹, 竭力奉養, 甘旨未嘗缺, 四方人士日輳於先生之門, 而預具餌, 承命供饋, 各稱其情, 族隣婚葬, 先生欲有所施, 則欣然應副, 不以無爲解.

▸▸▸ **현대어역**

⟨3 : 40b⟩

차마 인결(引決, 어떤 일에 책임을 지고 자살함)하지 못하되 애훼(哀毀, 부모의 죽음을 슬퍼하여 몸이 몹시 여윔)하기를 남보다 더하여, 한서(寒暑, 추위와 더위)에 거처(居處)를 바꾸지 아니하고, 상제(喪祭)를 마치되(=마쳤는데도) 오히려(=여전히) 때 묻은 옷에 애척(哀戚, 애도함)한 얼굴로 웃으매(=웃을 때) 이를 보이지 아니하기를 몸이 마치도록(=종신토록) 한결같더라. 선생 섬기기를 지극 효도(孝道)로 하여 온공(溫恭, 성격, 태도 따위가 온화하고 공손함)하며 외근(畏謹, 두려워하며 삼가함)하고 힘을 다하여 받들어 섬겨, 감지(甘旨, 맛이 좋은 음식)를 일찍이 끊어지게 함이 없고, 사방(四方) 선비들이 날로(=날마다) 선생(先生)의 문하(門下)의 모이매 미리 양식(糧食)과 음식(飮食)을 갖추어 명(命)을 받들어 공궤(供饋, 윗사람에게 음식을 드림)하기를 각각 그 정분(情分)에 알맞게 하고, 권당(眷黨, =친척)과 이웃의 혼인(婚姻)과 장사(葬事)에 선생(先生)이 주고자 하는 바가 있으면 혼연(欣然)히 응부(應副, 요구에 응하여 내어 줌)하여 없음으로써 탈하는

▸▸▸ **주 석**

2 얼골로 : 얼굴로. 이곳의 '얼골'은 현대국어의 '얼굴'과 같은 의미로 쓰인 것이다. 그러나 자료에는 '얼골' (혹은 '얼굴')이 원문의 '形'에 대응되어 "형체, 모습"의 의미로 쓰인 예가 더 많이 나타난다(이에 대하여는 '얼골'⟨2 : 23a⟩의 주석 참조). 중세국어 이래 '얼골'은 본래 "形(형체, 모습)"의 의미로 쓰이다가 근대국어에서 "顔(안면, 얼굴)"의 의미로 점차 변한다. 현대국어의 '얼굴'에는 "形'의 의미는 사라지고 "顔'의 의미만 남아 있는데, 이러한 변화는 이미 ≪동문유해≫(1748)에 등장하는 「容顔 얼굴」⟨상 : 18⟩의 예를 위시하여 18세기 문헌부터 보이기 시작한다.

▶▶▶ **원문 판독**

〈3：41a〉

일이 업스니 뜻과 몸을 밧들미 이에¹ ᄒᆞ야 극진(極盡)ᄒᆞ더^
라 선ᄉᆡᆼ(先生)이 늣게야 병환(病患)이 겨시매 부인(夫人)이 지셩(至誠)으로 근^
심ᄒᆞ야 보션 바닥으로 급(急)히 거러 부억의 출입(出入)ᄒᆞ야
그ᄅᆞᆺ슬 씻고 마을 고ᄅᆞ매 반ᄃᆞ시 손조 친(親)히 ᄒᆞ고 그 잡ᄉᆞ오매
만ᄒᆞ며 젹으믈 근심과 깃브믈 삼고 그 므ᄅᆞ오매 디^
게 밧괴셔 드리믈 기ᄃᆞ리고 밤이 깁허 닉이 ᄌᆞᆷ 드ᄅᆞ신
후 쉬여 슈미(首尾ㅣ) 다ᄉᆞᆺ 히예 노췌(勞瘁)ᄒᆞ미 지극(至極)ᄒᆞ고 나히 뉵^
십(六十)이 넘어 칠십(七十)의 니ᄅᆞ뒤 죠금도 스스로 도라보는
일이 업더니 밋 대고(大故)ᄅᆞᆯ 만나매 흰 거슬 드리오고 최^
복(縗服)을 븟드러 ᄋᆡ모(哀慕)ᄒᆞᆷᄅᆞᆯ 게얼니 아니ᄒᆞ고 늣게야 자고

▶▶▶ **주 석**

1 이에 : 이에. 자료에서는 표기상 'ㅣ'를 말음으로 하는 체언이 처격 '-예'와 통합하는 경우도 있지만(예 : 대의예, 위예) 지시대명사 '이'만큼은 처격 '-에'와 통합하여 '이에'의 형태로 등장한다. '이에'를 종래의 처격형 '-예~-에~-애' 등이 '-에'로 통일되는 경향의 일환으로 볼 가능성이 있다. 그러나 자료 이전에 처격형 '-예', '-에'의 분화가 뚜렷한 시기에도 지시대명사 '이'의 경우는 '이예'보다 '이에'의 표기가 압도적이었음에 유의할 필요가 있다. '이에'가 'ㆁ'이 사용된 중세 문헌에서 '이에'로 소급하는 점을 감안하면, '이에'는 중세국어 이래의 표기 전통을 따른 보수적 표기로 보아야 온당할 것이다. 곧 중세국어에서는 /ㆁ/의

▸▸▸ **출 전**

志體之養, 於是兼備, 先生晚寢疾, 夫人至誠憂煎, 徒跣疾趨, 出入庖廚, 滌器調味, 必皆手親, 其進也, 視多寡爲憂喜, 其徹也, 立戶外俟更進, 夜深寢熟然後乃休, 盖首尾五載, 勞瘁至矣, 而年在耆艾, 不少自恤, 逮遭大故, 垂白扶縗, 哀慕不懈, 晚寢早作,

▸▸▸ **현대어역**

〈3 : 41a〉

일이 업으니, 뜻과 몸을 받듦이 이에 하여 극진(極盡)하더라. 선생(先生)이 늦게야 병환(病患)이 계시매 부인(夫人)이 지성(至誠)으로 근심하여, 버선 바닥으로 급(急)히 걸어 부엌에 출입(出入)하여, 그릇을 씻고 맛을(=음식을) 고르매(=고를 때) 반드시 손수 친(親)히 하고, (그) 잡수시매(=잡수실 때) 많으며 적음을 근심과 기쁨으로 삼고, (그) (상을) 물리매(=물렸을 때) 지게문 밖에서 들임을(=들여오는 것을) 기다리고 밤이 깊어 익히(=깊이) 잠드신 후 쉬어, 수미(首尾, 일의 시작과 끝)가 다섯 해에 노췌(勞瘁, 지치고 힘들어서 핼쑥함)함이 지극(至極)하고, 나이 육십(六十)이 넘어 칠십(七十)에 이르되 조금도 스스로를 돌아보는 일이 없더니, 대고(大故, 부모의 상사)를 만나매 흰 것을 드리우고 최복(縗服, 아들이 부모, 증조부모, 고조부모의 상중에 입는 상복)을 붙들어 애모(哀慕)함을 게을리 아니하고 늦게야 자고

▸▸▸ **주 석**

존재 때문에 처격은 '-예'가 아닌 '-에'가 통합되는 것이 당연하였다. 그러나 /ㆁ/의 음가 소실 뒤에도 이전 시기 '이에'의 표기 방식이 준수된 결과 '이에'의 표기가 등장했다고 보는 것이다. 이러한 관점에 따르면 '이예'와 '이에'가 공존하는 문헌에서 표기상 개신형은 '이예'가 되고, 현대국어의 '이에'는 처격의 이형태가 '-에'로 통일되면서 '이예'가 소멸한 결과라 할 수 있을 것이다.

▶▶▶ **원문 판독**

〈3 : 41b〉

일쯕 니러 몸소 궤뎐(饋奠)을 잡아 션싱(先生) 겨실 째와 ᄀ티 ᄒᆞ^

고 효도(孝道)롤 밀위여[1] 우이(友愛)ᄒᆞ며 쇼고(小姑) 니시부(李氏婦) 디졉ᄒᆞ기^

롤 은이(恩愛)롤 극진(極盡)이 ᄒᆞ야 이우시 거(居)ᄒᆞ미 ᄉᆞ십년(四十年)의

문{물}연(汶然)이 간언(間言)이 업고 몸 가지기롤 심(甚)히 엄(嚴)히 ᄒᆞ야

의용(儀容)을 졍졔(整齊)히 ᄒᆞ고 언쇼(言笑)롤 젹게 ᄒᆞ며 고요히 일^

실(一室)의 쳐(處)ᄒᆞ야 날이 맛ᄃᆞ록[2] 믁{목}연(穆然)ᄒᆞ고 사롬의 비우

다톰고 샤특(邪慝)ᄒᆞᆫ 거슬 보면 몸의 더러일 ᄃᆞ시 너기고 가^

인(家人)이 허믈이 〃시매 엄졀(嚴切)이 ᄭᅮ지저 죠곰도 가챠(假借)롤

아녀 듯ᄂᆞᆫ 재(者 l) 슬쥭{츅}(瑟縮)ᄒᆞ나 그러나 디인졉믈(待人接物)의 인ᄌᆞ(仁慈)ᄒᆞ^

믈 힘뻐 주(主)ᄒᆞ여 고로〃 죡당(族黨)과 장확(臧獲)이 아니 귀심(歸心)ᄒᆞ^

▶▶▶ **주 석**

1 밀위여 : 밀고 나아가. 이곳의 '밀위-'는 '밀-'에 사동 접사 '-위-'가 결합한 어형이다. '밀-'의 사동사로는 '밀위-' 외에 사동 접사 '-오/우-'가 결합한 '미로/미루-'가 있지만 이것은 "委(미루다, 넘기다)"의 의미로 쓰여 의미상에 다소 차이가 있다. 예 : 패군흔 죄롤 내게 <u>미루고져</u> ᄒᆞᄂᆞ다<오륜행실도(1797) 1 : 21a>. 이곳의 '밀위-'는 다른 18세기 문헌에 '밀외/미뢰/미뤼-' 등 여러 가지 표기로 등장하는데, 이들 어형은 "委"보다 이곳과 같이 "推(밀고 나아가다)"의 의미로 쓰인 예가 대부분이다. 예 : 父母 셤기ᄂᆞᆫ 道롤 舅姑에 <u>미뢰면</u> 뻐 다시 더으며<여사서언해(1736) 3 : 53b>, 교해 쏘흔 흔 어질 인 ᄯᅳᆺ를 <u>미뤼여</u> 널니기에

躬執饋奠, 如先生在時, 推孝爲友, 待小姑李氏婦, 曲盡恩義, 隣居四十年, 泹無間言, 律己甚嚴, 整儀容寡言笑, 靜處一室, 終日穆如, 視人之袨冶傾邪, 若浼己然, 家人有過失, 切責不少假, 聽者瑟縮, 然於待人接物, 務主慈仁, 故族黨臧穫, 莫不歸心,

▶▶▶ 현대어역

〈3 : 41b〉

일찍 일어나 몸소 궤전(饋奠)을 잡아 선생(先生) 계실 때와 같이 하고, 효도(孝道)를 미루어(=밀고 나아가) 우애(友愛)하며, 소고(小姑, =시누이) 이씨부(李氏婦)를 대접하기를 은애(恩愛)를 극진(極盡)히 하여 이웃에 거(居)함이 사십년(四十年)에(=사십년이 되었어도) 물연(泹然)히 간언(間言, 남을 이간하는 말)이 없고, 몸 가지기를 심(甚)히 엄(嚴)히 하여 의용(儀容, 차린 모습)을 정제(整齊)히 하고 언소(言笑, 웃고 즐기면서 이야기함)를 적게 하며, 고요히 일실(一室, 한 칸의 방)에 처하여 날이 마치도록(=종일토록) 목연(穆然)하고 사람의(=남의) 비위를 다듬고 사특(邪慝)한 것을 보면 몸에 더럽힐 듯이 여기고, 가인(家人)이 허물이 있으면 엄절(嚴切)히 꾸짖어 조금도 가차(假借, 사정을 보아줌)를 아니하여 듣는 자(者)가 슬축(瑟縮)하나, 그러나 대인접물(待人接物, 남과 접촉하여 사귐)에 인자(仁慈)함을 힘써 주(主)하여 골고루 족당(族黨, 같은 문중이나 계통에 속하는 겨레붙이)과 장확(臧獲, 남의 집에서 대대로 천한 일을 하던 사람)이 아니

▶▶▶ 주 석

지나지 아닐 ᄯᆞ름이라<字恤典則(1783) 3a>.
2 ᄆᆞᄎᆞ록 : 마치도록. 이곳의 'ᄆᆞᄎ-'은 칠종성법에 따라 'ᄆᆞᆾ[終]-'을 적은 표기이다. 'ᄆᆞᆾ-'에 의미나 문법범주를 바꾸지 않는 접사 '-이-'가 결합하여 현대국어에는 '마치-'로 이어졌는데, 이러한 어간 재구조화는 'ᄀᆞᄅᆞᆾ->그르치-', 'ᄀᆞᆾ->그치-', '뉘읓->뉘우치-', 'ᄉᆞᄆᆞᆾ->사무치-' 등 어간 말음을 /ㅊ/으로 하는 어간에서 자주 볼 수 있다.

▶▶▶ **원문 판독**

〈3 : 42a〉

리 업고 베퍼 주기룰 됴하ᄒ야 길흉(吉凶)의 ᄌ뢰(資賴)ᄒ여 도으^

미 친척(親戚)과 년인(聯姻)의 다 밋고 티산(治産)ᄒ미 법(法)이 〃셔 둘러

쓰기의 군핍(窘乏)ᄒ미 업고 밧 갈며 기음미기 시기매 밧^

과 원도(園頭)의 두루 ᄒ고 닙고 먹는 졔구(諸具)롤 치위와 더위 젼(前)

미리ᄒ고 더옥 조션(祖先) 향(向)ᄒ는 ᄃᆡ 삼가 믈읫 졔슈(祭需)의 당^

ᄒᆫ 거ᄉᆞᆫ 미리 쟝만ᄒ야 ᄯᅩ로[1] 져튝(儲蓄)ᄒ야 군(窘)ᄒ디 범(犯)티

아니코 졔ᄉ(祭祀)날은 심ᄒᆞᆫ 병환(病患)이 아니면 버혀 닉이고 ᄢ^

기룰 친히 아닐 적이 업고 ᄯᅩ 일족이 졀용(節用)ᄒ야 ᄡᅥ

남는 거술 가져 션산(先山)의 셕믈(石物) 역ᄉ(役事)롤 경영(經營)ᄒ고 ᄉ^

ᄌ(嗣子) 감ᄉ공(監司公)을 ᄀᄅᆞ티매 어려셔 바른 도리(道理)로 기ᄅᆞ고 ᄌ^

▶▶▶ **주 석**

1 ᄯᅩ로 : 따로. 중세 문헌에서는 'ᄣᅡ로'로 나타났으나 어두 자음군의 경음화를 반영하여 18세기 문헌부터는 이곳과 같이 'ᄯᅩ로'로 나타난다. 중세국어의 'ᄣᅡ로'는 ("別"을 뜻하는 형용사) 'ᄣᆞᆯ-'에 부사 파생 접미사 '-오'가 결합한 어형으로 분석되지만, 어간 'ᄣᆞᆯ-'의 활용형은 관형사형 '-ㄴ'과 결합한 'ᄣᆞᆫ' 정도만 확인될 뿐이다. 예 : 우리 ᄒᆞᆫ 짓 사ᄅᆞ미며 ᄯᅩ ᄣᆞᆫ 사롬 아니어니ᄯᆞ나 (又不是別人)<번역노걸대(1500?) 하 : 7b>. 한정된 분포를 감안할 때 중세국어에서 어간 'ᄣᆞᆯ-'은 이미 사어화하고 'ᄣᆞᆫ'은 (현대국어에서 'ᄣᆞᆫ'을 계승한 후대형 '딴'과 마찬가지로) 관형사로 굳어져 쓰였다고 판단된다.

▶▶▶ 출 전

好施與, 吉凶資助, 親姻戚曁, 治産有法, 運用不窮, 耕耘之課, 周於田圃, 服食之具, 豫於寒暑, 尤致勤於向先, 凡係祭需, 預辦別儲, 窘而無犯, 祀之日, 非甚疾, 割烹洗濯, 未或不親, 又嘗節用取贏, 以營先山石役, 教嗣子監司君, 蒙以正養,

▶▶▶ 현대어역

〈3 : 42a〉

귀심(歸心, 참으로 사모하여 마음이 이끌림)할 사람이 없고, 베풀어 주기를 좋아하여 길흉(吉凶)에 자뢰(資賴, 밑천으로 삼음)하여 도움이 친척(親戚)과 연인(聯姻, 혼인으로 맺어진 친척)에 다 미치고, 치산(治産)함이 법(法)이 있어 둘러쓰기(=운용하기)에 군핍(窘乏, 필요한 것이 없거나 모자라 군색하고 아쉬움)함이 없고, 밭 갈며 김매기를 시키매 밭과 원도(園頭, 들판의 언저리)에 두루 하고, 입고 먹는 제구(諸具)를 추위와 더위 전(前)에 미리 하고(=준비하고), 더욱 조선(祖先, =조상) 향(向)하는 데 삼가 무릇 제수(祭需, 제사에 드는 여러 가지 재료)에 당한(=필요한) 것은 미리 장만하여 따로 저축(儲蓄)하여 군(窘)하되 범(犯)하지 아니하고, 제사(祭祀)날은 심한 병환(病患)이 아니면 베어 익히고 씻기를 친히 아니할 적이 없고, 또 일찍이 절용(節用, 절약하여 씀)하여 (써) 남는 것을 가지고 선산(先山)의 석물(石物) 역사(役事)를 경영(經營)하고, 사자(嗣子, 대를 이을 아들) 감사공(監司公)을 가르치매(=가르칠 때) 어려서 바른 도리(道理)로 기르고

〈3 : 42b〉

라매 올흔 일로 훈도(訓導)ᄒ더니 밋 간관(諫官)으로셔 말ᄒ고 먼^
니 귀향(歸鄉)[1] 가매 오히려 그 바론 도리(道理)로 ᄂ내티이믈 깃거ᄒ고
먼니[2] ᄯ나므로ᄡ 슬허 아니ᄒ야 골오디 네 명인(名人)이 되^
니 죡(足)ᄒ니 내 다시 므어슬 흔(恨)ᄒ리오 편지(便紙)ᄅᆞᆯ 주어 ᄆᆞ음을
잡고 ᄉᆞᆨ(色)을 먼니ᄒ기ᄅᆞᆯ 경계(警戒)ᄒ더라 홀로 집안 일의
대쇼(大小) 업시 반ᄃ시 고(告)ᄒ야 닐러 스스로 쳔ᄌᆞ(擅恣)ᄒᄂᆞᆫ 배 업고
혹 ᄒ고져 ᄒ디 일이 블가(不可)ᄒ야 다시 품이(稟移)ᄒᄂᆞᆫ 배 이시^
면 말을 드ᄅ매 즉시(卽時) 긋티니 이 ᄯ 음유(陰柔)ᄒ야 곤슌(坤順)ᄒ^
미 본디 규뫼(規模ㅣ) 그러ᄒ더라 일족이 궁텬지통(窮天之痛)을 만나^
고 듕간(中間)의 가난을 격고 궁익(窮阨)ᄒ미 ᄀᆞ초 극진(極盡)ᄒ디 어^

1 귀향 : 귀향(歸鄉). 귀양. 이곳에 보이는 '귀향'은 현대국어 '귀양'의 소급형에 해당하는 것으로, 이전의 다른 근대 문헌에는 '구향'으로 등장하기도 한다. 예 : 내 항거시 멀리 <u>구향</u> 가니<동국신속삼강행실도 (1617) 忠 : 2b>. 현대국어와 같은 '귀양'은 ≪국한회어≫(1895)의 '귀양 定配<42>'을 위시하여 19 세기 말의 문헌에나 등장하는데, 현대국어에서 '귀양'은 '가-, 오-, 보내-, 살-' 정도와 결합하여 합성 동사로 쓰일 뿐이지만, 이전의 다른 문헌(특히 ≪천의소감언해≫)에서 '귀향'은 (합성 동사의 일부가 아니라) 독립된 명사로 쓰인 예도 발견된다. 예 : 듕훈 죄안을 일워 바로 <u>귀향과</u> 국문을 쳥ᄒᆞ야<천의소감언

▸▸▸ **출 전**

長以義訓, 及其以諫官言事遠謫也, 猶喜其直黜, 不以遠離爲恨曰：“汝爲名人足矣, 吾復何恨.” 貽書以操心遠色爲戒. 顧獨於家事, 小大必常告知, 無所自擅, 或欲有爲, 而事涉不可, 有所覆稟, 則言下便止, 此又其陰柔坤順素規然也, 早罹崩天, 中歲食貧, 窮阨備極,

▸▸▸ **현대어역**

〈3 : 42b〉

자라매(=성인이 되었을 때) 옳은 일로 훈도(訓導)하였는데, 간관(諫官, 조선 시대에 사간원과 사헌부에 속하여 임금의 잘못을 간하고 백관의 비행을 규탄하던 벼슬아치)으로서 말하고 멀리 귀양 가매 오히려 바른 도리(道理)로 내쫓김을 기뻐하고 멀리 떠남으로써 슬퍼하지 아니하여 말하되, '네가 명인(名人)이 된 것이 족(足)하니, 내가 다시 무엇을 한(恨)하리요?' 편지(便紙)를 주어(=보내어) 마음을 잡고 색(色)을 멀리하기를 경계(警戒)하더라. 홀로 집안일에 대소(大小)없이 반드시 고(告)하여 일러 스스로 천자(擅恣, 제 마음대로 하여 조금도 꺼림이 없음)하는 바가 없고, 혹 하고자 하되 일이 불가(不可)하여 다시 품이(稟移)하는 바가 있으면 말을 들으매 즉시 그치니, 이 또 음유(陰柔)하여 곤순(坤順)함이 본디 규모(規模)가 그러하더라. 일찍이 궁천지통(窮天之痛, 하늘에 사무치는 고통이나 설움)을 만나 중간(中間)에 가난을 겪고 궁액(窮阨, 재앙으로 입은 불운으로 고생함)함이 갖추(=두루) 극진(極盡)하되 어린

▸▸▸ **주 석**

해(1756) 1 : 43a〉, 내 오래 <u>귀향의</u> 이셔 플니디 못ᄒ니〈천의소감언해(1756) 4 : 4b〉.
2 먼니 : 멀리. 자료의 다른 곳에는 '먼리'로 등장하기도 한다. 비슷한 시기의 다른 문헌에는 '멀리'나 '멀니'로 등장하는 것이 일반적인데, 이를 감안하면 이곳의 'ㄴㄴ'은 어중 /ㄹㄹ/을 표기한 것으로 해석된다. 자료에서 어중 /ㄹㄹ/은 'ㄹㄴ'으로 표기되는 것이 일반적이나, 이곳과 같이 'ㄴㄴ'으로 표기되는 어사도 일부 존재한다. 예 : 신나(新羅), 쳔니(千里) 등. 자료에서 '먼니'와 '먼리'가 공존하는 것은 /멀리/에 대하여 'ㄴㄹ' 연쇄를 상정하고('먼리'), 이 연쇄에 '역행적 유음화 규칙' 대신 경쟁 관계에 있는 '비음화 규칙'을 잘못 적용시킨 결과('먼니')일 가능성이 있다.

▶▶▶ **원문 판독**

〈3 : 43a〉

린 아돌을 간신(艱辛)이 길러 모년(暮年)의 현양(顯揚)ᄒ야 벼슬이 〃품(二品)ᄼ
의 니르고 큰 녜(禮)를 밧드러 영홰(榮華ㅣ) 쳔도(天道)의 밋고 부인(夫人)이 ᄯ 조ᄼ
차 관교(官敎)를 밧드니 사롬이 ᄇ야흐로 만년(晩年)의 영화(榮華)로ᄼ
ᄡᅥ 부인(夫人)긔 하례(賀禮)ᄒ더니 ᄉ지(四子ㅣ) 믄득 관ᄎ(官次)의셔 긱몰(客歿)ᄒᄼ
니 부인(夫人)이 외로이 음읍(飮泣)ᄒ야 드디여 싱셰(生世)의 ᄯᅳᆺ이 업ᄼ
서 무진(戊辰) 십일월(十一月) 이십팔일(二十八日)의 병환(病患)으로ᄡᅥ 상ᄉ(喪事ㅣ) 나ᄼ
니 슈(壽) 칠십구(七十九)라 기친 글이 〃셔 후인(後人)을 경계(警戒)ᄒ니 다
지극(至極)ᄒ 말이러라 참판공(參判公)긔 부장(祔葬)ᄒ다 부인(夫人)이 품질(品質)ᄼ
이 곳고 단장(端裝)ᄒ고 덕셩(德性)이 굿고 돈 〃ᄒ여 하늘긔 어든 배
임의 온젼(穩全)ᄒ고 삼가 법도(法度)를 딕희며[1] 움죽이매 의측(儀則)ᄼ

▶▶▶ **주 석**

1 딕희며 : 지키며. 이곳의 '딕희-'는 중세 문헌(≪석보상절≫ 제외)에서 주로 '디ᄏ-'나 '딕크-'(16세기 이후)로 나타나던 것이다. 근대 문헌에서는 어중 유기음 /ㅋ/을 재음소화한 '딕희-' 혹은 '딕희-'의 표기로 나타나는 것이 일반적이다.

而鞠育藐孤, 妙年顯揚, 官二品奉彝典, 榮及泉塗, 夫人亦從受眞誥, 則人方以晚年榮輝賀夫人, 而嗣子遽客沒官守, 夫人孤惸飮泣, 遂無生世意. 戊辰十一月二十八日, 以疾考終內寢, 壽七十九, 有遺書戒飭後人, 皆至言也, 葬祔參判公, 子姓在參判公誌, 夫人質禀貞莊, 德性堅固, 得之天者旣全, 謹守法度, 動遵儀則,

〈3 : 43a〉

아들을 간신(艱辛, 힘들고 고생스러움)히 길러 모년(暮年, =만년)에 현양(顯揚, 이름, 지위 따위를 세상에 높이 드러냄)하여 벼슬이 이품(二品)에 이르고, 큰 예(禮)를 받들어 영화(榮華)가 천도(天道)에 미치고, 부인(夫人)이 또 좇아 관교(官敎, =敎旨, 임금이 사품 이상의 관원에게 주던 사령[辭令])를 받드니, 사람이(=남들이) 바야흐로 만년(晩年)의 영화(榮華)로써 부인(夫人)께 하례(賀禮)하였는데, 사자(四子)가 문득 관차(官次, 관사 또는 관청)에서 객몰(客歿, 객지에서 죽음)하니 부인(夫人)이 외로이 음읍(飮泣, 흐느끼어 욺)하여 드디어 생세(生世, 세상에 살아 있음)에 뜻이 없어 무진(戊辰) 십일월(十一月) 이십팔일(二十八日)에 병환(病患)으로써 상사(喪事)가 나니 수(壽, 나이) 칠십구(七十九)라. 남긴 글이 있어 후인(後人)을 경계(警戒)하니 다 지극(至極)한 말이러라. 참판공(參判公)께 부장(祔葬, =합장)하였다. 부인(夫人)이 품질(品質, 타고난 기질)이 곧고 단장(端裝, 단정하고 장엄함)하고 덕성(德性)이 굳고 단단하여, 하늘께(=하늘로부터) 얻은 바가 이미 온전(穩全)하고 삼가 법도(法度)를 지키며, 움직이매 의측(儀則, 사람이 마땅히 지켜야 할 규칙이나 규범)을

▶▶▶ **원문 판독**

〈3 : 43b〉

을 준힝(遵行)ᄒ야 몸의 닥근 쟤(者ㅣ) 크게 ᄀ즈니 그 젹으므로 쥬궤(主饋)의

어딤과 거가(擧家)의 브즈런ᄒ미 쇽녀즈(俗女子)의 밋출 배 아니오 그

크므로 며느리 되매 효도(孝道)롭고 어미 되매 어딜미 쏘 녜 슉(淑)^

이 거의ᄒᆫ다라 그 아롬다온 법도(法度)와 착ᄒᆫ 힝실(行實)이 맛^

당이 복경(福慶)을 누려 그 갑흐믈 바들 듯ᄒ디 평일^

(平日)의 격근 바는 일졀(一切)이 〃에 샹반(相反)ᄒ니 텬니(天理)롤 뉘 알니^

오 경(卿)은 감스공(監司公)과 더브러 일죽이¹ 범댱(范張)의 교분을 의

탁(依託)ᄒ엿ᄂᆞ니다 이제 녕손(令孫)이 지문(誌文)을 쳥(請)ᄒ매 의(義)예 ᄉᆞ양(辭讓)^

티 못ᄒᆯ디라 일로써 춤남(僭濫)ᄒ믈 혜디 아니ᄒ고 삼가 긔^

록(記錄)ᄒᄂᆞ니 슬프다 부인(夫人)은 부녀(婦女)의 스싱이라 셰샹(世上)의 유(劉)

▶▶▶ **주 석**

1 일죽이 : 일찍이. 이곳의 '일죽이'는 중세국어의 '일즉이'에 소급할 형태로, 'ㆍ>ㅡ' 변화에 따른 일종의 과도 교정이 적용된 결과 이곳에서는 '일죽이'로 나타난 것이다. 자료에는 '일죽이'와 함께 부사 '일죽'도 등장하지만, '일죽'이 원문의 '曾, 甞' 및 '早'에 대응되어 두루 쓰인 반면(예 : 내 일죽 외람이 글을 지어 일엇ᄂᆞ니(余甞猥爲文以序其事矣)<3 : 41ab>, 늦게야 자고 일죽 니러(晩寢早作)<3 : 31b>) '일죽이'는 '早'에 대응된 예를 보여 주지 않아 차이를 보인다. 이러한 양상은 현대국어에도 이어져 현대국어에서 종래의 '일즉/일죽'을 계승한 '일찍'은 "早"의 의미를, '일즉이/일죽이'를 계승한 '일찍이'는 "曾, 甞"의 의미를

▶▶▶ 출 전

修諸身者克備, 卽其小而主饋之良, 持家之勤, 類非俗女之所及, 語其大, 則孝於爲婦, 賢於爲母, 又庶幾乎古之淑媛, 揚其懿範懿行, 宜可以享有福慶, 克受厥報, 而平日所履, 一切反是, 則天理孰究焉. 暻與監司君夙托范張交. 今於令孫幽誌之托, 義不容辭, 是庸不揆僭猥, 謹此叙述如右. 噫, 夫人女師也.

▶▶▶ 현대어역

〈3 : 43b〉

준행(遵行, 전례나 명령 따위를 그대로 좇아서 행함)하여 몸을 닦은 것이 크게 갖추어지니, 그 적음으로써 (말하자면) 주궤(主饋, 안살림 가운데 음식에 관한 일을 책임 맡은 여자)의 어짊과 거가(擧家, 가족 전체)의 부지런함이 속여자(俗女子)가 미칠 바가 아니요, 그 큼으로써 (말하자면) 며느리가 되매(=되어) 효도(孝道)롭고 어미가 되매(=되어) 어짊이 또 옛날 숙(淑)에 거의 가까운지라. 그 아름다운 법도(法度)와 착한 행실(行實)이 마땅히 복경(福慶, 행복과 경사)을 누려 그 갚음을 받을 듯하되, 평일(平日)에 겪은 바는 일절(一切)히 이에 상반(相反)하니 천리(天理)를 누가 알리요? 경(卿)은 감사공(監司公)과 더불어 일찍이 범장(范張)의 교분을 의탁(依託)하였는지라. 이제 영손(令孫, 남의 손자를 높여 이르는 말)이 지문(誌文, 죽은 사람의 이름과 태어나고 죽은 날, 행적, 무덤의 위치와 좌향〔坐向〕따위를 적은 글)을 청(請)하매 의(義)에 사양(辭讓)하지 못할지라. 이로써 참람(僭濫, 분수에 넘쳐 너무 지나침)함을 헤아리지 아니하고 삼가 기록(記錄)하나니, 슬프다, 부인(夫人)은 부녀(婦女)의 스승이라. 세상(世上)에

▶▶▶ 주 석

각각 담당하여 어휘 분화를 보이고 있다.

▶▶▶ **원문 판독**

〈3∶44a〉

업스니 뉘 능(能)히 칙셔(冊書)의 올녀 뻐 무궁(無窮)흔 딕 붉이 뵈리오

직암신공찬(直菴申公撰)[1]

명경부인니시묘지명(貞敬夫人李氏墓誌銘)

근고(近故) 경샹도(慶尙道) 관찰스(觀察使) 김공(金公) 모(某)의 착흔 비필(配匹)이 이시니

이 명경부인(貞敬夫人) 니시(李氏)라 우리 〔隔〕공명왕(恭定王) 별ᄌ(別子) 효령대군(孝寧大君)

보(補)의 후(後)라 대스헌(大司憲) 증녕의졍(贈領議政) 휘(諱) 목(棨)이 사계션셩(沙溪先生)긔 비^

화 인묘됴(仁廟朝) 명신(名臣)이 되고 부뎨흑(副提學) 증판셔(贈判書) 휘(諱) 지함{항}(之恒)과

현감(縣監) 휘(諱) 듕귀(重龜)와 군슈(郡守) 휘(諱) 규슈(奎壽) 부인(夫人)의 네 디(代)라 군쉬(郡守ㅣ)

달셩(達城) 셔시(徐氏)룰 취(娶)ᄒ니 판셔(判書) 증녕의졍(贈領議政) 약봉(藥峯) 셩(渻)의

▶▶▶ **주 석**

1 신경(申曔, 1696~?)은 본관이 평산(平山), 자는 명윤(明允), 호는 직암(直菴)이다. 학생으로 추천되어 호조참의에 올라 외조부인 박세채(朴世采)의 문묘종사(文廟從祀)를 주장하여 벼슬에서 쫓겨났으나, 1763년 다시 찬선(贊善)에 올랐다. 문집에 《직암집(直菴集)》이 있다.

▶▶▶ **출 전**

世無劉宗正, 疇克載之丹書, 以昭於無窮也耶,
<貞夫人李氏墓誌> 尹鳳九, 屏溪先生集 권52. 205_012a
近故慶尙道觀察使金公致垕有賢配, 是貞夫人李氏也, 我恭定王別子孝寧大君補之後, 大司憲贈領議政諱棻, 學於沙溪先生, 爲仁廟名臣, 副提學贈判書諱之恒, 縣監諱重龜, 郡守諱奎壽, 夫人四世也, 郡守娶達城徐氏, 判書贈領議政號藥峯渻之孫,

▶▶▶ **현대어역**

〈3 : 44a〉

유종정(劉宗正)이 없으니 누가 능(能)히 책서(冊書, =書冊)에 올려 (써) 무궁(無窮)한 데 밝게 보이리요?

　　직암신공찬(直菴申公撰)

　정경부인이씨묘지명(貞敬夫人李氏墓誌銘)

근고(近故) 경상도 관찰사(觀察使) 김공(金公) 모(某)의 착한 배필(配匹)이 있으니, 이 사람이 정경부인(貞敬夫人) 이씨(李氏)라. 우리 공정왕(恭定王) 별자(別子) 효령대군(孝寧大君) 보(補)의 후(後, 후손)이라. 대사헌(大司憲) 증영의정(贈領議政) 휘(諱) 목(棻)이 사계선생(沙溪先生)께 배워 인묘조(仁廟朝) 명신(名臣)이 되고, 부제학(副提學) 증판서(贈判書) 휘(諱) 지항(之恒)과 현감(縣監) 휘(諱) 중귀(重龜)와 군수(郡守) 휘(諱) 규수(奎壽)와 부인(夫人)의 네 대(代)이라. 군수(郡守)가 달성(達城) 서씨(徐氏)를 취(娶, 아내로 삼음)하니 판서(判書) 증영의정(贈領議政) 약봉(藥峯) 성(渻)의

〈3 : 44b〉

손ᄌᆞ(孫子)오 달셩위(達成尉) 아ᄃᆞᆯ 경쥬(景裯)의 아ᄃᆞᆯ 부ᄉᆞ(府使) 증판셔(贈判書) 졍^
니(貞履ㅣ) 그 고(考)라 부인(夫人)이 권당(眷黨)이 크고 나타나 디(代)로 일홈난 덕(德)이
〃시니 부혹공(副學公)의 비(配) 신부인(申夫人)은 참판(參判) 감(鑑)의 녜(女ㅣ)라 곤
법(壺法)^
이 졍졔(整齊)ᄒᆞ야 착ᄒᆞᆫ 소문(所聞)이 밧긔 나타나고 셔시(徐氏)의 외왕
모(外王母) 신씨(申氏)ᄂᆞᆫ 승지(承旨) 응구(應榘)의 녜(女ㅣ)오 판셔(判書) 시발(始發)의
비(配)라 셔ᄉᆞ(書史)를
알고 의리(義理)를 통달(通達)ᄒᆞ야 우암(尤庵) 송문졍공(宋文正公)이 특별(特別)^
이 돌의 ᄡᅳ시고 뎡신옹쥬(貞愼翁主) 슈공{옹}(肅雍)ᄒᆞ고 검신(儉愼)ᄒᆞ야 ᄀᆞ만^
ᄒᆞᆫ 덕이 슌젼(純全)이 ᄀᆞᄌᆞ니 부인(夫人)ᄭᅴ 다 니외(內外) 증조모(贈祖母)라 부인(夫人)^
이 이젼 빗치 비ᄐᆡ(肧胎)ᄒᆞ야 ᄌᆞ질(資質)이 임의 슉온(淑溫)ᄒᆞ고 ᄯᅩ 능(能)^
히 녯 교훈(教訓)과 기친 규모(規模)를 복습(復習)ᄒᆞ야 집의 이실 제^

▸▸▸ **출 전**

達城尉景禰之子, 府使贈判書貞履其考也, 夫人族大以顯, 世有名德, 而副學公配申夫人, 參判鑑
之女, 閨範整飭, 懿聞外彰, 徐氏之外王母申氏, 承旨應榘女, 李判書時發之配, 識書史通義理,
尤菴宋文正公特書之石, 而貞愼翁主肅雍儉愼, 潛德純備, 於夫人, 皆內外曾祖母也, 夫人肧胎前
光, 資質旣淑溫, 又能服習於舊訓遺規, 自在室,

▸▸▸ **현대어역**

〈3 : 44b〉

손자(孫子)요, 달성위(達成尉) 아들 경주(景禰)의 아들 부사(府使) 증판서(贈判書) 정리(貞履)가
그 고(考, 아버지)라. 부인(夫人)이 권당(眷黨)이 크고 나타나(=이름나) 대(代)로(=대대로) 이
름난 덕(德)이 있으니, 부학공(副學公)의 배(配) 신부인(申夫人)은 참판(參判) 감(鑑)의 여(女,
딸)이라. 곤법(壺法)이 정제(整齊)하여 착한 소문(所聞)이 밖에 나타나고, 서씨(徐氏)의 외왕모
(外王母, 외할머니) 신시(申氏)는 승지(承旨) 응구(應榘)의 여(女)이요, 판서(判書) 시발(始發)의
배(配)이라. 서사(書史, 경서와 사서)를 알고 의리(義理)를 통달(通達)하여 우암(尤庵) 송문정공
(宋文正公)이 특별(特別)히 돌에 쓰시고, 정진옹주(貞愼翁主)가 소옹(肅雍)하고 검신(儉愼)하여
가만한(=조용하고 은은한) 덕이 순전(純全)히 갖추어지니, 부인(夫人)께는 다 내외(內外) 증조모
(贈祖母)이라. 부인(夫人)이 이전(以前)에 빛에 비태(肧胎, 아이를 가짐)하여 자질(資質)이 이미
숙온(淑溫)하고, 또 능(能)히 옛 교훈(敎訓)과 이어져 내려오는 규모(規模, 본보기가 될 만한 틀이
나 제도)를 복습(復習)하여, 집에 있을

▸▸▸ **원문 판독**

〈3 : 45a〉

브터 임의 종당(宗黨) 댱노(長老)와 칙〃(嘖嘖)이 착ᄒᆞᆯ 기리미 되고
밋 십팔(十八)의 관찰공(觀察公)의게 도라오니 공(公)의 왕부(王父) 후지
션셩(厚齋先生)이 심히 맛당이 너겨 미양 ᄀᆞᆯ오ᄃᆡ 내 집 착ᄒᆞᆫ
며ᄂᆞ리라 ᄒᆞ더라 부인(夫人)이 세 존인(尊人)을 니어 셤기ᄃᆡ 그 효^
슌(孝順)ᄒᆞᄆᆞᆯ 극진(極盡)히 ᄒᆞ야 신혼졍셩(晨昏定省)을 ᄒᆞᆯᄀᆞ티 니훈(內訓)
을 준ᄒᆡᆼ(遵行)ᄒᆞ고 몸소 됴셕(朝夕) 공양(供養)ᄒᆞᄂᆞᆫ 거슬 잡고 더옥
졔ᄉᆞ지졀(祭祀之節)의 공경(恭敬)을 닐위여[1] 미양 존구(尊舅)긔 미처 셤기^
디 못ᄒᆞᄆᆞᆯ 죵신(終身)의 셜우믈 삼아 긔일(忌日)을 만나매 변^
두(籩豆)ᄅᆞᆯ 친(親)히 ᄒᆞ야 반ᄃᆞ시 셩신(誠愼)ᄒᆞ고 후지(厚齋ㅣ) 만년(晚年)의 병환(病
患)^
이 침독(沈篤)ᄒᆞ니 부인(夫人)이 심ᄒᆞᆫ 치위와[2] 더위 비라도 미양

▸▸▸ **주 석**

1 닐위여 : 이르게 하여. 불러. 이루어. 이곳의 '닐위-'는 중세국어의 '니르위-'에 소급할 어형이다. '니르위-' 는 '니르[到]-'에 사동 접사 '-위-'가 결합한 어사로 주로 원문의 '致'나 '效'를 번역하는 데 쓰였다. '니르위-' 는 ≪소학언해(小學諺解)≫(1586)를 위시하여 16세기 후반 문헌부터는 '닐위-'(예 : 안햇 지계ᄅᆞᆯ 닐위고 밧긔 지계ᄅᆞᆯ 흘ᄒᆞ야(致齊於內 散齊於外)<2 : 26a>) 혹은 '니뤼-'로 등장하는데, 원문의 '致, 效'에 대응 되어 쓰이는 점은 여전하지만 문맥에 따라 "이르게 하다", "이루다"를 비롯, "이르다"와 같은 자동사적 의 미로까지 다양한 해석을 받을 수 있었던 것이 특징이다.

▶▶▶ 출 전

已爲宗黨長老嘖嘖稱賢, 及十八而歸觀察公, 公王父厚齋先生甚宜之, 每曰吾家賢婦. 夫人承事三
尊人, 盡其孝順, 晨昏定省, 一遵內訓, 躬執滫瀡供, 尤致恪於蘋藻之節, 每以未逮事尊舅, 爲終
身痛, 值喪餘, 親籩豆必誠愼, 厚齋末年, 疾沈篤, 夫人雖祈寒暑雨,

▶▶▶ 현 대 어 역

〈3 : 45a〉

때부터 이미 종당(宗黨) 장로(長老, 나이가 많고 학문과 덕이 높은 사람)가 책책(嘖嘖, 칭찬하는 것이
떠들썩하게 큼)히 착함을 기림이 되고, 십팔(十八) 세에 (이르러) 관찰공(觀察公)에게 돌아오니
(=시집오니) 공(公)의 왕부(王父, 할아버지) 후재선생(厚齋先生)이 심히 마땅히 여겨 항상 말하
되, '내 집 착한 며느리라.' 하더라. 부인(夫人)이 세 존인(尊人)을 이어 섬기되, 그 효순(孝順)
함을 극진(極盡)히 하여 신혼정성(晨昏定省, =昏定晨省. 밤에는 부모의 잠자리를 보아 드리고 이른 아
침에는 부모의 밤새 안부를 묻는다는 뜻으로, 부모를 잘 섬기고 효성을 다함)을 한결같이 내훈(內訓)을
준행(遵行, 전례나 명령 따위를 그대로 좇아서 행함)하고, 몸소 조석(朝夕)을 공양(供養)하는 것을
잡고(=관장하고) 더욱 제사지절(祭祀之節)에 공경(恭敬)을 이르게 하여, 항상 존구(尊舅, 시아버
지)께 미처 섬기지 못함을 종신(終身)의 설움으로 삼아 기일(忌日)을 만나매 변두(籩豆, 제사 때
쓰는 그릇)를 친(親)히 하여 반드시 성신(誠愼, 정성을 다하고 삼가 조심함)하고, 후재(厚齋)가 만년
(晚年)에 병환(病患)이 침독(沈篤, 침범하여 해를 끼침)하니 부인(夫人)이 심한 추위와 더위, 비라
도 항상

▶▶▶ 주 석

2 치위와 : 추위와. '치위'의 15세기 국어 형태는 '치뷔'였다. '치뷔'는 '칠〔寒〕-'에 명사파생 접미사 '-의'가 결
　합된 것으로서, '치븨'로 나타나는 것이 예상되지만 15세기 문헌에는 '치뷔'로 나타난다. 이 예는 아마도
　'ᄫ' 뒤에 오는 'ㅡ'가 'ㅜ'로 원순모음화되어 만들어진 형태로 추정된다. 그 후 'ᄫ'이 탈락되어 이곳과 같은
　'치위'가 만들어졌을 것인데, '덥-'에 '-의'가 결합된 경우에도 '더븨'가 아니라 '더뷔'로 나타나는 예들이 보
　인다. 예 : 더뷔 치뷔로 셜버ᄒ다가〈석보상절(1447) 9 : 9b〉.

▶▶▶ **원문 판독**

〈3 : 45b〉

침문(寢門) 밧긔셔 긔거(起居)롤 듯고 믈과 차(茶)롤 반두시 친(親)히 밧드러

이경(愛敬)ᄒᆞᄂᆞᆫ 졍셩(精誠)이 유완(柔婉)ᄒᆞᆫ 빗치 발ᄒᆞ니 후지(厚齋ㅣ) 믄득

강잉(强仍)ᄒᆞ야 나와 골오ᄃᆡ 가히 효부(孝婦)의 ᄠᅳᆺ을¹ 외로이 못^

ᄒᆞ리라 ᄒᆞ더라 존고부인(尊姑夫人)이 본ᄃᆡ 엄(嚴)ᄒᆞ여 괴이기 어려^

온디라 ᄠᅳ시 블가(不可)ᄒᆞ미 이시면 ᄭᅮ지저 ᄀᆞᆯ티기롤 죠곰^

도 용ᄃᆡ(容貸)롤 아니ᄒᆞ더 부인(夫人)이 긔경긔효(起敬起孝)ᄒᆞ야 안식(顔色)과

말ᄉᆞᆷ이 더옥 온화(溫和)ᄒᆞ여 스스로 죄(罪)로뻐 몸의 도라보내매

고부인(姑夫人)이 반두시 ᄠᅳᆺ이 플녀여 일쪽 공(公)ᄃᆞ려 닐러 ᄀᆞᆯ^

오ᄃᆡ 내 셩(性)이 급(急)ᄒᆞ야 만히 사름의 감당(堪當)티 못홀 바^

로뻐 더으ᄃᆡ 네 안해 공손(恭遜)이 밧고 분변(分辯)ᄒᆞ미 업ᄉᆞ니 착ᄒᆞ^

▶▶▶ **주 석**

1 ᄠᅳᆺ을 : 뜻을. 이곳의 'ᄠᅳᆺ'은 중세국어의 'ᄠᅳᆮ'에 소급할 어형이다. 어두자음군의 경음화를 거쳐 16세기 문헌 부터는 'ᄠᅳᆮ'으로 등장하기 시작한다. 예 : 즐기는 ᄠᅳᄃᆞᆯ 보노라〈중간두시언해(1613) 7 : 11a〉. 이곳에서 'ᄠᅳᆮ'이 'ᄠᅳᆺ'으로 적힌 것은 (칠종성법의 확립 이후) 어간 말음 /ㄷ/을 'ㅅ' 분철 표기로 나타내는 자료의 표기 방식에 따른 것이다. 현대국어의 '뜻'은 'ᄠᅳᆮ'에서 어간 말음이 다시 'ㅅ'으로 재구조화된 결과이다.

▶▶▶ 출 전

每露立寢門外, 承聞起居, 秤水茶湯, 必親奉持, 愛敬之誠, 發於愉色, 厚齋輒强進曰: "不可孤孝婦意." 姑夫人素嚴難媚, 有不可意, 責訓不少貸, 夫人起敬起孝, 色辭愈溫, 自以罪歸己, 姑夫人必意解, 嘗謂公曰: "余性急, 多以人所不可堪者加之, 汝妻恭受無辨, 賢哉.

▶▶▶ 현대어역

〈3 : 45b〉

침문(寢門, 침실로 드나드는 문) 밖에서 기거(起居, =동정)를 듣고 물과 차(茶)를 반드시 친(親)히 받들어 애경(愛敬, =敬愛. 공경하고 사랑함)하는 정성(精誠)이 유완(柔婉, 부드럽고 순함)한 빛에(=빛으로) 발(發)하니, 후재(厚齋)가 문득 강잉(强仍, 억지로 참음)하여 나와 가로되, '가히 효부(孝婦)의 뜻을 외로이 못하리라.' 하더라. 존고부인(尊姑夫人, 시어머니)이 본디 엄(嚴)하여 사랑받기 어려운지라. 뜻에 불가(不可)함이 있으면 꾸짖어 가르치기를 조금도 용대(容貸, =용서)를 아니하되, 부인(夫人)이 기경기효(起敬起孝, 부모에게 공경과 효도를 다함)하여 안색(顔色)과 말씀이 더욱 온화(溫和)하여 스스로 죄(罪)로써 몸에(=자신에게) 돌려보내매, 고부인(姑夫人)이 반드시 뜻이 풀리어 일찍이 공(公)에게 일러 말하되, '내가 성(性)이 급(急)하여 많은 사람이 감당(堪當)하지 못할 바로써 더하되, 네 아내가 공손(恭遜)히 받들고 분변(分辨, =분별)함이 없으니 착하다.'

▶▶▶ **원문 판독**

〈3 : 46a〉

다 ᄒᆞ더라 부인(夫人)이 공(公) 셤기ᄆᆞ롤 오라더 공경(恭敬)ᄒᆞ야 비록 질^
병(疾病)이 〃셔도 공(公)의게 긔경(起敬)ᄒᆞ기롤 놉흔 손ᄀᆞ티 ᄒᆞ고
임셕(袵席)의 죠용이 말ᄒᆞ매 규간(規諫)ᄒᆞ고 줌경(箴警)ᄒᆞ미 만코
집이 심(甚)히 가난ᄒᆞ야 조강(糟糠)을 니우디 못ᄒᆞ고 뵈치마가
셩(盛)ᄒᆞᆫ 거시 업ᄉᆞ더 이연(怡然)ᄒᆞ야 염고(厭苦)ᄒᆞᄂᆞᆫ 빗치 업고 샹해
닐오디 궁(窮)ᄒᆞᆫ 사ᄅᆞᆷ이 ᄠᅳᆺ을 ᄀᆞ다듬으매 맛당이 눔이^
여셔¹ 빅비(百倍) 나을 거시니 그러티 아니ᄒᆞ면 침〃(駸駸)ᄒᆞ야 이^
에 남(濫)ᄒᆞ리라 ᄒᆞ더라 공(公)의 벼슬을 ᄯᅡ라 셔울 오니 사^
ᄅᆞᆷ이 궤유(饋遺)ᄒᆞᄂᆞᆫ 재(者ㅣ) 이시면 믄득 믈니텨 ᄀᆞᆯ오더 부인(夫人)이
스〃(私私) 궤유(饋遺)롤 밧으면 의(義ㅣ) 아니라 져컨대 부ᄌᆞ(父子)긔 뉘(累ㅣ) 될가
ᄒᆞ^

▶▶▶ **주 석**

1 눔이여셔 : 남보다. '눔'에 "비교 기준"을 표시하는 '-이여셔'가 결합한 어형이다. 자료의 다른 곳에 처격 조
사가 비교 구문의 구성 요소로 참여한 예를 볼 때 이곳의 '-이여셔'는 처격 조사 '-의셔'의 한 이형태로 추
정된다. 예 : 덕을 ᄡᅡ흐며 어딜믈 힝ᄒᆞ야 이젼<u>의셔</u> 더ᄒᆞ니<3 : 15b>. 처격 조사가 비교 구문에 참여한 예
는 중세나 근대 국어에서는 비교적 일반화된 것이나 현대국어에서는 선행 체언이 대명사일 경우에 국한
되어 차이가 있다.

▸▸▸ **출 전**

夫人事公, 久而敬, 雖疾病, 起居公如尊賓, 衽席燕語, 規箴居多, 家甚貧, 糟糠不繼, 布裙無完, 怡然無厭苦色, 常言窮人厲志, 當百倍於人, 否者, 駸駸於斯濫矣, 隨公之官于京, 人有饋之者, 輒却之曰, 婦人受私饋非義也, 恐累夫子,

▸▸▸ **현대어역**

〈3 : 46a〉

하였다. 부인(夫人)이 공(公)을 섬기기를 오래하되, 공경(恭敬)하여 비록 질병(疾病)이 있어도 공(公)에게 기경(起敬, 공경을 다함)하기를 높은 손님과 같이 하고 임석(衽席, 부부가 동침하는 잠자리)에 조용히 말하매 규간(規諫, 옳은 도리나 이치로써 웃어른이나 왕의 잘못을 고치도록 말함)하고 잠경(箴警, 훈계하여 경계함)함이 많고, 집이 심(甚)히 가난하여 조강(糟糠, 지게미와 쌀겨라는 뜻으로, 가난한 사람이 먹는 변변치 못한 음식을 이르는 말)을 잇지 못하고 베치마가 성(盛)한 것이 없되, 이연(怡然, 기쁘고 좋음)하여 염고(厭苦, 어떤 일을 싫어하고 괴롭게 여김)하는 빛이 없고 항상 이르되, '궁(窮)한 사람이 뜻을 가다듬으매 마땅히 남보다 백배(百倍) 나을 것이다. 그렇지 아니하면 침침(駸駸, 속력이 매우 빠름)하여 이보다 남(濫, 넘침)하리라.' 하더라. 공(公)의 벼슬을 따라 서울에 오니 사람이 궤유(饋遺, 물품을 보냄)하는 자(者)가 있으면 문득 물리쳐 가로되, '부인(夫人)이 사사(私私)로이 궤유(饋遺)를 받으면 의(義)가 아니라. 두려워하건대 부자(父子)께 누(累)가 될까 하노라.'

▶▶▶ **원문 판독**

〈3 : 46b〉

노라 공(公)이 양친(兩親)을 위ᄒᆞ야 두 번 갓가온 고올을 ᄒᆞ니
째의 후지(厚齋ㅣ) 무양(無恙)ᄒᆞ고 부인(夫人)이 쥬궤(主饋)롤 위ᄒᆞ야 집의 이^
시니 공(公)이 월음{늠}(月廩)을 ᄂᆞᆫ호더 ᄒᆞᆫ 돌의 겨유¹ 닷 말이니
그 군핍(窘乏)ᄒᆞ기롤 가히 홀 거시로더 일즉 ᄒᆞᆫ 말로 구(求)^
ᄒᆞ미 업ᄉᆞ니 공(公)이 미양 탄식(歎息)ᄒᆞ야 골오더 내 거관(居官)ᄒᆞ^
매 쳠(沾)되미 업ᄉᆞᆷ은 부인(夫人)의 쳥념(淸廉)이 도ᄋᆞ미라 ᄒᆞ더라 공(公)^
이 모든 아돌을 엄(嚴)히 과쵝(課責)ᄒᆞ야 허믈이 〃시면 믄득
초달(楚撻)을 더ᄒᆞ야 피 나기의 니ᄅᆞ니 부인(夫人)이 위ᄒᆞ야 ᄎᆞᆷ아
보디 못ᄒᆞ나 허믈이 〃신즉 고(告)ᄒᆞ야 매롤 맛티고 쎠ᄒᆞ^
더² ᄌᆞ식(子息)의 ᄀᆞᆺ디 못ᄒᆞ미 어미 가히 허믈을 금초아³ 아비로

▶▶▶ **주 석**

1 겨유 : 겨우. 중세 문헌에는 '계오'나 '계우'로 나타나던 것이다. (선행 음절에 포함된 하향 이중모음의 영향으로) 후행 음절에 y가 첨가된 '계유'는 '계요'와 더불어 17세기 문헌부터 등장하기 시작한다. 예 : 궁듕을 조려 계요 용납게 ᄆᆞᆫ들고<계축일기(1600?) 하 : 38b>, 나히 계유 열세힌 제<동국신속삼강행실도 (1617) 孝7 : 2b>. '계유'(내지 '계요')가 등장하는 문헌에는 이곳과 같은 '겨유'(내지 '겨요')가 함께 등장하는 경우가 많은데, 이로 볼 때 '계유'와 '겨유'는 같은 음상(音相)을 반영하되 y의 표기가 음절 경계에서 유동적으로 표기된 것으로 판단된다. 현대국어 '겨우'에 근접한 표기로는 '겨오'가 18세기 후반 문헌부터 보이지만, '겨우'는 이보다 늦어 19세기 후반 문헌에서나 등장하기 시작한다. 예 : 겨오 약관【이십】의<경신록언석(1796) 55b>, 곤해 발ᄭᅴ에 일으러 겨우 ᄭᅢ인 후도<조군영적지(1881) 11b>. 이들 '겨오'나 '겨우'의 등장과 관련하여 '겹-'의 존재가 확인되는 것도 18세기 문헌에 와서의 일이다. 예 : 夕陽의 醉興

▶▶▶ **출 전**

公爲養, 兩典近邑, 時厚齋無恙, 夫人爲主饋在家, 公分俸一月僅五斗, 其窘乏可知, 不曾有一言需索, 公每歎曰, 吾居官無忝, 夫人之廉以助之也. 公嚴課諸子, 有過, 輒加楚至血, 夫人爲之不忍, 然過則必告而撻之, 以爲子之不類, 由母匿過,

---

▶▶▶ **현대어역**

〈3 : 46b〉

공(公)이 양친(兩親)을 위하여 두 번 가까운 고을 원을 하니, (그) 때에 후재(厚齋)가 무양(無恙, 몸에 병이나 탈이 없음)하고 부인(夫人)이 주궤(主饋, 안살림 가운데 음식에 관한 일을 책임 맡은 여자)를 위하여 집에 있으니, 공(公)이 월름(月廩, 월급으로 주는 곡식)을 나누되 한 달에 겨우 닷 말이니 그 군핍(窘乏)하기를 가히 할(=면할) 것이로되 일찍이 한 (마디) 말로 구(求)함이 없으니, 공(公)이 항상 탄식(歎息)하여 말하되, '내 거관(居官, 벼슬살이를 하고 있음)하매 첨(忝)됨이(=욕됨이) 없음은 부인(夫人)의 청렴(淸廉)이 도움이라.' 하더라. 공(公)이 모든 아들을 엄(嚴)히 과책(課責)하여 허물이 있으면 문득 초달(楚撻, 어버이나 스승이 자식이나 제자의 잘못을 징계하기 위하여 회초리로 볼기나 종아리를 때림)을 더하여 피가 나기에 이르니, 부인(夫人)이 (위하여) 차마 보지 못하나 허물이 있은즉 고(告)하여 매를 맞히고(=맞게 하고) 생각하되, '자식(子息)이 같지 못함이(=불초함이) 어미가 가히 허물을 감추어 아비로

▶▶▶ **주 석**

을 겨워<고금가곡(1764) 144>, 대되 편안이 쉬면 니일 ᄀᆞ장 조오롬 겻지 아니ᄒᆞ리라<중간노걸대언해(1795) 上:52a>.

2 뼈ᄒᆞ디 : 생각하되. 이곳의 '뼈ᄒᆞ-'는 원문의 '以爲'를 축자역(逐字譯)한 것으로, 의역(意譯)을 위주로 한 다른 언해 자료에서는 잘 볼 수 없는 표현이다.

3 곰초아 : 감추어. '곰초-'는 중세국어의 'ᄀᆞ초-'에 소급할 어형으로, 'ᄀᆞ초-'는 '곷-'에 사용 접사 '-호-'가 결합한 어형이다. 중세국어에서 'ᄀᆞ초-'는 '具(갖출 구), 備(갖출 비)'의 뜻으로 두루 쓰였으나, 이미 15세기부터 후자의 뜻으로는 종래의 어형에 'ㄴ'이 첨가된 'ᄀᆞᆫ초-'가 쓰이기 시작하고, 16세기에는 'ᄀᆞᆫ초->곰초-'의 변화까지 일어나 현대국어의 '감추-'로 이어지게 되었다. 예 : 한 모딘 이룰 숨겨 ᄀᆞᆫ촐씩 일후미 覆ㅣ오<법화경언해(1468) 6:175a>, ᄀᆞ술히 다 結實 ᄒᆞ와 겨스레 다 곰초와<칠대만법(1569) 17b>. 그러나 전자의 뜻으로 쓰인 'ᄀᆞ초-'에는 이러한 어형 변화가 일어나지 않아 현대국어의 '갖추-'로 이어졌는데, 결과적으로 보자면 현대국어에서는 어휘 의미에 따라 어휘 분화가 이루어진 셈이다. 다만 현대국어의 '감추-'는(근대국어의 '곰초-'와 달리) "藏"의 뜻은 잃고 "隱"의 뜻으로만 쓰여 더욱 의미가 축소되었다고 할 수 있다.

▶▶▶ **원문 판독**

〈3 : 47a〉

ᄒ여곰 아디 못ᄒ게 ᄒ므로 말미암ᄂ다 ᄒ더라 ᄉ나^
히 ᄌ식(子息)이 계오 네 설이¹ 되면 곳 밧긔 내여 보내여 ᄀᆞᆯ오디
ᄉ나히ᄂ 맛당이 날로 부형ᄉ우(父兄師友)ᄅᆞᆯ 친(親)히 ᄒ야 ᄡᅥ 강(講)^
ᄒ며 닉이기ᄅᆞᆯ ᄌ뢰(資賴)ᄒ올디니 미염(米鹽)의 비쇄(鄙瑣)ᄒ 일은
맛당이 이목(耳目)의 갓가이 홀 거시 아니라 ᄒ고 그 독녀(獨女)ᄅᆞᆯ
싀집 보내매 공(公)이 귀(貴)ᄒ 휘(後ㅣ)로디 ᄌ장(資裝)이 심히 질박(質朴)ᄒ^
고 검소(儉素)ᄒ니 사ᄅᆞᆷ이 〃셔 말을 ᄒ즉 ᄀᆞᆯ오디 혼가(昏嫁)의
샤치(奢侈)ᄒ 버ᄅᆞᆺ슨 비록 부귀(富貴)ᄒ 사ᄅᆞᆷ이라도 길션(吉善)ᄒ 일^
이 아니어든 ᄒ믈며 내 선비 검소(儉素)ᄒ 집이냐 셩품(性品)이
평이(平易)ᄒ고 용셔(容恕)ᄅᆞᆯ 잘ᄒ야 사ᄅᆞᆷ의 허믈을 보면 오직

▶▶▶ **주 석**

1 설이 : 살이. 이곳의 '설'은 원문의 '歲'에 대응되는 것이다. 중세국어 이래의 '설'을 대신하여 '술'이 쓰이기 시작하는 것은 ≪계축일기≫(1600?)를 위시하여 17세기 문헌에 와서의 일이다. 예 : 아ᄃᆞᆯ 열 두 술 먹은 거슬<상 : 23a>. 중세국어에서 '설'은 "臘"과 "歲" 양자의 의미로 쓰였으나, 전자의 의미는 현대국어에 '설'로 남은 반면 후자의 의미는 '설>술'의 변화를 거쳐 현대국어에 '살'로 남아 어휘 분화를 보이고 있다.

▸▸▸ **출 전**

不使父知之也. 男子子纔四歲, 卽出就外曰, 男子當日親父兄師友, 以資講習, 米鹽鄙瑣之事, 不宜近於耳目, 其嫁獨女, 在公貴後, 而資裝甚朴素, 人有言之, 則曰, 昏嫁侈習, 雖貴富人, 非吉善事, 況我儒素家耶. 性平易善恕, 見人過,

▸▸▸ **현대어역**

〈3 : 47a〉

하여금 알지 못하게 하므로 말미암는다.' 하더라. 사내자식(子息, 아들)이 겨우 네 살이 되면 곧 밖에 내보내어 말하되, '사나이는 마땅히 날로(=날마다) 부형(父兄)과 사우(師友)를 친(親)히 하여 (써) 강(講)하며 익히기를 자뢰(資賴, 밑천으로 삼음)해야 할 것이니 미염(米鹽, 자잘하고 번거로운 일을 비유적으로 이르는 말)의 비쇄(鄙瑣, 하찮고 자질구레함)한 일은 마땅히 이목(耳目)에 가까이 할 것이 아니라.' 하고 그 독녀(獨女)를 시집 보내매(=보낼 때) 공(公)이 귀(貴)한(=귀하게 된) 후(後)이로되, 자장(資裝, 혼수)이 심히 질박(質朴, 꾸민 데가 없이 수수함)하고 검소(儉素)하니, 사람이 있어 말을 한즉 이르되, '혼가(昏嫁, =혼인)에 사치(奢侈)하는 버릇은 비록 부귀(富貴)한 사람이라도 길선(吉善, 좋고 선함)한 일이 아니거든, 하물며 내(=나와 같이) 선비의 검소(儉素)한 집이랴(=집이야 말해 무엇하리요)?' 성품(性品)이 평이(平易)하고 용서(容恕)를 잘 하여 사람의(=남의) 허물을 보면 오직

▶▶▶ **원문 판독**

〈3 : 47b〉

죠곰이나 드러날가 저허ᄒ고 얼권당(孽眷黨) 디졉ᄒ기를 심(甚)^
히 녜법(禮法) 잇게 ᄒ고 모든 즁(衆)을 어거(馭車)ᄒ매 죠곰도 편ᄉ(偏私)가
업서 각〃 분훈(分限)을 ᄯᅡ라 은의(恩義ㅣ) 뉴통(流通)ᄒ니 비록 은혜(恩惠)를
베프미¹ 업서도 아니 감격(感激)ᄒ여 ᄒᄂ니 업고 비록 가칙(呵責)^
을 아니ᄒ디 ᄯᅩ훈 다 ᄭᅥ리는 줄로 아더라 평싱(平生)의 무당^
의 긔도(祈禱)ᄒᄂ는 일을 갓가이 아니ᄒ고 일즉 밤의 귀미(鬼魅)가
홀연(忽然)이 와 작난(作亂)ᄒ거늘 부인(夫人)이 졍ᄉᆨ(正色)ᄒ야 ᄭᅮ지ᄌ니
후의 다시 그림자도 업더라 총혜(聰慧)ᄒ미 무리의 ᄲᅡ혀나
경ᄉ(經史)를 약간(若干) 셥녑(涉獵)ᄒ야 대의(大義)를 통(通)ᄒ고 모든 아들^
의 비혼 바 시(詩)와 ᄉ긔(史記) 만히 부인(夫人)긔 비호고 ᄉ이로 이젼(以前) 말^

▶▶▶ **주 석**

1 베프미 : 베풂이. 자료의 다른 곳에서 등장하는 '베프고, 베프기, 베프ᄂ, 베프디' 등의 활용형을 감안할 때 이곳의 '베프미'은 '베프-+-ㅁ〔명사형〕+-이〔주격〕'로 분석될 어형이다. 이 '베프-'는 중세국어 이래의 형태를 계승한 것이라 할 수 있는데, '베프->베플-'의 변화가 이미 18세기 문헌에도 등장함에도 불구하고 자료에는 '베프-'의 형태로만 일관하여 보수적인 특징을 보인다. 예 : 믄득 俚句를 베플어 뻐 歡聲을 돕ᄂ 이다<오륜전비언해(1721) 4 : 17a>. 감히 위고ᄒ온 ᄉ상을 베프러<천의소감언해(1756) 1 : 21a>.

▶▶▶ **출 전**

惟恐少露, 待庶族, 甚有禮防, 御羣僕, 無少偏私, 而各隨分限, 恩義流通, 故雖無施惠, 莫不知感, 雖不呵責, 亦皆知憚. 平生不近巫覡祈禱, 嘗夜鬼魅忽來作怪, 夫人正色責之, 後更無影響. 聰慧絶倫, 略涉經史通大義, 諸子所學詩史, 多受於夫人,

▶▶▶ **현대어역**

〈3 : 47b〉

조금이나 드러날까 두려워하고, 얼권당(孽眷黨, 서자 자손의 혈족) 대접하기를 심(甚)히 예법(禮法)이 있게 하고 모든 중(衆, 무리)을 어거(馭車, 거느리어 바른길로 나가게 함)하는 데 조금도 편사(偏私, 특정한 사람에게만 호의를 보임)가 없어 각각 분한(分限, 신분의 높낮이와 위아래의 한계)을 따라 은의(恩義, 은혜를 베풀고자 하는 뜻)가 유통(流通)하니, 비록 은혜(恩惠)를 베풂이 없어도 아니 감격(感激)하여 하는 이가 없고 비록 가책(呵責)을 아니하되 또한 다 꺼리는 것을 알더라. 평생(平生)에 무당에게 기도(祈禱)하는 일을 가까이 아니하고, 일찍이 밤에 귀매(鬼魅, 도깨비와 두억시니 따위를 이르는 말)가 홀연(忽然)히 와 작난(作亂)하거늘 부인(夫人)이 정색(正色)하여 꾸짖으니 후에 다시 그림자도 없더라. 총혜(聰慧, 총명하고 슬기로움)함이 무리에서 빼어나 경사(經史, 경서와 사기)를 약간(若干) 섭렵(涉獵)하여도 대의(大義)를 통(通)하고, 모든 아들이 배운 바의 시(詩)와 사기(史記)를 많이 부인(夫人)께 배우고, 사이로(=때때로) 이전(以前)

▶▶▶ **원문 판독**

〈3 : 48a〉

과 녯 힝실(行實)을 닐러 풍요(諷謠)ᄒ여 외오고 달래여[1] 인도(引導)ᄒ^
야 미양 힘뻐 니ᄅ기ᄅᆯ 더ᄒ고 시즙(詩什)의 니ᄅ러 그 뜻의
경영(經營)ᄒᄆᆫ 못보더 샹ᄌᆞ(箱子) 속의 들넌 됴희 신후(身後)의 발(發)^
ᄒᆫ죽 공(公)이 ᄯᅩᄒᆞᆫ 비로소 보고 극(極)히 그 소ᄅᆡ와 말ᄉᆞᆷ이 쳥^
아(淸雅)ᄒᄆᆯ 탄식(歎息)ᄒ니 그 ᄀᆞᆷ초고 내디 아니ᄒ미 ᄯᅩ 가히 착^
ᄒᆫ 힝실(行實)의 일단(一段)을 보리로다 계튝(癸丑) 삼월(三月)의 부인(夫人)이
병(病)이 급(急)ᄒ니 공(公)이 드러가 볼ᄉᆡ 공(公)이 ᄇ야흐로[2] 승듕(承重) 상(喪)^
을 가졋ᄂᆫ디라 부인(夫人)이 ᄭᆡ오더 녜예 상인(喪人)이 듕문(中門)의 드^
디 아닛ᄂᆞ니 다만 죵으로 병(病)을 무ᄅᆞ미 맛당타 ᄒ더라
그 ᄃᆞᆯ 모일(某日)로뻐 몰(歿)ᄒ니 쉬(壽ㅣ) ᄉᆞ십삼(四十三)이라 빅운산(白雲山) 셔편^

▶▶▶ **주 석**

1 달래여 : 꾀어. 원문의 '誘'를 옮긴 것으로, 이곳의 '달래-'는 중세국어의 '달애-'에 소급할 어형이다. 중세
국어에서 'ㄹㅇ'의 연쇄는 후대에 'ㄹㅇ>ㄹㄹ'이나 'ㄹㅇ>ㄹ'의 변화를 겪게 되는데, 자료의 다른 곳에는
후자의 변화를 겪은 '다래-'형이 발견되기도 한다. 예 : 알오미 믈욕의 다래이여(知誘物化)<2 : 44a>. 현
대국어에서 '다래-'형은 더 이상 쓰이지 않고 'ㄹㅇ>ㄹㄹ' 변화에 따른 '달래-'만이 쓰이는데, 현대국어의
'달래-'는 "기분이나 감정 따위를 가라앉히다"를 의미하여 이곳에서 확인되는 바와 같이 "꾀다"의 의미로
쓰인 예는 더 이상 확인되지 않는다.

▸▸▸ **출 전**

間說前言往行, 諷誦誘掖, 每加勉諭, 至於詩什, 不見其經意, 篋裏零紙, 發於身後, 則公亦始見
之, 極歎其韻辭淸雅, 其內而不出, 亦可見懿行之一段矣. 癸丑三月, 夫人疾革, 公入視之, 公方
持承重喪, 夫人曰, 禮喪人不入中門, 只令婢使問疾宜矣. 以其月某日歿, 壽四十三.

▸▸▸ **현대어역**

〈3 : 48a〉

말과 옛 행실(行實)을 일러 풍요(諷謠)하여 외우고 꾀어 인도(引導)하여 항상 힘써 이르기를
더하고, 시즙(詩什, =詩稿)에 이르러 그 뜻을 경영(經營)함은 못 보되, 상자(箱子) 속에 들어
있는 종이가 신후(身後, =사후)에 발(發)한즉(=나타난즉) 공(公)이 또한 비로소 보고 극(極)히
그 소리와 말씀이 청아(淸雅)함을 탄식(歎息)하니, 그 감추고 (밖으로) 내지 아니함이 또한
가히 착한 행실(行實)의 일단(一段)을 보리로다. 계축(癸丑) 삼월(三月)에 부인(夫人)이 병(病)이
급(急)하니, 공(公)이 들어가 볼 때에 공(公)이 바야흐로 승중(承重, 장손이 아버지와 할아버지를
대신하여 조상의 제사를 지내는 일)의 상(喪)을 가졌는지라. 부인(夫人)이 말하되, '옛날에 상인(喪
人)이 중문(中門)에 들지 아니하나니 다만 종으로 병(病)을 물음이 마땅하다.' 하더라. 그 달
모일(某日)로써 몰(歿, 죽음)하니 수(壽)가 사십삼(四十三)이라. 백운산(白雲山)

▶▶▶ 원문 판독

〈3 : 48b〉

의 장스(葬事)ᄒ고 후의 공(公)의 품(品)을 ᄡ라 튜증(追贈)ᄒ다 두 아ᄃᆞᆯ

ᄒᆞᆫ ᄯᆞᆯ을 나ᄒᆞ니 ᄆᆞᆺ은 죵뎡(鍾正)은 진ᄉ(進士)니 일즉이 문ᄒᆡᆼ(文行)^

이 잇고 둘재 죵직(鍾直)이오 윤심위(尹心緯ㅣ) 그 ᄉᆞ회라 존구(尊舅) 아모〔某〕ᄂᆞᆫ

조졸(早卒)ᄒᆞ니 공(公)의 귀(貴)ᄒᆞᄆᆞ로ᄡᅥ 증참판(贈參判)ᄒ고 후지(厚齋) 휘(諱)ᄂᆞᆫ 모

(某)^

니 그 혹(學)으로ᄡᅥ ᄉᆞ림(士林)의 스승이 되고 벼슬은 참찬(參贊)이라

부인(夫人)이 ᄠᅳᆺ이 화유(和裕)ᄒ고 긔량(器量)이 홍관(弘寬)ᄒᆞ야 부인(婦人)으로 식

(嗇)^

ᄒᆞ디 아니ᄒᆞ더 졀조(節操)ᄂᆞᆫ ᄯᅩ 경개(耿介)ᄒᆞ야 괴로이 궁(窮)ᄒᆞ디 옴^

기디 아니ᄒᆞ고 ᄒᆡᆼ실(行實) 불오미[1] 단졍(端正)ᄒ고 삼가고 구고(舅姑)긔 효^

도(孝道)ᄒ고 졔ᄉ(祭祀)의 공경(恭敬)ᄒᆞ며 부ᄌ(夫子) 셤기〃롤 녜(禮)로ᄡᅥ ᄒᆞ니 다

션비 ᄒᆡᆼ실(行實)이라 그 아ᄃᆞᆯ ᄀᆞᄅᆞ티ᄂᆞᆫ 법(法)이 심히 뎡ᄌ(程子) 어마^

▶▶▶ 주 석

1 불오미 : 실천함이. '넓-+-음-〔명사형〕+-이〔주격〕'로 분석될 어형으로, 이곳의 '넓-'은 "실천하다"의 의미
로 쓰여 현대국어의 (후대형) '밟-'과는 차이가 있다. 중세국어에서 '넓-'은 모음어미(매개모음 포함)와 결
합할 때 '불와, 불오미' 등으로 활용하여 불규칙 활용을 보였는데 자료의 '넓-'도 중세국어 이래의 불규칙
활용을 보여 준다.

▸▸▸ 출 전

葬于白雲山西麓先兆之某向原, 後視公秩, 追封諎. 生二男一女, 男長鍾正進士, 早有文行, 季鍾
永, 尹心緯其婿也. 尊舅諱泰魯, 早卒, 以公貴贈參判, 厚齋諱榦, 以道學爲士林師, 官參贊. 夫
人志和裕器弘寬, 不以婦人嗇而其操又介如也, 苦窮不移, 莅行端謹, 孝舅姑敬祭祀, 事夫子以
禮, 皆士行也. 其教子之法, 甚似程母,

▸▸▸ 현대어역

〈3 : 48b〉

서편(西便)에 장사(葬事)하고 후에 공(公)의 품(品)을 따라 추증(追贈)하였다. 두 아들과 한 딸
을 낳으니, 맏아들 종정(鍾正)은 진사(進士)이니 일찍이 문행(文行)이 있고, 둘째는 종직(鍾直)
이요, 윤심위(尹心緯)는 그 사위라. 존구(尊舅, 시아버지를 높여 이르는 말) 아무〔某〕는 조졸(早卒,
일찍 죽음)하니 공(公)의 귀(貴)함으로써 증참판(贈參判) 하고, 후재(厚齋) 휘(諱)는 모(某)이니
그 학(學)으로써 사림(士林)의 스승이 되고 벼슬은 참찬(參贊)이라. 부인(夫人)이 뜻이 화유(和
裕)하고 기량(器量)이 홍관(弘寬, 관대함)하여, 부인(婦人)으로서 색(嗇, 인색함)하지 아니하되 절
조(節操)는 또 경개(耿介, 대세에 휩쓸리지 않을 정도로 지조가 굳음)하여 괴로이 궁(窮)하되 옮기지
아니하고, 행실(行實)을 밟음이(＝실천함이) 단정(端正)하고 삼가고 구고(舅姑, 시부모)께 효도(孝
道)하고 제사(祭祀)에 공경(恭敬)하며 부자(夫子, 남편) 섬기기를 예(禮)로써 하니, (이것이) 다
선비의 행실(行實)이라. (그) 아들 가르치는 법(法)이 심히 정자(程子)

〈3 : 49a〉

님 궃고 똘 혼인(婚姻)의 샤치(奢侈) 슝샹(崇尙)ᄒᆞᆫ 부인(婦人)이 더옥 심(甚)ᄒ^
디 그 말이 능(能)히 이러탓 ᄒᆞ니 이 진실로 쳔빅(千百) 무리의
쮜여나 션싱(先生)의 착ᄒᆞᆫ 며ᄂᆞ리 되뎌 나는 관찰공(觀察公)의 ᄉᆞ십
년(四十年) 벗으로 빅운(白雲) 아래 빈긱(賓客)이 날ᄀ티 오라니 업ᄂᆞᆫ디라
미양 뫼 소치(蔬菜)와 개올 ᄂᆞᄆᆞᆯ로 디졉ᄒᆞᆯ 제 임의 그 ᄂᆡ치(內治)^
ᄅᆞᆯ 알고 부인(夫人)의 똘이 ᄯᅩ 내 집 통부(冢婦)가 되니 통가(通家)ᄒᆞᆫ
견문(見聞)이 ᄌᆞ셔티 아니미 업더니 밋 신군경(申君暻)이 힝장(行狀) 지^
은 거술 보니 거의 다 귀예 닉은 말이라 가히 그 과(過)ᄒᆞ미
업ᄉᆞᄆᆞᆯ 밋브고 ᄯᅩ 공(公)이 샹해 니ᄅᆞ디 편벽(偏僻)된 셩품(性品)의
크게 ᄭᅥ리ᄂᆞᆫ 배 시쳡(侍妾)의 더ᄒᆞ미 업ᄉᆞ디 내 ᄂᆡᄌᆞ(內子)ᄂᆞᆫ 평일(平日) 여^

▶▶▶ **출 전**

而嫁女尙侈, 婦人尤甚, 其言能若是, 此眞度越千百輩, 斯其爲先生之賢婦也歟. 余觀察公四十年故友, 白雲山下賓客, 無如余舊也. 每於山蔬澗毛之餉, 已識其內治, 而夫人之女, 又爲吾家家婦, 則通家見聞, 靡有不詳, 及見申徵君曔所爲狀, 殆盡耳熟語, 可信其無華, 而且記公嘗言偏性所大忌, 莫切於側侍, 吾內子平日於此,

▶▶▶ **현대어역**

〈3 : 49a〉

어머님 같고, 딸 혼인(婚姻)에 사치(奢侈)를 숭상(崇尙)함은 부인(婦人)이 더욱 심(甚)하되 그 말이 능(能)히 이렇듯 하니, 이것이 진실로 천백(千百) 무리에서 뛰어나 선생(先生)의 착한 며느리 된 것이로다. 나는 관찰공(觀察公)의 사십년(四十年) 벗으로 백운(白雲) 아래 빈객(賓客)이 나와 같이 오래된 이가 없는지라. 매양 뫼 소채(蔬菜)(=산나물)와 개울 나물로 대접할 적에 이미 그 내치(內治, 나라 안을 다스림)를 알고, 부인(夫人)의 딸이 또 내 집 총부(冢婦, =宗婦. 종가의 맏며느리)가 되니 통가(通家, 대대로 집안끼리 서로 친하게 사귀어 옴)한 견문(見聞)이 자세하지 않음이 없었는데, 신군경(申君曔)이 행장(行狀) 지은 것을 보니 거의 다 귀에 익은 말이라. 가히 그 과(過)함이 없음을 미더워하고, 또 공(公)이 항상 이르되, '편벽(偏僻, 생각 따위가 한쪽으로 치우쳐 있음)된 성품(性品)에 크게 꺼리는 바가 시첩(侍妾)보다 더함이 없으되, 내 내자(內子, 안사람)는 평일(平日)

▶▶▶ 원문 판독

〈3 : 49b〉

긔 홀로 거미(擧眉)ᄒᆞᄂᆞ 빗치 업술 분 아니라 처엄의 이런 일^

이 업ᄂᆞᆫ 듯시 너기니 미양 괴샤(媿謝)ᄒᆞ노라 ᄒᆞ던 말을 싱각^

ᄒᆞ니 믈읫 장(狀) 안히 시론 재(者ㅣ) 실(實)ᄒᆞᆫ 덕(德)과 실(實)ᄒᆞᆫ 힝실(行實)^

이 아닌 거시 업순디라 진실(眞實)로 번거ᄒᆞ디 주리디 못ᄒᆞ고

이롤 ᄯᅩᄒᆞᆫ 감히 긔록(記錄)디 아니티 못ᄒᆞᆷ믄 진실(眞實)로 특별(特別)^

이 쓰기에 븟그러오미 업ᄉᆞ미라 뎌즈음긔[1] 내 ᄒᆞᆫ 번 구거(舊居)^

의 니르니 관찰공(觀察公)이 겨요 부인(夫人) 대샹(大祥)을 디내고 도망(悼亡)ᄒᆞ^

기롤 더옥 깁히 ᄒᆞ야 지문(誌文)으로ᄡᅥ 내게 부탁(付託)ᄒᆞ야 ᄀᆞᆯ^

오디 내 부인(夫人)의 ᄉᆞ힝(事行)은 ᄌᆞ(子)ᄀᆞ티 ᄌᆞ셔히 알 니 업ᄉᆞ니 지(子ㅣ)

그 즐겨 셩유(聖兪)의 안해롤 위ᄒᆞ야 발휘(發揮)ᄒᆞ라 내 븟그리^

▶▶▶ 주 석

1 뎌즈음긔 : 저즈음께. 저번에. 중세 문헌에 보이는 '뎌즈슴ᄢᅴ'<두시언해 8 : 3-4>와 비교할 때 자료의 '즈음'은 중세국어의 '즈슴'에 소급할 어형이라 할 수 있다. 중세국어에서 '즈슴'은 "사이, 틈"을 의미하는 공간명사와 "즈음, 무렵"을 의미하는 시간 명사로 두루 쓰였으나 자료에는 후자의 의미로 쓰인 예만 발견된다. 예 : 상ᄉᆞ와 급난ᄒᆞᆫ 즈음의 형뎨의 졍의롤 오히려 아다가<1 : 62a>, 졍셩을 갈진ᄒᆞ미 더욱 존망과 젼패ᄒᆞᄂᆞᆫ 즈음의 뵈니<3 : 37a>. 자료의 '즈음'은 다른 문헌에서 '즘'(겨즘히예<어제속자셩편언해 13a>)으로 어형이 줄어들기도 하는데 현대국어의 '쯤'은 바로 이 같은 어형을 계승한 것이다.

不獨無幾微色, 初若無有是也, 吾每媿謝云, 凡載於狀內者, 莫非實德實行, 固煩而不殺, 此亦不敢不錄者, 誠以無媿於特書也, 向余一至白雲舊居, 觀察公纔經夫人祥事, 悼亡愈深, 以壙記托余曰, 吾夫人事行, 莫如子悉之, 子其肯爲聖兪妻發揮耶.

〈3 : 49b〉

여기에서 홀로 거미(擧眉, 눈썹을 찡그림)하는 빛이 없을 뿐 아니라 처음에(=처음부터) 이런 일이 없는 듯이 여기니 항상 괴사(媿謝)하노라.' 하던 말을 생각하니, 무릇 장(狀, 행장) 안에 실은 것이 실(實)한 덕(德)과 실(實)한 행실(行實)이 아닌 것이 없는지라. 진실(眞實)로 번거하되 주리지 못하고 이를 또한 감히 기록(記錄)하지 아니하지 못함은 진실(眞實)로 특별(特別)히 쓰기에 부끄러움이 없음이라. 저즘께(=저번에) 내가 한번 구거(舊居, =옛집)에 이르니, 관찰공(觀察公)이 겨우 부인(夫人) 대상(大祥, 사람이 죽은 지 두 돌 만에 지내는 제사)을 지내고 도망(悼亡, 죽은 아내를 생각하여 슬퍼함)하기를 더욱 깊이 하여 지문(誌文, 죽은 사람의 이름과 태어나고 죽은 날, 행적, 무덤의 위치와 좌향[坐向] 따위를 적은 글)을 내게 부탁(付託)하여 말하되, '내 부인(夫人)의 사행(事行)은 그대같이 자세히 알 사람이 없으니 그대가 그 즐겨 성유(聖兪)의 아내를 위하여 발휘(發揮)하겠는가?' 내

▶▶▶ **원문 판독**

〈3 : 50a〉

건대 그 사롬이 아니로디 능(能)히 모춤내 스양(辭讓)티 못ᄒ엿^
더니 이제 진스군(進士君)이 션의(先意)로ᄡᅥ 펴니 이 삼가 ᄡ기 이ᄀ티
ᄒ디 눈 두루혈[1] 스이 관찰공(觀察公)이 ᄯᅩᄒᆫ 믄득 쳔고(千古) 사롬^
이 된디라 글이 비록 일워시나 눌로 더브러 샹확(商確)ᄒ^
리오 더옥 부앙(俯仰)ᄒ야 슬픈 눈믈을 이긔디 못ᄒ노라
명(銘) 왈(曰)

덕슌ᄒᆡᆼ비(德純行備)ᄒ니	덕(德)이 슌젼(純全)ᄒ고 ᄒᆡᆼ실(行實)이 ᄀᆞᄌᆞ니
녀스지현(女士之賢)이라	녀스(女士)의 착ᄒ미로다
슈우지{진}눌(手于榛栗)노	손의 개얌과 밤으로
시례지문(詩禮之門)이라	시례(詩禮)의 문(門)의 ᄒ얏도다

▶▶▶ **주 석**

1 두루혈 : 돌이킬. 돌릴. 이곳의 '두루혀-'는 자료의 다른 곳에 '두로혀-'로 나타나기도 한다. 자료의 '두루혀
/두로혀-'는 중세국어의 '두르혀-'에서(예 : 廻ᄂᆞᆫ 두르혈 씨라<월인석보 어제월인석보서 : 22>) 일종의 원
순성 동화를 겪은 어형이라 할 수 있는데, 자료의 다른 곳에 나타나는 '도로혀-'와는 모음 교체의 관계를
보이는 것이 특징이다('도로혀-'에 대한 자세한 주석은 '도로현다'<1 : 10a>의 주석 참조).

▶▶▶ **출 전**

余媿非其人, 不能終辭, 今進士君申之以先意, 茲謹書之如右, 而轉眄之際, 觀察公又遽作千古人矣, 文雖成, 誰與商之, 盆不勝俯仰而愴涕云, 銘曰,

德純行備, 女士之賢, 手于榛栗, 詩禮之門,

▶▶▶ **현대어역**

〈3 : 50a〉

부끄러워하건대, 그 사람이 아니로되 능(能)히 마침내 사양(辭讓)하지 못하였는데, 이제 진사군(進士君)이 선의(先意)로써 펴니 (이) 삼가 쓰기 이같이 하되, 눈 돌릴 사이에 관찰공(觀察公)이 또한 문득 천고(千古)의 사람이 된지라. 글이 비록 이루어졌으나 누구와 더불어 상확(商確, 자세하고 확실함)하리요? 더욱 부앙(俯仰, 아래를 굽어보고 위를 우러러봄)하여 슬픈 눈물을 이기지 못하노라.

명(銘)에 왈(曰),

덕순행비(德純行備)하니	덕(德)이 순전(純全)하고 행실이(行實)이 갖추어지니
여사지현(女士之賢)이라.	여사(女士)의 착함이로다.
수우진율(手于榛栗)로	손에 (있는) 개암과 밤으로
시례지문(詩禮之門)이라.	시례(詩禮)의 문(門)에 하였도다.

〈3 : 50b〉

션싱왈효(先生曰孝)ᄒ고	션싱이 굴오ᄃᆡ 효도(孝道)롭다 ᄒ고
존고왈슌(尊姑曰順)이라	존괴(尊姑ㅣ) 굴오ᄃᆡ 슌(順)ᄒ다
부ᄌ왈시(夫子曰是)라	부지(夫子ㅣ) 굴오ᄃᆡ 이
줌아챠근(箴我且謹)이라	날을¹ 줌계(箴戒)ᄒ고 ᄯᅩ 삼가ᄂᆞᆫ도다
ᄌ왈ᄌ혜(子曰慈兮)여	아ᄃᆞᆯ은 굴오ᄃᆡ ᄌ(慈)시여
교아의방(敎我義方)이샷다	날 ᄀᆞᆯ티믈 올흔 도리(道理)로 ᄒᆞ시ᄂᆞᆫ도다
복왈쥬혜(僕曰主兮)여	죵은 굴오ᄃᆡ 쥬인(主人)님이여
은아약약(恩我若孃)이샷다	내게 은혜(恩惠)롭기 어미 ᄀᆞᆺᄒᆞ시도다
미유블의(靡有不宜)ᄒ니	이 아니 맛당흔 ᄃᆡ 업스니
식의가인(寔宜家人)이라	일로 집사ᄅᆞᆷ의게 맛당홀디라

1 날을 : 나를. '나'의 대격형에 해당하는 어형으로 자료에는 '나ᄅᆞᆯ'은 나타나지 않고 '날을'로만 등장한다. 자료를 비롯하여 근대 문헌에 등장하는 '날을'은 이른바 음절초 /ㄹ/의 과잉분철(過剩分綴) 표기로 이해되는 것이 일반적이다. 그러나 자료의 표기 현실을 검토할 때 '날을'이 단순히 표기상의 문제에 지나지 않는지는 의심의 여지가 있다. 자료에서는 대격 조사의 이형태가 대폭 간소화되어 모음조화에 관계없이 자음 어간 아래에서는 '-을', 모음 어간 아래에서는 '-를'로 통일되어 나타나기 때문이다. 자료의 표기 현실에 입각한다면 '날을'은 '날+-을'로 분석되고 이때의 '날'은 '날와, 날ᄀᆞ티'에 보이는 '날'과 같은 성격의 존재

▶▶▶ 출 전

先 生曰孝, 尊姑曰順, 夫子曰是, 箴我且謹, 子曰慈兮, 教我義方, 僕曰主兮, 恩我若孃, 靡有不宜, 寔宜家人,

▶▶▶ 현대어역

〈3 : 50b〉

선생왈효(先生曰孝)하고	선생이 말하되, 효도(孝道)롭다 하고
존고왈순(尊姑曰順)이라.	존고(尊姑)가 말하되, 순(順)하다.
부자왈시(夫子曰是)라	부자(夫子)가 말하되, 이 사람이
잠아차근(箴我且謹)이라.	나를 잠계(箴戒, 깨우쳐 훈계함)하고 또 삼가는도다.
자왈자혜(子曰慈兮)여	아들은 말하되, 자(慈, 어머니)시여,
교아의방(教我義方)이시도다.	날 가르침을 옳은 도리(道理)로 하시는도다.
복왈주혜(僕曰主兮)여	종은 말하되, 주인(主人)님이여,
은아약양(恩我若孃)이시도다.	내게 은혜(恩惠)롭기 어미 같으시도다.
미유불의(靡有不宜)하니	이 아니 마땅한 데 없으니
식의가인(寔宜家人)이라.	이것으로 집안사람에게 마땅할지라.

▶▶▶ 주 석

로 파악될 수도 있다. '날로, 날란, 날와, 날ㄱ티' 같은 곡용형에서 '나~날'의 교체를 인정한다면 이곳의 '날을'도 단순히 과잉 분철된 표기로만 단정하기는 어렵지 않을까 한다.

▶▶▶ **원문 판독**

〈3 : 51a〉

긔무기유(豈無其由)리오	엇디 그 말미아믄 배 업스리오
여천유원(如泉有源)이라	심이 그 원(源)이 〃심 ㄹㄷ도다
이유기인(已裕其仁)ᄒ니	임의 그 어딜믈 넉〃이 ᄒᆞ야시니
호단기년(胡短其年)고	엇디 그 나히 쟈른고
블양기휘(不揚其徽)ᄒ면	그 아롬다오믈 나타내디 아니면
줌덕슈지(潛德誰知)오	ᄀ만훈 덕(德)을 뉘 알리오
우차기{후}인(吁嗟後人)은	슬프다 후(後)의 사롬은
식{시}아탁ᄉ(視我琢辭)ᄒ라	나의 삭인 말을 보라

증명경부인신시힝장(夫贈貞敬夫人申氏行狀)〔隔〕구암윤공찬(久菴尹公撰)[1]

부인(夫人)은 신시(申氏)니 평산(平山) 사롬이라 고려(高麗) 태ᄉ(太史) 장졀공(壯節公)
휘(諱) 슝ᆞ

▶▶▶ **주 석**

1 윤봉구(尹鳳九, 1681~1767)는 본관이 파평(坡平), 자는 서응(瑞膺), 호는 병계(屛溪)·구암(久菴)으로, 시호 문헌(文獻)이다. 한원진(韓元震)과 함께 호락논쟁(湖洛論爭)에서 호론을 주장하였다. 강문8학사(江門八學士)의 한 사람이다. 문집에 ≪병계집(屛溪集)≫, 저서에 ≪화양존주록(華陽尊周錄)≫이 있다.

豈無其由, 如泉有源, 已裕其仁, 胡短其年, 不揚其徽, 潛德誰知, 吁嗟後人, 視我琢辭,

〈3 : 51a〉

기무기유(豈無其由)리오	어찌 그 말미암은 바가 없으리요?
여천유원(如泉有源)이라.	샘이 그 원(源, 근원)이 있음 같도다.
이유기인(已裕其仁)하니	이미 그 어짊을 넉넉히 하였으니
호단기년(胡短其年)고.	어찌 그 나이가 짧은가?
불양기휘(不揚其徽)하면	그 아름다움을 나타내지 아니하면
잠덕수지(潛德誰知)오.	은밀한 덕(德)을 누가 알리요?
우차후인(吁嗟後人)은	슬프다, 후(後)의 사람은
시아탁사(視我琢辭)하라.	내가 새긴 말을 보라.

증정경부인신씨행장(贈貞敬夫人申氏行狀) 구암윤공찬(久菴尹公撰)

부인(夫人)은 신씨(申氏)이니 평산(平山) 사람이라. 고려(高麗) 태사(太史) 장절공(壯節公) 휘(諱)

▶▶▶ **원문 판독**

〈3 : 51b〉

겸(崇謙)의 휘(諱)오 녕의졍(領議政) 휘(諱) 완(玩)과 평운군(平雲君) 휘(諱) 셩하(聖
夏)와 젼찬^

션(前贊善) 직암션싱(直菴先生) 명(名)은 경(曔)이니 부인(夫人)의 삼디비(三代妣)는 숙
부^

인(淑夫人) 파평(坡平) 윤시(尹氏)니 창슈(倉守) 증판셔(贈判書) 명운(明運) 녜(女ㅣ)오
참판(參判) 증판^

셔(贈判書) 경(曔)의 외손(外孫)이라 내 증고(曾考) 후지션싱(厚齋先生)이 현셕(玄石)
박션싱(朴先生)긔

슈혹(受學)ᄒ시고 직암션싱(直菴先生)은 현옹(玄翁)[1]의 퇴샹(宅相)이오 증고(曾考)^

의 문인(門人)이라 날로뻐 증고(曾考)의 손ᄌ(孫子)라 ᄒ야 ᄯᆞ로뻐 집을

허(許)ᄒ니 부인(夫人)이 십팔(十八)의 내게 도라오니 얼골이[2] 단졍(端正)^

ᄒ더 장엄(莊嚴)ᄒ고 긔운(氣運)이 곳고 온화(溫和)ᄒ더 평거(平居)의 언에(言語ㅣ) 젹^

으며 동지(動止ㅣ) 죠용ᄒ고 화슌(和順)ᄒ야 부ᄌ(父子) 셤기〃롤 어긔미

업스디 그 블가(不可)ᄒᆫ 바롤 보면 손슌(遜順)ᄒᆫ 빗과 완년(宛然)ᄒᆫ

▶▶▶ **주 석**

1 박세채(朴世采, 1631~1695)는 본관이 반남(潘南), 자는 화숙(和叔), 호는 현석(玄石)·남계(南溪)이다. 시호는 문순(文純)으로, 김상헌(金尙憲)의 문인이다. 송시열(宋時烈)·송준길(宋浚吉) 등 서인과 학문적 교유관계를 가졌으며, 서인이 노론과 소론으로 분립되자 윤증(尹拯)·최석정(崔錫鼎)·남구만(南九萬) 등과 소론이 되었다. 그와 교유한 인물과 초기의 문인들은 대부분 소론이지만, 죽은 뒤에 김간(金幹)·김구(金構) 등 문인 대부분이 노론으로 이탈하였다. 신라시대부터 당시대까지 학자들의 학통을 기록한 《동유사우록(東儒師友錄)》을 저술하여 조선시대 성리학자의 계보를 파악하였다. 숙종의 묘정

▸▸▸ 출 전

亡室贈淑夫人申氏行狀(後贈至貞敬夫人), 김종정, 雲溪漫稿 卷11.
夫人姓申氏 系平山 平山之申 肇于高麗太師壯節公 諱崇謙 爲世大族 曾祖領議政文莊公 諱琓
祖敦寧府都正 贈吏曹參判 諱聖夏 父今世孫侍講院贊善直菴先生暻 妣淑夫人坡平尹氏 倉守贈
判書明運 參判贈判書飛卿 其考若祖也 我曾祖考厚齋先生 受業于玄石朴先生 而直菴先生 以玄
石之外孫 又受業于厚齋 遂以女字 余夫人生于己亥十一月八日 十八而入我門

▸▸▸ 현대어역

〈3 : 51b〉

숭겸(崇謙)의 휘(諱)요, 영의정(領議政) 휘(諱) 완(琓)과 평운군(平雲君) 휘(諱) 성하(聖夏)와 전
찬선(前贊善) 직암선생(直菴先生) 명은 경(暻)이니, 부인(夫人)의 삼대비(三代妣)는 숙부인(淑夫
人) 파평(坡平) 윤씨(尹氏)니, 창수(倉守) 증판서(贈判書) 명운(明運)의 여(女, 딸)이요, 참판(參
判) 증판서(贈判書) 경(暻)의 외손(外孫)이라. 내 증고(曾考) 후재선생(厚齋先生)이 현석(玄石) 박
선생(朴先生)께 수학(受學)하시고, 직암선생(直菴先生)은 현옹(玄翁)의 택상(宅相)이요, 증고(曾
考)의 문인(門人)이라. 나로써 증고(曾考)의 손자(孫子)라 하여 딸로써 집을 허(許)하니, 부인
(夫人)이 십팔(十八)세에 내게 돌아오니(=시집오니) 얼굴이 단정(端正)하되 장엄(莊嚴)하고, 기
운(氣運)이 곧고 온화(溫和)하되 평거(平居, =평상시)에 언어(言語)가 적으며 동지(動止, 행동거
지)가 조용하고 화순(和順)하여, 부자(父子) 섬기기를 어김이 없으되 그 불가(不可)한 바를 보
면 손순(遜順, =겸손)한 빛과 완연(宛然)한

▸▸▸ 주 석

에 배향되었으며, 문집에 ≪남계집≫이 있다.
2 얼골이 : 얼굴이. 이곳의 '얼골'은 현대국어의 '얼굴'과 같은 의미로 쓰인 것이다. 그러나 자료에는 '얼골'
(혹은 '얼굴')이 원문의 '形'에 대응되어 "형체, 모습"의 의미로 쓰인 예가 더 많이 나타난다(이에 대하여는
'얼골'<2 : 23a>의 주석 참조). 중세국어 이래 '얼골'은 본래 "形(형체, 모습)"의 의미로 쓰이다가 근대국
어에서 "顔(안면, 얼굴)"의 의미로 점차 변한다. 현대국어의 '얼굴'에는 "形"의 의미는 사라지고 "顔"의 의
미만 남아 있는데, 이러한 변화는 이미 ≪동문유해≫(1748)에 등장하는 「容顔 얼굴」<상 : 18>의 예를
위시하여 18세기 문헌부터 보이기 시작한다.

▶▶▶ **원문 판독**

〈3 : 52a〉

말로뻐 규간(規諫)ᄒ야 말이 반ᄃ시 니(理)예 마ᄌ니 내 위(爲)ᄒ야

긔복(祈福)ᄒ고 선조비(先祖妣) 강부인(姜夫人)이 셩(性)이 강엄(剛嚴)ᄒ샤 집사름^

이 ᄠᅳᆺ의¹ 마ᄌ 재(者ㅣ) 젹고 션군지(先君子ㅣ) 본ᄃ 의방(義方)을 ᄀᆞᄅ티시매

엄(嚴)ᄒ시ᄃ 다 맛당이 너겨 닐오샤ᄃ 내 착ᄒ 며ᄂᆞ리라

ᄒ시니 그 효도(孝道)롭고 공경(恭敬)ᄒ믈 가히 알 거시라 션비(先妣)^

긔 미처 셤기디 못ᄒᄆᆞ로뻐 지극(至極)ᄒ 셜우믈 삼아 졔^

ᄉ(祭祀)날을 만나면 이모(愛慕)ᄒ미 ᄀᆞᆫ졀(懇切)ᄒ야 빈도의 쳔(蘋藻之事)ᄒᄆ^

로뻐 반ᄃ시 셩경(誠敬)을 다ᄒ고 임슐(壬戌) 이후로 상우(喪憂)롤 년(連)^

ᄒ야 만나고 내 ᄯᅩ 병드러 죽기의 ᄀᆞᄒ여 여러 히 분티^

ᄒ니 가난 험익(險阨)ᄒ미 ᄌᆞ못 견듸디 못홀 배 이시ᄃ 부인(夫人)^

▶▶▶ **주 석**

1 ᄠᅳᆺ의 : 뜻에. 이곳의 'ᄠᅳᆺ'은 중세국어의 'ᄠᅳᆮ'에 소급할 어형이다. 어두자음군의 경음화를 거쳐 16세기 문헌부터는 'ᄡᅳᆮ'으로 등장하기 시작한다. 예 : 즐기는 ᄡᅳᄃᆯ 보노라<중간두시언해(1613) 7 : 11a>. 이곳에서 'ᄡᅳᆮ'이 'ᄠᅳᆺ'으로 적힌 것은 (칠종성법의 확립 이후) 어간 말음 /ㄷ/을 'ㅅ' 분철 표기로 나타내는 자료의 표기 방식에 따른 것이다. 현대국어의 '뜻'은 'ᄡᅳᆮ'에서 어간 말음이 다시 'ㅅ'으로 재구조화된 결과이다.

▸▸▸ **출 전**

其遇余也 甚謹而見有不可者 從容以規言必中理
夫人恭恪不懈 汋無間言 以未逮事先妣 爲至慽 及夫日哀慕深切 蘋藻之事 必自致焉
余荐遘喪 禍病瀕死 遯于江 轉于郊 生事又旁落 甚艱難困苦 人所不堪

▸▸▸ **현대어역**

〈3 : 52a〉

말로써 규간(規諫, 옳은 도리나 이치로써 웃어른이나 왕의 잘못을 고치도록 말함)하여 말이 반드시 이치에 맞으니, 나를 위하여 기복(祈福, 복을 빎)하고, 선조비(先祖妣) 강부인(姜夫人)이 성(性)이 강엄(剛嚴)하시어 집안사람 중에 뜻에 맞는 자(者)가 적고, 선군자(先君子, 선친)가 본디 의방(義方, 집안에서 아버지가 자식에게 주는 가르침)을 가르치시매 엄(嚴)하시되 다 마땅히 여겨 말씀하시되, '내 착한 며느리라.' 하시니, 그 효도(孝道)롭고 공경(恭敬)함을 가히 알 것이라. 선비(先妣)께 미처 섬기지 못함으로써 지극(至極)한 설움을 삼아 제사(祭祀)날을 만나면 애모(愛慕)함이 간절(懇切)하여 빈도의 천(蘋藻之事)함으로써 반드시 성경(誠敬, 정성과 공경)을 다하고, 임술(壬戌) 이후로 상우(喪憂, =喪妻)를 연(連)하여 만나고, 내 또 병들어 죽기에 가하여 여러 해 분치하니, 가난이 험액(險阨, 험하여 막혀 있음)함이 자못 견디지 못할 바가 있으되,

〈3 : 52b〉

이 쳐(處)ᄒ기를 순(順)ᄒᆫ 짜ᄀ티 ᄒ야 일죽이 근심ᄒᄂᆫ 얼골^
로 내게 뵈디 아니ᄒ고 내 혹 근심ᄒ야 무료(無憀)ᄒᆫ즉 비^
유(譬喩)ᄒ야 골오디 평안(平安)ᄒ며 험(險)ᄒ기 다 명(命)이라 만나ᄂᆫ
대로 ᄯ라 평안(平安)이 너길 거시니 어이 쳑ᄼ(慼慼)ᄒ야 ᄒ리오 내
ᄯᅩᄒᆫ 힘닙어 스스로 관위(寬慰)ᄒ니 졍히 미완능(梅宛陵)¹의 니론바
내 안해의 이ᄼ(怡怡)ᄒᄆᆯ 보매 근심을 닛노라 홈 ᄀᆺ도다 가ᄉ(家事)^
가 박냑(薄略)ᄒ디 시운(時運)을 맛뎌² 평안(平安)이 너기고 사ᄅᆷ이 급^
난(急難)ᄒᆫ 일이 ᄼ시면 져튝(貯蓄)ᄒ엿던 거슬 다 내여 구졔(救濟)ᄒ^
고 닌당(隣黨) 디졉ᄒ매 녜쉬(禮數ㅣ) 공순(恭順)ᄒ고 졍의(情意ㅣ) ᄀᆫ지(懇摯)ᄒ며
비복(婢僕)을 어거(馭車)ᄒ디 긔한(期限)을 진념(軫念)ᄒ고 슈고(受苦)ᄅᆞᆯ 념녀(念慮)^

1 매요신(梅堯臣, 1002~1060)은 중국 송대 시인으로, 자는 성유(聖兪), 호가 완릉(宛陵)이다. 이 글을 매
   요신(梅堯臣)의 글이 아니라 구양수(歐陽修)의 <남양현군사씨묘지명(南陽縣君謝氏墓誌銘)>에 보인다.
2 맛뎌 : 맡겨. '맛디-+-어'. 이곳의 '맛디-'는 '맜[任]-'에 사동 접미사 '-이-'가 결합한 어형으로, '맛디->맛
   지->맛기-'의 변화를 거쳐 현대국어의 '맡기-'에 이르렀다. '맛지->맛기-'의 변화는 구개음화 어형을 피하
   기 위하여 과도 교정이 일어난 결과로 보기도 하고, '맜->맡-'의 어간 재구조화에 따라 사동 접사 '-이-'
   대신 (어간말 /ㄷ/ 뒤의 사동 접사) '-기'가 새로이 선택된 것으로 보기도 한다.

▸▸▸ 출 전

而夫人處之如順境 余或愁悒無憀 則譬之曰 夷險皆命 隨遇安之 何戚戚爲耶 余賴以自寬 政如
梅宛陵所謂 見吾妻之怡怡 而忘其憂者也
下見人急難 不恤我匱 傾宿儲以救 御臧獲軫 飢寒均勞 逸罪之眚 雖大必原

▸▸▸ 현대어역

〈3 : 52b〉

부인(夫人)이 처(處)하기를 순(順)한 땅같이 하여 일찍이 근심하는 얼굴을 내게 보이지 아니
하고, 내가 혹 근심하여 무료(無憀)한즉 비유(譬喩)하여 가로되, '평안(平安)하며 험(險)하기가
다 명(命)이라. 만나는 대로 (그것을) 따라 평안(平安)히 여길 것이니 어이 척척(戚戚, 근심하
는 빛이 있음)하여 하리요?' 내 또한 힘입어 스스로 관위(寬慰, 너그럽게 위안함)하니 정히 매완
릉(梅宛陵)이 이른바 '내 아내가 이이(怡怡, 기쁘고 좋음)함을 보매 근심을 잊노라.' 함과 같도
다. 가사(家事)가 박략(薄略, 얼마 안 되어 매우 간략함)하되 시운(時運)에 맡겨 평안(平安)히 여기
고, 사람이(=남이) 급난(急難)한 일이 있으면 저축(貯蓄)하였던 것을 다 내어 구제(救濟)하고,
인당(隣黨)을 대접하매 예수(禮數, 명성이나 지위에 알맞은 예의와 대우)가 공순(恭順, 공손하고 온순
함)하고 정의(情意)가 간지(懇摯, 지성스럽고 참됨)하며, 비복(婢僕)을 어거(馭車, 거느리어 바른길로
나가게 함)하되 기한(期限)을 진념(軫念, 윗사람이 아랫사람의 사정을 걱정하여 생각함)하고 수고(受
苦)를

〈3 : 53a〉

ᄒ며 무심(無心)ᄒᆫ 죄(罪)ᄂᆞᆫ 비록 크나 반ᄃᆞ시 원셔(原恕)ᄒ니 이럿
므로ᄡᅥ 샹하ᄂᆡ외(上下內外)예 다 즐기ᄂᆞᆫ ᄆᆞ음을 엇더라 을ᄒᆡ(乙亥)예
녕남(嶺南)의 고을ᄒ니 벼슬이 ᄎᆞ고 ᄒᆡ가 사오나와 월음{ᄂᆞᆷ}(月廩)
ᄂᆞᆫ호미 심히 박냑(薄略)ᄒ되 ᄉᆞ〃로이 ᄒᆫ 가지ᄅᆞᆯ 간청(懇請)티
아녀 ᄀᆞᆯ오디 집보다가ᄂᆞᆫ 임의 만ᄒ니 부ᄌᆞ(夫子)의 누(累)ᄅᆞᆯ
업게 ᄒ리라 ᄒ더라 내 고을ᄂᆞ셔 와 과거(科擧)ᄅᆞᆯ ᄒᆞ야 볏
슬이 금화(金華)의 모쳠(冒忝)ᄒ니 사ᄅᆞᆷ이 혹 부인(夫人)을 위ᄒᆞ야
영화(榮華)로이 너기디 부인(夫人)이 빗치 구ᄐᆞ여 깃거ᄒᄂᆞᆫ 일이
업고 밤 등잔의 서ᄅᆞ 디ᄒᆞ야 말이 시졀(時節) 걱졍의 밋ᄎᆞᆺ
면 개연(慨然)이 태식(太息)ᄒᆞ야 숨은 걱졍이 잇ᄂᆞᆫ ᄃᆞᆺᄒ니 대개(大槩)

▶▶▶ **출 전**

余祿仕爲嶺邑 歲惡官寒 分俸甚薄 夫人不私干一物曰 視家已豊 無用累夫子也 及余登文籍入金
華 人或爲夫人榮之 夫人色不甚喜 夜燈相對 語及時艱 慨然發歎 意在不言 盖欲余及早休官 而
余之汔未能焉者 爲深可愧

▶▶▶ **현대어역**

〈3 : 53a〉

염려(念慮)하며 무심(無心)한 죄(罪)는 비록 크나 반드시 원서(原恕, 정상을 동정하여 용서함)하니,
이럼으로써 상하내외(上下內外)에 다 즐기는 마음을 얻더라. 을해(乙亥)에 영남(嶺南)에 고을
원을 하니 벼슬이 차고 해가 사나워(=나빠) 월름(月廩, 월급으로 주는 곡식) 나눔이 심히 박략
(薄略, 얼마 안 되어 매우 간략함)하되, 사사로이 한 가지를 간청(懇請)하지 아니하여 말하되, '집
보다는 이미 많으니 부자(夫子)의 누(累)를 없게 하리라.' 하더라. 내가 고을로부터 와 과거
(科擧)를 하여 벼슬이 금화(金華)에 모첨(冒忝)하니, 사람이(=남들이) 혹 부인(夫人)을 위하여
영화(榮華)롭게 여기되 부인(夫人)이 빛이 구태여 기뻐하는 일이 없고, 밤 등잔에(=등잔 아래)
서로 대하여 말이 시절(時節) 걱정에 미치면 개연(慨然, 억울하고 원통하여 몹시 분함)히 태식(太
息, 한숨을 쉼)하여 숨은 걱정이 있는 듯하니, 대개(大槪)

▶▶▶ 원문 판독

〈3 : 53b〉

그 쓷이 내 벼술이 긋치고져 ᄒᆞ미라 놉흔 견식(見識)과 먼 넘^
녜(念慮ㅣ) 영니(榮利)의 셜〃(屑屑)티 아니미 이런 뉘(類ㅣ) 만터라 늣게야 두어 아^
둘을 기르니 비록 심히 ᄉᆞ랑ᄒᆞ나 오직 ᄀᆞᄅᆞ티믈 급(急)^
히 너겨 미양 글 ᄀᆞᄅᆞ티믈 엄(嚴)히 아니ᄒᆞ므로 날을 탓ᄒᆞ^
더라 깁흔 ᄉᆞ랑이 부모(父母)의게 밋ᄂᆞᆫ디라¹ 집이 동성의
이실 제 사ᄅᆞᆷ을 보내여 문후(問候)ᄒᆞ기롤 ᄌᆞ로 ᄒᆞ고 죠^
곰 블안졀(不安節)이 〃시믈 드르면 져녁이 ᄆᆞᆺ도록 능(能)히 자^
들 못ᄒᆞ더니 밋 그 호협(湖峽)으로 진실(盡室)ᄒᆞ야 가매 텸망(瞻望)^
ᄒᆞ며 우ᄉᆞ(憂思)ᄒᆞ여 ᄯᆡ로 눈믈이 줌〃이 ᄂᆞ리더니 긔묘하(己卯夏)의
님만(臨娩)ᄒᆞ야 심(甚)히 패(敗)ᄒᆞ니 법(法)이 맛당이 보호(保護)홀 거시^

▶▶▶ 주 석

1 밋ᄂᆞᆫ디라 : 미치는지라. 이곳의 '밋-'은 칠종성법에 따라 '및〔及〕-'을 적은 표기이다. '및-'에 의미나 문법범
주를 바꾸지 않는 접사 '-이-'가 결합하여 현대국어에는 '미치-'로 이어졌다. 이러한 어간 재구조화는 '그릇->
그르치-', '긏->그치-', '뉘읓->뉘우치-', 'ᄉᆞ뭊->사무치-' 등 어간 말음을 'ㅊ'으로 하는 어간에서 자주 볼
수 있다.

▶▶▶ **출 전**

已晩擧數男子 雖甚愛必急其敎 每以不嚴課尤余
有深愛於父母 聞其有不安節 終夜不能寐 及其移家湖峽 則瞻望憂思 有時涕歔
己卯方娠羸悴 法當補而力詘未能

▶▶▶ **현대어역**

〈3 : 53b〉

그 뜻이 내가 벼슬이 그치고자(＝그쳤으면) 함이라. 높은 견식(見識)과 먼 염려(念慮)가 영리(榮利)에 설설(屑屑)하지 않음이 이런 유(類)가 많더라. 늦게야 두어 아들을 기르니, 비록 심히 사랑하나 오직 가르침을 급(急)히 여겨 항상 글 가르침을 엄(嚴)히 아니하므로 나를 탓하더라. 깊은 사랑이 부모(父母)에게 미치는지라. 집이 동성에 있을 적에 사람을 보내어 문후(問候)하기를 자주 하고 조금 불안절(不安節)이 있음을 들으면 저녁이 마치도록 능(能)히 자지를 못하더니, 그 호협(湖峽)으로 진실(盡室)하여 가매 첨망(瞻望, 높은 곳을 멀거니 바라다봄)하며 우사(憂思)하여 때로 눈물이 잠잠히 흐르더니, 기묘하(己卯夏)에 임만(臨娩)하여 심(甚)히 패(敗)하니 법(法)이 마땅히 보호(保護)할

▶▶▶ 원문 판독

⟨3 : 54a⟩

로디 힘이 굴(詘)ᄒ야 능(能)히 못ᄒ고 내 옥당(玉堂)의 번(番)으로셔 산^
뎜(産點)을 듯고 말믜롤 쳥ᄒ야 도라와 보니 희산(解産)을 겨^
요 ᄒ매 긔운(氣運)이 엄〃(奄奄)ᄒ디 내 쟝촛¹ 공고(公故)의 가리라 ᄒ야
죵을 지촉(再促)ᄒ야 듁(粥)을 뿌이더니 홀연(忽然)이 급ᄒ 증(症)^
이 〃셔 드듸여 구티 못ᄒ니 뉵월(六月) 십오일(十五日)이라 그 성(生) 긔^
ᄒ(己亥)의 나매 나히 겨요 마흔 ᄒ나히니 오호(嗚呼) 비뷔(悲夫ㅣ)라 내 부^
인(夫人)ᄂ롤 보니 셩품(性品)이 조흔 쟤(者ㅣ) 편벽(偏僻)되여 쳬(滯)ᄒᆞ믈 면^
티 못ᄒ고 지조 만흔 쟤(者ㅣ) ᄌ긍(自矜)ᄒ여 방ᄉ(放肆)ᄒ기의 니ᄅ기 쉬^
오디 오직 부인(夫人)은 화슌(和順)ᄒ며 온공(溫恭)ᄒ 덕(德)이 텬품(天稟)의 어^
더 닥기롤 비디 아니ᄒ고 존댱(尊嫜)을 밧들며 군ᄌ(君子)롤 셤^

▶▶▶ 주 석

1 쟝촛 : 장차(將次). 부사 '쟝ᄎ'에 부사를 파생시키는 접미사 '-ㅅ'이 통합한 어형이다. 중세국어 이래 '쟝
ᄎ'와 '쟝촛'이 공존하였으나 자료에서는 '쟝촛'만 발견된다.

▸▸▸ **출 전**

甫挽氣奄奄 猶以余將赴公 促婢使煮粥 忽有急症 遂不救 時六月十五日也 得年四十一 嗚呼 通
人之蔽 尙潔則易隘 挾才則必矜 況偏性乎 乃夫人淸介自持 造次不渝

▸▸▸ **현대어역**

〈3 : 54a〉

것이로되 힘이 굴(詘)하여 능(能)히 못하고, 내 옥당(玉堂, =홍문관)의 번(番)으로서 산점(産點,
달이 찬 임신부가 아이를 낳으려는 기미)을 듣고 말미를 청하여 돌아와 보니 해산(解産)을 겨우 하
매 기운(氣運)이 엄엄(奄奄, 숨이 곧 끊어지려 하거나 매우 약한 상태에 있음)하되, 내 장차 공고(公
故, 벼슬아치가 조회, 진하, 거둥, 그 밖의 궁중에서 행하는 행사에 참여하던 일)에 가리라 하여 종을 재
촉(再促)하여 죽(粥)을 쑤게 하였는데, 홀연(忽然)이 급한 증세(症勢)가 있어 드디어(=결국) 구
하지 못하니 (그때가) 유월(六月) 십오일(十五日)이라. 그 생(生) 기해(己亥)에 나매 나이가 겨
우 마흔하나이니, 오호(嗚呼) 비부(悲夫)라. 내가 부인(夫人)네를 보니 성품(性品)이 좋은 자
(者)가 편벽(偏僻)되어 체(滯)함을 면치 못하고, 재주 많은 자가 자긍(自矜, 스스로에게 긍지를 가
짐)하여 방사(放肆, 제멋대로 행동하며 거리끼고 어려워하는 데가 없음)하기에 이르기 쉽되, 오직 부
인(夫人)은 화순(和順)하며 온공(溫恭, 성격, 태도 따위가 온화하고 공손함)한 덕(德)이 천품(天稟, 타
고난 기품)에서 얻어 닦기를 빌지 아니하고, 존장(尊嫜, 시부모)을 받들며 군자(君子)를

▶▶▶ **원문 판독**

〈3 : 54b〉

기미 일심(一心)으로 공경(恭敬)ᄒ며 두리워[1] 죵시(終始) 게얼니 아니ᄒ^
고 지으며 방젹(紡績)ᄒ미 임의 닉고 민속(敏速)ᄒ디 스스로 뵈기^
ᄅᆞᆯ 무릉(無能)홈ᄀᆞ티 너기더라 져머셔 가뎡(家庭)을 조차 경뎐(經典)^
의 큰 의리(義理)ᄅᆞᆯ 약간(若干) 셥녑(涉獵)ᄒ고 고금(古今)의 시ᄉᆞ(詩詞)ᄅᆞᆯ 겻ᄒ^
로 통달(通達)ᄒ야 내 혹 그 샹ᄌᆞ(箱子) 속의 잔편(殘篇)을 엿보고 시^
험(試驗)ᄒ야 그 남은 거슬 ᄎᆞ즌즉 심히 곰초아 ᄒᆞᆫ ᄌᆞ(字)도 모^
ᄅᆞᄂᆞᆫ ᄃᆞ시 ᄒ고 싱각이 위여셔 나디 아니ᄒ며 일을 쳔^
ᄌᆞ(擅恣)ᄒ미 업서 겸비(兼備)ᄒ고 손유(遜宥)ᄒ야 ᄡᅥ 그 몸을 ᄆᆞᆺᄎᆞ니
뎐(傳)의 니론바 슌(順)ᄒᆞᄆᆞ로ᄡᅥ 바론 거슬 삼눈다는 쟤(者ㅣ) 거의
갓갑도디 그리나 그 몸 가시기ᄅᆞᆯ 엄(嚴)히 ᄒ미 비록 급근^

▶▶▶ **주 석**

1 두리워 : 두려워. '두립-+-어'. 이곳의 '두립-'은 중세국어 이래의 어형으로, '두리-'에 심리 형용사를 파생
시키는 접미사 '-ㅂ-'이 결합하여 형성된 어형이다. 이곳에서는 중세국어형을 그대로 계승하였으나 자료
의 다른 곳에는 '-ㅂ-'이 '-업-'으로 대치된 '두렵-'의 예도 보인다.

▸▸▸ 출 전

少解綴詞 余偶窺其篋裡零什 而試索其他 則甚悶之如不識一字 女工百爲 旣閑習矣 自視若無能 思不出位 事無擅爲揆之 閨闥之則 盖尠有不合 而顧天之酬之者 不豊其祉而嗇其年 何哉 豈余 之窮命 有以累及歟

▸▸▸ 현대어역

〈3 : 54b〉

섬김이 일심(一心)으로 공경(恭敬)하며 두려워하여 종시(終始) 게을리 하지 않고, 지으며 방적 (紡績)함이 이미 익숙하고, 민속(敏速, 행동이나 일의 처리 따위가 날쌔고 빠름)하되 스스로 보이기 를 무능(無能)함같이 여기더라. 젊어서 가정(家庭)을 좇아 경전(經典)의 큰 의리(義理)를 약간 (若干) 섭렵(涉獵)하고 고금(古今)의 시사(詩詞)를 곁으로 통달(通達)하여, 내가 혹 그 상자(箱 子) 속의 잔편(殘篇)을 엿보고 시험(試驗)하여 그 남은 것을 찾은즉, 심히 감추어 한 자(字)도 모르는 듯이 하고 생각이 위에서(=윗사람으로부터) 나지(=벗어나지) 아니하며, 일이 천자(擅恣, 제 마음대로 하여 조금도 꺼림이 없음)함이 없어 겸비(兼備)하고 손유(遜宥)하여 (써) 그 몸을 마치 니, 전(傳)에 이른바 순(順)함으로써 바른 것을 삼는다는 것이 거의 (이에) 가깝도다. 그러나 그 몸 가지기를 엄(嚴)히 함이 비록 급근^

⟨3 : 55a⟩

ᄒᆞ고 젼패(顚沛)ᄒᆞᄂᆞᆫ 가온대 이셔도 죠곰도 변(變)티 아니ᄒᆞ니 가^
히 간험(奸險)ᄒᆞᆫ 디 곳은 졀조(節操)ᄅᆞᆯ 볼 거시오 그 능(能)히 규곤(閨閫)^
의 덕(德)이 ᄀᆞᄌᆞᆫ디 도라보건대 하ᄂᆞᆯ의 ᄡᅥ 보시(布施)ᄒᆞᄂᆞᆫ 밧 쟤(者ㅣ)^
즉 그 복(福)을 주디 아니ᄒᆞ고 ᄯᅩ 조차 그 나흘 지쵹ᄒᆞ믄
엇딤고[1] 엇디 나의 궁(窮)ᄒᆞᆫ 명(命)이 ᄡᅥ 부인(夫人)이 누(累)되미 이셔
그러ᄒᆞ냐 ᄯᅩ 혼 사ᄅᆞᆷ이 말이 〃시디 욕심(慾心) 만흔 쟤(者ㅣ) 슈(壽)^
ᄒᆞ고 욕심(慾心) 업손 쟤(者ㅣ) 요(夭)ᄒᆞ다 ᄒᆞ니 부인(夫人)이 분화(紛華)ᄒᆞ야
치미(侈靡)ᄒᆞ여 사ᄅᆞᆷ의 ᄒᆞᆫ가지로 흠션(欽羨)ᄒᆞᄂᆞᆫ 쟈(者)의 박연이 ᄒᆞ^
나토 됴히 너기미 업고 분노(忿怒)와 싀투(猜妒)ᄅᆞᆯ 일쪽이 ᄆᆞ옴의
지어 일의 뵈미 업스니 슬프다 이 ᄡᅥ 요(夭)ᄒᆞᄂᆞᆫ 법(法)이 되ᄂᆞᆫ

1 엇딤고 : 어찌한 것인가? 이곳의 '엇딤-'은 '엇디ᄒᆞ-'에 명사형 어미 '-(ᄋᆞ/으)ㅁ'이 결합한 것으로 분석될 어형이다. 중세국어 이래 모음으로 끝나는 어기에 '-ᄒᆞ-'가 결합한 어사는 매개 모음('-ᄋᆞ/으-')을 포함하여 모음으로 시작하는 어미 앞에서 'ᄒᆞ'가 수의적으로 생략되는 경우가 많았다. 자료에는 '아니ᄒᆞ-'의 경우 'ᄒᆞ' 생략의 예가 특히 자주 보이는데 이곳의 '엇딤'은 '아니홈'이 '아님'으로 줄어들어 '아니미라'(←아니ᄒᆞ미라)로 나타난 예와 동일한 생략형으로 볼 수 있을 것이다. '엇딤고'에서 특이한 것은 의문 첨사로 분석될 '-고'의 통합 관계이다. 중세어 이래 의문 첨사 '-가/고'는 체언에 직접 통합하기는 했어도 명사형 '-ㅁ'

▸▸▸ 출 전

抑人有言多慾者壽 無慾者天 夫人於紛華侈靡 人所共豔者 一切無所慕 妬媚猜忮 未嘗生於心作
於事 此其爲天法也耶

▸▸▸ 현 대 어 역

〈3 : 55a〉

하고 전패(顚沛, 엎어지고 자빠짐)하는 가운데 있어도 조금도 변(變)하지 아니하니 가히 간험(奸
險, 간악하고 음험함)한데서 곧은 절조(節操)를 볼 것이요, 그 능(能)히 규곤(閨壼)의 덕(德)이 갖
추어졌는데, 돌아보건대 하늘이 (써) 보시(布施)하는 바의 것인즉, 그 복(福)을 주지 아니하
고 또 좇아 그 나이를 재촉함은 어찌된 일인가? 어찌 나의 궁(窮)한 명(命)이 (써) 부인(夫
人)에게 누(累)됨이 있어서 그러한가? 또 한 사람이 말이 있으되, 욕심(慾心) 많은 자(者)가
수(壽, 장수)하고 욕심(慾心) 없는 자(者)가 요(天, 요절)한다 하니, 부인(夫人)이 분화(紛華)하여
치미(侈靡)하여 사람이(=남들이) 함께 흠선(欽羨, 우러러 공경하고 부러워함)하는 것에 박연히 하
나도 좋게 여김이 없고, 분노(忿怒)와 시투(猜妬, 시기하고 질투함)를 일찍이 마음에 지어 일에
보임이(=나타내 보이는 일이) 없으니, 슬프다, 이것이 (써) 요절(夭折)하는 법(法)이 되는

▸▸▸ 주 석

뒤에 통합한 예는 거의 없었다. 자료에는 이곳 외에도 '-ㅁ' 뒤의 통합예가 보이므로 일단 자료의 특징으
로 보아야 할 것이다.

▶▶▶ **원문 판독**

〈3 : 55b〉

배냐 후(後) 오년(五年)의 내 은혜(恩惠)롤 무릅뻐 동부승지(同副承旨)롤 비(拜)^
ᄒ니 부인(夫人)을 품수(品數)대로 증(贈)ᄒ다 네 아돌 세 ᄯᆯ을 나^
ᄒ니 아돌 ᄆᆞᆺ은 상연(尙淵)이오 둘재ᄂᆞᆫ 호{회}연(會淵)이오 셋재ᄂᆞᆫ
명연(明淵)이오 그 ᄒ나와 밋 세 ᄯᆯ은 다 기ᄅᆞ디 못ᄒ다 우리
김시(金氏) 본(本)은 쳥풍(淸豐)이오 내 일홈은¹ 죵졍(鍾正)이오 션군ᄌᆞ(先君子)
모(某)ᄂᆞᆫ 벼슬이 관찰ᄉᆞ(觀察使)오 조고(祖考) 휘(諱) 모(某)ᄂᆞᆫ 증참판(贈參判)이오 후
지
션싱(厚齋先生) 휘(諱) 모(某)ᄂᆞᆫ 벼슬이 우참찬(右參贊)이라 증녕의졍(贈領議政) 문경공
(文敬公)이시라 오회(嗚呼ㅣ)라 부인(夫人)의 덕(德)으로 ᄡᅥ 블ᄒᆡᆼ(不幸)ᄒ미 이러툿
ᄒ니 진실(眞實)로 명(命)의 엇디 못ᄒ미 업스디 오직 문지(文字ㅣ) 그 ᄠᅥ^
디 아니믈 나타내미 거의 가(可)히 유명(幽明)의 위로(慰勞)ᄒ미 될디^

▶▶▶ **주 석**

1 일홈은 : 이름은. 이곳의 '일홈'은 동사 '잃[稱, 名]-'에 명사형 '-옴'이 결합한 어형이나 이미 중세국어의
이른 시기부터 어휘화된 존재로 나타난다. 예 : 號ᄂᆞᆫ 일훔 사마 브르는 거시라<월인석보(1459) 1 : 15b
주>. 현대국어의 '이름'은 '-오/우-'의 쇠퇴에 따라 '일훔>일홈'의 변화를 겪은 뒤 다시 유성음간 /ㅎ/이
약화, 탈락한 결과이다.

▶▶▶ 출 전

噫 後五年 余蒙恩 授同副承旨 贈夫人視秩 生四男三女 男長尙淵 次會淵 次幼 其一及女幷不育 夫人之不幸固無如命何 而惟文字著其不朽 庶可爲慰於幽明

▶▶▶ 현대어역

〈3 : 55b〉

바인가? 후(後) 오년(五年)에 내가 은혜(恩惠)를 무릅써(=받아) 동부승지(同副承旨)를 배(拜, 조정에서 벼슬을 주어 임명함)하니 부인(夫人)을 품수(品數)대로 증(贈)하였다. 네 아들과 세 딸을 낳으니, 아들 맏이는 상연(尙淵)이요, 둘째는 회{회}연(會淵)이요, 셋째는 명연(明淵)이라. 그 하나와 세 딸은 다 기르지 못하였다. 우리 김씨(金氏) 본(本)은 청풍(淸豐)이요, 내 이름은 종정(鍾正)이라. 선군자(先君子=선친) 모(某)는 벼슬이 관찰사(觀察使)요, 조고(祖考) 휘(諱) 모(某)는 증참판(贈參判)이요, 후재선생(厚齋先生) 휘(諱) 모(某)는 벼슬이 우참찬(右參贊)이며, 증영의정(贈領議政) 문경공(文敬公)이시라. 오호(嗚呼)라, 부인(夫人)의 덕(德)으로써 불행(不幸)함이 이렇듯 하니, 진실(眞實)로 명(命)에 얻지 못함이 없으되 오직 문자(文字)가 그 썩지 않음을 나타냄이 거의 가(可)히 유명(幽明, 저승과 이승을 아울러 이르는 말)에 위로(慰勞)함이

〈3 : 56a〉

라 그 평일(平日)의 언힝(言行)을 키야 약간(若干) 위(爲)ᄒ야 긔록(記錄)ᄒ여 뻐
닙언(立言)ᄒᄂᆞᆫ 군ᄌᆞ(君子)의 치퇵(採擇)ᄒᆞᆯ ᄀᆞ초노라

茲撫其平日言行 而略叙之 以冀立言君子之采擇焉

〈3 : 56a〉

될지라. 그 평일(平日)의 언행(言行)을 캐서 약간(若干) 위(爲)하여 기록(記錄)하여 (써) 입언(立言, 후세에 남겨 교훈이 될 만한 말을 함)하는 군자(君子)가 채택(採擇)함을 갖추노라.

▸▸▸ **권3 51b~56a 출전**

亡室贈淑夫人申氏行狀(後贈至貞敬夫人), 김종정, 《雲溪漫稿》 卷11

夫人姓申氏 系平山 平山之申 肇于高麗太師壯節公 諱崇謙 爲世大族 曾祖領議政文莊公 諱琓
祖敦寧府都正 贈吏曹參判 諱聖夏 父今世孫侍講院贊善直菴先生暻 妣淑夫人坡平尹氏 倉守贈判
書明運 參判贈判書飛卿 其考若祖也 我曾祖考厚齋先生 受業于玄石朴先生 而直菴先生 以玄石
之外孫 又受業于厚齋 遂以女字 余夫人生于己亥十一月八日 十八而入我門 先祖妣姜夫人性嚴
少可 先君子未嘗以色辭藉諸子 而咸宜之曰 是善事我事繼慈朴 夫人恭恪不懈 迨無間言 以未逮
事先妣 爲至慽 及夫日哀慕深切 蘋藻之事 必自致焉 其遇余也 甚謹而見有不可者 從容以規言必
中理 余荐遘喪 禍病瀕死 遯于江 轉于郊 生事又旁落 甚艱難困苦 人所不堪 而夫人處之如順境
余或愁悁無憀 則譬之曰 夷險皆命 隨遇安之 何戚戚爲耶 余賴以自寬 政如梅宛陵所謂 見吾妻之
怡怡 而忘其憂者也 余祿仕爲嶺邑 歲惡官寒 分俸甚薄 夫人不私干一物曰 視家已豊 無用累夫子
也 及余登文籍入金華 人或爲夫人榮之 夫人色不甚喜 夜燈相對 語及時艱 慨然發歎 意在不言
盖欲余及早休官 而余之迄未能焉者 爲深可愧 已晚擧數男子 雖甚愛必急其教 每以不嚴課尤余
有深愛於父母 聞其有不安節 終夜不能寐 及其移家湖峽 則瞻望憂思 有時涕簌 下見人急難 不恤
我匱 傾宿儲以救 御臧獲軫 飢寒均勞 逸罪之眚 雖大必原 己卯方娠羸悴 法當補而力詘未能 甫
挽氣奄奄 猶以余將赴公 促婢使煮粥 忽有急症 遂不救 時六月十五日也 得年四十一 嗚呼 通人
之蔽 尙潔則易隘 挾才則必矜 況偏性乎 乃夫人淸介自持 造次不渝 而與人物和而無失 愉佚愁苦
隨處迢然 不少滯於胸中 少解綴詞 余偶窺其篋裡零什 而試索其他 則甚閟之如不識一字 女工百
爲 旣閑習矣 自視若無能 思不出位 事無擅爲揆之 閨閫之則 盖尠有不合 而顧天之酬之者 不豊
其祉而嗇其年 何哉 豈余之窮命 有以累及歟 抑人有言多慾者壽 無慾者夭 夫人於紛華侈靡 人所
共艶者 一切無所慕 妬媚猜忮 未嘗生於心作於事 此其爲夭法也耶 噫 後五年 余蒙恩 授同副承
旨 贈夫人視秩 生四男三女 男長尙淵 次會淵 次幼 其一及女并不育 夫人之不幸固無如命何 而
惟文字著其不朽 庶可爲慰於幽明 玆撫其平日言行 而略叙之 以冀立言君子之采擇焉

찾 아 보 기

―《곤범》원문 어절 ―

《곤범》 원문 어절 찾아보기

경슐 3 : 13a, 3 : 40a
경슐이오 3 : 9a
경심을 2 : 56a
경슈 3 : 16a, 3 : 19b
경슈논 1 : 42a, 2 : 35a
경슈롤 3 : 47b
경슈이신ᄒ며 2 : 2a
경시 1 : 70b, 2 : 35a
경야에 2 : 10b
경영ᄒ고 3 : 42a
경영ᄒ믄 3 : 48a
경영ᄒ야 3 : 4a
경우유위ᄒ샤 1 : 70a
경원 1 : 16a, 1 : 32a, 1 : 34b, 1 : 41a, 2 : 20b
경은 1 : 63b, 1 : 76a, 3 : 43b
경을 2 : 7b
경의 1 : 76a, 3 : 51b
경의논 1 : 29a
경이 2 : 8b
경이니 2 : 51b
경이라 1 : 73b
경이오 3 : 14b
경인의 3 : 30a
경쟈롤 2 : 28b
경조ᄒ매 3 : 22a
경쥬 3 : 23b, 3 : 44b
경쥬논 1 : 42a
경쥬부윤 3 : 23b
경쳑ᄒ논 1 : 35b
경칙ᄒ니 2 : 41a
경칙ᄒ야 2 : 56a
경하ᄒᄂ니이다 1 : 72a
경홀이 1 : 44b
경희 1 : 50a
경ᄒ다 2 : 21b
경ᄒ며 2 : 21b

경혹을 3 : 24b
계교롤 2 : 21a
계괴 1 : 45a
계긔명의라 1 : 35a
계논 1 : 39a
계림은 3 : 23b
계림의 3 : 23b
계명 1 : 37a
계명과 3 : 31b
계명이긔ᄒ야 2 : 22a
계모 3 : 28a
계모와 2 : 49a
계부논 3 : 27a
계뷔 3 : 27a
계신호기소블도ᄒ며 2 : 23b
계슈 3 : 26a
계오 3 : 14b, 3 : 47a
계유 1 : 54b, 2 : 54a
계지이노즉반이의니 2 : 15b
계지이노ᄒ고 2 : 15b
계튝 3 : 48a
계튝의 3 : 14a, 3 : 15b
계휘 3 : 27a
계ᄒ고 2 : 8a
계희 3 : 16a
계희논 3 : 14a
계희로브터 3 : 15b
계희의 3 : 27b
고 1 : 74a, 3 : 13a, 3 : 13b, 3 : 35b, 3 : 40a
고결타 3 : 33b
고결ᄒ야 3 : 7b
고금 3 : 9a
고금을 3 : 1a, 3 : 27b, 3 : 54b
고기 1 : 31b, 2 : 39a
고기오 1 : 40b
고기와 1 : 68b

ㄴ

나니 2 : 21a, 2 : 38a, 3 : 40a, 3 : 43a

나ᄂ니 2 : 38b, 2 : 46a

나ᄂ니라 2 : 44b

나ᄂ 1 : 3a, 1 : 17b, 1 : 43b, 1 : 45a, 1 : 46a, 1 :
   66a, 2 : 4a, 2 : 5b, 2 : 11b, 2 : 14b, 2 : 24a, 2 :
   32b, 2 : 33b, 2 : 39b, 2 : 42b, 2 : 46b, 3 : 12a,
   3 : 49a

나다 2 : 16a

나디 1 : 13a, 2 : 8b, 2 : 16a, 2 : 55a, 3 : 1b, 3 :
   54b

나라 1 : 16b, 1 : 39a, 1 : 69a, 1 : 78b, 1 : 79a

나라흘 1 : 38a, 1 : 73a, 1 : 79a, 2 : 2a, 2 : 2a

나라히 1 : 21a, 1 : 41b, 1 : 71a, 1 : 72a

나라히니 1 : 42b, 1 : 68a, 1 : 70a

나라히라 2 : 2a

나라히 1 : 1a, 1 : 2b, 1 : 18b, 1 : 26a, 1 : 26b,
   1 : 48b, 1 : 69b, 1 : 73a, 2 : 2a, 2 : 8b

나매 2 : 8b, 3 : 32b, 3 : 54a

나며 1 : 11a, 1 : 65a, 1 : 65b, 2 : 8b, 2 : 32b, 2 :
   39b, 2 : 40a

나면 1 : 64b, 2 : 3a, 2 : 55a, 3 : 1b

나모 1 : 42b, 1 : 60b

나모와 3 : 29a

나믄 1 : 42b

나미 1 : 3a

나비 1 : 30a

나샤 3 : 7a

나시나 2 : 53a

나시니 2 : 53a, 3 : 35a, 3 : 40a

나시오 3 : 39a

나아가 3 : 3a, 3 : 17a, 3 : 29a

나아가고 2 : 56a

나아가더이다 2 : 38b

나아가디 3 : 30a

나아가라 2 : 16a

나오라 2 : 35a

나오며 1 : 77b

나올 1 : 76b

나와 3 : 38b, 3 : 45b

나으미 2 : 52a

나은 3 : 21a

나을 3 : 46a

나의 3 : 20b, 3 : 22a, 3 : 38a, 3 : 51a, 3 : 55a

나죵이 1 : 69a

나쥬 3 : 35b

나지는 1 : 54a

나타 1 : 62b, 1 : 65a

나타나 1 : 57a, 1 : 76a, 2 : 33a, 2 : 35b, 3 : 13b,
   3 : 44b

나타나게 1 : 74b

나타나고 3 : 44b

나타나ᄂ니 1 : 76a

나타나ᄂ니라 1 : 76a

나타나는 1 : 57a, 2 : 24a

나타나다 1 : 75a

나타나디 2 : 34b

나타나면 1 : 3b

나타나미 1 : 76a, 2 : 24a, 2 : 39a

나타나시니 1 : 71b

나타나시믈 2 : 7b

나타난 2 : 29a

나타내ᄂ니 1 : 75a

나타내디 3 : 51a

나타내미 3 : 55b

나하 1 : 63a

나흐니 3 : 13b, 3 : 48b, 3 : 55b

나흐매 1 : 16b

나흐시고 1 : 63a, 1 : 65a

나흐시매 1 : 63a, 1 : 63b

나흔 3 : 39a

나흘 3 : 55a

나히 1 : 44b, 1 : 71a, 2 : 35a, 2 : 35b, 2 : 37b,

너기니 3 : 49b

너기ᄂ니 2 : 21b

너기ᄂ니라 2 : 19b

너기ᄂᆫ 1 : 32a, 1 : 58a, 1 : 59a, 1 : 77a, 1 : 77b,
  2 : 11b, 2 : 37b

너기ᄂᆫ디라 1 : 45a

너기다 1 : 24b, 1 : 34a

너기더니 2 : 37b

너기더라 3 : 7b, 3 : 54b

너기디 1 : 45a, 2 : 19b, 2 : 27a, 3 : 4b

너기디 1 : 16a, 1 : 74b, 1 : 77a, 2 : 3b, 3 : 5b,
  3 : 29b, 3 : 53a

너기라 2 : 39b

너기랴 1 : 36b

너기리라 3 : 12a

너기며 1 : 36a, 1 : 71a, 1 : 77a, 3 : 1a, 3 : 26b

너기면 2 : 17b, 2 : 51b, 3 : 12a

너기믈 2 : 20a

너기미 1 : 74b, 3 : 55a

너기미라 1 : 21b

너기샤 3 : 5b

너기시고 2 : 53b, 3 : 3a

너기시니 3 : 38a

너기시더라 2 : 55b, 3 : 32b

너기시디 2 : 55a

너긴다 1 : 59a

너길 1 : 77b, 2 : 21b, 3 : 52b

너김 1 : 74b

너김ᄀᆞ티 1 : 74a

너릭고 1 : 76a, 2 : 8b, 3 : 38b

너릭며 2 : 53b

너롤 2 : 34b, 3 : 8a, 3 : 11a, 3 : 11b

너머디면 2 : 54a

너모 1 : 29a, 2 : 4a

너비 1 : 70a, 2 : 3a, 3 : 1a, 3 : 11b, 3 : 17a, 3 : 36b

너의 3 : 9b, 3 : 10a, 3 : 11a, 3 : 11b, 3 : 28b

너추다 1 : 13a

너티 3 : 25a

너퍼는 1 : 33a

너허 2 : 17b

너허시니 3 : 32a

너흐니 3 : 39b

너흐라 3 : 37b

너흐시니 2 : 31a

너흔 2 : 33a

너힌롤 3 : 6b

넉넉이 3 : 51a

넉넉ᄒ고 1 : 76a, 2 : 45a

넉넉ᄒ미 3 : 37b

넉넉ᄒ미오 3 : 26b

넉넉ᄒᆫ 3 : 26b

널러 3 : 36b

널려 2 : 54a

넘노ᄂᆫ 1 : 47b

넘노다 1 : 47b

넘ᄂ니라 2 : 37a

넘ᄂᆫ 1 : 47b

넘�게 2 : 2b

넘�다 1 : 13a

넘� 1 : 16a

넘어 3 : 41a

넘치ᄂᆫ 1 : 4a

넙고 3 : 21a

네 1 : 17a, 1 : 54a, 1 : 72a, 2 : 4a, 2 : 12a, 2 :
  13a, 2 : 13b, 2 : 14a, 2 : 25a, 2 : 25b, 2 : 34b,
  2 : 36b, 2 : 43a, 2 : 54a, 2 : 54b, 3 : 2a, 3 : 8a,
  3 : 9b, 3 : 10a, 3 : 10b, 3 : 11b, 3 : 12a, 3 : 17a,
  3 : 19a, 3 : 20b, 3 : 21a, 3 : 21b, 3 : 26b, 3 :
  42b, 3 : 44a, 3 : 45b, 3 : 47a, 3 : 55b

네게 3 : 6a

네라 1 : 54a, 1 : 61b, 1 : 70a

네의 1 : 61b, 2 : 27b

녯말을 1 : 31b

녯사롬이 3 : 31b

노 2 : 53b

노괴 3 : 4b

노국 2 : 6b

노나라 3 : 31a

노논 1 : 63b

노다 1 : 28a

노래 1 : 70b

노리개의 1 : 34b

노롬노리와 1 : 70b

노릇 2 : 22a, 2 : 39b

노비와 3 : 28a

노션싱 3 : 34a

노션싱ㄱ디 3 : 32b

노션싱은 3 : 32b

노션싱이 3 : 32b

노쇼의 1 : 53a

노ㅅ, 3 : 20a

노시 3 : 13b

노양ㅎᄂ 2 : 40b

노인의게 1 : 52b

노지 2 : 53a

노췌히 1 : 63b

노췌ᄒ미 3 : 41a

노티 2 : 40a

노호아 1 : 24a, 2 : 1b, 2 : 16a

노호오미 2 : 37a, 2 : 37b, 2 : 50a

노호온 2 : 37a

노호와 1 : 25b, 2 : 16a, 2 : 37a

노ᄒ면 2 : 39b, 2 : 40a

노흠ㄱ티 3 : 38a

노ᄒᄂ 3 : 3a

노ᄒ야 2 : 54a, 3 : 18b

녹거롤 3 : 33b

녹돗 3 : 32a

녹문 3 : 13a

녹봉이 3 : 9b

녹을 2 : 10b, 2 : 28b, 3 : 12a, 3 : 14b, 3 : 24a, 3 : 26b

녹이 2 : 10b

녹이라 2 : 28b

녹지기둥이니 2 : 10b

논어롤 2 : 37b

놀라 2 : 11b, 2 : 54a, 3 : 3a, 3 : 4a, 3 : 5b, 3 : 20b, 3 : 22b

놀라고 3 : 17a

놀라는 1 : 58b

놀면 1 : 28b

놀미 1 : 23a

놈이라 1 : 53a

놉고 1 : 25a, 1 : 65b, 2 : 24b, 3 : 6b, 3 : 16a

놉기는 2 : 28a

놉흐뇨 3 : 32a

놉흐디 3 : 6b

놉흐며 1 : 66a, 2 : 27b, 2 : 49b

놉흐시니 3 : 16a

놉흔 2 : 27a, 2 : 28a, 2 : 44a, 3 : 8b, 3 : 33b, 3 : 46a, 3 : 53b

놉히 1 : 47b, 3 : 31b

농공을 1 : 55b

농교ᄂ 1 : 30b

농부ᄂ 1 : 53a

농부롤 1 : 53a

농ᄉ 2 : 2a

농ᄉ롤 1 : 54a, 1 : 55b, 2 : 2b

농ᄉᄒᄂ 1 : 53a, 1 : 53b

농암 3 : 31b

농작을 1 : 56a

농장의 3 : 32b

뇌논 1 : 63b

뇌의 1 : 64a

35b, 1 : 38b, 1 : 41a, 1 : 70a, 1 : 72a, 2 : 11a,
  2 : 16b, 2 : 24b, 2 : 34a, 2 : 38b, 2 : 41b, 3 : 19b
니론다 2 : 27b
니론바 2 : 17b, 3 : 25b, 3 : 52b, 3 : 54b
니롤 1 : 5a, 1 : 32a, 1 : 51a, 1 : 64b, 1 : 73b, 1 :
  76a, 2 : 4a, 2 : 9a, 2 : 13a, 2 : 14a, 2 : 23a, 2 :
  41b, 2 : 42b, 2 : 45a, 3 : 13b, 3 : 34a, 3 : 37a,
  3 : 40b
니롤디니 1 : 13a
니롤디라 2 : 54a
니롤로다 1 : 39b
니며 2 : 13b
니부낭듕으로 3 : 12b
니산ᄒ미 2 : 30b, 2 : 31a
니시 1 : 37a, 1 : 66b, 3 : 30a
니시니 3 : 35b, 3 : 40a
니시ᄂ 3 : 16b, 3 : 23a
니시라 3 : 44a
니시부 3 : 41b
니시의 3 : 23a
니어 1 : 18a, 1 : 67b, 1 : 72a, 2 : 16a, 3 : 21b,
  3 : 45a
니연션의 3 : 19a
니연평 2 : 36b
니예 3 : 12b, 3 : 52a
니와 2 : 22a
니욕을 2 : 37a
니욕의 2 : 42b
니욕이 2 : 21a
니우고 3 : 37a
니우디 3 : 46a
니으니 3 : 34b
니음드라 1 : 17a
니의 1 : 74a, 2 : 5b, 2 : 24b, 2 : 44b
니조참의오 3 : 30a
니조참판 3 : 27a

니조판셔 3 : 23a, 3 : 30a
니종 2 : 32a
니종의 2 : 32a
니즉블샹이 2 : 16b
니ᄌ니 3 : 37a
니ᄌ랴 2 : 52a
니ᄒ나라 1 : 1b
니ᄒ미 1 : 1b, 3 : 11b
니훈 2 : 22a, 2 : 42a
닉게 1 : 41a, 2 : 1b, 2 : 34a, 2 : 51b, 3 : 17a, 3 :
  20b
닉고 3 : 54b
닉숙다 1 : 24a
닉어 2 : 1a
닉여 2 : 1b, 2 : 48b
닉으니 3 : 12a
닉으면 2 : 1b
닉은 2 : 1b, 3 : 49a
닉이 3 : 41a
닉이고 3 : 42a
닉이기롤 3 : 47a
닉이다 1 : 12a, 1 : 49b, 1 : 25b
닉이면 2 : 1a
닉익ᄒᄂ 1 : 34b
닌니 3 : 19a
닌당 3 : 52b
닌은 1 : 6a
닌ᄒ리라 1 : 6a
닌훈 1 : 6b
닐 1 : 54a
닐러 1 : 11a, 1 : 21a, 1 : 32a, 1 : 56a, 1 : 62a,
  1 : 63b, 1 : 68a, 1 : 75a, 2 : 12b, 2 : 13b, 2 :
  34a, 2 : 36b, 2 : 37a, 2 : 38b, 2 : 40a, 3 : 6b,
  3 : 8a, 3 : 9b, 3 : 12b, 3 : 21a, 3 : 28b, 3 : 35b,
  3 : 42b, 3 : 45b, 3 : 48a, 3 : 15a
닐러도 2 : 35b

닐러시니 1 : 9a, 1 : 62a

닐러시더 1 : 76a, 1 : 78b, 1 : 79a

닐럼죽ᄒ리오 1 : 38a

닐럿거늘 2 : 27b

닐럿ᄂ니라 1 : 8a, 1 : 18b, 1 : 20a, 1 : 45b, 1 : 63a

닐럿더니 1 : 63a

닐압디 1 : 11a

닐오디 1 : 17a, 1 : 60a, 1 : 63a, 2 : 37b, 2 : 39a, 2 : 41b, 2 : 42a, 3 : 11a, 3 : 26a, 3 : 31b, 3 : 37b, 3 : 46a

닐오시더 2 : 41b

닐온 1 : 6b, 1 : 21a, 1 : 22a, 1 : 25b, 1 : 33a, 1 : 35b, 1 : 36b, 1 : 40a, 1 : 70b, 1 : 71a, 1 : 73b, 1 : 74a, 1 : 75a, 1 : 77a, 1 : 78a, 1 : 79a, 2 : 6a, 2 : 6b, 2 : 7a, 2 : 20b, 2 : 21b, 2 : 23a, 2 : 36b, 2 : 49b, 2 : 55b, 3 : 31b

닐위기ᄂ 1 : 73b

닐위ᄂ니 1 : 62a

닐위다 1 : 73b, 1 : 76a

닐위디 2 : 8a

닐위며 2 : 4a

닐위여 3 : 45a

닐윈 1 : 57a, 2 : 8b

닐윌 1 : 73b, 1 : 76a

닐혼 2 : 15a

닑고 3 : 17a

닑기ᄅ 3 : 1a, 3 : 5a, 3 : 7b, 3 : 20b, 3 : 30b

닑ᄂ 1 : 62b

닑다가 2 : 40a

닑어 1 : 41a

닑으매 1 : 66b, 3 : 32b

닑으시매 3 : 6a

님군 2 : 25b, 2 : 32b, 2 : 35a

님군긔 1 : 35b

님군으로 1 : 30b

님군은 1 : 68a, 1 : 77b

님군을 2 : 4a

님군의 1 : 29a, 1 : 30a, 1 : 31a, 1 : 35b, 1 : 36a, 1 : 55b, 1 : 56a, 1 : 71a, 2 : 31a, 3 : 27a

님군의게 1 : 8a, 1 : 29a, 1 : 49b, 1 : 50a, 1 : 56a

님군이 1 : 31a, 1 : 36b, 1 : 37b, 1 : 67b, 1 : 68a, 1 : 68b, 1 : 70a, 1 : 71a

님군이니 1 : 29a, 1 : 49b, 1 : 67b

님군이라 1 : 70a

님군텨로 1 : 2a

님만ᄒ야 3 : 53b

님명ᄒ시던 3 : 6b

님졀ᄒ매 3 : 37b

님ᄒ고 3 : 28a

님ᄒ며 3 : 17b

닙게 1 : 43b

닙경유당ᄒ샤 1 : 69a

닙고 1 : 14b, 3 : 32a, 3 : 42a

닙기ᄅ 1 : 45a, 3 : 25a

닙기의 1 : 46b

닙ᄂ 1 : 14a, 1 : 14b, 2 : 42b

닙다 1 : 14a

닙어 1 : 20a, 1 : 21a, 1 : 37a, 1 : 63a, 2 : 48a

닙어도 2 : 52a

닙언ᄒᄂ 3 : 22b, 3 : 56a

닙으니 3 : 20a

닙으며 1 : 50a

닙으믈 1 : 14b

닙은 3 : 36a

닙을 1 : 44a

닙이유친ᄒ시며 1 : 69a

닙히 1 : 78b

닙히니 1 : 52a

닙히오 1 : 13b, 1 : 19a

닛게 3 : 32a

닛고 1 : 60a

닛기 2 : 4b

닛노라 3 : 52b

닛는 1 : 70a, 2 : 48a

닛다 1 : 48a

닛디 1 : 12b, 1 : 38b, 3 : 11b

ᄂᆞ는 1 : 77b

ᄂᆞ다 1 : 13b

ᄂᆞ도록 1 : 36b

ᄂᆞ디 1 : 25a

ᄂᆞ라와 3 : 16a

ᄂᆞ려 2 : 37a

ᄂᆞ려오미 3 : 13a

ᄂᆞ리거든 1 : 55b

ᄂᆞ리ᄂᆞ니 1 : 43a, 2 : 50a

ᄂᆞ리는 2 : 44b

ᄂᆞ리더니 3 : 53b

ᄂᆞ리면 2 : 33b

ᄂᆞ리오다 2 : 31a

ᄂᆞ리오샤 1 : 68b, 2 : 31a

ᄂᆞ리오시고 1 : 71b

ᄂᆞ리오시ᄂᆞ니 1 : 71b

ᄂᆞ리옴 2 : 23a

ᄂᆞ리와 2 : 28b, 2 : 29a, 3 : 8a

ᄂᆞ리이는 2 : 10a

ᄂᆞ믈 1 : 53b, 3 : 33a

ᄂᆞ믈로 3 : 25a, 3 : 49a

ᄂᆞ믈이나 1 : 53a

ᄂᆞ믈이니 1 : 52a, 1 : 55a

ᄂᆞ믈이라 1 : 62b

ᄂᆞ죽이 2 : 53b

ᄂᆞ존 2 : 27a, 2 : 27b, 2 : 28a

ᄂᆞ줌 1 : 25a

ᄂᆞ호더 3 : 46b

ᄂᆞ호미 3 : 53a

ᄂᆞ호이믈 2 : 22a

ᄂᆞ호인 2 : 42b

ᄂᆞ화도 3 : 38a

놀 2 : 46a

놀개라 1 : 16b

놀개로 1 : 50b

놀기롤 1 : 11a

놀며 1 : 50b

놀면 1 : 58b

놈 1 : 57b, 2 : 9b, 2 : 24b, 2 : 27a, 3 : 9b

놈으로 2 : 48a

놈을 1 : 59b, 1 : 73a, 2 : 24b, 3 : 38a

놈의 2 : 2a, 2 : 17b, 2 : 25a, 2 : 40b, 2 : 47b, 2 : 52a

놈의게 2 : 8b, 2 : 12a, 2 : 24b, 2 : 25a, 2 : 25b, 2 : 27a

놈이 1 : 74b, 1 : 75a, 1 : 75b, 2 : 1b, 2 : 9b, 2 : 10a, 2 : 24a, 2 : 44b

놈이라 2 : 30b

놈이여셔 3 : 40b, 3 : 46a

놋고 1 : 23a

놋빗출 3 : 24a

놋출 3 : 18b

니 1 : 34a, 1 : 51a

니경블구면 2 : 38b

니괘 1 : 8a

니괘오 1 : 8a

니년 1 : 54b

니년의 1 : 54b, 3 : 7a

니롤 1 : 74a, 1 : 74b

니ᄉ정젼이니라 2 : 44b

니외 1 : 8b, 3 : 1b, 3 : 15a, 3 : 32b, 3 : 38b, 3 : 44b

니외예 3 : 28a

니일 3 : 17a

니절농ᄉ 3 : 13a

니조롤 3 : 2a

니ᄌᆞᆫ는 3 : 49a

니치 1 : 6a

니치롤 3 : 49a

니티롤 1 : 12b

2 : 49b, 2 : 50a, 2 : 52a, 2 : 52b, 2 : 53a, 3 : 16a
되거니와 1 : 6b
되거든 2 : 17a
되게 2 : 28b, 2 : 33a, 3 : 9b
되고 3 : 39a, 3 : 44a, 3 : 45a, 3 : 48b
되니 1 : 1a, 1 : 5b, 1 : 37b, 2 : 6b, 2 : 22a, 3 : 9b,
    3 : 27a, 3 : 40a, 3 : 42b, 3 : 49a
되니라 2 : 17a, 3 : 30a
되느냐 1 : 37a
되느니라 1 : 2b, 1 : 7b, 2 : 10a, 2 : 43b, 2 : 46b
되는 1 : 2a, 1 : 5b, 2 : 14b, 2 : 20a, 2 : 50a, 3 :
    17a, 3 : 55a
되는뎌 3 : 25b
되는디라 3 : 13b
되다 1 : 69a, 2 : 29b, 3 : 9b
되디 1 : 76b, 2 : 39a, 3 : 2b, 3 : 29a, 3 : 32a
되디 3 : 24a
되라 1 : 1a, 2 : 23a, 2 : 23b, 2 : 25b
되리라 3 : 35b
되리로다 2 : 37b
되리롤 3 : 23b
되리오 2 : 23b
되매 1 : 51b, 3 : 9b, 3 : 10b, 3 : 23a, 3 : 43b
되면 3 : 47a
되므로브터 3 : 10a
되믄 2 : 46a, 3 : 28a
되믈 1 : 31a
되미 2 : 39a
되민뎌 3 : 34a
되시고 2 : 28a
되시매 1 : 70a
되시믄 1 : 70a
되시미오 1 : 70a
되아니니 2 : 47b
되야 1 : 12b, 1 : 33a, 1 : 42b, 1 : 43b, 1 : 62a,
    1 : 78a, 2 : 25b, 2 : 56a

되야는 2 : 49a, 2 : 52a
되야시니 2 : 30b
되야실 3 : 32a
되여 3 : 13b, 3 : 26b
되여시니 1 : 7b
되연 3 : 36a
되염즉호믈 1 : 29b
되엿거니 1 : 51b
되엿다 2 : 53a
되엿더니 3 : 1a
된 1 : 79a, 2 : 11b, 2 : 23a, 2 : 47a, 2 : 48a, 3 : 6a
된다 2 : 46b
된뎌 3 : 49a
된디라 3 : 50a
된죽 1 : 5b, 1 : 72b
될 1 : 37b, 1 : 76b, 2 : 28b
될가 3 : 46a
될디라 3 : 38a, 3 : 55b
됴곰도 3 : 3a
됴긔영의논 1 : 35a
됴긔영의라 1 : 35a
됴긔챵의논 1 : 36a
됴긔챵의라 1 : 35b
됴논 1 : 47b, 1 : 48b
됴뎡의 1 : 35a, 2 : 56a, 3 : 12a, 3 : 22b
됴리 3 : 28b
됴리의 3 : 38a
됴롤 1 : 28a
됴목 2 : 48a
됴목은 1 : 74a
됴목을 1 : 72b, 1 : 74a, 2 : 43a, 2 : 50b
됴목이 1 : 71a
됴목이니라 1 : 73b
됴목이오 1 : 74a
됴사리 2 : 1b
됴셕 3 : 45a

듯고져 2 : 32b

듯기롤 3 : 8a

듯는 2 : 43b, 3 : 14a, 3 : 20a, 3 : 41b

듯디 2 : 23b, 2 : 44a, 3 : 7b

듯즈오시니라 2 : 30a

등분을 1 : 52a

등의 3 : 20a, 3 : 25b

등이 1 : 35a

등잔의 3 : 53a

등하의 3 : 17a

디 1 : 64a, 3 : 7b, 3 : 10a, 3 : 14a, 3 : 21b, 3 :
  34a, 3 : 36a

디게 3 : 41a

디게니 1 : 50b, 1 : 51a

디게예 1 : 51b

디고 1 : 42a

디기소오타이벽언ᄒᄂ니 1 : 77a

디기소의경이벽언ᄒ며 1 : 76b

디기확이틉디면 2 : 13b

디나 3 : 13b, 3 : 20b

디나거든 2 : 25b

디나게 3 : 1a

디나고 2 : 26a, 3 : 1a

디나는 2 : 42a

디나는도다 3 : 5b

디나디 3 : 2b, 3 : 8a, 3 : 12a

디나오더니 2 : 38a

디난 2 : 39a, 2 : 46a

디난디라 3 : 10a

디내고 3 : 49b

디내나 2 : 8a

디내매 3 : 10b

디내여 3 : 28a, 3 : 32b, 3 : 37a

디내연 3 : 10a

디내쳐 2 : 45b

디냄과 2 : 8a

디ᄂ니라 2 : 39b

디는 1 : 64b, 2 : 15a

디디ᄒ거든 1 : 46b

디리ᄒ니라 2 : 44b

디르는 2 : 9a

디명이니 1 : 26b

디명이라 1 : 27b

디미변야라 1 : 4a

디오 3 : 14b

딕희ᄂ니라 2 : 45a

딕희는 2 : 6b, 2 : 8b

딕희디 1 : 5a, 1 : 9b

딕희리오 3 : 9b

딕희며 3 : 43a

딕희미 2 : 47a

딕희여 2 : 33a, 2 : 45a, 3 : 9b, 3 : 18a

딕희엿도다 3 : 6a

딕흰 2 : 10a, 3 : 4b

딕흑ᄉ 3 : 12b

딘시 2 : 32a, 2 : 34a, 2 : 52b

딘시라 2 : 32a

딤직즈박ᄒ시니라 1 : 68a

딩계ᄒ고 2 : 37a

딩험이 3 : 15b

ᄃ라가 2 : 54a

ᄃ라나 2 : 41a, 3 : 24a

ᄃ리고 1 : 44b

ᄃ시 1 : 70a, 2 : 8b, 3 : 41b, 3 : 49b, 3 : 54b

ᄃ토는 2 : 16b

ᄃ토다 2 : 16b, 2 : 55b

ᄃ토매 3 : 3b

ᄃ토면 2 : 54b

ᄃ토미 1 : 61b

ᄃ토아 3 : 5a, 3 : 14a

ᄃ니게 2 : 55a

ᄃ니매 3 : 3a

ㄹ

ㅁ

모드니 3 : 16a

모든 1 : 9a, 1 : 24a, 1 : 25a, 1 : 26b, 1 : 27a, 1 :
  31b, 1 : 42b, 1 : 68a, 2 : 3a, 2 : 10a, 2 : 38b,
  2 : 42a, 2 : 46b, 2 : 53b, 2 : 54a, 3 : 1b, 3 : 2a,
  3 : 2b, 3 : 3a, 3 : 4a, 3 : 8b, 3 : 17a, 3 : 17b,
  3 : 26a, 3 : 27b, 3 : 28b, 3 : 46b, 3 : 47b

모른게 3 : 3a

모른고 1 : 37b, 1 : 74b, 2 : 51b

모른기룔 2 : 52a

모른나 2 : 24a, 2 : 40b

모른니 2 : 40b

모른논 1 : 75b, 2 : 1a, 2 : 11b, 3 : 54b

모른다가 3 : 17b

모른면 2 : 1b

모른시논도다 2 : 40a

모론다 2 : 21b

모롭족이 2 : 41a, 3 : 34a

모부인이 3 : 28a

모상을 3 : 10a

모시 2 : 36b, 2 : 37a

모시니 1 : 21a, 2 : 37a

모술 3 : 28a

모시 2 : 33b, 2 : 37a

모양이 2 : 40b

모오 3 : 13a

모왈차여계힝역이여 1 : 38b

모욕ᄒᄂ니룔 1 : 59b

모의 3 : 40a, 3 : 44a

모의게 3 : 40a

모일로뻐 3 : 48a

모쳡ᄒ니 3 : 53a

모친을 3 : 28b

모친의 3 : 25a, 3 : 29b

모친이 3 : 24a, 3 : 24b, 3 : 25b

모친이라 3 : 24a

모퉁이 2 : 34b

모하시니 2 : 50b

모혜국아ᄒ시니 1 : 64b

모화 2 : 32a, 2 : 33a, 2 : 34b, 2 : 47a, 2 : 50b,
  3 : 5a, 3 : 9a

모화관의 3 : 17a

모히매 3 : 40b

목긔녕훈 2 : 13a

목긔예 2 : 15a

목긔오 2 : 15a

목능외외ᄒ니 3 : 16a

목능은 3 : 16a

목능이 3 : 16a

목실을 3 : 32a

목스롤 3 : 13b

목이 3 : 44a

목이니 1 : 30a

몬져 1 : 4b, 1 : 10a, 1 : 11a, 1 : 46a, 1 : 51b, 1 :
  67b, 1 : 68a, 1 : 73a, 1 : 73b, 1 : 76a, 2 : 1a,
  2 : 2b, 2 : 3a, 2 : 25b, 2 : 27b, 2 : 30b, 2 : 42a,
  2 : 42b, 2 : 44a, 2 : 49b, 2 : 52b, 3 : 24b, 3 :
  27a, 3 : 30a, 3 : 37a

몰라 1 : 27a, 1 : 38a, 3 : 14b

몰면 1 : 40a

몰세룔 3 : 9a

몰ᄒ니 3 : 48a

몸 1 : 38b, 1 : 39b, 1 : 70a, 1 : 75a, 2 : 3a, 2 : 9b,
  2 : 14a, 2 : 37a, 2 : 37b, 3 : 41b, 3 : 54b

몸도 2 : 16a

몸소 1 : 37b, 3 : 41b, 3 : 45a

몸으로 2 : 8a

몸을 1 : 3a, 1 : 8a, 1 : 8b, 1 : 10a, 1 : 20a, 1 :
  37a, 1 : 45a, 1 : 47a, 1 : 50a, 1 : 70a, 1 : 70b,
  1 : 71b, 1 : 72a, 1 : 73a, 1 : 73b, 1 : 76a, 1 : 77a,
  1 : 77b, 1 : 78a, 1 : 79a, 2 : 4a, 2 : 8b, 2 : 9b,
  2 : 14b, 2 : 17a, 2 : 20b, 2 : 25b, 2 : 27a, 2 :
  30a, 2 : 30b, 2 : 31b, 2 : 48b, 2 : 52b, 2 : 53b,

못ᄒ시도다 1 : 63a

못ᄒ신 1 : 12a

못ᄒ야 1 : 23b, 1 : 26b, 1 : 27b, 1 : 62b, 1 : 64a,
  1 : 75b, 1 : 76b, 1 : 77b, 2 : 9a, 2 : 17a, 2 : 17b,
  2 : 23b, 2 : 33a, 2 : 33b, 2 : 40b, 2 : 51a, 3 : 2b,
  3 : 8a, 3 : 9a, 3 : 20b, 3 : 21b, 3 : 28a, 3 : 32a,
  3 : 36a

못ᄒ야도 2 : 1b, 2 : 5a

못ᄒ야셔 3 : 41a

못ᄒ얀 1 : 64a

못ᄒ얏다 1 : 66b, 2 : 4a

못ᄒ여셔 2 : 17b

못ᄒ엿노라 3 : 8a

못ᄒ엿ᄂᆞᆫ가 3 : 14b, 3 : 25a

못ᄒ엿더니 3 : 50a

못ᄒ온 2 : 34b

못ᄒᆫ 1 : 11b, 1 : 59b, 1 : 66a, 2 : 14b, 2 : 40b,
  3 : 22a, 3 : 26b

못ᄒᆫ다 1 : 10b, 1 : 23b, 1 : 24a, 1 : 25a, 1 : 78a,
  2 : 16a, 2 : 25a, 2 : 34b

못ᄒᆫ대 1 : 68b

못ᄒᆫ디라 1 : 6a

못ᄒᆫ즉 1 : 12b, 1 : 61a, 1 : 62a, 1 : 68b, 1 : 73a,
  1 : 73b, 1 : 76b

못ᄒᆯ 1 : 3a, 1 : 12b, 1 : 43a, 1 : 46a, 1 : 70a, 1 :
  76b, 1 : 77b, 2 : 6a, 2 : 9b, 2 : 11a, 2 : 20b, 2 :
  23b, 2 : 26b, 2 : 38a, 2 : 39a, 2 : 40a, 2 : 42b,
  2 : 48b, 3 : 1a, 3 : 19a, 3 : 21a, 3 : 32a, 3 : 36a,
  3 : 45b, 3 : 52a

못ᄒᆯ가 1 : 25b, 1 : 49b, 2 : 10b, 2 : 55a, 3 : 3b,
  3 : 8b

못ᄒᆯ디라 3 : 30b, 3 : 43b

못ᄒᆯ딘대 2 : 18b, 2 : 47b

못ᄒᆯ러라 3 : 8a

못ᄒᆯ와 3 : 6b, 3 : 11b

못ᄒᆷ 2 : 40b

못ᄒᆷ믈 1 : 29b

몽미 2 : 40b

몽와ᄂᆞᆫ 3 : 39a

몽와샹공이 3 : 38b

몽혹을 1 : 71a

몽혹의 1 : 71a

뫼 2 : 25a, 2 : 36b, 2 : 37a, 3 : 49a

뫼라 2 : 25a

뫼셔 2 : 36b, 3 : 14b, 3 : 37b

뫼션 3 : 21b

뫼ᄲᅮ리오 1 : 39a

뫼히 2 : 37a

뫼히오 1 : 38a, 1 : 39a, 1 : 65b, 2 : 37a

뫼ᄒᆡ 1 : 38b

묘갈의 3 : 20a

묘ᄂᆞᆫ 1 : 44a

묘연유신이라 2 : 45b

묘의 3 : 14b, 3 : 26b

묘지로뼈 3 : 30a

묘표 3 : 9a

묘표의 3 : 12b

무 1 : 43b

무고옥을 3 : 14a

무공은 1 : 49b

무공이 2 : 35a

무궁ᄒ나 2 : 6a

무궁ᄒᆫ 1 : 26a, 3 : 44a

무기어블지도라야 2 : 4b

무ᄂᆞᆫ 1 : 55b, 1 : 59a, 1 : 64a, 1 : 69a

무당 1 : 70b

무당의 1 : 70b, 3 : 47b

무뎨 2 : 42a

무든 3 : 33a, 3 : 40b

무러 3 : 29a

무롭흘 3 : 19b

무료ᄒᆫ즉 3 : 52b

믿뎡이오 2 : 32a
믿막블곡이어놀 1 : 65b, 1 : 66a
믿망타 1 : 24a
믿속ᄒᆞ디 3 : 54b
믿시 3 : 24a
믿시의 3 : 26a
믿시의게 3 : 23b
믿스롤 1 : 56b
믿연이 3 : 38b
믿은 1 : 24a, 1 : 64a, 1 : 66a
믿이법지야ᄂᆞ라 1 : 79a
믿챵슈는 3 : 39a
믿텹ᄒᆞ고 3 : 27b
밀외혀 1 : 2b
밀위ᄂᆞᆫ 2 : 4b
밀위디 2 : 14a
밀위면 2 : 4a
밀위여 1 : 74b, 2 : 8b, 2 : 12a, 2 : 14a, 2 : 14b,
 2 : 24b, 3 : 41b
밋 1 : 12b, 1 : 52a, 1 : 68b, 2 : 55a, 2 : 55b, 3 :
 3b, 3 : 4b, 3 : 5a, 3 : 7a, 3 : 15b, 3 : 16b, 3 :
 19a, 3 : 19b, 3 : 22b, 3 : 25a, 3 : 28a, 3 : 30a,
 3 : 36a, 3 : 37b, 3 : 41a, 3 : 42b, 3 : 45a, 3 : 49a,
 3 : 53b, 3 : 55b
밋게 1 : 69b, 2 : 2b
밋고 1 : 26a, 3 : 42a, 3 : 43a
밋기 3 : 16a
밋기룰 2 : 9a
밋ᄂᆞ니라 3 : 73a
밋ᄂᆞᆫ 1 : 2b, 2 : 23a, 2 : 24b
밋ᄂᆞᆫ더라 2 : 53b
밋다 1 : 27a, 1 : 46a, 1 : 52a, 1 : 64a
밋던 1 : 60a
밋디 1 : 70a, 2 : 9b, 2 : 26a, 2 : 33a, 2 : 39a, 3 :
 5a, 3 : 7a, 3 : 38a
밋브게 2 : 3a

밋브고 3 : 49a
밋브미 1 : 9a, 2 : 4a
밋븐 2 : 36b
밋비 2 : 2a
밋ᄯᅡ과 3 : 38b
밋으리오 1 : 64b
밋으며 1 : 64b
밋쳐 2 : 33b
밋츠니 3 : 32b
밋츠리오 3 : 10a
밋츠며 1 : 69b
밋츠면 3 : 53a
밋출 3 : 33b, 3 : 43b
밋히 2 : 37a, 2 : 39a
ᄆᆞᆷ 2 : 15a, 2 : 23b, 2 : 31b, 2 : 33a, 2 : 33b,
 2 : 34a, 2 : 38a, 2 : 38b, 2 : 39a, 2 : 39b, 2 : 41a,
 2 : 44a, 2 : 46a, 2 : 46b, 2 : 50b
ᄆᆞᆷ과 1 : 20a, 1 : 74b, 2 : 39b
ᄆᆞᆷᄀᆞ티 2 : 24b
ᄆᆞᆷ으로 2 : 14a, 2 : 25a, 2 : 39b, 2 : 47b
ᄆᆞᆷ으로ᄡᅥ 1 : 39b
ᄆᆞᆷ은 1 : 23b, 1 : 73b, 2 : 12b, 2 : 13a, 2 : 21b,
 2 : 32b, 2 : 33a, 2 : 40b, 2 : 49b
ᄆᆞᆷ을 1 : 23b, 1 : 24b, 1 : 25b, 1 : 34b, 1 : 39b,
 1 : 73b, 1 : 74a, 1 : 74b, 1 : 77b, 2 : 2a, 2 : 6b,
 2 : 11a, 2 : 11b, 2 : 14a, 2 : 20b, 2 : 24b, 2 :
 25a, 2 : 30a, 2 : 31b, 2 : 32b, 2 : 35b, 2 : 37a,
 2 : 39a, 2 : 39b, 2 : 40a, 2 : 40b, 2 : 41a, 2 : 43a,
 2 : 43b, 2 : 44a, 2 : 45b, 2 : 46b, 2 : 50a, 2 :
 50b, 2 : 52a, 3 : 21a, 3 : 24b, 3 : 38b, 3 : 42b,
 3 : 53a
ᄆᆞᆷ의 1 : 17b, 1 : 41a, 1 : 69a, 1 : 73b, 1 : 76b,
 1 : 77b, 2 : 1b, 2 : 2a, 2 : 8a, 2 : 8b, 2 : 14a,
 2 : 16a, 2 : 33b, 2 : 35b, 2 : 36a, 2 : 36b, 2 :
 39b, 2 : 40a, 2 : 40b, 2 : 42a, 2 : 42b, 2 : 43a,
 2 : 46b, 3 : 16b, 3 : 21b, 3 : 28b, 3 : 38b, 3 : 55a

ᄆᆡᆫ닷다 1 : 48a, 1 : 49b, 1 : 52b, 1 : 53a
ᄆᆡᆫ닷라 1 : 52b, 1 : 53b, 3 : 2b
ᄆᆡᆫ드ᄅᆞ시다 2 : 47a
ᄆᆡᆫ둘고 2 : 50b
ᄆᆞᆺ고져 1 : 34b
ᄆᆡᆼ그ᄂᆞᆫ 3 : 32a
ᄆᆡᆼ동ᄒᆞ면 2 : 38a
ᄆᆡᆼ동ᄒᆞ야도 2 : 36a
ᄆᆡᆼ동ᄒᆞ야시나 2 : 35b
ᄆᆡᆼ동ᄒᆞ엿ᄂᆞᆫ디라 2 : 24a
ᄆᆡᆼ동홀 1 : 74b, 2 : 24a
ᄆᆡᆼ무빅이 2 : 6b
ᄆᆡᆼ세ᄒᆞ야 3 : 9b
ᄆᆡᆼ손시 2 : 6b
ᄆᆡᆼ의ᄌᆞ] 2 : 5b
ᄆᆡᆼ의ᄌᆞ롤 2 : 6b
ᄆᆡᆼ의지 2 : 5b
ᄆᆡᆼᄌᆞ 2 : 11a, 2 : 13b, 2 : 17b, 2 : 40a, 2 : 40b, 2 : 50a
ᄆᆡᆼᄌᆞ] 2 : 11a, 2 : 15b, 2 : 17b, 2 : 18a, 2 : 21a, 2 : 22a
ᄆᆡᆼ지 1 : 10a, 2 : 11a, 2 : 13a, 2 : 15b, 2 : 17b, 2 : 18a, 2 : 21a, 2 : 22a, 2 : 40a, 2 : 41a
ᄆᆡᆼ현 3 : 1a

ㅂ

바 1 : 10a, 1 : 72b, 1 : 74a, 1 : 75a, 1 : 77a, 1 : 78a, 2 : 6a, 2 : 14a, 2 : 20a, 2 : 20b, 2 : 23a, 2 : 25b, 2 : 36b, 2 : 39a, 2 : 49b, 3 : 31b, 3 : 35b, 3 : 47b
바ᄂᆞᆫ 1 : 45a, 2 : 39a, 2 : 54a, 3 : 43b
바다 2 : 23a, 2 : 29b, 2 : 53a
바다히 3 : 14a
바닥으로 3 : 41a

바닥을 1 : 53b
바독 3 : 16b
바드매 3 : 27b
바드면 1 : 37a, 3 : 10a
바드미 1 : 35b
바드시ᄂᆞᆫ 1 : 68b
바든 2 : 8b
바들 1 : 24b, 2 : 28b, 2 : 29a, 3 : 43b
바들가 1 : 63a
바듬 1 : 64a
바로 1 : 13a, 2 : 1b
바로게 1 : 1a, 1 : 3a, 1 : 4b, 1 : 10a, 1 : 18b, 1 : 73a, 1 : 73b, 1 : 79a, 2 : 27a, 2 : 30b, 2 : 39b, 2 : 42a, 2 : 48a
바로고 1 : 3b, 1 : 5b
바로디 1 : 71a, 1 : 73a, 1 : 73b
바로면 1 : 8b
바로믈 1 : 7b, 1 : 8a, 1 : 16b
바로뻐 2 : 25a, 2 : 25b, 3 : 45b
바론 1 : 5a, 1 : 6a, 2 : 32b, 2 : 33a, 2 : 42b, 2 : 44a, 2 : 44b, 2 : 47a, 3 : 42b, 3 : 54b
바른 1 : 13a, 3 : 42a
바롤 1 : 18b, 1 : 44b, 1 : 73b, 1 : 77a, 2 : 3a, 2 : 3b, 2 : 6a, 2 : 8b, 2 : 10a, 2 : 23a, 2 : 24a, 2 : 32b, 3 : 8b, 3 : 18b, 3 : 23b, 3 : 37b, 3 : 51b
바며 1 : 75b
바오 2 : 42b
바의 1 : 77a, 2 : 5a, 2 : 23b, 3 : 31b, 3 : 38a
박괘 1 : 42b
박냑ᄒᆞ디 3 : 52b, 3 : 53a
박뼈 1 : 30a
박션싱 3 : 18a
박션싱긔 3 : 51b
박시 3 : 35a, 3 : 39b
박언왕소요 1 : 23a
박언환귀로다 1 : 21b
박연이 3 : 55a

법바다 1 : 79a
법바들 1 : 79a
법밧ᄂᆞ니라 1 : 79a
법밧는다 1 : 79a
법을 1 : 71a, 2 : 23a, 2 : 30a, 2 : 34a, 3 : 6b, 3 : 17a
법의 1 : 6b
법이 2 : 30a, 2 : 37b, 2 : 43b, 3 : 2a, 3 : 42a, 3 : 48b, 3 : 53b, 3 : 55a
법이라 2 : 8b
법측이 1 : 2b
법측ᄒᆞ미 1 : 19b
법측ᄒᆞᄌᆞᆨ 1 : 79a
벗겨 1 : 49b
벗님이라 2 : 42b
벗들의게 2 : 11b
벗만 1 : 60a, 1 : 62a
벗으로 3 : 49a
벗을 1 : 34a, 2 : 48b, 2 : 51b, 2 : 55a, 3 : 4a
벗의게 2 : 17a, 2 : 25b
벗이 1 : 58b, 2 : 1a, 2 : 25b
벗이니 1 : 60a, 2 : 36b
벗이라도 1 : 59b
벗이오 1 : 58b
벗ᄒᆞᄂᆞᆫ 2 : 34b
벗ᄒᆞ야 1 : 34b, 1 : 35a
베퍼 1 : 1b, 1 : 44b, 2 : 24b, 2 : 47b, 3 : 42a
베프고 1 : 1a
베프기롤 2 : 25b
베프ᄂᆞ니라 2 : 44a
베프는 2 : 24b, 3 : 11a
베프다 1 : 31b, 1 : 60b
베프디 2 : 8b, 2 : 24b, 2 : 25a
베프더 2 : 55b
베프면 1 : 10a
베프미 1 : 50a
베플 2 : 56a

벼니 1 : 52b
벼리 2 : 48a
벼롤 1 : 52b
벼슬 1 : 70b
벼슬노 3 : 23b
벼슬로 3 : 23a
벼슬은 2 : 54a, 3 : 48b
벼슬을 2 : 53a, 3 : 4a, 3 : 28a, 3 : 46a
벼슬의 3 : 24b, 3 : 33b
벼슬이 3 : 12a, 3 : 24a, 3 : 39a, 3 : 43a, 3 : 53a, 3 : 53b, 3 : 55b
벼슬ᄒᆞᄂᆞᆫ 2 : 35a, 2 : 56a
벼슬ᄒᆞᄆᆞ로브터 3 : 28b
벽은 1 : 24b
변두ᄂᆞᆫ 1 : 60b
변두롤 3 : 45a
변명티 3 : 38a
변상ᄒᆞᆫ 2 : 47a
변은 1 : 60b
변을 3 : 17b
변이니 2 : 18a
변통티 1 : 4b
변티 1 : 4a, 3 : 55a
변풍 1 : 42b
변풍은 1 : 43a
변풍이니 1 : 43a
변화ᄒᆞᄂᆞᆫ 2 : 37b
변ᄒᆞᆯ 1 : 56a
변ᄒᆞ야 1 : 50b, 1 : 51a
변ᄒᆞᆫ 1 : 4b
별과 1 : 56a
별양 1 : 53b
별이오 1 : 72b
별이의 1 : 74a
별즈 3 : 27a, 3 : 44a
별즈라 3 : 27a

빗나매   1 : 57a

빗나믈   1 : 29a, 1 : 30b

빗나미   1 : 32b

빗난   1 : 18a, 1 : 57a

빗치   2 : 7b, 3 : 2b, 3 : 18b, 3 : 46a, 3 : 49b, 3 : 53a

빗치니   1 : 48a

빗치오   1 : 48a

빗출   1 : 74a, 2 : 7b, 3 : 8b

빗치   3 : 44b, 3 : 45b

빙고니   1 : 55a

빙고의   1 : 55a

빙은   1 : 55a

ㅂ라   1 : 38b

ㅂ라더니   1 : 31a

ㅂ라디   3 : 22b

ㅂ랄   1 : 38a

ㅂ람이   1 : 40a, 1 : 43b

ㅂ려   1 : 70b

ㅂ렷ᄂ이다   2 : 38a

ㅂ리고   2 : 18b, 3 : 1b

ㅂ리ᄂ니   2 : 40a

ㅂ리ᄂ니라   2 : 28b

ㅂ리ᄂ   2 : 14b

ㅂ리다   1 : 39a, 1 : 55b, 1 : 70a

ㅂ리리이다   1 : 72a

ㅂ리여시매   3 : 2b

ㅂ르다   1 : 51a

ㅂ르미오   1 : 27b

ㅂ롬이   1 : 3a

ㅂ야흐로   1 : 68b, 2 : 29a, 2 : 38a, 2 : 38b, 3 : 5a, 3 : 27b, 3 : 43a, 3 : 48a

볼라   1 : 6b, 1 : 51b

볼오미   3 : 48b

붉게   2 : 39a

붉고   1 : 25a, 2 : 12b, 3 : 31a

붉다   2 : 9a, 2 : 38b

붉던   3 : 29b

붉디   1 : 23b, 1 : 78a, 2 : 53a

붉아   1 : 72b, 2 : 9a, 2 : 34a

붉아시미   1 : 36a

붉앗는가   1 : 36a

붉앗다   1 : 36a

붉으며   3 : 38a

붉으믈   2 : 9a

붉으미   1 : 76b

붉으시며   1 : 69b

붉은   1 : 72b, 1 : 73a, 1 : 76b, 2 : 9a, 2 : 48b, 2 : 55a, 3 : 1b

붉이   3 : 44a

붉혀   1 : 68a, 1 : 72b, 1 : 73a, 1 : 73b, 1 : 74a, 1 : 75b, 1 : 76a, 2 : 23a, 2 : 40a

붉히게   1 : 73a

붉히고   2 : 42a, 3 : 30a

붉히고져   1 : 73a

붉히기의   1 : 72b

붉히니라   2 : 29a

붉히며   1 : 72b

붉히미니라   1 : 52a

붉히미라   1 : 78a

붉히샤   1 : 69a

붉히시니라   2 : 12b, 2 : 23b, 2 : 28a, 1 : 71a

붉힌   1 : 72b, 1 : 73a

넓는   3 : 28a

비   1 : 65a, 3 : 33b, 3 : 44b

비뎡경부인   3 : 35a

비라   1 : 22b, 3 : 44b

비예   2 : 53a

비재   3 : 32b

비지ᄒ고   2 : 28b

비필   1 : 31a, 3 : 23b

비필을   1 : 12a, 1 : 12b

비필이   1 : 12b, 3 : 13b, 3 : 44a

셩경ᄒ니　3 : 15a

셩계　2 : 48a

셩과　2 : 14a, 2 : 23a

셩긔　2 : 37b

셩내믈　1 : 23b

셩니대젼　2 : 50b

셩니대젼이라　2 : 50b

셩닙ᄒ매　3 : 24a

셩닙ᄒ믈　3 : 11a

셩닙홀　3 : 10a

셩도　2 : 13b

셩명은　2 : 32b

셩명의　2 : 32b

셩모ㅣ　1 : 71b

셩무롤　1 : 69a

셩샹이　3 : 33a

셩신ᄒ고　3 : 45a

셩실이　1 : 76b, 2 : 30a, 2 : 31b

셩실케　1 : 73b, 1 : 74a, 1 : 75b, 1 : 76a, 2 : 48b

셩실히　2 : 45a

셩실ᄒ고　1 : 74b

셩실ᄒᄂ니라　1 : 74a, 1 : 74b

셩실ᄒ리라　2 : 43b

셩실ᄒ면　1 : 75a

셩실ᄒ야　1 : 74b

셩실ᄒᆫ　2 : 44a, 2 : 46b

셩실ᄒ다　1 : 76b

셩심은　2 : 31a

셩심이이의오　2 : 30a

셩심지위야ㅣ오　2 : 31a

셩왕으로　1 : 57a

셩왕의　1 : 44b

셩유의　3 : 49b

셩은　1 : 16a, 1 : 69a, 2 : 3b, 2 : 7a, 2 : 9a, 2 :
　13a, 2 : 13b, 2 : 14a, 2 : 15a, 2 : 23a, 2 : 30a,
　2 : 36b, 2 : 55b, 3 : 1a, 3 : 11b, 3 : 13a, 3 : 40a

셩을　2 : 14b, 2 : 23a, 3 : 21b

셩의　1 : 8b, 2 : 23b

셩의와　1 : 74a

셩의의　2 : 7b

셩이　2 : 13a, 2 : 13b, 2 : 14a, 2 : 14b, 3 : 45b,
　3 : 52a

셩이라　2 : 13a, 2 : 23a

셩이오　2 : 23a

셩인　3 : 32a

셩인으로뻐　2 : 33b

셩인은　2 : 13b

셩인의　1 : 28b, 1 : 69a, 1 : 69b, 1 : 71a, 1 : 71b,
　1 : 73b, 2 : 2a, 2 : 6b, 2 : 23a, 2 : 35a

셩인이　2 : 23a, 2 : 28a, 2 : 41b

셩인이라　1 : 69b

셩인이라도　2 : 32b

셩인ᄒ기예　3 : 9b

셩쟝코　1 : 30b

셩젼의　3 : 40a

셩졍의　1 : 13a, 1 : 36a

셩졍이　1 : 16b, 2 : 30b

셩죵됴　3 : 40a

셩지는　1 : 20b

셩지어ᄉᄒ고　2 : 45a

셩ᄎᆔᄒ미　3 : 24a

셩타　1 : 13b

셩탕의　1 : 72a, 2 : 9b

셩탕이　1 : 67b

셩탕이라　1 : 68a

셩티　3 : 37a

셩품의　3 : 49a

셩품이　2 : 23a, 3 : 3b, 3 : 22a, 3 : 25b, 3 : 32a,
　3 : 47a, 3 : 54a

셩하와　3 : 51b

셩현　2 : 32b

셩현동귀ᄒ리라　2 : 45b

아니ᄒᆞ믄 1 : 28b, 2 : 1b, 2 : 54b

아니ᄒᆞ믈 1 : 13a, 1 : 33b, 3 : 9a

아니ᄒᆞ미 1 : 12b, 2 : 6b, 2 : 16b, 3 : 13a, 3 : 48a

아니ᄒᆞ미라 1 : 32a

아니ᄒᆞ미오 1 : 74a

아니ᄒᆞ샤 2 : 54b

아니ᄒᆞ시고 2 : 53b

아니ᄒᆞ시며 1 : 69b, 1 : 70a

아니ᄒᆞ야 1 : 4b, 1 : 8a, 1 : 9a, 1 : 11a, 1 : 12b,
    1 : 17a, 1 : 34b, 2 : 17a, 2 : 25a, 2 : 25b, 2 :
    34b, 2 : 54a, 3 : 3b, 3 : 18b, 3 : 24a, 3 : 24b,
    3 : 28a, 3 : 29b, 3 : 37a, 3 : 42b

아니ᄒᆞ여도 3 : 37a

아니ᄒᆞ여야 1 : 79a, 2 : 5b

아니ᄒᆞᆫ 2 : 9a, 2 : 12a

아니ᄒᆞᆫ다 1 : 13a

아니ᄒᆞᆫ죽 3 : 24a

아니ᄒᆞᆯ 1 : 75a, 1 : 75a, 2 : 47b, 2 : 55a

아니ᄒᆞᆯ가 2 : 55a

아닌 1 : 4b, 1 : 25a, 1 : 66a, 1 : 66b, 1 : 71b, 1 :
    74b, 1 : 75a, 2 : 5b, 2 : 9a, 2 : 17a, 2 : 24b, 2 :
    31b, 2 : 43a, 2 : 43b, 2 : 44a, 2 : 45b, 3 : 17b,
    3 : 18a, 3 : 33a, 3 : 34b, 3 : 49b

아닌디라 3 : 28b

아닌즉 2 : 2b, 2 : 3b, 2 : 25a, 2 : 49b

아닌죽 3 : 25a

아닐 1 : 4a, 1 : 25b, 1 : 41a, 1 : 53a, 1 : 67a, 1 :
    69a, 2 : 24b, 2 : 43a, 3 : 10b, 3 : 12a, 3 : 37b,
    3 : 42a

아닐가 1 : 28b

아닐디라 2 : 50a, 3 : 26b

아님과 2 : 8a

아닛ᄂᆞ니 2 : 32b, 3 : 48a

아닛ᄂᆞ니라 2 : 10b, 2 : 19a, 2 : 27a, 2 : 36a

아닛ᄂᆞᆫ 1 : 32b, 1 : 33a, 1 : 74a, 2 : 8b, 2 : 9b,
    2 : 19a, 2 : 19b, 2 : 24b, 2 : 39a, 3 : 38b

아닛ᄂᆞᆫ다 2 : 26a, 2 : 26a, 2 : 35b

아닛ᄂᆞᆫ디라 1 : 68b

아ᄂᆞ니 1 : 41a, 1 : 74b, 2 : 24a, 2 : 36a, 3 : 10a

아ᄂᆞᆫ 1 : 3b, 1 : 20a, 1 : 48a, 1 : 51a, 1 : 51b, 1 :
    53b, 1 : 62b, 1 : 65a, 1 : 66a, 1 : 73b, 1 : 74a,
    1 : 74b, 1 : 75a, 1 : 76a, 1 : 77a, 2 : 20a, 2 : 20b,
    2 : 24a, 2 : 47a, 3 : 5a, 3 : 7b, 3 : 21a, 3 : 30b

아ᄂᆞᆫ디라 1 : 75b, 3 : 16b

아다 1 : 75a

아다가 1 : 62a

아더라 3 : 18a, 3 : 29b, 3 : 47b

아독블졸ᄒᆞ라 1 : 66a

아독하해오 1 : 65b

아디 1 : 32a, 1 : 43a, 1 : 44b, 1 : 78a, 2 : 1b, 2 :
    21b, 2 : 23a, 2 : 32b, 2 : 33b, 2 : 35b, 2 : 39b,
    2 : 40b, 2 : 47a, 2 : 49b, 2 : 54a, 3 : 1b, 3 : 10a,
    3 : 11a, 3 : 26a, 3 : 47a

아ᄃᆞᆯ 3 : 9a, 3 : 18a, 3 : 23a, 3 : 27a, 3 : 32b, 3 :
    44b, 3 : 48b, 3 : 55b

아ᄃᆞᆯ과 3 : 39a

아ᄃᆞᆯ브터는 3 : 27a

아ᄃᆞᆯ은 3 : 50b

아ᄃᆞᆯ을 3 : 43a, 3 : 46b, 3 : 53b

아ᄃᆞᆯ의 1 : 29a, 3 : 47b

아ᄃᆞᆯ의게 3 : 1a

아ᄃᆞᆯ이 2 : 54a, 3 : 3a, 3 : 23b, 3 : 24a, 3 : 39a

아ᄃᆞᆯ이니 2 : 6b, 2 : 42a

아ᄃᆞᆯ이라 2 : 6a

아ᄃᆡ 1 : 74a, 2 : 21b, 2 : 40b

아라 1 : 34b, 1 : 44b, 1 : 56b, 1 : 71a, 1 : 75a,
    1 : 77b, 2 : 1b, 2 : 7b, 2 : 12b, 2 : 32a, 2 : 39b,
    2 : 42b, 2 : 44a, 2 : 45a, 2 : 49b

아라도 2 : 42b

아라야 2 : 3a

아람죽다 2 : 42b

아랏도다 2 : 40b

3 : 16a, 3 : 20b, 3 : 21b, 3 : 24b, 3 : 26b, 3 : 29a, 3 : 32a, 3 : 33a, 3 : 35a, 3 : 51a, 3 : 55a, 3 : 55b

엇디니잇가 1 : 32a

엇디니잇고 2 : 15b

엇디리잇가 2 : 51b

엇디리잇고 2 : 50b

엇디ᄒ리오 3 : 8b

엇디ᄒ리잇고 2 : 49a

엇딘 2 : 48b

엇딤고 3 : 55a

엉긔다 1 : 15b, 1 : 16a

엉권 2 : 33b

에엿비 2 : 11a

여 1 : 29b

여견기폐간연이니 1 : 74b

여고금슬이라도 1 : 61a

여고금슬ᄒ며 2 : 27b

여긔 2 : 33a, 2 : 49b, 2 : 53a, 3 : 16a, 3 : 49a

여ᄂᆞᆫ 1 : 29b, 1 : 57b, 1 : 60a, 1 : 61a, 1 : 64a

여독고ᄉᆞ애 3 : 30b

여덟 1 : 73b, 1 : 74a, 3 : 14a

여러 1 : 9b, 1 : 55a, 1 : 77a, 2 : 48a, 3 : 10b, 3 : 20b, 3 : 32b, 3 : 36a, 3 : 52a

여롬이오 1 : 48b

여부ᄅᆞᆯ 1 : 27a

여붕우교ᄒ디 2 : 3b

여블졔니라 2 : 8a

여비한의ᄂᆞᆫ 1 : 24b

여비한의로다 1 : 24b

여슉이니 2 : 52a

여신ᄒ야 3 : 38a

여ᄉᆞ시 2 : 54a, 3 : 3a

여ᄉᆞᆺ 3 : 32b, 3 : 38b

여ᄉᆞᆺ재 1 : 9a

여오악ᄎᆔᄒ며 1 : 74a

여읜 2 : 42b

여위양심이 2 : 41a

여유은우ᄂᆞᆫ 1 : 23a

여유은우ᄒ라 1 : 22b

여이오 1 : 49a

여ᄋᆞ 1 : 49a

여ᄋᆞ와 1 : 49a

여ᄌᆞ의지ᄂᆞᆫ 1 : 33b

여ᄌᆞ의지ᄒ야 1 : 33b

여ᄌᆞ희로ᄂᆞᆫ 1 : 33b

여ᄌᆞ희로ᄒ리라 1 : 33b

여천유원이라 3 : 51a

여튼 2 : 52a

여허ᄒ시ᄃᆡ 1 : 70a

여호호ᄉᆡᆨ이 1 : 74a

역 1 : 22b

역거 1 : 47b

역공지쇼라 2 : 38b

역뉴우긔ᄂᆞᆫ 1 : 26a

역뉴우긔로다 1 : 26a

역막블녕ᄒ며 1 : 68a

역믈시어인이니라 2 : 24b

역범기류로다 1 : 22b

역ᄉᆞ롤 3 : 42a

역식ᄒ며 2 : 3b

역아소욕야언마ᄂᆞᆫ 2 : 18a

역유능신지쟈면 2 : 21a

역유형뎨나 1 : 23a

역유형뎨ᄂᆞᆫ 1 : 23b

역은 1 : 22b

역이오 2 : 4a

역ᄌᆞ이교지ᄒ니라 2 : 16a

역틈덕ᄒ며 1 : 70b

역ᄒ여 2 : 1b

연 2 : 43a

연고 2 : 8a

죽은디라 3 : 35b

죽을 2 : 36b, 3 : 10b, 3 : 11a

죽을가 3 : 2b

죽을디라도 2 : 19b

죽일 1 : 55b

준 2 : 14a, 2 : 14b, 2 : 23a

준은 1 : 45b

준의 1 : 55b, 1 : 63b

준이오 1 : 55b, 1 : 63b

준피미힝ᄒᆞ야 1 : 45a

준힝ᄒᆞ고 3 : 45a

준힝ᄒᆞ야 3 : 43b

줄 1 : 18b, 1 : 32a, 1 : 33a, 1 : 35a, 1 : 37b, 1 :
  38a, 1 : 44b, 1 : 46b, 1 : 51a, 1 : 55a, 1 : 62a,
  1 : 62b, 1 : 74a, 1 : 77a, 1 : 78a, 2 : 1b, 2 : 7b,
  2 : 8b, 2 : 9a, 2 : 14a, 2 : 20b, 2 : 21b, 2 : 23a,
  2 : 33b, 2 : 38a, 2 : 39b, 2 : 40a, 2 : 40b, 2 :
  47a, 2 : 49b, 3 : 5b, 3 : 10a, 3 : 11b, 3 : 13a,
  3 : 14b, 3 : 18a, 3 : 21a, 3 : 29b, 3 : 32b

줄로 3 : 38a, 3 : 47b

줄은 2 : 23a

줄을 1 : 41a, 1 : 75b, 1 : 78a, 2 : 12a, 2 : 13a,
  2 : 13b, 2 : 37a, 2 : 39b, 2 : 40b, 3 : 10a, 3 : 14b

줄의 1 : 33b

줄이 1 : 23a, 1 : 75b, 2 : 21b, 3 : 17a

줍다 1 : 52b

즁손시니 2 : 6b

쥐굼긔 1 : 51a

쥬 1 : 18b, 1 : 37a

쥬갑이러라 3 : 34a

쥬경은 1 : 41b

쥬공이 1 : 3b, 1 : 44b, 1 : 57b, 2 : 51a

쥬과와 1 : 52b

쥬관홀 1 : 5b

쥬궤롤 3 : 46b

쥬궤의 3 : 43b

쥬나라 1 : 16b, 1 : 40b, 1 : 41b, 1 : 42a, 2 : 35a

쥬나라흐로 1 : 40a, 1 : 41a

쥬나라흘 1 : 40a

쥬나라히 1 : 40a, 1 : 41a

쥬ᄂᆞᆫ 1 : 48a, 1 : 55b, 1 : 60b, 3 : 30a

쥬댱의 3 : 37b

쥬도ᄂᆞᆫ 1 : 40a

쥬람 1 : 11a, 1 : 43a

쥬람의 1 : 20b

쥬롤 1 : 1a

쥬무슉이 2 : 37b

쥬본은 1 : 30b

쥬본표표여ᄂᆞᆯ 1 : 30a

쥬부롤 2 : 41a, 3 : 34b

쥬부오 3 : 34a

쥬션ᄒᆞ며 2 : 8b

쥬시 1 : 19a, 1 : 25a, 1 : 45a

쥬식을 2 : 50a, 3 : 10a

쥬역 1 : 1a, 1 : 8a, 1 : 22a, 1 : 42b, 2 : 30b, 2 :
  31a, 2 : 35b, 2 : 47a

쥬역과 1 : 22a

쥬역의 2 : 30b, 2 : 36b

쥬오 2 : 30a

쥬왕이 1 : 42b

쥬원원의니라 2 : 9a

쥬인님이여 3 : 50b

쥬인이 2 : 33a

쥬ᄌᆞ 1 : 16a, 2 : 33b, 2 : 36b, 2 : 38a, 2 : 42b,
  2 : 47a, 2 : 48a, 2 : 49a

쥬ᄌᆞㅣ 2 : 41a

쥬ᄌᆞ긔 1 : 32a, 2 : 33b

쥬ᄌᆞᄃᆞ려 2 : 36b

쥬ᄌᆞ시에 3 : 32a

쥬지 1 : 13a, 1 : 17b, 1 : 32a, 1 : 66b, 1 : 75a,
  1 : 76a, 1 : 77b, 2 : 3b, 2 : 6b, 2 : 14a, 2 : 14b,
  2 : 17a, 2 : 32a, 2 : 34b, 2 : 36b, 2 : 37a, 2 : 40a,

ㅊ

ㅋ

ㅌ

ㅍ

ㅎ